京都の町家と聚楽第

太閤様、御成の筋につき

丸山俊明 著

昭和堂

序――中世から近世へ、京都の町家を変身させた豊臣秀吉

……天聚楽《じゅらく》と号して里第《りてい》をかまえ、四方三千歩の石の築垣《ついがき》、山のごとし、楼門のかためは鉄の柱、鉄の扉、遥閣は星を摘みて高く、瓊殿《ぎょうでん》は天に連ねてそびえたり、甍のかざり、瓦の縫い目には玉虎風にうそぶき、金龍雲に吟ず…百の工《たくみ》心をくだき、丹精手をつくす、その美麗、あげていふべからず……

秀吉の御伽衆のひとり、大村由己《ゆうこ》が『聚楽第行幸記』に描写した聚楽第《じゅらくてい》である。

織田信長の上洛で、京都の戦国時代は終わった。そして安土・桃山時代となって秀吉が登場したとき、日本の金銀産出量は一気に増加。これらの産地を直轄、あるいは大名に開発させて運上を取った秀吉の財力は、圧倒的となった。その財力で、平安京の大内裏《だいだいり》跡地に、天下の楽しみを聚《あつ》める意味の「聚楽」と名付けた邸宅（里第）を建てた。世にいう聚楽第の作事にあたったのは豊臣御大工《おだいく》の大棟梁、中井孫大夫正吉。徳川政権草創期の大棟梁、中井大和守正清の父である。

近世統一政権の京都居城は、信長が二条家の邸宅を改造した二条殿御池城や日蓮宗妙覚寺においた妙覚寺城、豊臣政権が聚楽第竣工まで京都政庁とした妙顕寺城が知られる。が、秀吉の聚楽第の規模・仕様は圧倒的に豪壮・豪華であり、京都の町人の眼を驚かせた。ただ天守閣もある城郭を第＝邸と記させるあたり、王城の地のあるじたる天皇《みかど》を、はばかったのではなかろうか。

写真1　土蔵造り

玉井哲雄編『よみがえる明治の東京——東京十五区写真集』（角川書店、1992）より転載

写真2　塗家

旧緒方洪庵宅・適塾、大阪市中央区北浜、重文、公開、大正期の道路拡幅で軒切り

時代はまさに黄金色。「この時代がなければ、われわれは豪華というものを感じる感覚をもたなかったのではないか」とは、司馬遼太郎の言葉である。そんな時代に黄金の子が駆け抜けたことで、それまで百姓家とたいして変わらなかった京都の町家の間取りは、外観や構造と共に変わりはじめた。本書が取り上げるのは、この変化と、前後の諸相である。

京都の町家を思うとき、その特徴はなんだろう。二階の表側で立てないほど、低い厨子《つし》二階。見おろしはできるけど、見はらしはできない土塗格子の開口（虫籠《むしこ》）。これら住環境に不都合な要素が町なみを形成した要因は、江戸時代初期の二代京都所司代（畿内幕政を統括し、西国大名を監視する徳川幕府の要職、京都町奉行所や京都代官所を指揮）板倉周防守重宗の奢侈《しゃし》禁令であった。江戸時代前期の話である（拙著『京都の町家と町なみ——何方を見申様に作る事、堅仕間敷事』昭和堂、二〇〇七）。

その後、江戸では八代将軍吉宗のころから、塗家（おもに二階部分の外壁側の柱や梁を壁土で塗り籠めた）や、土蔵造り（塗家より分厚く、時には全体を塗り籠めた、写真1）が強制された。大坂（今の大阪）でも塗家が増えた（写真2）。都市防火性能を向上させるためである。ところが京都は、天皇が住まう禁裏御所などがある公家町の屋敷群が、周囲の町家群から切り離されただけ。町家に塗家や土蔵造りの強制はなかった。だから中世以来の真壁（外壁側の柱や梁を露出している、写真3）のままであった。江戸時代後期の話である（拙著『京都の町家と火消衆――その働き、鬼神のごとし』昭和堂、二〇一一）。

それではさかのぼって戦国時代。『洛中洛外図』屏風にみる京都の町家は、平屋に見える。実は低い二階をもつ厨子二階もあったが、外観がはっきり二階建ての町なみになるのは安土・桃山時代であり、その変化には豊臣政権の京都改造の影響が大きかった。同政権の京都所司代であった前田玄以は、太閤秀吉の「御成りの筋なれば」との理由で京極通り（現・寺町通り）の町人に「二階造にして角柱に作るへし、屋並高下のなきやう仕候てしかるへし」と命じたという。

写真３　京都の真壁（川北家住宅、京都市中京区小結棚町、非公開）

また聚楽第城下の聚楽町には、都市計画が実施された。ほかの京都の町々にも、南北に突抜《つきぬけ》を通す天正地割が広くおこなわれた。そのような京都改造の中、町家も都市景観の要素と位置づけられた。明らかな二階建てが増え、多様なデザインや高価な建築要素も導入された。中世の墨染め衣を脱ぎすて、華やかな小袖をまとったように変化したのである。そして町々は、高さ三～五メートルの土塁や堀、川からなる総延長二二・五キロメートルの御土居《おどい》にかこまれた（図1、寛永二〇年〔一六四三〕頃に渉成園造営のため一部付け替え、同園卯月池の北大島と南大島、築山に旧御土居が残る）。街道には「口《くち》」が開けられたが、ほかは竹が植えられた。それがすぐ緑の壁となり、内側を洛中、外側を洛外に区画したのである（写真４）。

その後、町々は徳川政権の建築規制の影響で、低層・均質化に転じる。が、そこにあらわれた庇付きの厨子二階や鰻の寝床など京都の町家の典型的な姿は、じつは豊臣政権の京都改造に根本があった。本書はこの点を、第八章までに取り上げる。

まず、その前段として、京都府下に報告された町家と百姓家、あわせて七つの型式を紹介する（序章）。その上で、古代から中世には、町家と百姓家に共通の間取りがあったことを指摘する（第一章）。それは中世末期、戦乱が相次ぐ戦国時代も変わらなかった（第二章）。そこには、現代では考えにくいほど簡素な構造の町家も存在した（第三章）。ところが近世初頭、安土・桃山時代に町家の発達がはじまる。間取りは百姓家と異なっていき、鰻の寝床もあらわれた。これにはかねて間口の税金との関係が取りざたされるが、じつはそれは明治時代の話。それ以前からあった鰻の寝床の成立には関係なかった（第四章）。表通りに主屋、敷地奥に付属棟や土蔵を置くという屋敷構成も、安土・桃山時代に成立する（第五章）。

また、聚楽第の城下では二階に十分な高さをもつ本二階建てがならんだが、ほかの町々では、二階の壁ぎわで直立できないほど低い厨子二階が多かった。ただ二階建て命令の影響で、それまで外観は平屋のようであった厨子二階が、庇を付けて二階建てを明確にした（第六章）。その高さは保津川水運の筏に由来するといわれてきたが、筏の長さと結びついていたのは京間の座敷規格。高さの由来は別にあった（第七章）。ちなみに土塗格子の虫籠は、最初は土蔵建築と共に登場したが、デザイン・ソースは白亜の城郭建築にあった（第八章）。

第九章からは、聚楽第が破却された後の町家の諸相を取り上げる。

まず、京都の町家に初となる放射性炭素年代測定で、上京区堀川町の瀬川家住宅を、京都最古級と証明する（第九章）。

そして瀬川家住宅の建築当初の姿を考察し、『京都の町家と町なみ』で指摘した徳川政権の建築規制の影響や、予想した瓦葺の普及と卯建の減少の関係を検証する。また新出の絵画史料で当時の京都の状況も確認する（第一〇章）。

つぎに、徳川政権が作成させた地図に、洛中農村で百姓が住む百姓家が、なぜか町家と記された事実を紹介する。そして「町家とは何か」という根源的な問いを考えてみる（第一一章）。あわせて町家の定義も提示したい。また、京都に隣接する摂丹型民家の分布地域の町家と百姓家の関係もみる。京都の町家と摂丹型分布域の町家は、外観は大きく違うが、間取りは同じ。もともと同じ間取りから枝分かれしたからである（第一二章）。それがわかれば、上賀茂など京都の社家（神官住宅）が、摂丹型分布地域の町家を参考にした可能性も浮上してくる（第一三章）。

さらに、典型的な町家を一軒建てたら、いくらかかったのか。現代ならいかほどか（第一四章）。江戸から上洛す

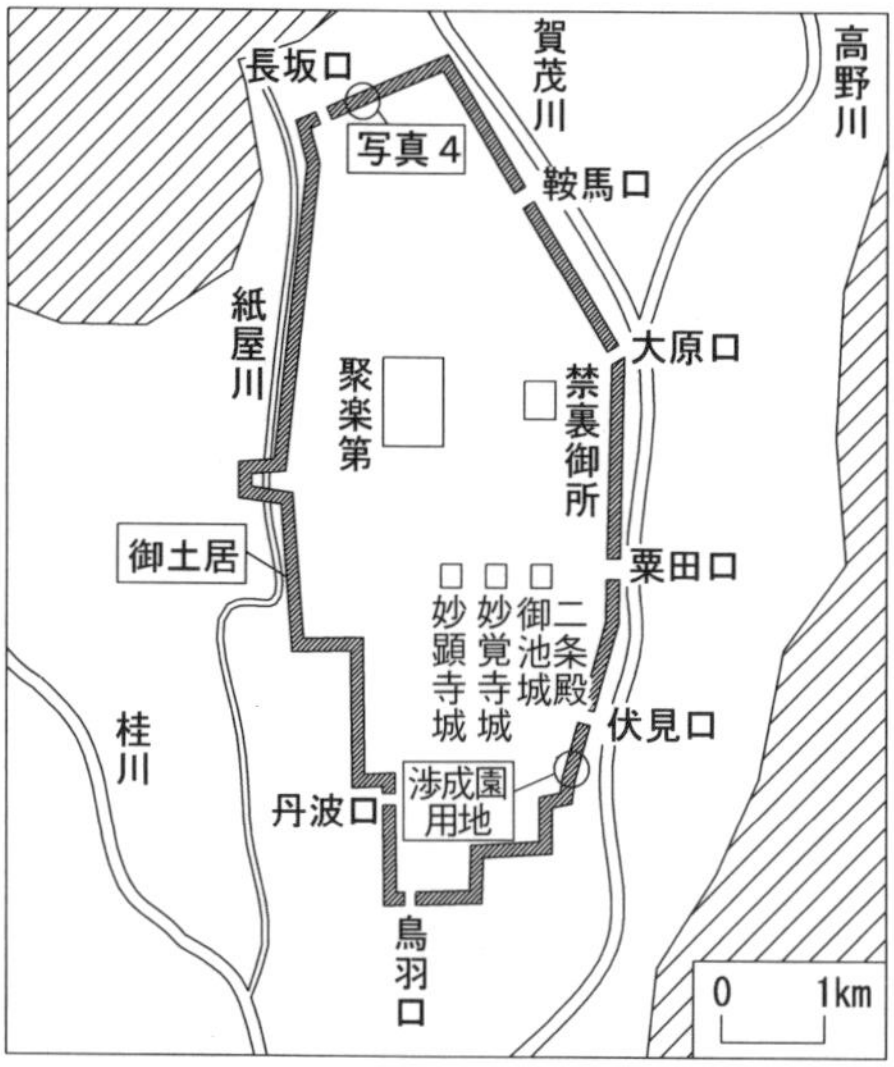

図１　御土居の配置図
（口の位置や数、変遷には諸説あって定まらない）

写真４　京都市北区大宮土居町の史跡御土居
（左側の土塁に沿って堀があったという）

る旗本をもてなす義務を課された町々が、どのように対応したのか（第一五章）。町家を作業場にした工芸職人が、御所御用達に成りあがっていった成功物語（第一六章）も取り上げよう。

そして最後に、京都がある山城国の南部の百姓の訴願《そがん》を取り上げる。江戸時代の中ごろ、彼らは突然、京都町奉行所へ建築許可申請をおこなうように命じられた。全国では年貢増徴策に命がけで抵抗する激しい一揆が多発する時代。しかし南山城の農民は、リーダーの指導のもと、四〇年間もねばり強く訴えを繰り返し、ついに徳川政権の京都所司代に聞き入れさせた。この封建時代には珍しい歴史を紐とくとき、申請が免除された京都の町人の特権の意味が浮き彫りになってくる（第一七章）。

いかがであろうか。少しでも興味をもたれる内容があれば、お目通しいただければ幸いである。そうすると、きっと目から鱗の話があらわれる。それすなわち、京都の町家に関わる歴史研究の最前線である。

凡　例

※本書は、日本建築学会論文集委員会の査読を経て同学会計画系論文集に掲載された著者論文二七本と、同学会支部研究報告一〇本、同学会大会学術講演梗概一〇本の合計四七本で構成しているが、大幅な加筆・修正を加えている。

※おもな対象時期が豊臣政権期とその前後に集中するので、各章で取り上げる文献・絵画史料には重複がある。

※紹介する町家・百姓家遺構は、一部を除き、原則非公開の個人住宅である。突然の訪問や紹介のない取材・調査の依頼はご遠慮いただきたい。またすでに改築を受けたか滅失したものもある。

※写真には、所有者や寄託管理者の掲載許可を必要とするものがある。

※挿図は、絵画史料や図面史料は関連部分だけをうつし取り、修正や加図、書き込みを行っているものがある。

※文書史料は、読み下しにあたり、仮名使いや旧字体に手を加えている。番号を付したものもある。

※本書ならびに前々著『京都の町家と町家――何方を見申様作る事、堅仕間敷事』（昭和堂、二〇〇七）、前著『京都の町家と火消衆――その働き、鬼神のごとし』（昭和堂、二〇一一）、そのほか著者論文を引用または参考文献とするウェブ上のフリー百科事典については、内容の担保や文責の共有をおこなわない。

京都の町家と聚楽第❖もくじ

第八章　むしこはもともと、お城のデザイン

第一〇章　並瓦葺の普及と卯建の減少——331

序章

京都府の町家と百姓家に七つの型式

概要：聚楽第の建築など豊臣政権の京都改造の影響をみる前に、昭和四〇年代の調査で京都府下に報告された、町家と百姓家の型式を紹介する。町家はともかく、「百姓家」はなじみがない言葉なので、その説明からはじめたい。

目立つ普請にては、これなし

西国大名を監視する京都所司代のもと、江戸時代の京都を支配したのは京都町奉行である。この京都町奉行の下に東西両町奉行所が置かれ、これに所属する与力や同心が月番交替で畿内の幕政を統括した。

そして京都町奉行所は、町人や百姓の生活に介入するため、触書を出した。触書の対象は「町人、百姓」。町人は、商人や職人ら町で多様な商業をいとなむ者をいい、多くが「地子赦免」、つまり年貢の代銭納を免除されていた。さらに付帯特権として、町家の建築許可申請も免除されていた。これに対し百姓は、農業をいとなむ農民、とは限らない。林業をいとなむ木樵《きこり》、漁業をいとなむ漁師、運送に従事する馬借や水運にかかわる筏師など、もろもろの生業（百の姓）をいとなみ、年貢をおさめる者であった。そして彼らには、建築許可申請の義務があった。

ここで胸にとめておきたいのは、百姓が蔑称ではない、ということ。お上に提出する上申文書に「百姓　某《なにがし》」と書き込んだように、肩書きにもなるりっぱな身分であった。

また触書には、町人の住まいが「町家」、百姓の住まいが「百姓家」と記された。さらに庶民の家すべてをさす場合は「町家、百姓家」。ふたつあわせて「民家」という文言もあるにはあったが、江戸時代の京都の触書には見当たらない。「町家、百姓家」であった。最近は「町家」と「民家」を併記し、「民家」は「町家」以外の家、つまり「百姓家」をさす用例を見かけるが、町家も民の家だから民家にふくまれる。切り離すのはおかしいが、町家は特別とみる空気からか、歴史研究でさえ町家と民家を併記する例がある。それでも町家は民家のひとつ。町家＋百姓家＝民家

写真１　東洞院御池上ルの大丸仕入店
毎日新聞社京都支局編『京都民家譜』（日本資料刊行会、1977）より転載

写真２　通旅籠町の大丸呉服店
玉井哲雄編『よみがえる明治の東京――東京十五区写真集』（角川書店、1992）より転載

である。

そもそも「町家」と「百姓家」は、安土・桃山時代に同根から派生したものであり、それ以前の間取りは大きく変わらなかった（第一章）。それに、今でこそ注目される京都の町家も、江戸時代はこんな風に記されている。


……富家、大商といえども、塗家など大家・高楼を構える、あるいは表へ土蔵を高大にたて置く者など、これなし、いずれも平常の家作、塗家など、目立つ普請には、これなく候……（一）

京都に目立つ町家はない。そんな意味である。目立つ町家とは、柱や梁を壁の中に塗りこむ塗家（序―写真2）や、もっと分厚く塗り籠める土蔵造り（序―写真1）のことで、江戸や大坂に多かった。これに対し目立たない「平常の家作」とは、柱や梁をみせる真壁（序―写真3）をいい、京都にはこれが多かった。

ちなみに、この文を記したのは、幕末に上洛した石川明徳。尊王攘夷の水戸学の教えるままに生き、三年後に獄中で人生を終える水戸藩士である。テロが横行した当時の京都で、何をしていたのかわかったものではない。が、外圧に憤り、国を憂うまなざしにも、京都は目立たぬ町なみであった。おだやかな町かどで、心なごむときもあったと思いたいけれど、とにかく京都を代表する下村大丸家でさえ、彼の目には平常の家作であった（写真1）。それが好みの問題ではなく、都市防火政策の結果であることは、同じ大丸が、江戸時代後期まで土蔵造や塗家が強制された江戸においた呉服店の店構え（写真２）と比べれば、よくわかる。

近代的研究に登場した町家と百姓家

江戸時代が終わり、近代にはじまった研究で注目されたのも、町家ではなく百姓家であった。最初に取り上げたのは、考現学で知られる今和次郎ら、明治末〜大正期の民俗学者や地理学者。古い習俗が残る各地へぐんぐん分け入っていき、百姓家での生活や間取り、構造など、幅広く調査した。そのとき建築学者の姿がなかったのは、寺院修理に忙しかったから。とくに古代寺院には、江戸時代から受け継がれた大工技術では説明できない部分が多かった。そこで関野貞ら建築学者は、部材にのこる痕跡から建築当初の姿を推定し、これに近づける復原修理を大工に指導した。この手法が、後に建築史という学問の大系化に結び付くのだけれど、明治初頭の廃仏毀釈で傷つけられた寺院は無数にあったので、民家には手がまわらなかった。

大正期中ごろにようやく、第三高等学校教授の藤田元春が、京都周辺の百姓家や町家を建築史的に取り上げた。石原憲治は全国の百姓家の間取りを集め、発達系統を分析した。

町家や百姓家へ建築史的研究の気運がたかまり、昭和八年（一九三三）には藤島亥治郎や大熊喜邦らが「民家研究会」を設立する。そして庶民の家の総称として「民家」という言葉を提唱した。これを受けて各地で民家調査が行われ、重要と判断された大阪府の吉村家住宅と京都の小川家（二条陣屋）が重要文化財に指定された。それは、なんでもないと思われていた庶民の家が、国の宝と認められた瞬間であった。

全国都市の町家の滅失

そのころ都市では、近代生活の影響や海外の建築様式の導入で、町なみの変化が進んでいた。近代化である。町家や都市周辺の百姓家の改築や、完全に失われる滅失も増加した。この傾向を全国六六都市である意味徹底させたのが、太平洋戦争中の無差別爆撃であった。戦前のスパイ活動で木造に畳敷という日本の住宅構造を確認していたアメリカ空軍は、粘着ガソリンのナパームを詰めこんだ金属筒をたばねた焼夷弾を開発した。そして効果を実証するため、日本の防空力が壊滅した太平洋戦争末期、軍需工場ではなく木造住宅の密集地をねらって、一平方メートルに金属筒三本の割合で爆散投下したのである。金属筒が瓦を突きやぶり、畳を突き刺さし、建物内側で発火して大火とさせるために。こうして全国で多くの町家が失われた。老若男女、多くの同胞の命とともに、である。

京都は当初、原爆投下候補地とされ、効果確認のため通常爆撃が限定されていた。しかし候補から外された後に空襲が増え、通学途中の児童など、多くの人命が失われた。ところが戦争中は報道管制で旧皇都の空襲被害は知られず、戦後もアメリカ軍主体の進駐軍への遠慮から報道はなかった。それどころか「B29爆撃機は京都を素通りした」、「アメリカ人学者のおかげで京都は助かった」、「京都に落ちた爆弾は爆撃機内を掃除したから」などなど、事実とは異なる声があらわれた。いずれも進駐軍のGHQ支配の中でうまれたプロパガンダであったが、全国六六都市と違って都市焼亡の前に終戦となった京都では、うのみにされた。そして京都は特別という感覚のもと、今も語られている。

日本の生活を改善するという運動

しかし全国六六都市の町家は、壊滅的な空襲被害をうけた。そのとき空襲被害者ではなく罹災者と呼ばれた人々や戦災孤児は、昭和二〇年（一九四五）八月一五日の玉音放送の後、黙々とがれきをかたづけはじめた。地獄の戦場から復員兵も帰って来て、復興住宅が建てられはじめた。その住宅は、近代生活を反映し、江戸時代の面影は薄れていた。伝統的な民家型式の変質が始まったのである。

それにあわせてGHQも、生活改善運動を開始する。最初のターゲットはかまど。たきぎを燃やすかまどは、室内に煙や煤を充満させていた。木造建築には防虫・防腐効果があったが、眼病や肺病の原因でもあった。そこで煙突付きの耐火煉瓦製の利用を指導したのである。この運動は、最終的には電化製品で家事労働を軽減するアメリカ式を理

写真３　くずやおろし前を描いた絵
（袖岡家所蔵）

写真４　くずやおろし後
（袖岡家住宅、京都市左京区岩倉、非公開）

想としており、確かに日本の住環境を改善する面もあった。

さらに昭和三〇年代には、街頭テレビにアメリカのホーム・ドラマの「アイ・ラブ・ルーシー」や「パティ・デューク・ショー」が登場。津々浦々で、電化製品や自家用車にかこまれた華やかなアメリカンライフスタイルへのあこがれが強まった。

民家ブームの到来

昭和三〇年代後半、「もはや戦後ではない」のかけ声の中、高度経済成長の段階に入った都市は、膨大な労働力を必要とした。そこで農村・山村・漁村から、金の卵とよばれた中高生が流れ込んだ。それだけでなく、一家の大黒柱の農閑期における出稼ぎも常態化。その定着をうながす団地建設が、都市周辺で始まった。そこにダイニングキッチンや椅子式の生活が現れ、やがて農山村にも広がった。土間であった台所は板張へ変わった。個室を確保するため、茅や藁の草葺屋根をおろして、瓦葺の二階建てにする「くずやおろし」も進んだ（写真3、写真4）。

昭和四〇〜五〇年代には、日本列島全体が国土開発の対象となり、過疎化した多くの農山村が、多くの百姓家遺構とともに、電源開発のダムに沈んでいった。

そのころ京都でも、多くの町家が築百年を経過して、修理時期をむかえていた。生活様式の変化を反映して、台所や風呂、便所の改築希望も多かった。しかし好景気で忙しい建築業者には、新築をすすめる者もいたのである。社会的にも「京都を古ぼけた文化財にしてはならない」との声が強く、せっかく戦禍をまぬがれた京都の町家遺構も滅失をはじめた。

そんなとき、東京民芸協会が、機関誌の『民芸手帖』に「民家巡礼」の連載を開始する。生まれ育った風景の変貌に心を痛めていた人々は、滅びゆく民家の美を再認識し、大評判となった。京都でも川端康成らが、町家や戦前の都市住宅を執筆材料とした。時代は「民芸ブーム」、「民家ブーム」となり、各地で民家調査や保存の要望がたかまった。

そこで昭和四一年（一九六六）、国の文化財保護委員会は、全国民家の緊急調査を計画した。すでに昭和二九年（一九五四）に今井町（奈良県橿原市）の町家群が関野克らによって調査され、とくに重要な今西家住宅が重要文化財に指定されていた（昭和三二年〔一九五七〕）。そのような気運もあって、全国都道府県の教育委員会が緊急民家調査を実施。一万棟以上が調査され、結果をもとに発展系統の解析がこころみられた。その知見からとくに重要と判断された民家が、所有者の同意を得て文化財に指定されていったのである。

民家の型式

京都府下の緊急民家調査では、まず六つの民家型式が設定され、後に一つ加えられた。ここで民家の型式とは何であろうか？　庶民の住まいは個人の好みだろう、と思われるかもしれない。これへの説明は、当時の調査を主導した永井規男の言葉を借りたい（著者要約）。

> 民家は間取り（平面ともいう）や構造、材料、工法が空間を構成する。この空間を分類するには、間取りが最もあつかいやすい。なぜなら、限られた地域の民家を調査すると、同じ構成の間取りが多い。それは農村なら農業、山村なら林業というように、地域共通の生業に適応して生み出された間取りである。だから、同じ間取りの分布地域を明らかにして、分布地域全体の略称を付けて設定するのが民家型式……（二）

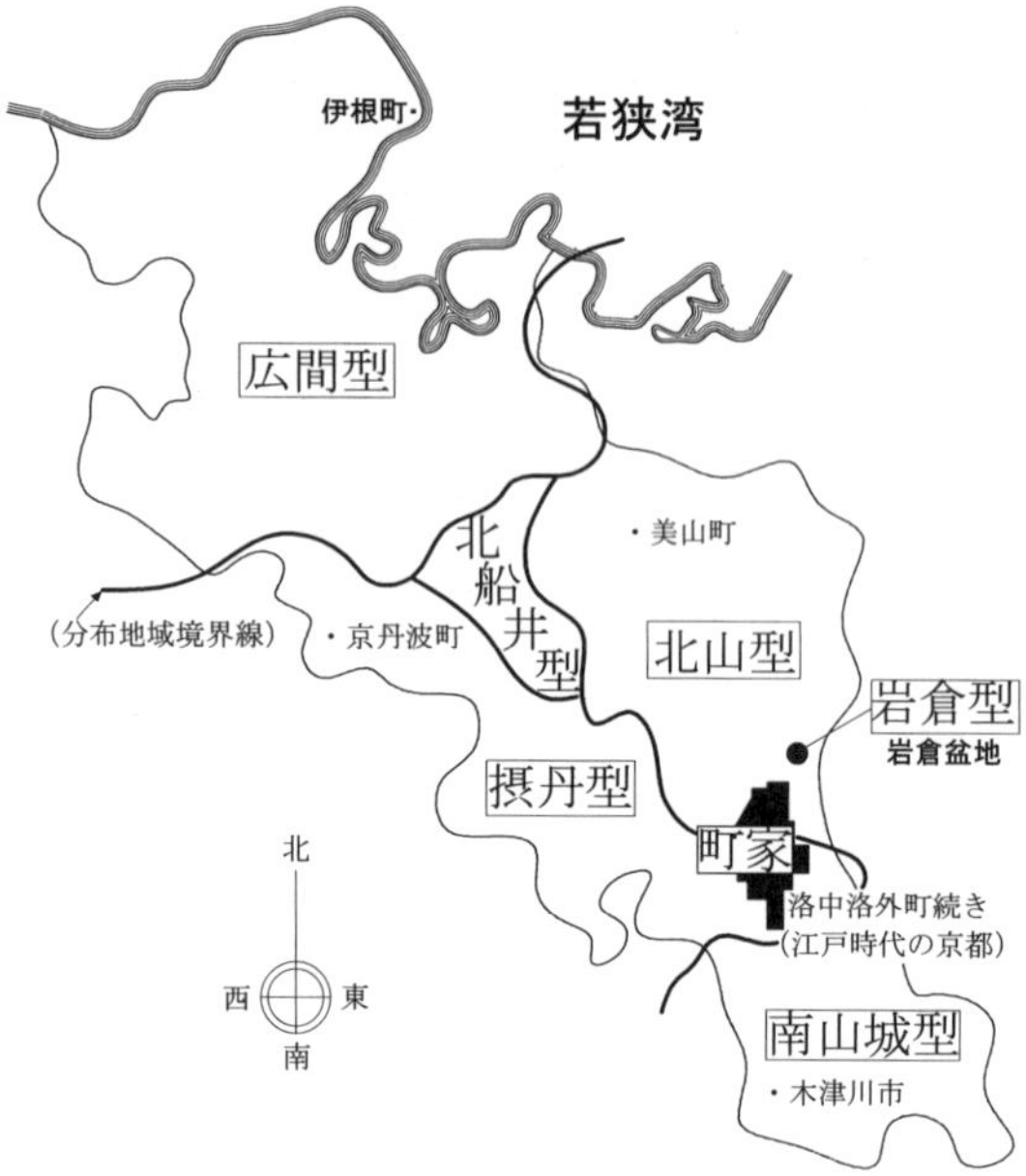

図１　京都府の民家型式の分布

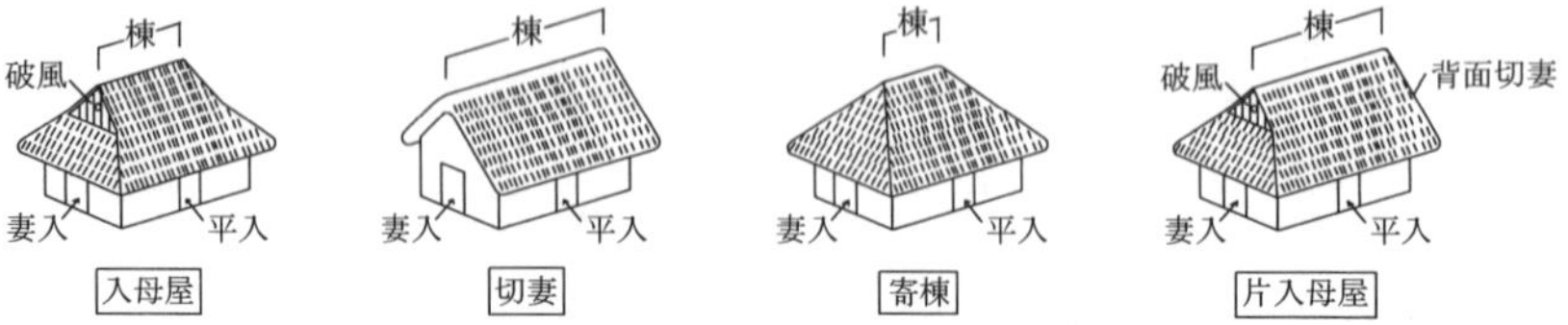

図２　屋根の種類と平入、妻入

この定義によって、緊急民家調査後に六型式が設定された。さらにその後、永井自身によって岩倉型が加えられ、七型式となった。これら京都府下の民家型式を、概観してみよう（図1）。

① 広間型（丹後型）

広間型は丹後半島の海辺から山間部まで、丹波地方の西北部にも分布している。このため丹後型とされたが、全国各地で存在が知られるようになり、今では広間型と呼ばれている。

屋根は茅葺や藁葺など草葺で、かたちは入母屋。平側から入る平入で（図2）、間取りは床上と土間をはっきり分ける片土間。床上は三室あり、三間取り《みつまど》という（図3）。

三室のうち、土間に面する広間は、日常的な接客や作業の場所。奥の二室は、床の間や仏壇を置いて儀礼の場となる「おもて」（表）と、家族全員の寝室である「へや」（室）。おもてはめったに使わず、へやも夜だけ。生活は広間と土間で行われた。竈《かまど》は土間におくが、広間から直接使うため土間との境に小さな板間の「ろくだい」もつくっていた。だから広間と土間の境には閉める建具がない。

ところが、江戸時代後期に広間を二室に分ける建具を入れる四間取りが現れる。ただし仕切る建具は、最初は天井から吊る程度であった。天保一一年（一八四〇）建築の永島家住宅が当時の代表的遺構で（写真5）、ろくだいもある（写真6）。

また農村や山村の広間型は、作業のため土間が広く、一角に牛や馬の「まや」（内厩）を置いていた。これに対し漁村の広間型は、内厩がない。土間もせまかったが、かわりに別棟のガレージがあった。「舟屋」である。海岸線に百姓家が張り付く浦では家の前（写真7）、百姓家が山に階段状にならぶ場合は浜辺に置いた。今では二階をのせる舟屋が多くなっているが、古くは平屋で草葺の姿であった（写真8）。

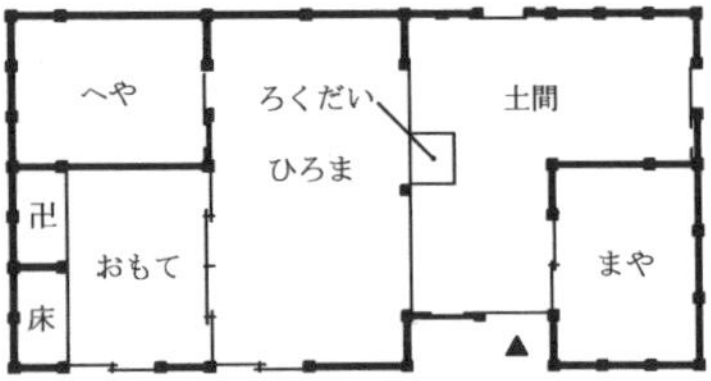

広間型

図３　広間型（丹後型）の基本的な間取り

写真７　伊根町伊根浦伝統的建造物群保存地区（京都府与謝郡）

写真５　平入の永島家住宅（京都府京丹後市丹後町徳光から京都府立丹後郷土資料館へ移築・公開、京都府指定文化財、京都府丹後郷土資料館提供）

写真８　復原舟屋（伊根町青島、2004年倒壊、『日本民家園ガイドブック（増補版）』川崎市立民家園、1993年、59頁より転載）

写真６　永島家住宅のろくだい、左後に広間を仕切る建具（京都府丹後郷土資料館提供）

②　北山型

北山型は滋賀県湖西地方や福井県嶺南にも分布するが、京都府東北部に多い。このため京都三山（東山・北山・西山）で「北山杉」の産地でもある北山の名称が付いた。もともと山間部の林業集落の住まいなので、板壁主体である。代表的遺構は石田家住宅（写真9）。慶安三年（一六五〇）の墨書があり、京都最古の民家とされている。屋根は入母屋で、屋根葺材は、内側から麻幹《おがら》・藁葺・茅葺を重ねていく三層構成の草葺（写真10）。これが上層農民のみ可能な仕様であったというのは、管理される篠原浩氏の説明である。屋根をささえる小屋組は、梁に立ち棟木をささえる棟束（真束）の「おだち（卯建）」と、つなぎ梁と小屋束をセットにした「とりい（鳥居）」を組み合わせた「おだち・とりい組」（図4中央）。これを複数おき、お互いはうすい貫を差し通すだけの小屋組なので、それだけではぐらぐらだが、垂木をかけて母屋竹を一尺間隔で縄編みすると、籠のように丈夫でしなやかな構造になる（写真11）。このおだち・とりい組は、中世まで時代をさかのぼると、棟持柱が棟木を直接うける「棟持柱構造」であったらしい（図4左）。梁行方向の長さは二間（約四メートル）程度であったが、やがて郷士などの有力者は家の規模を大きくするため、倍の長さの四間梁を架け渡し、その上に「おだち・とりい組」をおいた。石田家もこれにあたる。

間取りは、妻入は古い北山型では一般的なもの。棟木の直下に柱をならべ、内部を二列に分ける（図5左）。「縦割」という。一方の列は「まや」（内厩）の奥が「しもんで」（下手）と「おもて」（表）の続き座敷。この接客空間に「えんげ」という縁が付いた。もう一方の列は「にわ」（庭）とよぶ土間にはじまる。この土間は床上近くまで土盛する「上げにわ」になっていた（写真12）。その奥に居間・食事機能の「だいどこ」（台所）、さらに奥に閉鎖的な寝室の「へや」（寝室）があった。生活空間である。つまり「縦割」で接客空間と生活空間に分けたのである。ただし「だいどこ」と「おもて」は直接行き来できる。このような室の配置を「縦喰い違い」といい（写真13右側）、四室を十字に配置する「整形四間取り」ではない。

写真 12　上げにわ、奥にだいどこ

写真 9　石田家住宅
（京都府南丹市美山町樫原大原谷、重文）

写真 13　左側：なんど構え、右側：だいどこから縦喰い違い方向に見るおもて

写真 10　三層草葺を説明する篠原浩氏

写真 14　美山かやぶきの里の景観
（京都府南丹市美山町北、国の重要伝統的建造物群保存地区）

写真 11　おだち・とりい組

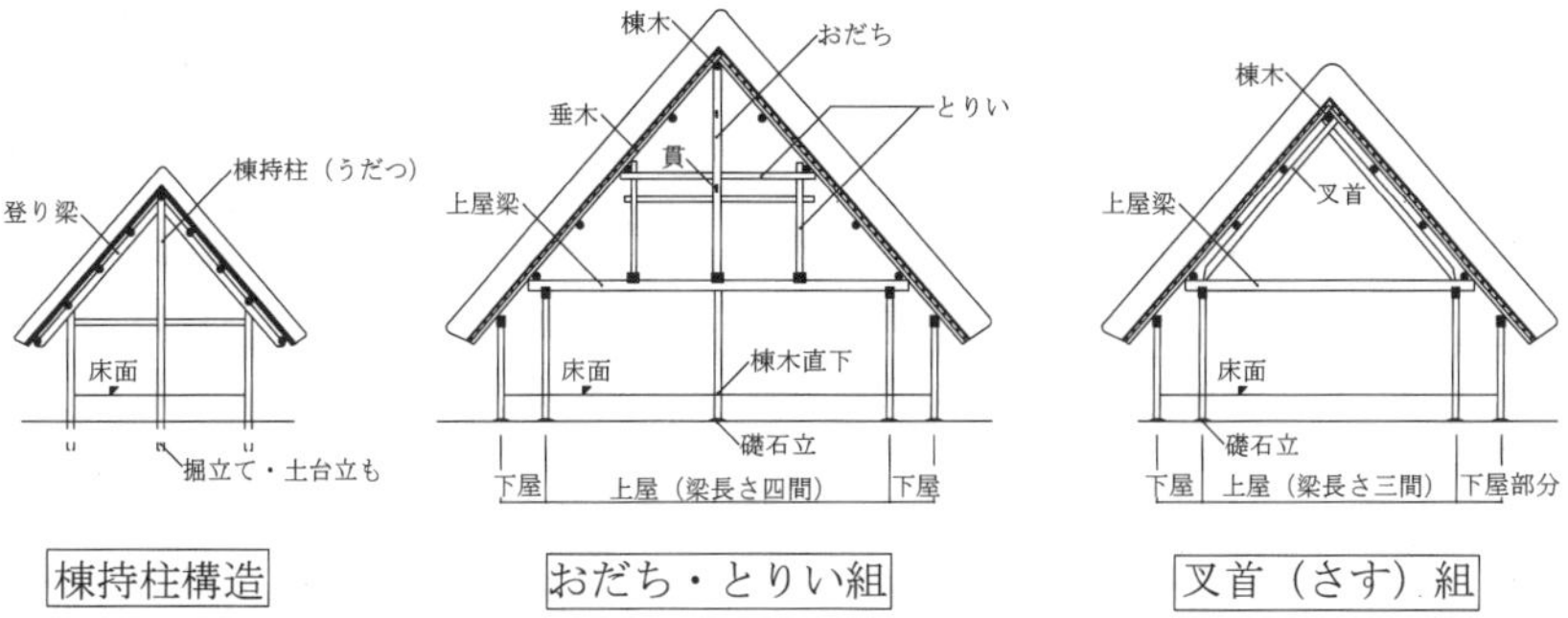

図４　おだち・とりい組と棟持柱構造、叉首組

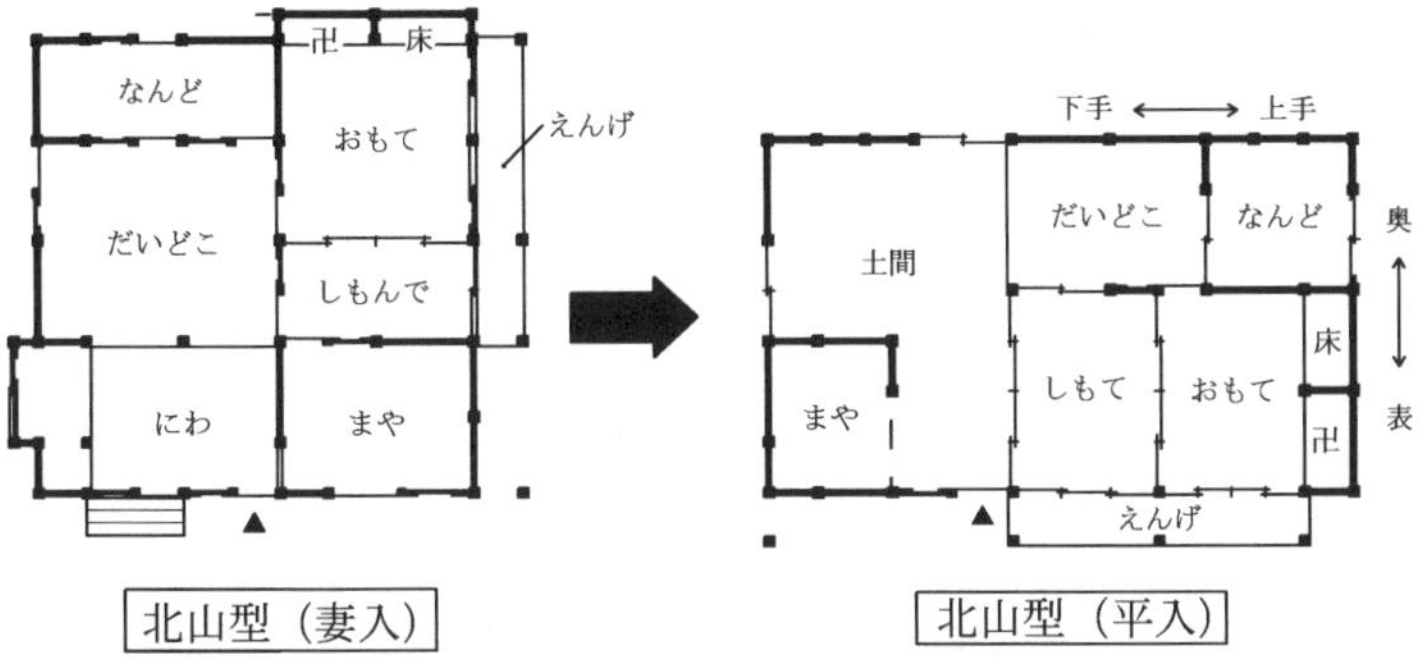

図５　北山型の基本的な間取り（妻入 → 平入）

寝室の「へや」は「なんど」ともいう。「へや」と「だいどこ」の境は、袖板壁付きの片引戸。敷居が高く、「なんど構え」（写真13左側）という。中世支配層の住宅である「広間造り」や「書院造り」の座敷にもあったもので、藤田元春は古代の「寝殿造り」の「納戸」（寝室や物置室）の入口を起源とした（三）。

もっとも百姓家のなんど構えは、敷居に小栓の樞《ころろ》を落とし込み、内側から閉める自衛的なもの。内部ではわらを敷きつめ、薄布団を万年床にしたり、家族それぞれの「箱床」を置いたりした。以上が古い北山型である。

しかし一八〜一九世紀、山村の生産力が向上したとき、増加した分家の間取りは平入となった（図5右）。土壁も増え、今もその姿を美山かやぶきの里にみることができる（写真14）。縦喰い違いの間取りは変わらなかったが、寝室は開放的

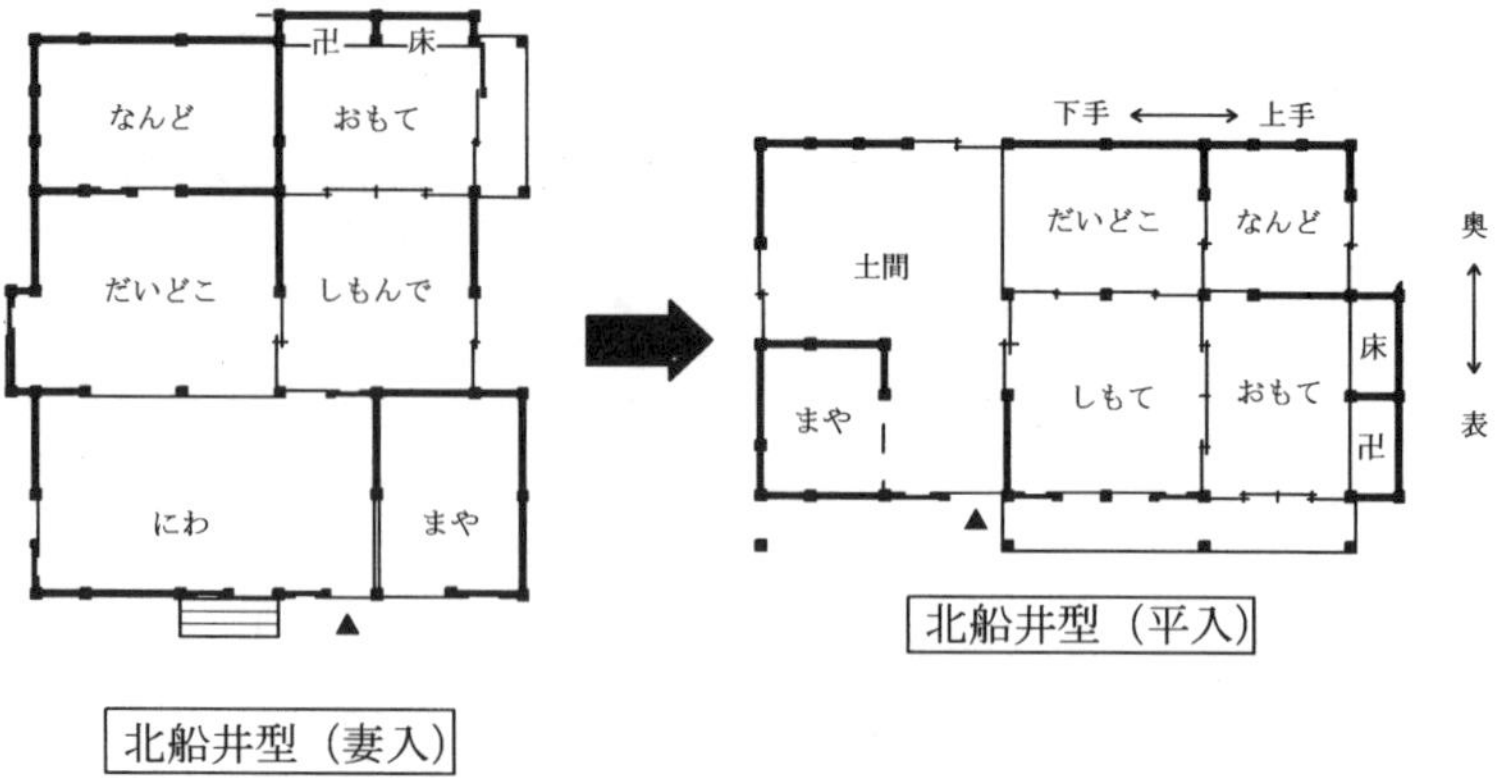

図６　北船井型の基本的な間取り（妻入 → 平入）

となり、なんど構えも減った。小屋組も一般的な叉首組《さすぐみ》（図4右）となり、三間梁となった。

この三間梁とは、上屋梁の長さが三間（約六メートル）のもの。これが増えた理由は、北村龍象が、江戸時代前期の史料に「梁行京間三間に限るべし、桁行は心次第」、「新規に建て候家は梁間三間と限るべし」とあることを指摘している。（四）上屋梁の長さを三間に限った江戸時代の建築規制の影響としたのである。ただし「耕作の為……子細これ有は役人方へ相違し指図受くべき事」とも記されていて、いくぶん相談の余地はあったらしい。また建て直しの場合も既存の梁間長さが三間以上なら踏襲が許されたが、分家の新築の規模や構造には、この建築規制が影響したのである。

③ 北船井型

北船井型は京都府中部の旧船井郡北部（京丹波町、南丹市の北部）に分布する。

外観は草葺の入母屋。古いものは妻入で、四間梁を架けた上に、おだち・とりい組、間取りは縦割（図6左）。片方に、まや→しもんで→おもて。もう一方が、にわ→だいどこ→へや（なんど）。へや・だいどこ境のなんど構えもふくめて、分布地域が隣りあう北山型と同じである。江戸時代後期に平入へ変わるのも同じである（図6右）。それなのに、北船井型と設定されたのは、床上の配置が、ちょうど十字に区切る「田の字型」＝「整

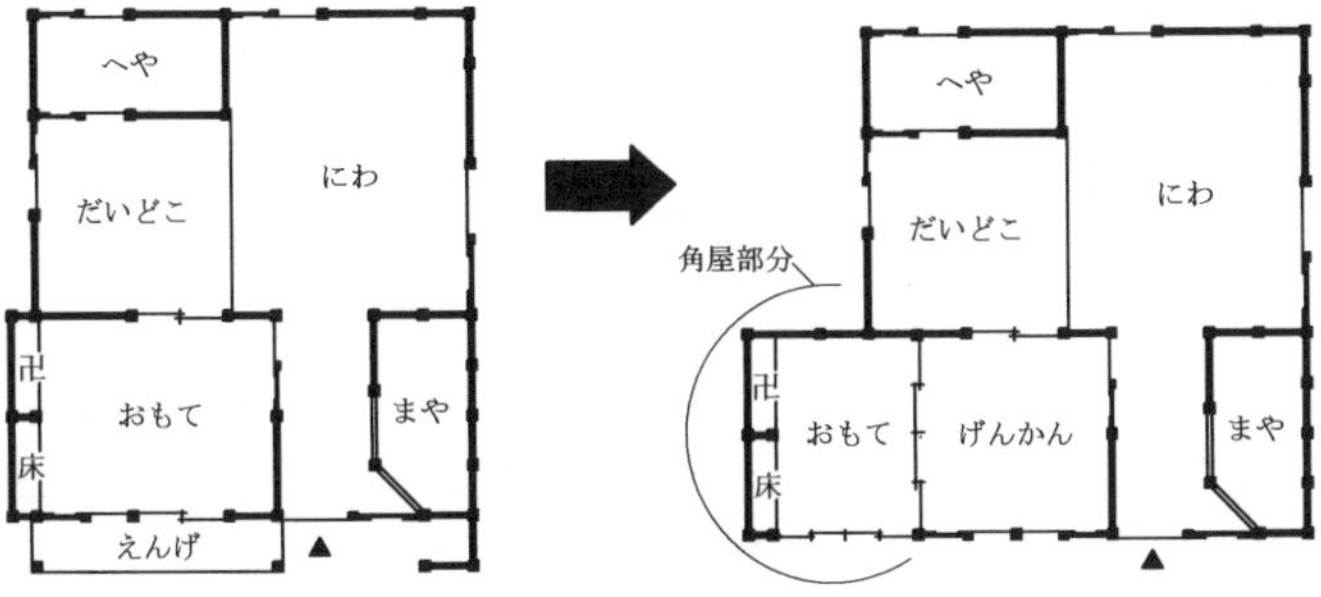

摂丹型（片土間・床上三室）　　摂丹型（角屋）

図７　摂丹型の基本的な間取り（片土間・床上三室 → 角屋造り）

形四間取り」だから。一般的に百姓家は整形四間取りとイメージされているが、京都府下では、江戸時代初期には北船井型と南山城型（後述）だけにしかみられなかったとされる。だから間取りを重視する民家型式の設定概念では、縦喰い違いの北山型とは別の民家型式とされた。

土間も、北山型はせまいが、北船井型はわら打ち・縄ないなど農村らしい夜なべ作業がさかんであったことを反映して広い。壁も、北山型は林業地帯の板壁だが、北船井型は土壁であった。このため、早く農村集落化したのが北船井型分布地域であり、その間取りが北船井型と説明されている。ちなみに整形四間取りで共通する南山城型の分布地域も、農業先進地域である。

④ 摂丹型

摂丹型は、以前は大阪府北部の能勢地方に特有とされ、「能勢型」と称された。しかし、旧摂津国（大阪府北部）と丹波国（京都府中北部と兵庫県中北部）が接する地域を中心に広く分布が知られるようになったことで、「摂丹型」の呼称が定着している。

外観は草葺の入母屋（写真15）。妻入で、正面に入母屋の屋根を大きくみせる。その入母屋の中心に枠を入れ、「破風」と呼ぶ板（写真17）を立てるのが高い家格の表現で、上層農民だけが許された。許されない家格では、竹や木棒を入れたのである。

間取りは、片土間・床上三室が基本（図7左）。奥まで「にわ」と称する

写真16　片土間から見るだいどこ

写真15　岡花家住宅
（現在の京丹波町質志小字観音から綾部市本宮町大本教本部へ移築、重文）

写真18　東梅津の林家住宅
（京都市右京区梅津、非公開、未指定）

写真19　片入母屋

写真17　入母屋中心に破風をもつ摂丹型の角屋造り
橋本帰一『京都民家巡礼』（東京堂出版、1994）より転載

土間をのばす片土間で、入口近くに内厩がある。床上は土間沿いに配置され、表から接客座敷のおもて、居間・食事機能のだいどこ（写真16）、寝室のへや。だいどこ・へや境はなんど構えで北山型と同じである。

ちなみに写真15は、中尾七重の放射性炭素年代測定調査で一七世紀後半[五]、つまり摂丹型最古級の建築が確認された岡花家住宅である。この住宅は移築時に土間の奥に「おくのま」（奥間）が復原されたが、同様の例は見つかっていない。

そして一八世紀初めごろの摂丹型に、百姓家のおもてに座敷を継ぎ足して続き座敷を確保する「角屋造《つのやづく》り」が現れた（図7右）。これにより表構えは、入母屋の片方の側面が角《つの》のように伸びることになった。その姿は、近世初頭の支配層の広間造りにも似ていて、村内でも別格の家格を表現するものであった（写真17）。

さらに一九世紀には、床上を複列にする例も現れる。東梅津村の林家住宅がそれで、天保一一年（一八四〇）に、妻入の片土間・床上三室から、複列に建て替えた[六]。そのとき林家は、並瓦葺で平入に変え、二階表には土塗格子をならべた。町家風の外観になったのである（写真18）。保津川水運が到着する東梅津で代々材木商を営んだ林家は、最上質の木材を使い、加工技術も非常に高い町家風の家を建てた。未指定であるが、保存度が非常に高く、広く高い土間の空間体験は息をのむほど。明らかに重文級の素晴らしい近世民家遺構である。

このほか、京都西郊の嵯峨から乙訓一帯の摂丹型の百姓家に「片入母屋」という屋根がある（写真19）。大正期までは大阪方面まで広く分布したもので、正面が入母屋、背面が切妻。「烏帽子《えぼし》造り」とも称される。両端を入母屋にしない理由は、構造、習俗、宗教、あるいは両面切妻であったのが入母屋化する途中、などいろいろ指摘がある。が、京都市左京区岩倉で瓦葺の二階建住宅が片方だけ入母屋にする例が多い理由は、見える方だけでいいという経済性であることも、参考にすべきであろう。

さて、摂丹型分布地域では、街道沿いの町家にも同じ片土間・床上三室の間取りがある。ただ表室が接客用の「おもて」ではなく、「みせ」という商空間になるだけ。つまり町家も百姓家も同じ間取りである。そしてさらに、京都の町家も同じ間取り。この共通性が、本書の眼目のひとつになる。

写真 20　小林家住宅と小林凱之先代当主（木津川市上狛東林、非公開、重文）

写真 22　大和棟の妻壁

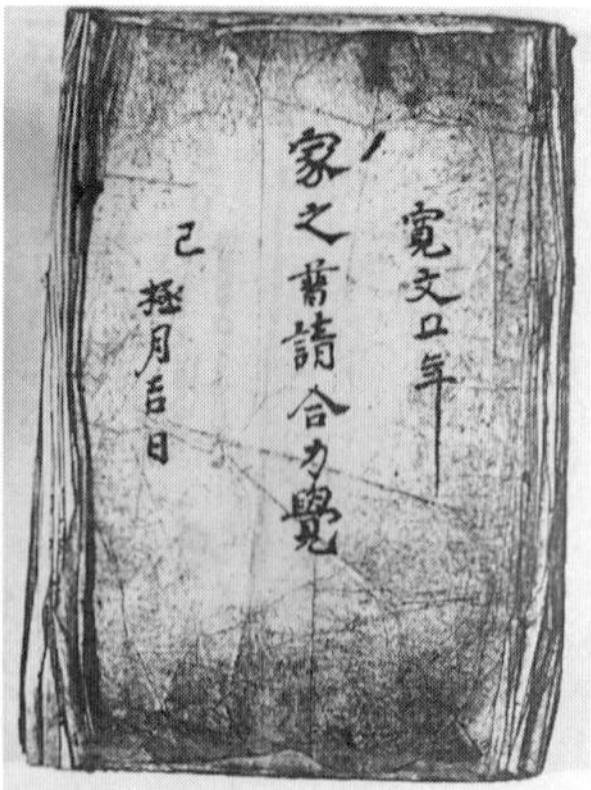

写真 21　『普請合力帳』の表書き

⑤ 南山城型

南山城型は、京都をかこむ旧山城国の南半分、いわゆる南山城（上山城）から大阪方面に広く分布する。農業先進地域のため大規模で、代表的遺構の一つが小林家住宅（木津川市山城町上狛東林、写真20）である。寛文五年（一六六五）の『普請合力帳』（建築時の周辺住民の援助記録）があり（写真21）、同年に建築された可能性が高い。南山城型では最古である。

外観は、棟が高い「大和棟《やまとむね》」が目立つ（写真22）。梁間は四間（約八メートル）で、その上に立つ叉首が高い棟木をささえる。が、建築当初は入母屋であったことを、小屋組に残る隅叉首《すみさす》が示している。

南山城型の基本は平入で、広い片土間に内厩（図8）。床上の四室はきれいな十字で、整形四間取り、あるいは田

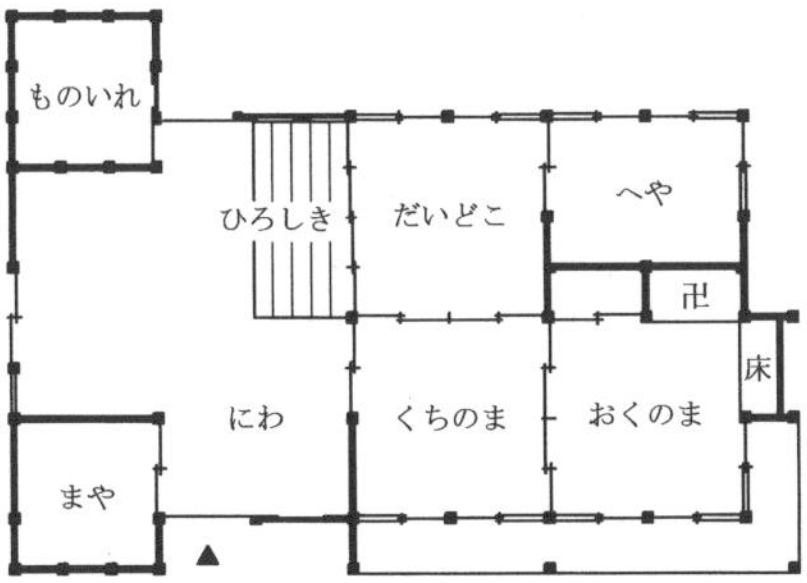

南山城型（平入）

図8　小林家住宅の間取り

写真23　床脇の長押の釘隠しと唐紙張りの桐紋

写真24　ひろしき・だいどこ境の突き止め溝

の字形という。表の二室は続き座敷で、縁側がまわる接客空間。奥の二室は、にわ（土間）沿いの「だいどこ」（生活）と「へや」（寝室）。土間の「ひろしき」（広敷）という低い板間は、だいどこの居間・食事機能が土間に広がったものである。

このような間取りは、南山城型に一般的なものと言っていい。が、その中で小林家は、永正三年（一五〇六）に環濠集落の上狛《かみこま》へ移住し、天正一四年（一五八六）に豊臣政権から六五〇石余の所領安堵を受けた家柄である。江戸時代初頭に帰農してから、朝廷領地の一つ、禁裏増御料の庄屋となった。それから幕末まで没落せず、庄屋役儀を果たし続けた家は、じつはそれほど多くない。その由緒をあらわすように座敷は棹縁天井で、長押《なげし》を座敷内側だけでなく、外側の縁にもめぐらし、随所に桐紋の釘隠しをうつ（写真23）。これらは大庄屋級の百姓家に限られるものである。

さらには、床脇の棚に桐紋の唐紙張りがあり（写真23）、小林家と関わりのある豊臣家と同紋であるのが興味深い。由来は不明であるが、いずれにしてもこのような書院風座敷は、普通の百姓家に許されるものではない。土豪・地侍の系譜をひく大庄屋や庄屋の百姓家に限られるものと言ってよく、巡見で訪れる役人の休息所などにも使われたと推測される。

南壁は一間（約二メートル）おきに柱をたて、柱間装置は、板戸二枚と明かり障子一枚を引違いにする。普通は二間おきに柱をたて、板戸四枚と明かり障子二枚を引違いにするから、それよりも古いかたちである。だいどことひろしきの境も、溝を途中でとめる「突き止め溝」（写真24）。普通は戸袋を付けて一本溝で板戸を出し入れしたり、二本溝に板戸四枚を引違いにするから、古いとされる。もっとも南山城では他地域よりも長く突き止め溝が使われたのでこの説はあまりあてにはならない、というのが先代当主凱之氏のご見解であった。

以上、小林家住宅は、一七世紀後半の南山城型の姿を伝えると同時に、その後の変化も読み取れる貴重な遺構である。このため著者も関わった調査で、平成一五年（二〇〇三）に国の重要文化財に指定された。

⑥ 町家

「町家」も民家型式のひとつである。典型的な間取りは、片土間・床上三室。それは京都の町家に限ったものではない。摂丹型分布地域や全国の都市・街道宿場など、全国各地の町家にあったし、今もある。

では、京都の町家に限る特徴は？というと、永井規男が「元治大火（一八六四）をへた京都は調査対象が幕末以降に限られる」と前置きしたうえで、「量的にも質的にも豊かとはいえない素材からつくられているけれど、それ有効適切かつ洗練されているところ」とした。[七] そうすると、民家型式の設定にかかわる間取りには、特別なものはない。京都固有の間取りはないから、民家型式は各地の同じ間取りと一括りに町家、ということになる。とくに京都のもの

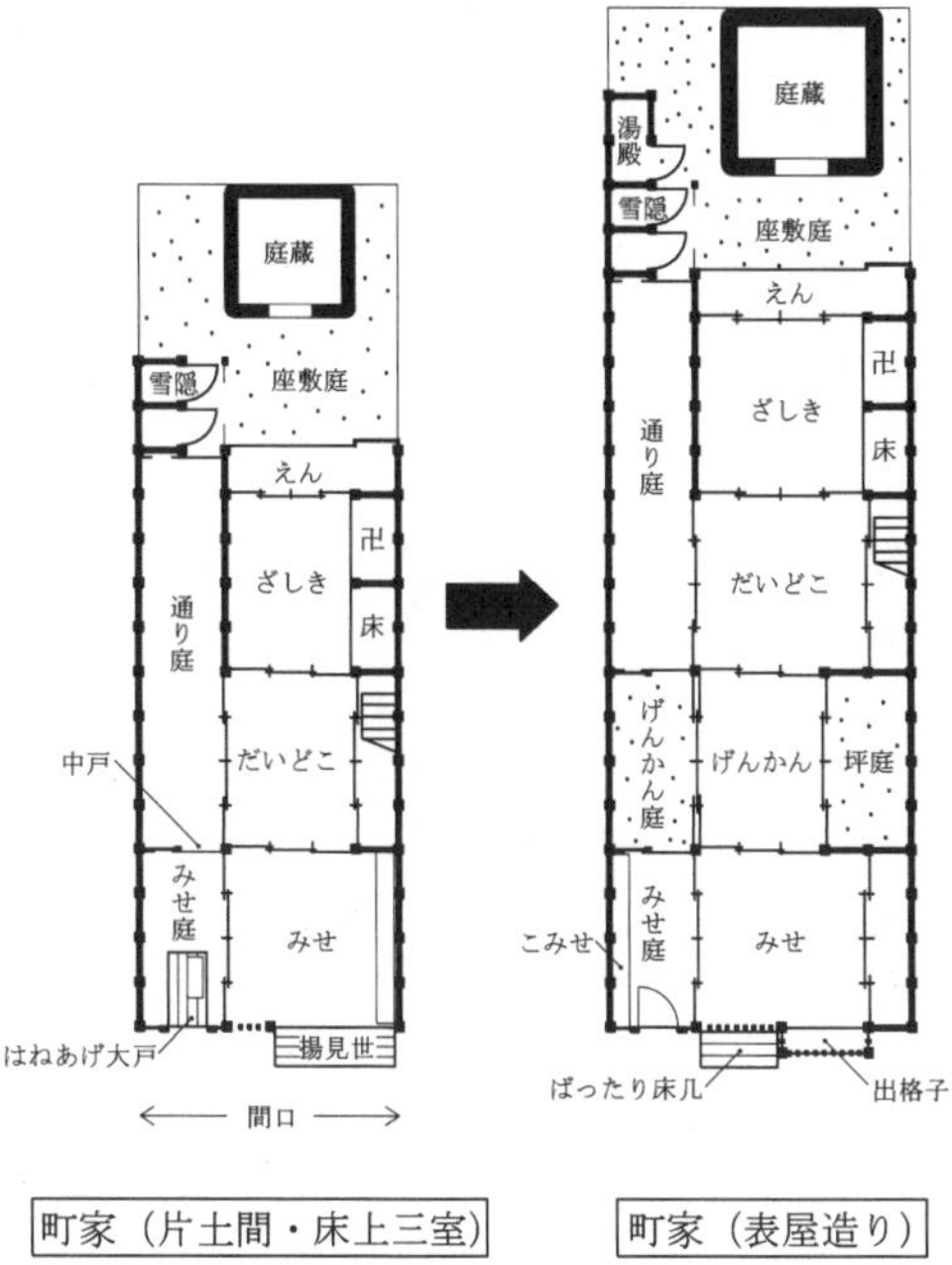

図９　町家の基本的な間取り
（片土間・床上三室 →　表屋造り）

写真25　川北家住宅
（京都市中京区新町四条上る、非公開）

写真26　玄関庭から表棟をみる
（川北家住宅）

写真27　火袋（川北家住宅）

写真28　建具替え（川北家年中行事）

写真29　土蔵造りの町なみ
玉井哲雄編『よみがえる明治の東京――東京十五区写真集』（角川書店、1992）より転載

を指すのなら、京都の町家である。

その間取りは、平入で片土間。土間沿いの床上は、表から順に「みせ」(店、商売機能)、「だいどこ」(台所、居間・食事機能)、「ざしき」(座敷、儀礼兼寝室機能)。つまり片土間・床上三室である(図9左)。また川北家住宅のように「みせ」棟と「だいどこ・ざしき」棟を分離し、間に「げんかん(玄関、応接空間)」棟を差し込んで、その両脇に「げんかん庭」と「坪庭」をおく「表屋造り」「おもてづくり」もある(写真25〜写真28、図9右)。

ちなみに、ドイツ人ケンペルが「京都にて作れりといえば、事実出来の悪しきものにてさえ、人はしかあらざるものよりは優越なりと認めるなり(八)」と記したように、江戸時代前期の京都の技術的先進性は明確で、当時の江戸では京都から「下らない」ものはだめ、という感覚があった。その感覚が「京普請」や「京番匠」、「京格子」の用語をうみ、公家の本膳料理・寺院の精進料理・茶人の懐石料理を融合した会席料理も江戸時代から「京料理」と称されていた。

しかし建築技術の優位性はすぐに失われ、間取りも特別なものではなかったから、「京町屋」という言葉はなかった。現在用いられるそれは、観光資源とするため、昭和四〇年代に考案された造語である(第一一章)。

また江戸では、八代将軍吉宗の治世以降に都市防火性能の向上が目指され、並瓦葺や塗家、土蔵造り(序-写真1・2)が強制された。その結果、強制がなかった京都の町家をはるかにこえる防火性能と断熱性能をもった。さらに、これらの仕様は荷重が大きいので、ささえる部材が太くなり、構造強度も増した。そして隣家との間に通路を設けるなど、間取りも、そして町なみも変化した(写真29)。明治以降に関東や東北、北陸にも広がり、これらには異なる型式設定もあり得たが、なにぶん太平洋戦争中のアメリカ空軍の無差別爆撃で多くが失われ、そうならなかったのは惜しまれる。

それでも歴史的には、江戸時代の都市住宅すなわち町家の建築的極相は土蔵造り、というべきであろう。それにくらべて京都の町家は素朴で繊細、多分に中世的である。

図 10　明治初頭の岩倉村（『岩倉公旧蹟春秋図』）
京都市歴史資料館所蔵

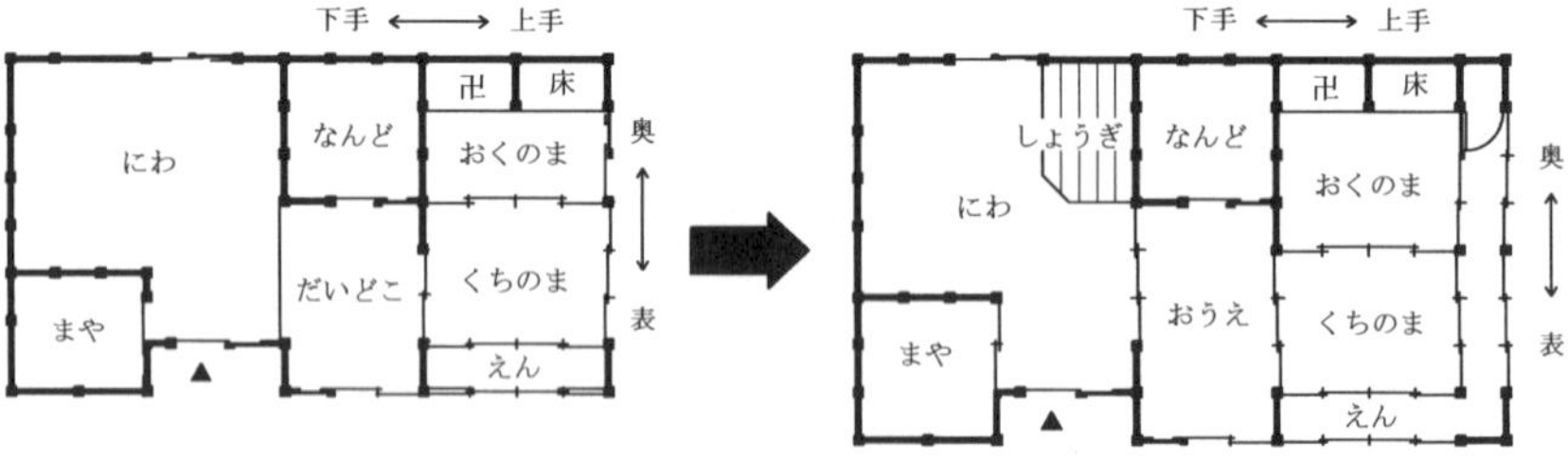

岩倉型（18世紀）　　岩倉型（19世紀）

図 11　岩倉型の基本的な間取り（左：18 世紀まで、右：19 世紀以降）

写真 31　居間・食事機能をもつ土間
（袖岡家住宅、京都市左京区岩倉、非公開）

写真 30　わら葺の岩倉型
（昭和40年、くずやおろし直前の姿、京都市左京区岩倉）

⑦ 岩倉型

岩倉型は、昭和四〇年代の緊急民家調査では、京都盆地の北隣の岩倉盆地（旧愛宕《おたぎ》郡岩倉村、現、京都市佐京区岩倉）に特有とされながら、摂丹型分布地域にも散在が指摘された。当時は型式設定されなかったが、昭和五三年（一九七七）に永井規男が摂丹型民家に関する論文で、岩倉型と命名した[九]。これに対して林野全孝《まさのり》は、分布地域が限られる特殊形だから型式設定は不適当、と批判した[一〇]。しかし間取りが特徴的で、せまいとはいえ分布地域が明確である以上、型式設定の定義に照らして問題はない。

外観はわら葺の入母屋（写真30）。それは小麦のわらであったといい、明治一五年（一八八二）以前に幸野楳嶺が描いた岩倉村にも、そのようなわら葺の百姓家の風景がある（図10）。

間取りは平入で、広い土間に内厩をもつ。床上は四室が基本（図11左）。土間沿いの下手列に、居間・食事機能の「だいどこ」と閉鎖的寝室の「なんど」をおく。両室の境は「なんど構え」。そして「なんど」が土間との間に壁をたてる点が、京都府下の民家では特異である。上手列の二室は続き座敷で、表側が「くちのま」、奥が床と仏壇をそなえた「おくのま」。この続き座敷は、冠婚葬祭の利用に限られた儀礼空間であった。以上が古い岩倉型である。

それが一九世紀になると、土間に「しょうぎ」があらわれた（図11右、第二章・写真4）。このしょうぎが居間・食事機能をもつのは、南山城型の「ひろしき」と同じである。そのとき残された下手表のだいどこは、日常的な接客機能の「おうえ」となった。床上四室のうち、上手列の続き座敷とあわせて三室が接客機能になったのである。そして「おうえ」は寝室の「なんど」よりも広くなり、続き座敷と棟方向に対して直角にずれる「横喰い違い」となった。

ちなみに、近代に食事用の椅子・テーブルが導入されたときも、直接土間に置かれた（写真31、写真4と同じ家）。これは「しょうぎ」もふくめて土間全体が居間・食事機能であったことを示しており、この習慣は現在もわずかに残っている。

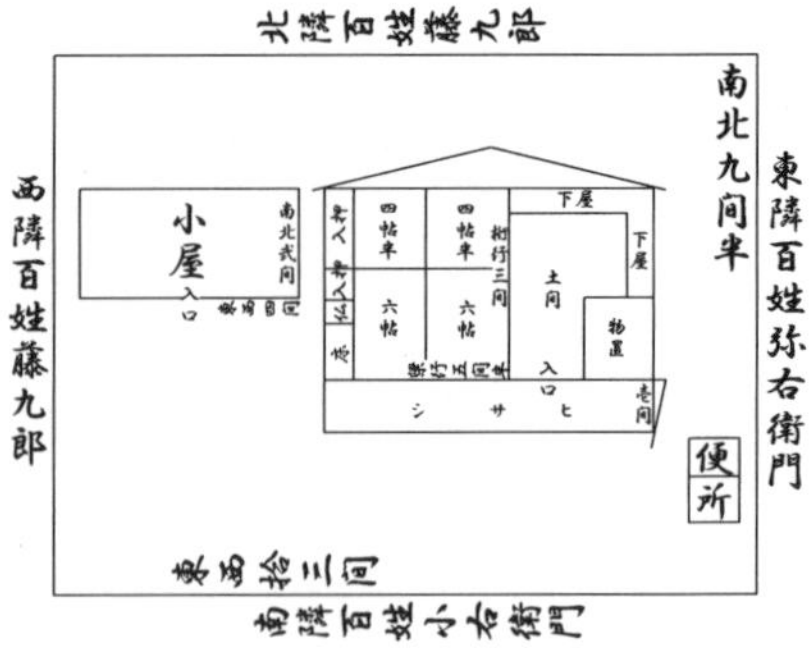

図12　長辺方向から妻入の指図
京都市歴史資料館架蔵フィルム複写（リライト）

写真32　山本家住宅、近隣に似た百姓家があったという
毎日新聞社京都支局編『京郊民家譜』（日本資料刊行会、1977）より転載

図13　「一乗寺村」
『都名所図会』（新修京都叢書第11巻、光彩社、1968）より転載

未発見の型式

このほか、型式設定はされていないものの、注目される史料がある。愛宕郡一乗寺村（現、京都市左京区一乗寺）は、岩倉盆地にほど近い東山沿いの農村である。民家型式の分布図では北山型分布地域にあるが（図1）、当地の『一乗寺村文書』（京都市歴史資料館架蔵フィルム）には、平入化した北船井型と同じ整形四間取りや、ナンドの閉鎖性を失った岩倉型の間取りが読み取れる建築許可申請書（普請願書）がある。このような民家型式のバリエーションは、江戸時代後期の岩倉にも確認でき（第二章―表1）、「共通の生業が共通の間取りを生む」という型式設定の前提が、絶対的ではない状況がうかがえる。引っ越しや移築あるいは型式の変化など、要因はさまざまであったろうが、百姓たち

も間取りや民家型式を守るため生きていたわけではないから、「好み」の影響も考えるべきであろう。

そして驚くのは、これら整形四間取りの中に、長辺方向から妻入を示す例を複数みる点である（図12）。長辺方向からの妻入は、京都府下の民家型式には報告がない。この屋根のかたちが、大正期の京都府乙訓郡久世村（摂丹型分布地域）の山本惣太郎家に報告される切妻（写真32、間口四間・奥行三間半と記録され、長辺方向からの妻入が確か）なのか、あるいは一八世紀末の『都名所図会』にみる一乗寺村の草葺入母屋なのか（図13）わからない。しかしどちらにしても、これまで同地には知られていない構成の百姓家が存在した可能性を示している。さらなる史料の収集が今後の課題である。

本書の目的

町家と百姓家は、別物ではない。とくに民家型式に関わる間取りには、結構つながりがありそうである。そもそも近世初頭に豊臣政権が身分統制令を出すまで、武士・町人（商人や職人）・百姓には、重なる部分が多かったから、住まいが変わらなくてもおかしくない。この点をふまえつつ、本書は豊臣政権の京都改造による町家への影響をみる。もっとも、町家と百姓家に重なる部分が多かった中世はもちろん、江戸時代初頭の遺構も現存しない。そこで文献・絵画史料を取り上げる。これらは、これまで民家緊急調査の結果よりも軽く扱われてきた。しかし遺構がない時代を考えるときは、これらの確認が不可欠である。なので京都の町家がそれらしい姿を手に入れた経緯を明らかにするために、得られる絵画史料を数多く突き合わせる。そうすると、豊臣政権の京都改造の影響が大きかったことが浮き彫りになってくる。それでは古代〜中世の絵画史料をみることから、第一章をはじめよう。

註

一　石川明徳『京都土産』（『史料京都見聞記』第五巻、見聞雑記Ⅱ、所収）法蔵館、一九九二

二　永井規男「京都府民家の総観」『京都府の民家調査報告』、第七冊、昭和四八年度京都府民家緊急調査報告、京都府教育委員会、一九七五

三　藤田元春『日本民家史』刀江書院、一九六七。

四　北村龍象『丹波誌』京都府立総合資料館所蔵写本、一九二四

五　中尾七重・永井規男『重要文化財岡花家住宅の放射性炭素年代調査報告』、二〇一三年度、日本建築学会学術講演梗概集

六　丸山俊明『京都の町家と町なみ――何方を見申様に作る事、堅仕間敷事』第四章図5の間取り参照、昭和堂、二〇〇七

七　前掲、永井規男「京都府民家の総観」

八　ケンペル『江戸参府旅行日記』斎藤信訳、平凡社、一九七七

九　永井規男「摂丹型民家の形成について」『日本建築学会論文集』第二五一号、日本建築学会、一九七七

一〇　林野全孝『近畿の民家』相模書房、一九八〇

第一章

中世、町家と百姓家に同じ間取り

概要：古代から中世の絵画史料に、京都の町家の間取りの原型をさがしてみよう。そうすると、片土間に床上二室という間取りが、町家の前身である店家《まちや》や小家《こいえ》、さらには百姓家にも見いだせる。

第一節　古代末期の町なみ

「絵画は絵画。資料にはならない」との声がある。それなら、遺構はどうだろう。調査した姿が、建築当初も同じであったとは、誰も言えない。痕跡から復原しても、風合いから判断しても、神ならぬ身の眼力である。唯一絶対の史料とするには、躊躇があってしかるべきである。そもそも歴史学では、文献・絵画史料をあつかうとき、複数史料に同じ内容があれば、歴史的事実と認めるのがルールである。おみやげのような量産品ならともかく、一定水準の絵画史料に共通内容があれば、事実に近いとみるのが妥当であろう。なにせ絵師は、代金を支払う依頼主のため、自分も依頼主も生きる町なみや建物を描いた。少々の絵画的な省略は許されても、絵空事では誰も満足しないのだから。

一二世紀後半（一）『信貴山縁起絵巻』

古代末期の町なみをみる絵画史料に、絵巻物がある。詞書《ことばがき》と絵を交互に入れ、人物の動きや場面展開をみせる巻物で、平安時代のものは物語が多く、鎌倉時代は寺社の縁起物が多い。

まず一二世紀後半、平安時代末期は平清盛の権勢が絶頂のころの『信貴山縁起絵巻』（一）がある。生駒山系の信貴山の毘沙門天信仰の霊験縁起であるが、庶民が暮らす町なみを描いたものとして、もっとも古い。ただし場面は、古く平城京がおかれ、平安時代は南都とよばれたところ。いまの奈良である（図1、図2）。

図１　南都の町なみ１
『信貴山縁起絵巻』（中央公論社、1987）より転載

図２　南都の町なみ２
前掲、『信貴山縁起絵巻』より転載

図1の右端は辻。条坊制のなごりであろうか。条坊制とは都市計画のことである。都の南北を一条大路～九条大路で九分割し、東西は中央の朱雀大路の両側に二組ある一坊大路～四坊大路で八分割した。そして大路の間を、三本の小路で、さらに四分割したのである。こうして生みだされる正方形は、約一二〇メートル×一二〇メートル。面積は約一四四〇〇平方メートル。この広大な土地が、貴族に与えられる屋敷地の標準であった[二]。それが平城京では坪、平安京では町《ちょう》と称された（大路や小路のとり方で面積に違いがある）。

さて、平城京の廃都は延暦三年（七八四、長岡京遷都年）だから、場面は廃都から三八〇余年後、地方都市になり果てた町なみである。通りの柳は、大伴家持が平城京でよんだ「春の日に晴れる柳を取り持ちて　見ればみやこの大路おもほゆ」を思わせるが、家と家の間は菜園をかこむ籬垣《ませがき》で、いかにも地方都市らしい。

そして家であるが、一〇世紀ごろの辞書『倭名類聚抄』[三]に「店家《まちや》、俗に町と云う……座して売る舎《いえ》なり……商売の居所」とある。店舗併用住宅が店家であり、商品陳列用の見世棚《みせだな》をもうけていた。そうすると、どちらの家も見世棚がなく、商売の様子もないから、店家ではない。寺院か役所の国衙《こくが》につとめる下級官人の住まい、「小家《こいえ》」であろう。

建築的にみると、平入で板葺屋根。すくなくとも図2の家は戸建て。間口は四間（七・二八メートル、京間《きょうま》や本間《ほんけん》があらわれていない当時の一間《いっけん》は六尺＝一八一八ミリメートル、約一・八二メートル）、奥行は二間（三・六四メートル）より長そうで、半間（〇・九一メートル）間隔で柱を立てている。

表構えは、左側が蔀《しとみ》（突き上げ式の格子張板戸）を二枚、突棒でささえ、その両脇の丸柱は蔀の戸当りを付けた丁寧な仕事。また丸柱も、原木を多角形に刻む手間をくり返して形を整えたもの。それを地面に直接突き立てる掘立柱で、長押《なげし》を釘打ちして固定している。

門口《かどぐち》（入口のこと）は蹴放《けはなし》（敷居のこと）が高く、両脇に角材の辺付柱《へんつけばしら》。角柱なのは、重い片開きの板戸をしっかり閉めるため。その上の横架材は楣《かまち》といい、これと蹴放に扉の軸穴をあけた。この穴に板戸からきざみだした軸をさしこみ、片開きにしたのである。門口を入ると土間。一方、蔀の内側は床らしい。奥に板戸があるので、表室と奥室の

図３　祇園御霊会
『年中行事絵巻』（中央公論社、1990）より転載

二室のようである。そうすると、表室は居間・食事機能で、裏室は壁や建具に囲まれた閉鎖的な寝室であろう。つまり、片土間・床上二室の間取りである。

たとえば『正倉院文書』[四]より宝亀四年（七七三）の借金証文にも「質物、家一区地三二分の一、板屋二間あり、左京八条四坊にあり」とある。借金のかたとして、三二分の一町（約四五〇平方メートル）の屋敷地（「一区地」）と共に差し出したのが「板屋二間」であった。板屋は板葺のことで、「二間」は床上二室のこと。土間のことは記されないが、煮炊きに使うかまどや流し、水がめをおくのにどうしても必要だから、片土間・床上二室となる。つまり、この絵巻の小家と同じである。図1の家も妻壁にみる奥行は二間で、同じく小家らしい（これらの構造については第三章）。

一二世紀後半（二）『年中行事絵巻』

『年中行事絵巻』は、『信貴山縁起絵巻』と同じ一二世紀後半に、絵巻物を好んだ後白河法皇が、絵師の常盤光長《ときわみつなが》に描かせたもの。ここで取り上げるのは、それを一七世紀に住吉如慶と具慶が写したものである。[五]

まず「祇園御霊会」に町なみをみる（図3）。怨霊（御霊）を鎮める御霊会は、民間では早くから行われていたが、朝廷は貞観五年

（八六三）に神泉苑で開催したのが最初である。貞観一一年（八六九）には、当時の国数と同じ六六本の矛を神泉苑へおくり、これが祇園祭の山鉾巡行の始まりともいう。

さらに貞観一四年（八七二）、流行した咳病が天竺（インド）渡来の牛頭天王の仕業とされて、鴨東の祇園社へ丁重に鎮送された。そして、悪行には疫病でたたる御霊＝疫神が、善行には疫病から守る存在となる、とされた。そうなると、経済力をつけた庶民がほっておかない。彼らの代表者が、京中（平安京の範囲内）の自宅を御旅所として寄進した。そして、この御旅所に向け、祇園社から神輿が出されるようになったのである。その神輿に、矛《ほこ》の随行が行事化されたのが天延二年（九七四）ごろ。もっとも当時は、祇園社主導の行事のひとつであって、庶民は神輿を中心にする行列を見物するだけであった。京都の町々が山鉾を出すようになったのは、『祇園執行日記』（六）の康永二年（一三四三）七月七日文書などに、「町人」という存在が確認されるようになった一四世紀の南北朝時代から。康永四年（一三四五）には、町人がたしかに「山以下作物」を出したと記録されている。

さて、一二世紀後半の町なみを描く画中では、板葺に平入の家が並ぶが、戸建てではない。通りにそって伸びる建物を、いくつかの住戸で割った「棟割長屋《むねわりながや》」である。場所は通りの上。律令体制が正しく機能していた時代には、許されるはずがない路上占拠である。が、規範がくずれた平安時代末期の当時、朝廷や摂関家が祭礼の見物のため、通りに建てたものであり、「桟敷《さじき》」と言った。

桟敷となっている棟割長屋には、複数の住戸が入る。そのうちの一つの住戸の間口は、一間半〜二間（二・七三〜三・六四メートル）。見物人がみえる窓は蔀で、両脇の丸柱は、信貴山縁起の小家と同じ戸当りがある。蔀は突き上げ棒がなく、軒下で吊るらしい。門口は片開きの板戸。壁に細い格子もあるが、葦か細竹のようで、腰壁は薄い木片や竹片を編んだ網代《あじろ》である。網代は、五世紀後半の古墳時代の滋賀県番場遺跡（滋賀県日野町）で厚さ一ミリメートル、幅二〜三センチメートルの杉片を編んだ一・二×〇・九メートル大のものが出土するなど、豪族の邸宅の外壁の化粧材とされていた。（七）そうすると画中の網代も、よく見ると裾がたるんでいるから、土壁の上に張って桟でとめているらしい。

目的は、ひび割れや壁土の崩れを隠す化粧であろう。はがせば土壁があるとみてよい。したがって、棟割長屋である点と、住戸の間口長さが短い点をのぞけば、『信貴山縁起絵巻』にみた南都の小家（図2）と変わらない。なお、右端の住戸は、門口を入ってすぐに低い床がある。これでは、内側に開く板戸がしめられない。したがって、見物のため、土間に板を仮置きした状態と考えられる。

続いて二月の稲荷祭り（図4）。伏見稲荷社から御旅所へ向かう神輿の見物に都合がよい、七条通りの風景である。左端の住戸は、網代張りの間口が四間（七・三メートル）ほどで、土間と床上は半分ずつ。土間の奥に裏へ抜ける背戸口があるようで、土間と床上の境にも建具が見える。この住戸の右側には張り出した見物席があり、身分の高そうな姿がある。網代張はなく、祭りのため仮設された特別席らしい。

また別の棟割長屋には、土間に置いた二つの木臼《きうす》に板を渡して見物席にしている（図5）。この時代は主食が粉食であった。穀物や木の実を木臼で粉にし、団子にまるめて蒸したり煮たりした。だから、木臼は生活に欠かせない。お米をついて蒸した強飯《こわいい》（小豆を入れると赤飯、握れば屯食《どんじき》＝おにぎり）や、現在のように炊いた姫飯《ひめいい》、干して携帯用にした干飯《ほしいい》もあるにはあったが、木の実も多く食べた当時はやはり粉食が主流だった。したがって木臼がある住戸は、普段は庶民の家として使われていたことを示している。棟割長屋の所有者から、借りていたのであろう。仮に三住戸が入る棟割長屋の桟敷の間取りをモデル的に描いてみると、図7のようになる。

つぎに、正月の町なみ（図6）。左上に、築地塀《ついじべい》が囲む貴族屋敷がある。これは「寝殿造り」であろう。「寝殿」とは貴族屋敷の建物群の中心に位置する主屋をさし、上層貴族のそれは間仕切りがない大空間であった。多様な年中行事にあわせて、しつらえを変えるためである。[八] 生活空間は周囲の「対屋」などにあり、渡廊《わたろう》で結ばれていた。それらは築地塀で見えないが、年頭のあいさつのためか、平唐門《ひらからもん》（両側面に唐破風《からはふ》がつく門形式）に詰めかける姿がある。し

図４　稲荷祭り１
前掲、『年中行事絵巻』より転載

図５　稲荷祭り２
前掲、『年中行事絵巻』より転載

図６　毬打《ぎっちょう》
前掲、『年中行事絵巻』より転載

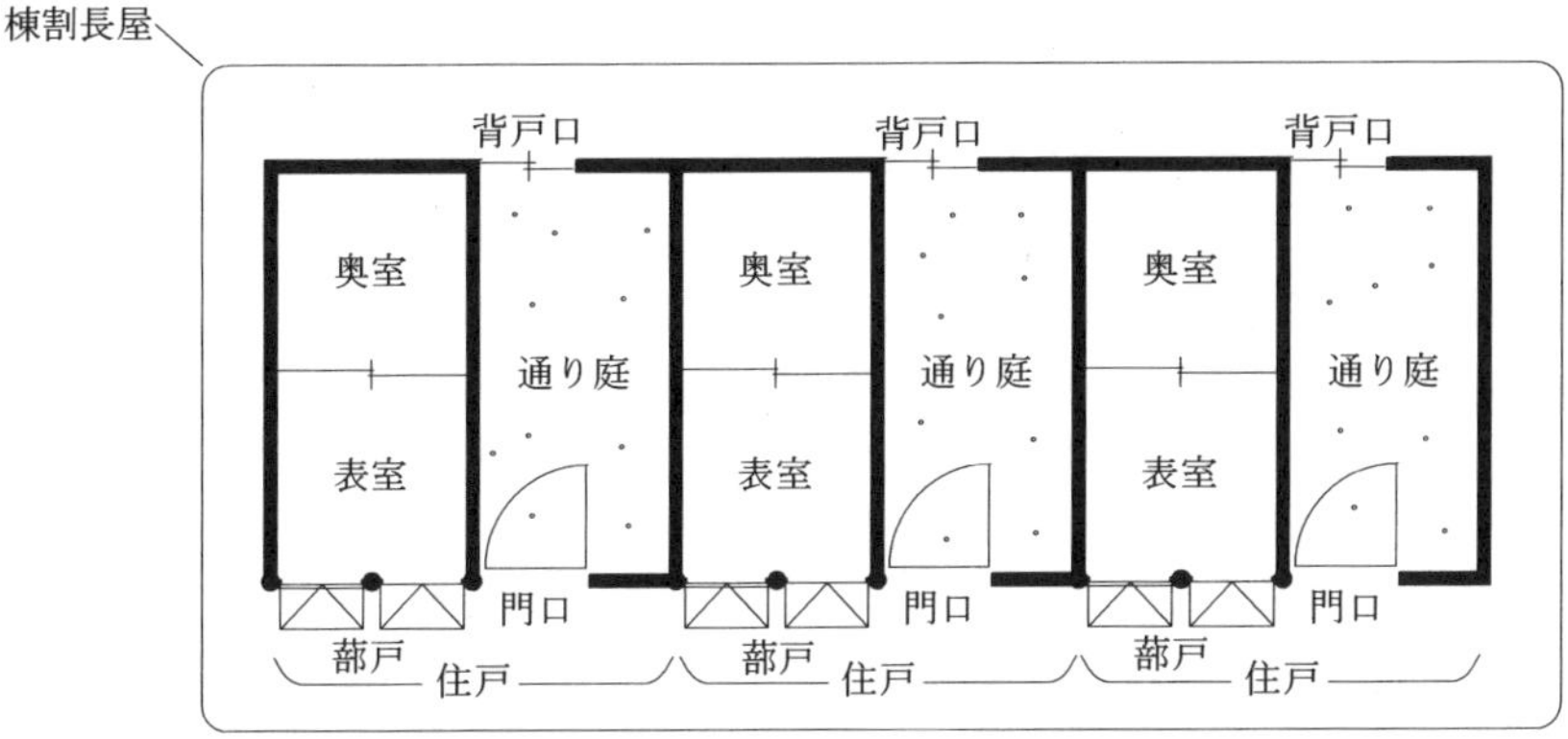

図7　桟敷モデル図（背面の状況により背戸口には有無があったと推測される）

かし正月らしい用意は見当たらない。これに対し右側の棟割長屋では、住戸それぞれが、表通りに門松を突きたてている。今の京都の正月風景では根付きの若松を門松にするので、ずいぶん違う姿であるが。

網代壁には脚を壁で受ける見世棚があり、商品の魚を置く店家。いわゆる魚《うお》の棚《たな》である。

ここで注意が必要なのは、右端住戸の壁面線が奥まっている点である。本来の棟割長屋の壁はこの位置である。それでも立派な路上占拠であるが、周囲の網代壁は、さらに前面にある。おそらく、貴族が屋敷前に建てた桟敷＝棟割長屋の住戸に、商売をなりわいとする庶民が入りこみ、その軒下を網代壁で取り込んで、見世棚を付けたのであろう。律令体制が確固たる時代は東西の市に押しこめられていた店家や市人が、居住を禁じられていた京中（平安京の中、ただし湿地の右京〔別名長安〕から左京〔別名洛陽〕へ人口移動がおきた後なので、洛陽の中すなわち洛中と同じ地域）に進出してきた状態と見てよい。

一二世紀後半（三）『伴大納言絵詞』

貞観八年（八六六）に「応天門の変」がおきる。大納言の伴善男が、左大臣の源信の失脚をねらって応天門に放火、処断された大事件で、ことの顚末を伝えるのが『伴大納言絵詞』である。これも常盤光長が安元三年（一一七七）に描いた。[九] ここに取りあげる場面は棟割長屋の住戸二つ（図8）。

右側の網代張は下級官人の舎人が住み、左側は伴大納言屋敷の出納役が住む。この出納役が舎人の子供をけっ飛ばした瞬間で、このあとうらんだ舎人が出納役の雇い主の伴大納言の放火を広言する。

注目されるのは、同じ棟割長屋の住戸の壁に、網代張（右側）と土壁（左側）がある点。薄い木片を編んだ網代だけでは寒く、土壁のかわりにはならないから、この網代張も『年中行事絵巻』にみたのと同じ、土壁の上に化粧張りと考えられる。

たとえば、四天王寺所蔵の『扇面法華経冊子模本』(一〇)も同時代であるが、同じ構図の絵が一枚ある（図9）。同じ姿の店家を描くのに、壁は土壁と網代張に分かれており、この網代も土壁の上に化粧張りとみてよい。

以上、平安時代も終わりごろ、一二世紀後半の絵画史料にみる京都の町なみは、築地塀が囲む貴族屋敷のほかは、棟割長屋であった。加工手間のかかる丸柱に蔀の戸当りを付け、角柱と使い分ける丁寧な仕事の棟割長屋を、下級官人や庶民が建てたとは考えにくい。

一方、文献史料では、藤原道長が権力を握った一〇世紀ころから「桟敷」が現れている。そして白河上皇の院政がはじまる一一世紀から、絵巻物が多く描かれた一二世紀にかけて、貴族屋敷の築地塀まわりに、棟割長屋の桟敷が増えていった。天皇中心の律令体制が弱体化する中、寝殿造りの中からでは、築地塀のため通りでおこなわれる祭礼を、見物できなかった。そのため、貴族が路上占拠したのである。そして、あつかましい貴族の名前をとって、「院の御桟敷」や「一条桟敷屋」と呼ばれた。そうすると絵画史料の棟割長屋は、桟敷となる。だから祭りのときは身分の高そうな姿がある。が、普段は庶民の家になっていたことを木臼が示しており、店家にもなったことを見世棚が示している。

ちなみに桟敷は、築地塀を壊して差し込むタイプもある。これは条坊制の壁面線を守っているから、桟敷は築地塀の代わり、という評価もある。しかし、築地塀にもたれかかる桟敷や、『年中行事絵巻』にみられる路上占拠の桟敷には、壁面線を守る意識はない。朝廷中心の律令体制に遠慮がなくなった貴族が、平安京の骨格をなす条坊制をむしばんだのである。たとえば一三世紀中ごろに貴族の橘成季《なりすえ》が記した『古今著聞集』(一一)にも、次のような記述がある。

図８　平安京の東の小路
『伴大納言絵詞』（出光美術館所有）

図９　同じ構図の店家二枚（『扇面法華経冊子模本』）
中村修也『平安京の暮らしと行政』（山川出版社、2001）より転載

くだんの女の家、二条猪熊辺りなりけり、築地に桟敷をつくりかけて、桟敷の前に堀ほりて、その端に蕀《いばら》などうえたり
……桟敷の蔀をあげて簾をもちあげる

築地に「つくりかけ」た桟敷は、明らかに築地塀の外。往来に出ている。そして桟敷の前に堀をほり、植栽までする。明確な路上占拠であり、私有地を往来へ拡大する状況がある。平安京造営時には広かった通りが、近世初頭にむけてどんどん狭くなっていくのは、庶民が路上占拠を繰り返した結果であるが、最初は平安時代末期の貴族が始めたと言っていい。

それでは、貴族の見物用の桟敷が、普段は庶民の家となったのはなぜか。

ちょうど桟敷の記録が現れる一〇世紀、貴族の慶滋保胤《よししげやすたね》が、日記の『池亭記』（一二）に、平安京西側の右京は湿地だから、「人は去ることありて来ることなし、屋《いえ》は壊るることありてつくることなし」と記している。そもそも平安京の造営は、山背国の北部盆地に、平城京や長岡京と同規模で、条坊制の格子縞をきれいに描ける長方形の場所を求めた。（一三）そのとき、湿地で住みにくいのを承知で街路を伸ばしたのが、右京（別名長安）。案の定、生活はむずかしく、我慢できなくなった人々は、逃げるように左京（別名洛陽）へ移り住んだ。それが一〇世紀。人がいなくなった右京の西市は開かれなくなり、月の後半担当であった左京の東市が、月の前半も開かれるようになった。このため行き場を失った西市の市人は、京中の居住が認められていなかった庶民ともども左京＝洛陽の中つまり洛中の桟敷へ入り込み、その中から軒下に見世棚をひろげて店家とする者もあらわれたのである。

ちなみに、前述のように『倭名類聚抄』は店家に関して「店」を「まち」と読ませる。このとき町《ちょう》は、平安京の大路や小路が囲む一町（約一二〇メートル）四方をさした。ところが、公設の東市や西市も「まち」と呼ばれることがあった。そして、市に置かれた棟割長屋が「市場」や「市庭」と書いて「いちば」と読まれ、そこに入る店舗が「壥」や「市座」と書いて「いちくら」、そして数が市座何代《だい》と数えられた。

このような店舗が、京中の桟敷に現れて店家になったとき、それが多く集まる場所も「町《まち》」と呼ばれるようになった。代表的な町は、東西方向の三条大路や四条大路、七条大路が、南北方向の町尻小路（現在の新町通）や室町小路（現在の室町通）と交差するところで、それぞれ三条町、四条町、七条町と呼ばれた。とくに町尻小路と室町小路は、北端が平安京の建設業関係者が集まる修理職町だった関係から、材木など建築材料の往来がさかんとなった。通り沿いに店家が集まり、その賑やかさを最初に伝えたのが、藤原道綱母。著書の『蜻蛉日記』（一四）に、夫の愛人を「町之小路之女」と記した。これも桟敷が増加し、左京への移住が活発化した一〇世紀の作品である。

これらの結果、慶滋保胤が『池亭記』に「高家は門をならべ堂をつらね、小屋《こいえ》は壁をへだて軒を接《まじ》う」と記す状況がうまれた。住戸をわける壁はあるけれど、軒先はくっついている、それが棟割長屋の小屋＝小家であった。それら小家の中で、見世棚をつけ商売をするのが店家。その店家が多く集まるところが町。だから一一世紀中ごろ「町の小屋」という記述があらわれている。

もっとも、庶民の住まいすべてが、貴族供給の棟割長屋の住戸でもなかったことは、『年中行事絵巻』と同じ一二世紀前半に成立した『今昔物語』（一五）の、次の記事に読み取れる。

> 六の宮にいそぎ行きてみれば、寝殿くづれながらあるしに、みな小屋居《い》にけり、四足の門のありしも跡形なし、寝殿の、対（対屋）などのありしも一つも見えず、政所屋にありし板屋も、ゆがむゆがむぞ残りたる、池は水もなく、葱というもの作りて池も見えず……寝殿は殿のうちの人の焼物（薪）にまかりなりて破れ候ひにしかば、倒れ候ひにき、おはしし対（対屋）も、ただ道行く人の壊《こぼ》ち物にまかりなりて、一とせの大風に倒れ候

立派であった寝殿造りが壊されていく様子がなまなましい。それでも「六の宮」一家が「居」すわるという小屋は、庶民が建てたものであったかもしれないし、彼らが住みつく場合もあったろう。

一三世紀の『一遍聖絵』にも、築地塀を壊して建てたらしい戸建てを見るが（後掲、図16）、その時代の鴨長明も『方丈記』[一六]に「玉敷の都のうちに……昔ありし家は稀なり…あるいは大家滅びて小家《こいえ》となる」と記している。もっともこの大家と小家は、寝殿造りの規模的大小をいうのであろうが、小家は小屋と同じ読みもできるから、庶民の戸建てもふくまれていた可能性はある。もちろん貴族にすれば、桟敷でも戸建てでも、屋敷周囲の「こいえ」には違いない。どちらにしても住む代償は、所有する貴族へ面積や間口におうじた年貢や地子（年貢の代銭納）の納入、雑公事《ぞうくじ》（いろいろな物品納入や労働）の負担である。やがて武士の台頭で逼塞した貴族が屋敷地を去り、寝殿造りが壊れても、買い取った土地所有者がどこかにいるから、庶民の負担は変わらない。それに、一二世紀後半に藤原経房が記した『吉記』[一七]には、火の手がせまったとき、「郎従」に屋敷周囲の小家を破壊させたとある。延焼を防止するためであった。

つまり、年貢や労働を負担しても、小家の住人や店家の庶民には、土地所有者が命じる破壊を拒否する権利すらなかった。庶民とは、そういう存在だったのである。

一二世紀後半（四）『粉河寺縁起絵巻』

農村はどうか。紀伊国那賀郡（和歌山県紀の川市）の粉河寺の霊験縁起『粉河寺縁起絵巻』[一八]に、当時の農村風景がある。まず戸建ての建物は、平入で板葺（図10）。屋根先に垂木がみえる。土間に大きな木臼があり、百姓の住まいである。門口は引き違い板戸の遣戸《やりど》。一〇世紀から平安京の貴族邸宅で用いられはじめた遣戸が、一二世紀には辺境の農村にも普及している。土間の右側は閉鎖的な床上のようであるが、間取りはよくわからない。

そして注目されるのが、川の右側に描かれる板葺（図11）。妻壁に片開きの板戸がある妻入で、弓の的のようなものがある。鳥よけのまじないという意見もあるが、今も各地の神社祭礼において、世話役の頭屋《とうや》の順番があたった家が、入口に弓の的を描いた絵をかかげる習俗がある。神社境内で弓をはなつ役割（奉射）を意味しており、それかもしれない。それはともかく、半身をのりだす姿が、内部を掘り下げた竪穴住居を思わせる。竪穴住居というと、関野

図10 『粉河寺縁起絵巻』1
『粉河寺縁起』（中央公論社、1987）より転載

克が江戸時代の『鉄山秘書』[一九]の砂鉄製錬小屋の「高殿《たたら》」に関する記述から復元した、草葺のおわんを伏せたような姿が知られる。[二〇]その姿は、奈良県佐味田《さみた》宝塚古墳から出土した五世紀の家屋文鏡の四タイプ（高床住居、高床倉庫、竪穴住居、平地床住居、図12）のひとつとも整合した。これに対して長方形の板葺は異なる印象であるが、東北地方では室町時代ごろまで竪穴住居が使われていて、長方形の竪穴住居もあったことが確認されている。[二一]

ただし、土間を掘り下げないムシロ敷の「土座」という可能性も、ないではない。たとえば、伊勢市二見の御鹽殿《みしおでん》神社。塩筒翁《しおづつのおきな》を祀る神社であるが、伊勢神宮へ献上する堅塩を作る施設を併設している。御塩田で塩分濃度二〇パーセントほどにした鹹水《かんすい》を、毎年八月に焼いて堅塩をつくるのであり、この鹹水を壷で保管するのが御塩汲入所《みしおくみいれどころ》（写真1）。倉庫であるが、内部は掘り下げない土間であることが、塩焼き作業中にうかがえる。そして江戸時代には原始的住宅様式の「天地根元造《てんちこんげんづくり》」と評価されたように、住もうと思えば住めるもの。絵図に描けば、『粉河寺縁起絵巻』の家のようになろう。家屋文鏡の平地床住居も低い壁をもっているし（図12）、一四世紀初頭の南北朝時代の『松崎天神縁起』[二二]にも、周防国（山口県）防府天満宮の門前に、よく似た建物がならんでいる（図13）。図11に限れば竪穴の可能性は高いが、いまのところ決め手はない。

図 11 『粉河寺縁起絵巻』2
前掲、『粉河寺縁起』より転載

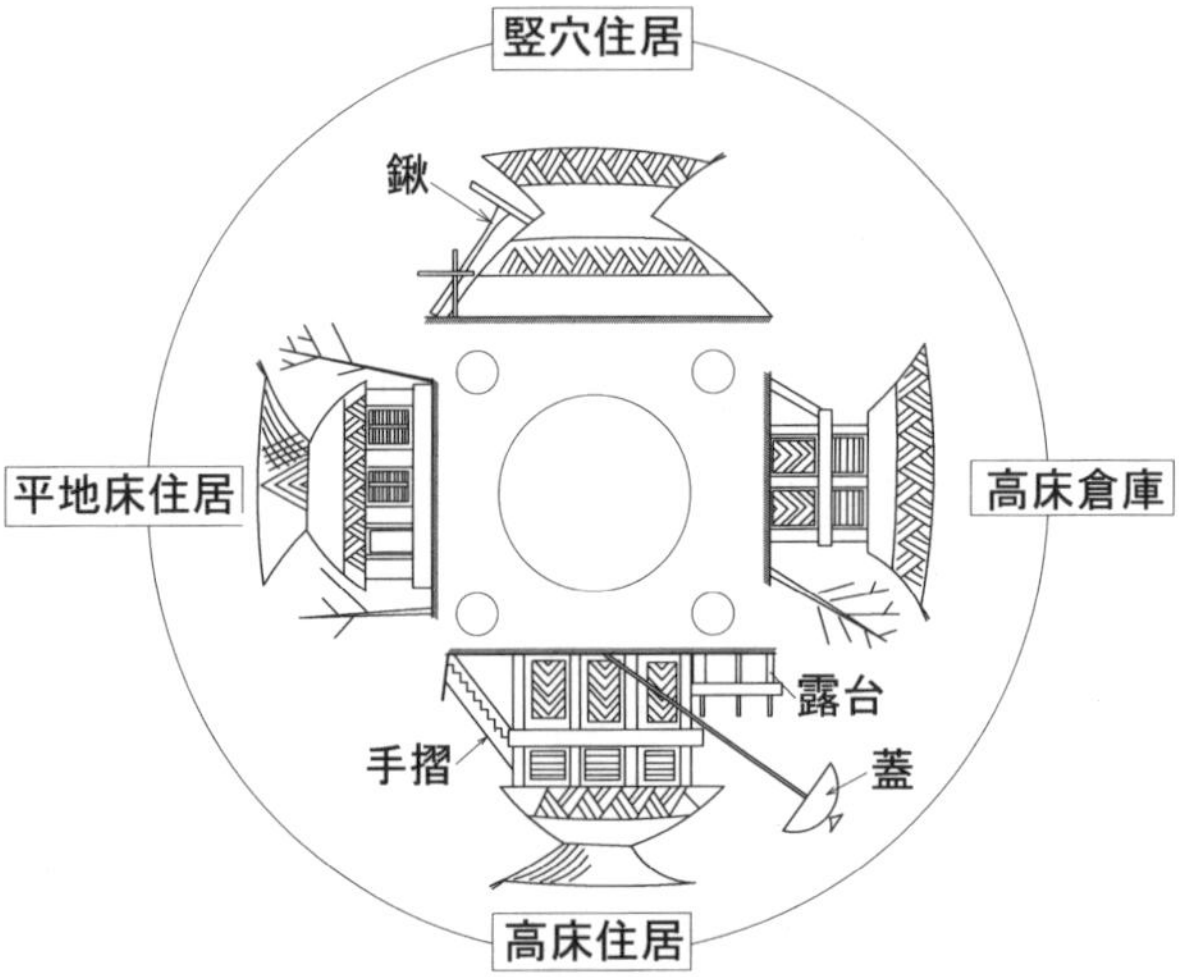

図 12 家屋文鏡の文様（リライト）

図 13 『松崎天神縁起』（防府天満宮所蔵）
『松崎天神縁起』（中央公論社、1992）より転載

写真 1 御塩汲入所
（御鹽殿神社境内、伊勢市二見町荘）

第二節　中世前期　鎌倉時代の町なみ

当時の社会背景をみてみよう。一二世紀末期に、源頼朝が関東で幕府を開いた。これに対して後鳥羽上皇ら朝廷側は、三代将軍の実朝が鶴岡八幡宮で暗殺されたのを機に、政権奪還のため攻勢にでる。しかし承久元年（一二一九）に京都の九条家から二歳の新将軍（三寅、後の頼経）をむかえていた関東武士団は、北条政子の鼓舞をうけて怒涛のごとく上洛し、朝廷側を一蹴した（承久の乱、一二二一）。そして京都に六波羅探題を置き、朝廷側についた西国武士団の所領三〇〇〇石余を没収、関東武士に恩給した。これにより関東の優位が明確になり、朝廷の権威や財力は失われた。安貞元年（一二二七）に天皇の住まいの内裏が焼失しても再建できなかったのが、そのあらわれである。放置された跡地は内野《うちの》と呼ばれる野原となり、鎌倉幕府の御家人が馬を走らせることもあった。後の聚楽第建築用地である。

貴族の所領である荘園でも、年貢を集めて貴族へ届ける役目の武士、地頭が私欲をこやしはじめた。もっともこのときは、鎌倉幕府が貞永元年（一二三二）に「御成敗式目五一ヶ条」を制定し、地頭の横暴をおさえた。朝廷が全国においた出先機関の国衙も、まだ機能を失っておらず、朝廷が任命した守護と連帯すれば秩序を回復できた。それでも京都では「一町家」（一町四方の寝殿造）が消滅し、鴨長明が『方丈記』に述べた小規模化が進んだ。それもこれも、貴族の経済力低下のあらわれである。さらに大火や大飢饉、大地震も相次ぎ、「築地のつら、道のほとりに、飢え死にたるもののたぐひ、数もしらず」（『方丈記』）のありさまとなった。治安も悪化し、六波羅探題は暦仁元年（一二三八）に、京中の四八ヶ所へ「篝屋《かがりや》」をおいた。夜間に火をたいて警戒する派出所のような施設である。こんなものが必要になるほど治安は荒れたが、同じころに貨幣の輸入が増加した。

それまでは、米や絹を介した交換経済であったが、貨幣は便利であることが認知されていった。これにより流通経済が活性化し、流通の起点である京都に富が集まった。藤原定家の日記『明月記』[一三]には、文暦元年（一二三四）当時の七条町が「土倉《どそう》員数を知らず、商賈《しょうこ》充満し、海内《かいだい》の財貨ただその中にあり」と記されている。律令体制では都の付属物であった庶民が、経済力をつけ、「京童《きょうわらべ》」とよばれる存在になったのである。そして彼らの中には、貴族の屋敷地を買い取り、辻子《ずし》という新道を通して小家や店家を張り付ける開発業者さえいた。

また、すでに大路も小路も桟敷の路上占拠や町化でせまくなる傾向にあったが、小家や店家が集まるにぎやかな町が、さらに増えた。もともと平安京の道は広すぎて、耕作地が路上占有する「巷所《こうしょ》」（通行を阻害する占拠状態の場所）増加の影響もあったが、道がせまくなることには町化による巷所増加の影響こそ大きかった。

一三世紀中ごろ　『直幹申文絵詞』

一〇世紀の文章博士、橘直幹《たちばななおもと》の行状を、鎌倉幕府全盛の一三世紀中ごろに描いたのが『直幹申文絵詞』である。[一四]

画中は、橘直幹の屋敷前の風景。左端の店家が、入母屋の妻側に見世棚をひろげている。つまり妻入である点が、京都ではめずらしい（図14）。なぜなら、桟敷も小家も、京都では平入が普通だから。また、見世棚の足元が、地面にしっかり着地している。『年中行事絵巻』の正月風景にみた見世棚はつっかえ棒で支えていたし（図6）、後世の見世棚は回転軸で壁際に収納式となるから、その中間段階である。奥の建物も商品を置く店家で、左に商品をならべ、右に木臼で何がをつく土間。中央には引き違い建具。戸建てなのか、複数の住戸が入る棟割長屋なのか、よくわからないが、内壁は横板張で、外部が網代張になっている。

また、この時代の漁村風景が『北野天神絵巻』[一五]にある。菅原道真が大宰府へ配流される直前の漁村風景である（図15）。

井戸端で足踏み洗濯をする女の家は、背面斜め横からみていて、板葺の平入。間口も奥行も二間程度の小家である。半間ごとに柱を掘立て、下部は網代壁、その上が横板張に縦桟、棟束や母屋束まわりが横板張。よって、下部は土壁

図14　増加する店家
「直幹申文絵詞」（『奈与竹物語絵巻　直幹申文絵詞』中央公論社、1988）より転載

図15　漁村の小家
『北野天神縁起』（中央公論社、1991）より転載

に網代を化粧張り、中部は柱外から横板張の板壁、上部は煙を出すため板間をすいた横板張であろう。背面に背戸口があるので、内部には、幅一間程度の片土間があるらしい。床上は規模的に二室程度と思われ、これも片土間・床上二室と推測される。

一三世紀末期『一遍聖絵』

時宗開祖の一遍上人（智真、一二三九〜八九）が流行らせたのが「踊り念仏」。踊りながら念仏を唱え、訪れる陶酔状態を宗教体験とする儀式である。この一遍上人の没後一〇年の正安元年（一二九九）に、方眼円伊が描いたのが『一遍聖絵』[二六]。奥羽から九州まで、一遍の遊行を描いている。

この時代は、まさに国難であった。各地で自然災害が頻発する中、文永一一年（一二七四）と弘安四年（一二八一）には、中国大陸の蒙古（元）と朝鮮半島の高麗の連合軍が襲来した。最初に襲われたのは、壱岐・対馬。島民は生きながら掌に縄を通され、大船につながれ海中に引きずりこまれた。この同胞の無念を知ってか知らずか、九州の御家人は、時代遅れの戦法と武具で死闘を展開。これに手を焼いた侵略者が船へ戻った夜中、たまさかの旋風で船団はほぼ壊滅した。それでも壱岐・対馬の殺戮を思えば、とにかく船へ戻らせた御家人の功績は大きい。が、国土防衛戦争は新領地が得られない。これが、所領をくれる御恩に命がけで奉公するという、鎌倉幕府の基本構造にひびを入れた。

そのうえ鎌倉や東国一帯は、京都の貴族を新将軍に迎えたのをきっかけに、京風の「過差」（華美）が蔓延していた。このため、高利貸の「借上」から借金し、所領を手放す武士が増えた。そこで鎌倉幕府は、永仁五年（一二九七）に徳政令をだした。借金ちゃらをこころみたのである。しかし、発達した流通経済によって政策は封殺され、失敗した鎌倉幕府や六波羅探題の権威は失墜した。それをいいことに悪党という無法集団がはびこる中、刹那的陶酔にひたる踊り念仏がさかんになったのである。

さて場面は、左端が四条大路と東京極大路の辻（図16）。路上占拠は見当たらず、築地塀や簡素な門、小家が形成

図16　釈迦堂周辺
『一遍聖絵』（中央公論社、1988）より転載

する壁面線がそろっている点に条坊制の面影がある。しかし、古代の律令体制へ遠慮があるはずもない中世だから、京都がすべてこうであったはずがない。築地塀の内側は釈迦堂で、手前に礼堂、奥に本堂。一遍が「南無阿弥陀仏」の札をくばると知った京童や貴族の車が殺到しているが、周囲の小家は、見世棚があるので店家《まちや》。貴族や寺院が供給した棟割長屋ではなく、平入で板葺、二間四方程度の戸建てである。庶民自身が建てた可能性が高いが、屋根には垂木の有無があり、仕様の差が観察される。

　ちなみに当地は、室町時代にバサラ大名の佐々木道誉が、時宗四条派へ寄進したところ。四条道場の金蓮寺となり、朝廷や貴族、幕府の崇敬をうけた。信者の平等を説く時宗は下層とされた芸能民に門戸を開き、境内での見世物小屋の設置も認めた。さらに阿弥号を許し、室町将軍の文化面を補完する同朋衆となさしめたのである。

続いて堀川のほとり（図17）。遡上する筏がみえる。平安京の造営時から、京都には大量の材木がもたらされており、安曇川水運で近江材が、木津川水運で吉野・笠置材が、淀川水運で四国・中国材が入って、堀川を遡上した。これをあつかう材木屋が堀川沿いに散在し、排他的な特権組織の「座」を結んで五条堀川に材木市を立てたのである。

もっとも最大の産地は、丹波山地。それを運んだのが保津川水運であった。材木筏は嵯峨・梅津・桂の三浜で陸揚げされるか、桂川をくだり、堀川を遡上して材木屋へ運ばれた。切りそろえた材木筏が京都に入ったことを示す本図は、保津川水運と町家の関係を考える上で重要である（第七章）。画中の堀川のほとりは貴族屋敷をかこむ築地塀で、左上に篝屋の上部が見える。その手前、築地塀がとぎれたあたりに小家が二棟あるが、見世棚や門口はないので、貴族屋敷側から使う桟敷であろう。土壁がおち、下地の竹小舞がみえる部分もあるが、蔀下の網代は土壁の化粧張と思われる。

続いて、琵琶湖を前にする大津の浜（図18）。見切れているが、琵琶湖水運で集められた板と丸太が野積みされている描写もあり、瀬田川→宇治川→鴨川遡上で京都へいくものもあったろう。右端の入母屋は、庶民が「宮座」を結ぶ神社なら鎮守の森があるはずだが、ないので集落で維持する仏堂の「惣堂」らしい。ほかは平入板葺の切妻。間口も奥行も二間程度の戸建てで、見世棚をもつ店家は片土間である。柱で囲む見世棚は釈迦堂の周囲（図16）にもあったが、ここにみる小家や店家は、どうも柱が製材されていないように見える。京都では小家も店家も、だいたい製材した角柱で描かれているし、蔀まわりも丁寧な丸太仕事であったから、都鄙《とひ》の差が製材の有無で表現されているのであろう。この時期の『長谷雄草紙』[一七]をみても、京都では魚を売る店家でさえ角柱である（図19）。これに対して、太さもばらばら、節もありそうな大津の浜の小家は、地方性が強調されている。

ちなみに『源平盛衰記』[一八]では、一世紀も前の治承四年（一一八〇）の大津が「大津在家、二千八百五十三宇、速やかに炱煙《すすけむり》となること悲しけれ」とある。三〇〇〇棟ほどの住まいがあったはずの大津の描写にしては省略が多すぎる

図 19　13 世紀の京都の町なみ
「長谷雄草紙」(『長谷雄草紙／絵師草紙』中央公論社、1988) より転載

図 17　堀川風景
前掲、『一遍聖絵』より転載

図 18　大津の浜
前掲、『一遍聖絵』より転載

図20　若宮大路
前掲、『一遍聖絵』より転載

が、素朴な戸建ては、庶民が建てた小家が多かったことを示している。

そして『一遍聖絵』に戻って当時の鎌倉。鎌倉幕府執権の北条時宗が、若宮大路で一遍と出あった場面である（図20）。このころ鎌倉は、京都から新将軍九条頼経をむかえるため、檜皮葺で礎石立（柱を礎石にすえる）の建物が用意され、「寝殿」とよばれていた。それまでは、京都の寝殿だけが檜皮葺や礎石立で、武家屋敷は鎌倉もふくめて草葺か板葺に掘立柱だったのである。檜皮葺や礎石建が普及するのは、この後であり、画中でも通りの両脇に、掘立柱で平入の板葺がならんでいる。もう若宮大路には将軍御所があったはずであるが[二九]、見当たらない。が、ならんでいる建物の外壁が構成する壁面線に出入りがある中で、妻側を誇示する入母屋がある。周囲を板壁で囲み、一部は路上占拠にもみえる。このような姿は京都に見当たらないものなので、幕府の御家人の住まいであろう。間取りは明らかでないが、武家屋敷が妻側を誇示する点は、摂丹型（第一二章）を考える上で重要である。

一方、小家は板壁や、蔀を開く網代張りがある。左端の釘貫（後の木戸門）の傍の建物は、江戸時代の京都の木戸門脇の番小屋に似ており、番人が待機する「番屋」らしい。その近くで見世棚をもつ店家は、片土間や二間四方程度の規模が、京都の店家と変わらない。ただし柱が製材されていない点は、大津の浜の店家に近い。

ちなみに『帝王編年記』（三〇）には、永仁元年（一二九三）の大地震で「鎌倉谷々山々崩之時、舎屋顛倒、死者二万三千二四人」とある。庶民住宅一軒あたりに四〜五人の家族を想像すると、当時の鎌倉には五〇〇〇軒程度もあったことになる。まさしく都市であるが、画中では仕上げや加工面でおとる地方都市が強調されている。したがって間取りは同じでも、美術工芸の伝統につちかわれた京都の小家や店家は仕上げや加工面ですぐれている、それが当時の認識であったのだろう。それが七〇〇年後に永井規男が京都の町家の特徴とする「洗練」（序章）の端著であったにちがいない。

第三節　中世中期　南北朝時代の町なみ

元弘三年（一三三三）、後醍醐天皇は、押し込められた隠岐島を脱出、鎌倉幕府打倒の旗をあげた。これを受けた足利高氏（尊氏）が嵯峨から京都へなだれ入り、幕府の出先機関の六波羅探題を殲滅。大塔宮護良親王の幕府追討の令旨のもと、新田義貞らが幕府を瓦解させた。そして建武元年（一三三四）、ついに「建武中興」といわれる天皇親政が復活する。

しかし、ほどなく幕府の遺領処分をめぐり、新政権と関東武士団が対立。複雑な利害関係が錯綜し、朝令暮改の政治がくりかえされた。新たな戦乱の予感におびえる京童は、二条河原に、ため息まじりの落書をのこしている。（三一）

……都はいとどまします、町ごとにたつ篝屋は、荒涼五間、板三間、幕引きまわす役所ども、その数しらず満ちにけり、

> 諸人の敷地定まらず、半作の家これ多し、去年火災の空地ども、くそ福にこそなりにけれ、たまたま残る家々は、点定せられて置き去りぬ……

> （大意）各地に、武士が治安維持にあたる篝屋が置かれる中、役所ばかり多くなっているが、貴族らの居住地（領地）が定まらず、作りかけの屋敷が多いことよ、去年の大火で焼失した跡地は、いまは便所になってしまい、たまたま残った家でさえ、（後醍醐天皇の）新政権がとりあげてしまったあとは（住み手がきまらず）、置き去りにされてしまっている……

小競り合いが続く京都では、ちょっとした勝ち負けで相手の屋敷を没収、破却して空地が増えた。そんな混乱や武士の不満を背景に、翌年に尊氏が謀叛。京都で貴族邸宅を渡り歩いていた光明天皇を擁立した（北朝、持明院統）。追われた後醍醐天皇は吉野山中へ逃げ込み、吉野朝廷を主張（南朝、大覚寺統）。世にいう南北朝時代になった。しかし尊氏は南朝にかまわず、建武三年（一三三六）に政治方針を「建武式目」にまとめ、暦応三年（一三三八）に将軍として二条高倉に住まいした。

この前年、光仁天皇が近くの土御門家邸宅を内裏と定めている（現在の京都御所）。約四〇年後の永和四年（一三七七）には、三代将軍の義満が「花の御所」を造営する。しかし、室町幕府とよべる実態は、南北朝が合体した明徳三年（一三九二）以降であった。そのとき「時をえて、栄耀、人の目を驚」かすようになった武士の姿は、『太平記』（三二）に記されている。近江国守護の佐々木道誉は、家臣の無法をただした妙法院を、あろうことか焼き討ちした。美濃豪族の土岐頼遠は、光厳上皇を犬呼ばわりして行列に矢を放ち、倒れた輿から転がりでた上皇を傲然と見下ろした。そんな「俄大名《にわかだいみょう》」が張り上げる「坂東声」は、たおやかな京都の貴族や京童をおびえさせていたのである。

一四世紀『慕帰絵詞《ぼきえことば》』と『石山寺縁起』

この当時の京都の町なみを描く絵画史料は少ない。わずかに『慕帰絵詞《ぼきえことば》』（三三）があるだけである（図21）。その画中で

図 21　京都の町なみ
『慕帰絵詞』（中央公論社、1990）より転載

図 22　大津の浦
『石山寺縁起』（中央公論社、1988）より転載

網代塀や板塀が囲む建物は、軒先に仏事執行を伝える「木鼓」があるので寺。手前の建物は煙出しがあるから、寺に付属する小庫裡である。小家や店家の姿は見あたらない。

また近江国（滋賀県）の石山寺門前を描く『石山寺縁起』に「大津の浦[二四]」をみると、約三〇年前の『一遍聖絵』の大津（図18）とは違って、製材された角柱がならんでいる（図22）。京都に近い材木流通地の繁栄がうかがえる。そして右端の小家は、猫がつながれた門口から奥へ伸びる片土間と、蔀がある前室と建具のむこうの奥室、つまり片土間・床上二室である。

以上、ここまで見てきたうち、『信貴山縁起絵巻』の奈良の小家、『年中行事絵巻』の京都の棟割長屋の住戸、『北野天神絵巻』の漁村の小家、『一遍聖絵』の京都や大津の小家、一二世紀後半から一四世紀のこれらに共通する間取りが、片土間・床上二室なのである。

第四節　中世後期　室町時代の町なみ

一五世紀の時代背景をみてみよう。足利一門が全国の在京支配者、いわゆる守護大名になった。彼らは鎌倉幕府と違い、武力で国衙や荘園の地頭を圧倒した。たとえば、京都がある山城国（現在の京都府から丹後・丹波地方をのぞいた地域）や、摂津国（大阪府北部）、丹波国（京都府中部〜兵庫県中部）がある畿内は細川氏が支配した。また細川氏は、斯波《しば》氏や畠山氏と共に、幕府諸機関をひきいる管領をつとめ、商業も統制した。

軍事警察権にあたる検断権《けんだんけん》は、室町幕府の侍所がうけもった。責任者は侍所《さむらいどころ》所司《しょし》の四職家《ししきけ》の山名・一色・赤松・京極の各家であったが、実権は所司の家司、すなわち所司代が握った（所司代という役職名は近世の豊臣政権や徳川政権に受け継がれていく）。

このころ京都は、室町の花の御所の周辺に守護大名の屋敷があつまっていた。天皇の住まいも、土御門邸に落着いていた。この周辺一帯が上京である。これに対し、宿屋や物産問屋、酒屋が集まる地域が下京であった。

　そんな上京と下京に、あわせて三〇〇軒以上の酒屋があった。「土倉」をいとなむ者も多くいた。土倉とは、利子五〜六分、約一年で質流れという高利貸のことで、前世紀から三〇〇軒以上あった。利用したのは、守護大名の横暴で荘園収入が途絶えがちとなった貴族である。質草は荘園で、土倉の手にわたることも多かった。そうすると土倉が支配者となるが、これが百姓の土一揆《つちいっき》に狙われた。最初は正長元年（一四二八）。『文正年代記』に「このとし飢疫、人多く死、往々に村をあげて人なし」（三五）と記された応永三一年（一四二四）の大飢饉から四年後のこと。「土民」とよばれた百姓が、借金の棒引きと質草の返却を求めて大蜂起、世にいう「正長の土一揆」となった。尋尊が記した『大乗院寺社雑事記』（三六）には、「正長元年九月日、一天下の土民蜂起す、徳政と号し、酒屋、土倉、寺院等を破却せしめ、雑物等ほしいままに之を取り、借銭等ことごとく之を破る、官領、之を成敗す、凡そ亡国の基、之に過ぐべからず、日本開白以来、土民の蜂起之初めなり」とある。このとき幕府は徳政令を出さなかったが、土倉らが持っていた借金証文は破棄され、幕府の介入がない「私徳政」が成立した。この成功に味をしめ、一五世紀中ごろまで土一揆は繰り返された。その中で、破壊から和談へ、一揆の着地点は変化していったが、酒屋や土倉もやられっぱなしではなかった。貴族や寺社と語らって、土塀と木戸門からなる防御壁をつくったのである。これを構《かまえ》といい、内部の住人は結束して自衛活動を展開した。

　この自衛活動の主体は、通りの両側に並ぶ店家が形成した両側町である。何々町という固有の町名も生まれた。そして、月交代で世話役の「月行事《がちぎょうじ》」をつとめるなど、応分の責任をはたす構成員が「町人」を自称するようになり、町内の決めごともつくる自治を行った。さらに近郊農村の「散在里商人」の京都での活動を規制するように室町幕府へ依頼するなど、「町人」身分と権利を主張した。そのとき、彼らの小家や店家が町家と記されるようになり、「マチヤ」「チョウカ」とよばれるようになったのである。町人の住まいとしての町家の登場であった。もっとも、その中には、防衛拠点の「番屋」という建物もあらわれていて、後に「会所」という寄合用の建物になっていく。

一五世紀前半　『見世棚古図』

この時期の町なみを描く『見世棚古図』が、文化一〇年（一八一三）の山東京伝の『骨董集《こっとうしゅう》』（三七）にある（図23）。そこに見えるのは平入板葺の棟割長屋で、屋根は風のまくりあげに備えた石置板葺。垂木が見当たらないので、しっかりした建築ではない。通り沿いに門口と見世棚がつらなる町なみは、当時の一般常識をまとめた『庭訓往来《ていきんおうらい》』（三八）に記された「市町《いちみち》は、辻子《づし》・小路《こうじ》を通し、見世棚を構えせしめ、絹布の類、贄《にえ》、菓子、売買の便りこれあらん様、相はからわれるべきものなり」と整合している。この時期に成立した狂言にも、上洛した農民のせりふとして「なにがしの辺りとは違うて家建ちまでも格別じゃ、あれからつうぅとあれまで軒と軒、棟と棟、仲よさそうにひっしりと建て並んでいるほどに」とある。もちろん地方でも農村でも、板葺が珍しかったわけではない。そうではなくて、連続する棟割長屋の軒先に多くの見世棚がならんで、全国から集まった商品が売り買いされる賑やかな風景が、京都を印象付けていたのである。

もっともすでに一三世紀から、貴族屋敷跡に新しい道（辻子、小路）を通し、両側に店家が張りつく現象は進んでおり、その建物は寺院などの新領主が供給する棟割長屋が多かった。たとえば、一四世紀に東寺が、所領である備中国中新見庄（岡山県）で、壥《いちくら》一〇代が入る棟割長屋の市庭《いちば》を、一四棟もいっせいに建てている（『東寺百合文書』（三九））。地方でこれほど計画的で大規模な建築ができる東寺なのだから、京都でも同様の開発を行っていた可能性は高い。

また東寺は、京都の領地である八条院町で、年貢未進の住人を追放して住戸破却を命じたが、周辺住人から嘆願されて、表構えを少々壊すだけにしたという。これも、住戸の破却が全体構造に関わる棟割長屋だから、とみれば理解できる。ただ東寺の持ち物なら破壊を命じるのは奇妙なので、町人が協力して土地を借り、建てたものかもしれない。いずれにしても、災害や戦乱が繰り返された京都で、繰り返し棟割長屋を供給できる経済力は、街区を所有する伝統的領主にこそうかがえる。それに京都は、東寺のような領主がほかにもたくさんいたはずだから、大規模な棟割長屋

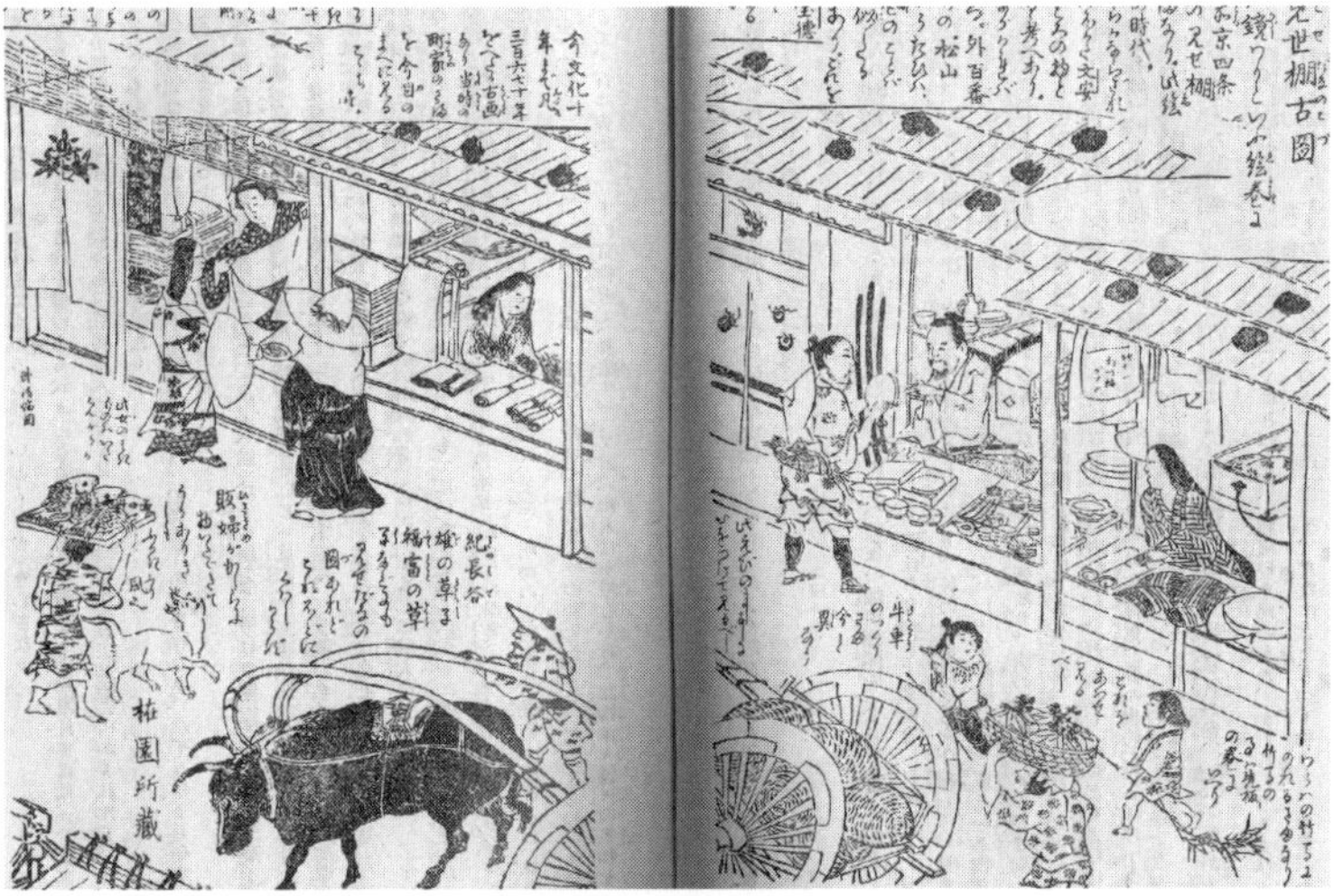

図 23 『見世棚古図』
山東京伝『骨董集』(『日本随筆大成　第 1 期 15』吉川弘文館、1976、所収) より転載

の供給も多かったであろう。そんな領主が簡素な構造を志向した結果、軸組構造には不可欠のはずの桁がないという簡素な町家があらわれる（第三章）。

ちなみに一五世紀前半の京都は、四万の住戸に、二〇万程度の人口が推定されている。[四〇] しかし寛正二年（一四六一）、『長禄寛正記』に「天下おおきに飢饉、疾病ことごとくはやり、世上三分の二餓死」[四一]と記される大飢饉がおきる。あまりの被害に朝廷は、天下和平を意味する応仁に年号を変えたが、皮肉にもその元年（一四六七）に応仁・文明の乱（一四六七～七七）が勃発。足利将軍家や畠山・斯波氏など、有力守護大名の家督争いが燃え広がり、ついに管領の細川勝元ら東軍一六万と、四職家の山名宗全らの西軍九万がにらみあう事態になった。一触即発となったのであるが、結局雌雄を決する大会戦はないまま、室町の将軍邸近辺に陣を置く東軍と、現在の西陣あたりを陣とする西軍が、一一年余りも小競り合いを続けた。その中で『応仁記』に「下は二条、上は御霊辻、西は大舎人、東は室町境、百町余り公家武家の家三万余宇、皆灰燼となり、郊原となる」と記されるような火事が頻発し、文明二年（一四七〇）には「京中並びに東山、西山、ことごとくもって広野となりおわんぬ」[四二]の状況になってしまう。天皇御座所の内裏も例外ではなく、なんと三条橋から破れた築地塀をとおして、八咫《やた》の鏡をおく内侍所《ないしどころ》の灯火までみえたという。

そんな時代に、乱の原因をつくった将軍義政はどうしていたか。あろうことか、東山殿に引きこもっていた。そして、普請や造園、猿楽・田楽、狂言、立華、闘茶、闘香、発酵酒にふけり続けていた。累々たる屍を見たはずなのに、一国の支配者としては異様なまでの現実逃避といわざるをえない。が、それらが能や歌舞伎、華道、茶道、香道、はては清酒造りの揺籃になったことを思うとき、闇にゆらめく灯火のごとき日本文化の凄みを、美というものの鬼のごとき本質を思い知らされる。

そんな時代を描くのが、中世の『洛中洛外図』屏風群である。次章では、それらに京都の町家と周辺の百姓家をみてみよう。

まとめ、古代から中世の片土間・床上二室

古代末期から中世の絵画史料では、都市でも農村でも漁村でも、板葺で平入、片土間・床上二室の間取りを観察できる。これらが小家や店家、やがて町家と称された。そして京都にだけ変わった間取りや形式があったわけではない。あえて探せば、伝統的領主が供給した棟割長屋が多い点はあったが、同じ領主が全国各地に領地を置き、計画的に棟割長屋を整備したことをみれば、京都に限ったことではない。

ただし、京都の棟割長屋や小家は、仕上げや加工面ですぐれていたことが、強調されている。伝統的な美術工芸につちかわれた文化が、作用していたことは間違いない。そこに住む町人が、板葺の軒下に見世棚を広げ、鮮やかな全国の産物を賑やかに商う光景が、花の都を印象づけていたのである。

註

一 『信貴山縁起絵巻』（『日本の絵巻』四）小松茂美編、中央公論社、一九八七

二 丸山俊明『京都の町家と町なみ――何方を見申様に作る事、堅仕間敷事』序章、昭和堂、二〇〇六

三 源順『倭名類聚抄』元和三年古活字版二〇巻本、勉誠社、一九九六

四 『正倉院文書』（『大日本古文書』編年文書、全二五冊、東京大学史料編纂所、一九〇一〜一九四〇）所収

五 『年中行事絵巻』（『日本の絵巻』八）小松茂美編、中央公論社、一九九〇

六 『祇園執行日記』（『群書類従　第二五輯　雑部』、雑部続群書類従完成会、一九六〇、所収）

七 平成二一年（二〇〇九）二月一八日、読売新聞朝刊報道、二月一七日付の滋賀県文化財保護協会発表による。

八 川本重雄『寝殿造の空間と儀式』、中央公論美術出版、二〇〇五

九 『伴大納言絵詞』（『日本の絵巻』二）小松茂美編、中央公論社、一九八七

一〇 中村修也『平安京の暮らしと行政』、山川出版社、二〇〇一

一一 橘成季編『古今著聞集』（『新潮日本古典集成』上・下）、西尾光一・小林保治校注、新潮社、一九八三・一九八六

一二 慶滋保胤『池亭記』（『本朝文粋』（『新訂増補国史大系』第二九巻・下）所収）、吉川弘文館、一九九九

一三 前掲、丸山俊明『京都の町家と町なみ』序章。京都の地形には、かねて四神相応が指摘される。玄武が船岡山、青龍が鴨川、朱雀が巨椋池、白虎が山陰・山陽道とするもので、陰陽道や風水と結び付けた通説である。しかし平安京造営に作用した証拠はない。証拠史料を示さないまま平安時代末期には確認できるとの指摘もあるが、たとえそうでも四世紀もさかのぼる平安京造営の概念の論証にはならない。つまり学術的には検討段階を出ていない。そのほか、中国の風水史料に四神が山々、四神相応は盆地とある事が指摘されたり（黄永融・本田昭一「日本古代宮殿の敷地選定と中軸線計画について」『日本建築学会計画形論文集』第四七四号、一九九五）、平安京の造営概念とされる「山河襟帯」を、山が北、川が東、池が南、道が西を囲む意味と解釈する見解もあるが（前掲、中村修也『平安京の暮らしと行政』）、正しくは山が襟、河が帯のように取り巻く意味である。平城京の造営概念にも「四禽図に叶い、三山鎮めをなす」とあり、三山と別記される四禽＝四神に山はないはずである。そもそも四神や四禽が、天空の星座群を四方に分けた四宿に始まることは周知である。また、唯一、造営概念に四禽の文言を確認できる平城京の近くで発見された高松塚古墳やキトラ古墳も、棺内に描くのは星宿図や四神十二宿図である。そうすると四神相応とは、天空には四宿が広がり得る場所＝地上

では四宿を見上げる広がりがある場所となる。つまり「条坊制の都市計画が可能な広がりを東西南北の四方に持つ土地が四神相応」と見るべきであろう。そう見てこそ、地形や水系が異なる平安京や平城京、長岡京がどれも四神相応となる。平安京の右京（別名長安）が住人が逃げ出すほど湿地帯であったのも、無理を承知で四方の広がりが必要な都市計画を行った結果とみなせる。その結果、人々は左京（別名洛陽）へ移り住み、活性化した地域が洛陽の中すなわち洛中と称される。そして周辺郊外が対比的に洛外と称され、洛中洛外という概念が成立していくのである。

一四　藤原道綱母『蜻蛉日記』、角川学芸出版、二〇〇二
一五　『今昔物語』福永武彦訳、筑摩書房、一九九一
一六　鴨長明『新訂　方丈記』西尾実・安良岡康作校注、岩波書店、一九八五
一七　藤原経房『新訂　吉記』本文編　一（「日本史史料叢刊」五）、和泉書院、二〇〇二
一八　『粉河寺縁起』（「日本の絵巻」五）小松茂美編、中央公論社、一九八七
一九　下原重仲『現代語訳鉄山必用記事』、丸善、二〇〇一
二〇　青柳憲昌「関野克の登呂遺跡住居復原案の形成過程と「復元」の基本方針」『日本建築学会計画系論文集』第七五巻第六五四号、二〇一〇
二一　「上村屋敷遺跡発掘調査報告書」、「浅岸地区土地区画整理事業関連埋蔵文化財調査報告書Ⅲ」、盛岡市・盛岡市教育委員会、二〇〇七、など参照。
二二　『松崎天神縁起』（「続日本の絵巻」二二）小松茂美編、中央公論社、一九九二
二三　藤原定家『明月記』、国書刊行会、一九八七
二四　『奈与竹物語絵巻／直幹申文絵詞』（「日本の絵巻」一七）小松茂美編、中央公論社、一九八八
二五　『北野天神縁起』（「続日本の絵巻」一五）小松茂美編、中央公論社、一九九一
二六　方眼円伊『一遍聖絵』（「日本の絵巻」二〇）小松茂美編、中央公論社、一九八八
二七　『長谷雄草紙／絵師草紙』（「日本の絵巻」一一）小松茂美編、中央公論社、一九八八
二八　『完訳源平盛衰記』岸睦子訳、勉誠出版、二〇〇五
二九　藤田盟児『中世的空間と儀礼』、中央公論美術出版、一九九九

三〇　『扶桑略紀・帝王編年記』（『新訂増補国史大系』第一二巻）黒板勝美編、吉川弘文館、一九九九
三一　『建武年間記』（『続群書類従　第二五輯　雑部』所収、続群書類従完成会、一九六〇）
三二　『太平記』武田友宏編、角川学芸出版、二〇〇九
三三　『慕帰絵詞』（『続日本の絵巻』九）小松茂美編、中央公論社、一九九〇
三四　『石山寺縁起』（『日本の絵巻』一六）小松茂美編、中央公論社、一九八八
三五　『文正年代記』（『群書類従　第二〇輯　合戦部』所収、続群書類従完成会、一九五九）
三六　尋尊（竹内理三編）『大乗院寺社雑事記』一二（『続史料大成』第三七巻）、臨川書店、一九七八
三七　山東京伝『骨董集』（『日本随筆大成　第一期一五』所収）、吉川弘文館、一九七六
三八　『庭訓往来』石川松太郎校注、東洋文庫、一九七三
三九　『東寺百合文書』第一～第九、京都府立総合資料館編、思文閣出版、二〇〇四～二〇一一
四〇　原田伴彦『都市発達史研究』（『原田伴彦論集』第一巻）、思文閣出版、一九八四
四一　『長禄寛正記』（『群書類従　第二〇輯　合戦部』所収、続群書類従完成会、一九五九）
四二　『応仁記』（『群書類従　第二〇輯　合戦部』所収、続群書類従完成会、一九五九）

第二章

戦国時代の間取りが、町家にもなり百姓家にもなり

概要：古代〜中世の絵画史料にみた片土間・床上二室を、中世末期に描かれた『洛中洛外図』屏風群の町家と百姓家にみる。そして、これらが近世の町家と百姓家の前身であったことを、見ていこう。

第一節　町家と百姓家は別物という先入観

町家と百姓家は違う、といわれる。そうかもしれない。町家は庇をつらね、往来には格子をたて、うちに奥深い暗がりをたたえる。百姓家は、藁葺で開放的、畑や農地にかこまれ、日の当たる前庭では、にわとりが遊ぶ……。そんな印象であろうか。建築史研究でも、町家は不完全な住居とする見解がある(一)。不完全とはずいぶんだが、なぜか。古代平安京の造営時、条坊制で区画された一町四方の敷地に、貴族屋敷（寝殿造）が置かれた。これをかこんだ築地塀が町家に変わったのであり、もともと塀がわりの家だから内部に閉鎖的な寝室がない、だから不完全という。

一方、百姓家は充分な広さの敷地にたち、閉鎖的な寝室すなわちナンドをもつから完全というのだが、本書はこの説をとらない。それならナンドがない今の住宅は不完全か？ なんて理屈をこねなくても、古代〜中世の絵画史料には、片土間・床上二室の間取りが、京都の町家だけでなく農村の百姓家や漁村の漁家にもあった（第一章）。違いといえば、京都が製材、地方都市が未製材で都鄙の差が表現されるぐらい。すべてがそうでもなかったろうが、見た限り多くの間取りは共通していた。そうすると京都の町家にも、閉鎖的な寝室のナンドがあった可能性はある（後述）。

確かに絵画史料では、京都には棟割長屋が多く、地方都市や農村は戸建てが多い傾向はある。しかし一三世紀後半の『一遍聖絵』(二)では京都にも戸建てがある。それに武士・町人・百姓の身分が明確に分かれたのは、豊臣政権が都市の商職工層と農村の農業従事者を武士と峻別した一六世紀末期の安土・桃山時代。それまでは、重なる部分が多かった。そんな兵農商の性格をあわせもつ者の住まいに、閉鎖的な寝室ともども、共通の間取りがあっても不思議はない。というか、あって当然である。

そこで本章では、中世末期、戦国時代の京都や近郊農村を描く『洛中洛外図』屏風群をみるわけだが、画中の町家には先行研究が無数にある。ところが百姓家には、ほとんどない。理由は、それら百姓家が、昭和四〇年代の緊急民家調査で確認された型式とは違うためである。それどころか、画中の町家と似ているので、百姓家を知らない絵師が町家と同じ建物を農村に描いた、とさえいわれる。

しかしよく見ると、百姓家は土塀と釘貫（木戸門）が構成する防御壁の構の中。そこに百姓家が整然とならぶ様子は、「地下請《じげうけ》」（伝統的領主の支配を代行）の代償として、検断権を許された百姓が集住する農村風景として妥当である。そして個々の百姓家は、板葺ではなく草葺で、商売用の見世棚もない表構え。未製材を用い、町家と違う描写がある。これらを町家の類型的描写と切り捨てながら、町家だけ取りあげるのは、史料の恣意的利用ではなかろうか。

第二節　中世絵画史料の時代背景

平安京の消滅

中世『洛中洛外図』屏風群の画中は、「疲弊した戦国時代」あるいは「賑やかな花の都」など、いろいろ形容される。実際はどんな時代だったのか。屏風は第三節でみることとして、まず時代背景をみてみよう。

平安京の残り香を消したのは、応仁・文明の大乱である。戦国の幕を切って落とす戦いが二年めに入った応仁二年（一四六八）あたりから、足軽（百姓兵）が貴族屋敷に押し入り、略奪や放火を繰り返した。貴族の生活基盤である荘園も、守護大名や守護代（現地支配）に奪われた。このため貴族は、地方の知り合いを頼り、着のみ着のままで京都をさまよい出たという。たとえば中納言正三位という高位の勧修寺経茂《つねしげ》でさえ、かつて天皇の使いとして訪れた奈

良の寺院を頼った。むかえた僧侶はその悲惨な姿におどろき、世の乱れを「言語道断の次第」と憤ったという。[三]

おなじころ京都でも、室町幕府の奉行をつとめる飯尾彦左衛門が、焼け野原で「なれや知る　都の野辺の夕ひばり　あがるを見ても落つる涙は」と悲嘆にくれていた。[四]

そんな戦乱は文明九年（一四七七）に終わるが、足利将軍家や管領の細川家は骨肉の家督争いを続け、一六世紀に入った明応九年（一五〇〇）に後土御門天皇が崩御しても、葬儀が四〇日間もおこなわれず「玉体腐損、蛆湧き出し」[五]、「古来未曾有」のありさま。それでも戦乱が終わったので、一度は京都をすてた貴族たちが帰って来、武士の官位斡旋や文化指導、製薬販売を生きる術《すべ》としたのであるが。

当時の京都は、立売室町の辻（現在の上立売通りと室町通りの交差点）を中心とする上京と、四条町の辻（現在の四条通りと新町通りの交差点）を中心とする下京に分かれ、歴史上もっとも小さくなっていた。その中で町々は自力救済を迫られ、洛外農村と同じように、それぞれの生活域を構で囲んだ。構の中では、町家が高密度に集まって、防衛拠点の「番屋」で結束を確認した。いつ終わるともしれない武士の小競り合いが続く中、町人は生き抜くため、ときには武器を取って戦ったのである。自らの安全は自ら守る、口先だけではなく本当の、命がけの自治であった。

そんなとき、多くの町人が法華宗に注目した。現世利益の追求を肯定する法華宗は、理不尽や圧政を否定した。なので商売に生きる町人が数多く帰依し、上京の焼け跡に二一も法華宗寺院が生まれた。気に入らないのは比叡山の天台宗。大永四年（一五二四）ごろに武力攻撃を開始、法華宗も自衛経験を積んだ町人兵と共に応戦した。

連歌師の宗長が『宗長日記』[六]に「京を見渡せば上下の家、昔の十が一もなし」と記し、歴博甲本『洛中洛外図』屏風に内野（内裏跡）の耕作風景が描かれたのは、まさしくこのころである。その一方で『閑吟集』[七]に京都が「面白の花の都」と謡われたのもこの時代。「なにせうぞ　くすんで　一期は夢よ　ただ狂へ」という刹那感や、「世の中はちろりに過ぐる　ちろりちろり」という無常観がただよう歌集である。

貴族の鷲尾隆康が、四条室町の町人奈良屋宗珠の町家を「山居の躰、尤も感有り、誠に市中の隠」[八]とたたえたのは天文元年（一五三二）。その一方でちょうど同年、室町幕府の細川・六角・木沢氏が近畿一円で、本願寺門徒の一向一揆と戦闘状態に突入した。このとき、幕府に助勢して山科本願寺を焼きはらったのが、京都の町人。翌天文二年（一五三三）、祇園社が祇園会の中止を検討したとき、神輿露払いの山鉾巡行だけでも自分たちにやらせろと祇園社へねじこんだのも彼らである。乱世の中で、かえってその勢いおそるべしとなった町人は、「町組」を結び、町組—町—町人の自治組織を整備した。

さらには、集団武力をたのみ、領主への地子銭（年貢の代銭納）納入を拒否することもあった。強くなったわけである。が、それがため痛い目にあうことになった。本願寺門徒・比叡山天台宗連合軍が、天文五年（一五三六）に六角氏を味方にひきいれ、法華宗の二一ヶ寺や上京全域、下京も三分の一にあたる町々を焼き払ったのである（天文・法華の乱）。

徹底的にやられた京都の町々は、地子銭の納入を再開した。しかし、たいして打ちひしがれる様子もなく、上京の五つの町組（上京五組）が革堂《こうどう》に集まって上京惣町を、下京五組は六角堂に集まって下京惣町を、それぞれ結んだ。そして広域の自衛装置として「洛中惣構」、「洛中惣堀」を構築し、自治をおこなった。その上で室町幕府や伝統的領主に対し、町人身分と権利を主張するようになった。上杉本や『洛外名所遊楽図』が描かれたのは、このような時代である。

しかし永禄一一年（一五六八）、織田信長が軍団をひきいて上洛し、二重堀が囲む旧二条城に「天主」をそびえさせた。百姓兵や町人兵とは違う、専門的な職業軍団の圧倒的武力を前に、京都の自治組織は、施政を代行する組織に変質した。支配内容の順守をうたう町式目の制定が町ごとに命じられ、各町の「番屋」は「町会所」に変わった。そこで町人は、「御汁」なる飲食付の寄合いをはじめる。「会所」や「汁」の名称は、中世の武家や貴族が設けた接客用建物の「会所」や、そこでの会食の名称である「汁講《しるこう》」に由来する。そして江戸時代には、月ごとの会合を意味する「町汁」となっていく。

地方都市の発達

この時代、地方都市も増加した。その動きは、守護代や土豪武士の中に、室町将軍や守護から領国を奪った戦国大名があらわれたことにはじまる。下克上である。斯波氏家臣の朝倉氏は越前国、織田氏は尾張国で行い、朝倉氏は一乗谷、織田氏は小牧・清洲に城を置いた。そして城下を街区に区切る町割りを実施。半農であった武士を領地から切り離して集住させ、喧嘩両成敗を徹底しながら専門的な職業軍団として統制した。

これにより純粋消費者となった武士には、常設の市が必要となった。その市を、町人の諸役（居住に伴う義務負担）や矢銭（戦費上納義務）の免除、伝統的領主や特権組織である「座」の排他的特権も否定する楽市・楽座とした。あわせて関所も廃したので、商人の流入が急増し、御用商人があらわれた。建築職人も座から切り離し、軍事技術顧問の家臣である御大工《おだいく》のもとに統制したのである。

そのような城下町では、家々に草葺を規制して板葺を命じ、防火的で景観にも配慮した町なみを整備させる場合があった。『北条五代記』(九)には、北条氏の小田原支配に関して、次のように記されている。

……（小田原）かく繁栄の地なれど、市廛《いちくら》皆茅葺なりしと、天正一七年、北条美濃守氏規上洛の時、洛中の町作り皆板葺なるを見て、帰国の後、其由（北条）氏直に聞こえあげしかば、やがて命じて当所大路の比屋に板庇……京都町作りを板葺にして軒をならべ、さすがに都の風流、他に異なりと申されければ、（北条）氏直聞召、今国治り天下統一の世たり、然るときんば都鄙の往還絶うべからず、小田原作り草の庵にて、都人の見る目も耻《はずか》しく、然《しかれ》ども皆板葺になすこと叶《かな》ひ難し、先ず海道町面の庇ばかりを、一様に板葺に仕るべしと触れられければ、通町見世棚の軒をそろえ、板庇をかけられたり……

氏規の上洛は天正一五年（一五八七）という説もあるが、その七月から北条氏政・氏直父子は、豊臣秀吉との決戦に備えて鉄砲の鋳造を命じ、領地の村々へ動員をかけた記録がある。そんな百姓兵三万で、天正十八年（一五九〇）に豊臣の職業軍団二〇万と決戦、とはいかずに小田原城に籠城。しかし同年七月に降伏。氏政は切腹、氏直は高野山へ追放、小田原は徳川家康の領地となった。この経緯からして文中の「国治り天下統一の世」は信じがたいが、中世末期から近世初頭に、板葺が連なる町なみが先進的、草葺ははずかしいとの認識があったことはよくわかる。

農村でも、河川改築で生産性を向上させる一方、農民の流出を防ぐため、縁座法（連帯責任）が苛烈に徹底された。これにより、百姓と領主が地縁的に結びつく農村的支配関係は否定され、大規模労働力の動員体制が構築された。近世社会の下ごしらえとなる支配が各地の城下町や集落で進み、地方都市へと成長していったのである。

人商いの横行

この時代を考えるとき、わすれてならない要素がもうひとつ。「人商い」である。日本での人身売買は古代説経集の『山椒太夫』(一〇)に記された安寿と厨子王丸、そして母の悲劇が知られるが、戦国時代も、武力で奪った土地の男を殺し、女子供はポルトガル商人へ売りつけるのが、鉄砲・硝石・鉛を調達するてっとりばやい手段であった。近年これを、弱者が自由を得られる海外雄飛の手段と評する声があるが、実態を伝える史料を見る限り、およそ信じがたい。

たとえば秀吉のお伽衆の大村由己《ゆうこ》は、『九州御動座記』に「南蛮舟つくごとに……日本人を数百男女によらず買取、手足に鉄の鎖をつけ、舟底に追いやり、地獄の呵責」と記している。(一一)天正一〇年（一五八二）にローマ法王庁へ派遣された少年使節の千々石ミゲルも、「旅行の先々で売られて奴隷の境涯に落ちた日本人を見た……血と言語を同じうする内地人をさながら小家畜か駄獣かの様」に扱う様子に憤激、帰国後に棄教して、布教の侵略意図を説いた。同行の原マルティノも「色の黒い人間の間に奴隷の勤め」(一二)をする日本人に言葉を失って、「ヨーロッパ各地で五〇万ということはなかろう、ポルトガル人の教会や神父が硝石と交換し、証文を付けて売っている」と、聖職者なる者の禍々《まがまが》しい実態を伝えている。

京都でも、天正七年（一五八九）に下京場之町の女房が女性を八〇人も誘拐し、和泉国の堺でポルトガル商人に売りつけようとして、織田政権から処刑されている。とにかく乱世。町人も百姓もうかれていると、奴隷として売りとばされてしまう。だから戦う者もいたし、「なさけあれ　朝顔の花の上なる　露の身なれば」[一三]と哀れをこう者もいた。

そもそも日本人奴隷を積み帰るポルトガル船でやってきたのが、宣教師である。最初は織田政権の庇護をうけ、元亀二年（一五七二）には、京都に五つも会堂をもつにいたった。しかし天正一五年（一五八七）、豊臣政権はバテレン追放令一一ケ条を出す。日本で布教したイエズス会は、基本的に無抵抗の現地適応主義であったが、秀吉は、アジア諸国が布教をきっかけに植民地化されたことを強く警戒した。実際、千々石が説いたように、宣教師がマカオの総督府へ、日本への派兵を要請した記録もあり、秀吉の警戒は的を射ていた。中世『洛中洛外図』屏風群をみるとき、そんな時代であったことを念頭におく必要がある。

なお、その後のキリシタン弾圧で犠牲となった宣教師を、ローマ法王庁は聖人とした。しかしその宣教師は、ポルトガル商人が日本人奴隷を酷くあつかっても、助けも非難もしなかった。あまつさえ取り引きもした。これに対し豊臣政権は、バテレン追放令の第一〇条で「日本において人の売買停止」[一四]と命じた。日本の支配者として、国土保全と国民庇護の両面で、この命令はまったく正しい。それなのに、戦後の歴史教育は日本人奴隷の存在を伝えず、キリシタンや宣教師の犠牲のみ悲劇と強調してきた。しかし宣教師の本質は、植民地獲得をめざすヨーロッパの尖兵。日本の統一政権にとっては、神という戦えない相手を絶対視する宗教観＝価値観を持ち込む危険な存在であった。だから情報を取ってしまえば駆逐したのである。痛ましい島原の乱も、その残滓殲滅の側面があった。

第三節　中世絵画史料にみる町家

歴博甲本と上杉本『洛中洛外図』屏風

永井規男は、中世『洛中洛外図』屏風群の町家を「間口は二ないし三間で奥行は二間……片土間式で前と後の二室」と観察した。画中には土間の両側に床張する中土間の町家もあるが、片土間・床上二室を大勢とみたのである。(一五)

そんな屏風群では、歴博甲本が一六世紀前半の制作で、もっとも古い。(一六) 応仁・文明の乱（一四六七〜七七）で平安京が消滅して京都の戦国時代がはじまるので、まさしく戦国時代がはじまったころの町なみである。これに続くのが、模本ながら原本は一六世紀中ごろの東博模本や歴博乙本。(一七)(一八) そして天文・法華の乱でまたもや全焼亡した後の京都が、狩野永徳の上杉本に描かれている。(一九) また『洛外名所遊楽図』屏風や『釈迦堂春景図』屏風には、このころの京都の郊外の風景がある。(二〇)(二一)

まず歴博甲本にみる家々は平入である。屋根は草葺もあるが、石置板葺が大勢と言っていい。その屋根が分かれて戸建てのようだが、よくみると住戸間の柱が一本だから、棟割長屋である（図1、図2）。入る住戸の数で「四軒ノ屋」や「五軒ノ屋」と呼ばれたが、(二二) その姿は三〇〇年前の『年中行事絵巻』の桟敷（第一章 - 図3）と大して変わらない。モデル的に三軒ノ屋を描くと、図3のようになる（奥室を閉鎖的なナンドとする理由は後述）。

それでは、このような棟割長屋を建てたのは誰なのか。それは、平安京では貴族屋敷があった街区を所有する領主。壥《いちくら》一〇代の棟割長屋の「市庭《いちば》」を一四棟も建てることができた東寺（第一章）など、経済力をもった伝統的領主である。災害や戦乱が繰り返された京都で、繰り返し棟割長屋を供給できる経済力は、彼らにこそあった。

それでは、伝統的領主が供給する棟割長屋の屋根が、なぜ分かれているのか。理由は、住人＝町人それぞれが修理

図1　下京のようす
歴博甲本『洛中洛外図』屏風より左隻一扇、転載

図2　上京のようす
歴博甲本『洛中洛外図』屏風より右隻四扇、転載

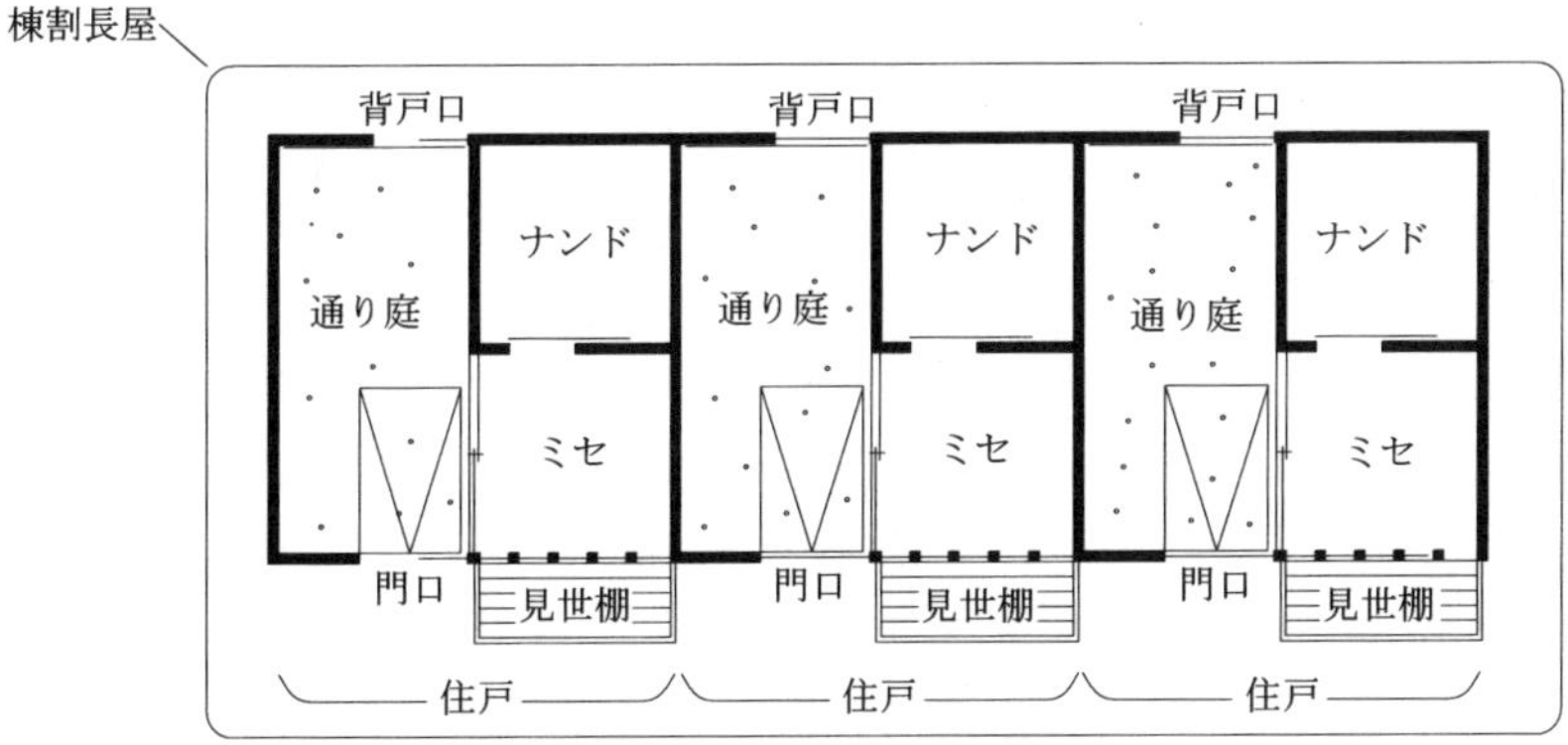

図３　歴博甲本にみる棟割長屋のモデル図

したから。風雨の影響を受けやすい板葺は、始終修理しなければ大変。すぐ「私の家は外に雨が三つ降ると、内には十降りまする」（狂言本『太子の手鉾』）になってしまう（現在の京都でも二階建て長屋の瓦葺に異なる屋根を観察できる）。ただし、これら棟割長屋の軒先には、等間隔で支える垂木《たるき》（第三章・図2参照）がない。古代末期から中世の庶民住宅にはあり（第一章・図10）、同じ画中の寺社や武家の邸宅にもあるのに。つまり、非常に簡素な建築（第三章）である。そして垂木は、一五世紀の「見世棚古図」（第一章・図23）にもなかった。それでも見世棚がつらなり「見世棚を構えせしめ、絹布の類、贄、菓子、売買の便り」（三三）は京都の普通の町なみだったわけで、それを歴博甲本にもみる。

それぞれの住戸の間口は二〜三間。奥行は二間程度。この時期になると、一間《いっけん》の長さは六尺五寸となっており、一九六九・五ミリメートルつまり約二メートル。したがって間口四〜六メートル×奥行四メートル。表からのぞく内部はだいたい片土間で、床上は二室程度である。もっとも前述のように、土間の両脇に床上がある中土間もある。それには、構の中で住戸不足を反映した二世帯住居との指摘もあるが、裏付史料は見つかっていない。いずれにしても、大勢は江戸時代の町家と同じ片土間。つまり前章でみたのと同じ、片土間・床上二室の間取りが多い。そして多くが見世棚をもつので、表室は居間・食事機能も持つものの、基本的に商業機能のミセとみてよい。商売を生業とする店家、すなわち町家である。そして上杉本ではミセの床の多くが緑色に塗られ、畳敷らしい。ミセと見世棚の境には格子を固定する住戸もあるが、おおぶりで開放的な格子は台格子《だいごうし》といい、対面販売をするには支障なかった。

一方、棟割長屋が囲む街区内側の広場は、住戸の背面がむく。同じ形の背戸口がならび（図1）、それは表通りに面した門口と同じ形。なので、門口から背戸口へ続く土間、いわゆる「通り庭」の存在が推定される。この通り庭にそって、片側に床上があるのが片土間。両側にあれば中土間。背戸口以外の開口をもつ住戸もあるが、形がそろわず、ない住戸もある。住人が勝手に開けたと思われ、領主供給の時点では背戸口だけであった可能性が高い。

そうすると、奥室は背面が壁。隣との境も壁。そして土間（通り庭）との境も、現存する町家遺構の奥座敷が土間との境を壁にするから、前室との境をのぞく三方が壁になる。そんな閉鎖的な室は、寝室機能のナンドであろう。乱世にあって、治安がさらに不安定化する夜間、家族全員が休む寝室を閉鎖的にしつらえるのは、むしろ当然である。

そして前室との境も、おそらく百姓家と同様に、内側から樞（ころろ、小栓）をおとしこみ、施錠した可能性が高い。つまり京都の町家にもなんど構え（序章）をもつナンドがあった可能性は高い。そうすると、ナンドがないから不完全とした先行研究の指摘は、的を射ていないことになる（本章冒頭）。だから図3ではナンドとした。

たとえば天正元年（一五七三）、織田信長に焼かれた朝倉氏の城下町一乗谷[二四]でも、発掘遺構から棟割長屋の住戸や戸建てが復元されている（写真1、写真2）。その間取りは、いずれも片土間・床上二室。見世棚は収納式であったのか、痕跡がなく復元されていない。しかし文明一三年（一四八一）の『朝倉敏景一七ヶ条』[二五]には「町屋等を通られむ時は少々馬をとめ」とあり、たしかに「町屋」。なので表室は商空間のミセ。そして奥室は閉鎖的なナンドであり、前室との境界装置はナンド構えである（写真3）。

この時期、各地の戦国大名は、前述のように、城下町や他都市と結ぶ街道を整備した。関所は廃止され、流通が活発化した街道沿いの集落は都市化、漁村は港湾都市化、門前町も大きくなり、新しい地方都市が次々に出現した。

これらの都市に集住する町家の間取りも、片土間には、かまどや水がめを置き、表から裏へぬける目的もある。なので通り庭とも呼ぶ。裏の便所で溜まったものを肥料として売る場合も、ここを通った。そして床上は、ミセとなる表室と、寝室となる奥室が不可欠。つまり片土間・床上二室である。北陸の富が集まるとされた一乗谷に、北陸屈指の大名である朝倉氏が供給した棟割長屋の住戸の間取りがこうなのだから、他都市もおして知るべし。京都でも、片土間・床上二室が小規模なものではなく、むしろ大勢をしめていたから、中世『洛中洛外図』屏風にも類型化して描かれたと考えられる。

もっとも画中では、背面に背戸口以外の開口を開け、土間境も開放する奥室をもつ住戸も少数ある。つまり奥室が閉鎖的でないが、これには藤田元春が岩倉型（序章）のナンドに指摘した内容を取り上げよう。藤田によれば、もともとナンドは、なんど構えの高い敷居（序章・写真13）あたりまで藁を敷き詰めていた。やわらかさやバクテリア発酵の暖かさを期待したもので、その上に薄いせんべい布団を敷いた。ところが明治以降に「衛生がやかましいので、この間を物入れにして、多くはザシキでねるようになった」[二六]という。通気が悪く、細菌の温床でもあるから、ほかの室を寝室とし、ナンドは物置としたのである。

写真１　復元された棟割長屋の表構え
（福井県立一乗谷朝倉氏遺跡、公開）

写真２　復元された棟割長屋の背面
（福井県立一乗谷朝倉氏遺跡）

写真３　片土間から見る床上二室、奥がナンド（福井県立一乗谷朝倉氏遺跡）

図４ 『福富草紙』にみる町家の寝室

『能恵法師絵詞／福富草紙／百鬼夜行絵巻』（中央公論社、1993）より転載

図５ 武衛近くの染物屋

上杉本『洛中洛外図』屏風より右隻第六扇、米沢市（上杉博物館）所蔵

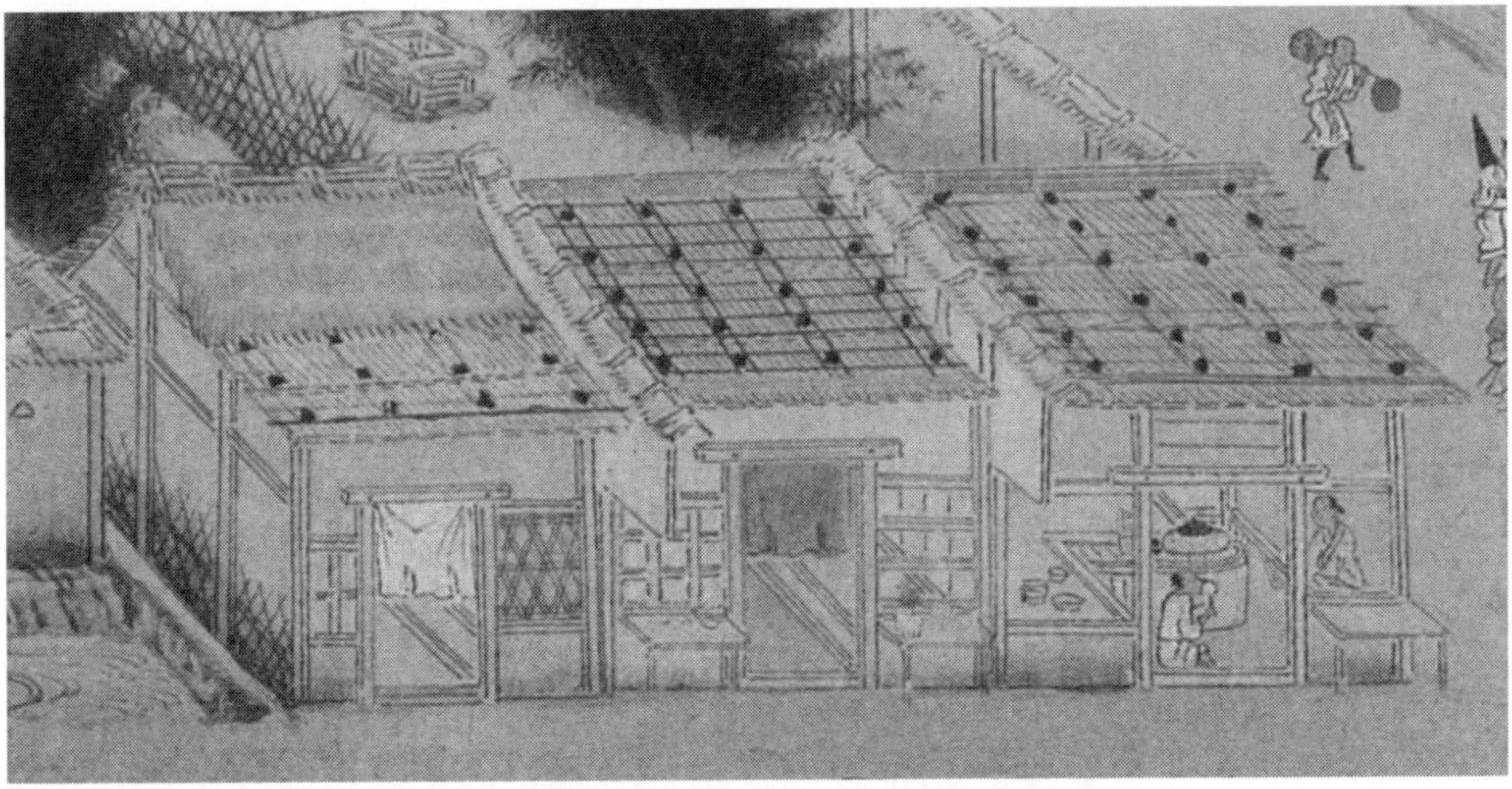

図6　京都西郊の独立町家（『釈迦堂春景図』屏風）
京都国立博物館所蔵

そうすると、中世末期から近世初頭の京都でも、治安が回復すれば、自衛の必要は薄れる。そこで奥室の背面側外壁に開口をあけ、畳敷きの座敷にすれば、通風や採光がよくなり、作業にも使える。布団を敷けば寝室になるし、接客や法事にも使える。そんな奥室は、一五世紀の『福富草紙』（二七）から確認されるし（図4）、天文・法華の乱の後の上杉本でも、「武衛」近くの染物屋が、背面の開口越しに、奥室と街区内側の広場を一体的に使っている（図5）。これらは、ナンドがなくても不完全な住居ではない。柔軟性にとんでフレキシブル、衛生的で先進的である。他方、現存する町家遺構の奥座敷が土間境を壁にするのは（序章・図9）、閉鎖的なナンドの名ごりとみなせる。

『釈迦堂春景図』屏風

『釈迦堂春景図』屏風（二八）は狩野永徳の父、狩野松栄が永徳以上に精緻な筆で、京都西郊の清涼寺釈迦堂の門前を描いたもの。歴博甲本と上杉本の間の時代の風景がある。

画中では棟割長屋もみるが、隣との間に柱が二本あって戸建てが明確な町家もある（図6）。それらの間口長さは、戸建ても棟割長屋の住戸も、だいたい二間半～三間（五～六メートル）程度。奥行は三間程度である。

間取りは片土間で、表室はミセであるが板敷。屋根は板葺ながら、

図７　仕舞屋（『釈迦堂春景図』屏風）
京都国立博物館所蔵

図８　町家背面、背戸口からナンドの板壁がみえる（『釈迦堂春景図』屏風）
京都国立博物館所蔵

図９　表の卯建と正面外壁の間に空間をもつ町家（『洛外名所遊楽図』）
京都国立博物館所蔵

部分的には草葺もある。町中とくらべて規模が大きい一方、屋根が草葺なのは農村に近いからであろう。また、棟の位置を奥へずらし、表の屋根勾配を調整する例は、上杉本にもある。そして画中では中央の町家が大屋根の両側に高い壁、いわゆる卯建《うだつ》をあげている。

このほか、見世棚がない町家は専用住宅、いわゆる仕舞屋《しもたや》であろう（図７）。内部をよく見ると、表室と土間の境を雨戸のような一本溝の引戸で閉めており、このような例は近世初頭の町家遺構に多い（第九章）。また奥室のナンドと土間境を板壁にする町家（図８）は、背面の開口も一度書いてから塗りつぶしており、閉鎖的なナンドに描き直したらしい。そうすると、ちょうどこのころ、ナンドの閉鎖性が失われはじめていたのかもしれない。

『洛外名所遊楽図』屏風

これも京都西郊である。天龍寺の門前を狩野永徳が描いたこの『洛外名所遊楽図』屏風は、[二九] 上杉本と同時期のものである。画中には表側にも卯建をまわす町家があるが（図9）、これは表側の町家外壁の外側に、卯達となる塀があったことを示している。じつは卯建は、もともと建物周囲の塀が建物と一体化したものとされている。[三〇] 表側の卯達壁と外壁の間に屋根をかけない空間があるのをみても、また江戸時代にはこのような空間や表側にまわす卯達がなくなることからしても、妥当な指摘である。

考古学分野の指摘との不整合

考古学分野では、一三世紀末期の鎌倉時代から七条町など繁華なところに、間口が二間半〜四間（約五〜八メートル）、奥行四間〜六間（約八〜一二メートル）、片土間・床上三室の戸建てで礎石立ての存在が報告されている。[三一] この間取りは江戸時代において、京都の町家に一般的な片土間・床上三室（序章 - 図9）と同じである。このため、京都では鎌倉時代からこの間取りがあった、絵画史料の片土間・床上二室は簡略化して描かれたものにすぎない、という意見がある。

はたしてそうか。

ちょうどこの時代の『長谷雄草紙』の小家は、外壁が掘立柱（第一章 - 図19）。したがってすべて礎石立てとは言い切れない。

それに京都は、応仁・文明の乱（一四六七〜七七）があり、一六世紀前半には「むかしの十が一もなし」[三二] というほど収縮していた。さらに天文五年（一五三六）の天文・法華の乱の後、上京と下京それぞれが周囲に「惣構」をまわした（第二節）。限られた地域で町家がゆとりをもっていたはずはなく、生活最小単位の片土間・床上二室に小規模化して不思議はない。簡素な構造の町家があらわれるのもそのためで（第三章）、住戸不足から二世帯住居の中土間があらわれたとの声も、確証はないが示されている。（第二節）。つまり、一三世紀末期の鎌倉時代から、単純な発達傾向や同じ規模ばかりと考えることはできない。なにより発掘成果にいえるのは、その時代のその場所に、それがあったという事実に限られる。京都全体への一般化は慎重であるべきで、まして後代の京都への普遍化は首是できない。もちろん床上二室への退行を否定する根拠にもならないし、戦国時代の絵画史料の否定材料になるはずもない。実際、福井県立一乗谷朝倉氏遺跡では、先に見たように、戦国時代の遺跡で片土間・床上二室が多数復元されている。

以上、中世『洛中洛外図』屏風群にみる町家は、棟割長屋の住戸と戸建てがあった。製材を用い、間取りは基本的に片土間・床上二室程度で、表室は居間・食事機能と商機能をあわせ持つミセ、奥室は閉鎖的な寝室のナンドであった。その中に開放的な寝室があらわれ、寝室機能に接客や作業など、多用途になっていた可能性が高い。一三世紀の発掘例の片土間・床上三室からすると退行した姿であるが、とにかく戦国時代は、片土間・床上二室が絵画史料で類型化されるほど、大勢をしめていた。

それでは、京都周辺の百姓家はどうだったのか。

第四節　中世『洛中洛外図』屏風にみる百姓家

中世『洛中洛外図』屏風に百姓家をみるとき、農村の構《かまえ》を探すとよい。構は、農村でも自衛装置となっていた。百姓は地下請で検断権（一応の自治権）を認められていたが、災害などで年貢納入が難しくなると、高利貸の土倉に借金せざるをえない。それが返せないとなると、農村ごと奴隷にされるかもしれない。そこで村内の地侍を中心に武装し、借金棒引きを求めて土倉や室町幕府にかけあった。前にもふれた「土一揆」である。高野村、修学院村、松ヶ崎村、久我村、梅小路村、塩小路村など、現在も地名が残る村々が参加し、質草や証文を返させた。そして反撃や盗

図10　吉田村：構の中で向かい合う百姓家
歴博甲本『洛中洛外図』屏風より転載

図11　百姓家（左端建物）の小庇下に牛
上杉本『洛中洛外図』屏風、米沢市（上杉博物館）所蔵

賊にそなえて構を設置した。その姿が歴博甲本では、西京村や鴨東の吉田村（図10）にある。

土塀は「狭間《さま》」（覗き穴）が開き、外を見張るためのもの。構の中にも通りがあり、両側に百姓家が向き合う。百姓家の規模は、間口三間（約六メートル）に奥行二間（約四メートル）程度。未製材で、妻壁に棟持柱がある。切妻草葺で平入、妻壁に小庇をもつ家もある。背面に背戸口があり、門口とつながる通り庭が推定される。ただし、江戸時代の京都府下の民家型式には普通にある内厩（馬屋、マヤとも、序章）は見あたらない。床上は、奥行が画中の町家と変わらないので、町家同様に表室と奥室の二室程度。つまり片土間・床上二室の間取りで、町家と同じである。

ちなみに東博模本では、鴨東の粟田口村に妻入の百姓家があるが、ほかの屏風では見当たらない。わずかに上杉本で、岡崎村近辺に、妻側の小庇で牛がやすむ百姓家があるが（図11）、近くの不動堂が入母屋に破風を備える妻入で（図12）、これと比べれば単なる水切り庇。御菩薩ヶ池村には、平入の百姓家群の奥に妻壁をみせる百姓家があるが、これも妻入とは断定できない（図13）。多くの屏風で百姓家の大勢は平入である。

また歴博乙本には、粟田口村に棟割長屋らしい百姓家があるが、上杉本では同村に棟高の異なる百姓家を描き、戸建てが明確である。この上杉本には、洛西の大将軍村や西京村、鴨東の鹿ケ谷村・岡崎村・聖護院村・吉田村、洛北の御菩薩ヶ村もあり、とくに西京村と吉田村は歴博甲本と同じ構成の百姓家が並ぶ。異なる絵画史料に共通の百姓家や構の中の構成をみるのであり、戸建ての百姓家が多いのは歴史的事実と判断できる。

以上、中世『洛中洛外図』屏風の百姓家は、草葺や未製材である点が、町家とは異なっている。そこに都鄙の差が表現されているが、民家型式を分ける間取り（序章）は、片土間・床上二室で共通している。町家と百姓家が同じ間取りというのは一見奇妙であるが、身分制度が徹底された安土・桃山時代や江戸時代と違って、武士・町人・百姓に重なる部分が多く、身分区別があいまいな中世の民家（町家＋百姓家）の間取りとしては、やはりあって当然と見るべきであろう。

それでは、百姓家の片土間・床上二室は、どのように使われたのか。表室は商空間ではないから、居間・食事機能。

図12　不動堂
上杉本『洛中洛外図』屏風、米沢市（上杉博物館）所蔵

図13　御菩薩ヶ池村
上杉本『洛中洛外図』屏風、米沢市（上杉博物館）所蔵

そして奥室は寝室、つまりナンドとなる。この間取りを、江戸時代の京都府下の民家型式（序章）と比較すると、岩倉型との関係が浮上する。くわしくは次節で述べるが、平入の岩倉型は、片土間に竈や水がめを置き、床上は下手列の表室が居間・食事機能のダイドコ、奥室が寝室のナンド。そのナンドの閉鎖性は、藤田元春が「窓もなく全部塗籠[三三]」と指摘している。つまり中世『洛中洛外図』屏風の百姓家と同じ構成を土間ぞいに持つのであり、第六節で詳述する。なお、図9の百姓家には、背面外壁に開口をもつものもあるが、府下最古の百姓家遺構の石田家住宅にも、閉鎖的であるはずのナンドに外部へ開く開口はあるので、問題はない（序章・図5）。

第五節　各地の百姓家の片土間・床上二室に関する民家研究の評価

片土間・床上二室の間取りは、じつは大正期から、江戸時代の百姓家の原型として推定されていた。

たとえば、長野県の旧南佐久郡八千穂村の古清水家住宅（図14）。間口の長さは四間（約八メートル）、奥行は三間半（約七メートル）。平入で、間取りは片土間に床上四室。下手表に居間・食事機能の「チャノマ」、下手奥に寝室の「コザ」。上手列に続き座敷。部屋の呼び名は違うが、永井が指摘した岩倉型と同じ間取り（序章・図11左側）である。当地では、江戸時代前期にあたる一七世紀中ごろの『当地人別帳』に、本百姓（江戸時代初期から農地をもっていた農民）の百姓家に同じ間取りを確認できる。このため太田博太郎は、「百姓家として必要最小限の室は備わっているので昔は多かった」と推定した[三四]。そして「この地方における民家の発展の仕方」は、まずこれにうまや（内厩）を付け、さらに経済力を付けてから奥座敷と座敷の続き座敷を付けるという、段階的な増築（図14右側）をみたのである。

次に、同じく長野県の旧安曇郡松川村の矢口勇家住宅は、一九世紀初頭（江戸時代後期）の百姓家で、建築当初は片土間・床上二室（図15）。近くの百姓家は床上四室が多く、下手列の表室に居間・食事機能（この地方ではオエ）、奥に寝室（この地方ではコザシキ）、上手列に続き座敷を置く。岩倉型と同じ間取りである。この矢口家も、表は居間・

食事機能、奥は寝室機能なので、「客座敷を省略した形で、水呑と呼ばれた下層農民の住居」とされた。そして「家が繁栄」したとき上手列へ続き座敷をつける、との増築方向が説明された。(二五)古清水家住宅と同じである。一七世紀には本百姓のものであった片土間・床上二室の間取りが、一九世紀には水呑百姓の間取りとなっていたのである。

また、吉田靖による全国民家の発展系統の解析では、下手列の表室に居間・食事機能、奥室に寝室機能、上手列に続き座敷という床上四室、つまり岩倉型が、四五二群として分類されている。(二六)吉田によれば、四五二群は一七世紀の史料に確認できる民家の約六パーセントを占め、その後に増加したという。つまり岩倉型と同じ間取りの床上四室は、全国各地に存在したのである。それらの前身が、片土間・床上二室であった可能性は非常に高い。その点で重要な岩倉型であるが、盆地内の公的調査報告はみあたらない。そこで、著者が修士論文(『伝統的住宅様式と景観上の役割について――愛宕郡旧岩倉村を事例として』京都工芸繊維大学、平成一〇年)執筆のためおこなった岩倉盆地内の調査研究から紹介してみよう。あわせて、ほかの京都府下の百姓家にも関連がないか、確認したい。

第六節　近世における京都近郊の百姓家型式

緊急民家調査で京都府下に報告された民家型式に、片土間・床上二室の間取りは見当たらない(序章)。探せば南山城型に平入・床上二室の「二つ間住宅」があるのだが、これは片土間沿いの表室に接客機能、奥室に居間・食事機能と寝室を合成したもの。江戸時代中期に南山城型の床上四室(表列に続き座敷、下手奥に居間・食事機能、上手奥に寝

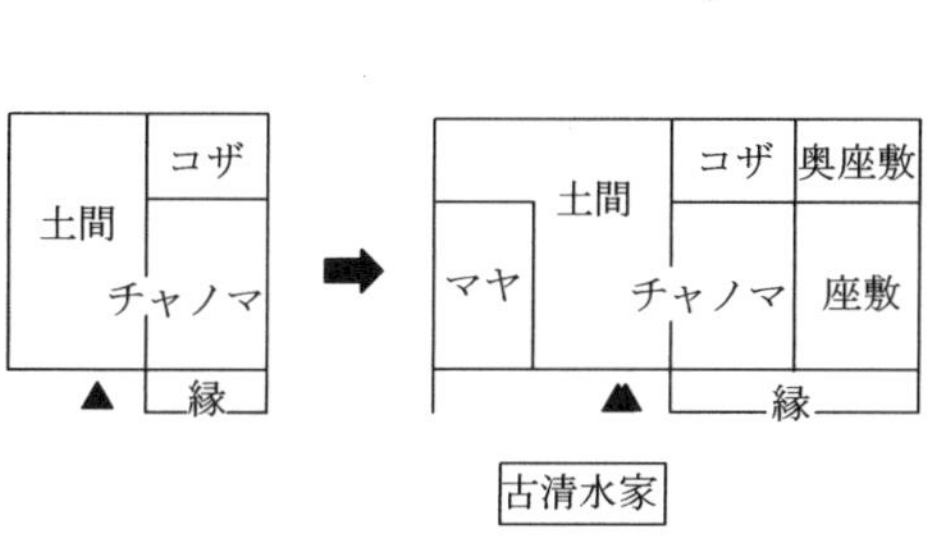

図14　古清水家

図15　矢口勇家

室）を簡略化したものとされる。[三七] 表室に接客機能と居間・食事機能をあわせもち、奥室が寝室の片土間・床上二室とは、民家型式を決定する間取りが異なる。

そこで著者が注目するのが、岩倉盆地の岩倉型である。もう一度概説すると、岩倉型は平入で、広い土間に床机《しょうぎ》を置く（写真4）。床上は四室が基本。永井規男は昭和四〇年代の緊急調査で、「四つ間取型の台所に当たるところを寝間にして土間側を塞ぎ、台所をもたない特異な型をもつが、これなど台所的機能が全く土間に移っ」[三八]たと説明した（序章・図11右側）。さかのぼって大正期、藤田元春も「山城岩倉の平入民家」は「座敷を二室とった代りに、普通臺所の室になる所の四疊半を納戸……納戸を設けたから、臺所といふべきは、土間の床机、板場の部分に限られる」、「客と對面する所はオウエと云う」とした。[三九] 平成一〇年（一九九八）に著者が岩倉盆地でおこなった調査でも、[四〇] そのような百姓家遺構を確認した。

ところが永井は、その後の摂丹型に関する論考で、[四一] 岩倉型を「土間に接して居間と寝間を並べ、奥に一ないし二室の座敷を並べた間取りをもつ平入り住居」と説明した（序章・図11左側）。土間に床机はなく、居間・食事機能は下手表に指摘したのである。さらに永井は、中世にこの岩倉型が摂津・丹波・山城各国に広く分布していたが、一六世紀前半に摂丹型が増加し、岩倉盆地や摂丹型分布域だけに残った、と述べた。近畿地方の民家を広く調査した林野全孝《まさのり》も、永井同様に「土間添いにダイドコとナンドを、その奥に二室を配する四間取」と説明した。もっとも中世における広い分布には同意せず、地域的な特殊形としたのであるが。[四二] それはともかく、このときの永井や林野は下手表を居間・食事機能としたのである。しかし著者がみたのは、日常の接客機能であった。そして居間・食事機能は土間にあった。ここからその理由をみていくが、いま一度、確認しておきたい。

そもそも京都の町家をあつかう本書が、なぜ百姓家の岩倉型に注目するのか。それは、永井や林野がいう岩倉型が、前述の四五二群と同じだからである。そして四五二群は、それへいたる増築方向を逆走すると、片土間・床上二室なる。その片土間・床上二室は、中世『洛中洛外図』屏風群では、百姓家だけでなく、町家にもみる間取り。武士と百

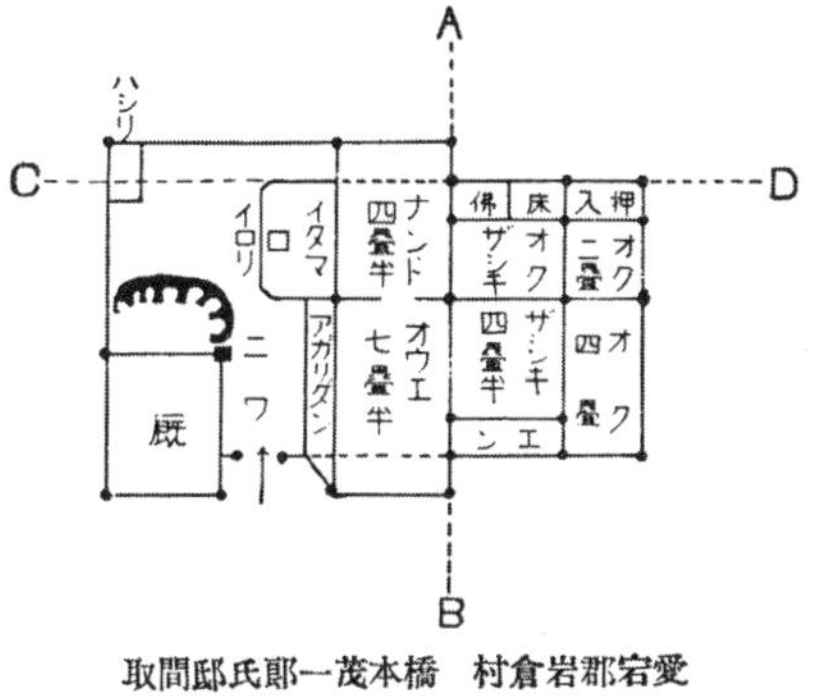

図16　橋本茂一郎家
藤田元春『日本民家史』(刀江書院、1967)より転載

写真4　岩倉型の床机、背後のナンド境の閉鎖性は失われている。

姓、町人の身分に重なる部分が大きかった中世には、住まいにも共通部分があり、それが片土間・床上二室、とみるのが自然だからである。そこから、近世に町家と百姓家へ枝分かれした可能性が高い。その検討の鍵となるのが、京都盆地に北隣する岩倉盆地に指摘される岩倉型だから、くわしくみる必要がある。

岩倉盆地の史料にみる片土間・床上二室

四五二群と同じ間取りの岩倉型について、長野県で指摘された増築方向を逆走すると、中世『洛中洛外図』屏風群にみる百姓家や町家と同じ間取り、片土間・床上二室になる。これをふまえて、藤田元春が『日本民家史』に掲載した、岩倉の橋本家住宅を取り上げる(図16)。享保一〇年(一七二五)の護摩札(「奉修大峯採燈護摩供如意祈攸」)を門口に張っていたという同家は、現在の所在は不明であるが、藤田は次のように説明した。

> CD線から先は近来の建増……AB點線以東は母屋に後世建増したのであるから、元来の家は五間に三間…當初床張りといへば、四畳半のナンドと六畳のオウエ二室で他は皆土間である……柱に栗の木が用ひてあり、チヨンナハツリ荒削の戸……

まず、AB線よりも右側の上手二列が、「近来」ではない増築である。

つぎに、下手表の接客用「オウエ」の南側の出が、上手列の続き座敷の出よりも半間長い点について。これに藤田は、下手表の食事・居間機能が土間へ移って「イタマ」となり、下手表が接客用の「オウエ」に変わったとき、下手表を広げる傾向を指摘した。

他方、「皆土間」という記述からして、イタマやアガリダンも増築であろう。そこで増築部分を取り除いて建築当初の間取りを考えると、土間に内厩を置く片土間・床上二室となる。その二室のうち表室は居間・食事機能と接客機能をあわせもち、奥室は寝室である。藤田はこの間取りが、片土間・床上二室から内厩付の片土間・床上四室へ変わる過程で、「最初からこの間取りの家も、ある時期かなり多かった」と推定した。(四三) 長野県の古清水家への指摘(第五節)と同じである。それに、中世の百姓がみな馬を飼うほど豊かであったとは考えにくいから、内厩もはずすと、間口三間(約六メートル)に奥行三間半(約七メートル)、平入で内厩なしの片土間・床上二室となる。それは中世『洛中洛外図』屏風群に見た京都の町家の間取りと同じ。その上、岩倉型がある岩倉盆地は、町家がひしめく京都盆地と隣接している。これでは、岩倉型と京都の町家に関係なしとみる方が、おかしい。

片土間・床上二室に住む百姓

それでは、岩倉盆地に、片土間・床上二室がいつまであって、どんな百姓が住んでいたのか。

長野県では、一七世紀には本百姓、一九世紀には水呑《みずのみ》が住んでいた。これに対して岩倉盆地では、一八世紀前半の護摩札があった橋本家に、藤田が「もと庄屋の家格で古くから焼けたことがない」と報告している。

また、江戸時代の岩倉盆地には、岩倉・長谷・中・花園・木野・幡枝の六村があったが、このうち岩倉村の禁裏御料の庄屋が一八世紀後半に記録した『岩倉村禁裏御料家数人別帳』(四四)には、七九人の禁裏御料百姓の中に水呑が九人。農地をもたない下層民を意味する水呑の家は、仮設レベルの「小屋掛」が三人、梁間一間半に桁行二間半という小規模が四人、梁間二間に桁行三間が二人。したがって、増築前の橋本家は、少なくとも水呑より格上であったことになる。

願書No.	願書日付	旧規模／申請規模	願人名（石高）	推定民家型式
No. 1	安永6年7月	2×4／2.5×4.5	百姓六十郎（6.9石）	岩倉型
No. 2	安永6年8月9日	2.5×5／3×6	百姓喜兵衛（3.7石）	北山型
No. 3	安永6年8月9日	2×3.5／3×6.5	百姓治郎左衛門（4.8石）	岩倉型
No. 4	安永6年8月	2.5×6／3×6.5	百姓吉十郎（5.3石）	岩倉型
No. 5	安永6年10月9日	3×5.5／2.5×4.5	百姓伊三郎（6.3石）	岩倉型
No. 6	安永6年10月9日	2.5×5／3×5	百姓太四郎（9.8石）	北山型
No. 7	安永6年10月9日	2.5×5.5／3×5	百姓太四郎（9.8石）	岩倉型
No. 8	安永7年2月晦日	2.5×5／3×6	百姓新四郎（11.7石）	岩倉型
No. 9	安永7年4月	4×9／3×8.5	百姓辰之助（51.6石）	北山型
No. 10	文政4年3月	不明／3×6	百姓勘之丞（不明）	岩倉型
No. 11	天保10年11月12日	2.5×5／3×5.5	百姓長三郎	岩倉型

※普請願書から申請建物をリライト
※破線の内側が上屋、外側が下屋

No. 1

No. 2

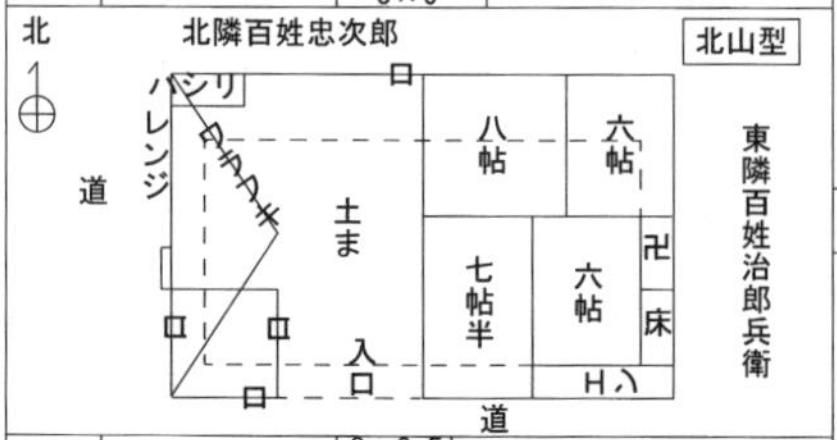

No. 3

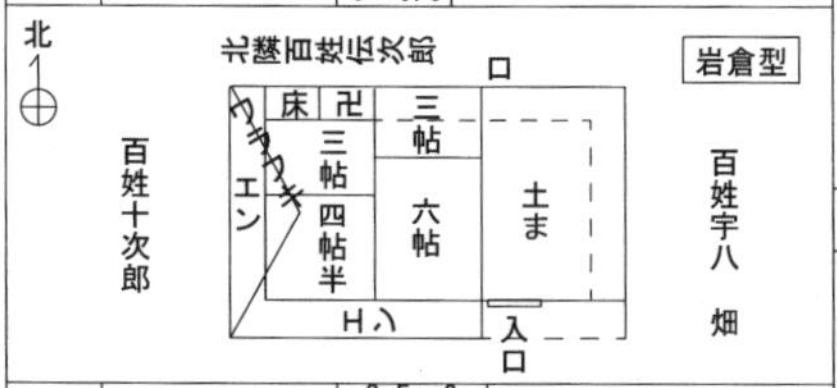

No. 4

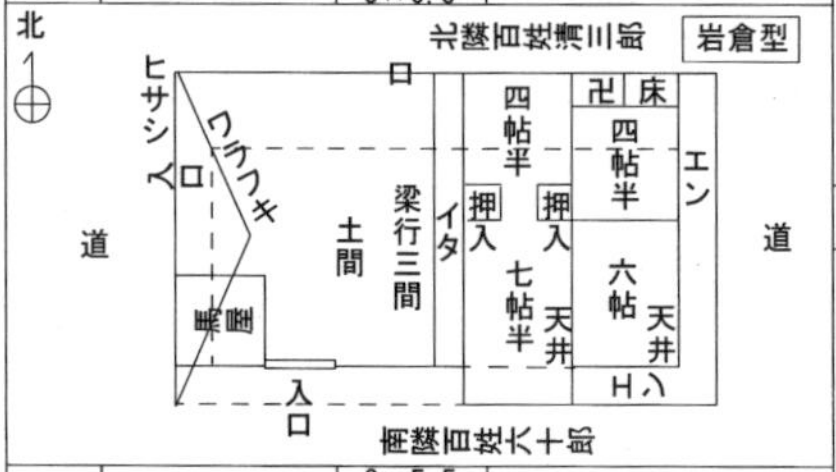

No. 5

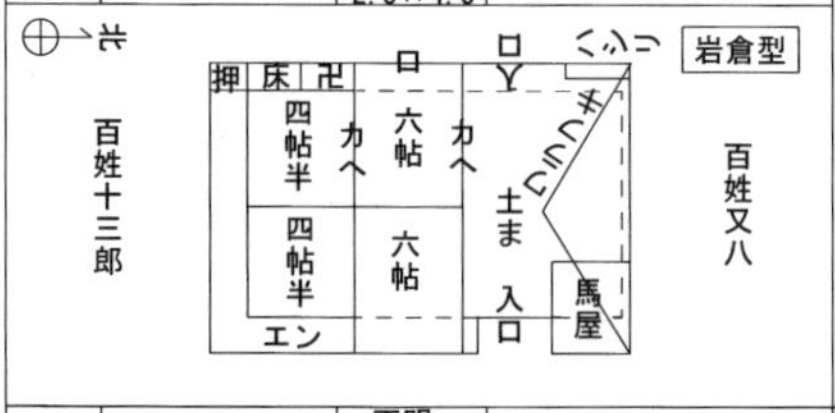

No. 6

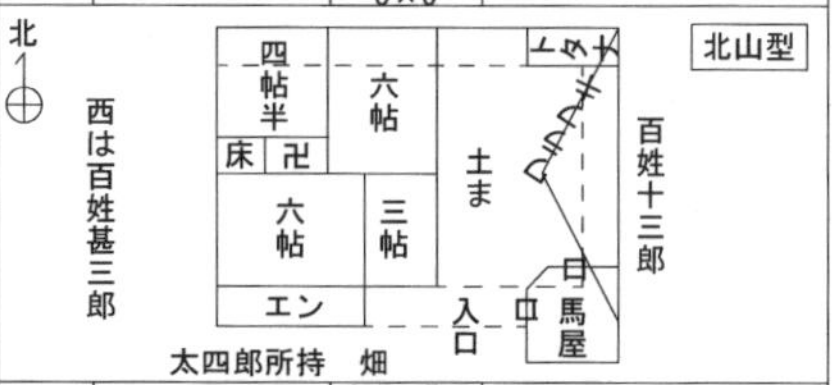

No. 7

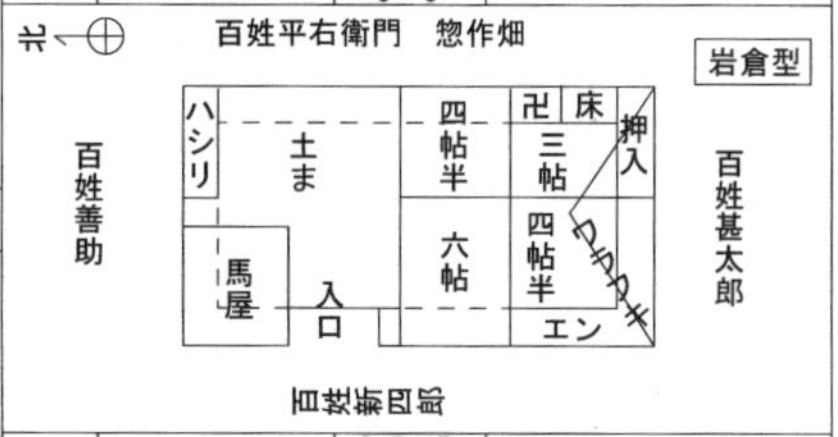

No. 8

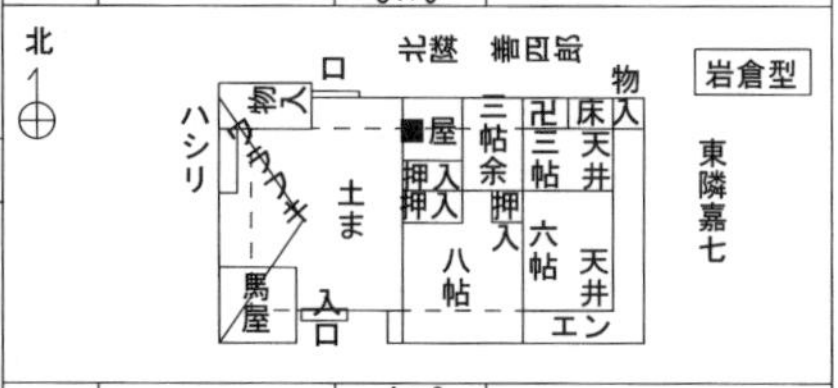

No. 9

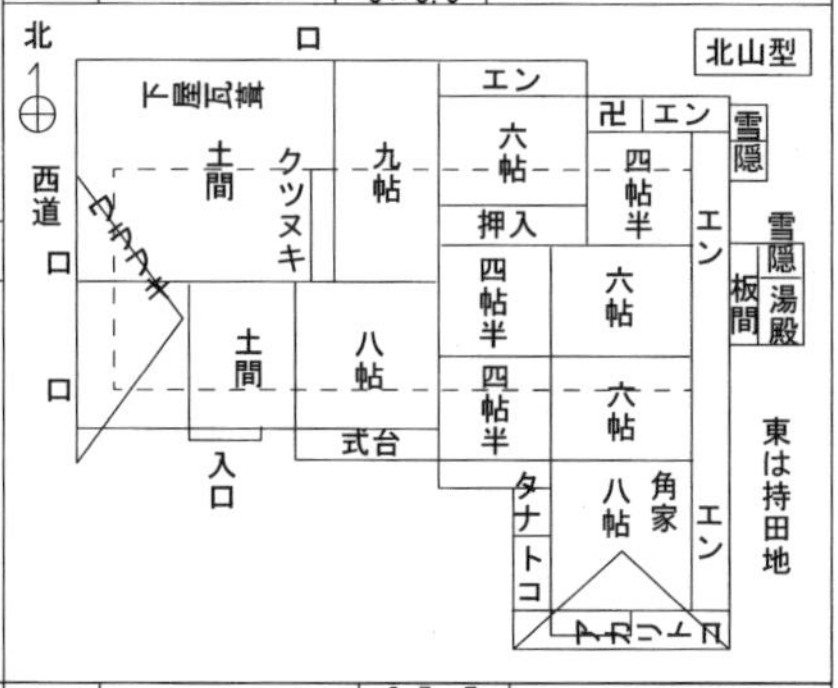

No. 10

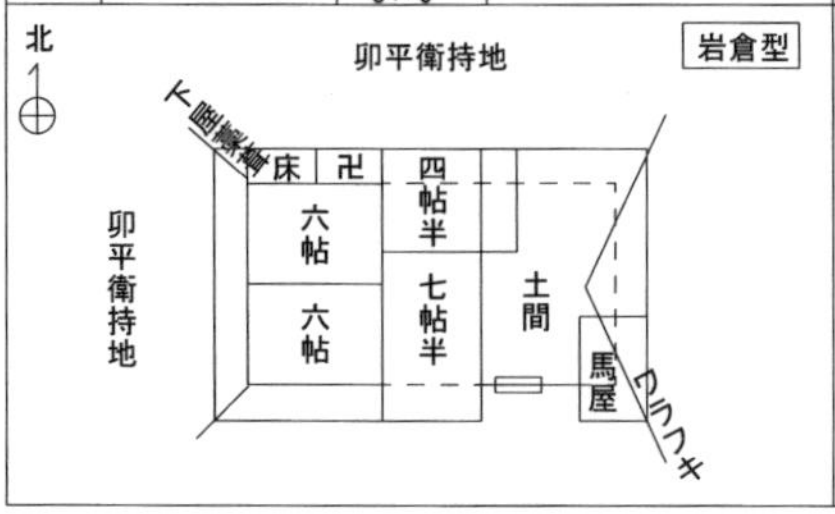

No. 11

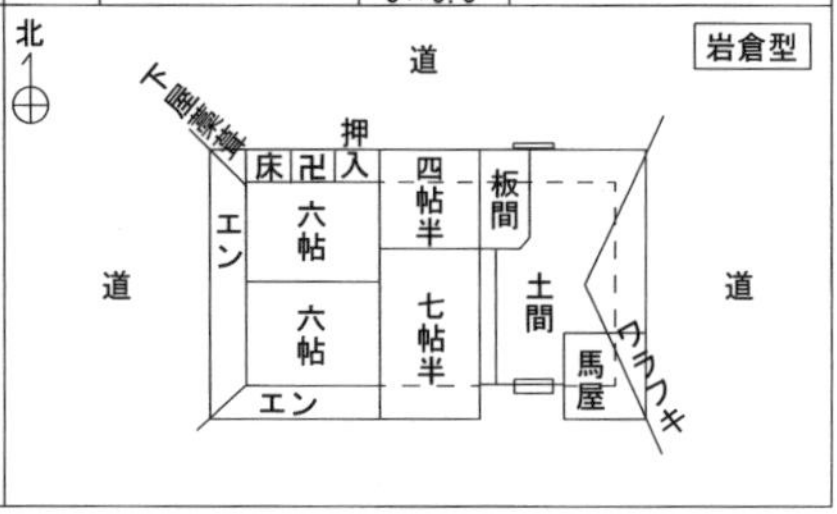

表1　岩倉村禁裏御料百姓の建築許可申請書

つぎに、安永六年（一七七七）に岩倉村西河原一帯が大火になった後、百姓が京都代官所へ提出した建築許可申請書、(四五)いわゆる普請願書に添付された指図《さしず》（図面）に九軒の百姓家の間取りを見てみよう（表1No.1〜No.9）。

どれも建直しを機に拡大したもので、このうち岩倉型は、No.1・No.3・No.4・No.5・No.7・No.8に推定できる。いずれも床上四室で、上手列の続き座敷に縁をまわし、整った長方形にまとめる例が多い。先の橋本家は増築した上手列と下手列の出が異なっていたが（図16）、そのような増築の中から長方形にまとめる例が現れたのであろう。

床上二室はないが、それでは焼失建物はどうだったろうか。指図には、焼失建物も外形線だけ記されている。間取りはわからないが、その桁行長さに注目する。まず、申請建物の土間の桁行長さを図面に測ると、最短二間（四メートル）、内厩付は三間（六メートル）。これを、床上四室の岩倉型と判断した六棟の、焼失建物の外形線の桁行長さから引くと（表一右端）、残りは三間〜四間（六〜八メートル）。桁行方向に二室ならべるには、これだけ必要となる。したがって、これに満たないNo.1、No.3、No.4、No.5、No.7の焼失建物は、床上二室であった可能性が生まれる。とくにNo.3とNo.5は可能性が高い。そして彼らも、農地をもつ百姓で、水呑ではない。よって岩倉盆地では、一八世紀後半になっても、片土間・床上二室が一般の百姓家であったことになる。

その中で一八世紀前半から、橋本家のような村内上層の百姓から、上手列に続き座敷を増築して床上四室に改築するようになり、一八世紀後半には縁をまわして長方形に整えていった。永井や林野が指摘した岩倉型がこれである。

その後、一九世紀の普請願書をみると、文政四年（一八二一）のNo.10に土間の床机が初登場。これにそれまで下手表にあった居間・食事機能が移り、残された下手表は日常の接客機能に変わっていった（No.11）。そして、上手列の続き座敷は、冠婚葬祭の利用に限られるようになった（序章・図11の変化）。このような間取りが増加し、昭和四〇年代の民家緊急調査で報告され、著者が確認したのもこれである。

ちなみに、岩倉盆地の東南に接する愛宕郡修学院村や一乗寺村に、文政七年（一八二四）に光格院が修学院離宮へ行幸したおり、御付きの宿割りのため作成された「下宿絵図」がある。(四六)全七〇軒の百姓家の間取りは、床上四室が五四軒で最多であるが、片土間・床上二室も九軒ある。表室が大きく、居間・食事機能と接客機能、小さい奥室には寝室機能がうかがえる。それが村内の一割以上を占め、少ない数ではない。中世『洛中洛外図』屏風群にみた片土間・床上二室の分布からすると（第三節）、岩倉以外に存在しても不思議はなく、むしろそれを裏付ける史料と言えよう。

以上、中世『洛中洛外図』屏風群にみる片土間・床上二室の百姓家は、少なくとも岩倉型の原型である可能性が高い。

もっとも画中の百姓家は草葺の切妻で、妻壁に棟持柱がある（図10）。棟持柱構造という。一方、現存する岩倉型の遺構は、多くが上屋と下屋に分かれ、上屋が藁葺の入母屋、下屋は桟瓦葺の庇であった（序章・写真30）。屋根をささえる小屋組も叉首《さす》組で、棟持柱構造は確認できていない（序章・図4）。

そこで次節では、近世の京都近郊の百姓家に棟持柱構造を探して、画中の百姓家や町家との関係を検討してみよう。

第七節　洛外農村の百姓家の軸部と屋根

中世『洛中洛外図』屏風群の百姓家は、草葺の切妻。そして妻壁に棟持柱。じつは、そんな百姓家が江戸時代にも、山梨県甲府盆地にはあった。そのうち、一七世紀末期に建てられた旧広瀬家住宅が、川崎市立日本民家園（川崎市多摩区）へ移築されている（写真5）。また、屋根のかたちは切妻ではないものの、棟持柱構造というだけなら全国各地にあった。(四七) そして、これら棟持柱構造が大きくなる過程で、建物の構造体となる柱や梁の軸組と、屋根を支える小屋組に分離したとき、北山型の「おだち・とりい」組（序章・図4）になったとされている（序章）。

そうすると岩倉盆地は、周囲を北山型分布地域にかこまれており、盆地内にも北山型の遺構がある。それでも棟持柱構造となると、岩倉盆地はおろか京都近郊にも報告例はない。なので画中の百姓家は絵空事ともいわれるが、ここで、京都西郊に遺構が多い片入母屋に注目したい。片入母屋は摂丹型の屋根形式で、表側が入母屋、背面が切妻であ

写真６　片入母屋の切妻側
（序章一写真 19 背面）

写真５　旧広瀬家住宅の妻壁（山梨県甲州市塩山上萩原から移築、神奈川県指定重文、川崎市立日本民家園へ）

る（写真6）。その背面について、永井は「柱がたちのぼって棟木や母屋を直接」に受けると報告した。(四八)まさしく棟持柱構造であり、藤田元春は「タテノボシ」という名称を記録している。(四九)さらに永井は、片入母屋が「本来切妻造り」で、「棟持柱構造の遺制が切妻の背面」とする説も紹介した。

いかがであろうか。背面だけとはいえ、切妻の妻壁に棟持柱をもつ百姓家の遺構が、京都西郊の摂丹型分布地域に現存している。さらに元は両妻面が切妻であったとの説もある。そして摂丹型の間取りは、片土間・床上三室（序章・図7）。つまり、京都の町家と同じである。他方、その京都の町家の間取りは、中世『洛中洛外図』屛風では片土間・床上二室。それが岩倉型の原型の間取りでもある。このあたり、なんとなく胸さわぎがしてくるのだが、まずは落着いて、中世『洛中洛外図』屛風群の百姓家と同じ棟持柱構造をもつ摂丹型と、画中の百姓家の間取りにつながる岩倉型との関係を考えよう。そのとき、日本民家研究史における記念碑的な論文、永井規男の「摂丹型民家の形成について」(五〇)が、とてもとても重要になってくる。

摂丹型成立に関する永井論考の概要と問題

永井は、岩倉型はもともと中世の摂津・丹波・山城国に広く分布したが、一六世紀前半に摂丹型が分布域を広げた結果、現在は岩倉盆地や摂丹型分布域に散在する、とした。そして、歴史的背景を次のようにのべた（著者要約）。

室町幕府は足利将軍の世襲であったが、応仁・文明の乱の後、管領として諸機関を率いた細川氏が幕府権力を握った。その領国は畿内の摂津・丹波・山城に広がり、摂丹型分布域に重なる。今谷明[五一]によれば、この地域の地侍・名主《みょうしゅ》層など有力者に、細川氏の家司である管領代から奉書がもたらされた。細川氏の領国支配の末端に組み込む証しであり、かわりに存在と支配を認知されたのである。これにより地侍・名主層は屋根に認知身分を表徴する破風（入母屋の中心に立てる板）をあげることを許され、それを強調する妻入を選択。これを岩倉型に住む百姓もまねて、一六世紀前半に妻入の摂丹型が成立した……

つまり永井は、摂丹型は最上位の百姓家で、元は岩倉型であった、とみたのである。永井がこの論考を記した昭和五〇年代は、昭和四〇年代の緊急民家調査の結果が絶対視され、文献・絵画史料は軽視される傾向があった。その中で、民家型式の成立要因は、地域的に共通する生業との関係のみに求められていた（序章）。ところが民家調査報告を主導した永井が、文献史料から、管領代奉書による認知身分という人文的要因を指摘したのである。民家研究者にあたえた衝撃は大きかった。その後、中尾七重が長野県の本棟造の妻入に信濃国守護の破風免許の影響を推定したこ[五二]とや、著者が京都の町家に江戸幕府の建築規制の作用を指摘したことも、その影響と言っていい[五三]。

もっとも、摂丹型も本棟造も、破風免許を裏付ける文献史料は未発見である。それに、平入の岩倉型が妻入の摂丹型に変わったとすると、構造的な問題が浮上する。永井もこれを重要な問題としたが、摂丹型分布地域の町家に妻入と平入の混在を指摘した大場修は、「平入と妻入の違いは、単に屋根の架け方の違い……構造的には同じ」とした[五四]。したがって不可能ではない。

そうすると次は間取りが問題である。なぜなら、床上四室の岩倉型が、床上三室の摂丹型に変化するということは、続き座敷を一座敷にする、つまり接客空間を縮小することになる。永井は、家格表現である破風（序章 - 写真17）へのあこがれが、座敷の縮小を乗り越えさせたとしたが、外観な身分表現へあこがれるなら、内部の接客空間にもこだわりがあるはず。続き座敷を一室にする退行現象はいぶかしい。

また型式の成立には、百姓家への普及が不可欠であるが、破風をあげる入母屋や妻入が、身分の表徴となっていたのなら、室町幕府が滅亡する天正元年（一五七三）、つまり一六世紀後半まで、百姓が好き勝手にまねできたとは考えにくい。永井が摂丹型成立を指摘するのは一六世紀前半であるが、同世紀中ごろの中世『洛中洛外図』屏風でも、摂丹型分布地域のはずの京都外縁に、妻入の入母屋は見当たらない。あるのは平入で切妻、片土間・床上二室。そして棟持柱構造。岩倉型との関係がうかがえる百姓家である。じつは永井自身、中世は接客用の座敷が「地侍層の格式を示すもの」で、「一般農民層の住まい」にはなかった、だから「その分、小さなもの」と述べている。(五五) それには片土間・床上二室が適当であり、戦国時代の一六世紀中ごろから後半の京都近郊にも多くあったとみてよい。前述のように岩倉盆地東南の修学院村や一乗寺村で一九世紀においても確認できるのも、そのあらわれである。

片土間・床上二室を原型とみた場合の摂丹型の成立過程

それでは、片土間・床上二室が摂丹型の原型と考えた場合、どのような成立過程が考えられるか。

まず表座敷を付けると、摂丹型と同じ片土間・床上三室になる。間取りは、表に接客機能の座敷、つぎに居間・食事機能、奥に寝室。これなら座敷を減らすという退行現象はおきない（図17左側）。また、屋根のかたちは、そのとき棟方向を変えて、表座敷の上を入母屋にすれば、正面に破風が目立つ（図18左側）。つまり、平入で切妻の棟持柱構造であったものが、妻入で正面は入母屋、背面は切妻で棟持柱構造になる。結果は片入母屋の摂丹型で、それはたしかに現存する（写真6）。

もっとも、地侍・名主層には、細川管領代による認知以前から、対面空間が必要な者もいたはず。そのとき、永井が「棟行方向へのひろがりによって構造化されるのが通常」と述べたように、自然な増築方向は上手列に続き座敷を付けるはず。それは床上四室の岩倉型であり、長野県にも例があった。この状態で破風免許を受けたとき、いきなり

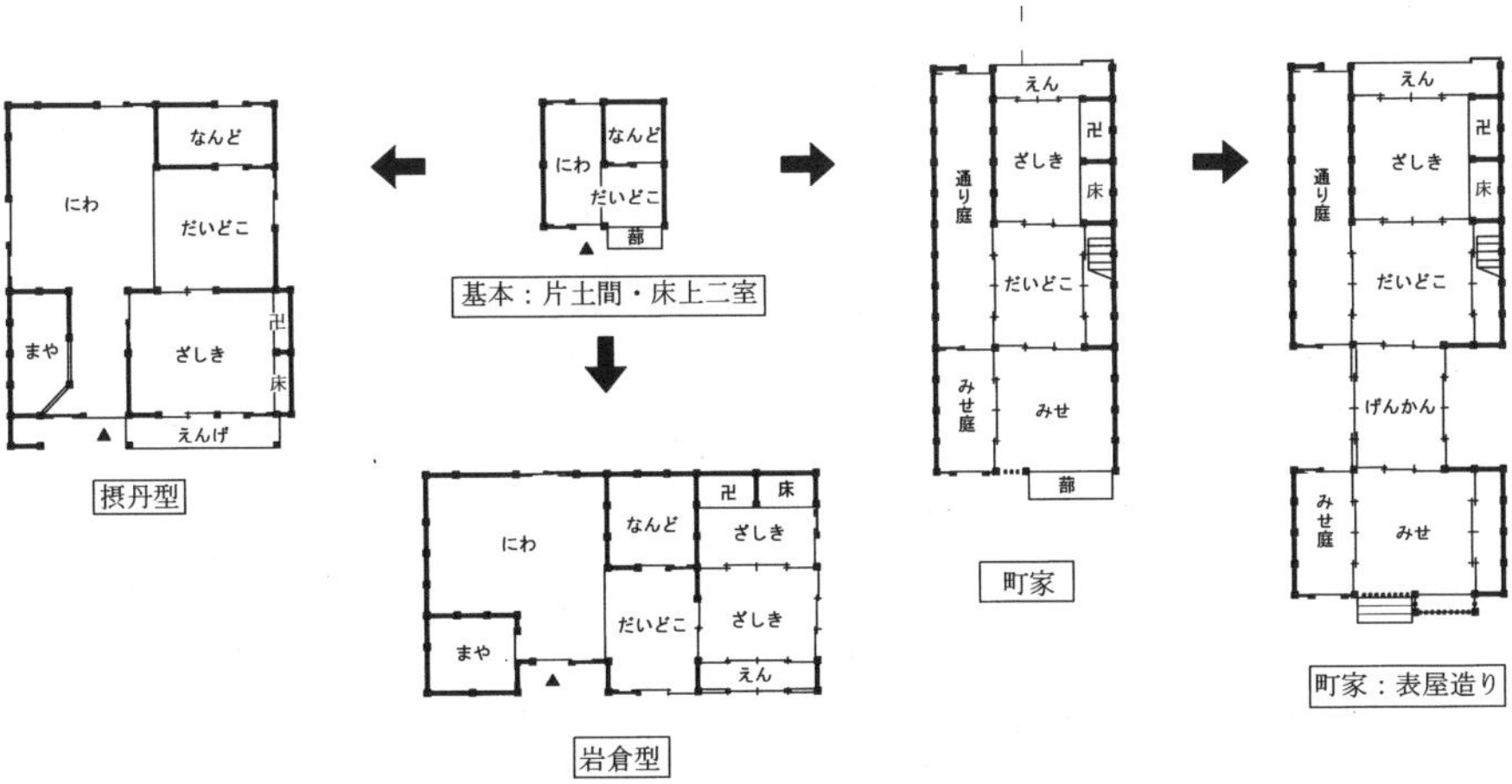

図 17　民家型式の間取りの変遷

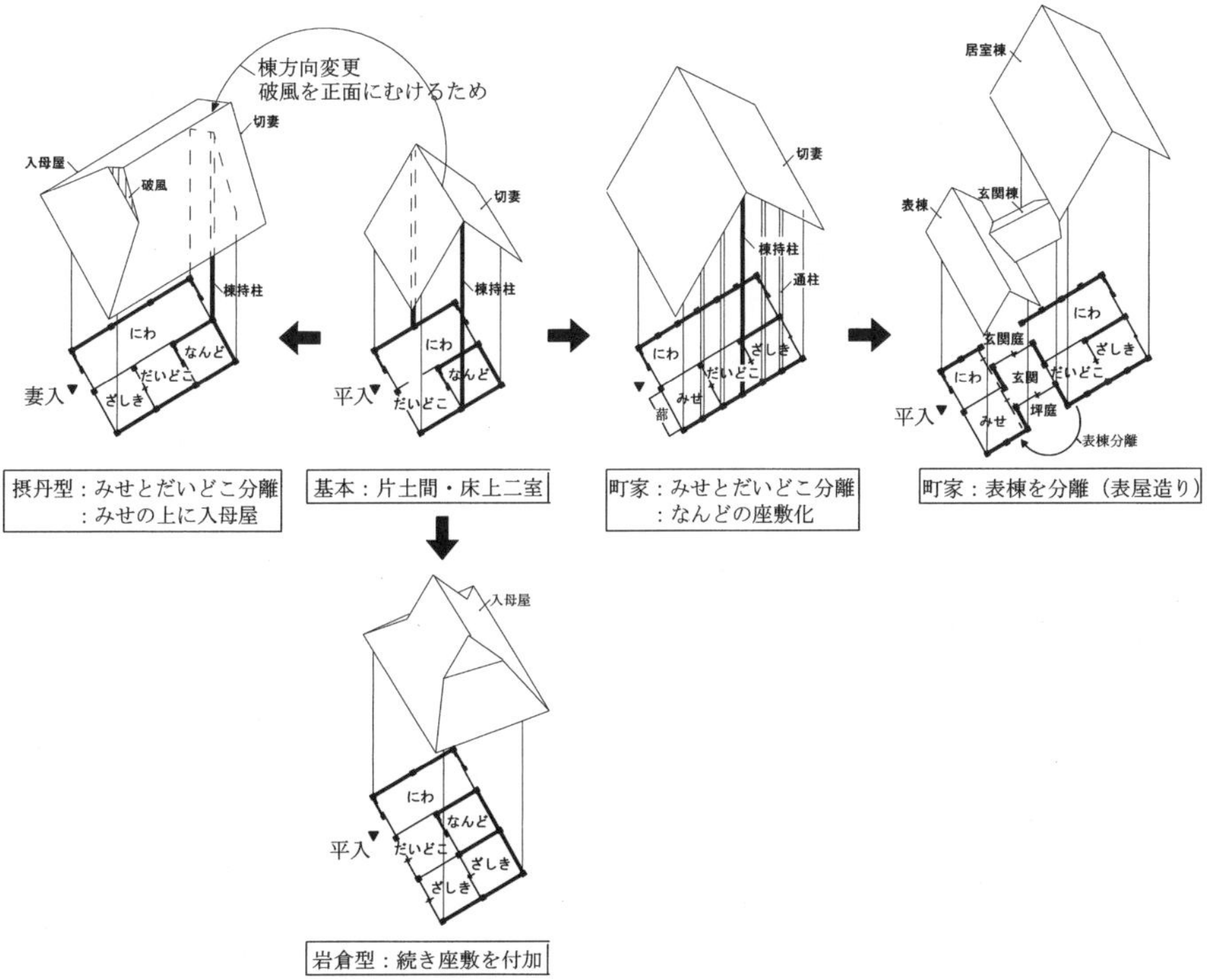

図 18　民家型式の立体的変遷

写真7　岩倉型の角屋

藤田元春『日本民家史』（刀江書院、1967）より転載

棟方向を変えて妻入にし、続き座敷を一座敷に減らして建て直すとは、考えにくい。それよりも、平入の正面に入母屋を付けて、破風をかかげるであろう。岩倉盆地でも、そんな百姓家が明治期初頭まであった（写真7）。

しかし、そのような地侍・名主層も、戦国乱世では構の中に入らざるをえない。限られた空間の中で、一般の百姓と同様に最小単位の片土間・床上二室に住む状況が、中世『洛中洛外図』屏風群に描かれたと考えられる。そして一六世紀末期の戦乱終息後、豊臣政権の身分統制令で帰農した旧地侍・名主層は、かつての認知身分を表徴する破風をかかげたくなる。そのための入母屋と、接客用の表座敷を片土間・床上二室に付けると、摂丹型になる。そのとき室町幕府は滅亡し、旧支配層も帰農しているから、一般百姓もまねられる。急速に普及し、摂丹型が成立するのである。このように考えると、一六世紀中ごろの上杉本に入母屋や妻入が見当たらないのに、一七世紀中ごろの葛野郡東梅津村を描く『山城国葛野郡東梅津村大梅山長福禅寺門前境内方彊之図』[五六]では、片入母屋の妻入がひしめくことと整合する。摂丹型最古級とされる泉家（現、日本民家集落[五七]）や岡花家住宅（大本教本部[五八]）が中尾七重の放射性炭素年代測定で一七世紀後半と判定されたのも、型式成立時期の上限として整合する。

しかし同じころ、徳川政権の奢侈禁令や建築規制が発動した。一七世紀末期には、京都を囲む山城国の百姓に、徳川政権への建築許可申請が義務付けられた。その申請書は「有来りのまま建直し」つまり既存型式の踏襲を誓約する書式が定型化されており[五九]、平入→妻入のように家格に関わる大規模変更が安易に許されたとは考えにくい。よって摂丹型の成立はそれ以前、一六世紀後半〜一七世紀中ごろと推定される。それはちょうど、京都の町家が多層・多様化する自由建築の時代であった[六〇]。そして、この時期に摂丹型にできなかった百姓は、片土間・床上二室に住み続けることになる。余裕ができて、続き座敷を付けようとしても、もはや規制の影響で棟方向は変えられず、桁行方向に続き座敷を付けることになる。結果は岩倉型の間取り。こうして摂丹型分布地域に岩倉型が散在することになる。

第八節　岩倉盆地の歴史との照合

最後に、一六世紀の岩倉盆地をみておこう。摂丹型分布地域ならともかく、なぜ、ここに岩倉型が多いのか。

中世末期、戦国時代の岩倉盆地は、北隣の静原（北山型分布域）出身の土豪山本氏と、岩倉地侍衆が支配した。[六一] 彼らにも破風免許に関わる管領代奉書が発給されたが、[六二] 内容は、門跡寺院の実相院の寺領安堵や、山本氏や岩倉地侍の横暴を指弾するもので、身分の認知は読み取れない。そして、認知されない山本らは、室町幕府滅亡後、豊臣政権の身分統制令で帰農し、江戸時代は「武士株仲間」を結んで村内上位を占めた。その子孫が受け継いだ住まいも、床上四室の岩倉型である。日常的に対面儀礼が多い武士にとって、続き座敷は不可欠だから、その間取りは中世末期の岩倉盆地には成立していた可能性が高い。

しかし元亀四年（一五七三、天正元）、盆地内が織田軍団の明智光秀によって焼き払われたことが『信長公記』や『言継卿記』、山本氏の家系図に記録されている。[六三] このため岩倉盆地の百姓家はいったん壊滅し、一六世紀後半〜末期に復興されたことになる。それは戦国時代と同じ、最小単位の片土間・床上二室であった可能性が高い。座敷を増築できる経済力の蓄積には時間が足りず、徳川政権の建築規制が発動する一七世紀前半までに、摂丹型を建築する機を逸したのであろう。あるいは最後まで対立した細川氏の認知身分の家格表現である破風や妻入に、反目していたのかもしれない。いずれにしても、最小単位の片土間・床上二室で復興したとすれば、内厩を設置し、続き座敷を置く増築が可能になるのは、世情が安定して農業生産力が向上する一七世紀後半以降。京都市中へ商品作物の出荷が増加し、そのルートを貨幣が逆走して、資本を蓄積できるようになった一八世紀である。だから橋本家の護摩札も、ちょうどこの時期である（第六節）。そのとき岩倉盆地の百姓は、徳川政権の梁間三間規制にしたがいながら、棟方向に続き座敷を伸ばし、床上四室の岩倉型になっていったと考えられる（図17下、図18下）。

ちなみに、表1最大の№9は、岩倉土豪の山本氏の末裔である可能性を、その家系図にみることができる。(六四)表1で唯一、角屋《つのや》をもち、そこは「トコ・タナ・アカリトコ（付書院のこと、百姓には規制対象だから名称を変えたか）という「座敷飾り」を備えた書院風座敷は、南山城の小林家の書院風座敷（序章）と同様に、村内最上位で帰農武士の家柄をみて間違いない。おそらく所司代の巡見時の休息所などに用いられたのであろう。(六五)

第九節　まとめ、片土間・床上二室からの進化

中世『洛中洛外図』屏風を検討した本章は、戦国時代に規模を抑制された百姓家と町家の間取りが、片土間・床上二室で共通していた可能性を指摘した。武士・町人・百姓に重なる部分があった当時、住まいの最小単位として共通したのである。そこから、表座敷を付けて棟方向を変え、屋根を入母屋にし、破風をかかげた家に続いたのが摂丹型棟方向に沿って続き座敷を付けたのが岩倉型。つまり片土間・床上二室は、摂丹型や岩倉型という民家型式の原型であったと考えられる。

そして町家も、床上二室では表室に併存した商業機能と居間・食事機能を分離し、奥室とあわせて片土間・床上三室となっていく（図16右、図17右）。さらに、この分離方向が進んで、ミセ棟（表屋）と奥のダイドコ・ザシキの居室棟を離して建て、間に玄関棟をはさむ「表屋造り」があらわれた（図16右端、図17右端）。これにより「げんかん」の両脇に玄関庭と坪庭が確保され、住環境に関わる通風や採光が画期的に改善された。このような鰻の寝床の成立過程は、第四章でみてみよう。

ちなみに、江戸時代前期の宝永大火（一七〇八）の後、柳馬場通り烏丸通り上ルから二条川東へ移された駒薬師町（現、菊鉾町）で、天保九年（一八三八）一一月に記された『町中屋鋪図』というものがある（写真8）。これを見ると、新

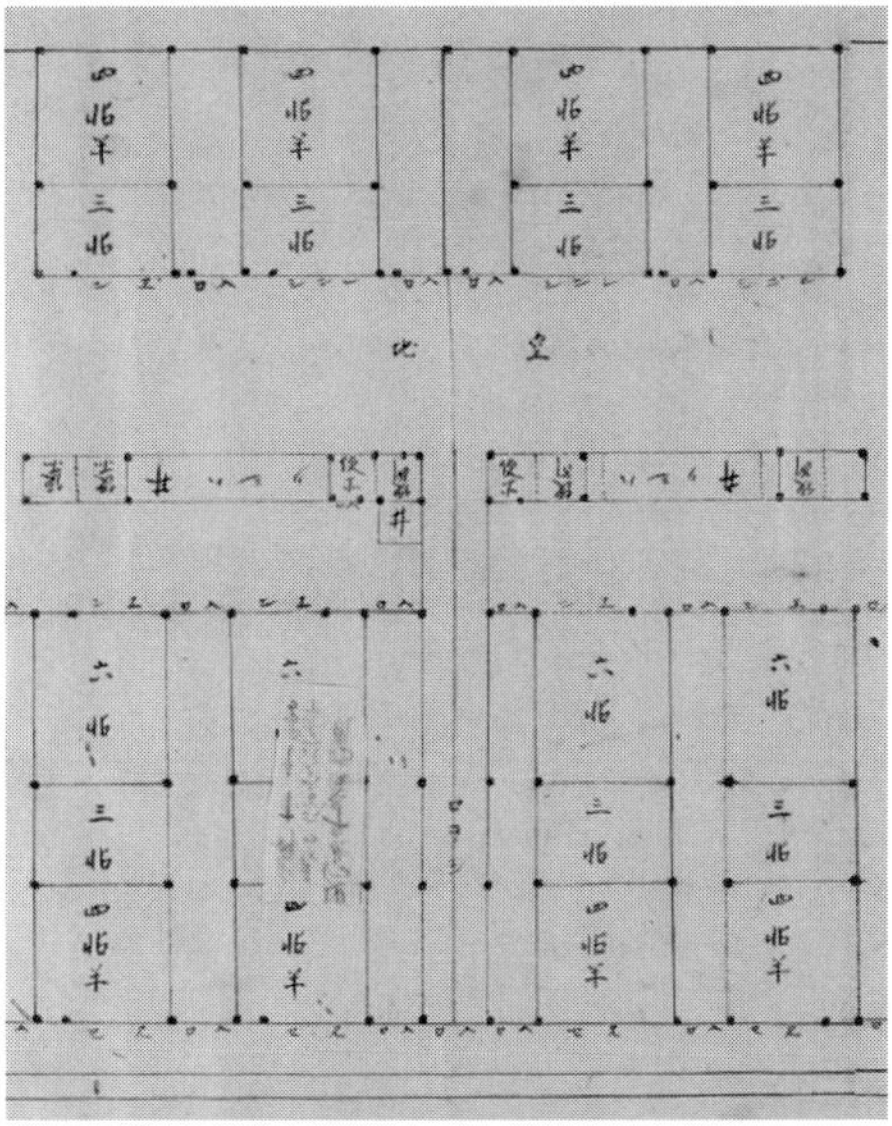

写真８　『町中屋鋪図』部分、下が新柳馬場通り
京都府総合資料館所蔵『藤木家文書』

柳馬場通り沿いに、片土間・床上三室の典型的な町家がならぶ。その間取りは普通であるが、「ロウシ」の奥に棟割長屋があり、四住戸が入っている。間取りはどれも片土間・床上二室。入口前の空地をはさんで共同便所、井戸、ハシリがあり、歴博甲本にみる中世の街区内側の構成と似ている（図1、図2）。敷地に制約がある場合、江戸時代にも片土間・床上二室の棟割長屋があらわれたのである。もっともこの場合は、表室がせまく奥室が広いから、本章で取りあげた機能と一致する確証はない。しかし片土間・床上二室という間取りの根強さには、驚かされる。

註

一　伊藤毅『町屋と町なみ』、山川出版社、二〇〇七
二　『一遍聖絵』（『日本の絵巻』二〇）小松茂美編、中央公論社、一九八八
三　原一男『太平記その後』、木耳社、一九九一
四　『応仁記』（『群書類従　第二〇輯　合戦部』、続群書類従刊行会、一九五九、所収）
五　『続本朝通鑑』（国立公文書館所蔵）
六　柴屋軒宗長『宗長日記』島津忠夫校注、岩波書店、一九九一
七　『新訂　閑吟集』浅野建二校注、岩波書店、一九八九

八　鷲尾隆康『二水記』三（大日本古記録）東京大学史料編纂所編、岩波書店、一九九四
九　三浦浄心『北条五代記』（『改定史籍集覧』第五冊、通記、第二六、近藤出版部、一九二五、所収）
一〇「山椒太夫」（『説経節――山椒太夫・小栗判官他』荒木繁・山本吉左右編注、一九七三、所収）
一一　安野真幸『バテレン追放令』、日本エディタースクール出版部、一九八九、参照
一二　デ・サンデ『天正遣欧使節記』泉井久之助ほか共訳、雄松堂書店、一九六九、参照
一三　前掲、『新訂　閑吟集』
一四『松浦家文書』所収、松浦史料博物館所蔵（長崎県平戸市）
一五　永井規男「中世の民家」（日本民俗建築学会編『図説民俗建築大辞典』、柏書房、二〇〇一）
一六　国立歴史民俗博物館所蔵、旧町田家所蔵『洛中洛外図』屏風、重要文化財
一七　伝、狩野永徳筆、東京国立博物館所蔵
一八　国立歴史民俗博物館所蔵、旧高橋家所蔵『洛中洛外図』屏風、重要文化財
一九　米沢市上杉博物館所蔵、国宝
二〇　京都国立博物館所蔵
二一　京都国立博物館所蔵
二二　横井清『中世民衆の生活文化』中、講談社、二〇〇七
二三『庭訓往来』石川松太郎校注、平凡社、一九七三
二四「特別史跡一乗谷朝倉氏遺跡環境整備報告」Ⅲ、町並立体復原事業、福井県立一乗谷朝倉氏遺跡資料館、一九九六
二五『朝倉敏景一七ヶ条』（『群書類従　第二〇輯　武家部』、続群書類従完成会、一九五九、所収）、ただし信憑性には疑問が示されている（『福井県史』通史編　二、福井県、一九九四）
二六　藤田元春『日本民家史』、刀江書院、一九六七
二七『能恵法師絵詞／福富草紙／百鬼夜行絵巻』（『続日本の絵巻』二七）小松茂美編、中央公論社、一九九三
二八　京都国立博物館所蔵、『特別展覧会図録　狩野永徳』京都国立博物館、二〇〇七
二九　個人蔵、狩野博幸『狩野永徳の青春時代　洛外名所遊楽図屏風』、小学館、二〇〇七

三〇　高橋康夫『京町家・千年のあゆみ――都にいきづく住まいの原型』、学芸出版社、二〇〇一
三一　堀内明博「西日本の中近世掘立柱建物」（浅川滋男・箱崎和男編『埋もれた中近世の住まい』第二章）、同成社、二〇〇一
三二　前掲、柴屋軒宗長『宗長日記』
三三　前掲、藤田元春『日本民家史』
三四　太田博太郎『信濃の民家』長野県文化財保護協会、一九七六
三五　『長野県史』（美術建築資料編、全一巻（二）建築）、長野県、一九九〇
三六　吉田靖「日本における近世民家（百姓家）の系統的発展」『奈良国立文化財研究所学報』第四三冊、一九八五
三七　永井規男「京都府民家の総観」『京都府の民家緊急調査報告　第七冊』、京都府教育委員会、一九七五
三八　永井規男「摂丹型民家の形成について」『日本建築学会論文報告集』第二五一号、日本建築学会、一九七七
三九　前掲、藤田元春『日本民家史』
四〇　丸山俊明「伝統的住宅様式と景観上の役割について――愛宕郡旧岩倉村を事例として」（平成九年度造形工学専攻修士論文）、京都工芸繊維大学大学院、一九九七
四一　前掲、永井規男「摂丹型民家の形成について」
四二　林野全孝『近畿の民家』、相模書房、一九八〇
四三　前掲、藤田元春『日本民家史』
四四　「橋本健次家文書」所収、紙焼史料、京都市立歴史資料館所蔵
四五　丸山俊明「『岩倉村文書』にみる岩倉型民家――岩倉型民家に関する研究（その一）」『日本建築学会計画系論文集』第五五一号、日本建築学会、二〇〇二
四六　平井聖『中井家文書の研究』第一〇巻、八四七番、中央公論社美術出版、一九八五。この史料に見る百姓家の間取りには津田良樹の研究（同「光格院修学院御幸史料からみた文政七年の修学院村・一乗寺村の民家について」日本建築学会大会学術講演梗概集、一九八六）があるが、本書に記す視点はない。
四七　大河直躬『民家園解説シリーズ　四』、川崎市立日本民家園、一九六九
四八　前掲、永井規男「京都府民家の総観」

四九　藤田元春『郊外の民家――京ところどころ』、金尾文淵堂、一九二八
五〇　前掲、永井規男「摂丹型民家の形成について」
五一　今谷明「細川・三好体制研究序説」『史林』五六巻五号、一九七三
五二　中尾七重「本棟造民家の分布と信濃小笠原氏支配地域の関連について」『日本建築学会計画系論文集』第六〇三号、二〇〇六
五三　丸山俊明『京都の町家と町なみ』昭和堂、二〇〇七
五四　大場修「城下町の町家と家並」（吉田清監修『図説　園部の歴史』〈園部町史通史編〉、園部町、二〇〇五、所収）
五五　前掲、永井規男「中世の民家」
五六　伊藤毅「長福寺境内の構成――大梅山長福寺全盛古大図を中心に」『長福寺文書の研究』、山川出版社、一九九二
五七　中尾七重「民家研究と年代測定　その二――縦割型民家について」『武蔵大学総合研究所紀要』一七号、二〇〇八
五八　中尾七重・永井規男「川井家住宅の放射性炭素年代調査について」『日本建築学会近畿支部研究報告集』第五三号、二〇一三
五九　ただし江戸時代後期には妻入→平入の例があらわれる（前掲、丸山俊明『京都の町家と町なみ』第四章）
六〇　前掲、丸山俊明『京都の町家と町なみ』序章、第一章
六一　中村治『洛北岩倉誌』岩倉北小学校記念事業委員会、一九九五
六二　前掲、今谷明「細川・三好体制研究序説」
六三　中村治「山本昭家家系図から見た岩倉の歴史」『洛北岩倉研究』第五巻、二〇〇一
六四　前掲、中村治「山本昭家系図から見た岩倉の歴史」。なお№9当主の辰之助は、『安永九年家数員数帳』に石高五五石とあり、岩倉村禁裏御料では突出している。建築許可申請書に記された焼失建物にも、梁間三間規制をこえる四間の上屋梁や角家、式台、書院風座敷があり、飛びぬけて高い家格装置をもつ。また№9の間取りが南向きの表列に座敷を置く点は、岩倉型よりも北山型に近い。つまり№9は一時的に北山型分布地域の静原に居住した土豪山本氏の一係累の住まいである可能性を示すものである。しかし家系図は安永三年（一七七四）没の山本尚幸の子尚隆で途切れており、二人の姉は早世、弟は出家し「元随」と名乗るも寛政期没の書き込みが最後となっている。辰之助自身の記録も天明元年（一七八一）閏五月の「禁裏御料威鉄砲之儀書上帳」（岩倉村文書、京都市歴史資料館、紙焼史料）より「威鉄砲壱挺、玉目三匁五分、辰之助」が最後であり、現在は№9の跡地に遺構はおろか敷地区画もない。一八世紀末に一家は没落したらしい。中世土豪の末路をみるようであるが、他の山本氏係累は幕末まで朝廷の地下官人

を務めるなどし、現在も岩倉に住まいされている。

六五　丸山俊明「『岩倉村文書』普請願書の角屋について」『日本建築学会大会学術講演梗概集』、一九九三

第三章

『洛中洛外図』の謎、桁なし町家は本当にあったのか

概要：中世『洛中洛外図』屏風から、謎の町家を取り上げる。どんな謎かというと、桁がない。建築に関わる人ならまちがいなく「？」であろう。それでも本当に、桁がない町家の建築風景がある（図１）。それが嘘ではなかった、というのが本章である。

第一節　桁なし町家に関するこれまでの見解

建物の構造は、柱と梁と桁で基本構造をつくる。軸となるので軸組といい、二種類ある（図２）。

① まず柱をたて、桁をのせてから、梁を渡す軸組…京呂《きょうろ》組（図２右）

② 柱をたて、梁を渡してから桁を乗せる軸組……折置《おりおき》組（図２左）

これら軸組の上で、屋根をささえる構造が小屋組。だから、屋根がある建物なら小屋組があり、小屋組があるならささえる軸組がある。そして軸組は、柱の上で梁と桁を組む。だから桁なし町家は謎なのである。

それをこれから見ていくのだが、そもそも中世『洛中洛外図』屏風群の町家には、類型的な描写がある。それは平入で切妻、屋根は石置板葺。間口は二～三間（約四～六メートル）で、奥行二間（約四メートル）、というもの。一番古い歴博甲本（旧町田本）にも、永井規男が「間口は二ないし三間で奥行は二間……片土間式で前と後の二室」を観察している（一）。その永井は『教王護国寺文書』から、一五世紀中頃の下京柳原の吉阿弥家を「内部に四畳大の部屋を前後に並べ、片側を通り土間」と復原して「洛中洛外図の町家の描写が示すことと大差ない」と述べた。じつは片土間以外に、土間の両脇に床がある中土間式もあって、二世帯住宅といわれるが、片土間式が大勢を占めるのは事実。

清水擴も歴博甲本の町家が「類型化されうるほど画一化」して「平均的な町屋像を示す」とした（二）。その画中に町家の建築風景があり、あらわになった軸組に桁がないのだから（図１）、当時は一般的な構造であった可能性がある。

図１　桁なし町家
歴博甲本『洛中洛外図』屏風　右隻第二扇より転載

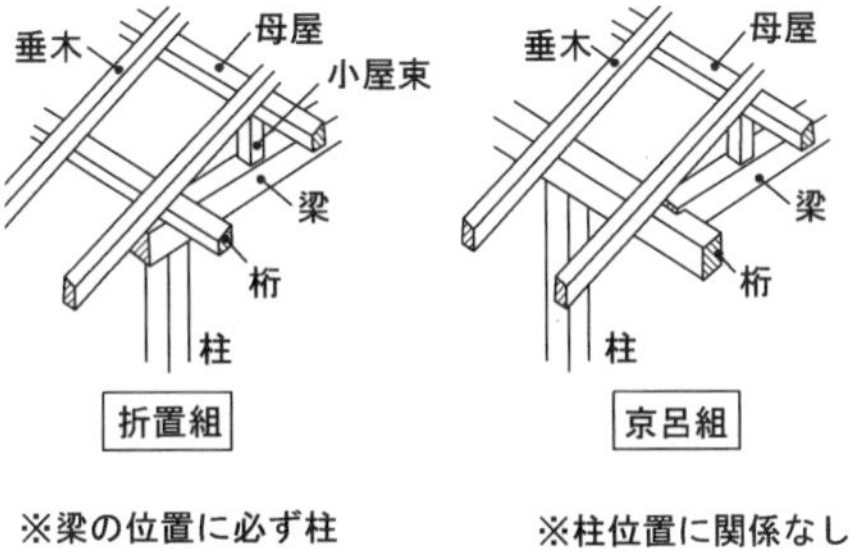

図２　折置組と京呂組

しかしこの構造への疑問は、はやくからあった。

まず最初に、伊藤鄭爾が「構造には不審な点も多く、第一、桁がない。出入口が楣式になっているので実際に桁がなかったのであろうか」とのべた。[三]

高橋康夫は、「両妻側に棟持柱と側柱を立て、梁行部材で側柱頭部と棟持柱をつなぐ。棟木から側柱へ斜材を架け、その上に母屋を三本渡し、垂木を配ると、屋根組ができあがる。正面戸口は両脇に二本の柱を立て、上部に楣《まぐさ》を架すだけである。要するに軸組は妻側の掘立柱列の強度にほぼ依存」と観察した。そのうえで、桁がない点を「じつに奇妙」とし、掘立柱構造に特有の構法であって、近世に礎石立となったときに消滅したものと推定した。[四]

一方、土本俊和は「戦国のマチヤの場合、棟木や母屋桁といった屋根面にある水平材は登り梁の上にのっており、これら以外の水平材はなくてもよい……妻壁では、土台の上に三本の通し柱（中柱が棟持柱）がのり、その上に二本の登り梁がのって、それが妻壁の一面をなす。そして、左右一対の妻壁のそれぞれ頂部に位置する登り梁の上に、棟木と母屋桁がのる」[五]と述べた。土台とは、地面に柱のような木材を横たえた部材のこと。同じ画中に、川の上にその土台を渡す町家があることや、東博模本には妻側に土台をもつ町家があること、[六]さらに考古学分野の発掘調査で棟割長屋の柱痕が未発見であることから、桁のない町家も妻側に土台があって、平側の掘立柱を併用して「建築的にみて合理的」に「安定」している、と分析したのである。

しかし、桁のない町家は、入口の足元の敷居框は明瞭でも、妻壁の土台は画中の多くの町家同様に見当たらない。それに考古学分野の発掘範囲も限定されており、今後発見される可能性はある。現時点で未発見であることが存在しなかった証拠にはならないから、高橋同様に「妻側の掘立柱列」をもつ妻壁を推定して、本章を進めよう。

岡田英夫は、古代~中世の絵画史料に住宅の軸組や小屋組を観察した。これをもとに清水擴は、歴博甲本の時代の町家は「一般的に垂木を用いない」と判断した（図3）。その上で、桁なし町家は垂木があるが、「当時の町屋の一般形とは異なる」、「寺社建築や支配者層の住宅は垂木を用いるのが一般的であったから、町田本を描いた画家はこうした上級建築の構法をそのまま建設中の町屋の場面に描き込んでしまった」と否定した。しかし一方で、桁がない点は「町田町本、上杉本ともに、町屋の妻側には棟木が描かれるが、桁を描くものはない……一般の町屋には桁はなかった」と肯定した。そして「図中の垂木は実際になかったとすると、母屋のように描かれた部材は実は葺板を乗せるための小舞」とし、さらに「平側の土壁上部を見切るための部材は必要だから、桁のように柱天に乗るのではなく、両端柱間に楣状の壁押さえが入っていた……視点の関係で先端の母屋らしいものと重なってそのかげになるためか、この部材は描かれていない」と主張したのである。[七]

これに対して本章では、桁のない町家が、実際に存在した可能性が高いことを指摘する。それも実例をもって。具体的には、まず構造や小屋組に注目しながら、古代~中世の絵画史料をみる（第二節）。つぎに、桁がない町家が描かれた歴博甲本の時代背景をみる（第三節）。その上で、京都府下の町家遺構に、桁がない小屋組を指摘する。表壁のおさまりも、清水とは異なる見解をのべる（第四節）。そして、建て起こしという工法との関係を検討する（第五節）。

図３　垂木のない町家、桁なし町家の左隣
歴博甲本『洛中洛外図』屏風　右隻第二扇より転載

なお、古代~中世末期の文献史料では、都市の庶民住宅は「小家」や「小屋」と記され、「町家」や「町屋」の用例は少ない。近世初頭から増加するのだが、ここで取り沙汰するとややこしいので、本章では町家で統一する。

第二節　絵画史料にみる町家と歴博甲本・上杉本の時代背景

平安時代後期

岡田英夫によれば、奈良時代の小屋組は、柱のある部分に叉首や登り梁を架け、これに小舞をうって板葺であった。それが平安時代に発展し、叉首《さす》や登り梁に垂木を打って、その上に小舞を組み板を打つ板葺が現れたという。[八]この説をふまえ

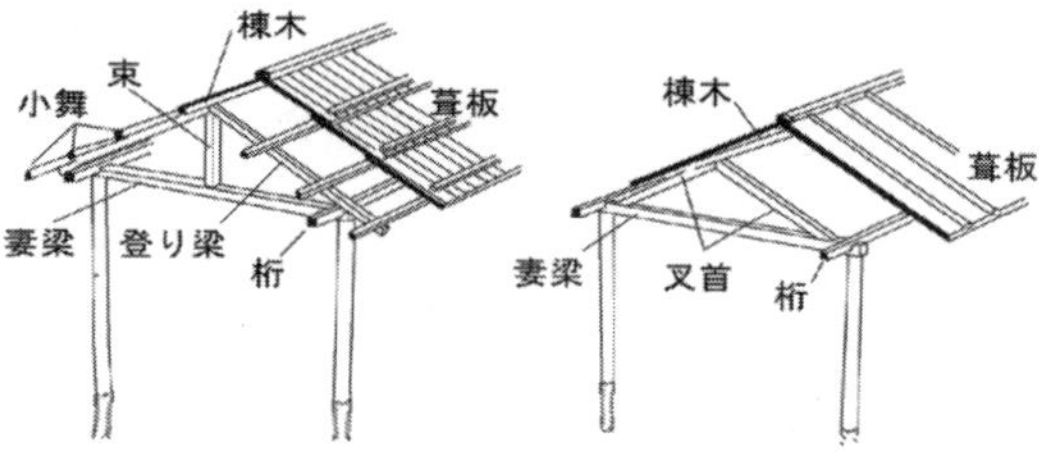

図５　左京条三坊条間路・東堀河交差点発見古材の復原案

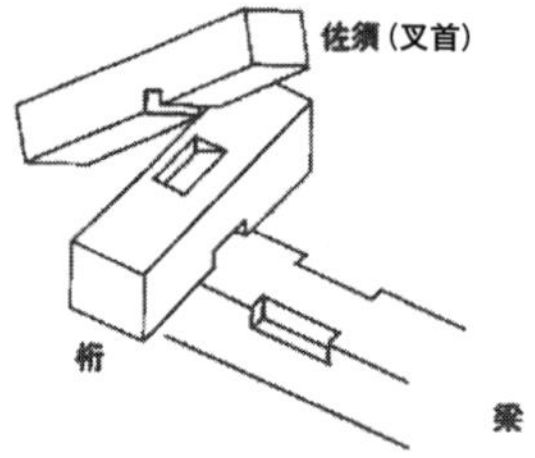

図７　岡田英夫が指摘した組手

て、第一章でもみた平安時代後期の『信貴山縁起絵巻』[九]をもう一度みてみよう（図４）。

そこに描かれた奈良の家は、妻壁の幅がおよそ二間（約四メートル）。中央一間分（柱間二つ分）に妻梁を渡し、両端の桁を結ぶ。その上の三角屋根が上屋《じょうや》、その右側に取りつく勾配《こうばい》（傾き）の異なる屋根が下屋《げや》である。上屋の妻梁の左上には太い斜材があるが、その役割の参考として、平城京の左京条三坊条間路と東堀河の交差点で発見された古材が二タイプ（図５）ある。[一〇]まず一つは、折置の桁から登り梁を伸ばし、頂点で接合する。この接合部分を、妻梁に立つ束《つか》でささえる。そして接合部分で棟木を受け、そして登り梁に直接小舞をうって板葺とするものでる（図５左）。もう一つは、折置の妻梁の上に逆V字の叉首を組む。三角形構造の安定を利用するトラス構造で、トラスの頂点で棟木を受ける。こうしてささえた棟木から桁へむかって板を渡す（図５右）。また、奈良時代の紫香楽宮の藤原豊成邸は、関野克の復元案[一一]では、折置の桁から登り梁（「佐須」＝叉首《さす》）を伸ばし、頂点で棟木を受け、登り梁に小舞をうって板葺、両妻だけ束立の姿で復原されている。これらをみると、南都（奈良）の家の斜材も登り梁か叉首であろう。これに小舞をうち、その小舞に直接板をうつ板葺。垂木はないから、画中でも上屋の屋根先に垂木がない。ただし葺板はしっかり固定しないと風にもっていかれるから、屋根の勾配が変わる部分の桁と、屋根上の材を縄で括っている（図４）。

同時期の『粉河寺縁起絵巻』[一二]にみる辺境の猟師の家も、主屋は垂木がある草葺であるが、その屋根に取りつく板庇は葺板を縄でくくっている（図６）。そして板庇には垂木がない。なので垂木なしは当時でも簡素な構造であったろう。

また南都の家は、桁と妻梁の天端《てんば》がそろっている。これも、東堀河の発見古材に指摘さ

図４　南都の家の桁先
『信貴山縁起絵巻』（中央公論社、1987）より転載

図６　山中の猟師の家の桁先
『粉河寺縁起』（中央公論社、1987）より転載

図８　今宮神社の桟敷
『年中行事絵巻』（中央公論社、1990）より転載

れる渡腮《わたりあご》という仕口《しくち》（接合方法）なら可能である（図7）[一三]。そして下屋の先には垂木がある。この垂木は、上屋の桁と下屋の桁の間に流すことになるが、けらばに小舞がない。したがって上屋桁と下屋桁を彫って垂木を落とし込み、天端をそろえて板打ちとなる。

ちなみに『粉河寺縁起絵巻』では、低い板葺建物がある（第一章・図11）。周囲の百姓家とくらべると、竪穴式住居か土座の可能性か、いずれにしても下層の家であろう。その軒裏に、桁と妻梁の接合部から斜材が登る様子や、桁と母屋が垂木を受けるけらばがみえる。この程度の家でも、垂木はある。つまり平安時代後期は、地方都市や山中の猟師、下層民の家にも、垂木をもつ構造が普及しているのである。

それでは、京都の様子はどうだろう。『粉河寺縁起絵巻』と同時期、一二世紀後半の『年中行事絵巻』に、律令制の崩壊が進む町なみがある（第一章・図4）。貴族が路上占拠した棟割長屋の桟敷があり、その軒先に垂木がある[一四]。そして小屋組は、今宮神社の桟敷に見える。けらばに伸びる桁と妻梁が天端をそろえており（図8）、妻梁に立つ束が、叉首の頂点か棟木を支え、棟木から桁へ垂木を配っている。これに小舞をうって板葺するという建築工法は、『粉河寺縁起絵巻』の下層民の家と大差ない。

鎌倉時代

一三世紀末の『一遍聖絵』[一五]には、四条京極の釈迦堂周囲が描かれている。築地塀を破却した跡に、垂木がある町家と（第一章・図16手前左）、ない町家（同手前右）がならび、ない方が簡素なつくりである。奥に見える妻壁には、桁と妻梁がみえる。妻梁

図9　屋根上で散乱する曾木板（『絵師草紙』）
『長谷雄草紙／絵師草紙』（中央公論社、1977）より転載

に立つ束で棟木を支えるらしく、この束を両側から斜材で支える。手前の町家同様に垂木があるなら、棟木から軒桁へ配ることになる。

このほか『一遍聖絵』では、柱が未製材という簡素な大津の町家群にも垂木がある（第一章-図18）。片瀬の館近くの地蔵堂は垂木があるが、周囲の板庇にはない。踊念仏のために各地に置かれた板屋にも、垂木のないものがある。つまり、付属的な庇や仮設には垂木がない。したがって、やはり垂木なしは相当簡素、簡単な建物である。

南北朝時代（室町時代前期）

この時代の『絵師草紙』[一六]にみる貧乏な京都の絵師の家も、垂木に小舞をうち、曾木板打ちである（図9）。

また『慕帰絵詞』[一七]にみる京都の大路沿いでは（第一章-図21）、軒先に木鼓を吊る寺の本堂に垂木があり、妻壁に棟束と斜材があるから、梁上の束でささえる棟木から軒桁へ垂木をながすらしい。煙出しがある手前の小庫裡は、妻梁に桁をのせる折置《おりおき》で、欠けた桁の先を縄でくくるのは[一八]、図4や図6と同じ垂木なしの板葺の風対策であろう。その板をうつ小舞がケラバに伸び、小舞は妻梁上に組んだ叉首にうつ。叉首の接合部分で棟木を受けるはずであるが、妻梁に立つ束が、図4左側のように叉首の接合部分を下から支えている。困窮の様子がないのに、垂木がない小庫裏の仕様は、あえて本堂よりも格を下げたのではなかろうか。

以上、この時代の建物には、おそらくさまざまな理由で垂木の有無があったのであろうが、とにかく軸組に折置と京呂、小屋組にも叉首組や登り梁、梁に束立が混在す

る状況があった。その中で注目されるのは、これら混在の中に桁なしの建物が一つも見当たらない、という点である。

室町時代

永井規男が片土間・床上二室を指摘した一五世紀中ごろ（第一節）の『見世棚古図』(一九)に、垂木なしの町家がある（第一章・図23）。住戸間の境界柱が一本なので、棟割長屋。ただし平安時代の棟割長屋の桟敷（第一章・図3）にあった垂木が、この三〇〇年をへた棟割長屋にはない。

いったい、誰がこのような棟割長屋を建てたのか。一四世紀に東寺が、所領の備中国中新見庄で、壥《いちくら》一〇代が入る市庭《いちば》（棟割長屋）を一四棟もいっせいに建てた記録があるし、京都の所領である八条院町の住人が年貢未納となったときは、追放と住戸破却を命じた（第一章）。周囲の住人の嘆願で表構えの一部を壊すにとどめたが、こんな暴力的な対応がゆるされたり、複数住戸をもつ棟割長屋を供給できる経済力、それで対価を得る建築計画は、伝統的領主以外には考えにくい。そのような伝統的領主が供給した棟割長屋に、垂木がないのである。

第三節　歴博甲本に桁なし町家が描かれた時代

寛正二年（一四六二）。「天下おおきに飢饉、疾病ことごとくはやり、世上三分の二餓死」という大飢饉がおきる。(二〇)餓死者の遺骸は市中におり重なり、打ち捨てられた鴨川がせきとめられるほど。あまりのことに、朝廷は年号を応仁に変えた。しかし、皮肉にも同元年（一四六七）に応仁・文明の乱が勃発。それから一〇年続いた戦乱で、「下は二条、上は御霊辻、西は大舎人、東は室町境、百町余り公家武家の家三万余宇、皆灰燼となり郊原」となってしまい、文明二年（一四七〇）には「京中並びに東山、西山、ことごとくもって広野」となった。(二一)

平安京を焼け野原に変えた大乱は、文明九年（一四七七）に終結するが、京都はそのまま戦国時代になだれこんだ。

それから半世紀後の大永六年（一五二七）、連歌師の宗長が「京を見渡せば上下の家、昔の十が一もなし……大裏は五月の麦の中」[二二]と記しているが、歴博甲本『洛中洛外図』屏風には、たしかに内野（平安京の大内裏跡）に耕作風景がある。同じ画中には、大永五年（一五二六）竣工[二三]の足利将軍邸（柳御所）があるので、一六世紀前半の景観年代をみて間違いない。つまり、歴博甲本に桁なし町家（図1）が描かれたのは、一六世紀前半である。

この時代の京都は、第二章で述べたように上京と下京に分かれ、歴史上最も小さくなっていた。町々は土塁や柵、釘貫（木戸門）で構を構築し、自衛しながら高密度に集住した。その状況下、法華宗が町人の心をとらえ、増加した門徒を中心に、町組・町の構成で「町組」が結ばれた。そして武力で領主への年貢・地子銭納入を拒否することもあった。ところが、本願寺門徒・比叡山天台宗・六角氏の連合軍が天文五年（一五三六）に京都を強襲、法華宗二一ヶ寺や上京の町々全域、下京も三分の一を焼き払った。この天文法華の乱で敗れた町々であったが、すぐに上京五組が革堂に集まる上京惣町と、下京五組が六角堂に集まる下京惣町を結び、周囲に「洛中惣構」をめぐらした。

そんな京都の戦国時代は、永禄二年（一五五九）の織田信長上洛までの約一世紀。そのとき惣構の中で集住する町人は、武力で自衛する本格の自治を行いつつ、戦国大名の領国支配で整備が進む流通経済を利用して、着々と資本を蓄積していった。[二四]その時代が、上杉本『洛中洛外図』屏風に（後掲、図16）、同時期の京都西郊が『釈迦堂春景図』に描かれている（第二章・図6）。それらの画中では、妻壁や内部に棟持柱が多い。棟持柱構造である（序章・図4左）。

ただし妻梁を渡す町家もある。たとえば同時期の近江国を描く『近江名所図』屏風にも[二五]、吉野山中の百姓家を描く『吉野山風俗図』屏風にも[二六]、棟持柱構造と、妻梁を渡すものが両方ある。しかし妻梁は、実は棟持柱の外側に組みあわせただけで、本当は棟持柱構造であった可能性も指摘されているので[二七]、ここでは掘り下げない。

第四節　京都府向日市の須田家住宅の小屋組

桁なし町家の系譜をひく須田家住宅

須田家住宅（京都府向日市寺戸西之段）は、昭和六二年（一九八七）に、当地を代表する町家遺構として、京都府指定有形文化財に指定された。そして平成三～九年（一九九一～九七）、須田久重当主が、永井規男関西大学工学部教授の総括と京都府教育委員会文化財保存課の福田敏朗氏の指導のもと、京都環境計画研究所に復原設計と工事監理（前期担当著者、後期担当西尾信廣所長）、株式会社安井杢工務店に施工（現場主任鈴木洋仁氏）を委託された。

工事に先立つ調査では南棟が最古とされ（写真1）、当初の外観と間取りが復原設計された（図10）。これにもとづき保存修理工事では、間取りが展示室（写真2左端の下屋部分）や北棟との接合部を除き当初の状態に復原され、外観も通庇を引上げるなど、可能な限り当初の状態に復されたのである（写真2）。

このような須田家住宅の建築年代について、年記史料は寛保元年（一七四一）と延享元年（一七四四）の祈祷札だけであったが、永井は近隣の町家遺構と比較し、元禄～宝永期（一七世紀末～一八世紀初頭）と推定して、「指定文化財として京都府下では最も古い町家」と評価した。ただし、この時期が徳川政権の瓦葺規制下[二八]にあることは、当時知られていなかった。また垂木も修理痕が重なり、判別不能であったので、復原図は現状と同じ並瓦葺とされた（図10下）。

しかし当地は、西国街道の在郷町として近世初頭から二間（約四メートル）四方程度の町なみが指摘され[二九]、一七世紀中ごろの『洛外図』屏風でも、旧名の「勝山村」に草葺の町なみがある。よって須田家住宅も、建築当初の上屋は切妻草葺[三〇]か板葺であった可能性が高い。そして瓦葺規制解除後の安永九年（一七八〇）の『都名所図会』や天明七年（一七八七）の『拾遺都名所図会』では、上屋瓦葺・下屋板葺の建物と、草葺建物が混在している。したがって須田家住宅は、建築当初の小屋組を残したまま、葺土と並瓦を重ねたと思われる。

写真１　須田家住宅南棟東面（修理前）

写真２　須田家住宅南棟東面（府指定、非公開）

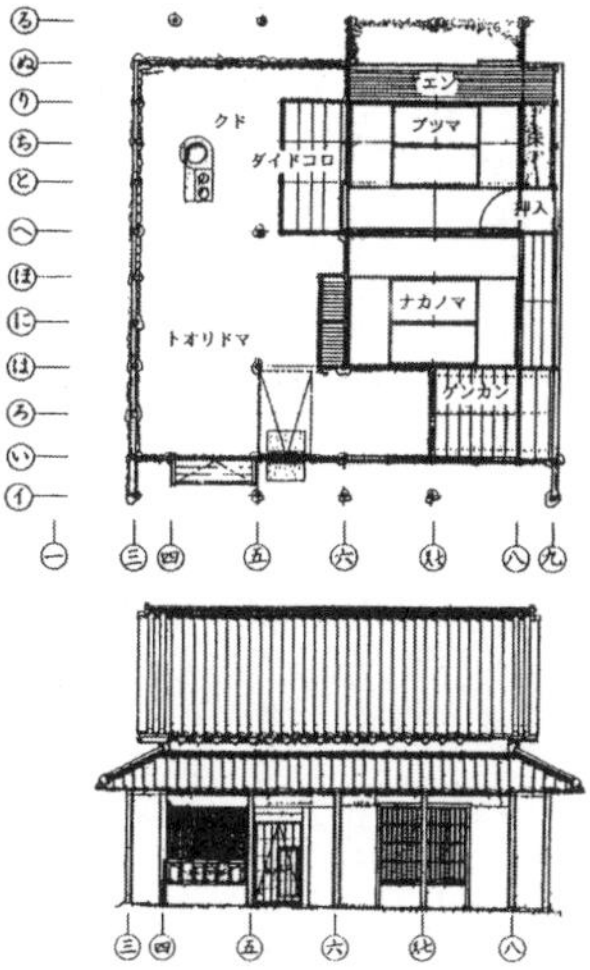

図10　須田家住宅　当初復原図

ここで須田家の保存修理工事報告書（三二）から、少し長いが、永井の記述を引用したい。

当主屋の小屋組は登梁式であるが、それは叉首組に近い特異な構成をもっている（図11）近隣の鳥羽屋、富永屋の小屋組と比較すると、その特異性が明瞭である。享保の富永屋の小屋組は居室部と土間部で違いを見せ、居室部は登梁式、土間部は水平の梁上に束をたてそれらを縦横に貫でつないだ和小屋としている。これは町家では一般的に見られる手法といえる。明和の鳥羽屋では、居室部と土間部ともほとんど差がなく、二段の登梁式として、大梁間の小屋組を構成している。基本的にその形式は富永屋の居室部のものと同類である。すなわち比較的低い高さに地棟をわたし、それに両側から緩やかな角度の登梁を投掛け、登梁上に小束をたて母屋桁をうけるというものである。同じ棟内で登梁式と束建式の二種の小屋組を用いるのは、居室の上部に格納空間や居住空間をつくるためで、登梁を用いて邪魔になる束を飛ばしたためと説明される。鳥羽屋の場合は表側の下段登梁部分は格納空間に利用しており、そのため土間部も登梁式にしたもののようである。土間部を束建式とするという（関西）町家の一般的手法からすると、当家の土間部も束建式とすべきところであるが、そうしていないことには説明が求められよう。いまのところそれについて明確な説明は提示できないが、常識的には古い町家の小屋組の形式を遺すものか、あるいは農家系の小屋組とみなすか、の二つが考えられよう。登梁式であっても束をのせるものは束建式とみなせるのであるが、束のない登梁である当家の小屋組は、むしろ農家におけるサスに近縁しているといえる（略）当家の小屋組は町家小屋組の発展段階の一局相を示すもので、比較的古い段階に位置するものではないか。

永井は、須田家住宅の小屋組を「農家のサスに近縁」するものとしながらも、「登梁」と明記する。その登り梁に母屋をうつのであるが、軒桁が入るべき位置にも、母屋と同形状の材がある（図12）。重要なのは、この母屋と同形状の材を、永井が特異とした登り梁で受ける点である（写真3）。

歴博甲本の桁なし町家も、軒桁が入るべき位置に母屋と同形状の材があって（図1、大工がのっている材）、登り梁で受けていた。その構成と同じである。もっとも画中の桁なし町家は登り梁が軒先まで伸び、その先にも母屋を入れているが、これは軒の出の話であって、桁をふくむ軸組や小屋組には関係ない。

もちろん須田家住宅は、上屋の両妻壁にあたる4通と8通（通り番号は図10、図12参照）、そして中央の6通に梁を渡して束を立て、母屋を受ける。これらの通りでは、母屋状の材を柱で受けるから、この小屋組だけなら母屋と同形状であっても軒桁である。つまり桁はあることになるが、それでもやはり4通と6通の間、6通と8通の間、それぞれ一三尺の中央では、永井が特異とした小屋組がたしかに屋根荷重を受けている。登り梁が軒桁位置の母屋状の材を支えているのであり、その小屋組は、桁なし町家の妻壁と同じである。これを両妻壁に置けば桁なし町家になる。つまり須田家住宅の上屋は、歴博甲本の桁なし町家が構造的に可能なことを示す実例と評価できる。

ただし、須田家住宅の支点間距離は一三尺を半分にした六尺五寸なのに、桁なし町家の支点間は一三尺とされる。(三二)

その上、須田家住宅は、5通の登り梁が後世に梁と束で補強されている（図12）。しかし7通と8通の間（7通から半

写真３　軒桁がはいるべき位置の母屋を登り梁で受ける（修理前）

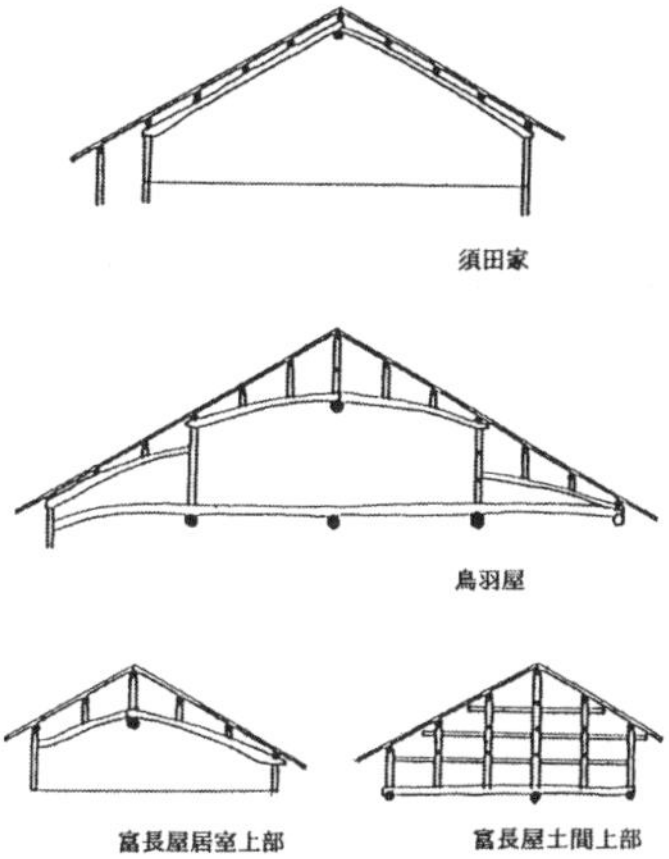

図11　永井が提示した「小屋組比較図」（修理工事報告書引用）

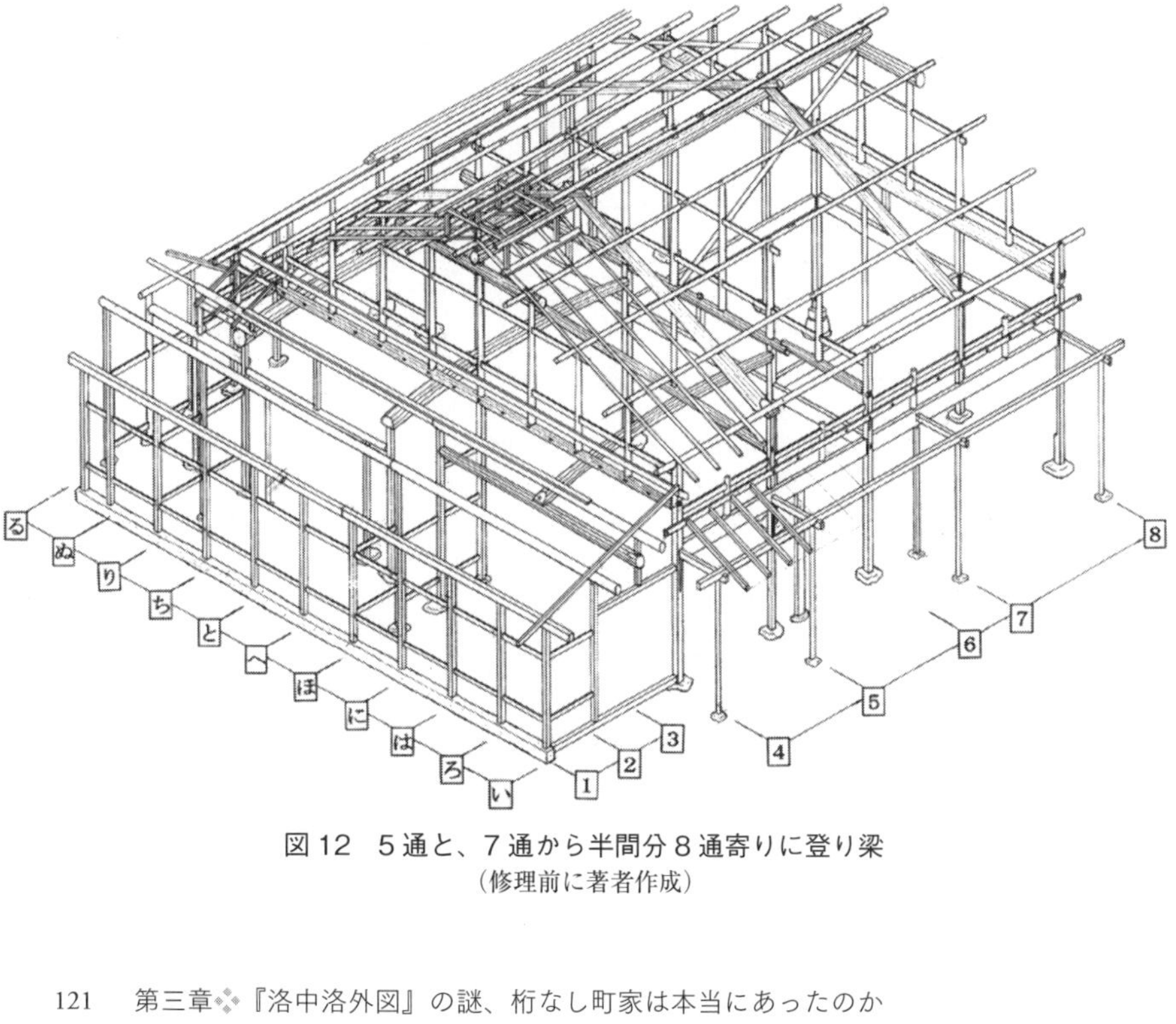

図12　５通と、７通から半間分８通寄りに登り梁
（修理前に著者作成）

写真4　背面、当初外壁は登り梁の先端の母屋位置にあった（修理前）

間分8通寄り）の登り梁は補強がない。それでも葺土と並瓦葺を重ねた荷重に長年耐えてきた。その荷重は当初そうであったろう草葺か板葺の五倍にもなるから、桁なしの町家が二倍の支点間であったとしても、じゅうぶん成り立っていたであろう。

見切りを必要としない壁

清水が必要とした「平側の土壁上部を見切るための部材」（第一節）つまり表壁の見切りについて。須田家住宅の表壁は、軒桁位置の母屋下端まで竹木舞を組んで、土壁を塗り上げている。また、背面側は、当初の外壁は表壁と同様に、登り梁の先端の位置にあった。そして、その部分の母屋状の材の下端まで壁下地をつけ、壁を塗り上げていたのである。それは表壁と同じであり、後世の壁である背面側の手前壁も同じ仕様となっていた（写真4）。

これを歴博甲本にあてはめると、どうだろう。まず軒桁の位置は、ほかの歴博甲本の町家に軒の出があることからして（図3）、大工がのっている母屋の位置に推定できる。一見すると高いが、その母屋は、登り梁と水平材（柱と棟持柱と結ぶ）をはさんで、柱の直上にある。これらの部材の重なりを、よくわかるように絵に描写すると、高くみえる。実際の重なりは、これほどではなかったであろう。そうすると表壁は、大工がのる母屋の下端まで壁下地をつけ、土壁を塗り上げればよい。ちょうど写真4の手前壁のように。そのとき、清水のいう「壁上部を見切るための部材」は、とくに必要としない。もちろん背面壁についても同じである。

第五節　桁なし町家と建て起こし

建て起こしという工法

歴博甲本が描かれた一六世紀前半は、京都の戦国時代。度重なる戦乱の中、町々は構の中に集住した（第二節）。そして街区を所有する伝統的領主は、街区周囲に棟割長屋を置いた。その棟割住戸に内包される住戸に町人が入っていた。その中で、桁なし町家は戸建てである。建築前もそうだったのか、棟割長屋を切断したのかわからないが、とにかく隣家がある状況下、桁なし町家の妻壁は隣家の妻壁と接している。このような建築を可能にする工法に、現在も用いられる「建て起こし（側《かわ》おこし）」がある（図13）。

図13　元治大火後の建て起こし（『甲子兵燹図』）
前川五嶺『甲子兵燹図』（京都大学付属図書館所属）

それは、あらかじめ地面に両妻壁の柱を置きならべ、貫を通し、壁下地の竹小舞を組んで妻壁の骨組みをつくる。時には荒壁をつけてから、両側通りに建て起こす。そして桁行方向の部材（桁・母屋・棟木）で結び、軸組をつくる。これだと両隣と隙間なく外壁を置けるのであり、その後に桁行方向の材を入れる。したがって構造的には両妻壁が重要となるのであり、桁なし町家も確かにそう指摘されている（第一節）。

つまり桁なし町家は、まず妻壁を作る。具体的には、中央の棟持柱と両端の側柱を二段の水平材で結び、登り梁を架けて頂点を接合する。時には壁下地も全面に入れ、面的強度を優先して妻壁を完成させた（図14右側、壁下地は省略）。この状態で、両側通りに掘り込んだ穴に建て込むのである。妻壁の壁付けは、手が入る所は内外から、入らない所は内から。桁は面的強度を優先する妻壁に関係なく、建て起こしの邪魔にもなるから入れない。その後で、棟木と母屋を両妻壁にかけ渡し、垂木をくばる。そ

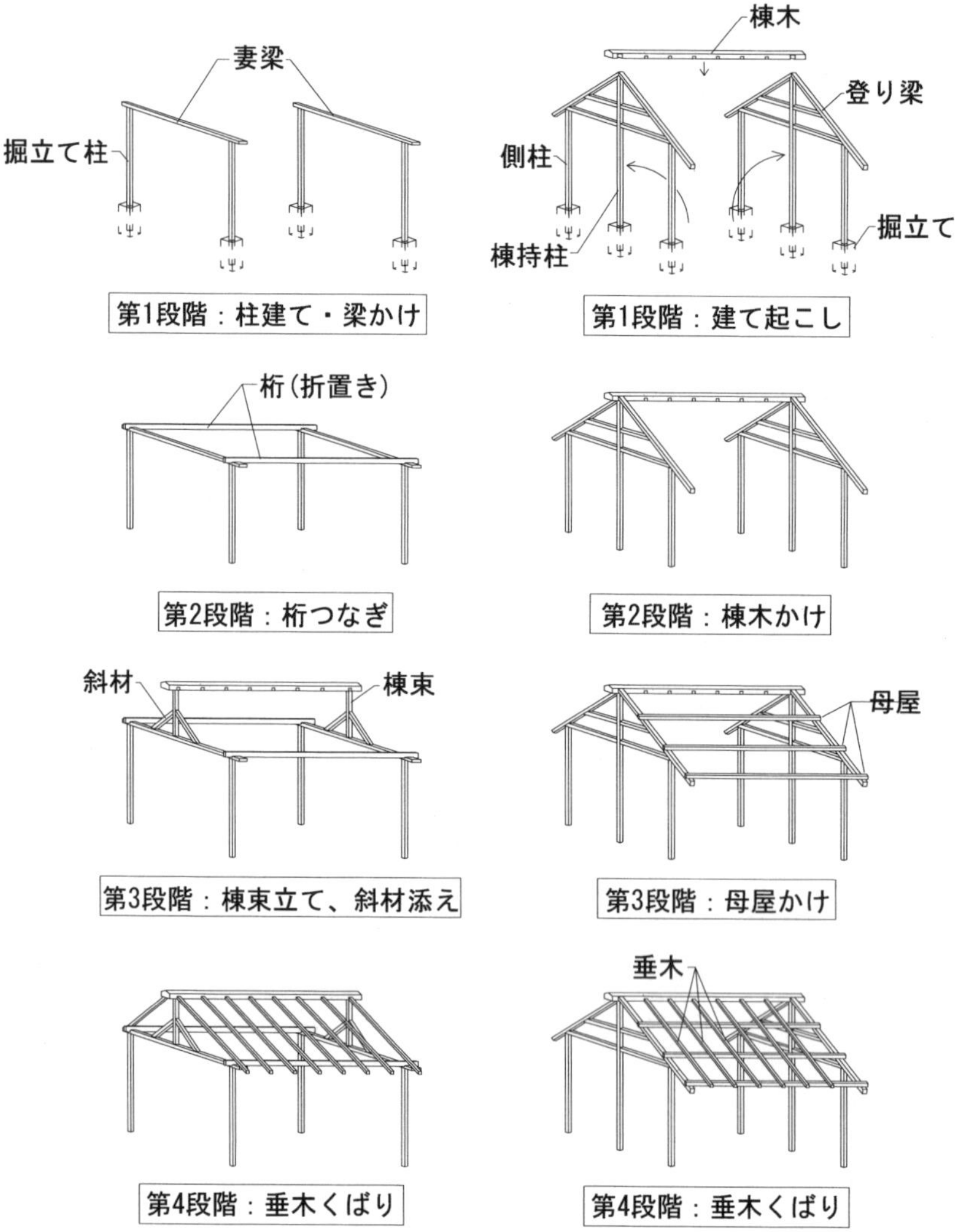

図 14　右側：桁なし、左側：桁ありの構造説明図

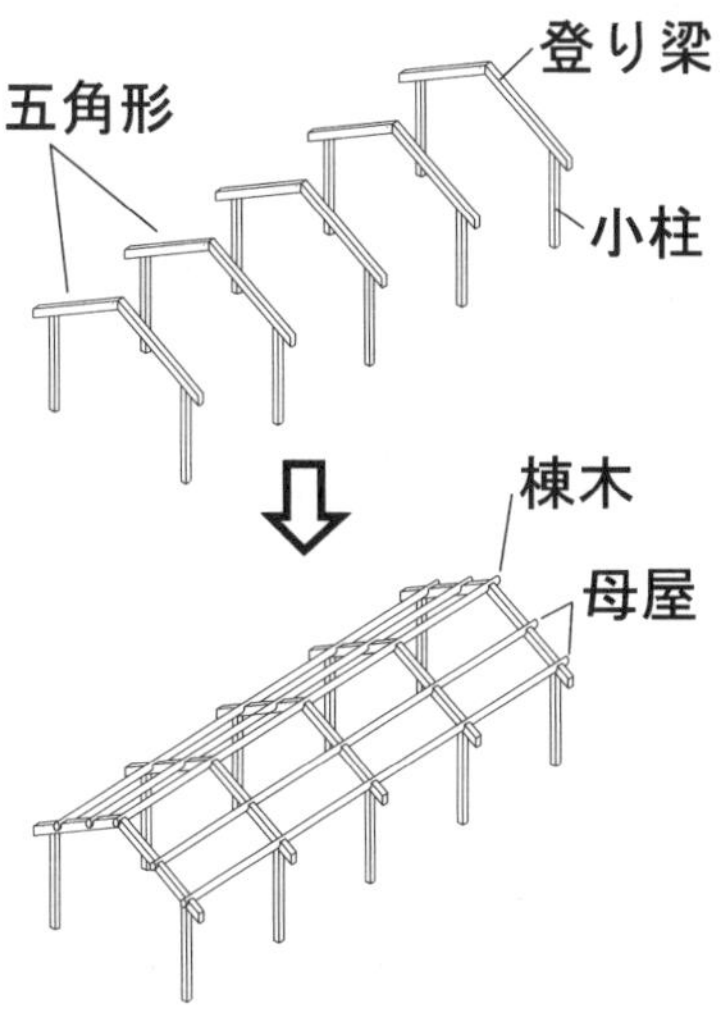

図15　御塩汲入所の構造

写真５　御塩汲入所の軒裏（伊勢市二見荘）

れでも構造的にはなんとか成り立つから、桁は入れないまま。

これに対してわれわれがよく知っている工法の桁ありは、まず柱と梁と桁で箱のような軸組構造をしっかり組む（図14左側）。その上に棟木を受ける棟束《むなづか》を立て、斜め材で補強する。しっかりした軸組なのは確かだが、繰り返し建て直す領主には、簡素な桁なしのほうが、いろいろ都合よかったのだろう。

桁なし、垂木なしは何から選択したのか

歴博甲本の画中では、多くの棟割長屋に垂木がなく、妻壁にも桁がない。これらも建て起こしと見たとき、内包される住戸の境界も掘立柱を建て、登り梁を架けて境界壁を作ることになる。その柱をさらに伸ばすか、登り梁に束《つか》を立てれば、卯建になる。ただし垂木はないから、登り梁に直接小舞をうって板葺。それは戦乱の中で何度も建築を余儀なくされた伝統的領主が、簡素で安価な構造として選択したものであったろう。それでは、選択対象は存在したのか。あるいは当時の発明だったのか。

ここで、第一章でも紹介した御鹽殿《みしおでん》神社をもう一度。伊勢湾に面する境内には、伊勢神宮へ献上する堅塩を焼成する施設がある。そして高濃度塩水を壷に入れて埋設保管するのが御塩汲入所《みしおくみいれどころ》。構造は、周囲に土台をまわした上に小柱をたて、

写真６　大原の産屋（樋口浩之撮影）

写真７　産屋《うぶや》内部（樋口浩之撮影）

登り梁をかけて頂点で接合する（写真５）。棟持柱はなく、ちょうど五角形の枠をつくるわけで、これを直列にならべる。桁はなく、登り梁の上に棟木と母屋を落とし込んでつなぐ（図15）。その上に小舞を組んで、茅葺である。垂木がなく桁もない簡素な構造であり、まさしく歴博甲本の棟割長屋と共通している。

それでは、この形式はいつからのものか。御鹽殿の存在は、延暦二三年（八〇四）の『延暦儀式帳』に確認される。そして御塩汲入所も、かつては原始住居様式の「天地根元造」と評された。原始の住居うんぬんは発掘遺構との不整合から否定されたが、神宮の諸殿の古型式が式年造替で踏襲されてきたのは周知である。御塩汲入所も相当古い型式であろうし、なにより保管庫という点がポイント。この用途なら簡素な構造が古くから用いられたはずで、他方、住居建築ではないから絵画史料にはあらわれない。そんな簡素な構造が、戦国乱世の時代には住まいである棟割長屋等にも取り入れられた、そのように考えられる。

ほかにも、京都府福知山市三和町の大原神社にある「大原の産屋《うぶや》」（昭和二三年まで使われたお産場所、写真６、写真７）は、両妻の掘立ての棟持柱や合掌《がっしょう》（叉首《さす》）に竹を編む点が異なるが、さらに簡素な構造を伝えている。幾度も建て直されたとはいえ、このような構造の延長線上にも、太古の住まいがあったのかもしれない（三三）。

垂木のある町家を描いた理由

それでは、桁なし町家に垂木があるのはどうしてか。

これは、京都で先んじて資本を蓄積できた町人が、伝統的領主から土地、あるいは

図16　垂木をもつ町家
上杉本『洛中洛外図』屏風（右隻第四扇）、米沢市（上杉博物館）所蔵

権利を買い取ったとき、垂木なしよりも上質の構法として、垂木ありの構法を選択した可能性がある。なぜなら、応仁・文明の乱の前は垂木のある町家が多かったから。しかし戦乱の中で垂木も桁もない簡素な構造が普及した当時は垂木がめずらしくなっていたので、歴博甲本の絵師は建築風景を画題にし、わざわざスケルトンに描いて構造を表現したと考えられる。葉鋸を持つ大工が路上から指図する先も、別の大工が見守る先も、母屋にしゃがんだ大工が垂木をうつ手元であり（図1）、この部分に対する絵師の関心の強さがあらわれている。「上級建築の構法をそのまま建設中の町屋の場面に描き込んでしまった」（第一節）とは、とても思えない。

その後、天文・法華の乱を経た一六世紀中ごろの上杉本では、戸建てが増加している（図16）。そこには、わずかながら垂木をもつ町家が増加していることも、清水が指摘している。[三四]

半間おきに通柱をたてる構造の増加

上杉本の少し前、一六世紀前半の『釈迦堂春景図』屏風では、京都西郊の釈迦堂門前の町家が、側通りの卯建壁に柱間ずつ、柱を立てている（第二章・図6）。安土・桃山時代から江戸時代の絵画史料では、この様な妻壁をもち、垂木もある町家が増える。その理由を考えてみると、建て起こしは実行時に変形が大きいから、妻壁の強度は高い方がよい。それには、側通りの柱が多い方がよい。通柱にして貫を通し、込栓でとめれば籠のような構造になって変形に追随できるから。この理由から通柱をならべる妻壁が増加したと考えられる。

町家遺構でも、京都市内で最古級の瀬川家住宅（上京区堀川町、一八世紀前半）をみると、[三五] 片土間・床上三室の典型的な間取りの両側通りに、半間おきに通柱をならべている（江戸時代の町家では普通になる）。軒桁はあり、小屋組は桁方向の地棟に細い梁を架け、細い束を立てる。この束に二段の貫を通し、細い母屋を受けている（第九章・写真5）。つまり、永井が一八世紀前半に指摘した和小屋（第三節）のきわめて簡素な形である。桁なしからこのような小屋組へ、発達する時期が中世末〜近世初頭であるのは高橋が推定しており（第一節）、それが城郭大工の関与が始まる建築的発達期であったことは土本が推定している。[三六]

まとめ、本当にあった桁なし町家

戦国時代の歴博甲本から、桁なし町家を取り上げた。それは、戦国乱世の中で、棟割長屋の建て直しが繰り返し必要となった伝統的領主が、簡素な建築形態を模索する中から、妻壁を建て起こし、垂木は用いず、平側に桁も入れない簡素な構法として選択した可能性が高い。もちろん戸建てにも同様の姿があったが、モデルは保存庫など当時の簡素な建物であったろう。その中で、戸建ての桁なし町家は、垂木という一度は失われたものを再び用いた点がめずらしく、画題として描写された可能性が高い。

そして、それらの系譜を引くのが須田家住宅である。その上屋は当初草葺か板葺の可能性があるとはいえ、戦国時代の構造を受け継いでいた。それはさらに江戸時代後期の並瓦葺の荷重にも耐え続け、桁なし町家の存在を裏付けた。

その意味で奇跡的な町家遺構であり、きわめて貴重と評価できる。このような須田家住宅の存在を明らかにした本章は、桁なしが構造的に可能であることを、はじめて町家遺構から裏付けたのである。

なお須田家住宅は現在非公開なので、訪問や見学の依頼はご遠慮いただきたい。関心のある方は『京都府指定有形文化財　須田家住宅保存修理工事報告書』[三七]をご参照ください。

註

一　永井規男「中世の民家」（日本民俗建築学会編『図説民俗建築大辞典』柏書房、二〇〇一）

二　清水擴「洛中洛外図屛風からみた京町屋の構造」『建築史学』第五九号、二〇一二

三　伊藤鄭爾『中世住居史――封建住居史』東京大学出版会、一九五八

四　高橋康夫「京町屋」（同『洛中洛外――環境文化の中世史』所収、平凡社、一九八八）

五　土本俊和『棟持柱祖形論』各論Ａ「京都」４「京マチヤの原形・変容・伝播」、中央公論美術出版、二〇一一

六　前掲、土本俊和『棟持柱祖形論』考察７「土台と棟持柱」中の、２-２「洛中洛外図にみる土台をもつ棟持柱構造」、各論Ａ「京都」３「京マチヤの原形ならびに形態生成」

七　前掲、清水擴「洛中洛外図屛風からみた京町屋の構造」

八　岡田英男「古代から中世にいたる疎垂木の技法」『文化財学報』一二集、一九九四

九　『信貴山縁起絵巻』（『日本の絵巻』四）小松茂美編、中央公論社、一九八七

一〇　奈良国立文化財研究所編『平城京東堀河・右京九条三坊の発掘調査』一九八三

一一　関野克「在信楽藤原豊成板殿復原考」『建築學會論文集』第三号、一九三四

一二　『粉河寺縁起』（『日本の絵巻』五）小松茂美編、中央公論社、一九八七

一三　岡田英男「古代建築の上部構造」『文化財学報』一一集、一九九三

一四　『年中行事絵巻』（『日本の絵巻』八）小松茂美編、中央公論社、一九九〇

一五　『一遍聖絵』（『日本の絵巻』二〇）小松茂美編、中央公論社、一九八八

一六　『長谷雄草紙／絵師草紙』（『日本の絵巻大成』一一）小松茂美編、中央公論社、一九八八

一七　『慕帰絵詞』（『続日本の絵巻』九）小松茂美編、中央公論社、一九九〇

一八　材を二本束ねて括る材は桁でなく、桁のない建物の早い例とする見方もある（前掲、清水擴「洛中洛外図屏風からみた京町屋の構造」）。

一九　山東京伝『骨董集』（『日本随筆大成　第一期一五』所収、吉川弘文館、一九七六）

二〇　『長禄寛正記』（『群書類従　第二〇輯　合戦部』所収、続群書類従完成会、一九五九）

二一　『応仁記』（『群書類従　第二〇輯　合戦部』、所収）

二二　柴屋軒宗長『宗長日記』島津忠夫校注、岩波書店、一九七五

二三　京都国立博物館編『洛中洛外図――都の形象　洛中洛外図の世界』淡交社、一九九七

二四　岡田章雄・豊田武・和歌森太郎編『群雄の争い』（『日本の歴史』六）、読売新聞社、一九五九

二五　滋賀県立近代美術館所蔵（京都国立博物館編『特別展覧会図録　狩野永徳』毎日新聞社、二〇〇七参照）

二六　京都国立博物館所蔵（前掲、『特別展覧会図録　狩野永徳』参照）

二七　前掲、土本俊和『棟持柱祖形論』

二八　丸山俊明『京都の町家と町なみ――何方を見申様に作る事、堅仕間敷事』昭和堂、二〇〇七

二九　脇田晴子『室町時代』中央公論社、一九八五

三〇　藤田元春が大正期に京都府八幡の大和街道沿いで「最古の草葺の店構」と指摘したのも草葺切妻である（同『日本民家史』刀江書院、一九六七）。

三一　オリエンタル設計事務所・京都環境計画研究所編『京都府指定有形文化財須田家住宅保存修理工事報告書』第四節「技法調査（類例）」、須田久重、一九九八

三二　前掲、清水擴「洛中洛外図屏風からみた京町屋の構造」

三三　樋口浩之「大原の産屋・桁のない町家の系譜における根元としての考察」日本建築学会近畿支部研究報告集（計画系）、第五四号、二〇一四。このほか近似する構造例は、後藤治が宮崎県宮崎市田野町に紹介した丸干大根櫓（後藤治・二村悟『食と建築土木――

たべものをつくる建築土木《しかけ》』ＬＩＸＩＬ出版、二〇一三）や、石川県金沢市湯桶の氷室小屋など、各地にある。

三四　前掲、清水擴「洛中洛外図屏風からみた京町屋の構造」

三五　丸山俊明・中尾七重「京都外縁の町家の農民住宅化――放射性炭素年代測定を用いた瀬川家住宅の再評価」『日本建築学会計画系論文集』第六三八号、二〇〇九

三六　前掲、土本俊和『棟持柱祖形論』各論Ａ「京都」３「京マチヤの原形ならびに形態生成」、伊藤鄭爾が城郭建築に指摘した「角水《すみず》解消技術」から土台が町家に取り入れられた可能性を指摘し、棟割長屋の柱痕未発見の根拠ともしている。

三七　前掲、オリエンタル設計事務所・京都環境計画研究所編『京都府指定有形文化財須田家住宅保存修理工事報告書』

第四章

鰻の寝床が現れた本当のわけ

概要：鰻の寝床が現れたわけを、京都の街区の変遷から明らかにする。そして、これまで結びつけられてきたもの、いわゆる間口にかかる税金なるものとの関係も、徹底的に明らかにする。

第一節　鰻の寝床が現れた本当のわけ

鰻の寝床が現れた経緯と本当のわけ。最初に種をあかしてしまおう。

それは、古代の平安京で、寝殿造のため貴族へ給された一町（距離単位、約一二〇メートル）四方の敷地に始まる（図1-Ⅰ）。平安時代後期、貴族がこの敷地を囲む築地塀沿いに祭り見物の「桟敷」を置いたのは、築地塀の中からでは祭りの行列が見えなかったから。でも普段は使わないので、貴族に勤仕する被官《ひかん》や青侍が入った。また、庶民に貸すこともあった。庶民は、本来の律令制度では、京中に住むことを許されていなかった存在である。

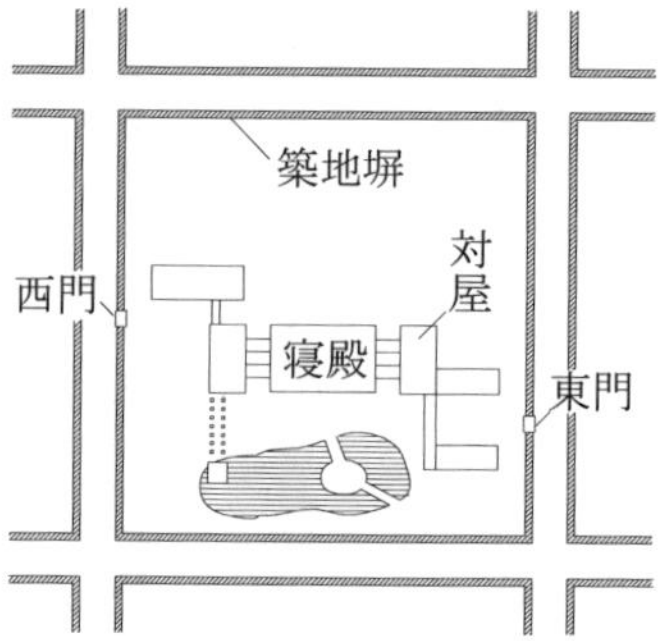

Ⅰ）一町四方の寝殿造

鎌倉時代になると、武士が台頭した。経済基盤が弱体化した貴族は、寝殿を小さくしたり、築地塀を取り崩して貸家の「小家」、「小屋」を建て、これにも庶民が入った（図1-Ⅱ）。また、経済力をつけた庶民が、土地を買って建てることもあった。この傾向は南北朝時代も続いたが、応仁・文明の乱をへた戦国時代には、没落した貴族が街区ごと寺社などへ売却し、諸国へ下向していった。

さて、買い取ってはみたものの、みずからは住まない伝統的領主。彼ら

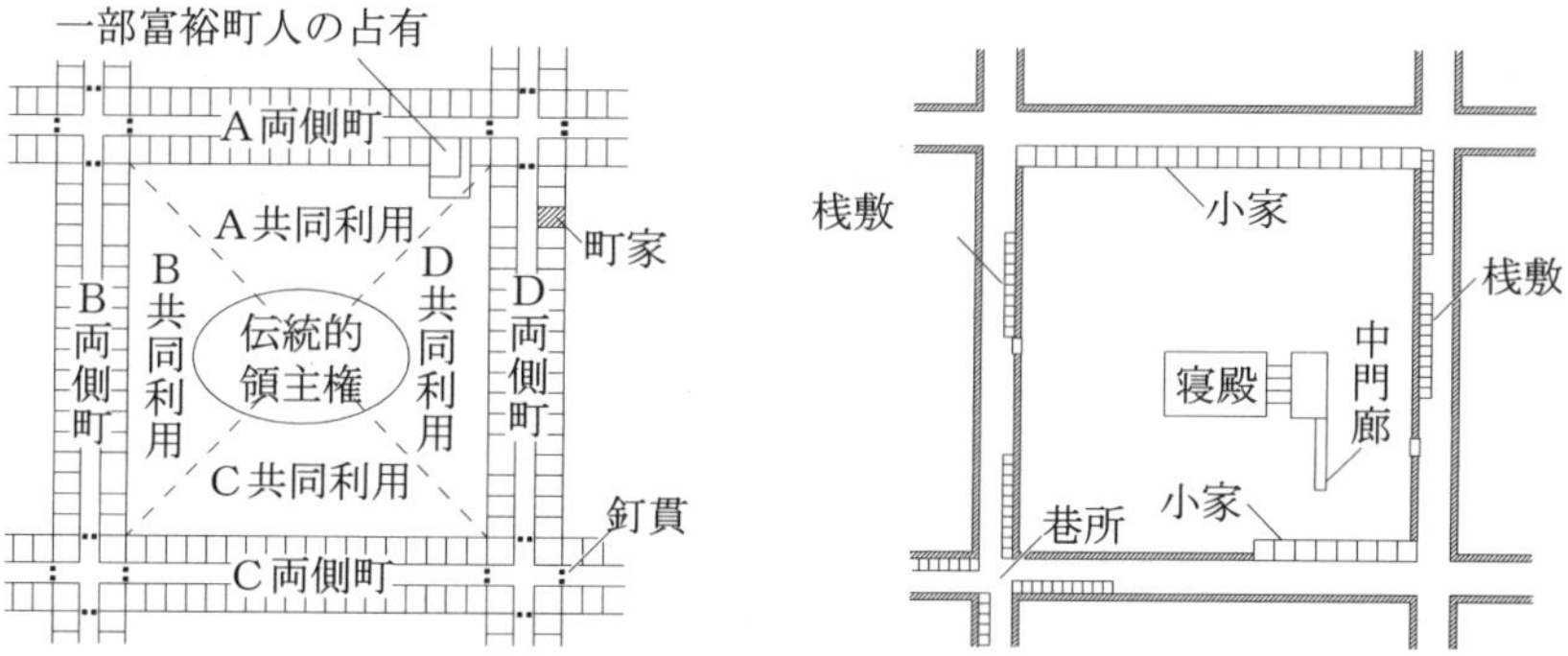

Ⅲ）領主供給の棟割長屋が囲む街区　　Ⅱ）貴族の経済力低下

図１　街区の変遷図

は街区の周囲に棟割長屋を置いて貸家にしたり、貸地にしたりした（図1・Ⅲ）。そこに住む庶民は、街区を所有する領主に対し、土地面積に応じた「年貢」や、年貢のかわりに銭をおさめる代銭納の「地子《じし》」、そして住戸の間口長さに応じた「屋地子《やじし》」納入を義務付けられた。その一方で、街区内側は伝統的領主から共同利用を許され、庶民は共同利用の井戸や便所を置いた。

ただし、外観上明らかな二階建てを建てたり、土塀をまわして庭園や露地を設けたり、茶室を好むようなことは、その部分の占有権を領主から買い取ることができた富裕な町人に限られていた。

それでも庶民は、通り沿いに集まって「片側町」を、さらに通りをはさんで「両側町」を形成し、町の両端に自衛のため釘貫（木戸門）を置いた。すでに南北朝期から、地域単位の防護施設である構《かまえ》を置いて釘貫を開くことはあったが、この時代はそれぞれの両側町の防御装置として増加した。

なお、このとき釘貫は、町域の境界でなく四辻の近くに置かれた。都市交通の要所の遮断が、治安維持に有効と判断されたからである。これにより、町域の境界とは別に、支配の境界という概念が生まれた(二)。その中で連帯した庶民は、室町幕府や伝統的領主へ「町人」身分を主張し始めたのである。

ところがそこに、強大な織田政権が登場。町人の自治組織を取り込み、支配代行組織に変質させた。

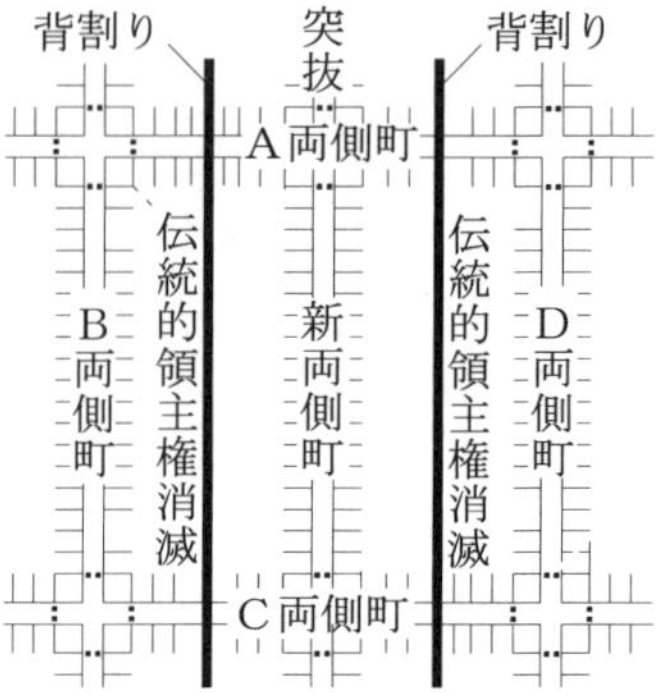

Ⅳ）豊臣政権の京都改造

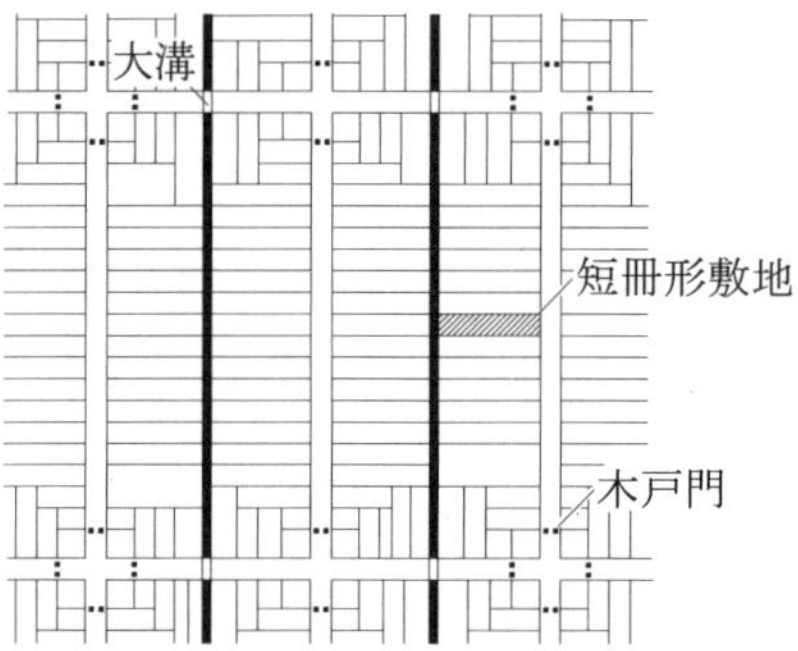

Ⅴ）街区内側の占有完了

図１　街区の変遷図（続き）

続く豊臣政権は街区を直轄化、伝統的領主には代替地をあたえて支配関係を消滅させた。そして東は現在の寺町通り、西は大宮通りまでの街区のうち、まるまる大名屋敷としたところなどをのぞき、街区の真ん中に、南北方向に突抜《つきぬけ》をつらぬき通した。北はおおよそ丸太町通り、南は五条通りあたりまで（後に延伸）。そして両脇を、間口三間（約六メートル）程度で区画した（図1・Ⅳ）。三間という長さは、既存の棟割長屋の住戸区分が参考にされた可能性が高い。京都改造の一環である。そこに、豊臣政権の身分統制令で農村から追われた職人や商人がはいりこみ、新町人となって新両側町を形成した。

もっとも、彼らはすぐにそれぞれが井戸を掘ることはできないから、政権は即成の簡易水道として、平安京以来の通りと突抜との中間に、南北方向に水路を通した。「背割り」あるいは「中溝」と呼ばれたものである。そうすると、京都は北が高く南が低いから、背割りは北→南へ流れることになる。その場合、突抜も南北に通して両脇を区画することで、多くの敷地に給水できる。おそらくそれが計画時点から考慮されていたのであろう。そして、後に各町人が井戸をもったとき、生活排水を流す背割下水に変わる。

また豊臣政権は、直轄とした街区内側を地子赦免とした。それまでの年貢や代銭納は免除したので、新旧町人は裏地の背割りが示す町境まで、それぞれの間口幅で街区内側を占有していった。その結果、敷地が奥が伸び、

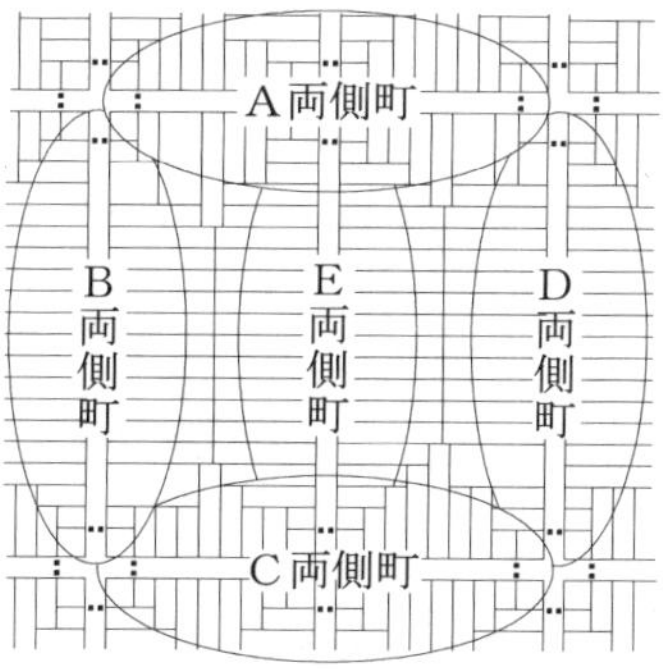

Ⅵ）鰻の寝床が構成する両側町

短冊形の敷地が街区を埋めつくしたのである（図1・Ⅴ）。このため新両側町（E）は政権が区画した間口三間が多かったが、京都改造前から存在した旧両側町（A〜D）には三間以上やそれ以下も多かった。これらが混じり合い江戸時代の町割となったのである（図1・Ⅵ）。

そして新旧町人は、天下統一で津々浦々に行きわたった流通網を利用して、資本を蓄積した。その経済力で、城郭建築にもたずさわった大工集団を雇用し、立派な礎石立ての町家を建てた。それは、表の門口から敷地奥の裏地へ「通り庭」を通し（片土間）、これに沿ってミセ（商空間）、ダイドコ（居間空間）、オク（座敷）を置く片土間・床上三室（二室から伸びた）が基本（序章・図9）。このように間口がせまく奥に長い建物は、「鰻の寝床」、「鰻すまい」と称された。

これまで鰻の寝床の発生要因は、間口に税金がかかるから奥に伸びた、と説明されてきた。しかし実際は、豊臣政権が地子免除つまり年貢や代銭の負担（ある意味税金）を免除したので、町人がそれぞれの間口幅で街区内側をぶんどって短冊形敷地が生まれた。その敷地に適した建物が、鰻の寝床であったということ。これが事実である（第五章第三節に関連）。

もっとも、中世に街区内側の開発がなかったわけではない。伝統的領主や町人が辻子《づし》と称する新道を設け、家を張り付かせることもあった（第一章）。しかし、辻子は細い。街区内側で行き止まりも多く、スプロール的な乱開発といってもいい。都市規模の開発計画である天正突抜とは、根本的に性質が異なるものであった。

ちなみに平安時代にも、一町四方の街区を東西方向に四分割、南北方向に八分割する「四行八門《しぎょうはちもん》の制」があった。律令体制がゆるぎないころ、京中に庶民の定住が許されないなか、二〇〇坪程度の敷地三二区分を官人へ給した制度である。街区内側の面的区画という点では、短冊型敷地が埋め尽くす状態に似ているが、この二〇〇坪程度の屋敷地がそのまま細分化されて鰻の寝床があらわれたわけではない。四行八門が平安京のごく一部にしかなかったように、ことはそれほど単純ではない。あくまで起点は一町四方の街区。そこから多くの変遷をへて棟割長屋が街区をかこみ、やがて短冊形敷地が内側を埋めていく、五百何々年のドラマがあったのである。

第二節　軒役というもの

中世には、たしかに間口長さと税金の多寡が連動する「屋地子」があった。しかし屋地子を支払っても、短冊型敷地が街区を埋めつくすことはなかった。伝統的領主が街区内側の勝手な利用を許さなかったからである。せいぜい富裕な町人が、部分的に占有できただけ。京都全体を考えたとき、短冊型敷地は豊臣政権が伝統的領主権を否定してから現れた。そして、そこに鰻の寝床を建てた新旧の町人が、町運営に責任を持つ家持町人となったのである。

そして彼らは、徳川政権の三代将軍家光が上洛土産とした銀の分配対象になった。さらにそれは、そのまま「軒役《のきやく》」という賦課方式の単位となった。軒役とは、建物一棟ずつを対象にしたもので、いわゆる棟別賦課である。家持町人一人につきいくらのことで、厳密な間口長さには関係ないから、間口の測定も必要としなかった。

ところが税法史の分野では、軒役は「間口の広狭に応じて一定の基準を立てたもので、表口三間（奥行は関係なし）をもって一軒役……町費の負担はこの軒役によって各戸に割当」てたものとされ、だから「沽券状《こけんじょう》」にも「所有者、表間口、奥行」と共に表示された、と説明されている(二)。

また歴史分野でも、街区の長さは「南北六〇間」だから「表三間を基準として家が二〇軒、両側で四〇軒」などと説明され(三)、江戸時代後期に大田蜀山人南畝が、京都は「大体三間ン間口の家多く御座候、それ故町役入用銀役その分

にて」と記したのも根拠とされている。[四]

しかし実際の軒役史料をみると、三間＝一軒役の関係が成り立たない場合の方が多い。なので建築史分野では、間口長さに関係なしとの見解が示されている。少し引用すると、京都では中世から家屋敷と畠地どちらも対象にする「間口尺別賦課」の地子や地口銭と、間口と奥行の「二次元」で面積を把握する年貢があった。しかし豊臣政権の「地子赦免」後、「人に対する賦課」＝「人別」が根本となった。そして、家屋敷の建物つまり「棟別」と連動する「棟別賦課」が成立し、代銀納となったのが軒役、とするものである。[五] 難解な言いまわしだが、とにかく軒役と間口三間は関係ない、ということである。

もっとも、大田南畝は確かに「大体三間ン間口」と記した。明治時代初頭に京都府が「税法は旧貫により」として江戸時代の軒役制度を踏襲したときも、「幸不幸」を「公生」にするためとして間口三間＝一軒役の徹底を命じた（後述）。これらをみると、間口長さと軒役は関係なしと断定するのも躊躇される。

そこで次節以降では、間口三間＝一軒役の基準を主張する先行研究を概観した上で、江戸時代後期の沽券状や家屋敷取り引きに基準が徹底されない状況を確認して、要因をさぐる。さらに明治時代の軒役の消滅過程を解明して、間口三間＝一軒役の伝説が、実は明治時代初頭に生まれたことを指摘する。

第三節　間口三間＝一軒役を正しいとみる見解

間口三間が一軒役の単位であるとの通説は、早くからあった。

明治一五年（一八八二）年までに編纂された『京都府史』[六]にあるほか、秋山國三は、「軒役は、寛永十一年上洛する将軍家光の土産金銀五千貫目を各戸に配分した際、はじめて行われたもの……間口の広狭に応じて一定の基準を立て……京都全町の総軒役高を三万七千八十六軒とし、一軒役につき百三十四匁宛を配分」と説明した。そして、六角町

表1 「万式目之覚」の内容（分単位の数値は省略）

№.	表口	裏行	軒役	3間基準ずれ
1	6間1寸	14間2尺4寸	2	＋1寸
2	6間2尺7寸	23間5尺8寸	2	＋2尺7寸
3	8間6尺1寸	22間2尺3寸	2	＋2間6尺1寸
4	4間2尺8寸	18間4尺5寸	2	－1間3尺7寸
5	4間8寸	25間7寸	1	＋1間8寸
6	3間1尺4寸	27間3尺4寸	1	＋1尺4寸
7	3間5尺7寸	27間3尺4寸	1	＋5尺7寸
8	14間	27間3尺	5	－1間

の「万式目之覚」（表1）に、「ほぼ三間をもって一軒役とし、奥行には関係の無い」が読み取れるとした。さらに、同町の間口長さの合計も、六尺五寸棹で計測すると「百二十三間五尺八寸四分」となり、軒役の合計が「三十八軒役」だから、一軒役の平均間口長さは三間一尺七寸、つまり三間の近似値、と説明している。(七)

『京都の歴史』も、「家光の土産銀五千貫目を、市中すべてに各戸に配分する際に間口の実情に応じ、一定の基準を立てた……表口三間程度をもって一軒役」と記しており、秋山の説明にそっている。(八)

しかし表1をみると、約半数が間口三間＝一軒役の基準から、一間以上ずれている。また家光の土産銀は、同じ『六角町文書』に「町数千四百三拾八町、家数合三万七千八拾四軒、但し、壱軒役銀子百三拾四匁八分弐厘九毛ずつ」とある。聖天図子町の受取記録（『三上家文書』）にも、「上様より下され候銀子割高の事、合四貫八百弐拾四匁…壱間に付き百卅四匁つゝ」とある。(九)この「壱間」とは、『冷泉町文書』の「家光上洛につき銀子拝領覚帳」に「銀子、家一間に付百三拾四匁……棟別なる故に……家数二十六間に分取、京中銀子請取」とあるように、家一軒の意味。つまり家持町人一人分であり、(一〇)間口長さの間（約二メートル）ではない。

ちなみに明応九年（一五〇〇）、室町幕府が朝廷の皇位継承費の負担を寺社に命じたとき、北野神社が「洛中洛外棟別」の負担を命じ、八坂神社も「祇園大路棟別の事、一宇別百文ずつ」と記録している。(一一)「棟別」や「一宇別」も一軒あたりの意味。棟別賦課が中世からあったことを示している。

ただし六角町には、元和五年（一六一九）に、「間口一間に付銀六分五厘を一ツ」を負担という「地ノ口割」の記録もある。間口長さに応じて負担の大小を決めるものであり、軒役よりも「遥かに公正」と評価された方式である。そして実際に運用されたことは、京都町奉行所が天明六年（一七八六）に「間口壱間に付、銀三匁ずつのつまりをもって取立」を命じたことに確認できる。[一二] もっともこれは、徳川政権が全国各地に「百姓持高百石に付、銀二拾五匁……町人間口に付、地主より銀三匁」と命じた税の徴収であった。また江戸の沽券状は、家主の名前と印、表間口と裏間口、裏行（奥行）の寸法、沽券金高（土地価格）と共に、間口一間あたりの地価が書き込まれているので、[一三] 徳川政権の命令はこれを前提にしていた可能性が高い。しかし京都では、あくまで「家持町人一人につきいくら＝一軒あたりいくら」の軒役が基本だった。町全体に課された負担を、町運営に責任を持つ家持町人が分担したのである。その軒役に、明治期の京都府がみた「幸不幸」とは何だったのか。軒役設定時の史料はないので、江戸時代の権利書に相当する沽券状に確認してみよう。

第四節　明和四年（一七六七）当時の軒役

四条通りに面する下京の真町（東西方向に長い両側町）

真町は四条通り沿いの、高瀬川西岸にある。鴨東《おうとう》（鴨川の東側）の祇園社（現在の八坂神社）と洛中の町々を結ぶ四条通りは、『京都坊目誌』[一四] に「寺町以西は凡そ古の四條大路」とあるが、真町はその東にある。つまり豊臣政権が置いた御土居の外。洛外であった。したがって町化も、周辺の御土居が壊された慶長六年（一六〇一）以降であり、[一五] 江戸時代に入って完了している。

そのような真町の『明和四年亥十一月沽券帳』[一六] より表2では、間口三間＝一軒役の基準が成り立つのが、№2、3、11、17、18、26の六軒。次に「ほぼ」の範疇として一間つまり六尺五寸以下のずれをさがすと、№1、4、5、6、8、9、10、12、13、16、21、22の一二軒。先の六軒との合計は一八軒で、全三〇軒のうち六割となる。ほかはずれが大きく、

表2　真町（№1～15は北列、№16～30は南列、端数省略）

№	表　口	裏　行	軒　役	三間基準ずれ
1	2間5尺5寸	9間7寸	1	−1尺
2	3間	9間7寸	1	0
3	3間	9間7寸	1	0
4	2間5尺6寸	9間4尺6寸	1	−9寸
5	2間5尺6寸	9間4尺3寸	1	−9寸
6	3間3尺2寸	9間	1	+3尺2寸
7	4間3尺2寸	10間4尺2寸	1→0	+1間3尺2寸
8	2間4寸	10間4尺1寸	1	−6尺1寸
9	2間	14間	1	−1間
10	2間	14間1尺3寸	1	−1間
11	3間	13間4尺	1	0
12	2間3尺2寸	14間5尺2寸	1	−2尺3寸
13	3間3尺9寸	14間1尺6寸	1	+3尺9寸
14	10間3寸	14間6尺2寸	2	+4間3寸
15	14間4尺6寸	35間3尺	2	+8間4尺6寸
16	3間1尺5寸	18間	1	+1尺5寸
17	3間	16間4尺	1	0
18	3間	17間4尺	1	0
19	7間5寸	東10、西19間	2	+1間5寸
20	4間	15間4尺	1	+1間
21	2間1尺1寸	15間4尺	1	−5尺4寸
22	2間7寸	10間3尺1寸	1	−5尺8寸
23	12間	15間	1	+9間
24	6間	15間	1	+3間
25	4間3尺2寸	15間	1	+1間3尺2寸
26	3間	15間	1	0
27	6間	15間2尺5寸	1	+3間
28	5間	15間2尺5寸	1	+2間
29	4間1寸	25間	1	+1間1寸
30	6間4尺2寸	16間4尺	1	+3間4尺2寸

とくにNo.14、15、23、24、27、30の六軒は、間口三間＝一軒役の家屋敷を集積した経緯も考えられないほど、間口が長い。なお、No.7は会所なので一軒役減免となっているが、本来は一軒役である。(一七)

西側御土居に接する洛中農村の西上之町（南北方向に長い両側町）

西上之町は、洛中農村の西京村にあった。西京村の街道筋は、豊臣政権の京都改造前から町化していて、同政権が洛中町々を地子赦免つまり年貢免除としたとき、一緒にあつかわれた。しかし西上之町あたりは、寛永一四年（一六三七）の『洛中絵図』（宮内庁書陵部蔵）では「野畠」とある。町化は、江戸時代に入ってからであった。同町の『明和四年亥十一月沽券状御改帳』(一八)より表3では、間口三間＝一軒役の基準が成立するのがNo.28、36の二軒。一間以下のずれがNo.2、3、4、5、6、8、9、10、11、13、15、16、17、18、21、22、23、24、25、31、32、33、35の二三軒。合計二五軒で、全三五軒のほぼ七割をしめている。ほかはずれが大きく、とくにNo.19、29は、三間以上もずれている。

三条通りに面する三条衣棚南町（東西方向に長い両側町）

三条衣棚町は、繁華な下京の中心部にあたる三条通り沿いにある。『京都坊目誌』には「古の三條大路」とあるが、「天正中道路狭少す」ともあり、なにかしら豊臣政権の京都改造の影響があったらしい。

江戸時代は南北二町に分かれており、南町の『明和四年御改控沽券状併譲状写』(一九)より表4では、間口三間＝一軒役基準が成り立つのはNo.3のみ。一間＝六尺五寸以下のずれはNo.5、6、7、8、9、10、13の七軒。合計八軒は全一三軒の約六割である。ほかはずれが大きく、とくにNo.1は三間以上ずれている。なおNo.13は会所。半軒役は、会所の一軒役免除を北町の会所と折半したからである。

表３　西上之町（No.１～20は西列、No.21～36は東列、分単位省略）

No.	表口	裏行	軒役	３間基準ずれ
1	4間3尺2寸	23間3尺6寸	1	＋1間3尺2寸
2	2間2尺1寸	23間3尺6寸	1	－4尺4寸
3	2間1尺1寸	23間3尺6寸	1	－5尺4寸
4	2間1尺	23間3尺6寸	1	－5尺5寸
5	2間3寸1尺	23間3尺6寸	1	－5尺5寸
6	2間3寸	23間3尺6寸	1	－3尺5寸
7	4間2寸	23間3尺6寸	1	＋1間2寸
8	3間3尺2寸	23間3尺6寸	1	＋3尺2寸
9	2間1尺	23間3尺6寸	1	－5尺5寸
10	3間3尺7寸	23間3尺6寸	1	＋3尺7寸
11	3間6寸	9間2尺	1	＋6寸
12	4間1尺6寸	23間3尺6寸	1	＋1間1尺6寸
13	2間2尺8寸	23間3尺6寸	1	－3尺7寸
14	5間1尺8寸	23間3尺6寸	1	＋2間1尺9寸
15	3間1尺9寸	23間3尺6寸	2	＋1尺9寸
16	3間5寸	23間3尺6寸	1	＋5寸
17	3間1尺8寸	23間3尺6寸	1	＋3尺2寸
18	3間3尺2寸	23間3尺6寸	1	＋3尺2寸
19	13間3尺2寸	23間3尺6寸	2	＋7間3尺2寸
20	4間5寸	12間2尺2寸	1	＋1間5寸
21	3間5尺1寸	5間2尺2寸	1	＋5尺1寸
22	3間4尺1寸	5間2尺2寸	1	＋4尺1寸
23	3間2尺7寸	5間2尺2寸	1	2尺7寸
24	3間9寸	5間5寸	1	＋9寸
25	3間5尺3寸	5間5寸	1	＋5尺5寸
26	2間1尺	5間2尺5寸	1	－1間5尺5寸
27	5間5寸	13間4尺	1	＋2間5寸
28	3間	11間2尺	1	0
29	6間3尺4寸	10間8寸	1	＋3間3尺4寸
30	2間	10間4尺	1	－1間
31	2間5尺6寸	10間4尺	1	－9寸
32	2間7寸	10間4尺	1	－5尺8寸
33	3間4尺	10間4尺	1	＋4尺
34	5間3尺4寸	10間4尺	1	＋2間3尺4寸
35	3間3尺2寸	10間4尺	1	＋3尺2寸
36	12間	47間4尺	4	0

表４　三条通衣棚南町（分単位省略）

No.	表　口	裏　行	軒　役	３間基準ずれ
1	10間２寸	５間１尺８寸	1	＋７間２寸
2	２間５尺５寸	14間６尺	1.5	－１間４尺２寸
3	３間	15間３尺４寸	1	0
4	４間３尺１寸	26間４尺３寸	2	－１間３尺４寸
5	２間１尺５寸	20間５尺７寸	1	－５尺
6	２間６尺	15間３尺３寸	1	－５寸
7	３間１尺３寸	19間３尺	1	＋１尺３寸
8	２間１尺７寸	19間４尺５寸	1	－４尺８寸
9	２間３尺９寸	16間３尺２寸	1	－２尺６寸
10	２間３尺８寸	21間３尺６寸	1	－２尺７寸
11	３間５尺１寸	21間３尺７寸	2	－２間１尺４寸
12	４間１尺９寸	７間半	1	＋１間１尺９寸
13	２間４尺３寸	３間４尺３寸	0.5	－２尺２寸

表５　福長町（No.１～11は西列、No.12～22は東列、分単位は省略）

No.	表　口	裏　行	軒　役	３間基準ずれ
1	３間５寸	10間６寸	1	＋５寸
2	３間３尺４寸	12間	2	－２間３尺１寸
3	４間１尺５寸	11間５寸	2	－１間５尺
4	３間３尺９寸	14間７寸	1	＋３尺９寸
5	３間１尺３寸	11間２尺７寸	1	＋１尺３寸
6	５間４尺	20間４尺２寸	1	＋２間４尺
7	６間５尺７寸	20間４尺	2	＋５尺７寸
8	２間３尺２寸	９間３寸	1	－３尺３寸
9	６間３尺	20間３尺７寸	2	＋３尺
10	２間２尺４寸	９間３寸	1	－４尺１寸
11	３間４尺４寸	13間３尺	1	＋４尺４寸
12	６間５尺７寸	14間３尺	2	＋５尺７寸
13	３間３尺７寸	11間２尺８寸	1	＋３尺７寸
14	３間４尺１寸	11間３尺２寸	1	＋４尺１寸
15	８間１尺８寸	15間２尺５寸	3	－４尺７寸
16	７間１尺３寸	15間２尺５寸	2	＋１間１尺３寸
17	２間５尺９寸	15間２尺２寸	1	－６寸
18	３間５尺７寸	15間１尺３寸	1	＋５尺７寸
19	３間１尺１寸	15間７寸	1	＋１尺１寸
20	３間５尺２寸	15間５寸	1	＋５尺２寸
21	10間５尺３寸	14間５尺５寸	2	＋４間５尺３寸
22	３間９寸	10間４尺	1	＋９寸
23	１間４尺８寸	10間３尺	1	－１間１尺７寸

富小路通に面する福長町（南北方向に長い両側町）

福長町は、『京都坊目誌』が「天正中開通」とする富小路通沿いにある。豊臣政権の京都改造で成立した両側町である。

しかし同町の『新沽券御改水帳』[二〇]より表5をみると、明和四年（一七六七）の時点で、間口三間＝一軒役の基準が成り立つものはない。もっとも一間以下のずれは、No.1、4、5、7、8、9、10、11、12、13、14、15、17、18、19、20、22の一七軒。全二三軒の七割強である。そしてこのような表5の中では、No.21が間口三間の集積も考えられないほど、ずれが大きい。

間口三間＝一軒役の基準が徹底されない状況

以上の江戸時代後期の史料から、四つの町の軒役を間口三間＝一軒役の基準からみた結果、一間以内のずれを「ほぼ」とした場合、成り立つ割合は六割から七割。大田南畝の「大体三間ン間口」という観察は、嘘ではなかったことになる。しかし、ほかは一間以上ずれがあり、間口長さ三間の集積では説明できないほど、ずれが大きい例もあった。したがって、間口三間＝一軒役の基準は徹底されていない、といえる。

ただし、これらは明和四年（一七六七）に東町奉行の石河正武がおこなった「沽券改」の後の史料である。その沽券改は、「棹取大工」に敷地形状を測り直させ、それにもとづく沽券状を町人に新たに作成させて提出させ、町奉行所が割印を押して内容を保証するものであったことが、四つの町の史料いずれにも記されている。

だから、江戸時代初頭の軒役設定時の状況が、そのままある確証はない。そこで、さらにさかのぼってみる必要があるが、その変動をみようにも、町が保障したという明和四年以前の「売券」は、まとまった形で残っていない。そこで次節では、沽券改以降のものながら、家屋敷の取り引き例を八つ、軒役の変動に注意しながらみてみよう。

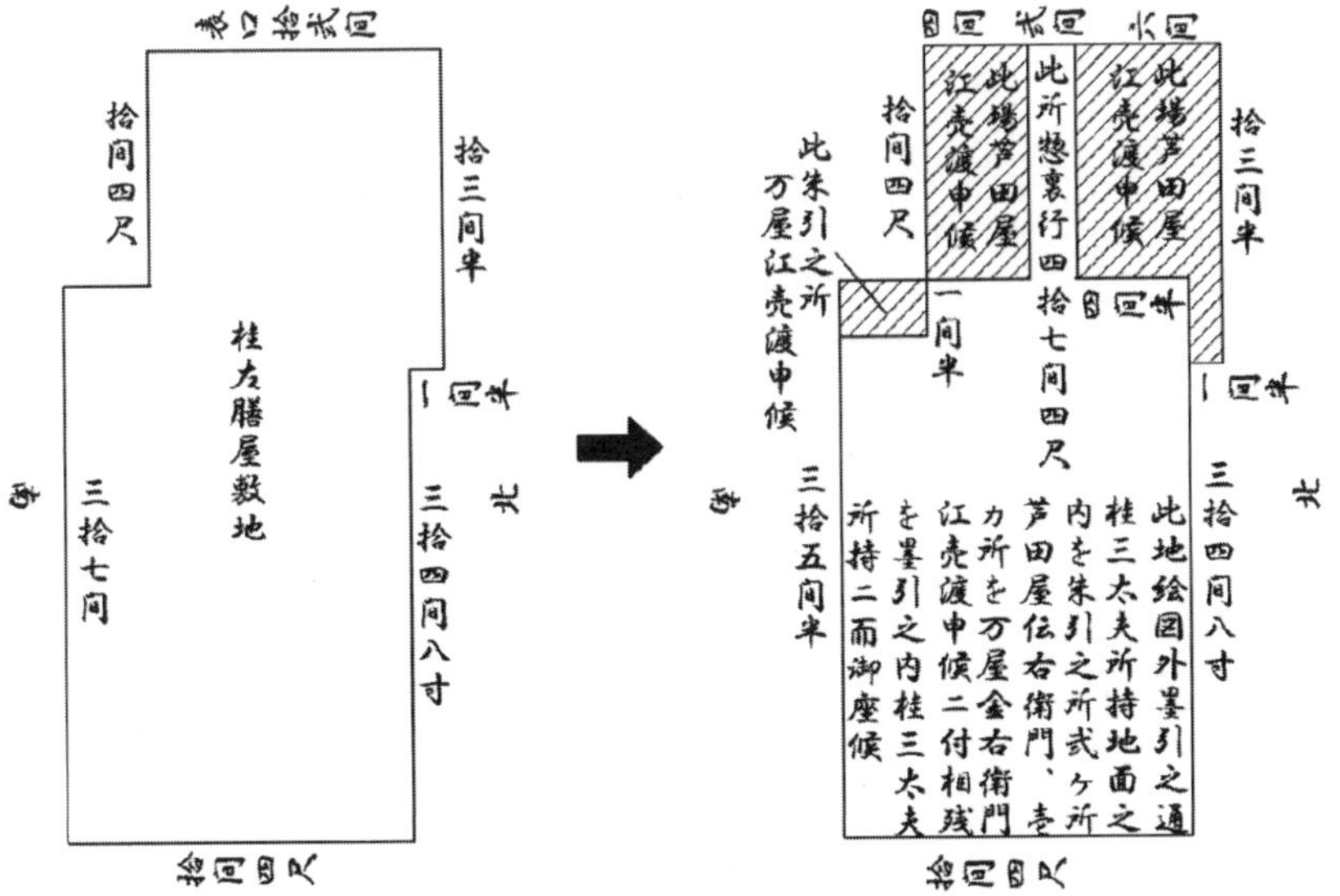

図２　西上之町の沽券状付図リライト（1）

第五節　家屋敷の取り引き例と軒役の変動関係

間口三間にかかわらず、家屋敷を分割して軒役を付ける例

表3でNo.36（西上之町）とした沽券状には、次の様に記す部分がある。

壱ヵ所　四軒役　西京上之町（西上之町のこと）東側　表口拾弐間　裏行四拾七間四尺……
右家屋敷先祖より伝来、もっとも沽券状は御座無く、当時私所持相違御座なく候、此度沽券御改に付、御割印願い奉り候、もっとも右家屋敷に付、親類縁者其外、他所出入差構え毛頭御座無く候……

間口は一二間。間口三間＝一軒役の基準では四軒分である。そして四軒役だから基準ぴったりで、四軒分の敷地を集めたとおぼしい。それが安永五年（一七七六）一〇月には、町奉行所へ次のような変更を願い出ている。

表口六間裏行北にて拾三間半、南にて拾間四尺ならびに表口四間裏行拾間四尺、右弐ヶ所三軒役付芦田屋伝右衛門へ売渡、且又、東西壱間半・南北三間半の所、万屋金右衛門へ売渡、残り地面、絵図の通、壱軒役付、私所持相違御座なく候、これにより沽券相改御割印願い奉り候

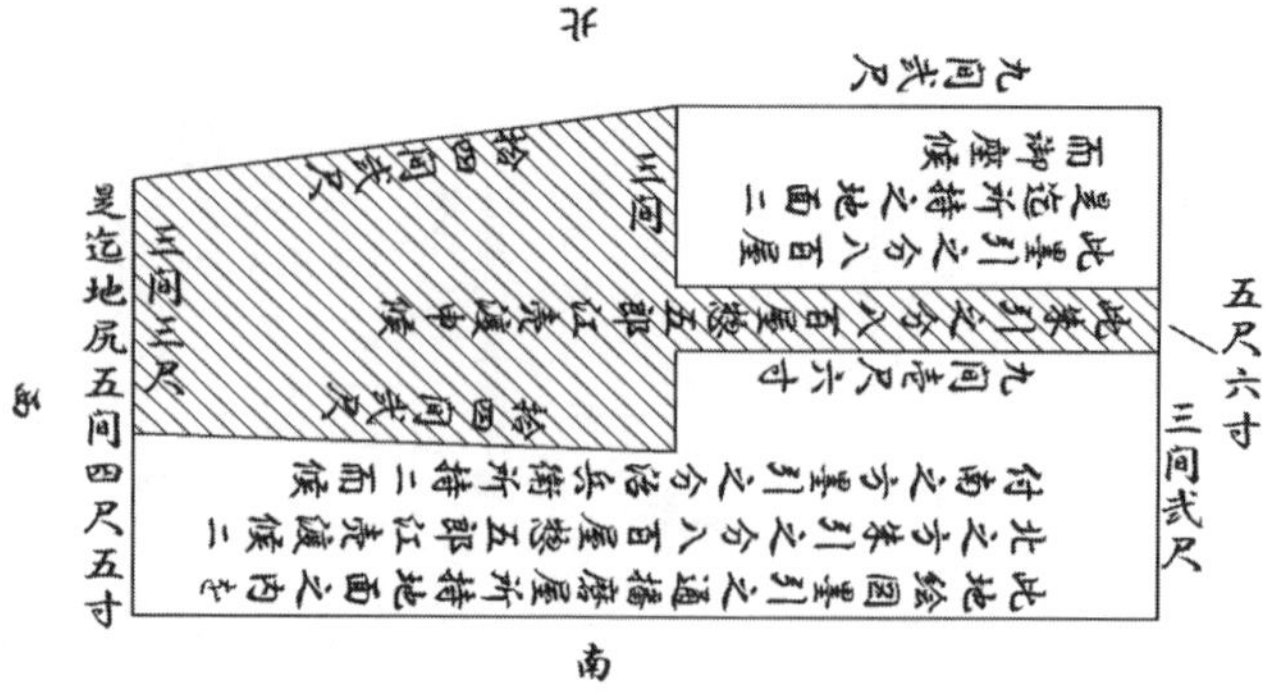

図３　西上之町の沽券状付図リライト（2）

間口六間と間口四間に「三軒役」を「付」けて売り渡し、残りの間口二間を一軒役で所有したい、という願い出である。付図をみると（図2）、広い裏地はそのまま。実態はそうなのに、申請者の負担は四分の一に減っている。それに売り渡すのは、間口四間に一軒役で、間口二間にも一軒役。間口三間＝一軒役基準にはまったくこだわっていない。

家屋敷を分割して「無軒役」で譲渡する例

表3のNo.12（西上之町）には、次の様に記されている。

壱ヵ所　壱軒役　西京上之町西側　表口三間弐尺　裏行二十三間三尺六寸北隣八百屋惣五郎、南隣……右家屋敷、表口四間壱尺六寸裏行弐拾三間三尺六寸、もっとも奥にて入組地これあり、壱軒役にて先だって御割印頂戴仕候ところ、右間数の内、表口五尺六寸奥にて入組地これあり絵図朱引の分、無軒役にて八百屋惣五郎へ売渡、残り地面、絵図の通、私所持相違御座無く候

間口長さの四間一尺六寸のうち、五尺六寸分を北隣の町人へ「無軒役」で売り渡したいというものである（図3）。また、これを買い取った町人が、それまでの所有分（表3のNo.11）との合筆を町奉行所に申請し、新沽券状を得た史料もある。そうすると、このような家屋敷の分割や軒役の扱いを、町人は自由に行っていたと考えざるをえない。

「欠所」（闕所）の扱い

不測の事態で、家屋敷が空家になる「欠所」のときは、どうだったのか。

壱ヵ所　一軒役　西京上之町西側　表口弐間半　裏行弐拾三間半四寸　北隣……南隣……
右家屋敷は木屋忠兵衛所持仕候、忠兵衛家出仕候に付、右家屋敷は御欠所之上、御払に相成、銀三百目壱分に買得仕、町中所持相違無御座候、これにより此度、新に沽券相認御割印願奉り候……

これは天明四年（一七八四）の例である。表3のNo.32の家屋敷が、所有者が「家出」して「御欠所」になり、町奉行所の欠所方の管理となった。それを町奉行所から買い取ったのが西上之町。同町の所有とし、新沽券状に町奉行所の割印を願い出たものである。これで一軒役は、家出した町人から町奉行所を介して町中へ移ったことになる。そして同町は、この後この家屋敷を別の町人へ譲渡し、買い取り費用を回収している。

一軒役を半軒役ふたつに分けた例

表口六間五尺二寸　裏行五間一尺八寸（略）表口拾間弐寸裏行五間壱尺八寸（略）壱軒役家屋敷にて私方先祖若林真治郎所持（略）此度勝手に付、右家屋敷弐ヵ所に仕分け、軒役の儀も半軒役ずつ相分け、東の方、右書面の通りこれを仕切、弐ヵ所にて所持仕候、これにより是迄頂戴罷在候沽券状……

表4のNo.1は、間口一〇間二寸に一軒役の家屋敷。間口三間＝一軒役の基準から三倍以上ずれている。これを文政一二年（一八二九）九月に「弐ヵ所ニ仕分け」、東側は間口六間五尺二寸、よって西側は間口三間一尺五寸に分けた。もしも間口三間＝一軒役の基準が機能するなら、前者は二軒役、後者は一軒役になるはずであるが、共に「半軒役」。間口長さにはこだわりなく、一軒役を半分に分けている。

同じ所有者の一軒役と二軒役の間口が近似する例

表5のNo.1（福長町）は間口三間五寸であったが、明和四年（一七六七）の沽券改の後に、No.2の家屋敷も買い取った。その家屋敷のための新しい沽券状には、次のように記されている。

壱ヶ所　弐軒役　西側　表口三間半弐寸　裏行拾弐間（略）右家屋敷当亥年閏九月木屋与兵衛より代銀三貫目買請……

元の家屋敷は、間口三間五寸で一軒役。新しい家屋敷は、間口三間半弐寸つまり三間四尺二寸五分。三尺五分しか違いがないのに、軒役は倍という家屋敷を買い取った。やはり間口三間＝一軒役基準にこだわりや配慮はない。

家屋敷を合筆した時に軒役も合計された例

壱ヶ所　弐軒役　表口四間壱尺五寸　裏行拾壱間五寸　南隣（略）北隣（略）右家屋敷間尺の内、表口弐間半五寸通りは貞享元子年、六郎治より代銀弐貫目五百目、同表口壱間半壱尺通りは宝永元申の年、町中より代銀壱貫弐百五拾目に買請、先祖佐渡屋市郎兵衛所持、拾八年以前午年父差休より譲請、当時壱ヶ所ニ仕私所持……

表5の№3は、間口長さが四間一尺五寸で二軒役。これが、もとは貞享元年（一六八四）購入の「弐間半五寸」と宝永元年（一七〇四）購入の「壱間半壱尺」であったことがわかる。そして明和四年の「拾八年以前」つまり寛延二年（一七四九）の相続時に、「壱ヶ所」に合筆して二軒役になった。この経緯からして、もとは共に三間未満であったが、それでもそれぞれ一軒役であったことがわかる。

買い取って継ぎ足した間口を「融通」して「仕切」った例

壱ヶ所　弐軒役　表口六間三尺弐寸　裏行弐拾間四尺　右は表口六間五尺七寸・裏行弐拾間四尺（略）弐軒役の家屋敷、壱カ所町中より買請、明和四亥年沽券御改御割印頂戴罷在候ところ、去る申年、建家類焼仕り、さて又、北之方に建家仕、土蔵一カ所建増所持仕、ならびにこの北続表口弐間三尺弐寸・裏行拾間壱尺、壱軒役これを仕切、地面白粉屋妙泉より買請すなわち御割印願奉り、其後建家仕、所持罷在候ところ、此度勝手に付、右弐カ所の間数融通仕り、北の方にて右書面間数の通り、これを仕切弐軒役相附壱カ所に仕所持仕度、是迄頂戴罷在候沽券、御割印返上仕、相改御割印願奉り候……

表5の№7の間口六間五尺七寸に二軒役という家屋敷が、天明大火（一七八八）で類焼した。その後、北隣の№6から、間口二間三尺二寸に奥行一〇間一尺で一軒役の家屋敷を買い取り、移り住んだ。それを一一年後の寛政一一（一七九九）年に「勝手」な理由で「融通」し、北側は間口六間三尺二寸で二軒役、南側は二間五尺七寸で一軒役に「仕切」り変えたのである。町人は、このような継ぎ足しや分割、軒役の扱いも、間口三間＝一軒役の基準に関係なく、「勝手」に行うことができたのである。

継ぎ足しで間口三間以上になっても一軒役のままの例

壱ヶ所　壱軒役　表口六間壱尺五寸　裏行弐拾間半五寸……右は私所持惣表口五間四尺・裏行弐拾間半壱尺（略）壱軒役

家屋敷候所、此度勝手に付、南隣白粉屋妙泉地屋敷之内、北之方にて表口四尺・裏行拾間壱尺これを仕切、此地面別に軒役相附申さず、私買請仕候に付、右家屋敷へ相附一緒に仕り、右書面間数ならびに別紙絵図の通、壱ヶ所壱軒役之家屋敷に仕り、所持仕度存奉り候に付、これまで頂戴罷在候御割印返上仕り、此度相改沽券状御割印願奉り候……

表5よりNo.6の、寛政三年(一七九一)四月の沽券状である。元の間口五間四尺に、南隣のNo.6から間口四尺を買い取って合筆した。結果は間口六間一尺五寸。間口三間=一軒役基準なら二軒役になってよいが、四尺間口に軒役を「付」けなかったので、元の一軒役は変わらなかった。

江戸時代後期の家屋敷の取り引きの状況

以上のように、江戸時代後期の家屋敷の取り引きは、分筆や合筆、軒役の付加や非付加を、町人が勝手に行えた。もちろん町奉行所の確認を要し、合計の軒役数を変えない形ではあるが、間口三間=一軒役の基準の制約もこだわりもなかった。その一方で、表2~表4には、基準と三間以上ずれる広い間口長さに一軒役があったが、江戸時代後期の町人の家屋敷の取り引きで、このような例が新たに現れた例は見当たらない。

第六節　町式目が定める軒役の扱い

町式目が定める軒役の条目

それでは、町々が定める町式目では、軒役はどう規定されていたのか。これをみるとき、注意すべき点がある。たとえば、山名町は寛政九年(一七九七)に「新規に入口明候はば一軒役……出し切に相成候はば銀百目差出」とした。新たに入口をあける場合は一軒役の増し、あるいは銀百匁と定めたのである。(一二) ところが西上之町は、宝永二年

（一七〇五）に「家壱軒に門口いくつ成共御明可被成」(二二)とし、いくつ開けてもいいと定めている。つまり町の定めごとは、町ごとに異なる場合があり、京都全体への普遍化には注意が必要となる。この点を胸にとめて、みてみよう。

・文禄三（一五九四）の鶏鉾町の規定(二三)

一、家弐軒を壱軒に仕候共、前々のごとく二間役、これ有るべき事、但し、壱間役になされ候は、壱丈について米壱石ツ、祝儀として、これ出されるべき事

一、家壱間を二間に仕候は、弐間役有るべき事

・明暦二年（一六五六）までの三丁目の規定(二四)

一、壱軒の家を弐軒に仕分御住居候事、堅御無用也

一、家を買副、壱つに成される事、三軒迄は壱つに成され候事、古よりこれある儀に候、右三軒のほか、壱つにつぶし申儀、堅く法度の事

・元禄一〇年（一六九七）の足袋屋町の規定(二五)

一、町内に家弐軒より外、買せ申間敷事

・元禄一四~明和五年（一七〇一~六八）の小泉町の規定(二六)

一、当町住人家屋鋪三軒迄は苦しからず候、其外は一切成申さず候事

・享保元年（一七一六）の南八幡町の規定(二七)

一、以前は同町人へ弐軒役の外は家買なさせ申さず候定に候得共、自今以後は何軒にても買なさせ申すべき定也

・安永六年（一七七七）の梅忠町の規定[二八]

一、当町所持の軒役、壱名前に三軒役限と近年相定候得共、此度町中相談の上、名前かわり勿論、町儀別に相勤申候得者は、五軒役迄は容赦これあるべき事、但し、末々に至り壱人にて五軒役一所に所持いたし候義、かたく成がたく候事

・寛政九年（一七九七）の冷泉町の規定[二九]

一、町内買得の節、三軒役限りに相心えるべき事

これらを見ると、家屋敷を二軒や三軒以上合筆するのを禁止する条目が多い。理由は、町々の町役人が交代任務だったから。合筆で町内住人がへると、まわってくる回数が増えてしまうからである。[三〇]

もっとも、ほかに饅頭屋町が「家役三ヶ所迄は相求申すべく候事、但し、隣家相求候共、七間口限より堅く求めさせ申間敷」と定め、三軒までは認めながら間口長さが七間以上になるのは禁止、としたのは、町なみへの配慮であろうから、町役人の負担ばかりとも言い切れない。それでも、元禄六年（一六九三）に冷泉町が「御公儀様より自身番仰付なされ候時節、年寄役、軒数多く持候は、年寄役に壱軒は相除き申すべし」[三一]と定めたり、慶応四年（一八六八）に亀屋町が「重役ばかり、公用一軒役相除き候様治定」[三二]とするなど、町役人の負担に配慮した町式目は多い。

また蛸薬師町は、享保八年（一七二三）に「顔役」が務める自身番や日行事、そのほか、このころに制度が強化された町火消の交代任務の負担が重いとして、四軒役までの所有を認める代りに、所有軒役数に対して応分の負担を定めた。[三四]「顔役」とは、寄会に参加する家持町人の意味。合筆は家屋敷の数を減らすから、家持町人の交代制度では負

担が増える。そこで所有軒役数も合計して、その数で応分負担と定めたのであり、確かに改善策になる。そのほか、巨大商家の三井越後屋があった六角町でも、寛延四年（一七五一）に、三井家が町内の町家の買い取りと合筆を繰り返すのを「町中迷惑」として、三井家と交渉した。そして、所有する軒役数に応じて寄合に人数を出すことで解決している。(三五)つまり軒役とは、棟別賦課の単位であるほかに、交代負担の公平性にも結び付いていたのである。

軒役数の増加方向から不変へ

ここで、桃山時代にさかのぼる文禄三（一五九四）に鶏鉾町が、二軒を一軒に合筆すれば「前々のごとく」二軒役、一軒を二軒に分筆しても二軒役と定める点に注目したい。これなら、分筆や合筆があっても、軒役は増加するばかりのはず。もっとも間口一丈につき米一石出せば「壱間役」のまま定めており、この場合は間口が広く軒役が少ない町家があらわれる。しかし、約半世紀後の慶安元年（一六五〇）の同町の町式目には、この規定がない。ほかの町でもそのような規定は見当たらず、間口が広く軒役が少ない町家の出現理由にするのはむずかしい。それに軒役は、間口三間＝一軒役の基準がいわれるように、「間」と結び付く印象が強い。一方、一丈は一〇尺＝一間三尺五寸。間口三間なら一九尺五寸で二丈と近いが、端数がついてまわる理由は後述するとして、話を軒役の増加方向に戻そう。

ここで、豊臣政権の京都改造前から町化していた三条条衣棚町の条目を並べてみる。(三六)

・慶長一〇年（一六〇五）……鶏鉾町の規定の文禄三年から一一年後

一、壱間の家を二間にわり候はば二間役、三間にわり候はば三間役をいたすへし、但し、壱間のうちをいくつにもあれ、おもてはかりを借屋に仕候はば、其沙汰あるへからさる事

・正徳四年（一七一四）

一、家を買徳壱軒に仕候共、買徳候家の通、役儀これ仕るべき事

一、弐軒を壱軒にわり候はば弐軒役、三軒にわり候はば三軒役、其軒数にしたかひ役儀これ仕るべき事、但し、壱軒の内何軒にもあれ、表はかりを借屋のためわり候儀においては其沙汰、有るべからざる事

・文化二年（一八〇五）……明和四年（一七六七）の沽券改後

一、弐軒の家を壱軒に仕候は例これ在り候へ共、三軒を壱軒には堅仕間敷事

慶長一〇年と正徳四年の条目は、分筆に対し、軒役の増加方向を定めている。鶏鉾町と同じである。ところが文化二年には、この条目がない。そして、この間の明和四年に京都東町奉行によるの沽券改があった。その後の家屋敷の取り引きでは、分筆・合筆共に軒役数の合計が変動しない（第五節）。そうすると、明和四年の沽券改までは、家屋敷の分筆は軒役が増加し、合筆も既存軒役数の合計として増加が基本であったのを、沽券改の後は分筆・合筆にかかわらず、軒役数は不変としたことになる。沽券改で各町の軒役総数を把握した町奉行所は、その後の家屋敷の取り引きには新しい沽券状の提出と割印の願い出を義務付けて、軒役の合計数に変動がないことを確認したのであろう。つまり賦課対象の変動がないようにした。これにより町人は、その範囲内で分筆や合筆、軒役の変更を任意で、いわば自由に行っていたのである。

第七節　明和四年一〇月の新沽券状の発行

明和四年以前の状況

そうすると、軒役の変化を考えるとき、ポイントとなるのは明和四年（一七六七）の沽券改である。

もともと軒役は、寛永一一年（一六三四）の将軍上洛時の土産銀分配先となった、家持町人の数の把握に始まる。

ただし当時は、軒役で分配される負担は古町に重く、新町に軽かった。[三七] それが町数が増えた享保八年（一七二三）に、

町代（町奉行所に属するが給金は町々負担の半官半民役人）が全町に平均賦課するようになり、新町と古町の負担差がなくなったとき全軒役数も増加した。[三八]

そして明和四年一〇月、切れ者と評判が高かった東町奉行の石河政武が、全町家の沽券状をいったん廃止、町奉行所が割印した新沽券状を発行する沽券改を行ったのであるが、[三九]そこへ至る経緯は、多重担保が横行した元禄期にさかのぼる。そのとき町代（本来は町役人の代表ながら町奉行所の支配を代行、補助した半官半民の末端役人）は元禄一二年（一六九九）一月に、「京都に住宅せしめ商売をもいたし候もの、他国へ住所をかへ引越候儀、向後番所へ相断」[四〇]と触れた。家屋敷の取り引きに、町奉行所の町代部屋で加判するのは、実態として町奉行所への申請である。つまり町奉行所が関与することになったのである。

ところが、その後も偽造や多重担保、無沽券状が続いた。そこで町奉行所は、宝暦一三年（一七六三）に「相対をもって家屋敷沽券状質物これをとり……改会所へ申出、奥印これを取り申すべく候、もし隠置、外より露顕いたし候はば、前もって相触候通、家屋敷取り上げ」[四一]と触れた。家屋敷の没収と、関係者の処分を警告した。

それでも違反行為が続いたので、ついに明和四年に石河政武が、今までのことはいいから新沽券状を用意せよ、町奉行所が割印する、と命じたのである。

沽券改を受けた町人の行動例

沽券改の手順をみよう。それはまず町役人が立会って、雑色（洛外担当）や町代（洛中担当）が示した雛形にしたがって新沽券状を作成することにはじまる。これを町役人と所有者が確認し、連署・押印した上で、写しを帳面にまとめ、町組から雑色や町代を通じて町奉行所へ提出した。これを町奉行所が確認し、割印して、明和五年（一七六八）の春に戻したのである。そして戻すおり、確認のため古い沽券状の持参も命じた。

たとえば真町の亀屋七兵衛は、所有する五軒の「手前持家」（大和町一軒、真町二軒、場之上町一軒、風呂屋町一軒）

の古い沽券状を、それぞれの町役人へ提出。その面前で写した文書を持ち帰った。これを受けて各町の町役人は、提出された古い沽券状や町奉行所が示した雛形を元に、新しい沽券状を作成した。そして、できたとの連絡を受けた亀屋七兵衛は、一一月一二日に「印形」を持って各町の町役人を訪ね、押印してまわった。それから明和五年（一七六八）二月八日〜一〇日の間に、各町役人と五たび東町奉行所へ出向き、割印を受けた新しい沽券状を五通と、確認を受けた古い沽券状五通を持ち帰ったのである。(四二)

（雛形）家屋敷之事

一　壱ヶ所　何軒役　　何通何之通何側
　表口　何間何尺　　何隣　何屋誰
　裏行　何間何尺　　何隣　何屋誰

但シ地面入組有之、別紙絵図ニ記欤、土蔵何ケ所欤、右家屋敷何年以前、何屋誰ヨリ何貫目買受欤、何屋誰より譲り受候欤、私所持相違無御座候、此度沽券状御改ニ付、御割印奉頼候、尤右屋敷ニ付親類縁者他所ヨリ出入差構毛頭無御座候、以上

　明和四亥年十一月　　持主　　何屋誰　印
　　　　　　　　　　　年寄　　何屋誰　印
　　　　　　　　　　　五人組　何屋誰　印……

この雛形にしたがい町人が提出した新沽券状は、町奉行所が割印を押すことで内容が保障され、有効になった。この書式を沽券改以前の沽券状と比べてみよう。ここに享保九年（一七二四）のものがある。(四三)

永代売買之事

壱ヶ所　壱軒役　一条通本真如堂町北側

表口　弐間半弐尺九寸五分　東隣　三文字屋弥兵衛

裏行　拾五間六尺　西隣　樽屋六兵衛

右家屋敷我等致所持候得共、此度要用有之ニ付、代銀壱貫目其方江永代売渡銀子請取申所無紛候、尤右家屋敷ニ付、親類縁者其外他之障毛頭無之候、若以来如何様之出入出来候共、此判形之もの罷出、急度埒明可申候、為後日永代売券状如件

享保九申辰年四月晦日

売主　多　将監　印

吹挙人　美濃屋喜兵衛　印

年寄　川勝　宗久　印

西洞院一条通上ル大黒厨子

買請人　林　駿河守　印

亀甲屋太七郎殿　印

右之通当明相違無御座候

町代　本間又右衛門　印

このような文書は取り引きの際に作成され、売券とも称された。そして内容は、実は明和四年の雛形と大差ない。また町奉行所は、明和四年の沽券改に際して測り直しも不要とし、数値の正確性は意図していない。(四四) 違うのは、町奉行所の割印の有無、それによる保障の有無であった。その点で町が保証する売券よりも信用され、「沽券地の所有証券として幕府権力がこれを公認し制度化」(四五) することになったのである。こうして家屋敷の権利書的性格を持つことになり、家屋敷の売買は沽券状のやりとりとなった。そして記された間口長さが、変更もできたけれども、一応は集積や分割の単位となっていった。

第八節　江戸時代の軒役というものの実態

宝永大火後の替地にみる間口長さ

江戸時代後期には、間口三間＝一軒役基準の徹底状況はなかったが、一間以下のずれを許せば、大田南畝のいう「大体三間ン間口の家」（第二節）は成り立っていた。その南畝は「それ故町役入用銀役その分」と軒役との関係にもふれている。そして明治時代にも、京都府が間口三間＝一軒役の基準の徹底を「公正」とした（後述）。そうすると、間口三間と軒役の関係が、江戸時代の京都の町人にも意識されていた可能性がうかぶ。なのに、家屋敷の取り引き例や沽券状には、その実態も配慮もない。そこで、間口三間＝一軒役基準と豊臣政権の京都改造との関係を考える必要がある。が、先立って、江戸時代前期の替地例をみたい。

突然であるが、徳川政権にとって京都における重要な存在は天皇である。その天皇が座す禁裏御所は、周辺が御所群や貴族屋敷の築地塀で囲まれた築地之内にあり、さらに周囲を貴族屋敷や御所務めの武家屋敷が囲んで、公家町を構成していた。ただし、宝永五年（一七〇八）の宝永大火で京都が灰燼に帰すまでは、公家町に町々が入り組んでいた。そこで京都所司代‐町奉行所体制は、復興時にこれら町々へ移動を命じた。その替地先を描いた町絵図[四六]（宝永六年一七〇九）をみると、通り沿いに短冊形敷地がならぶ。明らかに町奉行所が主導した町割であるが、「表口」として書き込まれる間口長さは「弐間五尺五寸九分」や「七間壱寸四分」とある。こんな半端な数値の地割にはいろいろ手間を要するが、それでも立ち退き前の長さを確保したとみれば、理解できるのである。

豊臣政権の京都改造と棟別賦課

そうすると、豊臣政権の京都改造でも、移動がなかった家屋敷はもちろん、移動させられた町人も所有していた間口長さを確保できた可能性がうかぶ。たとえば簡易水道である背割り（第一節）を通すときも、既存の土蔵があるときは曲げるなどして、既存の権利に配慮したという。そして間口長さも戦国時代以来だから、三間を超えていたり、足りなかったり、一間程度のずれがあったとしても不思議はない。そこに一軒単位の棟別賦課が課せられると、間口長さに関係なくすべて一軒役となり、明治時代の京都府がいう「幸不幸」の認識がうまれる素地になる。

そして、豊臣政権の身分統制令で農村から切り離された各地の商工民が、京都へ流れ込んでくる。(四七)地縁のない彼らには公的な土地供給が早急に必要となる。それには、伝統的領主権が所有していた一町四方の街区内側の利用がてっとり早い。そこで伝統的領主に替地をあたえ、街区を直轄とし、街区中央に突抜を通す。それに沿って地割すれば、多くの新町人を収容できる。この突抜の例が富小路通りであり、それに沿った町が福長町である。その間口長さはほぼ三間が最も多く(表5)、地割が三間程度で行われたことを示している。そのとき一間以下のずれは、「京中屋敷かへ、まち人われさきと立家こほち……やけたる野路の体」(『晴豊記』(四八))という混乱の中で、厳密ではなかった地割の痕跡とみなせる。鶏鉾町の「丈」(第六節)も、おそらく、このような端数をまとめる目安であったろう。

一方、江戸時代に入って地割された真町は、間口三間＝一軒役の基準がほぼぴったり成立する例が多い。少数の三間以上のずれは既存間口の散在であり、それ以外の部分を地割した経緯が推定できる。ちなみに西上之町の№36(間口一二間で四軒役)は四軒分の集積と思われたが、同町も福長町同様に一間以下のずれが多いのは(表3)、「野畠」に余裕のある地割が行われたのかもしれない。

そして間口が決まると、伝統的領主権が消えた街区の内側は、それぞれの間口幅で、敷地奥の境界線となった背割りまで占有され、町家の裏地となる。その結果、街区は短冊形敷地で埋め尽くされる(第一節)。それに適当な住居形式が、間口がせまく奥行きが長い「鰻の寝床」である。

以上のような経緯から、既存や替地移動には広い間口などがあるものの、地割された家屋敷はほぼ三間という状況がうまれる。この状況に、段階的な地子赦免と共に棟別賦課が課せられると、一軒役が共通する。つまり、間口長さの三間に、一軒役が設定されたのではない。三間が多いが、すべてではない状況に、すべからく一軒役が課せられた。

だから「幸不幸」の認識がうまれ、明治時代初頭まで受け継がれた。しかし軒役は、設定時期が地割の時期に近くても、制度的には間口長さに関係のない棟別賦課、あくまで一軒ごとの税方式だったから、江戸時代を通じて家屋敷の取り引きを制約することはなく、間口長さも変動した、と考えられる。

第九節　明治期における軒役と沽券状の踏襲

新政府の軒役踏襲

それでは、明治時代に軒役はどうなったのか。じつはこの時代にこそ、間口長さと鰻の寝床が結び付く経緯があった。

まず慶応四年（一八六八、明治元年）正月。京都で新政府が、一軒役につき銀一匁二分の納入を命じた[四九]。納入拒否は厳しくいましめた[五〇]。四月には京都裁判所が京都府となり、明治二年（一八六九）正月九日に、町々へ「駕輿丁《かよちょう》役始め其余、御免除札頂戴罷在候向、早々右の雛形の通り相したため、明十日五つ時、間違いなく請所へ差出すべき事」と命じた[五一]。さらに五月二〇日、「何軒役免除、地下官人、医師、検校、浪人ならびに旧幕用達町人等」[五二]と命じた。

何のことかというと、江戸時代の軒役には、町奉行所が課す公役と、家持町人が町運営の費用を負担する町役があった。このうち公役は、朝廷勤務の役人や御用達商人が朝廷から諸役免除札を拝領すれば、免除されたのである[五三]。京都府は、その実態を調査した。さらに七月二五日にも、軒役のない沽券状を持つ者に報告を命じたが[五四]、これは『真町文書』の訴願内容から、会所が対象であったことがわかる[五五]。

町内会所家沽券状一通ならびに一軒役御座候ところ、開幕府みぎり、会所家は壱軒役分軒役御免除下され置候、然《しか》るところ、此度町中沽券状ならびに軒役、なにとぞ町中会所家に仕置候内は、前の通御免除いたされ下され候様、願上奉り候

京都府は八月に「税法は旧貫により候」[五六]と触れ、税方式として江戸時代の軒役の踏襲を明確にした。だから人々も江戸時代と同様に会所は一軒役免除を願ったのであり、このときは認められた。

第一〇節　間口長さの税金と鰻の寝床の伝説化

明治の記憶、間口三間＝一軒役基準の徹底命令

明治元年（一八六八）九月〜明治二年（一八六九）一〇月、東京奠都《てんと》があった。天皇家をはじめ、貴族が去った京都では、人々が意気消沈した。そこで京都府は「人心を慰撫せん」[五七]として、同年一二月に地子免除の受付を始めた。明治三年（一八七〇）三月八日には、洛外町々を洛中町々に編入した上で、江戸時代と同様に地子（所有面積に対する年貢の代銭納、江戸時代の京都の町人は多くが免除されていた）の免除を決定し、あわせて産業基立金五万両を下付した。

さらに同月二〇日、京都府は町々へ布達三四号「市中地子免除の事」を出し、[五八]「京師といへとも、皇居・官道を除くの外は、一般地子収納の御沙汰有べきのはず」とした。江戸時代は免除であった地子の納入を命じるべきところであるが、「今般市中諸町組、地子免除仰出せられ候、ついては市民一統あまねく御趣意を了解し、深く天恩を感戴すへし」と触れた。京都は特別に免除としたのである。さらに「軒提灯差出苦しからず」、「市民老若男女遥拝所参拝、加茂社へ参詣勝手次第、かつ遥拝所近辺加茂社近辺たりとも出店見世物苦しからず」とも触れ、祝賀気分をあおった。[五九]

しかし注目すべきは、同年三月の布達三七号「市中軒役の割、改正の事」より、次の記述である。[六〇]

今般、地子免除仰出せられ候については、市中軒役の儀も公正至当に相改めず候ては幸不幸の事に付、以後毎家表口三間

を以て一軒役と相定申すべし

もっとも、間数より有余不足の分は、右割合を相定るべく候、よって沽券状相改申すべき事、但し、軒役間数尺寸に渡り候所、四捨五入の法、相用うべき事

京都は特別に「地子免除」されたが、軒役は公正にする必要があるとして、間口三間＝一軒役と明確に定めた。さらに半端は「四捨五入」とし、三間基準を徹底したのである。

そもそも江戸時代の軒役は、町運営に責任をはたす家持町人への対人税的性格があり、間口寸法では変動しなかった。課した時点で間口三間が多かっただけ（第八節）。これに対し明治三年三月の改定は、間口寸法で軒役が変動した。厳密な間口寸法による賦課。まさしく間口長さで税金の多寡が決まる方式である。これが、「間口長さにかかる税金をいやがって敷地が奥へ伸び、鰻の寝床になった」という伝説を生んだとみてよい。つまりそれは明治の記憶である。

話を戻して、布達を受けた町々は新しい沽券状を作成した。そして三条衣棚町の「市中軒役御改正ニ付改帳」(六一)でも、表6にみるように、整数値でない軒役が多い。ほかにも『真町文書』に、次のような沽券状がある。

券状　　　下京拾弐番組　四条通小橋西江入真町北側

九分役

表口　弐間五尺五寸六分　　東隣　松本　二十三屋半四郎

裏行　九間五尺　　　　　　西隣　御旅町　地境

建家壱ケ所　但、地面入組有之ニ付、絵図左に相認入置候

（指図略）

右之通、私所持ニ相違無御座候処、今般券状御改正ニ付、御割印奉願上候、以上

表6　市中軒役御改正ニ付改帳（下京三番組衣棚町）間口だけ記入

京都御政府宛　改軒之覚　明治3年6月			年寄・五人組頭
1	万林屋吉右衛門	表口6間5尺2寸	2軒2分役
2	町中持地	表口3間1尺5寸	1軒役
3	町中持地	表口4間4尺6寸	1軒5分役
4	丸屋喜兵衛	表口2間2尺5寸	9分役
5	千切屋源兵衛	表口4間3尺2寸	1軒4分役
6	千切屋妙教	表口5間1尺5寸	1軒7分役
7	千切屋源兵衛	表口2間6尺	9分役
8	近江屋義兵衛	表口5間3尺1寸	1軒8分役
9	大坂屋宗兵衛	表口2間1尺3寸	7分役
10	吉野家弥三郎	表口2間2尺2寸	7分役
11	吉野家弥三郎	表口3間5尺	1軒2分役
12	千切屋とよ	表口2間半	8分役
13	千切屋とよ	表口3間半	1軒2分役
14	千切屋源兵衛	表口2間4尺3寸	8分役
15	千切屋源兵衛	表口4間2尺	1軒4分役
16	鐘屋和三郎	表口8間2尺4寸	2軒7分役
17	町中持地	表口3間2尺4寸	1軒1分役
18	千切屋吉兵衛	表口7間半2尺	2軒6分役
19	千切屋七兵衛	表口3間	1軒役
20	千切屋源兵衛	表口10間8寸5分	3軒3分役
21	町中持地	表口2間2尺2寸	9分役
22	町中持地	表口2間2尺2寸	9分役
23	千切屋吉右衛門	表口4間2尺9寸	1軒6分役
24	山形屋甚助	表口6間1寸	2軒役
25	町中持地	表口3間2尺9寸	1軒1分役

明治三庚午年九月
持主　奥村　大和屋徳治　印
年寄　藤田　亀屋七兵衛　印
五人組頭　竹田　近江屋與兵衛　印
右之通、相違無御座、御割印奉願候、以上（中年寄・添年寄の連署・押印）

この書式は、京都府に対し、町役人が「奥村　大和屋徳治」の所有を保障したもの。割印は京都府である。書式そのものは江戸時代と同じだが、買得・譲受時期や金額の記入がなくなっている。

明治三年九月、奥行への視点発生

表6よりNo.16の鐘屋和三郎は、表口八間二尺四寸に対し、二軒七分役とある。ただし原文書では、抹消線があり、「改壱軒三分役」、「裏行三間以内ニ付

御触ニ付半減候」と書き重ねている。ここで一間四分役が減った理由は、「御触」による「半減」と記される。これについて、明治三年九月の京都府布達一一一号「市中軒役、奥行三間未満ハ半減ノ事」(六二)に、次のように記されている。

市中軒役の儀、表口三間をもって一軒役と改正致すべき旨、先だって相達候ところ、其中奥行三間以内の分は、表間口三間を以、半軒役の割をもって差出すべく候、此旨更に相達候事

奥行が三間以内の場合は、半軒役に緩和したのである。No.16の「半減」はこれにしたがったものであった。同年九月の真町の「御改正ニ付券状取調書」(六三)でも、この点は徹底されている。つまり奥行寸法を加えて対象を把握したわけだが、この変更には、将来的に間口と奥行の積つまり面積賦課への移行が意識されていた可能性がある。なぜなら、この沽券改では、面積を確定する土地丈量もあわせて行われていた。

券状　　下京拾弐番組　四条通小橋西入真町北側
九分役
表口　弐間五尺五寸六分　　東隣　松本半四郎
裏行　九間五尺　　西隣　御旅町地境
但、乾之方ニテ出張地有之候ニ付、図面左ニ相認置候
(指図略、屋敷地の面積記入が二種類あり、本文参照)
右之通、私所持ニ相違無御座候処、今般券状御改正ニ付、御割印奉願上候、以上
明治三年庚午十二月三日　　持主　奥村徳治　　印

年寄　藤田七兵衛　印
五人組　竹田與兵衛　印
右之通、相違無御座、御割印奉願候、以上（中年寄・添年寄の連署・押印）

これも大和屋（奥村）徳治の沽券状である。裏行が三間をこえているので緩和はなかったが、明治三年における二度目の沽券改の実施を裏付けている。そして指図には、「三拾三坪弐分壱厘」との墨書がある。それまでの沽券状にはなかった面積の記入である。土地丈量の結果であるが、さらに朱書で「参拾坪三分五厘」と書き重ねている。この理由は次項でみる。

そして明治四年（一八七一）二月二五日、京都府は新軒役を基準として、銭二六四文の納入を命じた。(六四) さらに五日後の三〇日には、(六五) 家屋敷の取り引き時に沽券状の書き換え申請を義務付け、その際に「冥加銭」として五百文の納入を定めた。江戸時代にも、町奉行所へ建築許可申請や竣工検査願をだすとき、町奉行所役人らへ礼金をだした記録が多いが、金額はおおよその目安しかなかった。その申請費用を京都府は明確にしたのである。

なお、このとき町役人に対して「家屋敷売買譲渡等の節、町分へ出金いたし、あるいは振舞祝儀などと唱へ、無益の費用これ有趣に付、向後差留め候趣、去辰九月同十二月相達置候……今以不心得にて旧弊相改まざる向も少からずやに相聞へ不届……厳重に差止」と触れ、家屋敷の取り引きへの介入を禁じた。しかし、中世からの根づよい慣習だったので、その後もなかなか、なくならなかったという。(六六)

一間後退命令にみる景観行政

大和屋の沽券状の指図は、三拾三坪弐分壱厘という墨書の上に、参拾坪三分五厘の朱書を重ねていた。そして末尾に、明治六年（一八七三）一月二〇日の年記で、次の書き込みがある。

溝内葛より壱間迄、又は辻角は横通共、壱間迄坪数書出し候様、御改正被仰付候に付、すなわち朱書の通り取調書上奉り候

町家の通庇の下には、溝がある。溝の両側には葛石《かずら》がある。内側の葛石から一間分、横道に接する側も一間分の坪数の報告を命じられたので、朱書の調査結果を報告した、と記している。もっとも指図の書き込みは、敷地全体の坪数を墨書した上に、一間分を除いたあとの坪数を朱書していて、一間分の坪数ではない。その点はあるが、いずれにしてもこれは次の明治五年（一八七二）四月九日の布達八三号を受けた報告とみてよい（六七）。

家作をなすものは、町並一間を退き建構ふへきの事、町幅溝筋等、唯今の如く狭隘・浅汚にては、都の体裁にこれ無き候付、追々修理申付る儀もこれ有べく候条、向後、家作致す者は町並一間を引退き建構うべし

この布達は、「軒の出も含めて民地内に納めることによって、街路景観の整理と道路幅員の確保を狙った」と評価されている（六八）。が、ここではこの評価にくわえて、江戸時代の宝永五年（一七〇八）の大火後にも同様の拡幅と土地収公があったことを指摘しておきたい。

京都をほぼ全焼させた宝永大火の後の町奉行所の触書に「町幅三間、溝幅壱尺五寸ずつ」とあったことが記録されており（六九）、町奉行所の行政記録である『京都御役所向大概覚書』にも「道幅馬踏三間、外に両方壱尺五寸溝付け相極」とある（七〇）。消防に不都合なせまい通りを拡幅し、溝を外側に掘らせたのである。町家は通庇を溝の直上へ伸ばすから、これにより軒先が後退した位置でそろう。そして後退分は収公された。このようなことは、全国の土地が基本的に徳川幕府の支配で、個人所有は幕府が「安堵」するかたちだったから可能であった。

そして同じ状況が、明治期初頭の京都にもまだあった。法規的にみれば、土地の個人所有はまだ確立していない。

そして布達にも「町幅溝筋等」が「狭隘浅汚」だから、おいおい「修理申付る」とある。これに「溝内葛より壱間」分の面積を報告させたこと、一間後退を定めた布達と後退分の面積調査命令に対し、現状面積と一間後退後の面積が報告されたこと、これらを考え合わせると、京都府は通りを両側を二間分広げ、庇も溝の内側という町なみを形成させるため、江戸時代の手法を参考に布達を出した可能性が高い。

そしてこの布達は明治一一年（一八七八）二月にも再令され、[七一]「違式詿違条例改正之事」[七二]にも「市中町々家作ならびに高塀板囲いをなす者、町並壱間を引退き建構うべきを背く者」と徹底された。しかし罰則はなく、明治四年（一八七一）二月には「家屋新築届出に及ばざる」として建築許可申請が不要とされた。土地の個人所有権が明確にされたこともあり（後述）、一律に一間分を収公というのは「町家の便利」に反するとの議員建議もなされた。[七三]そのため明治一五年（一八八二）一一月四日に布達は廃止されたが、[七四]そのときにはもう面積賦課への移行は完了していた。

第一一節　地租改正に伴う地券発行と軒役の廃止、沽券状の消滅

江戸時代の田畑永代売買禁止令が廃止された明治五年（一八七二）二月、大蔵省は「地券渡方規則」を定め、同三月には全国で地券（郡村地券）発行を開始させた。土地の個人所有を認めたのである。

明治六年（一八七三）七月には、地券に記された地価の三パーセントの金納を義務付ける「地租改正条例」を発布した。京都府にも「地所永代売買之義に付、別紙の通、大蔵省より達しこれ有候条、この旨、管内へ洩さず相達候」として、「地所売買譲渡ニ付地券相渡方規則」が示された。

そして明治五年九月から明治六年六月に、郡村地券が下付された。明治七年（一八七四）三月には「何れの地も適当の値段をただし、是を地価というて地券に記し、其百分の三を以て税の定めとして年々これを収む」として、地価をふまえた租税方式が明確にされた。さらに明治八年（一八七五）には地価算定がはじまったが、[七五]まだこのときは農

地が対象であった。全国市街地は、地子免除の京都をふくめ、明治四年（一八七一）一〇月八日の太政官布告で、諸役免除や会所の一軒役減免など免除制度が廃止された。(七六) そして一一月の東京を皮切りに、地券が発行され、地租徴収が始まったのである。

京都府にも、明治五年三月に地券発行と地租徴収が通達された。ところが地子免除とのかね合いから、明治六年（一八七三）三月から地券発行業務に着手した。そのとき布令一七八号が「地券所持いたし候上は其地御用に候とも必ず地主承諾の上たるへし」として、土地の個人所有を認めたのである。(七七)

こうなるともはや、一間分の後退は強制できない。そして地券の雛形が、次のように示された。

上下何区何町何番地

何百何拾坪　上下京何区　住居　何番地所　何某

沽券金高　何千何百圓　此地租金一ケ金何圓

全何圓　年月日

このとき「旧来の沽券状は此度銘々地所代価申出候節、一同取束ね其町戸長へ差出べき事」とし、地券発行と同時に沽券状の回収を定めた。そして同年五月、地券を元にした税金納入が命じられた。(七八)

地税は地券に記せし金高の百分の一相納べき事、外に廳費金として税金壱円に付三銭相納事、但、地税ならびに庁費金、自今本文の如く定むといえども、時機によりなお高低可致筈の事、右地税庁費金、年々六月十月両度に割、当府へ納致すべき事地券に記された「金高」の一パーセントにあたる地税と〇・〇三パーセントにあたる庁費金を義務付け、二分して毎年六月・一〇月の納入を定めた。これを受けた上京と下京の総区長は調査を開始したはずであるが、真町の「地税庁費金高調書」作成は一二月。そして奥村（江戸時代の大和屋）徳治の項には、次のようにある。

一、坪数三十三坪二合、奥村徳治、壱坪ニ付、金四円五十銭、此地券金、百四十九円四〇銭、地税金、壱円四十九銭、
　但、壱ケ年分、此庁費四銭五厘、合金壱円五拾三銭五厘

地券金として一坪＝四円五〇銭を三三・二坪の面積に乗じ、結果は一四九円四〇銭。その一パーセントにあたる地税金は一円四九銭、庁費は〇・〇三パーセントの四銭五厘、合計一円五三銭五厘である。

ここで「坪数」の「三十三坪二合」を、明治五年四月九日の一間後退の布達を受けて明治三年一二月に作成された沽券状と照合すると、墨書した「三拾三坪弐分壱厘」に近く、後退分を引いた朱書の「参拾坪三分五厘」ではない。地券所有者の土地所有を認めた結果、一間後退分収公という府令は、実効性を失っていたことが確認できるのである。なお『真町文書』にみる実際の地券には、次のようである。

下京第拾四区四條通小橋西入真町南側七十九番地
一、表口二間壱尺
　裏巾同間　（指図略）右同断　地主長谷川くに　印
　奥行十五間
此坪　三十三坪六合　此沽券金百五十壱圓廿銭　壱坪ニ付、金四円五拾銭
地税金　壱円五拾壱銭弐厘

此庁費　　　　　　　　四銭五厘五毛
合　金　　　　壱円五拾五銭七厘五毛

明治三年の沽券状と比べると、軒役数や町役人の連署加判、建家や土蔵など建物の記入がなくなっているが、この理由は明治七年（一八七四）三月の布令書一二七号に読み取れる。(七九)

今般地券発行に付ては、府下従前沽券とは違ひ、地所有のみの券にて、建家は記載無し、従前地所建物共記載の沽券をもって質入、書入等致しおり候向きは、改正の地券と引替、建物の様は判然証文に記載し、其町戸長の奥印を請、後日支障を生ぜざる様、條釣取置へき事

地券は建物の記載がないから、別証文に記して戸長の確認を得るように命じている。この地券の発行で、地価金に応じた地税や庁費が納入され、従来の沽券状の書式や軒役数は必要なくなったのである。

最後に、地券発行の時期について。この点は、明治六年中に地券の発行が終わったが、同年中は事務手続きの関係で地租の徴収が開始できずに明治七年から、との見解がある。(八〇)しかし『真町文書』では、前述のように地税と庁費の調査が明治六年一二月、明治七年の『真町日記』にも「地券来る三月七日に御下け渡に付、旧沽券状当月中に町へ取認め至御達に付、一同へ申渡候事」、そして三月七日の「地券受取書」にも「地券御下渡に付、正に受取申候」とある。

他方、真町の「地租上納書」には「明治六酉年一ケ歳分、下京真町総計金八拾弐圓八拾四銭壱厘七毛、右之通奉上納、以上、明治七年一月　戸長岩永嘉兵衛　印」、「庁費上納書、金弐円四十八銭五厘三毛、右之通奉上納、以上、明治七年一月　戸長岩永嘉兵衛」などと、地券発行の二ケ月前の明治七年正月に、明治六年分の地租を一括上納している。明治六年一二月の布令も「券状可下渡筈に候処、長谷知事・槇村参事御用東上中に付、券面捺印出来致さず」と

地券発行の遅れを認めている。これには、長州閥の槇村が、反目する江藤新平ら司法省に召換され、なかなか帰洛が許されないという事情があったのであるが、ともかく布令は「地租の分は当酉年より収入致すべき義に付、地租上納帳ならびに庁費金上納帳とも、かねて相達置候雛形の通、調仕り、来る二十三日迄に当府地券掛へ差出し、税額の記入を請可申事」(八一)とし、発行前に明治六年分の地租納入を命じていた。

このほか『京都府史』にも「明年六月(明治七年)地券付與成功」とあり、税法史の研究でも発行は明治七年一月に始まって同年六月に終了とする。(八二)さらに『京都府史』は「旧来の沽券を収め、新たに地券を換給」とし、従来の沽券状と交換であったことを裏付ける。(八三)

これらのことから、京都では明治七年正月〜六月に地券が発行され、江戸時代以来の沽券状や軒役制度は消滅したとみてよい。これにより諸役免除による負担免除も効力を失い、一部の町家が朝廷とのつながりから許された諸役免除の表徴として大屋根にあげていた軒先の板も、根拠を失った。(八四)

さらにその後、明治一〇年(一八七七)以降の京都府下の市街地改租では、土地丈量は一間《いっけん》＝六尺(一八一八ミリメートル)、長さの一厘未満と面積の一勺未満は切り捨てと定められた。民間建築では江戸時代と同じ京間の六尺五寸が用いられ続けたが、公的な土地丈量では、京間《きょうま》はこのとき消えたのである。

まとめ、間口の税金なんて知らない鰻

鰻の寝床が現れた本当のわけを、伝統が生まれた経緯と共に、徹底的に明らかにした。それは、間口にかかる税金とは関係なく、根元的に豊臣政権の都市政策の結果であった。そして、通説にいう間口三間＝一軒役の基準が、実際には徹底されていなかったことや、その基準に配慮もこだわりもない家屋敷の取り引きを、江戸時代後期に確認した。

つまり間口三間＝一軒役の基準は、実態がなかった。もっとも、ほぼ三間の間口長さなら、六割〜七割が該当した。

これは、豊臣政権の京都改造において、政権がおこなった地割が、間口長さをもとに、ほぼ三間を基準としていた結果である可能性が高い。そこには戦国時代以来の長い間口長さなども存在していたが、すべてに一軒単位の棟別賦課が課されとき、すべてが一軒役となって幸不幸の認識がうまれたのである。

そして江戸時代、とくに明和四年の沽券改以降、総軒役数に変動がないかたち、つまり軒役数の合計が同じになる中での家屋敷の取り引きが義務付けられた。

さらに明治時代初頭も、軒役の賦課方式は踏襲された。ただし明治三年（一八七〇）九月の沽券改では、間口長さを厳密に測定し、三間を基準にして、端数は四捨五入することとなった。これまさに、間口長さで税金の額が変わる賦課方式。間口長さにかかる税金が鰻の寝床をうんだとの伝説は、この明治の記憶であったと見てよい。

しかし同年のうちに、奥行寸法を加えて二方向から対象を把握するように変わった。面積賦課への方向が現れたのである。そして明治七年（一八七四）に地券が発行され、沽券状は失効した。そこに記されていた軒役も廃止された。所有面積が賦課対象となり、軒役の免除が朝廷とのつながりを示すということも、遠い記憶になっていったのである。

註

一　丸山俊明『京都の町家と火消衆――その働き、鬼神のごとし』第一一章、昭和堂、二〇一一

二　竹林忠男「京都府における地租改正ならびに地籍編纂事業（上）」『資料館紀要』第一七号、京都府立総合資料館、一九八九

三　脇田修・脇田晴子『物語京都の歴史――花の都の二千年』中央公論新社、二〇〇八

四　大田南畝・問／田宮橘庵・答『所以者何』（『続日本随筆大成』第八巻、所収）、吉川弘文館、一九八〇

五　土本俊和『中近世都市形態史論』中央公論美術出版、二〇〇三

六　『京都府史』第一編　制度部　祖法類一、京都府立総合資料館蔵

七　秋山國三『近世京都発達史』法政大学出版、一九八八

八　京都市編『京都の歴史　第六巻　伝統の定着』学芸書林、一九七三
九　京都市編『史料京都の歴史　第三巻　政治・行政』平凡社、一九七九
一〇　前掲、土本俊和『中近世都市形態史論』
一一　前掲、『史料京都の歴史　第三巻　政治・行政』
一二　京都町触研究会編『京都町触集成』第六巻（安永八年〜天明八年）、三九二―三九三頁、岩波書店、一九八五
一三　玉井哲雄『江戸――失われた都市空間を読む』平凡社、一九八六、渡辺尚志・五味文彦編『土地所有史』（新体系日本史　三）、山川出版社、二〇〇二
一四　碓井小三郎編『京都坊目誌　一　首巻』（「新修京都叢書」第一三巻）、光彩社、一九六九
一五　中村武生『御土居堀ものがたり』京都新聞出版センター、二〇〇五
一六　『真町文書』所収、京都府立総合資料館所蔵
一七　「開幕府砌会所家者壱軒役分軒役御免除」、前掲『真町文書』所収
一八　『西上之町文書』所収、京都市歴史資料館架蔵フィルム
一九　『三条衣棚町文書』所収、京都府立総合資料館蔵
二〇　『福長町文書』所収、京都府立総合資料館蔵
二一　『京都町式目集成』（「叢書京都の史料」三）、二五頁、京都市歴史資料館、一九九九
二二　前掲、『京都町式目集成』、六七頁
二三　前掲、『京都町式目集成』、三〇三頁
二四　前掲、『京都町式目集成』、八二頁
二五　前掲、『京都町式目集成』、三三五頁
二六　前掲、『京都町式目集成』、三五四頁
二七　前掲、『京都町式目集成』、一七八頁
二八　前掲、『京都町式目集成』、二七五頁
二九　前掲、『京都町式目集成』、一〇七頁

三〇　前掲、秋山國三『近世京都発達史』
三一　前掲、『京都町式目集成』、一〇二頁
三二　前掲、『京都町式目集成』、一一五頁
三三　前掲、丸山俊明『京都の町家と火消衆』
三四　「自身番・日行事之事、古来ヨリ軒役無構、顔役にて勤来候得共、四軒軒役迄求候事差免シ申候故、右品之役も相改、軒役ニ応し勤候筈ニ極メ申候、近来御公儀様町火消等被仰付候へハ無人之家ニは難儀ニ候得は如此」（前掲、『京都町式目集成』、一四九頁）
三五　「右軒役多ク相成候ニ付、名代衆壱人ツ、平生ニ町え出シ被申候筈相究」（前掲、『京都町式目集成』、二二六―二二七頁）
三六　前掲、『京都町式目集成』、二〇九―二一四頁
三七　秋山國三『近世京都町組発達史』法政大学出版局、一九八〇、野口徹『日本近世の都市と建築』法政大学出版、一九九二
三八　前掲、京都市編『京都の歴史　第六巻　伝統の定着』
三九　「洛中洛外町屋沽券状之儀、前以二重ニ書入金銀借り致間敷旨相触置、殊ニ洛中之儀者元禄年中ヨリ買得之度毎ニ町代共立会奥印いたし候得共、近比者似せ沽券状、或ハ前以之沽券状を以二重三重ニ貸借致候もの共有之、居町之もの共難義趣相聞江、不埒之至ニ候……沽券状も無之町屋多ク候故、別而猥成趣相聞江、借り主不届ハ勿論、貸主共ニ不吟味之貸方甚以不埒之至ニ候、依而吟味之上、宝暦十三未年相触置候趣を以家屋敷取上、双方共ニ急度咎可申付候得共令用捨、此度洛中洛外建家有之分ハ一同ニ沽券状相改、新沽券状江改之割印いたし一同持主江可相渡（下略）」（京都町触研究会編『京都町触集成』第四巻（宝暦八年～明和五年）、四五九―四六一頁、岩波書店、一九八四）
四〇　京都町触研究会編『京都町触集成』第一巻（元禄五年～享保十一年）、六三頁、岩波書店、一九八三
四一　前掲、京都町触研究会編『京都町触集成』第四巻、二五九―二六〇頁
四二　『真町文書』所収、京都府立総合資料館蔵
四三　『下妙覚寺町文書』、京都府立総合資料館蔵
四四　「新タニ家屋敷間尺等を打相改候町〃も有之由……心得違」（前掲、京都町触研究会編『京都町触集成』第四巻、四六二頁）
四五　安国良一「町と家屋敷売買――必要な全町人の合意」（岩井忠熊編『まちと暮らしの京都史』、文理閣、一九九四、所収）
四六　京都市文化観光局文化部文化財保護課編『京の住まい――地域の文化財としての民家』一九九八

四七　脇田晴子『室町時代』中央公論社、一九八五
四八　『晴右記・晴豊記』（『続史料大成』第九巻）、臨川書店、一九七八
四九　「町夫銀壱軒役ニ付銀壱匁弐分づつ」（京都町触研究会編『京都町触集成』第十三巻（元治元年〜明治四年）、一六三頁、岩波書店、一九八七）
五〇　「其町戸軒之諸役出金等を否ミ候者も有之哉ニ相聞、有間敷事ニ候」（前掲、京都町触研究会編『京都町触集成』第十三巻、二七九頁）
五一　前掲、京都町触研究会編『京都町触集成』第十三巻、二九四頁
五二　前掲、京都町触研究会編『京都町触集成』第十三巻、二九四頁
五三　前掲、丸山俊明『京都の町家と火消衆』
五四　「市中無軒役ニ而沽券状所持致居候向、名前并間数等組中之無洩得取調」（前掲、京都町触研究会編『京都町触集成』第十三巻、三四八頁）
五五　前掲、『真町文書』所収
五六　前掲、『京都府史』第一編　制度部　祖法類一
五七　前掲、『京都府史』第一編　制度部　祖法類一
五八　前掲、京都町触研究会編『京都町触集成』第十三巻、三九七頁
五九　前掲、京都町触研究会編『京都町触集成』第十三巻、三九七頁
六〇　前掲、京都町触研究会編『京都町触集成』第十三巻、三九六頁
六一　前掲、『三条衣棚町文書』所収
六二　前掲、京都町触研究会編『京都町触集成』第十三巻、四二七頁
六三　前掲、『真町文書』所収
六四　「壱軒役ニ付、銭弐百六拾四文宛、右之通出銭来ル二十五日朝五時迄ニ当府大年寄詰所へ中年寄ヨリ持参、請取書取之可申事」（前掲、京都町触研究会編『京都町触集成』第十三巻、四七九頁）
六五　「市中家屋敷買得、且本譲、死後譲等、都而券状割印いたし置候儀ハ右家屋敷永久相続之取締保護之為ニ付、右割印願書候節者

為冥加銭五百文つつ当府へ可相納候」（前掲、京都町触研究会編『京都町触集成』第十三巻、四八七頁）
六六　三倉葉子「近代京都の町による土地売買介入」『日本建築学会計画系論文集』第六三八号、二〇〇九
六七　京都府立総合資料館編『京都府百年の資料　七　建設交通通信編』、一二三頁、京都府、一九七二
六八　苅谷勇雅『日本の美術』四七四号（京都　古都の近代と景観保存）、二二頁、至文堂、二〇〇五
六九　「町儀定」（『福長町文書』所収）、京都府立総合資料館蔵
七〇　京都市編『史料京都の歴史　第四巻　市街・生業』、四七〇―四七一頁、平凡社、一九八一
七一　前掲、京都府立総合資料館編『京都府百年の資料　七　建設交通通信編』、五五頁
七二　前掲、京都府立総合資料館編『京都府百年の資料　七　建設交通通信編』、五九頁
七三　前掲、京都府立総合資料館編『京都府百年の資料　七　建設交通通信編』、一一四頁
七四　「家作町並一間引退構等ノ達中廃止」（前掲、京都府立総合資料館編『京都府百年の資料　七　建設交通通信編』、一一七頁）
七五　京都市編『京都の歴史　第八巻　古都の近代』学芸書林、一九七五
七六　「旧来ノ由緒ヲ以テ郷士・百姓・町人等所有地、地子免除の分一切廃止シ自今相当ニ賦課スベシ」（京都府立総合資料館編『京都府百年の資料　一　政治行政編』、二六頁、京都府、一九七二）
七七　「京都府布令」一七八号、『京都府行政文書』、京都府立総合資料館蔵
七八　前掲、「京都府布令」一七八号、付記、『京都府行政文書』
七九　「京都府布令」一二七号、『京都府行政文書』
八〇　前掲、京都市編『京都の歴史　第八巻　古都の近代』
八一　「京都府布令書」番外二八号、京都府行政文書
八二　前掲、竹林忠男「京都府における地租改正ならびに地籍編纂事業（上）」
八三　『京都府史』第一編　政治編　戸口類四、京都府立総合資料館蔵
八四　前掲、丸山俊明『京都の町家と火消衆』第八章

第五章

前に主屋、奥に土蔵の屋敷構成の成立

概要：この章では、庭蔵が京都の町家に現れた経緯を取りあげる。庭蔵すなわち敷地奥にたつ土蔵の出現により、通りに面した表側に町家本体の主屋、敷地奥に庭蔵などの付属棟、間に植栽、という典型的な町家の配置構成が現れた。その構成が、豊臣政権の京都改造で成立した経緯を確認する。またこの経緯を否定する発掘調査報告にも言及する。

第一節　絵画史料にみる庭蔵・突出内蔵・表蔵の出現と時代背景

絵画史料にみる土蔵建築の出現経緯

中世の京都には、土倉《どそう》という質屋がいた。利用者に金を貸し、担保として質草をあずかるので、それを保管する土蔵をもち、土倉と称された。ところが、当時の絵画史料には、土蔵建築がみあたらない。わずかに鎌倉時代末期の『春日権現験記絵』に、屋根まで土壁で塗籠《ぬりごめ》、全体を漆喰塗にした建物をみる程度である（図1）。しかし、この建物こそ、ふだんは内部に隠されていたことを、周囲の焼け棒杭《ぼっくい》が示している。外皮の建物が焼け落ち、あらわになった内蔵《うちぐら》の姿なのである。

当時の京都は、鎌倉幕府が置いた六波羅探題が弱体化、治安が悪化していた。だから富を目立たせないため、内蔵にしていた。続く室町時代前半の南北朝時代も、一四世紀後半の一時的安定をのぞき、京都周辺は争乱が絶えなかった。一五世紀前半からは、近郊農村の百姓が徳政（公的な借金棒引き命令）を要求する土一揆が、土倉や酒屋を繰り返し襲撃した。そして応仁元年（一四六七）に、応仁・文明の大乱が始まる。乱そのものは一〇年で終結したが、京都は戦国時代に突入した。約一世紀も続いた京都の戦国時代の絵画史料に、土蔵建築が見当たらないのは、外皮の建物に隠されていたからである。

図１　焼け残った内蔵
（『春日権現記絵』三の丸尚蔵館収蔵）
『春日権現験記絵　下』（中央公論社、1991）より転載

図２　上京の町なみ
（福岡市博物館本『洛中洛外図』屏風、左隻、福岡市博物館所蔵）
京都文化博物館『特別展　日本最大級の風俗収集品――吉川観方と京都文化』（2002）より転載

図３『聚楽第図』屏風に見る町なみ（三井記念美術館所蔵）
『特別展覧会図録　狩野永徳』（京都国立博物館、2007）より転載

図４　勝興寺本『洛中洛外図』屏風（勝興寺所蔵）
前掲、京都国立博物館編『洛中洛外図』より転載

そんな時代を織田・豊臣政権が終わらせたのは、天正期（一五七三〜九一）。当時の町なみを、福岡市博物館本『洛中洛外図』屏風（伝狩野孝信筆）にみると、町家の石置板葺の大屋根から、土蔵建築が突き出している（図２）。突出内蔵《つきだしうちぐら》である。

また、豊臣秀吉の京都居城である聚楽第を描いた『聚楽第図』屏風では、本二階建ての町家の奥に、本瓦葺で白漆喰塗の建物がある。外壁に柱などの軸組を露出せず、土壁で塗り込む壁仕様は塗籠であり、それに白漆喰を塗るのは、明らかに土蔵建築。そして敷地奥にあるから、庭蔵（図３）。聚楽第が破却される文禄四年（一五九五）八月よりも前の姿である。

このように、織田・豊臣の近世統一政権が、武力をもって治安を回復させた安土・桃山時代の絵画史料には、町家の大屋根から突き出す内蔵すなわち突出内蔵や、通りに面して立つ土蔵建築の表蔵、裏地（敷地の奥）に立つ庭蔵《にわぐら》があらわれている。

発掘調査でも、ちょうど天正期から、塗籠で本瓦葺の土蔵建築の遺構が検出されている[一]。

出現した土蔵建築の変化

そして江戸時代になると、慶長期（一五九六〜一六一四）後半の富山県の勝興寺本『洛中洛外図』屏風では、敷地奥の庭蔵が散在している。先の『聚楽第図』屏風にみたものである。また、庭蔵の周囲には植栽がある。これにより、表通りに面した町家主屋と敷地奥の庭蔵との間に、座敷からながめる座敷庭を置くという、典型的な配置構成が成立している（図４）。この植栽は前栽《せんざい》と呼ばれ、もとは平安時代の寝殿造の建物からながめる植栽の名称であった。

ただし福岡市博物館本にあらわれていた突出内蔵はわずかしかなく、表蔵は見当たらない。富の表徴を表通りに目立たせる考え方は、この時期においても、まだそれほど広がっていなかったらしい。

それが元和期（一六一五～二三）初頭の林原美術館本（旧池田本）『洛中洛外図』屏風になると、表蔵が増えている（図5）。大屋根から突き出す内蔵や、敷地奥の三階建ての庭蔵（図6）もある。さらに、庭蔵の最上階を座敷にした蔵座敷（図7）や、町家の主屋の二階を塗籠にする塗屋《ぬりや》も登場している。

続いて寛永期（一六二四～四三）前半の京国博本『祇園祭礼図』屏風でも、突出内蔵とともに、表蔵が多くある。

これらは、徳川政権の天下統一による社会的安定と都市の活性化、全国流通経済の発展で資産を蓄積した町人が、町なみの中で目立たせたもの。富裕表現であり、京都の町なみの多層・多様化の一翼をになうものでもあった。それゆえ、ちょうどこの時期に徳川政権が倹約基調に転じたとき、奢侈禁令ベースの表蔵規制で消滅させられていく[二]。

これに対し庭蔵は、多くの町家が置き続けた。このため、敷地奥に防火帯を形成したという評価もあるが[三]、徳川政権の京都支配機構である京都所司代・京都町奉行所体制が、防火帯の形成を命じた記録はない。町人が自主的に申し合わせた記録もない。あるのは、一七世紀中ごろの江戸時代前期、上京の清和院町の公儀命令記録に「表蔵立て申す

図5　三階建ての表蔵

図6　敷地奥の庭蔵

図7　土蔵の最上階に座敷をおく蔵座敷

図5～7、林原美術館本『洛中洛外図』屏風、林原美術館所蔵（京都国立博物館編『洛中洛外図』より転載）

写真１　滋賀県近江八幡市の西川家住宅の三階蔵（天和年間 1681 ～ 83 の建築）

事、法度の事」や「表蔵堅く法度の事」、同世紀末の下京の福長町の町式目に「表蔵……仕間敷事」や「表土蔵……無用事」など、表蔵を規制する規定である。これら所司代の表蔵規制や、それを受け入れた町式目が宝永大火（一七〇八）の復興において徹底され、表蔵も突出内蔵も町なみから消えた。その結果、すべて庭蔵になったのであり、とくに天明大火（一七八八）以降は、ほとんどと言ってよいほど庭蔵になった。[四]

しかし庭蔵そのものは、一六世紀末の安土・桃山時代から現れていて、それにより表の主屋と敷地奥の庭蔵の間に座敷庭という典型的な配置構成がうまれたのである。

以上、絵画史料から京都の町なみに土蔵建築が出現した経緯をまとめると、中世の建物内部の内蔵↓戦国時代が終わった安土・桃山時代に突出内蔵と庭蔵が出現↓江戸時代初頭に庭蔵が増加↓江戸時代前期に突出内蔵と表蔵も増加↓表蔵規制が宝永大火後に徹底されて突出内蔵と表蔵が消滅、その後に庭蔵が普及、となる。そして表蔵規制は、町家の二階部分を土壁で塗り籠める塗家や、全体を分厚く塗る土蔵造りも消滅させた。

なお、中世の内蔵が安土・桃山時代に富裕表現として突出内蔵となり、さらに周辺眺望をもとめて三階蔵が独立（庭蔵）、それから二階建ての庭蔵が普及したとの見解もある。[五]しかし絵画史料では、庭蔵の出現時期は突出内蔵と変わらない。この見解で例示された三階蔵も防犯を意識した通気・採光口だけがあるだけで（写真1）、眺望機能はない。

第二節　町人が敷地奥を占有した経緯（六）

戦国時代の部分的占有

庭蔵の出現を考えるとき、治安以外に、その建築用地となる裏地奥の占有も問題になる。

戦国時代の大永五年（一五二五）ごろを描く歴博甲本『洛中洛外図』屏風では、棟割長屋等がかこむ街区の内側に、塀などの境界装置はわずか。そして生活に欠かせない井戸と便所も、共同利用としか考えられないほど少ない。それは街区の四辺に位置する四町それぞれが置いて共同利用していたことを、わずかな町の境界装置が示している。（七）

もっとも、街区内側に土塀をまわす町家も、あるにはあった。当時の京都を「京を見渡し侍れば、上下の家、むかしの十が一もなし（八）」と伝えた連歌師の宗長も、奈良屋宋珠（村田珠光の後継者）の草庵茶室を「下京茶湯とて、このごろ数奇などといいて四畳半敷、六畳敷をのをの興行、宋珠さし入、門に大なる松あり、杉あり、垣のうち清く」と記したし、貴族の鷲尾隆康も「山居の躰、もっとも感有り、誠に市中の隠（九）」と記して専用庭園の存在を示唆している。

これらの確保には、街区を所有する伝統的領主から権利を買い取る必要があり、専用の井戸と便所も設置した。したがって、街区内側の占有が進まない要因は、多くの町人には権利を買い取る負担が大きすぎたのであろうし、設備設置ならびに維持修理の費用も障害になっていたかもしれない。（一〇）いずれにしても戦国時代の京都は、それぞれの町が街区内側を共同利用していた。街区内側を確保して専用庭園を置き、専用設備も用意できたのは一部の富裕町人のなせるわざ。そんな彼らの町家の中に、そっと内蔵がひそんでいたのであろう。

『瀬田風俗図』屏風にみる裏地の占有

ここで散発的な裏地占有の状況を、『瀬田風俗図』屏風にみてみたい（図8）。

図８　瀬田川に面した町家の背面（『瀬田風俗図』）
『プライスコレクション　若冲と江戸絵画展図録』作品解説 64、東京国立博物館、2006 より転載

東海道起点の三条大橋から東へ一〇数キロメートル。近江国の瀬田は宿場町で、琵琶湖が瀬田川に流れ込む部分に架けられた唐橋は、東国と西国を分ける境界であった。そこから街道が瀬田川から宇治川にそって宇治へ至り、大和街道へもつながっていた。そんな交通の要衝に、畿内幕政を統括する所司代・町奉行所体制は、唐橋を「御公儀様御普請所」とし、膳所藩の管理を監督する形で関与した。[一一]

このように京都と関わりが深い瀬田を描く『瀬田風俗図』屏風は、衣装風俗に寛永期（一六二四〜四三）の特徴が指摘されている。[一二]画中には、徳川政権の建築規制で消滅する突出内蔵や望楼があり、[一三]町人が「みせ先に腰掛け」て大名行列を見物する姿も、一七世紀後半に町奉行所が「不行儀之躰」[一四]といましめる行為なので、景観年代は一七世紀前半とみてよい。

さて画中では、東海道筋に板葺の厨子二階が多い。その屋根に突出内蔵があり、土蔵を目立たせない中世的な考え方はない。そして瀬田川に向く裏地に、共同利用らしい装置がある。たらいを頭にのせる女性の後ろに、はねつるべがある井戸。しゃがんで洗い物をする後ろに便所。歴博甲本のそれらに、よく似た姿である。

また、裏地に土塀をまわして占有する町家もある。まず、突上戸がつく望楼をもつ町家は、一階座敷の付書院から裏地をながめる先が裏庭。二階座敷をもつ本二階建ての町家も裏庭をもつが、隣に草葺の建物がある。突上窓・下地窓・扁額をそなえた草庵茶室で、奥には付属施設の腰掛待合がある。周囲は露地であろう。「山居の躰……市中の隠」と表現された奈良屋宋珠の草庵茶室も、かくありなんである。富裕町人の散発的な裏地占有であり、歴博甲本にみた戦国時代の京都の街区内側の様子と共通している。

しかし、歴博甲本にない点もある。共同便所の後ろの平屋は、内部に井戸がある。専用の井戸である。また、町家主屋の背面に、専用便所を付ける町家もある。これらの町家は、専用設備はそなえているのに、裏地占有は果たせていない。富裕町人は裏地占有しているし、水運との関係も舟着場がきちんと確保されている。それなのに占有が進まない要因は、経済的障害に可能性が高い。ちょうど、中世末期の京都での街区内側に、伝統的領主から権利を買い取る必要があったように。(一五) つまり、治安や専用設備の問題以上に、権利確保の経済的要因が障害であったのであろう。以上、『瀬田風俗図』屏風が示唆するのは、京都の裏地占有が進んで庭蔵が出現する要因は、近世統一政権による伝統的領主の地子徴収権の否定と、街区内側の共同利用を消滅させた都市政策が最大であった、ということである。

第三節　天正地割と短冊形敷地の形成

散発的な裏地占有があった戦国時代から、無数の短冊形敷地が街区を面的に埋める都市へ。第四章の図1でモデル化して説明したことであるが、いますこし経緯と要因をみてみよう。

この都市形成が京都で進む要因には、これまで専用の井戸や便所を設けた町家が建築的に大きくなり、裏地の重要性が認識されて短冊形敷地が生まれた、との見解もあったが、(一六)『瀬田風俗図』は専用設備の確保だけで裏地占有が進まないことを示唆した。

それよりも、元亀四年（一五七三）に織田政権が上京の町々を焼き討ちした後、一帯を織田政権の直轄とし、街区を所有していた伝統的領主に代替地をあたえて地子徴収権を否定したこと、そして京都支配を受け継いだ豊臣政権が、天正一三年（一五八五）に上京の税を、土地の面積を対象にした地子（年貢）から、戸別徴収の棟別賦課に変えたことが重要である。(一七) 地子の算定には重要な家屋敷の面積も、棟別つまり一軒ごと＝家持町人一人ずつに負担を割り当てるとなると、もはや関係ないのであり、各町家には裏地占有の障害の撤廃を意味することになった。

さらに豊臣政権は、天正一七年（一五八九）までに「洛中検地」を実施し、天正一八年（一五九〇）に天正地割をおこなった。一町四方の伝統的な街区の内側に、新しい南北通りの突抜を通したのである。これで下京も、伝統的領主権が否定された。そして天正一九年（一五九一）、洛中全体の地子徴収権を否定する洛中地子赦免がおこなわれ、上京や下京、聚楽第城下の聚楽町や禁裏御所近辺の禁裏六丁町も、棟別賦課となった。

もっとも、すべての街区がそうだったわけではない。大名屋敷とされた街区など一部は残り、それらは後に、下村大丸や三井越後屋のような巨大商家の家敷地になることもあった。

しかし多くの街区では、突抜沿いが三間程度に区画された。そこに、天正一九年にはじまる豊臣政権の戸籍調査と身分統制令で、農村から切り離された商人や職人が流れ込んだ[一八]。地縁のない彼らに給され、新しい両側町が生まれたのである。既存の両側町には、共同利用地であった裏地に新しい両側町が現れたことになる。そして新しい両側町のため、即成の簡易水道として背割りが通された。この背割りは、新旧の両側町にとって、公儀が認めた境界明示装置となった。そのため個々の町家は背割りまで、自分の町家の間口幅で同時並列的に裏地占有を進めた。その結果、短冊形敷地が街区内側を埋めつくしたのである。

以上、戦国時代の裏地占有は、障害を経済力でクリアできた一部の富裕町人のなせるわざであった。これに対し安土・桃山時代の裏地は、近世統一政権が義務付けた棟別賦課を担う家持町人が、その都市政策によって明確な利用目的を持たないまま得たものであった。だから敷地奥は庭蔵の建築用地にもなったし、穴を掘ってゴミ捨て場、あるいは便所になることもあったのである。

第四節　短冊形敷地の形成に関わる発掘調査の報告

竹間事例

京都市中京区の東洞院通と高倉通の間、南北は竹屋町〜夷川通の間は、かつて竹間小学校（中京区）があったところ。豊臣政権の天正地割で、間之町通が通されたのがこの辺りである。そして西側部分の発掘調査結果が、「竹間事例」といわれている[一九]。その発掘調査報告書によれば、一七世紀初頭〜中ごろの地層から、一三もの短冊形敷地があったことを示す隣地境界の杭跡が発見された。ところが、表通りに面する面路部分には、町家の主屋の存在を示す礎石や、掘立て柱の痕跡がなかった。このため、町家建築に先だって短冊形敷地が形成された、とされた。これに対し、建築史分野から、土台という材木の上に柱を立てる建築工法もある、その土台立だと礎石や掘立て柱の痕跡はない、との批判が示され、発掘調査にもとづく見解は撤回された[20]。

　このような竹間事例で注目されるのは、裏地にゴミ穴が多い点である。そのことが、明確な利用目的がないまま、裏地を得た結果とみなせる。その一方で、井戸の痕跡は、一三の短冊形敷地のうち、表通り近くに二箇所、裏地側に一箇所。ほかの一〇箇所では検出されなかった。そうなると、上水の確保が問題となるが、敷地奥に背割りが発掘された（第四章第一節）。溝掘りの両側に杭と板を並べた簡単な構造であるが、隣地境界杭に先立って設置されたもの[21]と確認された。これらは一七世紀後半〜一八世紀初頭以降になると汚水溝になるのだが、ちょうどこのころ、井戸の検出例が増加している。このほか、戦国時代の福井県一乗谷の朝倉氏遺跡でも、「都市の生活用水として、河川から取った水を溝のなかで流していく手法がまずあって、その後に井戸が個々に掘られていった[22]」と指摘されている。

　これらのことから、発掘された背割りの遺構こそ、やはり即成の簡易水道だったとみるのが妥当であろう。だから井戸の痕跡は少ないと考えられる。

　そもそも中世の街区内側における共同利用地に新しい両側町を形成させるには、なにより上水供給装置が不可欠。それを広くいっせいに、しかも短期間に整備できるのは統一政権であり、調査報告書も「公的な権力」が設置した可能性を指摘している。もっとも竹間事例は一七世紀初頭〜中ごろの地層なので、一六世紀末期の豊臣政権の京都改造からは遅れる。しかしそれは、この場所の面的区画が遅れただけのこと。豊臣政権の京都改造における天正地割でも、このような背割りが、突抜とほぼ同時に整備されたとみてよい。そうすると、間口三間程度に地割された場所をあてがわれた新町人にとっては、自分たちが間口幅で占有を敷地奥に伸ばしたというよりも、はじめから背割りが通されていて、そこが敷地奥の限界と明示されていたことになる。もちろん旧町人にとっては、ぶんどるべき敷地奥の境界が新たに明示されたわけだが。

図９　寂光院本『洛中洛外図』屏風
京都国立博物館編『洛中洛外図』（淡交社、1997）より転載

土蔵建築に関わる発掘調査の問題

ところで竹間事例では、一七世紀前半の短冊形敷地のすべての裏地で、庭蔵が検出されていない。一七世紀後半になって、土蔵建築ではない付属棟の痕跡が現れるが、それでも一棟だけ。一八世紀初頭の宝永大火（一七〇八）の復興で、座敷の下に穴蔵が多くなる。穴蔵とは、地下を掘り下げ、中に石積する耐火収蔵庫。そして一九世紀の天明大火（一七八八）の後、ようやく庭蔵の痕跡が裏地にならんで検出される。そのため発掘調査報告書は、「石組穴蔵の標準装備化は、蓄財を開始できるほどに成長しつつあった町人が宝永大火の経験によって生み出した火災対策」であり、庭蔵は天明大火（一七八八）の後、一八世紀末期以降に普及した、と記した。[二三] そしてこの経緯を、京都全体に普遍化する空気が、考古学分野にはある。

しかし前述のように、庭蔵の出現は、安土・桃山時代から江戸時代初頭の絵画史料に数多く観察できる（第一節）。元禄時代の寂光院本『洛中洛外図』屏風は、竹間事例に近い御所の南側一帯も描いているが（図９）、二条城大手筋の二条通り沿いにならぶ板葺町家は敷地奥に本瓦葺で塗籠の庭蔵をおいている。

宝永大火の実録の『音無川』[二四] にも「焼残りし町々の辻々の番

図10　今井町本『洛中洛外図』屏風
辛基秀・仲尾宏編『大系朝鮮通信使　4　善隣と友好の記録――辛卯・正徳度』（明石書店、1993）より転載

部屋、洛中洛外のかし座敷、下屋敷、二階三階蔵の内……火災の人々みちみちて」とあり、宝永大火（一七〇八）以前に多くの土蔵建築の存在を裏付けている。それになにより、徳川政権の表蔵規制が、絵画史料にみた表蔵の存在を裏付けているし、宝永大火後に町奉行所は「道幅の外へ出張土蔵等、引為し候事」[二五]として敷地奥への曳屋《ひきや》を命じている。そして大火後の正徳元年（一七一一）の今井町本『洛中洛外図』屏風では、庭蔵らしい建物が敷地奥に立っている（図10）。

その一方で、竹間事例では表蔵に関わる面路部分が、現在の道路事情から発掘されていない。[二六]それなのに、発掘調査報告書は、これら絵画・文献史料に関心を示さない。

しかし歴史研究では、複数史料に共通する内容があったとき、これを歴史的事実とみるのがルール。少なくとも、この竹間事例のみで、二世紀におよぶ安土・桃山時代から天明大火の庭蔵の存在をすべて否定できないのは自明である。

また発掘調査報告書は、竹間事例を「天正期に豊臣政権下で実施されたという区画整理の時期とはズレ」ると記す。つまりそれは、宣教師ルイス・フロイスが「諸国から移動してくる人々の動きに伴って、建物、殿舎、居宅が数を増し、その変貌ぶりは以前にこの町をみた者でなければ信じられないほど[二七]」と記した天正地割などの京都改造に遅れて町化した町ということ。豊臣政権下で庭蔵を建てることができた富裕町人の町とは異なる。したがって、資本蓄積を果たせていない町人の町だから庭蔵の登場は遅れた、とみることも、あながち不可能ではない。

まとめ、庭ごしに庭蔵をみる風景の誕生

中世末期、戦国時代の戦乱を近世統一政権が平定して、京都の治安は安定した。そのとき、襲撃に備えて内包されていた土蔵建築が表出した。共同利用されていた街区内側の伝統的領主権・地子負担が否定され、天正地割と背割りによって敷地境界が明示されたことを受けて、面路部分の町家が、それぞれ間口幅で裏地を敷地奥として占有した。隣地との境界線も明確になって短冊形敷地が形成され、庭蔵の建築用地となる裏地も確保された。そして、専用の井戸や便所を確保できるほど資本を蓄積した町人が、庭蔵を置き始めたのが一六世紀末期であった。こうして、面路部分に町家主屋、敷地奥に付属棟や庭蔵、両者の間に座敷庭を置いて前栽を植栽するという、典型的な屋敷構成が成立した。その結果、座敷から庭ごしに土蔵をみるという、町家ならではの風景が生まれたのである。

註

一　山本雅和「中世京都のクラについて」『京都市埋蔵文化財研究所研究紀要』八号、京都市埋蔵文化財研究所、二〇〇二

二　丸山俊明『京都の町家と町なみ――何方を見申様に作る事、堅仕間敷事』第一章、昭和堂、二〇〇七

三　伊藤毅『町屋と町並み』（日本史リブレット三五、山川出版社、二〇〇七）より「敷地奥に立つ土蔵は町境になるとともに、一種の防火帯として機能」。
四　前掲、丸山俊明『京都の町家と町なみ』第一章
五　高屋麻里子「洛中洛外図屏風に描かれた町家と土蔵の変遷」『日本建築学会計画系論文集』第六〇七号、二〇〇六
六　絵画史料の景観年代は狩野博幸の見解を参照した（狩野博幸「洛中洛外図と風俗画」京都国立博物館編『平安建都千二百年記念　都の形象――洛中・洛外の世界』所収、京都国立博物館、一九九四）。
七　土本俊和『中近世都市形態史論』「総論七　短冊形地割」、中央公論美術出版、二〇〇三
八　『応仁記』（『群書類従』第二〇、合戦部、続群書類従完成会、一九五九）
九　鷲尾隆康『二水記』三（大日本古記録）東京大学史料編纂所編、岩波書店、一九九四
一〇　前掲、土本俊和『中近世都市形態史論』「総論三　ウラ」
一一　『新修大津市史　第九巻　南部地域』大津市、一九八六
一二　田沢裕賀（東京国立博物館）が「土坡や樹木の描写から一七世紀後半の製作とするのが自然だろうが……寛永期の風俗と共通」と指摘（前掲、『プライスコレクション　若冲と江戸絵画展図録』引用）。
一三　前掲、丸山俊明『京都の町家と町なみ』第一章
一四　京都町触研究会編『京都町触集成』第十巻（文政三年～天保五年）、五七頁、岩波書店、一九八六
一五　脇田晴子『室町時代』、中央公論社、一九八五
一六　早見洋平・土本俊和「一六世紀末京都・上京における隣地境界線の生成過程」『都市計画』二四一号、二〇〇二、土本俊和が「建物先行型」と記している（前掲、土本俊和『中近世都市形態史論』「総論五　小屋と町屋」）。
一七　前掲、土本俊和『中近世都市形態史論』「総論一　中近世京都の全体像」、「各論一一　洛中地子赦免と町屋」
一八　前掲、脇田晴子『室町時代』
一九　内田好昭・高正龍・堀内寛昭「平安京左京一条四坊」（『平成一〇年度京都市埋蔵文化財調査概要』第一章、発掘調査Ⅱ「平安京・京跡」三、京都市埋蔵文化財研究所、二〇〇〇）
二〇　内田好昭「中世後期から近世の町家」（西山良平・藤田勝也編著『平安京のすまい』第五章、京都大学学術出版会、二〇〇七）、

同書第六章「京マチヤの原形ならびに形態生成」に土本俊和の批判も掲載。
二一　土本俊和「京マチヤの原形ならびに形態生成」（前掲、西山良平・藤田勝也編著『平安京のすまい』第六章）
二二　前掲、土本俊和『中近世都市形態史論』「総論八　水系と町割」、伊藤毅も「町割の主要な部分は秀吉時代に施行された」、「船場の町は……画街区中央の東西に敷設された背割水路が町境になっていた」とする（前掲、伊藤毅『町屋と町並み』）。
二三　内田好昭「第一八七回京都市考古資料館文化財講座配布資料　近世の京都——公家町と町屋」二〇〇七、なお「町屋」の「瓦屋根化」が宝永五年～享保一五年の間と発表されたが、享保五年までは瓦葺規制下にあり、絵画史料とも整合しない。
二四　「音無川」（『新修京都叢書』第一〇巻）、臨川書店、一九六八
二五　京都市編『史料京都の歴史　第四巻　市街・生業』、四七〇～四七一頁、平凡社、一九八一
二六　第一八七回京都市考古資料館文化財講座における内田好昭氏の説明より。
二七　ルイス・フロイス（松田毅一・川崎桃太訳）『日本史』中央公論社、一九七七

第六章

本二階建ての町なみ、太閤様御成りの筋をいく

概要：豊臣政権の京都居城、聚楽第の城下に形成された聚楽町。この惣町に集まる町々にあらわれたのは、二階に十分な高さをもつ本二階建ての町家群であった。中世末期の町家は、外観が平屋で内部は厨子二階であったから（第七章）ずいぶん違う。そこには、豊臣政権の二階建て命令の影響があった。そのとき多くの町人も、外観平屋の厨子二階に庇を付けた。その後、豊臣政権滅亡後の多層・多様の時代をへて、建築規制が発動した江戸時代前期に、再び庇がついた厨子二階があらわれる。

第一節　新発見、聚楽第城下を描く『御所参内・聚楽第行幸図』屏風

『御所参内・聚楽第行幸図』屏風の制作年代

平成一九年（二〇〇九）に、上越市総合博物館で『御所参内・聚楽第行幸図』屏風（個人蔵）が公開された（本書カバー参照）。豊臣政権が天正一五年（一五八七）九月に竣工させた聚楽第に、天正一六年（一五八八）四月一四日に後陽成天皇が行幸した「聚楽第行幸」の様子を描いた唯一の作品とされ、(一)発見当初は一六世紀末から一七世紀初頭、江戸時代初頭にあたる慶長期の制作と考証された。(二)平成二四年（二〇一二）一〇月二三日に上越市学術調査委員会は一七世紀中ごろの制作と訂正したが、(三)江戸時代初期の原本を写したものとし、同様の屏風が発見されない中では非常に重要、と評価したのである。

本二階建てが軒先をそろえる町なみ

そのような『御所参内・聚楽第行幸図』屏風では、本二階建ての町家が軒先をそろえている（後掲図6～図7）。

豊臣政権が、京都の町なみを二階建てに整えさせたとする伝承は、かねて指摘されてきた。ところが、絵画史料で聚楽第城下の聚楽町を確認しようにも、これまでは『聚楽第図』屏風（三井記念美術館所蔵）に本二階建ての棟割長屋一棟をみるのみであった。（後掲図5）各住戸の高さは同じでも、それは棟割長屋だから当然である。ほかに聚楽第を描く史料として堺市博物館蔵や東京芸術大学蔵の屏風があるが、町家の姿はない。尼崎市教育委員会蔵『洛中洛外図』屏風には町家があるが「特徴を示すような関心が薄い」[四]。このほか、舟木本『洛中洛外図』屏風など、江戸時代初頭の京都を描く絵画史料では、厨子二階と平屋が混在して軒先はそろっていない。このため拙著『京都の町家と町なみ』では、豊臣政権の二階建て命令は、中世末期から近世初頭の本二階建ての増加を助長したもの、とみたのであるが『御所参内・聚楽第行幸図』屏風には、本二階建てが軒先をきれいにそろえた町なみがある。これはいったい、どういうことだろうか。

第二節　戦国時代の絵画史料にみる京都の町家

まず、聚楽町があらわれるまでの経緯を、概観しておこう。

戦国時代の歴博甲本や上杉本など、中世『洛中洛外図』屏風群では、ほとんどの町家が平屋の姿である。じつは内部に低い二階がある厨子二階が多いのだが、外観はたしかに平屋である（第七章）。そして屋根は多くが取葺《とりぶき》。取葺とは、薄い曾木板《そぎいた》を釘でうち重ね、さらに上から「押さえ・襲い」という石や木で押さえる。いわゆる石置板葺《いしおきいたぶき》であり、軒先に落石防止の丸太が置かれる場合もあった。

また、軒先に石を置かず、横桟で押さえる屋根もあった（図1）。これは短かい曾木板ではなく長板を使った長板葺のようで、全体がそれなのは武家住宅である（図2）。町家にもわずかにあるが、それらは横桟の間隔がせまく、取葺と同じ曾木板を重ねた上から横桟釘打ちらしい[五]。だからここでは横桟板葺とよんでおく。

図１　取葺軒先の横桟板葺
（上杉本『洛中洛外図』屏風、米沢市上杉博物館所蔵）

図２　松永弾正邸
（上杉本『洛中洛外図』屏風、米沢市上杉博物館所蔵）

このほか上杉本の画中では、寺院に当時は非常に高価であった本瓦葺がみられる。また天皇のすまいである内裏は檜皮葺。しかし町家は、本瓦葺はもちろん、柿葺《こけら》や木賊葺《とくさ》、栩葺《とち》[六]も見あたらない。屋根より高く小屋根をあげる卯建《うだつ》もまばらである。

第三節　安土・桃山時代、聚楽第建築前の京都の町家

福岡市博物館本『洛中洛外図』屏風は、有名な狩野永徳の子、狩野孝信の作とされている。画中に南蛮人が闊歩しているので、景観年代も制作年代も安土・桃山時代であるが、聚楽第（天正一四～一五年、一五八六～八七建築）や方広寺大仏殿（天正一六～文禄四年、一五八八～九五建築）はないので、制作年代は天正一四年（一五八六）以前。[七]上杉本が制作された永禄八年（一五六五）から約二〇年である。

画中ではかなりの数の戸建てが、棟割長屋と混在している。また上京（第五章―図2）にも下京（図3）にも、二階が高い本二階建てと低い厨子二階がある。そして本二階建ての二階の表側、いわゆる二階表には大開口がある。雨戸のような板戸を入れ、開け放てば周辺を眺望できたのは間違いない。

ところで本二階建ては、いつごろ増加したのか。上京は元亀四年（一五七三）に織田政権から焼き討ちされ、復興も同政権の直轄で行われた。[八]ところが、この復興が本二階建て増加の機会だったかというと、画中では焼き討ちをまぬが

図３　下京の町なみ（福岡市博物館本『洛中洛外図』屏風、右隻）
京都文化博物館『特別展　日本最大級の風俗収集品――吉川観方と京都文化』、2002より転載

れた下京にも本二階建てが多い（図３）。なので焼き打ちだけがその機会ではなかったことになる。それに平屋もあって軒先はそろっておらず、二階建て命令があったとも考えにくい。

そうすると、こういうことであろう。金の馬印も目にあざやかな織田軍団の上洛は、近世最初の統一政権として、京都をおびやかし続けた土豪や地侍を圧倒した。絶対的武力を背景に治安は安定し、流通機能の整備が富裕町人に資本蓄積をうながした。その結果、本二階建てが増加した、という経緯が考えられる。たとえば上京に本瓦葺で土蔵造りの突出内蔵があるが、高価な本瓦葺も、突出内蔵も町家には初見されるもの。これほど富裕性を誇示しても、もはや土一揆や悪党に襲撃されることはない、という戦国時代とは異なる意識があらわれた、その中で本二階建ても増加したのであろう。

第四節　聚楽第の城下町は、惣町の聚楽町

聚楽第の建築目的

天正一二年（一五八四）の小牧・長久手の戦いは、局地戦とはいえ、破竹の勢いであった羽柴秀吉が徳川家康の前にはじめて一敗、地にまみれた戦いであった。そこで秀吉は一方的にこの戦線を離脱、家康を置き去りにした。

そして、全国各地に割拠する戦国大名をひとからげにする方針を、信長式の天下布武から朝廷の権威利用へ転換した。つまり、朝廷工作を開始したのである。まず天正一三年（一五八五）に関白の任官を受け、翌天正一四年（一五八六）に後陽成天皇を擁立。そして豊臣姓を賜った。それからおもむろに、全国大名へ上洛を命じたのである。

そのころ大坂でも、秀吉は天正一一年（一五八三）から大坂城の築城を進め、周囲に大名屋敷を建てさせていた。ところが京都でも内野《うちの》で天正一四年（一五八六）二月に聚楽第を着工。そこは平安京の時代には行政官庁が集中する大内裏《だいだいり》があった場所であった。安貞元年（一二二七）の大火後は放置されていたが、天皇の住まいである内裏《だいり》があった場所ということは、秀吉の居城に最適であった。そして天正一五年（一五八七）九月に完成すると、九州征伐を終えた秀吉はただちに大坂城から移り住み、外郭に大名屋敷を建てさせ妻子を住まわせた。それから約半年後の天正一六年（一五八八）四月一四日、全国大名を集めて後陽成天皇の行幸を迎えた。そこの大広間でひとからげにした大名衆に号令した経緯から、当時の首都は大坂城のある大坂ではなく、京都とみなされている。(九)

聚楽第城下、聚楽町の変遷

聚楽第の城下を形成した町家群は、自然発生という評価もある。(一〇)しかし宣教師オルガンティーノは、天正一六年二月六日の書簡で「堺や都の市民で多少とも裕福そうに見える者に対しては（関白は）都の外れに立った新宮殿（聚楽亭）の傍《かたわら》に、新たな住宅を建てるように（命じました）」と記している。(一一)堺や京都の富裕町人に、聚楽第城下に住むように命じたというのである。イエズス会日本準管区長のガスパル・コエリョも、天正一七年（一五八九）二月二四日の書簡で、次のように記している。(一二)

（秀吉は）新しい都（聚楽町）を造るよう命じている……大坂に造ったのよりもはるかに費用がかかり、かつ壮麗な宮殿を造ることを命じたほか、彼は日本の貴紳と大官に住まいを作るよう望んでいる……都や堺のあらゆる富裕な住民や人士に対しても彼は同じことをおこなうように命じている。

ポルトガル商人を通じた日本人奴隷の人商いを秀吉に詰問され、バテレン追放令を出されたことをうらんで有馬晴信らに謀叛をそそのかすことになるコエリョも、京都や堺の富裕町人の強制集住を伝えている。オルガンティーノの記述とあわせて、異なる史料に同じ内容があるので歴史的事実とみてよく、ほかにも同様の見解がある。(一三)

そして町なみの様子を考える材料として、フランシスコ・パシオが慶長元年(一五九六)に起きた大地震の後、大坂城下で豊臣政権が形成させた船場に関する記述が参考になる。(一四)

商人や工人の家屋(七万軒以上)があったのですが、すべて木造でしたから、住人自らの手ですべて二、三日中に取り壊されてしまいました……(立ち退きを命じられた)住人に対しては、長く真っ直ぐな道路で区分けした代替地が与えられました。そしてそれぞれの家屋は、軒の高さが同じになるように、また檜(日本における最良の木)材を用いるようにと命令されました。

豊臣政権が「軒の高さが同じ」の町なみの形成を命じたのである。『ドン・ロドリゴ日本見聞録』(一五)にも、慶長一四年(一六〇九)当時の日本で「最も素晴らしい……家は普通二階建」とあるし、秀吉の養子である宇喜多秀家も、領国の備前岡山城下において「しょうはい人之事……あしき家をこほさせ遣わすべし、ただし、二かひつくりたるべき事」(『岡山県通史』)と命じている。そして京都でも、豊臣政権の京都所司代である前田玄以が、次のように命じたという伝承がある。(一六)

あるとき玄以法印、京極通り(現在の寺町通り)の在家人等を召し連れてのたまひけるは、勿論、上下屋並、取続きては見ゆれとも、ひらや又は葛屋《くずや》（草葺のこと）多く、きひ柱（未製材の柱）に多くは大棚（棟割長屋）也、殿下様（太閤豊臣秀吉）伏見より京へ上りたまう御成筋なれば、見苦しくおぼしめさるる、奥はいかにもあれ、まず表は二階造りにして、角柱（製材した柱）に作るべし、屋並高下のなきやう仕候てしかるべし……御上意にて候えば……上下一同に富も貧もまけじおとらじと造立……京の町、次第に屋作あらたまりけり

これらをみれば、豊臣政権が城下町に、本二階建ての町家が大屋根の軒先をそろえた町なみの形成を意図していたことは間違いない。

もっとも京都は古代からの都市だから、どこも町家がひしめく。その中で意図を徹底できる場所は内野である。この手付かずであった大内裏跡こそ、新しい支配者の権威を示す築城場所にふさわしかった。そして城下に富裕町人を集めたのである。富裕である必要は、彼らの経済力で意図にそった町なみを形成させることにあった。その結果が、天正一六年（一五八八）四月一四日の沿道であり、その風景を『御所参内・聚楽第行幸図』屏風が描いている。

そして行幸後も聚楽第城下には、京都内外から町人が入った[一七]。その街区は当初は内側を区切らないまま、面路部分に町家を並べて始まった。それらが町々を形成し[一八]、天正一七年（一五八九）に町々が集まる惣町として聚楽町が成立[一九]。城下町の性格をもつ惣町が、京都にはじめて出現したのである。

豊臣政権の二階建て命令

ところが吉田神社の神官、吉田兼見の日記『兼見卿記』より天正一九年（一五九一）閏正月二四日の条に「聚楽町、在家ことごとく他所へ引取……此町大名屋敷に成」とある[二〇]。聚楽町の町人が引っ越し、跡地が大名屋敷になったというのである。公家の勧修寺晴豊も「京中方々屋敷かへ、ちやうちや町外六丁町かわり」、「京中屋敷かへ、まち人われさきと立家こほち六丁町大名屋敷成申」（『晴豊記』）と記している[二一]。聚楽第と御所を結ぶ一帯を大名屋敷街にするため、

豊臣政権は町家群を撤去させた。宣教師ルイス・フロイスも、「（秀吉は）日本中で造りうるもっとも豪華な新都市を営もうと決意した。そのために彼は従来そこに建っていた家屋をほとんど全部取り壊してしまった……すでに存在していた二千軒の家屋を撤去せしめた」と伝え聞いている（二二）。

結果は、ジョアン・ロドリーゲスが「聚楽から王宮（内裏）へはたいへん広くて、たいへんまっすぐな一本の道路が通っていた。その道路の両側には、すべて諸国の領主たちの御殿が続いていて、それらの御殿には防御としての外郭」があると伝えている（二三）。

そしてさらにロドリーゲスは「全市民が二階づきの家の正面を杉（檜か）の貴重な木材で造るように命じられ、皆がすぐに実行したので、道路が大きくて広くなったのとともに都市全体がたいへん美しくなった」と記している。つまり、「京中方々屋敷替え」における二階建て命令の存在を、明確に伝えたのである。京極通りに限らず、豊臣政権の二階建て命令が、広く京都の町々を対象にしたことを明らかにした点が注目され、その後の町なみを考える上で非常に重要である。

階段式の石垣だった聚楽第

そうなると、聚楽第との関係で惣町となった聚楽町も消滅したようにも思えるが、天正一九年（一五九一）九月に、ほかの惣町（上京、下京、六町）とともども地子免除となっている。じつは「京中方々屋敷替え」の後も、聚楽町は存在したのである。壊されたのは、「まっすぐな一本の道路」になった辺りや沿道の町家であろう。

そして同年、秀吉は関白職と聚楽第を甥の秀次にゆずり、伏見に隠居屋敷の指月《しげつ》を築城した。しかし文禄二年（一五九三）に淀君が秀頼を産み、秀吉が指月城を大規模改修したころから、秀次との対立が深刻化。ついに文禄四年（一五九五）七月に、謀反を理由に秀次一家を三条河原で惨殺した。そして竣工からわずか八年の聚楽第も徹底的に破却、いわゆる「破城《はじょう》」で消滅させ、一部の遺構が伏見城などへ移された、とされる。江戸時代はいわゆる「一国

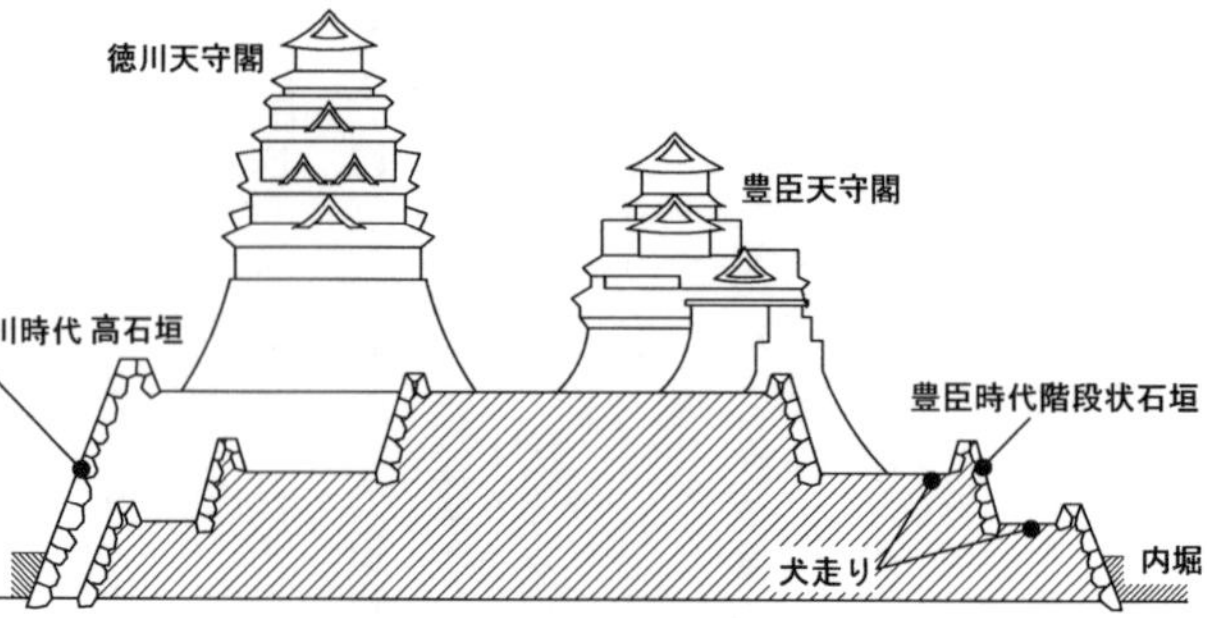

図４　大坂城の石垣

「大坂城文化財協会発掘調査概報」を参照して著者作成

一城令」による破城例が多いが、豊臣期城郭の破城例は、天正一三年（一五八五）築城の水口岡山城（写真6、滋賀県甲賀市水口）や宇陀松山城（奈良県宇陀市）が知られる程度で、少ない。それでも聚楽第は、このときまったく消え去ったとみなされていた。

ところが平成二四年（二〇一二）、上京区上長者町裏門東入須浜町（聚楽第本丸御殿の庭園の洲浜に由来する）で、本丸南側の石垣の下層部分が、東西約三二メートルにわたって発見された（写真1、写真2）。京都府埋蔵文化財調査研究センターによれば、見つかった石は七〇個。一辺〇・七～一・五メートルの自然石で、大手門が開く南側石垣中央に近いほど大きい。比叡山周辺か大津市田上山《たなかみやま》産と推定され、五五度の勾配で積まれていた。背面には、水はけをよくするために大量の栗石が裏込めされ、所司代の前田玄以が京都の町人へ、鴨川から集めてくるように命じたものという。

一見すると、昭和三四年（一九五九）や昭和五九年（一九八四）に確認された豊臣期大坂城の石垣に似ている。現在の高石垣（写真3）は、豊臣期大坂城を破壊して六メートルも土盛りした徳川期大坂城のものであるが、豊臣期のものは自然石を積んだ野面積《のづらづみ》であった。もっともそれは、寺院の礎石や石臼などの転用石がまじっている（写真5）。これに対して自然石でそろった聚楽第の野面積は美しく、首都の城郭にふさわしい。ただ地山の形状から、近世城郭らしい高石垣でないのは明らかである。高さ五メートルほどの石垣を、犬走りをはさんで階段状に重ねていた。この点は豊臣期大坂城も同じで、高さ六メート

写真１　聚楽第本丸南側石垣の発掘状況
（京都府埋蔵文化財調査研究センター現地説明会）

写真２　写真１の石垣表面、花崗岩の自然石で間詰石、裏込石もある

写真３　現在の大阪城天守閣

写真４　豊臣大坂城詰之丸石垣
（大阪市文化財研究所資料）

写真５　豊臣大坂城石垣詳細、左の大石が寺院礎石（天地逆）、周辺の間詰に石臼等

写真６　水口岡山城の破城後も残る本丸北側石垣（県立自然公園郷土の森）

ルの野面積を、内堀にたつ初段、中段、天守閣をささえる最上段の「詰ノ丸」まで、犬走りをはさんで三段積んでいた（図4）。したがって聚楽第も、天守閣まで考えれば三段積だったかもしれない。

いずれにしても、この石垣を、秀吉や後陽成天皇、徳川家康など全国大名衆、謁見をうけた天正遣欧使節も見たと思えば、感慨もひとしおである。しかし現在は、石垣の上層や城郭は跡形《あとかた》もない。跡地は芸能舞台になったりしたあと、町家が埋めていったためである。また惣町としても元和五年（一六一九）に消滅、町々は上京に吸収された。

このような経緯から、聚楽町は次の三期にわけてとらえられる。

・第一次（天正一四年〜同一九年、一五八六〜九一）…聚楽第築城にともなう城下町
・第二次（天正一九年〜文禄四年、一五九一〜九五）…京中方々屋敷替えから聚楽第破城まで
・第三次（文禄四年〜元和五年、一五九五〜一六一九）…跡地を町家が埋めて惣町が消えるまで

このうち第一次と第二次に、豊臣政権が意図した町なみがあった。第三次以降は変化し、江戸時代に入った絵画史料でも、一帯の町なみは平屋や厨子二階が混在している。

『聚楽第図』屏風にみる聚楽第周辺の町家

これまでの聚楽第の研究では、[二四] 本丸の東堀[二五]や東北櫓[二六]の発掘遺構、名倉希言の『豊公築所聚楽城跡形勝図』（天保一四年、一八四三）、『聚楽第図』屏風（三井記念美術館蔵）が取り上げられてきた。

とくに『聚楽第図』屏風は聚楽第行幸という一大イベントを描いていないから、天正一五年（一五八七）九月の聚楽第竣工から行幸の天正一六年（一五八八）四月の間の制作とみてよい。[二七] その制作年代が景観年代と一致していることから、描写内容の信憑性が高いとされている。

この『聚楽第図』屏風の右端扇（図5）には、敷地奥に庭蔵を置く棟割長屋が描かれている（第五章）。この扇は両端に欠損があり、「ちやう志や町」の貼紙もあるので、聚楽町から離れた長者町（新町通りと下長者町通りの辻近く）

部分を切り貼りしたとの指摘もあった。[二八] しかし扇の上部には百万遍（知恩寺）、革堂、誓願寺があり、当時は堀川通りから油小路通りの間にあった寺院群である。棟割長屋が描かれた部分も同じとみてよく、そこの「ちやう志や町」は町名でなく長者町通り、現在の下長者町通りを指している。[二九]

そこで寛永一四年（一六三七）制作の『洛中絵図』に、下長者町通り沿いで堀川通り～油小路通り部分をみると「紹巴丁《しょうはまち》」とある。『擁州府志』や『京都坊目誌』によれば、紹巴町（丁）は秀吉から宅地を賜った連歌師の里村紹巴や子孫が居住して生まれた町名で、それ以前は戸澤町と言った。戸澤町は、聚楽第大手門にあたる東櫓門前にかけられた、聚楽大橋を目前にした町である。したがって『聚楽第図』屏風に描かれるのは、豊臣政権が富裕町人を集めた第一次聚楽町の一角、戸澤町と考えられる。

図5　下長者町通り沿いの戸澤町、上に百万遍
（『聚楽第図』屏風、右端扇、三井記念美術館蔵）

そして戸澤町の棟割長屋は、住戸境の通柱が伸びて卯建をそなえている（図5）。門口は住戸の中央にあり、広い土間があるか、あるいは二世帯住居の中土間（第二章）の可能性もある。[三〇]

大屋根は取葺で、庇は横桟板葺（第二節）。二階表は大開口に突上板戸を備え、周辺を眺望できる。そこからのぞく二階内部には畳の縁がみえていて、二階座敷としての利用が明らか。そして背後には、本瓦葺で土蔵造り、白漆喰塗の庭蔵があり、住戸それぞれの裏地占有がうかがえる（第五章）。

以上、『聚楽第図』屏風は聚楽町の町家を検討できる点で重要であるが、なにせ描かれるのは一棟のみ。判断材料として十分ではなかった。

第五節　『御所参内・聚楽第行幸図』屏風の情報

『御所参内・聚楽第行幸図』屏風の概要

そこに出現したのが『御所参内・聚楽第行幸図』屏風である。天正一六年（一五八八）四月一四日の後陽成天皇の聚楽第行幸を、完全な姿で描いた唯一の作品とされる画中を概観してみよう。

この日の天気は、秀吉御伽衆の大村由己が、行幸翌月の天正一六年（一五八八）五月の日付で記した『聚楽第行幸記』[三二]に「行幸以前も降つづきて、日和《ひより》の事のみ案じ給ひしに、行幸と還幸との時は天津日のかげもさやかなりし」とある。つまりこの日も還幸の一八日ともども快晴で、行幸前が長雨、還幸後の一九日から二〇日も風雨となった中、豊臣秀吉の運は「天道にかなひ給ひし」と人々は噂した。さすがは黄金の子である。

そんな良き日を描くうち、まず左隻は、聚楽第の東櫓門を出て、御所へ向かう豊臣秀吉の桐紋牛車が中心。大村由己が「牛車、紅絹に縫してこれを着す、頭面を懸ける、両角金箔をもってこれを濃く」と記した姿と整合する。したがって沿道は第一次聚楽町（図6）。本二階建てが大屋根の軒先をそろえる町なみは、『聚楽第図』屏風とおおよそ整合しており、本二階建てでそろった町なみの様子が歴史的事実であることを裏付けている。

つぎに右隻は、御所の築地の四足門を出て、聚楽第へ向かう後陽成天皇の鳳輦が中心である（図7）。したがって沿道の築地塀は、御所近くに貴族屋敷が集まる六町。六町は、内野に整備された聚楽町と違い、元から貴族屋敷や町家があったところ。外観平屋があってもおかしくないが、周辺の町家は左隻同様に本二階建てで、大屋根の軒先をそろえている。棟割長屋らしい姿もあるが、各住戸は卯建をそなえ、門口は中央にある。

そしてこれらの町家に、取葺と本瓦葺が半ばしている。このうち本瓦葺は、安土・桃山時代の福岡市博物館本では突出内蔵に（第五章 - 図2）、『聚楽第図』屏風では庭蔵に見たが（図5）、それらはとにかく防火建築の土蔵であった。これに対し『御所参内・聚楽第行幸図』屏風は、一六世紀末期の町家主屋に本瓦葺を伝えている。

図６　左端に聚楽第大手門＝東櫓門から御所へ向かう桐紋牛車
『御所参内・聚楽第行幸図』屏風 左隻（上越市内個人蔵）

図７　右端に御所四足門から聚楽第へ向かう鳳輦
『御所参内・聚楽第行幸図』屏風 右隻（上越市内個人蔵）

図８　塗家
（林原美術館本『洛中洛外図』屏風、林原美術館所蔵）
前掲、京都国立博物館編『洛中洛外図――都の形象、洛中洛外の世界』より転載

その後の絵画史料では、江戸時代初頭（一七世紀）の林原美術館本にも本瓦葺の町家があるが、これは二階を塗り籠めにする塗家である。それら塗家の中で卯建がない町家もあるが（図８）、これに先立つ『御所参内・聚楽第行幸図』屏風の本瓦葺は、取葺の町家と同様に卯建がある。そしていずれも外壁は塗り籠めていない。真壁（序章・写真３）である。

『御所参内・聚楽第行幸図』屏風の詳細

次に左隻をくわしくみると、左端に、片土間の町家が二戸ある（図９）。間の柱は一本で、柱の濃い色も共通するので棟割長屋。そして屋根は、よくみると卯建をはさんで本瓦葺と取葺にわかれている。一つの建物だから、どちらも曾木板を重ね、それを木や石で押さえたのが取葺。土留桟をうって葺土を置き、瓦をならべたのが本瓦葺、と考えられる。そして棟割長屋の左側は、堀川通りの東側で下長者町通り沿いだから、場所は『聚楽第図』屏風にも描かれた戸澤町。そうすると、牛車の右上の中土間の町家は（図９右）、『聚楽第図』屏風の町家に比定できる（図５左）。その町家の屋根が、『聚楽第図』屏風では取葺なのに、『御所参内・聚楽第行幸図』屏風では本瓦葺である。同じ画中に取葺も多くあり、織田政権や豊臣政権が本瓦葺命令を出した形跡もない中では、この町家に住む富裕町人が取葺を本瓦葺にかえて、聚楽第行幸を迎えたとみるのが妥当であろう。黄檗山万福寺の松隠堂など、寺院が柿葺《こけら》を下地にして本瓦

図９　左隻の左端辺り
『御所参内・聚楽第行幸図』屏風（上越市内個人蔵）

図10　右隻の右端辺り
『御所参内・聚楽第行幸図』屏風（上越市内個人蔵）

葺とした例など、板葺をそのままにして瓦葺の下地にする例は数多い。[三二]

そして卯建は、棟割長屋の各住戸が備えている。当時の卯建には、棟別賦課を担う町人が軒役に関わる間口長さを示したとの見解があり、[三三]「町なみの論理」と名付けるむきもあるが、[三四]軒役と間口長さが連動した実態はないし（第三章）、江戸時代初頭の本瓦葺の塗家にも卯建のない例が多い。その一方で、たとえば『茶屋新六交趾国渡海図巻』（情妙寺所蔵）に元和期の安南交趾国《あんなんこうちこく》（ベトナム）の日本町をみると、板葺の棟割長屋の各住戸が卯建を境界にしている。貿易が奨励された異国に、軒役との関係は考えにくい。そこでほかの目的を求めると、軽い板葺の風除けや延焼の防止となるであろう。それが境界明示や自立の表徴にもなるとみれば、「うだつがあがる」という通念と整合する。もちろん住戸別の屋根修理にも都合がいい（卯達の役割は第一〇章で詳述）。

このほか、画中にみる街区内側が区画されていない。京都の街区は、天正一八年（一五九〇）に突抜が通され、通り沿いに新町人が入って、新両側町が生まれたところが多い。そのとき街区は豊臣政権の直轄とされ、賦課方式は一軒毎の棟別となる。それまでの占有面積にもとづく年貢＝地子でなくなったとき、街区内側は町家の間口幅で占有されるのであるが、『御所参内・聚楽第行幸図』屏風は、占有前の状況を描いたことになる。ただし、『聚楽第図』屏風では庭蔵がある（図5）。洛中に先がけた短冊形敷地の成立を示唆しており、絵画的に省略しているのかもしれない。

次に右隻をくわしくみると、内裏がある禁裏御所の西側は、内裏に務める地下官人が住む六町。[三五]画中では右端にあたり、鳳輦が進む東西通り（正親町すなわち中立売通）の一街区の沿道に、貴族屋敷の築地塀や門がならぶ（図10）。

ただし、歴博甲本『洛中洛外図』屏風など中世の絵画史料は、東洞院通り〜烏丸通りと烏丸通り〜室町通りの二街区をこのように描く。町人の町家群は室町通りの西にあった。上京は織田信長の焼き討ちを受けたが、『兼見卿記』の元亀四年（一五七三）四月四日の条に「二条より上京一間（軒）残らず焼失しおわんぬ、烏丸町類火至る」とあるように、六町の被害は烏丸通りで止まった。そして、天正一九年（一五九一）の京都改造で立ち退きになるまで、豊臣政権の庇護を受け続けたのである。[三六]そうすると『御所参内・聚楽第行幸図』屏風は、東洞院通りから次の南北通までの一街区の中に、六町の二街区（東洞院通り～烏丸通りの区画と烏丸通り～室町通りの区画）を集約し、その左側に室町通り以西の上京の町なみを描いたことになる。

『御所参内・聚楽第行幸図』屏風の評価

『御所参内・聚楽第行幸図』屏風は、二階表に大開口をもつ本二階建てが卯建を備え、大屋根の軒先をそろえる町なみを描いている。それは、第一次聚楽町と上京の行幸沿道に、豊臣政権の二階建て命令が徹底された町なみを伝えている。このことは、取葺と相半ばする本瓦葺が命じられたものではなく、一部町人の富裕表現であることを示し、京都の町家における本瓦葺の出現が一六世紀末期であることを明らかにする。

また、棟割長屋の各住戸も備える卯建は、安土・桃山時代の取葺に一般的なもので、その目的は風除けや一応の延焼防止、住戸別の独立性の強調、住戸別の屋根修理の便宜と判断される。そして、それに本瓦葺を重ねることで卯建をもつ本瓦葺が現れたことを示唆している。

このような知見をあたえてくれる屏風の制作年代は、一七世紀中ごろとされるのだが（第一節）、原本は一七世紀初期で（第一節）、それは秀吉在城時の聚楽第行幸から一〇数年の時期にあたる。天正一九年（一五九一）に聚楽第を譲り受けた秀次が在城した聚楽第に、行幸があった文禄元年（一五九二）からは約一〇年。さらに聚楽第が破却された文禄四年（一五九五）からは、わずか数年である。そして描写内容は『聚楽第図』屏風と整合しており、町なみの描写の正しさが裏付けられる。

なお、町家群の二階表の大開口には人影がない。その一方で、墨絵のある白襖を開口いっぱいに押し付ける、いわゆる押障子《おししょうじ》（平安時代の寝殿造りの簡易間仕切りにはじまる）を立てる町家がある（図10）。江戸時代に徳川政権が、朝廷関係者の通行時、町人に二階から見下ろさないように命じたことを考え合わせると（むしろこの発生には関係ない）[三七]、豊臣政権も同様に命じたのであろう。それを受けて町人は一階で行列を見物し、二階は装飾的に演出していた、と推測される。

なお『聚楽第行幸記』には「五畿七道よりのぼりつどいたる貴賎老少かまびすしきこともなく、声をしずめて鳳輦を拝みたてまつるに、道すがら管鼓の響き何となく殊勝にして感嘆肝に命じたり」とある。そんな沿道の町家群には、通庇がない。この点が『聚楽第図』屏風と異なるが、幕末の文久三年（一八六三）の天皇行幸時の史料『今上皇帝行幸之祓控』(三八)に「町家表両側みせ、孫庇、駒寄取払」とある。天皇の行幸前に庇や揚見世が撤去されたのであり、聚楽第行幸でも同様の命令があって、撤去されていたのかもしれない。

『聚楽第図』屏風と『御所参内・聚楽第行幸図』屏風の相違

大手門でもあった聚楽第の東櫓門は、『聚楽第図』屏風では切妻で、門柱や門扉に木目がみえる。ところが『御所参内・聚楽第行幸図』屏風では、南櫓門と共に入母屋で（図6）、門柱や門扉は黒塗りである。

実は大村由己の『聚楽第行幸記』にも「石のついがき山のごとし、楼門のかためは鉄のはしら鉄の扉」とあり、天正一七年（一五八九）の『北野社家日記』の八月二二日条にも「黒かねの御門」とある。

また『浅野文庫古城之図』（広島市中央図書館所蔵）では、東櫓門を大名屋敷が囲み、『御所参内・聚楽第行幸図』屏風もそのように描いている（図6左上）。ところが『聚楽第図』屏風には、この部分の大名屋敷が明確でない。

これらを整合させるには、聚楽第竣工から行幸までの七ケ月間に、東櫓門は鉄板張や入母屋へ改築され、門柱などが鉄板張されて黒門となった、周囲の大名屋敷も完成した、と考える必要がある。

そうすると、この間に聚楽町でも、富裕町人の中に本瓦葺を重ねる者があらわれたと考えられる。ひるがえって『聚楽第図』屏風は、やはり聚楽第が竣工した天正一五年九月直後の姿を伝えている、とみてよい。

後陽成天皇の行幸経路

『聚楽第行幸記』は後陽成天皇の聚楽第行幸の経路を、「四足の門を北へ。正親町を西へ。聚楽第まで十四、五町。その間辻がため六千余人」とし、東洞院を少し北上してから、正親町すなわち中立売通りを西行するまでを伝えている。しかし、その後は記されていない。

このため、中立売通りを西行して、当時はこの通りにあった堀川の戻橋（戻橋の位置には変遷があった）を渡ってから、堀川通りを南下、下長者町通りとの四辻で再び西行し、現在の黒門通りと下長者町通の辻辺りにあった東櫓門から入城、とする見解がある。[三九] 尼崎市教育委員会本『洛中洛外図』屏風にも、「正親町を西へ進むイメージで描かれ……城の外堀を越える橋に一条戻り橋の貼り紙」を観察するむきもある。[四〇] しかし同本に戻橋を渡る描写はない。狩野永徳の『聚楽第行幸図』を狩野探幽が写した『探幽縮図』（東京芸術大学蔵）でも、行列は「下長者町通を西に向かって大手門」を入っており、「東から堀川の橋を越えて聚楽第の外郭に入り大手門へ向かう通りが水平に走」る。[四一] その大手門つまり東櫓門の位置は、『豊公築所聚楽城之図』（聚楽教育会所有、京都市歴史資料館寄託）にみる「長者町黒門通のあたり」や、『聚楽第図』屏風の下長者町通りの貼紙から確かで、門前の橋も『北野社家日記』の天正一九年（一五九一）一二月二九日条に「聚楽大橋」とある。戻橋ではない。したがって、戻橋をわたって堀川通りを南下したという経路を見るのは妥当ではない。それは、ロドリーゲスが「まっすぐな一本の道」の整備を伝えた天正一九年の後、天正二〇年（一五九二）正月の秀次聚楽第への行幸経路であり、江戸時代にも二条城への行幸経路として踏襲されていく経路である。

これに対し『御所参内・聚楽第行幸図』屏風では、御所を出た鳳輦行列が東洞院通りを北行し、中立売通りで西行に転じる（図7右端）。沿道は辻固めの武士が着座し、この姿を記録する『聚楽第行幸記』と整合している。また聚楽第の東櫓門を出た秀吉の牛車は東行し、堀川通りを北上する様子はない（図6）。そして画中の牛車をひく水牛の

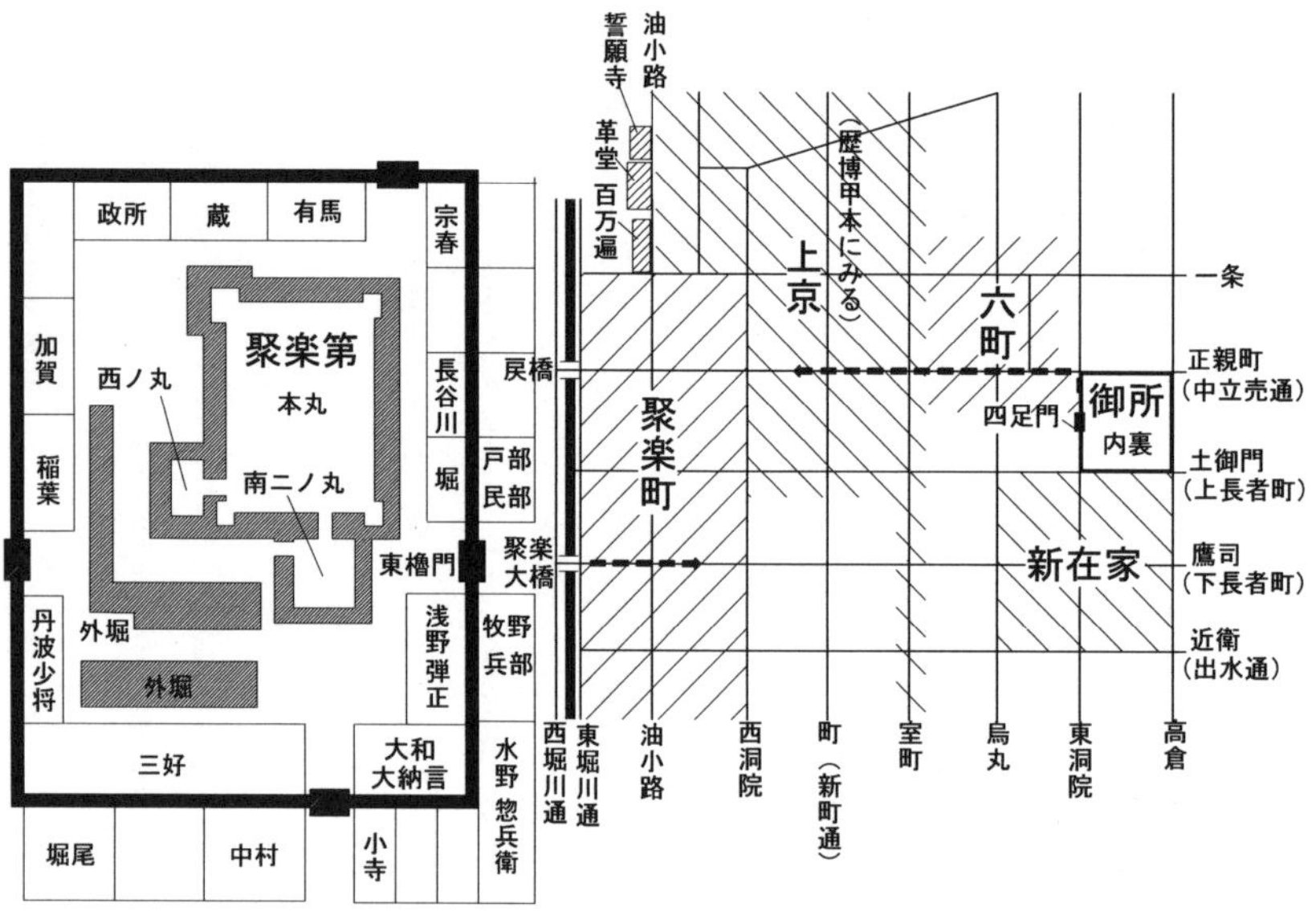

図11　聚楽第と御所の位置

広島市中央図書館蔵『浅野文庫古城之図』ほか高橋氏や中井均氏の研究、森島康雄氏の研究を参照

姿は、前述のように『聚楽第行幸記』とよく整合している。

これに、東洞院通り〜烏丸通り〜室町通りの二街区が、一街区に集約されていることを考え合せると、画中の行幸行列と牛車行列は、図11の破線範囲に描かれていることになる。そのとき南下経路は、中間の西洞院通りに推定される。西洞院通りは聚楽第城下の聚楽町の東境とされているから、(四二)行幸行列は聚楽町を横目にみながら、西洞院通り沿いを南下し、下長者町通りとの四辻で西行に転じたことになる。そして、聚楽第の御殿群や天守閣を遠望しながら、黒塗の東櫓門へ向かっていったと考えられる。

ちなみに図11について、当時の戻橋は一条通りでなく中立売通りにかかっており、革堂や百万遍（知恩寺）の場所も現在とは異なっていた。これらの点をふまえて作成したものである。

『御所参内・聚楽第行幸図』屏風の評価

つまり『御所参内・聚楽第行幸図』屏風は、南下経路の西洞院で左右両隻を描きわけ、左隻はおもに聚楽町、右隻はおもに上京を描いた可能性が高い。もちろん、描写内容をすべて認めるには、個々の町家が大きすぎる。江戸時代初頭に天皇の鳳輦と秀吉の牛車を対比させる構図も、うがってみれば、豊臣氏は朝廷と同格であって、徳川など大名衆は従うべきという立場を、沿道着座の警護姿にあらわしたのかもしれない。

そのような点はあるが、第一次聚楽町や上京の行幸沿道に、二階表に大開口をもつ本二階建てが軒先をそろえる町なみを描く『御所参内・聚楽第行幸図』屏風は、『聚楽第図』屏風とも整合し、たしかに「美術史的のみならず歴史学的にもはなはだ貴重」な史料であることは間違いない(四三)。

聚楽町の町なみの影響

画中のような町なみが、聚楽町にあらわれたとき、それは聚楽町以外の京都の町人にも、豊臣政権の意図を具体的に示すことになったはずである。それは、本二階建てが大屋根の軒先を整えるというもの。

それまで京都は、本二階建ての増加傾向があったとはいえ、外観は平屋で内部は厨子二階という中世以来の町家(第七章)が多かった。ところが、京中方々屋敷替えの混乱の中で、町人は二階建て命令を受けた。そのとき、二階での生活習慣がそれほどでもない当時でも、経済的にできる町人はそうしたであろう。しかし、すぐに建て直しができない者は、とにかく庇だけでも付けて、二階建てを表現したはずである。平屋のような外観に、庇をつけた町家の登場である。

ただし、もちろんそれは過渡的な形態であり、豊臣政権が続いていれば、本二階建ての町なみが京都に広がったはずである。しかし、大火からの復興など大規模な町なみクリアランスの機会がないうちに、徳川政権へ移行した。豊臣政権の意図は徹底されず、徳川政権も、幕初は建築行政方針を明確にしなかった。このため町人の自由建築となり、町なみは多層・多様化した。ところが一七世紀前半に徳川政権の建築規制が発動、周辺眺望や二階座敷が規制された。そして宝永大火を機に、町なみは低層・均質化したのである。

具体的には、まともな二階座敷が作れないほど天井の低い厨子二階に、ただし庇はつける、庇と大屋根の間には眺望の効かない虫籠（第八章）か壁、あるいは出格子という姿である。それは豊臣政権が意図した本二階建てがそろう町なみとは異なっていたが、町なみが整う背景に、絶対的武力をもつ近世統一政権の意図と強制が存在した点は共通していた。豊臣政権の二階建て命令と徳川政権の建築規制、どちらにしても町人が町なみを整えるのは、根本的に受動的な行動であった。好みの問題ではなかったのである。

ところで、なぜ豊臣政権は、本二階建てが軒先を揃える町なみを望んだのであろうか。

中世の伝統的領も、徳川政権も、整った町なみは望んだが、いずれも低層であった。それは服従を示す町なみとも見えるのであるが、豊臣政権が望んだのは本二階建ての町なみ。それも二階表に大開口を備えた外観であり、明らかに異質である。この点について著者は、南蛮文化との関係を予想する。

さかのぼる一五世紀中ごろ、イタリアのフィレンツェでルネサンスが開花した。古代ローマ文化の再生を理想とする芸術的潮流であり、建築ではベレッツァ（個々の美）とコンキニタス（全体の調和）をふまえた面的構成を重視。二層や三層の居館の高さが整った町なみを生み出した。このルネサンスの理解が王侯貴族の教養とみなされ、約一世紀をかけてヨーロッパ各地に伝搬、スペインではプラテレスコ様式、ポルトガルではマヌエル様式として影響があらわれた。そして主にこの二国から日本へ、南蛮文化がもたらされたのである。

そうすると、南蛮貿易で日本の風景をえがいた屏風類がヨーロッパで珍重されたように、ヨーロッパの風景をえがいた絵画や織物が伝来しても不思議はない。たとえば宣教師フランシスコ・ザビエルが出航したリスボンは、香辛料貿易で栄えた都市として知られ、ポルトガル・ルネサンスの中心であった。その当時の絵画史料には、多層階の町なみが描かれている（図12）。

もしもこのような絵画が、織田政権や豊臣政権への献上品の中にあったとすれば、世界へ眼を開いた近世統一政権の支配者として、新しい城下町を高層に整える動機になったとしても不思議はない。

図12　16世紀のリスボン
(Georg Braun; Frans Hogenberg: Civitates Orbis Terrarum, Band 1, 1572)

ただし急に京都全体は無理だから、まずは祝祭の沿道となる聚楽町に、モデルハウスを整備するだろう。つまり第一次聚楽第町は、はるかな距離をこえて、大名屋敷街に変わってしまうまでの一瞬に、日本にも咲いたルネサンスの小花であったかもしれない。

もちろん、この推論の確認には、豊臣期に伝来したヨーロッパの町なみ景観の史料の確認が不可欠であるが、夢ある研究テーマとして、追いかけていくつもりである。

まとめ、太閤様の御好みは本二階建ての町なみ

この章では、豊臣政権期の京都の町なみを、おもに『御所参内・聚楽第行幸図』屏風に検討した。

そして、第一次聚楽町や上京といった行幸の沿道では、集められた富裕町人によって、豊臣政権の意図（二階表に大開口を持つ本二階建てが、大屋根の軒先をそろえる）が徹底された町なみが形成されたことを確認した。

この町なみを見、二階建て命令を受けた町人の中で、二階での生活習慣をもたず、すぐに建て直しもできなかった者が、外観平屋で内部は厨子二階という町家に庇を付け、外観に二階建てを強調した厨子二階を出現させた可能性が高い（第七章で関連詳述）。

それは、政権移行直後の多層・多様化では目立たないものになるが、や

写真７　旧井岡家住宅（奈良県奈良市下高畑町から移築、復元、神奈川県指定重文、川崎市立日本民家園）

写真８　東山区上梅屋町の町家遺構

がて徳川政権が周辺眺望を規制し、市中で二階の風俗利用をおこなわないように命じたとき、これら建築規制にしたがった建築表現としてよみがえる。そして、これでそろった京都の町なみが、低層・均質化するのである。

　ちなみに、川崎市立日本民家園（川崎市多摩区）の旧井岡家住宅は、一七世紀末～一八世紀の奈良の町家である（写真7）。桟瓦葺（一部本瓦葺）の厨子二階で、軒柱がある点が京都の町家とは異なるが、ご覧いただきたいのは、その軒柱が支える庇。いかにも付けましたという姿は、これがなくても厨子二階が成り立つことを、容易に想わせる姿である。

　また京都でも、山科と結ぶ渋谷街道の近くに、同じような町家遺構がある（写真8）。仕舞屋化していない、軒先に折り上げる蔀戸（下半分脱落）と揚見世で構成する店構えである。建具はガラス戸に変わっているが、低い厨子二階で二階表は開口のない土壁。建築年代不明ながら揚見世の風喰が強く、江戸時代の建築規制の影響を思わせる。このような表構えが、そもそもは豊臣政権の時代に、二階建て命令の影響であらわれた可能性を指摘したのが本章であった。

註

一　上越市立総合博物館「初公開御所参内・聚楽第行幸図屏風展案内」、二〇〇九

二　平成一九年公開時の配布資料に狩野博幸（同志社大学文化情報部）・山岸律子（上越市立総合博物館）両氏らによって示された見解。

三　川村知行委員長談（上越教育大大学院教授）。

四　伏谷優子「聚楽第と聚楽第行幸が描かれた洛中洛外図について」（笠井昌昭編『文化史学の挑戦』、思文閣出版、二〇〇五、所収）

五　土屋直人・西山哲雄・早見洋平・土本俊和「取葺と呼ばれた板葺屋根の系譜」『日本建築学会計画系論文集』第五九四号、二〇〇五。なお同論文は寛正五年の『糺河原勧進猿楽日記』に取葺より上等な「熨《の》斗《し》葺」を指摘した。歴博甲本にみる下鴨糺《ただす》河原の観世大夫能舞台は横桟板葺で、『日葡辞書』には「ノシブキ、伸葺、板を他の板の上に次々と積み重ね、釘打付けにして屋根を葺く」とあるので、横桟板葺の正しい呼称は熨斗葺かもしれない。

六　薄板を葺く屋根仕様という点で柿葺、木賊葺、栩葺は同じであるが、板厚が順に厚い。

七　山本英男による図録解説（京都国立博物館編『特別展覧会図録　狩野永徳』毎日新聞社、二〇〇七）

八　土本俊和「織豊期京都における上京と下京——洛中検地による家屋敷指出からみた差異」『建築史学』第二九号、一九九七

九　横田冬彦「豊臣政権と首都」（日本史研究会編『豊臣秀吉と京都——聚楽第・御土居と伏見城』、文理閣、二〇〇一、所収）

一〇　中西宏次『聚楽第・梅井物語』、阿吽社、一九九九

一一　ルイス・フロイス（松田毅一・川崎桃太訳）『日本史　二』、第二〇章、中央公論社、一九七七

一二　『十六・十七世紀イエズス会日本報告集』松田毅一監訳、第一期第一巻、同朋舎出版、一九八七

一三　杉森哲也『近世京都の都市と社会』第二章「聚楽町の成立と展開」、東京大学出版会、二〇〇八

一四　前掲、フロイス『日本史　二』付録

一五　『ドン・ロドリゴ日本見聞録』（『ドン・ロドリゴ日本見聞録／ビスカイノ金銀島探検報告』村上直次郎訳注〔異国叢書一一〕、雄松堂、二〇〇五）

一六　『長刀鉾町文書』所収、京都屋造之初、京都市立歴史資料館架蔵フィルム

一七　横田冬彦「城郭と権威」（朝尾直弘・石井進・早川庄八・網野善彦・鹿野政直・安丸良夫編『岩波講座　日本通史　第一一巻　近世一』、岩波書店、一九九三、所収）

一八　前掲、杉森哲也『近世京都の都市と社会』第二章「聚楽町の成立と展開」

一九　土本俊和「小屋がけによる町——聚楽第建設に促された天正末京都の都市形成」『日本建築学会計画系論文集』第五〇〇号、一九九七

二〇　『兼見卿記』謄写本、東京大学史料編纂所所蔵
二一　『晴右記・晴豊記』（『続史料大成』第九巻）、臨川書店、一九七八
二二　前掲、フロイス『日本史　二』
二三　ジョアン・ロドリーゲス『日本教会史』上巻（大航海叢書　第Ⅰ期九）、岩波書店、一九六七
二四　本文にあげる先行研究のほか櫻井成廣、内藤昌、足利健亮、湯口誠一、杉森哲也らの歴史的研究、中井均氏の城郭研究、森島康雄、百瀬正恒、馬瀬智光ら各氏の考古学研究がある。
二五　森島康雄「平安京跡（聚楽第跡）発掘調査概要」『京都府遺跡調査概報』第五四冊、京都府埋蔵文化財調査研究センター、一九九三
二六　京都市埋蔵文化財研究所編『平安京研究資料集成　一　平安京』、柳原書店、一九九四
二七　山本英男「狩野永徳の生涯」（前掲、『特別展覧会図録　狩野永徳』所収）
二八　百瀬正恒「聚楽第の築城と都市の発展」（前掲、日本史研究会編『豊臣秀吉と京都――聚楽第と伏見城』所収）、ただし同書では堀川下長者町辺りに近藤町が指摘されている。
二九　前掲、杉森哲也『近世京都の都市と社会』。後陽成天皇の行幸のほか徳川和子の入内、後水尾天皇の二条城行幸経路を分析されており、江戸時代の行幸経路に受け継がれた可能性が高い（本文後述）。
三〇　伊藤鄭爾『中世住居史――封建住居史』東京大学出版会、一九五八
三一　大村由己『聚楽第行幸記』（『群書類従　第三輯　帝王部』、続群書類従刊行会、一九三三、所収）
三二　浅井健一『重要文化財黄檗山萬福寺客殿・中門・待真寮・宝蔵修理工事報告書』京都府教育委員会、二〇〇八
三三　土本俊和『中近世都市形態史論』「総論四　ウダツ」ならびに「各論Ⅲ一三　近世京都にみる「町なみ」生成の歴史的前提」、中央公論美術出版、二〇〇三。これへの反論として著者は卯建なしの本瓦葺塗家や桟瓦葺普及後の消滅を例にあげたが（丸山俊明『京都の町家と町なみ』、昭和堂、二〇〇七）、『御所参内・聚楽第行幸図』屏風や『聚楽第図』屏風の棟割長屋にみる各住戸の卯建の役割は再検討の必要ありと考えるに至り、本文内容のように見解を改める。
三四　伊藤毅『町屋と町並み』（日本史リブレット三五）、山川出版社、二〇〇七
三五　高橋康夫『京都中世都市史研究』、思文閣出版、一九八三

三六　前掲、高橋康夫『京都中世都市史研究』

三七　丸山俊明『京都の町家と町なみ』第七章、昭和堂、二〇〇七

三八　『千吉西村家文書』所収、京都府立総合資料館所蔵

三九　杉森哲也「江戸時代の聚楽第跡」（前掲、日本史研究会編『豊臣秀吉と京都――聚楽第・御土居と伏見城』所収）

四〇　伏谷優子「聚楽第と聚楽第行幸が描かれた洛中洛外図について」（笠井昌昭編『文化史学の挑戦』、思文閣出版、二〇〇五、所収）

四一　中井均「城郭史からみた聚楽第と伏見城」（前掲、日本史研究会編『豊臣秀吉と京都――聚楽第・御土居と伏見城』所収）

四二　森島康雄「聚楽第と城下町」（前掲、日本史研究会編『豊臣秀吉と京都――聚楽第・御土居と伏見城』所収）

四三　前掲、上越市立総合博物館「初公開御所参内・聚楽第行幸図屛風展の案内」

第七章

保津川水運の筏と、厨子二階の低い軒高

概要：京都の町家の軒の高さ。これに関わる軒柱に、江戸時代には丈五や丈四という流通規格があった。これには、保津川水運の筏の長さとの関係が指摘されてきた。しかし、実際に確認できるのは、京間畳との関係である。軒高を規定したとは言えず、むしろ棟木をうける棟持柱のため、保津川水運が供給した最長材と、板葺の屋根勾配が、一〇～一五尺の軒高を規定した可能性が高い。その後、豊臣政権が二階建てを命じ、本二階建てと厨子二階が、庇をそろえる町なみが生まれた。それから政権移行期の多層・多様化をへて、一七世紀前半に徳川政権の建築規制が発動したとき、町人は再び厨子二階を、通庇で二階建てを印象付けながら採用した。そのとき一五尺や一四尺が見積比較の対象となり、「間」が基本の流通規格の中に「丈五」「丈四」として残ることになる。

第一節　筏の伝説、町家の高さをきめた？

徳川政権の建築規制と低層・均質化

町家には、「厨子二階《つしにかい》」や「中二階《ちゅうにかい》」とよぶ表構えがある（写真1）。大屋根の軒先が低く、通庇との間の壁もせまい。そのせまい壁に、土塗格子（虫籠）をならべたり、出格子をつけたりすれば、いちおう通風や採光は確保できる。が、表通りに面した二階の表側の室で暮らすには、とても足りない。それなのに、あえて壁にする町家もあった。つらい住環境だが、それでも昭和の戦争までは、このような町家遺構が全国にあって、伝統的な都市景観を形成していた。

しかし、アメリカ空軍の無差別爆撃で全国七七都市が全焼亡し、多くの町家遺構が失われた。その中で、京都は原爆投下候補地であったから通常爆撃が限定され、候補から外された後の空襲では全焼亡のないまま終戦となったので多く残った。そして、お住まいの方に大切にされ、古き日本の都市景観をとどめている。

ところで、絵画史料では、京都における本二階建ての増加は一六世紀末期である。そして、それらの二階の表通り側、いわゆる二階表の開口は大きく、雨戸のよう。開ければ周辺を眺望できたのはまちがいない。厨子二階もあるにはあるが、まだ少数。それが一七世紀前半つまり江戸時代前期になると、厨子二階が大勢になる。このような変化の要因について、拙著『京都の町家と町なみ』では、京都所司代の建築規制の影響を指摘した(一)。そこでここでは、下京の菊屋町が寛永一九年（一六四二）九月に定めた町式目（町の定書）だけに触れておく。それには「……御公儀様より御触廻りにて御座候、二階にても、其上に座敷を作り、何方《いずれのかた》を見申様に作る事、堅く仕る間敷き事」とある。二階座敷での生活や、周辺を眺められる大開口を規制するのであり、それが公儀つまり徳川政権の命令であることも明らかにしている。さらに町家の建築用地を整える整地にも「いずれも町なみ見合、仕るべきこと」、つまり周辺に合わせることを定めている。また上京の清和院町も、一七年後の万治二年（一六五九）に、「家作事（建築）仕候はば、地形つき申節、町中相談仕、上下（南北両隣）向ふ（道の反対側）を見合、町並能様《よきよう》に仕べく候(二)」と定めている。

写真１　表構えが厨子二階、奥に本二階建ての表屋造り（京都市上京区）

つまり、豊臣政権の崩壊後に多層・多様化した町なみを、厨子二階で低層に、そして二階開口を土塗格子や出格子、壁で閉鎖的に均質化したのは、徳川政権の京都所司代が命じた建築規制が要因であった(三)。それが建て直しや災害復興時、特に一八世紀初頭の宝永大火後の復興で徹底され、京都の町なみは、低層・均質化していったのである。

丈四、丈五という流通規格の存在

もっとも建築規制の規定には、数値が見当たらない。高さを決めていないのである。それなのに京都の江戸時代中期の新地開発や大工史料には、町家の軒高をきめる軒柱に、「丈四」（一四尺＝四二四二ミリメートル）や「丈五」（一五尺＝四五四五ミリメートル）の規格がある。ほかの都市には現時点で報告がないが、京都にはある。

そのため、京都の町人が自発的に規格化した証拠とみて、町なみを整えたのも町人と主張するむきもあるのだが、[四]これは「お城をつくったのは誰？」「お大名様！」「ちがうよ大工さん（笑）」のような小咄と大して違わない。

たとえば建築規制発動後の寛文五年（一六六五）に版行された『京雀』は、当時の京都に「おなじやうなる家つくり」を伝えているし、[五]当時の絵画史料にも、整った町なみが共通する。それに、京都支配構造の末端に組み込まれた町々は、建築規制を代行して町式目に反映させ、町なみの低層・均質化を相互監視していた。また林業流通史の藤田彰典によれば、材木生産地でもちょうど一七世紀に人工植林規格が現れている（後述）。江戸時代中期に規格材の記録が多くても、それは建築規制の影響で整った町なみを維持する中で、規格の定着を示す事象でしかない。京都の町なみが整った根本要因にできないのは自明である。が、しかし丈四や丈五の流通規格が存在したのも確か。この数値はどこから来たのだろう。

保津川水運の筏

これには、保津川水運の筏の規格との関係が指摘されている。[六]保津川水運のはじまりは、古代平安京の造営にさかのぼるとされ、丹波地方の大堰川から保津川、桂川を流して、丹波材を京都へ運んだ運搬手段であった（写真2）。

その姿は、「枚」や「連」を単位とする筏をつなぎ、全体を一「乗」と数えた。その筏に、一枚あたり一四尺や一五尺ほどの長さがある。そのため軒柱の丈四や丈五の元とされるのだが、話はそれほど簡単ではない。なぜなら、筏同士をつなぐため、材木両端に穴を開けていた。製材時にその穴を切り取ると、残りは一三尺や一四尺。このため『京都の町家と町なみ』では、後者が「丈四」のもと、「丈五」は両端穴を切り取る前は一六尺のはず、そんな規格は見当たらないから長尺材の切断とみた。[七]

写真２　保津川水運の筏
旧一号書庫写真資料、京都府立総合資料館蔵

しかし切断をともなうなら、関係がある規格とはいえない。保津川水運の筏規格と建築材の流通規格の間に、関係はあったのか？　本当に、京都の町家の軒高を規定したのか？　たとえば一七世紀の大工史料『愚子見記』に記された材木の流通単位は「間《けん》」であって、丈四や丈五にかかわる「尺」ではないのである（八）。

本章の視点

そこでまず、運搬経路（山方と筏問屋→京都の材木屋→大工）の史料をみていこう（第二節〜第六節）。そうすると、山方での良材の伐木基準が一五尺→筏組みの規格が一四尺→製材後は一三尺、つまり六尺三寸の京間畳二枚と四寸柱に適当な京間二間の関係があらわれる。町家の規格化を示す京間二間材と筏規格の関係が確認できるのである。その一方で、丈四や丈五との関係は見出せない。

そこでつぎに、町家の二階建てに関する中世の建築規制と、近世初頭の命令を検討する（第七節〜第九節）。中世の伝統的領主が二階建てを規制する中、町人が収納空間を求めれば、天井裏になる。そこで、外観は平屋なのに、内部は厨子二階の町家が現れる。その軒の高さは、筏が供給した最長材を棟持柱に用いた最高の高さと、板葺に適当な屋根勾配が決める。そこに一五尺が存在していた可能性がある。

その状態で豊臣政権の二階建て命令が作用すると、庇を付けた厨子二階があらわれる。その後、江戸時代初頭まで多層・多様化したあと、徳川政権が二階座敷規制や周辺眺望規制を発動する。規制にしたがう表構えは、二階の生活を放棄した厨子二階。それでも通庇は残し、われわれがみる厨子二階が低層・均質の町なみを形成した。そのとき、一四尺や一五尺が、見積り比較の対象となる（第一〇節〜第一一節）。

第二節　丹波材木に関わる林業流通史の研究成果

林業流通史の研究成果

保津川水運については、林業流通史の藤田彰典が大きな足跡を残している。その成果を、要約するかたちで紹介してみよう(九)。

江戸時代の京都には、西近江や木津川上流の材木も入ったが、丹波国の山国や黒田の村々（図1、京都市北区・右京区・南丹市）が多かった。これを「山方」産の材木すなわち山方材という。その山方材は、丹波山中で六月ごろに一五尺（四五四五ミリメートル）ほどで伐木され、乾燥のためにそのまま置かれた（写真3）。そして積雪を待って、木道を使った「木馬《きんま》」で、山裾の筏場へ運ばれたのである（写真4）。

そこで太い良材は多くが一四尺二寸（四三〇二ミリメートル）に切りそろえる整木がおこなわれた。（写真5）。このとき筏を編むため、両端五寸ほどの位置に穴を開けた。そして「ネソ」というマンサクの蔓を通す「筏編み」をして、筏を組みあげた。

そのような筏の全長は、延宝九年（一六八一）に、筏を編む山方筏荷主と、保津村（亀岡市保津町）・山本村（亀岡

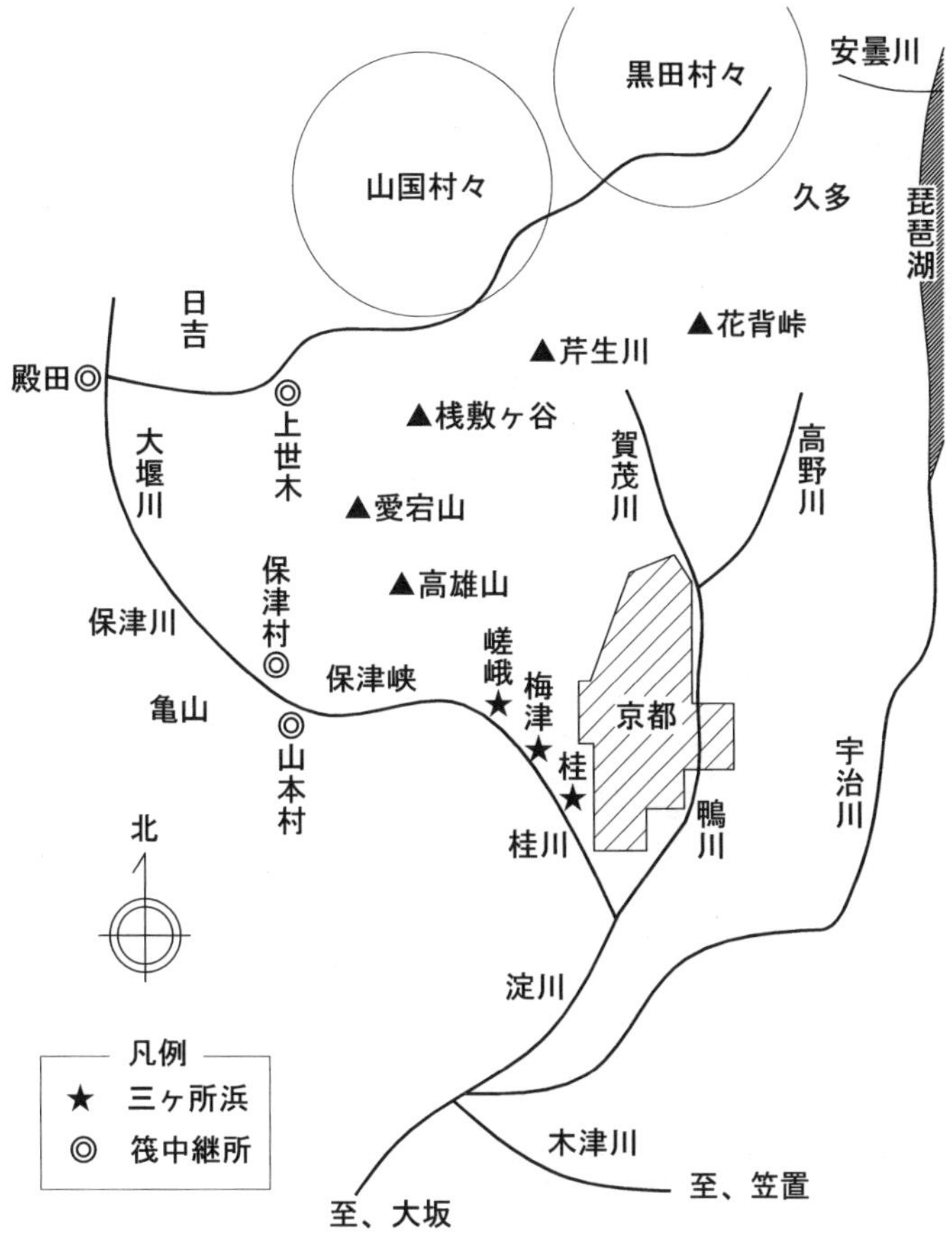

図１　保津川水運の経路及び周辺

市篠町）の筏問屋との間で、全長三〇間（一八〇尺、五四・五四メートル）、松や栗など雑木筏は全長二五間（一五〇尺、四五・四五メートル）と定められた。ちなみに、ここでいう筏問屋とは、筏を売買する問屋ではない。筏の中継地を管理し、筏を操る筏師を雇用する者たちをいう。

そして筏は、一二枚つないで一乗とした。また先端の筏を「鼻」、中央に良材の「丈間土伝」を集めた筏が「胴中」、後尾は「猿尾」と呼んだ（後掲、図2）。このような筏を流す「筏流し」は、農業用水の需要が減る八月から、厳冬期をはさんで四月までと定められていたが、実際は水深の浅いところが多いため、雪どけで水量が増える三〜四月に集中した。堰《い》と呼ばれた止水関を組んで水をため、それを一気に開放した勢いで、筏を流したのである（写真6）。流れが速い保津峡を行く直前には、保津村や山本村で、急流用に筏を組みかえ流した。そして難しい保津峡へ乗り出していった（写真7）。

写真３　旧山国村の伐木
旧一号書庫写真資料、京都府立総合資料館蔵

写真４　旧山国村の山出し
旧一号書庫写真資料、京都府立総合資料館蔵

写真５　旧山国村の整木・造材
旧一号書庫写真資料、京都府立総合資料館蔵

写真６　堰にさしかかる筏
旧一号書庫写真資料、京都府立総合資料館蔵

写真７　保津峡を行く筏
竹岡林編『写真集明治大正昭和　亀岡・八木・園部』（国書刊行会、1983）より転載

写真８　旧嵯峨村の筏繋留場
旧一号書庫写真資料、京都府立総合資料館蔵

写真９　旧嵯峨村の浜の製材所
旧一号書庫写真資料、京都府立総合資料館蔵

こうして流された筏は、京都市中や大坂へ行くものもあったが、ほとんど嵯峨・梅津・桂の「三ヶ所浜材木問屋」で揚げられた（写真8）。そして製材所で両端のネソ穴部分を切り落とした（写真9）。切り落とす長さの合計は、およそ一尺。残った一三・二尺（三九九九・六ミリメートル）を建築用材として販売したり、京都市中の材木屋へ売ったりした。〇・二尺は仕上げしろである。また丸太以外に、細かく割いて板材にする場合も多かった。箱など木工用に販売するためで、樹脂製品がない江戸時代には膨大な板材が必要だったのである。

保津川水運の筏は一間＝六尺

藤田は「筏絵図」も示した（図2）。これに「筏壱乗、幅壱間弐尺に長さ三拾間」とあるので、全長三〇間。京間一間＝六尺五寸で換算すると、一九五尺となる。ところが表1の書き込み長さに記してある各筏の長さを合計すると、一六間半＋八〇・五尺。この八〇・五尺を、京間＝六尺五寸の三〇間に相当する一九五尺から引くと、残りは一一四・五尺。これを京間の六尺五寸で割ると一七・五間となり、一六間半とは整合しない。この点について藤田は一間＝六尺で換算している。そうすると、三〇間×六尺＝一八〇尺、確かに各筏の長さ合計一七九・五尺と近似する。つまり保津川水運の筏の一間は、京間の六尺五寸ではなく六尺であった。しかし現場で扱う建築用材は京間だから、ややこしくなるのは明らか。じつはこの点に、一四尺や一五尺の規格と

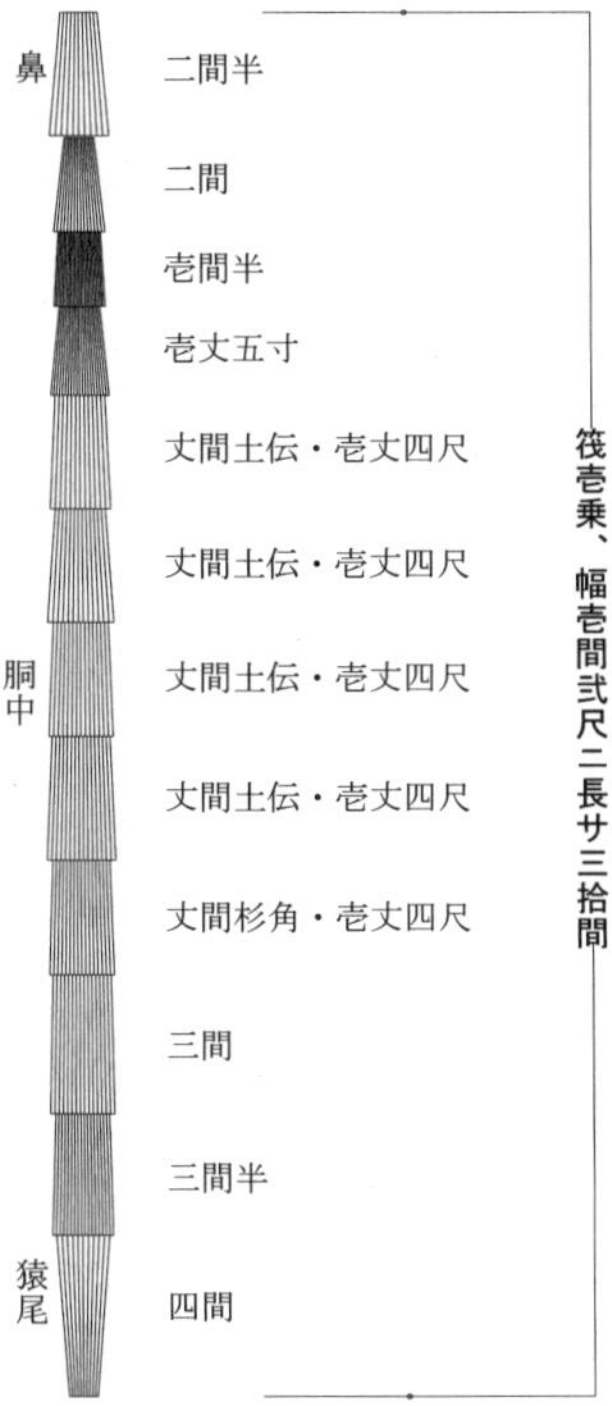

図2　筏絵図
藤田彰典『「木」の文化誌』（清文社、1993）より

表1　筏絵図の書き込み

連	長さ書き込み	6尺換算	mm	本数・木取
鼻	二間半	15	4545	21本
2	二間	12	3636	30本
3	壱間半	9	2727	50本
4	壱丈五寸	10.5	3185.5	40本
5	丈間土伝・壱丈四尺	14	4242	12本・4寸×5寸
6	丈間土伝・壱丈四尺	14	4242	13本・4寸×5寸
7	丈間土伝・壱丈四尺	14	4242	14本・4寸×5寸
8	丈間土伝・壱丈四尺	14	4242	15本・4寸×5寸
9	丈間杉角・壱丈四尺	14	4242	16本・5寸×5寸
10	三間	18	5454	30本
11	三間半	21	6363	25本
猿尾	四間	24	7272	20本
計	16間半＋80.5尺	179.5	54388.5	286本

の関係がみえてくるので後述する。

なお、表1の書き込みから「丈間」は一四尺、「土伝」は角材用丸太、「角」は角材と推定できる。

第三節　筏規模について山方筏荷主と筏問屋の争い

保津川水運の文献史料

保津川水運の関係者は、大きくわけて三者。筏荷主と筏問屋、材木問屋である。

まず山方で筏を編んで流す筏荷主は、一八世紀前半の享保期は五二村、一九世紀初頭の享和期には八四村あった。

つぎに、京都で筏を揚げる「三ヶ所浜材木問屋」は、嵯峨・梅津・桂の浜に三五軒。浜の違いをこえて「仲間」をむすび、市中の「一五ヶ所材木屋」へ売りさばく権利を独占した。そして筏荷主と材木問屋が、筏をあやつる筏師の「指賃《さしちん》」を共同負担した。その筏師には、保津川水運の中継地を管理する筏問屋が、流域農村の百姓を雇用していた。

このような関係から、山方筏荷主や材木問屋は、筏数を減らせる大筏を望んだ。これに対し筏師は、操船の危険が増すから反対し、筏問屋も指賃減少につながるので抵抗した。[一〇] 中でも保津村と山本村の筏問屋は、豊臣政権から「丹波いかたさし」の朱印状を得て、急流が蛇行する保津峡を独占的に運行していたから、[一一]大筏に強く抵抗した。

もっとも、そうは言っても受注を競って黙認することもあり、山方筏荷主、筏問屋、三ヶ所浜材木問屋の三者がからむ争論が京都町奉行所へ持ち込まれ、裁定を受けることもしばしばあった。そこで、これらの争論の史料を、筏規格の観点からみてみよう。

筏関係の史料（一）　延宝九年「筏間数取決証文」[一二]

延宝九年（一六八一）に、三ヶ所浜材木問屋が、保津村と山本村の筏問屋へ書き送った「筏間数取決証文」をみよう。

> 黒田・山国より出申筏、先々は、幅壱間弐尺に長さ弐拾五間に相究《あいきめ》申され候様に存候へとも、近年、筏大きに成、山あい通りかね申に付、奥商人中へ保津・山本問屋中より断これ有候、すなわち奥商人中、申し出られ、問屋衆とかれこれ詮議これ有候へとも、埒明《らちあき》申さず候に付、三ヶ津の商人中罷出、両方に聞届け、問屋衆へ達て断申、幅壱間弐尺・長さ三拾間に究《きめ》申候

それまで筏規格は、幅一間二尺、長さ二五間と決められていた。ところが、山方筏荷主が大筏を編むようになり、保津・山本両村の筏問屋は受け取りを拒否。三ヶ所浜材木問屋も加わる争論となった。そこで延宝九年（一六八一）、幅一間二尺で長さ三〇間を申し合わせたという。藤田が指摘した延宝九年の筏の規模（第二節）で、その姿が筏絵図にあった（図2）。その筏絵図が一間＝六尺だから、この二五間も時期はさかのぼるものの一間＝六尺の可能性が高い。

筏関係の史料（二）　元禄九年「保津村・山本村取替証文」[一三]

つぎに、元禄九年（一六九六）に、山本村の筏問屋が、保津村の筏問屋に書き送った「保津村・山本村取替証文」

をみる。

伊豆守様より、両村へ御召状下され候、それにつき両村返答書仕、元禄九年子の三月十四日・十五日両日御前へ召出され、対決仕候上にて、秀吉公様御直御判・御朱印ならびに亀山御城主様御代の御証文の御書差上げ、保津・山本より嵯峨までの桴《いかだ》下し申事、他所の者のせ申候ためし、往古より御座なく候、段々言上仕候処に、聞召しなされる分、筏の長さ弐拾五間・幅壱尺、杉ばかりの筏、三拾間と仰付なされ相済候、もし究《きめ》の通りより長く候はば、両村にて切残し候へと、御前にて（山方）商人中、請相《うけあい》申候

京都東町奉行の松前伊豆守嘉広から呼びだされた保津村と山本村の筏問屋は、山方筏荷主に対し、豊臣政権や亀山藩主の文書を盾に、保津峡をよその筏師が担当したことはないと主張した。そして、それにそった裁定を受けたのである。どうやら山方筏荷主は、大筏を自分たちで三ヶ所浜まで届けたかったらしい。しかし認められなかった。そして筏は、全長二五間・幅一間二尺、ただし杉筏は三〇間（延宝九年と同じ）と定まり、こえる部分は切断してもよいと山方筏荷主が認めたのである。

筏関係の史料（三）　宝永四年「筏着け増銀争論訴状写」(一四)

続いて、宝永四年（一七〇七）に、山国村々が京都町奉行へ提出した訴状を「筏着け増銀争論訴状写」にみる。

惣村の百姓共、山かせきに材木を仕、筏に組立、大井川筋を指下し、すなわち亀山にて御公儀様御運上差上げ申、嵯峨・梅津・桂・大坂までも指下し売払、御公儀様御年貢御上納仕来り候、山国より嵯峨・梅津・桂・大坂まで川道法《かわみちのり》遠く御座候故、保津村・山本村弐ヶ村に問屋致させ筏預け、それより嵯峨・梅津・桂まで賃銀を出し、筏着させ候……山国より川

筋筏指下し申儀は、八月十五日より四月八日までに御きめ御座候

山方筏荷主が町奉行所へ、筏問屋による指賃の増額要求を不当と訴えた文書である。文面から、筏は山方筏荷主が編んで流していたが、保津村・山本村から三ヶ所浜材木問屋までの間にある保津峡だけは、両村の筏問屋が雇用した筏師が担当していたことがわかる。また筏流しの時期は、八月一五日から冬をはさんで四月八日と定めている。

筏関係の史料（四）　享和元年「切れ筏賃銀差出願書」（一五）

筏規模を取り決めた元禄九年から一〇五年後、享和元年（一八〇一）にも、筏荷主と筏問屋の間で筏規模の争論があった。

去申年（寛政一二庚申年一八〇〇）以来、奥筋八十四ヶ村惣代のもの共より、保津・山本二ヶ村問屋共相手取、筏間幅、長短、切れ筏、増銀等の義に付願い奉り、論中とても筏通行差滞《とどこおり》候……私共百五十人のもの共は、奥筋山持八十四ヶ村ならびに保津・山本二ヶ村問屋共とは違ひ、其日送の働き人の義にて……

これだけでは、決着した内容はわからない。が、文面から筏師が筏問屋の常雇いでなかったことは読み取れる。そして争論の示談内容は、次項にあげる享和三年（一八〇三）の「乍恐済状」に記されている。

筏関係の史料（五）　享和三年（一八〇三）「乍恐済状」（一六）

丹州桑田郡・船井郡・城州愛宕郡共、都合山方八拾四ケ村より大井川筋へ差下候筏、全長・幅共賃銀の義に付争論におよび、同州桑田郡保津村・山本村問屋共相手取、寛政十弐申七月二日、御訴訟申上候所、右出入御聞かかりに相成、其後、追々

御理解等仰聞なされ候に付、段々対談におよび、すなわち元禄年中より享保までの筏全長・幅へ立戻り、杉・檜筏、全長三拾間・幅壱間弐尺、松・栗・雑木筏、長弐拾五間・幅壱間弐尺右にしたがい候、杉檜筏全長五間を幅へ廻し……筏全長、幅、賃銀、相きめ候事、左の通に御座候

一、杉・檜筏、全長六尺棹にて弐拾五間・幅六尺五寸棹にて壱間四尺、ただし、幅壱間四尺は筏胴中幅也、鼻・猿尾は胴幅に応じ格好致すべく候、長さ弐拾五間は杉弐間半、一丈五尺物にて拾連に准ずべく候

一、松・栗・雑木筏、長さ六尺棹にて弐拾五間・幅六尺五寸棹にて壱間弐尺、ただし、幅壱間弐尺は筏胴中幅也、鼻・猿尾は胴幅に応じ格好致すべく候、長さ弐拾五間は弐間松、壱丈五尺物にて拾連に准ずべく候

町奉行所は、杉・檜筏は全長三〇間、松・栗・雑木筏は全長二五間、幅一間二尺と裁定した。そしてこれらを、元禄～享保期に「立戻」とする。しかし、元禄九年（一六九六）の裁定では杉筏だけが三〇間で、ほかは二五間であった。檜筏まで三〇間に「立戻」とした理由はわからないが、元禄～享保期に檜筏も三〇間になったのは、この争論の後であった。背景には、町家における檜利用の増加があったのかもしれない。その点はあるが、保津川水運の筏は、次の変遷があったことになる。

- ～延宝九年（一六八一）　幅一間二尺・全長二五間（一間＝六尺）
- 延宝九年（一六八一）～　幅一間二尺・全長三〇間（一間＝六尺）
- 元禄九年（一六九六）～　幅一間二尺・全長二五間、杉筏全長三〇間
- 元禄期～享保期（一八世紀）　杉のほか檜筏も全長三〇間
- 享和三年（一八〇三）～　杉・檜筏　幅一間二尺・全長三〇間、松・栗・雑木筏　幅一間二尺・全長二五間

なお示談書は、杉・檜筏は全長三〇間で幅一間二尺、松・栗・雑木筏は全長二五間で幅一間二尺へ「立戻」としながら、文中に、杉・檜筏は三〇間のうち五間分を「幅」へ「廻」す、とある。山方筏荷主と両村筏問屋が、町奉行所の裁定後、裁定とは異なる内容を申し合わせたのである。その内容は、示談書の後文に記されている。

- 杉・檜筏…………全長二五間　幅一間四尺
- 松・栗・雑木筏…全長二五間　幅一間二尺
- 桐筏……………全長二〇間、幅一間二尺

杉・檜筏は、裁定から全長を五間短くして二五間、幅は二尺ひろげて一間四尺。松・栗・雑木筏も二五間なので、これ以前から記録にあった樹種の筏は、すべて全長二五間でそろったことになる。なお、初登場の桐筏が五間短い理由は、よくわからないが、やわらかさゆえか。

そして「間」は、文中の「六尺棹」より一間＝六尺だから、二五間＝一五〇尺＝四五・四五メートルである。

このほか、杉と檜筏は、二間半＝一丈五尺の杉丸太一〇本分に「准」じる、との記述がある。保津川水運の筏は細かくわけると三〇種以上もあったことが指摘されているが、材木の長さも多様であった。それでも二間半＝一丈五尺＝一五尺の杉丸太が基準であることは、それが普通の丸太であったことを示し、筏絵図（図2）でも鼻にある。その長さが「丈五」と一致する点は、後述する。

続いて松・栗・雑木筏も全長は同じ。その中で松材の「弐間松、壱丈五尺物にて拾連」が注目される。二間＝一丈五尺だから、松一間＝七尺五寸。先にみた基準換算値の一間＝六尺ではない。どうにも奇妙なので、亀岡文化資料館寄託の『保津五苗財団所蔵文書』（一七）に原文書を確認したが、間違いない。同じ内容を記す日吉町の『伊藤家文書』（一八）も、杉に関する部分は欠損しているものの、「弐間松一丈五尺物」は確認できた。したがって松の換算値は、京間はもち

ろん、杉とも異なっていた、と考えざるをえない。そうすると筏絵図（図2）は杉筏であったことになり、「丈間杉角」の書き込みと整合する。

つぎに幅について。町奉行所の裁定を五間短くして、幅二尺分に廻すという変更には、二種類の間棹が用いられている。すなわち長さの「六尺棹」と、幅の「六尺五寸棹」である。後者の一間＝六尺五寸の換算値は、これ以前の保津川水運史料に見当たらないので、長さを幅へ廻すという変更にともなって導入された可能性が高い。この点をふまえて、面積を確認してみよう。

まず、短くする五間分の面積は、五間×六尺＝三〇尺＝九・〇九メートルに、幅一間二尺＝六・五尺と二尺をあわせた八・五尺＝二・五七五五メートルを乗じて二三・四一一三平方メートル。筏全長二五間×六尺＝一五〇尺＝四五・四五メートルで割ると、〇・五一五一メートル＝一尺七寸となる。変更分の二尺に近似しており、「廻」すという表現は妥当である。もちろん厳密にいえば、三寸長い二尺では運搬量が若干多くなるが、大筏にしたい筏荷主と材木問屋が、長い筏はいやな筏問屋と折り合った結果だったのだろう。

以上から保津川水運の筏規格は、以下の点を考慮する必要がある。

- 長さの一間＝六尺
- 幅の一間＝六尺五寸（享和三年に導入された可能性が高い）
- 杉丸太　長さ二間半＝一五尺が基準∴一間の長さ＝六尺
- 松丸太　長さ二間　＝一五尺が基準∴一間の長さ＝七尺五寸

第四節　三ヶ所浜材木問屋の材木基準

嵯峨・梅津・桂の三ヶ所浜材木問屋は三五軒。彼らは京都一五ケ所材木屋へ、丸太や板材などを売りさばく権利を独占した。このうち、梅津の材木問屋、立入伊兵衛家（序章―写真18）に残る『林家文書』より、天保一三年（一八四二）の「就御尋口上書」（一九）に、「此度御触流に付、値段引下げ居候やの御尋」とある。復古調の天保改革にともなって、町奉行所から材木価格の値下げを命じられた伊兵衛が、その履行を問われて報告した文書である。これを見ると、材種、形状、名目長さ、実長を記し、それぞれ上・中・下の価格を二種類あげている。これは文中の「文化三四年の頃より材木商売相始」より、文化三年（一八〇六）以降の価格と、天保改革による値下げ価格を併記したためである。ここに一例をあげた上で、内容を表2にまとめる。なお檜材がないのは、改革の倹約基調の影響だったのかもしれない。

一、杉弐間半丸太　壱本に付、ただし長壱丈四尺これあり候
　上 弐匁九分　中 弐匁七分　下 弐匁弐分
　上 弐匁八分　中 弐匁五分　下 壱匁七分

表2をみると、名目長さと実長が異なる場合だけ、ただし書きがある（表内の「但書実長」）。よって、ただし書きがないのは、名目長さと実長が同じなのであろう。この点をふまえて丸太材をみると、杉丸太の①②は、名目長さが実長である。

一方、名目長さに「間」が付く杉丸太の③④⑤⑬は、ただし書きがある。そこで、享和三年の示談書を元に、杉一間＝六尺で換算すると、実長が一尺短い。松丸太の⑪も、示談書の松一間＝七尺五寸で換算すると、実長は一尺短い。一尺はネソ穴の切断長さ（第二節）と一致するので、名目長さはネソ穴分も含む筏規格と判断される。そして換算値は、杉一間＝六尺、松一間＝七尺五寸、実長は材木問屋でネソ穴を切断した結果と考えられる。⑨⑬の丈間材が、筏絵図（図2）の丈間土伝や丈間杉角にみた一四尺より一尺短い理由も、同じであろう。

ちなみに、筏を組む材木に一四尺二寸という記録が多いのは、部材の両端に一寸ずつあった仕上げしろがあるから

表2　梅津材木問屋史料の内容

	材	名目長さ	尺換算	但書実長	差切縮	上値段 値下げ前
①	杉丸太	8尺	8尺			0.65匁/本
②	杉丸太	1丈	10尺			1.1匁/本
③	杉丸太	次2間	12尺	11尺	1尺	1.8匁/本
④	杉丸太	2間半	15尺	14尺	1尺	2.9匁/本
⑤	杉丸太	3間	18尺	17尺	1尺	3.9匁/本
⑥	杉角尺〆	2間		13尺		36匁/本
⑦	栗丸太	1丈	10尺	8尺	2尺	2.1匁/本
⑧	栗丸太	次2間		10尺		3匁/本
⑨	栗丸太	丈間	14尺	12尺		4.9匁/本
⑩	栗角	1丈3尺	13尺			5.2匁/才
⑪	松丸太	2間	15尺	14尺	1尺	5匁/本
⑫	松角	2間				4.6匁/才
⑬	杉丸太丈 間土傳	丈間		13尺	1尺	0.2匁/才

（第二節）。これはかんな掛けで削ったり加工したりする分なので、材木問屋の史料にはあらわれない。

続いて、丸太材の③⑧は「次」の字があり、最短規格の二間に足りない材を「継」いだ可能性がある。また、栗丸太⑦⑧⑨のうち、⑦が一丈＝一〇尺で実長八尺、⑨が丈間＝一四尺で実長一二尺で、曲りが強い栗丸太は両端を一尺ずつ落とすらしい。そうすると次二間の実長が一〇尺だから、元は一二尺。よって栗材は一間＝六尺となる。享和三年示談書では、松・栗・雑木筏がひとくくりにされていたが、松の一間＝七尺五寸とあわない。このあたり、さらなる史料の収集が必要である。

このほか、⑩⑫は角材であるが単位は「才」。「才」は、一立方尺材か、板材の単価とされるが、値段からして板材であろう。そして⑫の二間は、京間の可能性がある。なぜなら、⑥の「杉弐間角尺〆」が、名目長さ二間なのに長さは一三尺、つまり京間二間分だから。そして「尺〆」は一二立方におおよそ製材するもので、⑫も製材されるものだからである。両者は三ヶ所浜材木問屋での製材が共通した可能性が高く、それが京間に変換される機会になったはず。他方、未製材のまま京都市中へ出回る丸太材は、筏規格を残すことになるので、その扱いは後述する。

なお、筏絵図の丈間杉角は角材のはずであるが（図2）、長さは丸太の丈間土伝と同じ一四尺なので、筏組み前の杣取（山方での粗い製材）のままと推測される。三ヶ所浜材木問屋でネソ穴を切断後、京間に変えられたのであろう。

第五節　京都市中の材木屋注文書と大工の木寄書

京都市中一五ケ所材木屋は、三ヶ所浜材木問屋や他産地の丸太をそのまま、あるいは建築用材・板材に加工して販売した。この点をふまえて、下京の真町（下京区真町）で薬種業を営む亀屋が、文化二年（一八〇五）に借家普請を行った際の『材木注文帳』(二〇)を取り上げる。これに記された建築費用の詳細は第一四章で取り上げるとして、この借家は、桟瓦葺の厨子二階、間取りは片土間・床上三室。敷地奥に湯殿・雪隠・物入を置く、典型的な江戸時代の京都の町家である。

建築を請負ったのは大工の「平八」で、彼が京都市中材木屋の「升屋」へ建築用材を発注した。その升屋が値入した注文帳に、手間や金物代などを書き加えて亀屋へ提出したのが『材木注文帳』。そこから関係分を抽出したのが、表3である。

まず冒頭の「表角柱」が、軒柱。軒の高さを規定する柱で、一丈五尺は丈五。そして丈五より約二〇パーセント安い価格で、丈四の価格も併記されている（表中右端欄（　）内）。この併記が、流通規格としての丈五と丈四の存在を示している。また『材木注文帳』は、ほかの項目にも、軒柱を丈四にした場合の価格を併記している。それは、単に軒の高さを一尺低くすることではなく、屋根の勾配《こうばい》（傾き）は変えずに、全体を一尺低い建物にした場合を意味している。それが見積比較の対象であった。

そのうち丈五は、筏規格の一間＝六尺で換算すると二間半になる。そこで表3をみると、「本二間半」の側柱がある。ほかの側柱も、本何間と記されるが、この本間とは何だろうか。

表３ 『材木注文帳』の内容

名称	材	数	記入長さ	記入断面	単価・匁
表角柱	檜	3本	1丈5尺	4寸8分角	26.3(21.3)
表下立	檜	1本	7尺5寸	4寸8分角	11.5
取置柱	檜	1本	7尺5寸	3寸5分・4寸8分	10.2
小こく	檜	1本	2丈5寸	5寸角	37.5
大黒	檜	1本	2丈5寸	6寸角	48
下り柱	栂	1本	4尺5寸	4寸角	8
れんじ	松	1丁	2間	4寸・1尺3寸	31.2(23.8)
れんじ	松	1丁	2間	4寸・1尺2寸	28.8
ささら	松	5丁	2間	3寸6分・7寸	11.8(9.44)
仕切引	松	1丁	2間	3寸・4寸	10.8
仕切引	松	1丁	2間	3寸5分・4寸	12.6
ささら	松	4丁	1間	3寸5分・6寸	2.5
側柱	杉	9本	本2間半	丸太	3
側柱	杉	10本	本3間	丸太	4（3.08)
側柱	杉	8本	本3間半	丸太	5.5(4.125)
棟柱	杉	2本	本4間	丸太	7.5
附属棟	杉	16本	本2間半	丸太	2.76(2.36)

注：右端の価格（　）内は軒柱を丈四にした場合の価格

この点について、慶長二年（一五九七）に土佐国（高知県）の長宗我部元親が、城下町の大高坂《おおたかさか》を整備する中で定めた『長宗我部元親百箇条』[一二]に、「城普請、其他何によらず本間六尺五寸間たるへし」とある。つまり、本間は六尺五寸が換算値、つまり京間と同じである。豊臣や徳川の城郭普請にも関与した平内《へいのうち》政信が慶長一五年（一六一〇）に著した『匠明』より『諸記集』にも、一間＝六尺五寸とある。

それでは、なぜ平八は本何間と記したか。

丸太材は、三ヶ所浜材木問屋の販売時には、間＝六尺などの筏規格を残していた（第四節）。一方、京都の大工は、京間で建築用材を扱うのが当たり前。わざわざ本何間と記す必要はない。そうすると、筏規格を京間へ変換する作業は、京都市中材木屋の製材時ということになる。それでも平八や升屋が本何間と記したのは、筏規格の一間＝六尺ではなく、六尺五寸であることを確認した、と見るべきであろう。実際に取り違えがあったかどうかはわからないが、とにかく本二間半は実長一六・二五尺であり、筏規格の二間半＝一五尺＝丈五ではなかった。おそらく升屋は、三ヶ所浜材木問屋から筏規格三間＝一八尺の丸太材を購入し、切断して本二間半に、つまり本間＝京間に変換して販売したと思われる。

以上、丈五と丈四は価格が異なる流通規格であり、建物全体の大小に関わる見積比較の対象であった。また京都の大工は京間で建築用材を扱うので、筏規格は三ヶ所浜材木問屋で、そこを通過した場合は京都市中材木屋で、京間に変換された可能性が高い。そして製材後の二間半すなわち本二間半は、実長一六・二五尺。丈五や筏規格の二間半とは異なるものであった。

第六節　筏規格と京間の関係

流通規格が確認できる時期

筏を組む材木の中で良材は丈間土伝であるが（第二節）、表1の丈間杉角も同様の良材であろう。

これらの良材が建築用材になった経緯は、植林規格の一五尺で伐木→筏組み場で一四尺程度に整木→筏では中央の胴中に編まれて筏流し→三ヶ所浜材木問屋でネソ穴分を切断→一三尺＋α。つまりそれが、京間二間の建築用材と仕上しろである。そして一三尺は、六尺三寸の京間畳二枚と四寸柱の合計に一致するから、座敷をかこむ「れんじ」（差鴨居）や「仕切引」（敷鴨居）に適した流通規格である（表3）。

これを京都の町家遺構と照らしあわせると、宝永大火（一七〇八）前という京都市内最古級の瀬川家住宅（第九章）や西国街道宿場町の須田家住宅（第三章）、大火直後の堀井家住宅（京都市上京区六番町）、鞍馬という洛外山村ながら町家の姿をもつ宝暦期の瀧澤家住宅（左京区鞍馬）、いずれも床上部分の化粧構造材は京間二間である。この京間二間材こそ、町家の規格化と密接な関係にある保津川水運の筏規格（人口植林規格の一五尺）であった。

それでは、このような関係はいつからのものか。

前述のように、江戸時代中期に流通規格の成立を指摘する向きもあるが、江戸時代前期の寛文五年（一六六五）の『京雀』[二二]が、京都に「おなじやうなる家つくり」を伝えている。その三年前の寛文二年（一六六二）の京畿大地震の実録『かなめ石』[二三]にも、「家くづれて落ちかかる、差物長押・鴨居に頭を打ちわられ」とある。この「差物長押・鴨居差物」こそ『材木注文帳』の「れんじ」に相当し、京間二間材であった可能性が高い。そして京間が本間物と同じ一間＝六尺五寸であることから、掘立柱で平屋にみえる中世の町家が、城郭大工の関与で明らかな本二階建てがあらわれるなど建築的に発達した時期、ちょうど戦国時代末期から安土・桃山時代に導入された可能性が高い。それをうけて人口植林規格も、一七世紀ごろに現れたと考えられる（第一節）。

安曇川水運の史料にみる良材

それでは、江戸時代の保津川水運の筏は本当に、京都の町家の軒高を規定したのか。

丈五＝一五尺は、筏規格（一間＝六尺）では二間半であるが、筏組みされていればネソ穴分を含んで一六尺、筏規格なら二間四尺である。しかし、筏絵図や三ヶ所浜材木問屋の史料に、この数値は見当たらない（表1・表2）。

丈四＝一四尺は、筏組みされていればネソ穴分を含んで一五尺、筏規格では二間半である。筏規格の二間半は、一〇本分が筏全長の基準とされたように普通の材で、筏絵図でも鼻にあった（図2）。もっとも鼻は、藤田が「小木で二重に編む特殊な一枚」としたように、表3の「表角柱」のような良材（檜四寸八分角）ではない。天明大火（一七八八）直後の建築史料をみても、町家の軒柱は、四〜五寸角の丈四や丈五が多く用いられており、原材料は丈間土伝や丈間杉角のような良材だったはずである（当時、檜は町奉行所が御所再建に利用を限定した）[二四]。このため、三〇種以上もあったという筏の中に、そのように長大な良材をはこぶ筏もあったと考えざるをえない。しかし確認しようにも、昭和二一年（一九四六）に筏流しが廃され、昭和二六年（一九五一）の世木ダム完成[二五]で保津川水運自体が消滅してから、もう半世紀がすぎている現在では、この点を明らかにする史料が、保津川水運に関してはみあたらない。

そこで、山方の山国・黒田村々に隣接した山城国久多（京都市左京区久多）の『士堅家文書《しだて》』(二六)をみたい。これは明治期の史料群であるが、三間や三間半、四間という長尺で、五寸〜一尺二寸角という大径口、檜や杉の「士伝」（丈間の文言は見当たらない）の生産を示す史料が確かにある。そしてこれらは、安曇川を筏流し→琵琶湖疏水開削までは大津浜へ湖上輸送→宇治川を筏流し→鴨川を遡上して京都市中の材木屋へ販売された（図1）。江戸時代にも、同地の材が京都へ運ばれた可能性は十分あるし、したがって隣接する山国・黒田村々でも、同様の材を産出して保津川水運が運んだ可能性は否定できない。いやむしろ高いといえる。

しかしそれでも現時点では、江戸時代の保津川水運の筏規格と、京都の町家の軒高の丈五や丈四の間に、直接的な関係は確認できない。確認できるのは、京間二間＝床上の京間畳二枚分＋四寸柱一本分である。その意味で京都の町家との関係は確かであるが、厨子二階に関わる軒高に限ってみれば、規定したとは断定できない。

丈四や丈五の出現経緯

それでは視点を変えて、丈四や丈五はどのようにして、建築の流通規格になったのか。

京都への丹波材の流入は、平安京の造営にはじまる。そのときから筏は一間＝六尺が換算値であったと考えられる。なぜなら、律令の施行細則である三大格式のひとつ、一〇世紀中ごろの『延喜式』(二七)に規定されたのが一間＝六尺だから。これに対し、京間や本間につながる曲尺の六尺五寸は、日本建築の室内に畳の敷きつめが進行した一五世紀末に、規格化したものとされている(二八)。

そうすると、一二世紀後半の『年中行事絵巻』にみる桟敷（第一章・図3）も、一間＝六尺の用材で建築された可能性が高い。そして、それらの建築用材は、一三世紀末期の『一遍聖絵』にみるような筏（第一章・図16）で運ばれたであろう。そのとき、筏規格では普通材の二間半＝一五尺からネソ穴を切り落とすと、一四尺が軒柱になる。そのまま穴を残したり、穴に埋木をして土台や礎石に立てれば、一五尺の軒柱にもなる。もっとも中世の小家や桟敷（第一章）は掘立てであったが、そうしたとしても平屋も厨子二階も可能な軒高になる（第七節）。

そうすると、戦国時代の中世『洛中洛外図』屛風において、外観が平屋にみえる町家も、天井裏に収納空間をもつ厨子二階であった可能性がうまれる（第一節）。そこに、安土・桃山時代になって豊臣政権が二階建て命令を出すと、どうなるか。建てなおすのは大変だから、とにかく庇をつけて外観は二階建てを強調する選択肢があらわれる。結果は庇がついた厨子二階となる。

また、当時の二階建ての増加には、城郭大工の関与が指摘されている。(二九) そして平内政信が『匠明』に記したのも、『長宗我部元親百箇条』にあるのも、一間＝六尺五寸の京間つまり本間である。そのとき筏規格にとっての普通材である二間半＝一五尺には別の呼称が必要になる。なぜなら京間や本間の二間半は一六・二五尺だから。そこで区別するため、尺に注目すると、丈五になる。そしてさらに、一尺低い見積対象としての一四尺が丈四となる。まずもって古代～中世に一間＝六尺を用いる筏規格が存在し、それが近世京都の流通規格に残って、町家の軒高を規定する軒柱の見積比較の対象となった可能性があるので、次節から史料をみていこう。

ちなみに表3で、長さに注目すると、丈五は丈四の七パーセント増である。しかし価格をみると二三パーセント増。そこで切断前の二間半と三間を想定すると、長さも二〇パーセント増となって価格差とほぼ整合する。偶然かもしれないが、参考までにあげておく。

なお『京都の町家と町なみ』の第一章「京都の町なみをととのえたのは」では、筏絵図を丈間筏とし、一五尺筏の連結を鼻木筏とし、一間＝六尺五寸で換算した。しかし研究を進めた今、ここまで記したように保津川水運は一間＝六尺の基準があり、鼻木筏は先端に小木を二重に編んだ筏、丈間材を集めた胴中の筏が丈間筏であったと考える。本書に記して訂正させていただきたい。

第七節　文献史料にみる庶民の二階建て

史料にみる庶民の二階建ては、『吾妻鏡』[三〇]より文治二年（一一八五）五月の条が古い。それには、和泉国（大阪府南西部）の報告に「備州は逃れ、後の山に到り、ある民家の二階の上に入る」とある。また京都では、『八坂神社記録』より応安四年（一三七一）九月二一日の記述に、町人がいとなむ宿屋が「湯より半町、東に谷という所、南頬《みなみつら》二階を撰」とある。[三一]

それから後も、次のような例が指摘されている。[三二]

① 『経尋《きょうじん》記』[三三]：興福寺別当の経尋が、大永二年（一五二二）六月の条に「逍遥院より下、四条の町屋、二階より七日の分見物」と記している。四条の二階建ての町家から、祇園祭を見物できたことがわかる。

② 『耶蘇会士通信』[三四]：天文一八年（一五四九）一〇月の条に、京都は「市には九万六千戸ありと称し、これを見たるポルトガル人らは皆リスボンより大なりと言へり、家屋は皆木造にして、我が家屋と同じく数階を有す」とある。

③ 『耶蘇会士通信』：永禄八年（一五六五）三月条に、争乱を避けたイエズス会の神父が、堺の町家を「日も月も入らざるはなはだ暗き二階」に入って「何人も登らざる為に梯子《はしご》を取り除いた」と描写している。

④ 『言継《ときつぐ》卿記』[三五]：永禄一二年（一五六九）八月二日の条に、京都の状況が「以外の大風、旅宿のやね破却、すなわち西隣の二階へ移りおわんぬ」とある。

⑤ 『耶蘇会士通信』：天正五年（一五七七）に宣教師が京都において述べた言葉として、「若し高き二階を造ること好ましからずば、都の諸家屋に造りたる二階をことごとく破壊せしむべし」とある。

⑥ 『石山本願寺日記』[三六]：天文五年（一五三六）の条に、「町人の宿へ片衣一つにて走入、二階へあがりて居たる間、其宿

へ是衆行、二階へ麦をかりて置たる中にかがみ居たる所……」とある。

全国の中世都市を研究した原田伴彦は、「町家に二階がつくられても、それは多く問屋・旅宿などの一部の上層町人の間のことで、一般には二階があったとしても、納屋や物置用に使用するいわゆる厨子二階」[三七]と述べた。これをふまえて①~⑥をみると、確かに京都の町家は、一四世紀には二階建てがあって、一六世紀にはかなり普及していたことになる。

ただしその二階は、多くが物置として用いられ、③においては窓がなく階段もない。ちょうど厨子《ずし》のようであった。厨子とは、一二世紀の『今昔物語』[三八]に「御傍なる二階の厨子に、錦の袋に入れてぞ置かれたり」とあるように、厨子という収納箱や収納棚の厨子棚というに由来する。昭和四四年（一九六九）の京都市内の町家調査報告書[三九]でも、町家の低い二階に「つし」の呼称と物置としての利用が報告されている。天井の低い二階の収納空間が厨子と記され、「つし」と呼ばれたのである。そしてさらに、厨子二階は天井の低い二階をいい、さらに軒高が低い表構えを指すようになった。

もっとも江戸時代の『守貞謾稿』[四〇]には、同じ表構えが「中二階」とある。そして『隔冥記』[四一]の寛文三年（一六六三）の条に「御茶は中二階にて」とあり、お茶事をするのは居室利用が可能な空間と考えられる。そうすると中二階と同じ厨子二階も、用途を物置には限定できない。たとえば一五世紀に一休宗純禅師は、『狂雲集』[四二]に京都の風俗を「街坊の間、十家に四五は娼楼なり、淫風の盛んなる、亡国にちかし」と記した。「娼楼」とは娼妓のいる楼閣の意味で、それが街坊つまり町中にあるのを憂えているのであるが、その営業場所も二階。そして建物は厨子二階の可能性があるので、次節で絵画史料をみてみよう。

第八節　中世絵画史料にみる二階建て町家

中世絵画史料に外観平屋で厨子二階が存在する可能性

原田は中世絵画史料にみる町家を、「構造も極めて素朴で、例外なしに平屋で、二階はほとんど見受けられない」と観察した。平屋が大勢であり、二階建てはわずか、としたのである。ただし、その二階建ては、外観において明確なものを指す。具体的には、二階表の開口が二階の居室利用を示すもの、あるいは通庇があって複数階を示すもの、この二種類である。

図３　外観が平屋の町家の中に、明確な二階建て
（上杉本『洛中洛外図』屏風、米沢市上杉博物館所蔵）

これらの二階建てが、戦国時代の歴博甲本『洛中洛外図』屏風では三八〇棟の中に六棟。天文・法華の乱をへた上杉本『洛中洛外図』屏風では三〇〇棟の中に一三棟ある。（四三）割合としてはきわめて小さく、絵画史料で本二階建てが町中で屹立し、目立つようになるのは安土・桃山時代に入った福岡市博物館本『洛中洛外図』屏風（第五章―図2）や、「元秀」印『洛中洛外図扇面』の「町並」（四四）図を待たねばならない。それまでの中世絵画史料では、おしなべて高低差が小さいのである。

ところが文献史料は、二階建ては一四世紀から存在し、一六世紀前半にはかなりの普及を伝えている。そうすると絵画史料での二階建ての普及は、文献史料から約一世紀も遅れることになる。これはいったい、どういうことなのか。

じつはこの点は、絵画史料で平屋と観察される町家の中に、二階建てが存在すれば説明できる。それには、外観が平屋なのに、内部に低い二階を重ねた町家、つまり厨子二階が候補になる。そこで上杉本を見直すと、外観が明確な二階建てと、外観は平屋の町家が、棟や軒先をそろえるところがある（図3）。高さがそろっているのである。

畠山辻子の厨子二階

ここで一休さんのいう「街坊の間、十家に四五は娼楼」を参考にして、「娼楼」の外観を観察してみよう。京都の遊里は、中世が終わる一六世紀中ごろあちこちに散在していた。が、朝廷の許可を得て遊女と客を取り持つ「仲人」が、一五世紀後半の応仁・文明の乱で消滅した畠山邸跡の辻子を拠点とするようになり、その場所が畠山辻子と呼ばれた。(四五)

その後、五条東洞院に遊里が生まれたが、それを天正一七年（一五八九）ごろに豊臣政権が二条柳町へ、慶長七年（一六〇二）には六条三筋町へ移した。さらに寛永一八年（一六四一）には、徳川政権の京都所司代が、西新屋敷へ移した。その引っ越しのあわただしさが、島原の乱になぞらえられて、島原と呼ばれるにいたったのである。

そして所司代は、寛永一九年（一六四二）に、市中の遊里や風俗営業を規制した。(四六)町家にも、周辺眺望や二階座敷を規制した。元禄一〇年（一六九七）には、風呂屋に「二階座敷を構候儀、遊女にまぎらわしく相聞え二階座敷無用」と命じた。風俗営業の場所とまぎらわしいとし、二階座敷を規制したのである。(四七)このとき「勝手物置の儀は苦しからず」としたのは、二階の「勝手物置」が風俗営業ではないことを示す建築表現だったから。具体的には、二階表が土塗格子や出格子の閉鎖的な開口であるか、壁にする厨子二階である。そうすると、建築規制以前の風俗営業と二階座敷の結びつきは明らかで、近世文学でも遊里の遊びに通じた者が「二階座鋪の尊きに通ず」、出入禁止が「二階をとめねば、どふもすみんせん」などと記されている。(四八)

これらをふまえて歴博甲本や上杉本に畠山辻子をみると、「はたけ山の津し上ら」＝畠山辻子の上臈《じょうろう》という娼婦が客を引く様子がある（図4、図5）。そこに明確な二階建てはない。ほかの街区と同様に外観平屋の町家がならび、むしろ画中では低い街区である。そこに二階座敷があるなら、二階表に開口がない厨子二階を考えざるをえない。

それに当時は、町人が短冊形敷地を確保する豊臣政権の京都改造よりもずっと前だから、裏地は自由に使えない。そこで収納空間を求めると天井裏＝厨子であり、建物は厨子二階となる。従来、中世絵画史料で平屋と観察されてきた町家の中に、じつは厨子二階がふくまれていたのである。江戸時代初期にあたる元和期の林原美術館本（旧池田本）『洛中洛外図』屏風に、高名な遊里の六条三筋町をみても、二階表の一部にしか開口がない町家が多い。庇がない建物もあるが、営業の性格からして、これらはすべて厨子二階であろう（図6）。

図4　畠山辻子

（歴博甲本『洛中洛外図』屏風、国立歴史民俗博物館所蔵）、京都国立博物館編『洛中洛外図――都の形象　洛中洛外図の世界』（淡交社、1997）より転載

図5　畠山辻子（上杉本『洛中洛外図』屏風）

米沢市（上杉博物館）所蔵

図6　六条三筋町

（林原美術館本『洛中洛外図』屏風）

前掲、京都国立博物館編『洛中洛外図』より転載

第九節　軒高の規定要素に関するモデル的検討

厨子二階のモデル的設定

外観は平屋で、内部は厨子二階。このような構造が、棟割長屋の住戸にも戸建てにもあり、いずれも両側通りに柱列があった（第三章）。そして片土間と床上部分の境の壁にも柱列があったはず。この柱列と床上部分外壁の柱列を梁でつなぎ板を張れば、一階では天井になり、二階では床組となる。

一方、片土間の上部は、やはり側通りの柱列と土間境と壁を結ぶつなぎ梁があったが、床は張らない吹き抜け（「火袋」）。お竈土《くど》さんから立ち上る煙にそなえたから。そして火袋には、つなぎ梁の上に束と貫を組み上げることがある。ただし幕末から明治期の町家遺構に多くみられるもので、「準棟纂冪《じゅんとうさんべき》」(四九)や「順堂算地《じゅんとうさんち》」(五〇)という大工用語があった。棟の形状にあわせて、算木を重ねるように部材を重ね置く、という意味で、いかにも吹き抜けをしっかり支えるようである。京都に限らず、大阪の旧緒方洪庵宅・適塾（序―写真2）の片土間の火袋にもみることができるのであるが（写真10）、実は構造的には不可欠なものではなく、むしろデザインと言っていい。(五一)だから簡単な構造もあるし（序章 - 写真27）、江戸時代前期の洛中西京の瀬川家住宅では、一間幅の側つなぎの上に細い梁を渡し、薄い貫を二段だけ通した細い束で母屋や棟木をささえている（第九章 - 写真5）。もっともこれは板葺の頃の簡素な小屋組の姿を残しているのであるが。

以上をふまえて、ここで外観平屋の厨子二階の高さを、モデル的に検討してみよう。

・軒高…歴博甲本や上杉本の町家の軒高は、画中人物と比較すると低いもので三メートル程度。二階建てと棟高をそろえる町家は四メートルほど。町家遺構でも、西陣の堀井家住宅（写真11、一八世紀前期、上京区六番町）が、軒高三三二四ミリメートル（一〇・九七尺）。所司代の支配が京都と共通する大和国奈良の井岡家住宅（写真12、一七世紀末期～一八世紀初頭、奈良市下高畑町から川崎市立日本民家園へ移築、第六章写真7）が三一〇一ミリメートル（一〇・二三尺）なので、モデルは三一〇〇ミリメートルと設定する。

・基礎…棟持柱構造には掘立てか土台立てとの指摘があるが(五二)、安土・桃山時代の発掘遺構に土台立てが指摘されるので(五三)、小規模は掘立て、最大級は土台立てと設定する。

・床高…奈良近郊の井岡家住宅は床高（地面から一階の床までの高さ）四七〇ミリメートルであるが、京都では山間部にあたる鞍馬の瀧澤家住宅（一八世紀後半）に近い。そこで堀井家住宅の三三一ミリメートルや瀬川家住宅の三八五ミリメートルを参考に三九〇ミリメートルとする。

・屋根勾配…井岡家住宅は四・七寸（水平長さ一〇と高さ四・七の比率で生まれる傾き）であるが、当初は板葺と推定さ

写真 10　旧緒方洪庵宅・適塾の火袋見上げ

写真 11　堀井家住宅の表構え
（京都市上京区六番町）

写真 12　奈良市下高畑町の井岡家住宅
（第 6 章写真 5 建物の旧状）

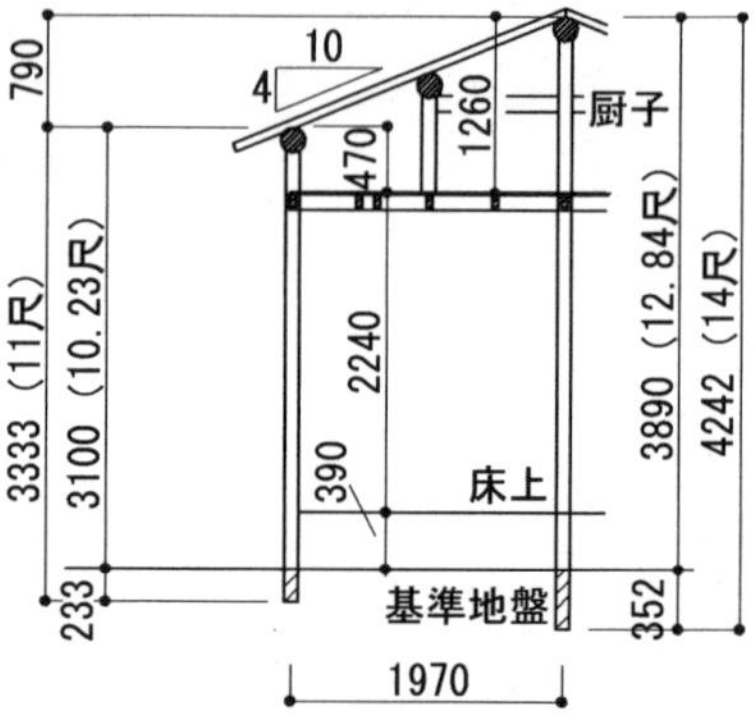

図７　奥行二間で基礎が掘立ての断面

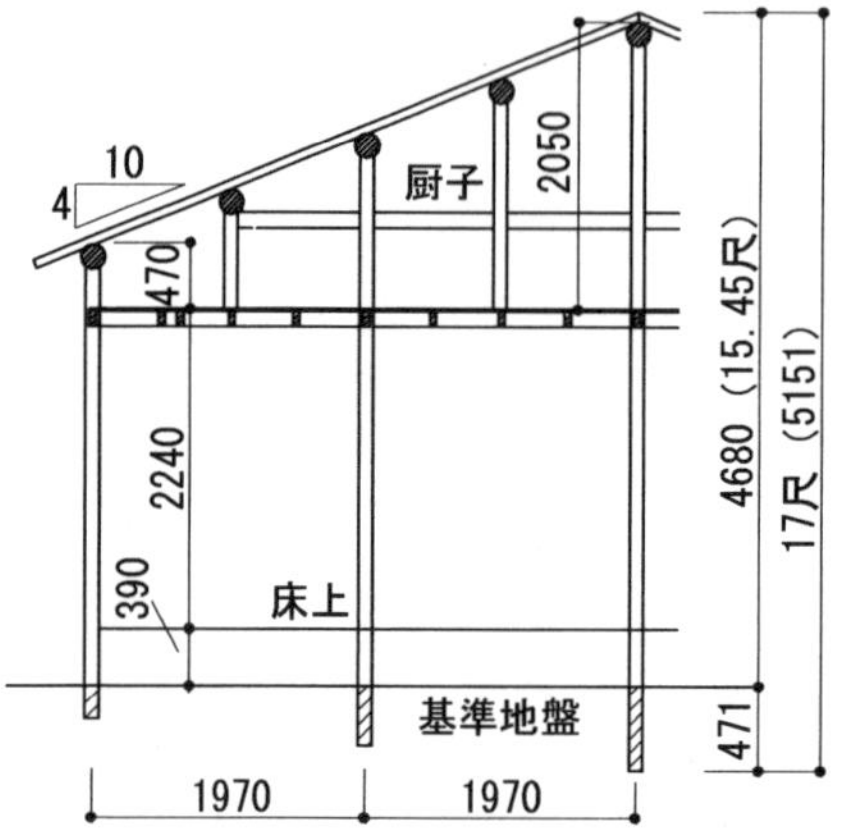

図８　奥行四間で基礎が掘立ての断面

れる堀井家住宅（四寸一分）と瀬川家住宅（四寸二分）を参考にして、四寸と設定する。

・階高…階高（一階床から二階の床までの高さ）は、瀬川家住宅の二二三〇ミリメートルや井岡家住宅の二二四九ミリメートルから、二二四〇ミリメートルと設定（堀井家住宅は不明）。

奥行寸法別のモデル検討

建物の奥行は、最小のものとして二間。そして上杉本の表室の床の緑色を京間畳とみて六尺五寸＝一九七〇ミリメートルとすると、厨子天井は四七〇〜一二六〇ミリメートルとなる（図7）。これでは二階での日常生活はむずかしいが、収納空間としては十分である。これに保津川水運（一間＝六尺）との関係をみると、軒柱に筏規格二間＝一二尺（実長はネソ穴一尺分を除いた一一尺）を使った場合、軒高三一〇〇ミリメートルを除いた残り二三三ミリメートルが掘立て分となり、柱全長の七パーセントである。また、棟持柱に筏規格二間半＝一五尺（実長一四尺）を使うと、棟高三八九〇ミリメートルを除いた三五二ミリメート

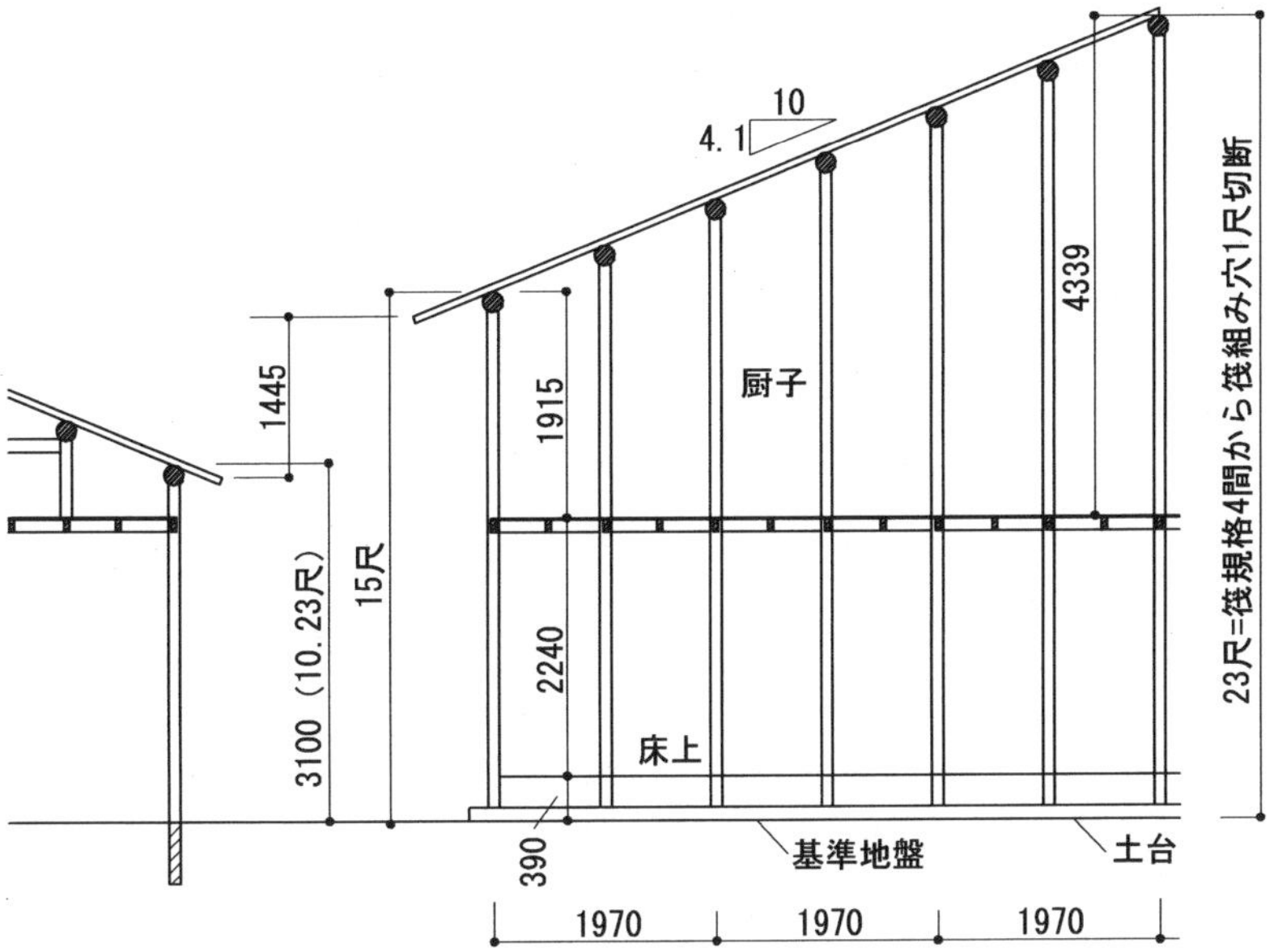

図９　奥行六間で基礎が土台立の断面

ルが掘立てとなり、柱全長の八・三パーセントになる。

つぎに、建物の奥行を四間とする。永井規男が、一五世紀中頃の片土間・床上二室（第三章）に復原した奥行である。[五四] 厨子の天井は、四七〇〜二〇五〇ミリメートル。これなら一部は居室にも使える（図8）。そして棟持柱に筏規格三間＝一八尺（実長一七尺）を使うと、棟高四六八〇ミリメートルを除いた残り四七一ミリメートルが掘立て分となり、柱全長の九パーセントになる。京都市埋蔵文化財研究所が中世の町家遺構に報告した柱穴群も深さ三〇〇ミリメートルに集中しており、[五五] 右記の掘立て分の二三三〜四七一ミリメートルと大きく違わない。

ちなみに、一九世紀の信濃国の習俗史料である『きりもくさ』に、「往古の家」は「ほったてといふて、柱の根元を焼、壱尺五六寸も土中へ掘こみ、土際より桁迄の高さ七尺あまり」[五六] という記述がある。四七〇ミリメートルの掘立ては柱全長二一二一ミリメートルの一八パーセントにあたる。これにくらべて九パーセントは心元ないようにも思えるが、京都では上大坂町（三条通西木屋町通上る）が木戸門の門柱を、全長の一五パーセントにあたる六〇六ミリメートルを掘立てとしていた。[五七] 控え柱がなく、さまざまな圧力を受ける路上の門柱でもこの程度だから、敷地内で軸組する町家の掘立て分が七～九パーセントでも違和感はない。

最後に最大級として、一四世紀の発掘遺構を参考にして奥行六間。[五八] そして棟持柱の長さは、今一度保津川水運との関係を考えたい。

水運の起点となった山方は、北山型や北船井型（序章）の分布地域である。この地域では、一六世紀まで棟持柱構造であった百姓家が、一七世紀に小屋組と軸組を分けるようになって「おだち・とりい」組が発生した（序章・図4）。その要因は、梁間の拡大に対応できる長尺の棟持柱が得られなかったためである。[五九] そして、おだち・とりい組の遺構は、筏規格の四間にあたる二四尺をこえる棟高に確認されている。[六〇] 江戸時代後期の見積書では本四間＝二六尺柱もあるが（第一二章）、中世～近世初頭に当地域を発進する筏が供給できたのは、筏規格四間＝二四尺が最長と考えられる。慶長一一年（一六〇六）にはじまる角倉了以の開削以前は、その長さでも大変だったであろう。そこで二四尺を棟持柱とし、構造は一六世紀前半の『釈迦堂春景図』にある通柱式、基礎は土台立てとすると、軒高はちょうど一五尺になる（図9）。つまり丈五である。

そして軒先は、軒高の低い町家（図7、図8）よりも一四四五ミリメートル高くなる。これは、絵画史料で街区ごとに観察される高低差と、だいたい見合っている。そして厨子の天井は、一九一五～四三三九ミリメートル。これだと、旅宿としての利用も十分可能である。さらに二階表に大開口を開け、庇も付ければ、外観は明確な二階建てになる。

つまり、中世の保津川水運が供給した最長材と屋根勾配が、軒高一五尺を生むのである。そして、きりのいい見積比較として、全体を一尺低く切り縮めた建物の軒高が一四尺。これらが「間」という京間の材木流通規格の中に受け継がれ、丈五や丈四と称されたのではないか。仮定を重ねているが、棟持柱になる最長材と屋根勾配が起点であった可能性は、ネソ穴の切断や材種ごとの間と尺の換算値をふまえている点で、筏一枚の長さと軒高を単純に結び付けた従来の指摘よりも、はっきり言って高い。

第一〇節　中世土地支配者の二階建て規制

それでは中世の建築規制の史料もみてみよう。

中世の京都では、外観は平屋でも厨子二階の町家が、数多く存在した（第八節）。軒先が低いから庇は不要だし、二階を物置にすれば開口不要、風俗店の営業場所とする場合もそうだったらしい。しかし、高いところから周囲を見渡したい、それも大きな開口から、というのは自然な感情である。それからすると、こんな厨子二階は不自然である。たとえ保津川水運との関係があったにせよ、五重塔や巨大伽藍の建築技術も存在している中で、十分な高さをもつ本二階建てが建築的に不可能ということもなかったはず。なぜそれが、中世の町家に数多くあらわれなかったのか。

じつは、これには明確な理由があった。土地支配者すなわち伝統的領主の建築規制である。たとえば応永一八年（一四一一）、大和国の八木の市で、貸金業の土倉が勝手に二階屋を建てて、領主の興福寺から罰せられた記録がある。(六一)中世都市では、伝統的領主権の二階建て規制が、所領の町家におよんでいたのである。

また、和泉国の堺でも、大永五年（一五二五）に領主である常楽寺が、領地である北庄の風呂跡に建てられた町家に対し、次のような規制（「禁制」）や命令（「定」）を出していたことが『菅原神社文書』(六二)に記録されている。

禁制の事
　一、面に二階を作、同西請作事
　一、田畠を作者こえはい面《つら》に並《ならべる》事

定の条々
　一、家をうりかい候はば寺家へ案内候て袖判を出すべく候、もし袖判なく候はば支證なされざるべき者也
　一、地子せん十月きとつもり候はば、其家、寺家へ給うべき者也

原田伴彦はこれに、当時の堺では「二階建ては珍」しく、「道路に面した町家の間口がほぼ一間半から二間」、そして「大道に肥桶などが置かれる事が習慣的」になっている、と指摘した。これをふまえて、「面に二階を作、同西請作事」に注目したい。この記述は二階建ての規制と読み取れるのであり、八木の市と同様である。そして命じたのは、やはり伝統的領主であった。

それにしても、「定」で地子銭納入や町家売買の事前申請を義務付ける伝統的領主が、なぜ二階建てまで規制したのか。これは、通りに肥桶を置く行為とあわせて規制することに、理由がうかがえる。通りから町なみを見た美観を損《そこ》ねるから規制するのである。ひるがえってそれは、高さをそろえた町なみこそ美しい、という伝統的領主の美的感覚のあらわれである。京都では、同様の規制は確認できないが、伝統的領主が所有する街区の町家に強権を発動した例は多い[六三]。

たとえば東寺は、永享一〇年（一四三八）に地子銭をおさめない町家を解体して部材を没収したし、明応二年（一四九三）には年貢未進の町家を「検封」（使用禁止）あるいは「壊屋」（破却）した。延文八年（一三六一）には、棟割長屋の住戸の壊屋を命じたが、このときは住民が嘆願して、少々の破壊で許している。ほかにも、町人の「犯科」に伝統的領主が検封・解体・部材没収でむくいた例が多い。そのような中で、中世絵画史料に見る京都の街区の高さがそろう要因は、伝統的領主の美的感覚の作用とみるのが妥当である。だから画中の町家に明確な二階建ては少ない。表通り側と背面側の屋根勾配を変える例が散見されるのも（第二章・図6左）、単純に建物の奥行を伸ばすと屋根が高くなってしまうから、周囲にあわせるため工夫した、と考えられる[六四]。

それに当時は、伝統的領主が供給した棟割長屋が多かったから、当然、表構えや棟高は均整になる。これをやぶる二階建ては、伝統的領主の許可がなければむずかしい。つまり、少数の富裕町人だけがその権利を購ったのであり、街区内側の共同利用地を一部占有して、庭園や離れ座敷を置いたのも彼らであろう。(六五)なお、一五世紀の八坂神社領の町家は、奥行が十数メートルあったとされる。(六六)だが、中世絵画史料に、この規模の町家は見当たらない。だからなかったとは言わないが、安土・桃山時代に豊臣政権が伝統的領主権を否定し、地子を赦免し、町人が敷地奥を占有して、塀などの境界装置で短冊状敷地に区切るまで、敷地自体は長くても、奥の利用形態は畑程度ではなかったか。だから、収納に厨子二階が必要だったし、近世初頭に大屋根から突出内蔵が現れるのも（第五章）、戦国時代は収納機能の内蔵を内包する町家が多かったことを示している。敷地奥が長ければ、土一揆からも見えにくいそこに庭蔵を建てればよいが、中世絵画史料には見当たらない。

第一一節　豊臣政権の二階建て命令と、徳川政権の建築再規制

安土・桃山時代になると、状況は一転。二階建て命令が出されるようになる。たとえば、一六世紀末期に朝鮮軍役中の宇喜多秀家が、領地の備前国岡山城下に、次のように命じている。(六七)

しょうはい人の事、よき家をつくり候はば、新町をはじめ、いづれの屋敷にかぎらず、あしき家をこほさせ遣すべし、
但し、二かひつくりたるべき事

最近できた町でも、誰が住むところでも、「あしき家」は破却させ二階建てを建てさせよ、ということである。二階建て命令であるが、二階建てに変わるべき「あしき家」とは、どんな家なのか。『長防風土記』には、長門国の厚狭郡山中村（現、山口県山中市）に「家数九〇軒余の所、農業専らに仕候故、農家の風俗家並躰も市と申由にては悪敷《あしき》」とある。「農家の風俗家並」というのである。京都の『京程図解抄ならびに京都屋造の初』(六八)にも、次のように

図10　17世紀の堺（『南蛮屏風』、松岡美術館所蔵）
（出典）小林忠監修／安村敏信・岡野智子他編『日本の美「桃山」展　1997』ＮＨＫプロモーション、1977より転載

記されている。

あるとき玄以法印、京極通りの在家人等を召し連れてのたまひけるは、勿論、上下屋並、取続きては見ゆれとも、ひらや又は葛屋《くずや》多く、きひ柱に多くは大棚也、殿下様（秀吉）伏見より京へ上りたまう御成筋なれば、見苦しくおぼしめさるる、奥はいかにもあれ、まず表は二階造にして、角柱に作るべし、屋並高下のなきやう仕候てしかるべし

豊臣政権の所司代前田玄以が、京極通り（現、寺町通り）の町家に対し、平屋、草葺、未製材、棟割長屋を、製材を使った二階建てに建て変え、高さも整えるように命じたというのである。これは、豊臣政権の二階建て命令として知られ、後世の記述で時系列的な問題もあるものの、宣教師ジョアン・ロドーリゲスやルイス・フロイスが記録した命令（第六章）と一応は整合している。

そして慶長五年（一六〇〇）に徳川政権へ権力が移行し、慶長八年（一六〇三）に開幕。当時の舟木本『洛中洛外図』屏風では、二階表に開口がなく通庇をつけた厨子二階と本二階建てが入り混じり、多層・多様の町なみを形成している。「屋並高下のなき」とした豊臣政権の命令効果は、徹底されていない。この状況は、京都同様に富裕な堺にもあった（図10）。また、当時の近江国瀬田（滋賀県大津市瀬田の唐橋あたり）を描いた『瀬田風俗図』屏風では、草葺の町家が庇を付け、連続した印象の町なみを形成している（第五章—図8）。政情が安定し、全国流通経済が発達する中、各地で資本蓄積が進んでいた。そこに住む町人がなんらかの形で二階建て命令を受けたとき、とにかく庇をつけて、二階建てを強調する町なみを形成していたのである。北条氏が小田原で「皆板葺になすこと叶ひ難し、先ず海道町面の庇ばかりを、一様に板葺に仕るべし」と命じ、町人が「軒をそろえ、板庇をかけられたり」（第二章第二節）となったとされることも、類例とみなせる。

そして豊臣政権滅亡後に多層・多様化があった後、一七世紀前期に徳川政権は、周辺眺望や二階座敷、市中の風俗営業を規制した。二階座敷を避けた建築形態は、厨子二階となる。町人は、二階建て規制があった中世末期のそれを、ふたたび選択したのである。そのとき二階表は、周辺眺望をはばかる閉鎖的な開口とし、軒高も中世末期の一五尺や一四尺を採用した。ただし、町なみを整えるため通庇は連続させ、二階建ての印象は残したと考えられる。

こうして、二階の住環境に問題がある厨子二階が、江戸時代の京都に、低層・均質の町なみを形成することになった。それから後の町々は、徳川政権の意向を自主規制に取り込み、さらに整った町なみが美しいという価値観をもつようになって、その町なみが幕末まで基本的に維持されていったのである。

まとめ、高さよりも京間畳に関わった保津川水運の筏

江戸時代の保津川水運の筏規格と、京都の町家の流通規格に確認できるもの。それは、筏一枚の一四尺から、両端のネソ穴分の合計一尺を切り取った一三尺。京間二間＝床上の京間畳二枚分＋四寸柱一本分に見合うものであった。その点で、筏と京都の町家の流通規格には、たしかに関係があった。それはおそらく、城郭大工が関与するようになり、畳を敷きつめる町家が増加した戦国時代末期からであったろう。その需要の増大が、保津川水運の起点である山

方では、人工植林規格を生んだと考えられる。

しかし、軒高を規定した証拠は見当たらない。それにネソ穴の切断や基準尺を考えれば、数値的にも合わない。そもそも中世の京都の二階建て町家は、文献史料は一四世紀後半に萌芽、一五～一六世紀中頃に普及をはじめ、一六世紀後半にかなりの普及を伝えるが、絵画史料では外観上明らかな町家の出現が、約一世紀おくれる。この点は、外観平屋の厨子二階が含まれていたとみれば説明でき（この予想を裏付ける町家遺構が厳島神社門前で発見された）(六九)、その軒高は一〇～一五尺。このうち一五尺は棟持柱に使える最長材と、屋根勾配が規定した可能性が高い。

また、中世の町なみの高さが街区ごとにそろい、外観平屋の厨子二階が多かった理由は、それを望む伝統的領主の美的感覚による建築規制であったと考えられる。これに対して近世の豊臣政権は二階建てを命じ、本二階建てで整った聚楽町（第六章）以外は、本二階てと厨子二階が通庇をそろえる町なみが生まれた。ほかの都市でも、とにかく庇をつけて軒先をそろえる町なみが形成された。

それから京都では、豊臣政権の滅亡後に自由建築の時代となり、多層・多様化が進んだ。

ところが一七世紀前半、徳川政権が周辺眺望や市中の風俗営業を規制し、町なみを整えるように命じた。規制にしたがう建築表現として、町人は再び厨子二階を採用した。そのとき中世の軒高では高いほうの一五尺や、見積比較の対象として一尺切り縮めた一四尺を用いるようになり、それが「間」や京間＝本間が基本となった流通規格の中に「丈五」や「丈四」として残った可能性が高い。それでも通庇は付けて、二階建てを印象付けたのである。そのとき大屋根と通庇の間のせまい壁となった二階表は、周辺眺望の効かない土塗格子や出格子、はたまた壁で閉鎖的にしつらえた。これは周方眺望規制の影響であって、見おろし禁止の結果ではない(七〇)。

以上の結果、京都の町なみは低層・均質化した。その後、町人の相互規制が作用する中で、二階がじわじわ高くなる傾向はあったが（『京都の町家と町なみ』第一章）、基本的に幕末まで受け継がれていったのである。

註

一　丸山俊明『京都の町家と町なみ――何方を見申様に作る事、堅仕間敷事』昭和堂、二〇一一
二　『京都町式目集成』（「叢書京都の史料」三）、二五一～二六九頁、京都市歴史資料館、一九九九
三　前掲、『京都町式目集成』、八九～九二頁
四　淡交社編集局『京の町家案内――暮らしと意匠の美』、二〇〇九。新谷昭夫も「町として町並みを良好に維持しようとしていたことに違いはない」とし、京都の町なみは町人が整えたとした（同『秦家住宅――京町家の暮らし』、新建新聞社、二〇〇八）。しかし低層・均質を「良好」とみる価値観は、今日の景観行政と同じように支配者にこそ考えられるのであり、そのため拙著『京都の町家と町なみ』では寛永期の建築規制を示し裏付けとした。よってこれへの反証には、多層・多様の町なみに生きた幕初の町人が、低層・均質を良好とみて、そのように建て直した経緯の実証が求められる。また同著第一章が風呂屋の風紀規制とした元禄一〇年の町奉行所触書を取り上げ、第二項の二階座敷規制を京都の町家に敷衍する向きもあるが、同触書は第一項と第三項（同書割愛）が風呂屋対象で、第二項も京都の町家には免除が基本の建築許可申請を記すから、風呂屋対象とみるのが妥当である（本章第八節参照）。このほか土蔵造りや塗家は天保一三年の触書が「勝手次第」としたから京都で普及しないとの意見もあるが、京都の町家研究に当該触書を初めて紹介した著者は、さかのぼる時期の京都に同じ幕府方針を論証している。
五　浅井了意「京雀」（野間光辰編『新修京都叢書　第一巻　京童・京童跡追・京雀・京雀跡追』臨川書店、一九六八、所収）
六　中村利則解説『京の町家』淡交社、一九九二、高橋康夫・中川理編『京・まちづくり史』、昭和堂、二〇〇三
七　前掲、丸山俊明『京都の町家と町なみ』第一章
八　今奥吉兵衛・平政隆『注釈愚子見記』内藤昌校注、井上書院、一九八八
九　藤田彰典『「木」の文化誌――京都の林業と林産物流通の変遷』清文社、一九九三
一〇　日吉町郷土資料館『大堰川に筏が流れた頃（企画展図録）』、二〇〇〇
一一　『新修亀岡市史　資料編第二巻　近世』八二・五〇八―五一〇頁、亀岡市、二〇〇二
一二　前掲、『新修亀岡市史　資料編第二巻　近世』八二・五二一―五二二頁
一三　前掲、『新修亀岡市史　資料編第二巻　近世』七六・五一七―五一八頁

一四　前掲、『新修亀岡市史　資料編第二巻　近世』八〇・五二二―五二三頁
一五　前掲、『新修亀岡市史　資料編第二巻　近世』八二・五二四―五二五頁
一六　前掲、『新修亀岡市史　資料編第二巻　近世』八三・五二五―五二九頁
一七　亀岡文化資料館寄託文書
一八　京都府立総合資料館所蔵文書、大堰川流域の日吉町に残る山方文書
一九　『林忠治家文書』、京都市歴史資料館架蔵フィルム
二〇　『真町文書』所収、京都府立総合資料館所蔵
二一　国史大辞典編集委員会編『国史大辞典』、吉川弘文館、一九七七
二二　前掲、浅井了意「京雀」
二三　浅井了意「かなめいし」（『仮名草子集』（新編日本古典文学全集六四）谷脇理史・井上和人・岡雅彦校注・訳、小学館、一九九九、所収）
二四　京都町触研究会編『京都町触集成』第七巻（寛政元年～寛政十年）、一一七頁、岩波書店、一九八五
二五　日吉町郷土資料館編『日吉町の歴史と文化――都市と山村を結ぶもの（常設展示図録）』、二〇〇〇
二六　『士堅家文書』、京都府立総合資料館寄託文書
二七　『延喜式』上・中、虎尾俊哉編（訳注日本史料）、集英社、二〇〇〇・二〇〇七
二八　太田博太郎『日本建築様式史』、美術出版社、一九九九
二九　土本俊和『中近世都市形態史論』、中央公論美術出版、二〇〇三
三〇　『全譯吾妻鏡』全五巻・別巻、永原慶二監修・貴志正造訳注、新人物往来社、一九七六～七九
三一　『続史料大成（第四三～四六巻）増補　八坂神社記録』竹内理三編、臨川書店、一九七八
三二　日向進『近世京都の町・町家・町家大工』、思文閣出版、一九九八
三三　経尋『経尋記』（『続史料大成（第三七巻）増補　大乗院寺社雑事記』竹内理三編、臨川書店、一九七八、所収）
三四　『イエズス会日本通信　上　耶蘇会士日本通信』（新異国叢書一）、雄松堂書店、一九六八
三五　山科言継『新訂増補言継卿記』第四巻、八木書店、一九九八
三六　『石山本願寺日記』第一巻第一号、上松寅三、清文堂出版、一九六六

三七　原田伴彦『都市発達史研究』（原田伴彦論集第一巻）、思文閣出版、一九八四
三八　『今昔物語集』（日本古典文学全集第一巻〜巻四巻）、小学館、一九七一〜七六
三九　京都府教育庁文化財保護課編『京都府の民家調査報告　第六冊　昭和四四年度京都市内調査報告書』、京都府教育委員会、一九七一
四〇　喜田川守貞『守貞謾稿』（『近世風俗志　守貞謾稿　一』宇佐美英機校訂、岩波書店、一九九六）
四一　鳳林承章『隔冥記』赤松俊秀校訂、思文閣出版、二〇〇六
四二　一休宗純『狂雲集』柳田聖山訳、中央公論新社、二〇〇一
四三　中村利則「京の町家考」（前掲、中村利則解説『京の町家』所収）
四四　神戸市立博物館所蔵
四五　脇田修・脇田晴子『物語京都の歴史——花の都の二千年』中央公論新社、二〇〇八
四六　京都町触研究会編『京都町触集成』別巻二（補遺・参考資料）、一九七頁、岩波書店、一九八九
四七　京都町触研究会編『京都町触集成』第一巻（元禄五年〜享保一一年）、四九頁、岩波書店、一九八三
四八　前掲、丸山俊明『京都の町家と町なみ』第一章
四九　中村昌生『京の町家』、河原書店、一九九四
五〇　若山滋・麓和善『近世建築書——構法雛形』（日本古典建築叢書第八巻）「第一編」番匠町家雛形、大龍堂書店、一九九三
五一　畑智弥・土本俊和「京都の町屋における軸部と小屋組」『日本建築学会計画系論文集』第五一三号、一九九八
五二　早川慶春・土本俊和・鵜飼浩平・梅干野成央「タテノボセと土台からみた小規模建造物」『日本建築学会計画系論文集』第六一六号、二〇〇七
五三　土本俊和「京マチヤの原形ならびに形態生成」（西山良平・藤田勝也編著『平安京の住まい』第六章）、京都大学学術出版会、二〇〇七
五四　永井規男「中世の町家」（日本民俗建築学会編『図説民俗建築大辞典』、柏書房、二〇〇一）
五五　京都市埋蔵文化財研究所「平安京左京六条三坊五町跡」（京都市埋蔵文化財研究所発掘調査報告）、二〇〇五
五六　箱崎和久「文献にみる近世信濃の民家」（浅川滋男・箱崎和久編『埋もれた中近世の住まい』第一章、同成社、二〇〇一）

五七　田中家文書、京都市立歴史資料館架蔵フィルム
五八　内田好昭「中世後期から近世の町屋」（前掲、西山良平・藤田勝也編著『平安京の住まい』第五章）
五九　内田健一・土本俊和「棟持柱構造から軸組・小屋組構造への転換過程」『日本建築学会計画系論文集』第五五六号、二〇〇二
六〇　京都府教育委員会『京都府の民家　第七冊　昭和四八年京都府民家緊急調査報告』、一九七五
六一　脇田晴子『室町時代』中央公論社、一九八五
六二　「常楽寺風呂屋敷定禁制條々案文」（『菅原神社文書』所収）、堺市編『堺市史』第四巻（資料編第一）二二九頁掲載、一九二九―一九三一
六三　横井清『中世民衆の生活文化』中、講談社、二〇〇七
六四　野口徹『日本近世の都市と建築』法政大学出版、一九九二
六五　日向進『近世京都の町・町家・町家大工』、思文閣出版、一九九八
六六　宇野日出生「中世京都町屋の景観――八坂神社文書を中心に」『京都市歴史資料館紀要』第一三号、一九九六
六七　前掲、原田伴彦『都市発達史研究』
六八　『長刀鉾町文書』所収、京都屋造之初、京都市立歴史資料館架蔵フィルム
六九　藤田盟児「厳島の一七世紀の町家からみた町家形式の形成過程について」『日本建築学会中国支部研究報告集』二〇一四。ここで藤田は、厳島神社門前町（広島県廿日市市宮島）において、庇のない厨子二階の棟割長屋の遺構（飯田家作業所）を報告、放射性炭素年代測定では一七世紀中後期ながら、「文化周圏」の京都との関係に触れた。さらに長野県の伊那部宿の旧三沢家住宅（現、川崎市立日本民家園）にも同じ形式を、それも旅客を泊める宿であったことを指摘、中山道や伊那街道沿いの宿場に多く残る可能性を述べている。
七〇　前掲、丸山俊明『京都の町家と町なみ』

第八章

むしこはもともと、お城のデザイン

概要…京都の町家が、二階の表通り側、いわゆる二階表に、土塗格子の開口を定着させた経緯を検討する。近世初頭に、京都で二階建てが増加したとき、二階表は雨戸のような大開口であった。土塗格子の開口は、庭蔵や突出内蔵、表蔵にはじまり、土蔵造りや塗家といった土蔵建築と共にあらわれた。それは、土戸をそなえて防火や防犯目的もあったが、それ以上に富裕表現であった。デザイン・ソースは当時の城郭にあり、城郭大工によって導入された可能性が高い。

第一節　土塗格子の開口と、むしことという名称

むしこのもともとの意味

むしことは、京都の町家の二階表にみる、土塗格子を並べた開口のこと（写真1）。行政冊子や観光雑誌で取り上げられる場合は「むしこ窓」と記され、京都の町家や町なみを特徴付ける要素のひとつ、ともされる。（一）しかし、江戸時代の名称は、おおよそ土塗格子が「むしこ」、それをならべた開口全体も「むしこ」。また町家だけのものでもなく、京都近郊農村の百姓家でも、瓦葺ならたいてい大屋根と庇の間にあった。

たとえば、岩倉の岩井家住宅もそうであった（写真2）。田園にかこまれた岩倉は、かつて、子供を丈夫に育てたい皇族や朝廷関係者、京都の町人から、里親を頼まれることが多かった。アール・デコ様式の東京都庭園美術館を建てたことで知られる朝香宮鳩彦王《あさかのみややすひこおう》などが里子の代表であろうが、岩井家も東久邇宮稔彦王《ひがしくにのみやなるひこおう》の里親をつとめた。最後の皇族内閣の首相として、終戦調印をミズーリ号でおこなった人物である。そんな高貴な身分をむかえた岩井家には貴人用の式台《しきだい》（階段状の玄関、写真2右端）もあり、その上に瀟洒なむしこがあった。下鴨村から移築したという同家の伝承の根拠は確認できなかったが、いずれにしても京都近郊農村の百姓家。草葺きにはなくても、瓦葺の百姓家にも

あったのである。町家にだけむしこがあったわけではない。

そもそも江戸時代の史料では「虫子」とも「虫籠」とも記され、いずれも「むしこ」と読んだ。そして虫籠が虫かごとも読めるように、もともと土塗りしない木の竪子や、それをならべた開口の意味であった。たとえば、江戸時代前期にあたる寛文七年（一六六七）の俳諧にも、紅く塗られた木製の出格子が「蛛の巣や、二階椿の虫籠窓」[二]と詠まれている。ただし、この「虫籠窓」は五七五の終わり五文字にあわせたもの。このほかに「虫籠窓」と記す史料はほとんどない。虫籠で竪子そのものを、そして竪子が構成する出格子全体も意味していた。そのころ土塗格子の開口は、「塗窓《ぬりまど》」「土窓《つちまど》」「土連子窓《つちれんじまど》」と呼ばれていたのである。

写真１　京都の町家（京都市上京区）

写真２　むしこのある百姓家（岩井家住宅、京都市左京区岩倉、平成10年ごろ解体）

建築関係者が受け継いだ呼称と、文献学者が取り上げた史料の時代差

土塗りしない木の竪子には「格子」、それをならべて「格子戸」の名称もあった。これらと同じものを指した「虫子」や「虫籠」との使い分けの基準は、よくわかっていない。しかし江戸時代中ごろ、木の竪子は格子と呼ぶのが一般化。そのとき土塗格子が「塗り虫子」と呼ばれるようになり、江戸時代後期には「むしこ」「むし子」と土が略された。そして建築関係者の間では、この名称が、近代へ受け継がれたのである。

ところが、近代の文献学者が引用する辞典類には、江戸時代前期の俳諧の「蛛の巣や、二階椿の虫籠窓」が掲載されていた。また、太平洋戦争後の京都では、全国六六都市にくらべてアメリカ空軍の無差別爆撃が限定的であったため、土塗格子の開口をもつ町家遺構が多かった。そこで文化観光都市を標榜《ひょうぼう》する関係者は、寺社のほか、町家遺構も観光資源とするため「京町家」という造語を作りだし、特徴的な表構えの要素として土塗格子の開口にも注目。その名称として、辞書から「虫籠窓」を引用したらしい。前述のように終わり五文字にあわせたものであったにも関わらず、である。そして今では「むしこ窓」とも記している。しかし、おもに江戸時代前期を取り上げる本章では、取り違えのないように、形態にしたがい土塗格子、あるいは土塗格子の開口と記すことにする。

土塗格子の開口の出現に関する通説

そもそも、なぜ土塗格子の開口は現れたのか。これには、二階から武士を見下ろさないため、との通説がある。しかしこれは違う。土塗格子の間からでも、表通りを歩く人は、じゅうぶん見下ろせる。それに、町人の生活へこと細かに介入した京都所司代・京都町奉行所体制も、二階からの見下ろしを規制した例は限定的で、まして建築形態に影響をあたえた形跡はない。(三)

また防火性能を指摘する向きもあるが、(四)それには火を入り込ませない密閉性が不可欠である。しかし、土塗格子の

間はそこそこ開いているのに、密閉の準備はない。開口の周囲も柱より薄い真壁だから柱は露出し、これでは防火性能があるとは言えない。可燃物の柱などを薄く塗り籠める塗家や、分厚く塗り籠める土蔵造りが江戸や大坂にはあった中で、この説も否定されてよい。（五）

防犯性能が強調されることもあるが、（六）逆に「非常の時には土格子を梃子で外し逃げられるように配慮」を指摘する向きもあり、たいした防犯性能ではない。「デザインとして広く登場してきた」、あるいは茶室の「下地窓の発想にも通じる」、「京のむしこ造りは、重厚堅牢な江戸の塗籠造りとは本質的に違う造形」との意見もあるが、（七）二階からの周辺眺望や通風、採光といった住環境を阻害してまで土塗格子の開口をあける動機とするには、いかにも弱い。

図1　17世紀江戸、材木町の土塗格子
『江戸図』屏風（国立歴史民俗博物館所蔵）、小澤弘・丸山伸彦編『図説　江戸図屏風をよむ』（河出書房新社、1993）より転載

ちなみに、江戸時代初期の『江戸図』屏風には、京都と変わらない町なみがある。せいぜい庇をささえる軒柱が、当時は技術的に進んでいた京都には見あたらないぐらい（図1）。ところが江戸時代中ごろ、江戸は都市防火性能を向上させるため、土蔵造りや塗家が、瓦葺と共に強制された。そのとき二階表も、土塗りした土戸を観音開きにしたり、引き込みにしたりした。これに対して京都では、禁裏御所など公家町一帯が町家群から切り離されただけで、土蔵造りや塗家は強制されなかった。だから町家は真壁のまま。そして二階表には、土塗格子の開口が開いていた。ただ瓦葺は奨励されたため、こちらは江戸に遅れて普及した。このような経緯で、江戸時代後期の江戸と京都の町なみは、異なっていったのである。（八）

そうすると、都市政策に違いがなかった江戸時代初頭は、京都でも江戸でも、町家の二階表に土塗格子の開口が定着する要因は、同じであっ

たはず。本章では、この点を取り上げる。

第二節　土塗格子の開口の出現時期と定着時期の候補

著者は以前、町家の二階表に土塗格子の開口が定着する要因と時期について、二つの機会を推測した。(九)

①一六世紀末：豊臣政権が二階建てを命令したとき、二階建ての町家が増加した。ところが、二階を居室として利用する習慣がなかった町人は、二階を物置とする場合が多く、防犯もかねた通風・採光口として土塗格子の開口を開けた。

②一七世紀中ごろ：徳川政権が町人の奢侈な建築や、町中での風俗営業を規制したとき、二階座敷や二階表から周辺を眺望することも規制したので、規制にしたがう建築表現が、土塗格子の開口となった。

ところが、その後、町家の敷地奥における庭蔵の配置を検討する中で、(一〇)土塗格子の開口がもっと早く、土蔵とともに京都の町なみに出現した可能性を確認した（第五章）。

概説すると、可燃性の木造に土を何重も塗り重ねて塗籠《ぬりごめ》にする土蔵建築は、その防火・防犯機能により内部の貴重な物品を火事や盗難から守った。ただし、治安が安定しない中世は、町家の内部に隠され、内蔵となっていた。安土・桃山時代になって、織田・豊臣政権が治安を安定させたとき、町人は確保した短冊形敷地の敷地奥に庭蔵を建築したり、町家主屋の大屋根から突き出す突出内蔵にしたり、表通りにむかって屹立する別棟の表蔵とした。

このうち、突出内蔵や表蔵は富裕表現ともみなせるが、庭蔵ともども、分厚い壁に土塗格子の開口があった。さらに町家にも、二階を塗り籠める塗家があらわれた。その屋根は当時非常に高価な本瓦葺。明らかに富裕表現であるが、二階表は土塗格子の開口。それは通風や採光など住環境の阻害要素だから、この場合は二階全体を土蔵に見立てた、あるいは城郭建築の白漆喰塗に狭間をうがつ構成をまねた、などが考えられる。もっとも町なみ全体では、このような富裕表現の塗家は少数。大勢は板葺に真壁で、二階表は雨戸のような大開口。採光や通風、周辺眺望もある住環境を可能にするものであり、二階の居室利用を考えれば当然であった。

したがって、右記の①は、安土・桃山時代から江戸時代初頭の町なみ形成において、主要因ではなかった。むしろ徳川政権の建築規制が発動した後に、土塗格子の開口の定着が観察されるので、江戸時代については②が主要因であった可能性が高い。その点は『京都の町家と町なみ』にも少し記したが、そもそも最初に土塗格子があらわれた経緯は今後の課題においていた。本章でとりあげるのは、第五章でみた可能性が妥当か否か、この点である。

そこでまず、建築規制の発動前の絵画史料（第三節）と発動後の絵画史料（第四節）を概観したうえで、近世城郭建築との関係を検討して（第五節）、土塗格子の開口が定着した経緯と、位置付けの変遷をまとめる。

第三節　建築規制以前の絵画史料にみる二階表

一六世紀・戦国時代

一五世紀、一休宗純は「街坊の間、十家に四五は娼楼」（『狂雲集』[一]）と記し、京都における二階建ての増加を伝えた。それから応仁・文明の乱をへて、一六世紀前半の歴博甲本『洛中洛外図』屏風（国立歴史民俗博物館所蔵）では、町家三八〇棟の中に二階建てが六棟、同世紀中ごろの上杉本では三〇〇棟の中に一三棟。平屋が大勢と観察されてきたが[二]、じつは天井の低い二階をもつ厨子二階が多くあり、なかには居室利用はおろか、旅館営業まで可能な町家もあったという（第七章）。

それでも、戦国時代は街区を所有する伝統的領主がいて、棟割長屋を供給する一方、二階建ては町なみの混乱とみていた。このため勝手な二階建てはできず、二階表の開口も少なかった。上杉本の画中をさがせば、二階建てを明確

図２　二階表の一部を張り出す戦国末期の町家
（上杉本『洛中洛外図』屏風、米沢市上杉博物館所蔵）

にする庇や、竹を詰め打ちにした開口もあるにはあるが（図２）、きわめて少数で、富裕町人に限られていた。そしてこの時代の絵画史料には、土塗格子の開口は見当たらない。

一六世紀末・安土・桃山時代

豊臣政権の京都居城である聚楽第。その築城前の京都を、福岡市立博物館本『洛中洛外図』屏風にみると、厨子二階と本二階建てが入り混じっている。二階表には大開口に板戸が多いが（第五章・図２、第六章・図３）、平格子や出格子もあって、居室化した二階表のバリエーションとなっている。しかし土塗格子の開口はない。

つぎに、天正一五年（一五八七）の築城直後を描いた『聚楽第図』屏風では、棟割長屋がある（第六章・図５）。豊臣政権の所司代が命じた「表は二階造にして角柱に作るへし、屋並高下なきよう仕候てしかるへし」[一三]と見合っており、二階表は土塗格子の開口でなく、大開口。内部は二階座敷で居室化している。徳川政権のように二階座敷や周辺眺望を規制する意図が豊臣政権にはなく、そのため土塗格子の開口とする必要がなかったのは明白である。また敷地奥には土蔵建築の庭蔵があるが、開口は確認できない。

そして『御所参内・聚楽第行幸図』屏風にも、同様の町家が確認される（第六章・図６、図７）。したがって、中世の戦国時代と同様に、

図3　全体が漆喰塗籠の町家、二階表に土塗格子（出光美術館本『洛中洛外図』屏風、出光美術館所有）

図4　塗家の二階表の土塗格子
（大阪市立美術館本『洛中洛外図』屏風大阪市立美術館所蔵）
前掲、京都国立博物館編『洛中洛外図』より転載

近世に入った安土・桃山時代の京都の町なみでも、①の要因（第二節）は機能していないといえる。

一七世紀初頭・江戸時代初期

豊臣政権から徳川政権へ移行する時期の京都を描いた絵画史料では、勝興寺本『洛中洛外図』屏風で、厨子二階がならび、二階表に平格子が類型化している。しかし土塗格子の開口は見当たらない（第五章-図4）。

もっとも、ほぼ同時期とされる出光美術館本では、本瓦葺で全体が漆喰塗籠の町家がある。全体を塗りこむ本格的な土蔵造りは、その後の京都に見当たらない。そして、この全体塗籠の建物の二階表が、土塗格子の開口にみえる（図3）。同じ画中には土蔵造りの町家もあり、その妻壁にも土塗格子の開口がある。

よって一七世紀初頭には、土蔵造りの二階表に、土塗格子の開口が現れていた可能性が高い。ただし、その数は少ない。大勢は板葺で真壁、二階表は大開口に板戸か平格子や出格子である。そのほかでは、デザイン的な火頭窓（禅宗寺院で用いられる開口）もあらわれている。

一七世紀前期・江戸時代前期（一）

豊臣氏が大坂城とともども滅亡し、徳川政権の安定が確固たるものになりつつあった元和期（一六一五〜二三）。

写真３　水口城の出丸櫓の土塗格子の開口

写真４　内側の片引板戸、表は漆喰塗

図５　突出内蔵の土塗格子
（大阪市立美術館本『洛中洛外図』屏風、大阪市立美術館所蔵）
前掲、京都国立博物館編『洛中洛外図』より転載

そのはじめ頃を描く大阪市立美術館本『洛中洛外図』屏風でも、町家は板葺に真壁で、二階表は大開口に板戸や平格子、出格子。その中で、わずかな塗家が、二階表を土塗格子の開口にしている（図４）。先の出光美術館本と同じである。

そして江戸でも、寛永期（一六二四〜四三）初頭の『江戸図』屏風（国立歴史民俗博物館所蔵）や、『江戸名所図』屏風（出水美術館所蔵）に塗家がある。したがって一七世紀前半は、京都にも江戸にも塗家があって、土塗格子の開口を開けていた。

また大阪市立美術館本では、庭蔵や、真壁の町家の板葺屋根から突き出す突出内蔵にも、土塗格子の開口がある（図５）。これら土蔵建築は土壁の塗り重ねが必要なので、真壁以上の建築費用が必要となる。それでも塗り籠めにする目的は、さかのぼって一二世紀の左大臣藤原頼長の日記『台記』に「四方皆板をもってこしらえ、其上石灰塗り、其戸蠣灰《かきばい》塗り、剥落《はくらく》せしめざるがため也」（一四）とあること、延慶二年（一三〇九）の『春日権現験記絵』の画中に、灰燼に帰した建物跡から、屋根まで白漆喰塗の土蔵が現れていることから（第五章―図1）、まずは防火性能とみるのが妥当である。[一五]ただし土塗格子の間からでも火は入る。だから、閉め切るために土戸（土塗した建具）や板戸を併用した。内側に片引きの土戸や板戸をもつ例は、近世城郭に確認でき（写真3、写真4）、江戸時代後期の小川家住宅（二条陣屋）も同じ開口である。

つまり、塗家や土蔵造りの町家は、表通りに屹立する土蔵そのもの。人目につく富の象徴であった。だから後に徳川政権の所司代が町人の「結構」、すなわち贅沢を禁令したとき、表蔵も規制されたと考えられる（第五章）。したがって、大開口に板戸という眺望にすぐれた開口も選択できた当時の町人が、わざわざ住環境に影響する土塗格子の開口を選択したのは、防火性能の確保だけではなかった。本瓦葺や白漆喰の塗籠とセットで、富裕表現と考えていたと思われる。

一七世紀前期・江戸時代前期（二）

元和六年（一六二〇）の徳川和子入内を描く個人蔵『洛中洛外図』[一六]屏風では、塗家の中に、二階表に三角の穴が開ける姿がある。そして塗家なのに屋根が本瓦葺でない。防火性能におとる石置板葺である（図6）。また、同時期の林原美術館本（旧池田本）では、主屋の二階は薄い塗籠の塗家なのに、突出内蔵だけ分厚い土蔵造りの町家がある（図7）。さらに同じ画中には、塗家なのに、二階表が大

図6　塗家の二階表に三角穴
（個人蔵『洛中洛外図』屏風）
前掲、京都国立博物館編『洛中洛外図』より転載

図7　塗家の上に土蔵造りの突出内蔵
（林原美術館本『洛中洛外図』屏風、林原美術館所蔵）
前掲、京都国立博物館編『洛中洛外図』より転載

図８　塗家の二階表の土塗格子
（旧萬野美術館Ａ本『洛中洛外図』屏風、大阪天守閣所蔵）
前掲、京都国立博物館編『洛中洛外図』より転載

図９　表蔵と真壁に土塗格子の町家
（旧萬野美術館Ａ本『洛中洛外図』屏風、大阪天守閣所蔵）
前掲、京都国立博物館編『洛中洛外図』転載

開口の町家もある。塗家は本来、防火性能を求めるから、開口は密閉に適した土塗格子と土戸のセットが必要だが、大開口の土戸は重くなりすぎるので、併用は考えにくい。

したがって当時の町人は、防火性と防犯性を求める場合は、本瓦葺にして二階は白漆喰塗の塗家か土蔵造りとし、これに土塗格子の開口を開けて土戸を併用したのであろう。しかし、単なる富裕表現の場合は塗家とし、屋根には板葺、開口には意匠的な三角穴や大開口も取り入れた。その中には、土戸を併用しない場合もあったと考えられる。

ただし、塗家が少数という状況は変わっていない。多くは防火性能の低い板葺に真壁で、二階表は大開口に板戸や平格子か出格子。火頭窓のほか、半円形の櫛《くし》のような櫛形窓《くしがたまど》も現れており、意匠化が進んでいる。

さらに寛永期（一六二四〜四三）初頭を描く旧萬野美術館Ａ本でも、町なみは同じ。土塗格子の開口を持つ塗家も少ないままであるが（図８）、表蔵は増加している。土塗格子の開口もあり、内側に片引の土戸を併用すると思われる。

ところで、この画中で注目されるのは、板葺で真壁の町家の中に、少数ながら二階表の土塗格子の開口が観察される点である。たとえば、図９左端の表蔵は、面格子付の小開口の内部が土色であり、土戸を閉めている状態であろう。そして右隣の町家は板葺（こけら葺）の真壁であるが、二階表が土塗格子の開口である。すでに塗家や土蔵造りの防火性能が認識され

図10　表蔵の網入開口
（京国博本『祇園祭礼図』屏風）
京都国立博物館所蔵

図11　出格子の両脇に土塗格子
（京国博本『祇園祭礼図』屏風）
京都国立博物館所蔵

ている中で、板葺や真壁に防火性能が期待されているはずはない。だから土戸の併用は考えにくい。また、大勢をしめる真壁に土塗格子の開口を開けても、富裕表現にはならない。したがってこれは単なる通風・採光口であり、その住環境からして内部は物置程度と思われる。

以上、第二節冒頭にあげた定着要因のうち①は、豊臣政権の時代から遅れて、江戸時代前期にようやく確認できる。それはもう②に近い時期であり、やはり②こそ定着要因であったと考えられる。

一七世紀中ごろ・江戸時代前期（三）

寛永期中ごろの京国博本『祇園祭礼図』屏風の表蔵は、開口一杯に亀甲の金網を張っている（図10）。防犯目的が明らかだから、ほかの史料の表蔵の開口にみる土塗格子にも防犯性能への期待をみてよい。そして防火性能を補完するため、それらは内側に土戸を併用したであろう。

ところでこの屏風は、建築要素を異常に細かく描くのであるが、塗家や土蔵造りの町家は見当たらない。すべて真壁である。また二階表の土塗格子の開口は一例だけ（図11）。ただし薄い真壁に開き、土蔵造りや塗家の土塗格子に求められた防火・防犯性能が期待されているとは思えない。出格子の両脇に左右対称という配置も、デザイン的な通風・採光口とみるべきであろう。そのほかの町家の二階表は大開口で、二階座敷は祇園祭の山鉾巡行の見物客が鈴なり。徳川政権二階座敷や周辺眺望が

図12　板葺の真壁の二階表に開く丸や四角の穴
（永青文庫本『祇園祭礼図』屏風、永青文庫蔵）

規制される直前の町なみである。

もっとも同時期の永青文庫本『祇園祭礼図』屏風では、板葺で真壁の町家の二階表に、丸や四角の穴が開いている（図12）。この形状がもたらす住環境からして、内部の居室利用は考えにくい。よって物置の通風・採光口と考えられる。

以上、徳川政権の建築規制が発動する前の絵画史料には、次の経緯が観察される。

戦国時代から安土・桃山時代の町家は、板葺で真壁の本二階建てが増加した。二階表は大開口に板戸か出格子、平格子が装置され、内部の居室利用を示している。土塗格子の開口は確認されず、庭蔵や突出内蔵、表蔵といった土蔵建築に現れた。

その後、政権移行期から江戸時代初頭にかけて、町家が本瓦葺の塗家や土蔵造りを採用し、その二階表に土塗格子の開口が現れた。当時は土戸を併用して防火・防犯性能を持ち、そしてなにより富裕表現であった可能性が高い。

ところが江戸時代前期の元和期。板葺の塗家がデザイン的な穴をあける町家や、真壁に土塗格子の開口をもつ町家が現れた。薄いとはいえ真壁も不燃材だし、間隔がせまい土塗格子も一応の防犯性能はある。が、塗籠の防火性能や金網の防犯性能が認識され、住環境に適した大開口や出格子、平格子が多い中では、安価な開口形式という位置付けにこそ可能性が高い。ただし、住環境はよくないから、内部は物置程度。防火性能がおとる板葺に土戸も考えにくく、防犯性能も大したことはないから、土蔵におさめるほどでもない物、たとえば輿入れで持参された空の長持ちを置いたり、使用人の寝起きの場所にしたと考えられる。

続く寛永期には、塗家や土蔵造りの町家が減少し、真壁がほとんどになる。その要因について、土塗格子の開口に土戸を併用する本格の土蔵造りや塗家の二階は、通風や採光、周辺眺望におとる。それに盆地の京都は夏が非常に蒸し暑いから、二階の居室化が進めば、通風や採光にすぐれた大開口を求める。さらに白漆喰で塗籠の大壁は剥落しやすいことが、幕末の城郭写真などに確認できる。このため頻繁な維持修理で費用がかさむ。つまり土蔵建築の町家は、住環境におとる上、多額の維持費用がかかる。

これらのことから、江戸時代前期に頻発した火事と復興の中で、建築費用が高い塗家や土蔵造りは減少していき、真壁になったと考えられる。それらが土塗格子の開口を装置しても、もはや土戸は併用しなかった。大事なものは表蔵や庭蔵におさめたのである。その結果、富裕表現は本瓦葺や金看板、櫛形窓、金銀箔を張った揚見世、金屏風や唐紙張などに移っていった。しかし、やがてこれらも塗家や土蔵造りと同様に、徳川政権から贅沢として規制されることになる。(一七)

第四節　徳川政権の建築規制以降の絵画史料にみる二階表

一七世紀中ごろ・建築規制の発動後の状況

寛永一九年（一六四二）、所司代は京都の町人に「町人作事、自今以後、結構に仕間敷事」(一八)と触れた。町家の「結構」、つまり富裕表現を規制したのである。

また同年、下京の菊屋町が定めた町式目の「作事致申候定之事」に、「地ぎやうつき申候時に、両隣何も町中へ断申相対仕、何もがてん成られ候はば、地ぎやうつき有るべく候、さりながら何れも町なみ見合、仕るべき事」とあり、近隣とそろえた整地を定めている。そして「蔵御立候時、三かいは無用となすべく候」として、三階蔵も規制した。そして菊屋町は、これらを「御公儀より御触廻」、つまり所司代の命令であったことを伝えている。

さらに後文では、「二かいにても其上に座敷を作り何方を見申様に作る事、堅仕間敷事」(一九)と記している。同年に所司代が、指定場所以外の町中での風俗営業を「傾城、京中の町へ一切出し申間敷事」として規制したこと、その風俗営業の場所が二階座敷であったこと、これらを考え合わせれば、町家の二階表からの周辺眺望の規制であると同時に、二階の居室利用を否定した二階座敷規制と読める。(二〇) そうすると、二階を居室利用しないことを示す建築表現は厨子二階、周辺眺望の効かない開口は土塗格子の開口となる。ここに、土戸を併用しないことで防火性能には関係ない土塗格子の開口を装置する動機がうまれる。

このほか、上京の清和院町の『御公儀町帳』に、明暦二年(一六五六)五月の年記で「表蔵立申事法度也」とある。(二一) 表蔵も、結構な富裕表現として規制されたのであり、表通りに屹立する富裕表現の土蔵建築、すなわち突出内蔵や土蔵造り、塗家も、規制対象となった。そして、これらの建築規制は、江戸でも同じだった。その江戸に、一八世紀前半に再び塗家や土蔵造りが現れるのは、八代将軍吉宗の意向を受けた江戸町奉行が、都市防火性能を向上させるため強制したからである。

その後、京都でも、天保改革期の天保一三年(一八四二)、江戸の土蔵建築の強制が伝達されてはいる。しかし、そのときも「土蔵造ならびに塗家等にいたし候儀は勝手次第」(二二)、つまり勝手次第とされた。このため、すでに長らく町々の町式目に組み込まれていた表蔵規制には影響がなく、幕末まで機能した。その結果、京都の町なみに再び目立つ土蔵建築は現れなかった。庭蔵が横の通りに向いてしまう場合も、町家にみえるように板壁を張ったり、庇をつけたり、今でいう修景をわざわざおこなったのである。(二三)

ここで話をもう一度江戸時代前期にもどして、建築規制発動直後の絵画史料にも、表蔵ならびに塗家や土蔵造りの

図13　左から土塗なしの平格子、出格子、土塗格子
（八幡山保存会本『祇園祭礼図』屏風、八幡山保存会蔵）

町家があって、すぐに消滅したわけではない。二階の居室利用も、明暦期（一六五五〜五七）の八幡山保存会本『祇園祭礼図』屏風では、二階表の平格子や出格子、土塗格子があるが（図13）、いずれも竪子が細く縦長で、住環境への影響は小さくなっている。内部は座敷化しており、二階の居室利用の増加が進んで、土塗格子の内側に二階座敷という例も現れたことがわかる。しかし町人の姿はない。祇園祭の山鉾巡行を描く屏風なのに、二階から見物する町人がいない。この理由は、周辺眺望の規制や二階座敷の規制が発動した中、町人はとにかく二階の居室利用をひかえている状況なのである（二四）。

一七世紀中ごろ・建築規制の影響の建築化

浅井了意は、寛文五年（一六六五）の『京雀』（二五）に、京都の町なみを「おなじやうなる家つくり」と表現した。そして挿図に、多様な職業特徴があらわれた一階表の店構えを描いたが、二階表はみえない。「おなじやうなる家」の二階表に描写すべき特徴がなかったことになるが、同じ作者の『かなめいし』の挿図をみると、土塗格子の開口でそろっている（図14）。

このように二階表が縦長の土塗格子の開口で、丸や四角などのデザインが見あたらない町なみは、貞享期から元禄期（一六八四〜一七〇三）に井原西鶴があらわした浮世草子の挿図にも確認できる。

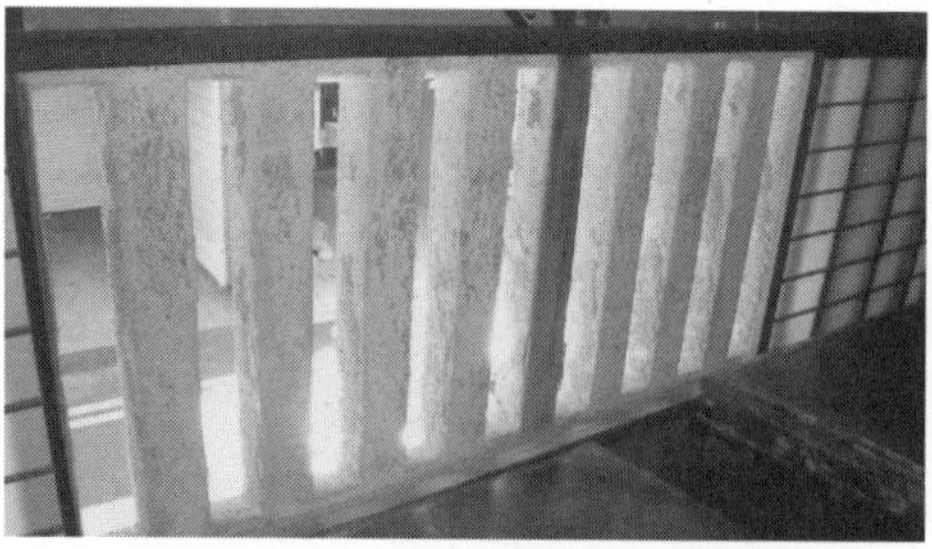

写真５　格子の見込幅で、周辺への眺望がさまたげられる（川北家住宅）

図14　二階表に土塗格子の開口を持つ町家（浅井了意『かなめ石』）
（出典）浅井了意「かなめいし」（『仮名草子集』、小学館、1999、所収）より転載

そのまわりの防火性の低い真壁は、表蔵規制にしたがった仕様であり、住環境に悪い土塗格子の開口も、周辺眺望の規制や二階座敷の規制にしたがった開口形式である。つまり、第二節冒頭に記した二階表の土塗格子の定着要因候補のうち、やはり②となる。加えて格子や出格子にくらべて安価である点も、定着要因であったろう（写真5）。

さらに、寛永一九年（一六四二）の所司代の規制から三六年後、「延宝六年」（一六七八）の書き込みをもつ『遊楽図』屏風には、内側に明り障子を備えた出格子がある（図15）。竪子をならべ、周辺眺望規制にしたがっているが、明り障子が居室利用を示唆している。冒頭に取り上げた寛文七（一六六七）の俳諧に「蛛の巣や二階椿の虫籠窓」と詠まれた「虫籠窓」も、この形式であったろう。

しかしこのような二階表室の居室利用は、建築規制にしたがっていない。いないのだが、京都の町家は、多くが建築許可申請や竣工検査を免除されており、内部を対象にした建築規制の実効性には問題があった（二六）。規制の実効性は、外から目につく外観において確保されたのであり、竪子を並べた出格子がそれである。

ちなみに『遊楽図』屏風の粉本とされる『風俗画画稿』（京都国立博物館所蔵）には、土塗格子の間に「すたれ」と書き込まれている。当時の土塗格子の開口は、内側にすだれを吊っていた。土戸ではない。このすだれに日除けやほこりよけの目的をみれば、物置の通風・採光口という位置づけが変わっていないこ

図 15　遊郭街の門前に立つ町家、二階表に土塗格子の開口と出格子
（『遊楽図』屏風、たばこと塩の博物館所蔵）
（出典）『田中（近江屋吉兵衛）家文書』、京都市歴史資料館架蔵フィルムより転載

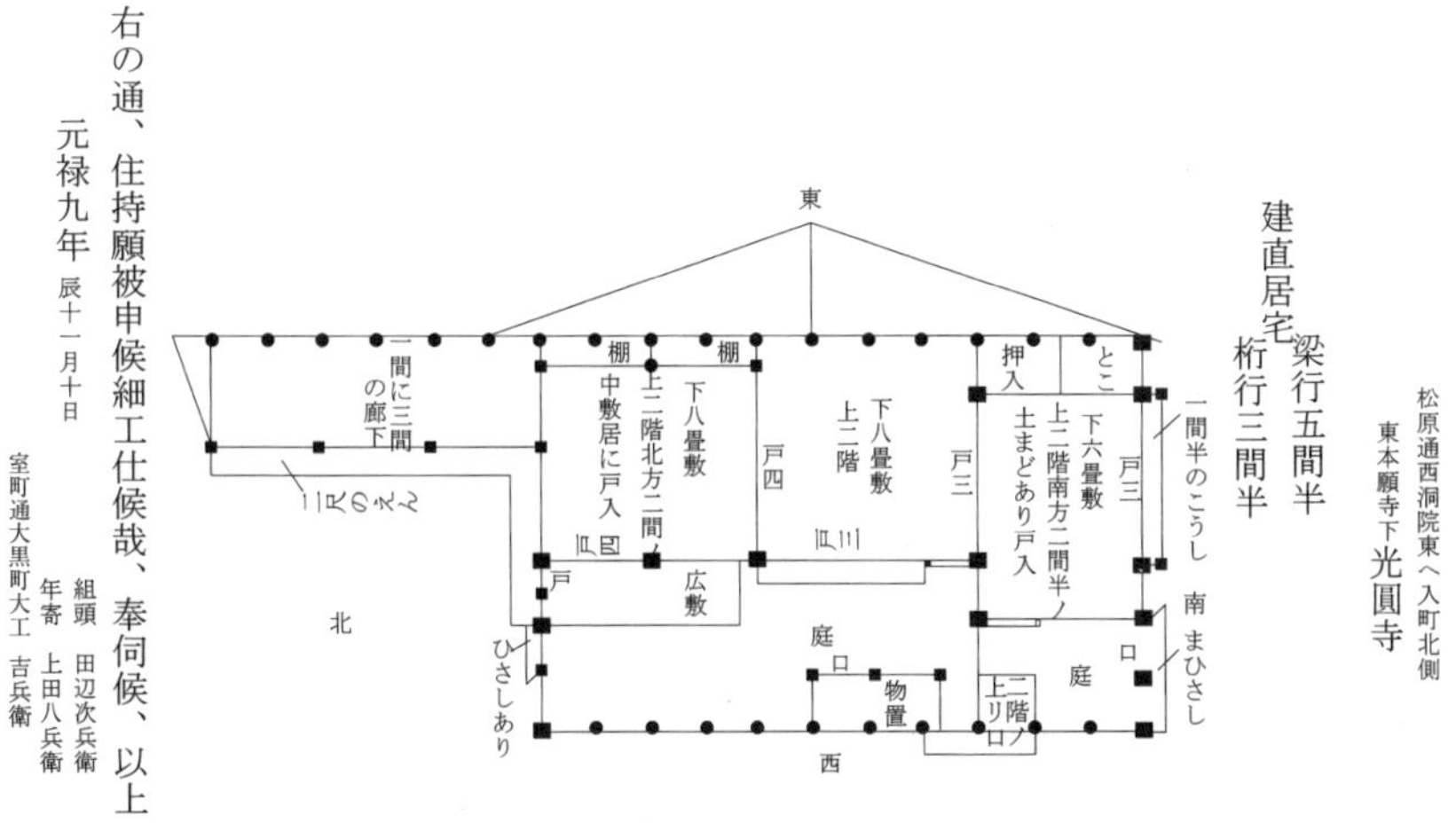

図 16　東本願寺下光圓寺建直居宅図リライト

とが、よくわかる。

それから一八年後の元禄九年（一六九六）。下京の光圓寺が、京都幕府御大工の中井家へ提出した「東本願寺光圓寺建直居宅図」[二七]（図16）には、「二階南方二間半の土まどあり戸入」とある。「土まどあり戸入」とは、土塗格子の開口と、内側の板戸（雨戸）の意味。日中は『遊楽図』屏風のように板戸を開けてすだれを吊り、夜間は板戸を閉めたのであろう。ここでも土塗格子の開口は、建築規制にしたがった形式であると同時に、安価な開口形式という位置付けがうかがえる。

重ねて一二年後、宝永大火（一七〇八）で京都が灰燼に帰した後、復興が一七世紀中ごろ以来の建築規制を徹底する機会となる。表蔵は敷地奥に曳かれ、京都の町なみは低層・均質化した。その町なみを、正徳元年（一七一一）ごろを描いた今井町本『洛中洛外図』屏風にみると、町家の二階表は、出格子と土塗格子の開口が相なかばしている（第五章-図10）。両者をわけたのは、おそらく出格子は内部に居室利用があり、土塗格子の開口は物置程度の利用であったろう。

なお、宝永大火で類焼した三井越後屋京都本店の再建史料では、土塗格子の開口が「鼠ぬり窓」、「鼠土窓」とある。[二八]芝居小屋の入口が「鼠木戸」と称されることからして、小さい土塗格子の開口の意味らしい。しかし、三井家ほどの豪商が、安価という理由で二階表に用いたとは考えにくい。周辺眺望規制にしたがうなら、出格子も選択肢のはず。それでも土塗格子の開口を選択した理由は、規制にしたがう建築表現が、町人間の相互規制で担保される中での事象と考えられる。つまり、当時の町なみでは、土塗格子の開口が標準化していたので、周囲の町家に合わせて選択せざるをえなかったのであろう。

さらに宝永大火の八〇年後、天明大火（一七八八）が京都を襲う。復興時の大工文書[二九]では、土塗格子や土塗格子の開口そのものが「むし子」とあり、「むし子障子」という明り障子が併用されている。大火後に建築費用が高騰する中、手間と費用がかかる出格子は一時的に減少し、土塗格子の開口が安価な開口形式として増加したようである。[三〇]もっと

写真６　元治大火後の町家にみる土塗格子
『京の町並み』転載（田中泰彦編・解説『京を語る会』1972）

も、正徳元年の今井町本に出格子が多いように、二階の居室利用はすでに復活方向にあったから、これら土塗格子の開口も明り障子が併用され、居室利用されたと思われる。

以上、土塗格子の開口は、周辺眺望の規制や二階座敷の規制にしたがった安価な開口形式として定着した。これは前述のように②を裏付ける。そして出格子とともに、町人間の相互規制の中で標準的な開口形式となった。だから豪商でも、周辺状況によっては、土塗格子の開口を二階表に用いることがあったと考えられる。

さらに江戸時代末期から明治初頭に採用された土塗格子は、縦長化していく（写真６）。町人間の相互規制が機能する中で、居室化した二階の天井高が少しづつ高くなり、あわせて土塗格子が縦長になる変化が、町役人主体の相互規制の中で黙認されていたのである。

第五節　城郭建築と土塗格子の開口

絵画史料では、豊臣政権の二階建て命令が作用した京都の町なみに、土塗格子の開口は見当たらなかった。それは、慶長期（一五九六〜一六一四）の土蔵建築から観察された（第二節）。そうすると、土塗格子をならべる開口形式は、同時代の別の建物か土蔵建築に導入されたのではないか。意匠的根拠、いわゆるデザイン・ソースは、ほかの建物にあっ

写真７　水口城の復原出丸櫓の狭間
（図 12 と比較されたい）

た可能性がある。

そこで建築遺構や指図をみると、慶長一四年（一六〇九）に池田輝政が築城した姫路城（姫路市本町）など、多くの城郭建築が、本瓦葺で白漆喰に塗籠の城壁を廻らせている。そして土塗格子の開口を並べており、内側に土戸を併用していた（写真3もその例）。ちょうど、土蔵造りや塗家の町家が、本瓦葺で白漆喰の塗籠の大壁を用い、二階表に土塗格子の開口を備え、土戸を併用したのと同じである。『聚楽第図』屏風にも、突上板を併用しているが、土塗格子の開口を確認できる。

さらに、慶長八年（一六〇三）築城の二条城も、多くの『洛中洛外図』屏風（第二定型）に、本瓦葺で白漆喰の塗籠の城壁が描かれている。その城壁には、突上戸のない土塗格子の開口がならんでおり、築城時の史料[三一]には「連子窓」、竪子は「窓の子」の名称が記されている。

そして絵画史料でも、ちょうどこの時期の町家に、白漆喰の塗籠の塗家や土蔵造りが出現する。それらは、本瓦葺や二階表の土塗格子の開口とともに、富裕表現であった（第三節）。そのとき、これらの要素が、城郭建築にデザイン・ソースがあった可能性がうかぶ。戦国時代までの京都には存在しなかった白亜の城壁が、外堀ごしにそびえ立つ姿は、統一政権の絶対武力と権力を強く印象付けたであろう。その視覚的効果を目の当たりにした富裕町人が、町家に導入したくなっても不思議はない。少々住環境に問題があったも、二階の居室利用をはじめて間もない当時は、たいした問題ではなかったろう。それに、三角や丸といった意匠的な穴も（図12）、城郭の城壁に穿《うが》かれた矢狭間や鉄砲狭間（写真7）のデザインとよく似ている。

さらに、近世初頭における町家の建築的発達には、城郭大工の関与が指摘されている。たとえば、慶長八年の二条城築城の際に棟梁を務めたのは、京都幕府御大工として近畿圏の大工組を支配した中井家の家祖、中井大和守正清である。その配下の今奥出羽平政隆が、寛文一一年〜貞享三年（一六七一〜八六）にあらわした『愚子見記』（三二）をみると、「諸色建渡の事、町家の大躰は一式立渡百目坪」、「町家は軒短き故、下坪に四割増、または四割半増にて大方合ふ也」とある。幕府御大工の配下が、明らかに町家建築に関与しているのである。同じ『愚子見記』には「矢狭間の事、竪狭間の長一尺二寸、横四寸、丸狭間指渡四寸、三角・四角何も方六寸ずつ也」として丸や三角、四角の狭間も記しており、永青文庫本にみた二階表の開口（図12）と共通する点も、城郭大工の町家への意匠的関与をうかがわせている。

もちろん、町場の大工が城郭建築をまねた可能性もあるが、いずれにしても中世の京都の町家に見あたらない土塗格子の開口は、本瓦葺や漆喰塗籠の大壁と共に、城郭建築に意匠的根拠があった可能性が高い。だから、富裕表現になり得たのである。

しかし、これら塗家や土蔵造りの町家は、結局のところ、京都の町なみでは大勢にならなかった。本章で見たように、豊臣政権の二階建て命令から三〇年ほど経過したころ、江戸時代前期になって住環境の悪さや補修費用の負担が明らかとなった可能性が高い。そこで、防火性能や防犯性能を求めるなら表蔵や庭蔵。町家はむしろ風通しのよい大開口（ただし建設規制の発動まで）を備えて、補修頻度は少なくてすむ真壁を選択した、という経緯が考えられる。

まとめ、土塗格子のデザイン・ソースは城郭にあり

京都の町家の二階表に、土塗格子の開口が定着した経緯を検討した。

戦国時代から安土・桃山時代の京都の町家は、板葺で真壁の本二階建てが増加したが、その二階表は板戸をもつ大開口であった。これに対して土塗格子の開口は、まず庭蔵や突出内蔵、表蔵に現れた。それからさらに塗家や土蔵造りの二階表にも現れた。それらには防火・防犯性能確保の目的もあったが、それ以上に富裕表現であった。そしてデ

ザイン・ソースは、同時期の城郭にあった。それを、町家を建築的に向上させた城郭大工が、導入した可能性が高い。この結果は、拙著『京都の町家と町なみ』の第五章付記（二）での予想を裏付けるものとなった。

そしてこの状況は江戸時代初期も続いたが、やがて塗家や土蔵造り、土塗格子の開口を富裕表現とみる傾向は、周辺眺望や通風・採光などの住環境を阻害することや、白漆喰塗の塗籠の補修負担から、江戸時代前期にあたる寛永期には減少していった。町家の大勢は板葺に真壁となり、二階表は板戸をそなえた大開口にして、居室利用に備えた町家が増加した。その中に、真壁に開く土塗格子も現れたのは、安価な開口形式という位置付けに変わっていたからである。そのとき防火・防犯性能は表蔵や庭蔵に求められ、富裕表現は細部意匠や内部のしつらえに移っていった。

その後、一七世紀中ごろに徳川政権の建築規制が発動すると、町家の二階表は、表蔵規制の影響もあって真壁でそろっていった。土塗格子の開口は、周辺眺望規制や二階座敷規制にしたがう安価な開口形式として、出格子と共に標準的な開口形式となった。その選択には、費用問題のほか、町人間の相互規制が作用した。そして土塗格子の開口には、二階の居室化を受けて内側の明り障子や板戸の併用が定着していく。その後、厨子二階の天井高がじりじり上がった江戸時代末期には、土塗格子も縦長になっていったのである。

註

一　新谷昭夫『京町家』光村推古書院、一九九八

二　喜多村筠庭『嬉遊笑覧』一、岩波書店、二〇〇二、文政一三年（一八三〇）の「嬉遊笑覧」が引用した俳諧。

三　丸山俊明『京都の町家と町なみ——何方を見申様に作る事、堅仕間敷事』第五章、昭和堂、二〇〇七

四　高橋康夫『京町家・千年のあゆみ——都にいきづく住まいの原型』学芸出版社、二〇〇一

五　中村利則「京都・町家考」（中村利則解説『京の町家』淡交社、一九九二、所収）

六　池田俊彦「窓のデザイン」（『日本の窓』淡交社、一九九七、所収）

七　中村昌生『京の町家』淡交社、一九九四

八　土蔵造りや塗家は豪壮な江戸風文化の産物で真壁の京都は軽い上方文化の影響とする見解は多い（藤井恵介・玉井哲雄『建築の歴史』中央公論社、一九九五、伊藤毅『町屋と町並み』（日本史リブレット三五）、山川出版社、二〇〇七）。しかし、この町並景観の違いは、都市防火性能の向上が強制された江戸と、それを勝手次第とされた京都の違いであった。一八世紀以降の、異なる都市政策が主要因である。（丸山俊明『京都の町家と火消衆――その働き、鬼神のごとし』昭和堂、二〇一一）

九　前掲、丸山俊明『京都の町家と町なみ』第三章

一〇　丸山俊明「近世初頭の京都における町家土蔵の配置」『日本建築学会計画系論文集』第六二三号、二〇〇八、本書第五章掲載。

一一　一休宗純『狂雲集』柳田聖山訳、中央公論社、二〇〇一

一二　前掲、中村利則「京都・町家考」

一三　『長刀鉾町文書』所収、京都屋造之初、京都市歴史資料館架蔵フィルム

一四　藤原頼長「台記」（増補史料大成刊行会編『補史料大成』二三〜二五巻、臨川書店、一九九二、所収）

一五　山田幸一『日本壁のはなし』（物語・ものの建築史）、鹿島出版会、一九八五

一六　狩野博幸『新発見・洛中洛外図屏風』青幻社、二〇〇七

一七　前掲、丸山俊明『京都の町家と町なみ』第一章

一八　京都町触研究会編『京都町触集成』別巻二（補遺・参考資料）、一九六―一九七頁、岩波書店、一九八九

一九　『京都町式目集成』（叢書京都の史料　三）、二五二頁、京都市歴史資料館、一九九九

二〇　前掲、丸山俊明『京都の町家と町なみ』第一章

二一　前掲、『京都町式目集成』、八九頁、京都市歴史資料館、一九九九

二二　京都町触研究会編『京都町触集成』第十一巻（天保六年〜弘化四年）、二一八―二一九頁、岩波書店、一九八六

二三　前掲、丸山俊明『京都の町家と町なみ』第一章付記

二四　前掲、高橋康夫『京町家・千年のあゆみ』

二五　浅井了意「京雀」（野間光辰編『新修京都叢書　第一巻　京童・京童跡追・京雀・京雀跡追』臨川書店、一九六八、所収）

二六　前掲、丸山俊明『京都の町家と町なみ』第六章

二七　『乾山の芸術と光琳図録』ＮＨＫプロモーション、二〇〇七
二八　日向進『近世京都の町・町家・町家大工』思文閣出版、一九九八
二九　前掲、『田中（近江屋吉兵衛）家文書』
三〇　前掲、日向進『近世京都の町・町家・町家大工』
三一　『中井家文書』所収、京都府立総合資料館所蔵
三二　『愚子見記』複製本、滋賀県立図書館所蔵

第九章

京都最古級の町家発見！
ご法度の影響ありや

概要…西ノ京の瀬川家住宅に放射性炭素年代測定を、中尾七重（武蔵大学）と共同で、坂本稔（国立歴史民俗博物館）の協力も得て行った。京都の町家遺構では初となる測定である。結果は、宝永大火（一七〇八）をさかのぼる一八世紀初頭。京都市内の町家遺構の中では最古級となった。京都の町家遺構は幕末～明治期しかないとの通説をくつがえすものであり、きわめて重要な発見となった。

第一節　理学的年代測定（年輪年代測定法と放射性炭素年代測定法）の登場

古い町家遺構がありそうな場所、西ノ京

江戸時代の京都。それは、豊臣政権が築造した御土居の内側にある洛中の町々と、外側の洛外の町々が面的につながって形成していた。このため、洛中洛外町続き、あるいは洛中洛外町続き町々と称されていた。

このような京都の町家は、幕末の元治大火（一八六四）のため、江戸時代の遺構は少ない、とされてきた。しかし実際は、西陣や西ノ京、鴨東《おうとう》（鴨川の東側）が罹災をまぬがれており、昭和四四年（一九六九）の町家調査報告書(一)でも、西陣の堀井家住宅（京都市上京区六番町）が「宝永六年以降火事はなく、部材も古びていて、宝永頃の建築とみてよさそう」、つまり宝永大火（一七〇八）復興時の建築と報告されている（第七章 - 写真11）。

もっとも、この調査は、急速な都市化と遺構の滅失を背景に、緊急かつ網羅的に行われた。このため、文献・絵画史料とのすり合わせや、編年（時系列にそった建築的変化を把握して、建築年代を判定する材料にする研究方法）は、今後の課題に残された。そして日本史や建築史、都市史や民家（町家と百姓家をふくむ）研究の分野で、さまざまに論

じられている。(二)

しかしながら、本当に町家と称された江戸時代の遺構は、確認数が限られる。さらにその中にも、建築許可申請書の普請願書や建築工事を記録した棟札《むなふだ》、年代を判定できる墨書《ぼくしょ》といったものがなく、部材の風合いや工法、祈祷札からの年代推定が定着した例が多い。その上、それらでさえ滅失や改築が進む状況があるので、「遺構という一次資料に即した研究は、いずれ既往の報告書類の活用以外には望めない」との見解もある。(三)いわば白旗だが、現実をみすえた意見でもある。

そこで前々著の『京都の町家と町なみ』や前著の『京都の町家と火消衆』では、町家の建築的変化や京都の都市構造に、徳川政権の建築規制や都市防火政策、建築許可申請を免除する民政支配の影響を指摘した。これらを絵画史料や文献史料を照合し、複数史料の整合をもって歴史的事実と判断したのである。

しかし、さらなる学術的論証には、建築年代が建築規制に近く、影響が明確な町家遺構による検証が望ましい。そこで、宝永・天明大火をまぬがれた地域のうち、それらしい姿をみかける西ノ京に注目した。

西ノ京とは、京都市上京区と中京区の西部にあたる。西京ともいうが、現在の行政区分である西京区と区別するため、本章では西ノ京と記す。この西ノ京は、岩井武俊が昭和九年（一九三四）刊行の『京郊民家譜』に、「土間が広く台所には五つくごや七つくご」をもつ「西ノ京の農家」を紹介した。(四)つまり百姓家と評価したわけだが、その姿は「表側に出格子」があり「一見町家のやう」。農村になぜ町家か。それは、江戸時代の西ノ京を通る街道沿いには、職人や商人が住んでいたから。だから住まいは町家のようであるが、一方で彼らは、御土居内外に農地を持つ百姓でもあった。そのため、近代以降に市中の会社へ勤務するようになったとき、岩井には残った家族が専業農家に見えた。そこで、かつて町家であった住まいを「西ノ京の農家」と紹介したのである。この経緯からして「西ノ京の農家」の中には、江戸時代の町家遺構を発見する可能性が高い、と著者は考えた。

理学的年代測定の登場

それでは、史料がない町家遺構の建築年代をどうするか。これまでは部材の風合いという見立てが重宝されてきたが、全国無数の遺構を調査した研究者ならともかく、数えるほどの遺構か、改修済みの建物しか触れる機会がない現代の研究者が会得できるわざではない。だから年記史料がなければ、昭和四〇年代の調査結果を絶対化するしかなかった。調査の当事者は検証を必要としたのにもかかわらず、である。

そこに、理学的年代判定が登場した。代表的なものに、年輪年代測定法と放射性炭素年代測定法がある。

このうち年輪年代法には、光谷拓美（奈良文化財研究所埋蔵文化財センター・年代学研究室）の成果がある。法隆寺五重塔の芯柱が推古二年（五九四）の伐採に限りなく近いことを解明する[五]など、多くの歴史的業績が蓄積されている。また放射性炭素年代測定法には中尾七重（武蔵大学総合研究所）今村峯雄、坂本稔（国立歴史民俗博物館）らが、兵庫県の箱木家住宅が鎌倉時代後期の建築であることを指摘する[六]など、重要な知見を各地で発表している。

もっとも年輪年代法は、杉・檜・ヒバ・高野槇に有効であるが、サンプルに一〇〇年輪以上を要し、細い部材が多い町家への応用はむずかしい。一方、放射性炭素年代測定法は樹種や年輪数を問わないが、複数の結果がでることがあった[七]。しかし近年、補正技術が進歩し、年輪年代法の結果との一致も確認された[八]。さらに、年輪の少ない部材に放射性炭素年代測定を行って、複数の結果を年輪年代法で特定する方法も成果をあげている。これら理学的年代測定はすでに国際基準となっており、従来のような部材の風合いによる推定では、世界的に相手にされない状況にある。

ところが日本では、相変わらず理学的年代判定に懐疑的な意見が強い。たとえば放射性炭素年代測定に必要な試料採集を、文化財の破壊と糾弾する向きさえある。しかしそれをいうなら、修理保存工事の部材の取り換えはどう言いつくろうのか。わずか数十ミリグラムの試料採集は、宮澤智士らが「むしろ非破壊[九]」と評価している。年輪試料の切断採取が困難な町家遺構でも、放射性炭素年代測定の結果を、文献・絵画史料と照合することで、科学的根拠をもつ知見を示すことができる。そのような成果をもたらす理学的年代判定を無視したガラパゴス的原理主義では、国際基準から置いていかれるだけであろう。

そこで本章では、西ノ京の瀬川家住宅について、文書史料から同地が近世京都の外縁であったことを明らかにした上で（第二節）、痕跡調査や、放射性炭素年代測定から、京都で最古級の町家遺構すなわち江戸時代前期の板葺町家であったことを指摘する（第三節）。そして、京都近郊の町家遺構と比較すると共に、徳川政権の建築規制の影響を確認する（第四節）。

第二節　瀬川家住宅と西ノ京という地域に対する評価の問題

従来の瀬川家住宅への評価

一八世紀初頭、宝永大火（一七〇八）直後の町家遺構とされる堀井家住宅から西へ約一キロメートル。上京区堀川町の瀬川家住宅は、妙心寺通りに卯建をあげる表構えをみせている（写真1）。そして敷地奥には二階の庭蔵がある（写真2）。

昭和九年（一九三四）に岩井武俊は、『京郊民家譜』にこの「瀬川定次郎氏宅」を紹介して（写真3）、「これも西ノ京農家の一つ、左右両端卯建ちに仕切られて型通りの恰好《かっこう》をしているが……もと質屋の住居だったそう……さういへば多少他の農家と趣を異にしている……もっとも土間は百姓家に相違なく、こゝこそ七つくども昔のまま」と解説した。

昭和四四年の町家調査報告書も、江戸時代の瀬川家住宅周辺を「ほとんど田園地帯」とした上で、瀬川家住宅は「もと菱屋と称し、西ノ京村の庄屋」が住んだ「町屋の建

写真１　平成 18 年の改築後の表構え（北側）

写真２　敷地奥の庭蔵の鬼瓦
棟巴に菱形の枠で「屋」の字がある

写真３　左側の居住棟を破却する前の表構え
岩井武俊『京郊民家譜』（大阪毎日新聞、1931）より転載

物」と評価した。そして間取りを「右側二間を居間部分、左側二間二尺を土間部分」と紹介し、「土間の方が広いのは、西ノ京の農村的性格」とした。さらに庭蔵の階段裏の墨書（後掲、写真4）に「宝永七年寅九月吉日菱屋六兵衛」とあることから、宝永七年（一七一〇）当時は菱屋六兵衛の在住とした。

この在住は棟巴の菱形枠に屋の字つまり「菱屋」や文献史料から裏付けられるが、さらに調査報告書は「主屋は宝永七年（一七一〇）よりは下る……二階座敷がないこと、土間上の梁組の特徴などは、幕末期までは下らない」[一〇]とした。しかし、「下る」の根拠は記されていない。また先代の瀬川家当主は、調査関係者から「主屋建築後に土蔵を建てるのは困難だから、土蔵の建築年代である宝永七年より後」と説明されたという。本当だろうか。商売で成功した町人が、敷地奥に土蔵を新築した例はいくらでもある。片土間を通って材料を運び込むだけの話であって、むずかしくないし、珍しくもない。難くせをつけるつもりはないが、そんな感じで見立てられた建築年代なら、検証してもよろしかろう。

そもそも瀬川家には、天保八年（一八三七）に、質屋の菱屋六兵衛から屋敷地を買い取ったとの伝承がある。[一一]代々の瀬川家当主は、たびたび訪れる研究者に、この点を繰り返し説明されてきた。それでも、平成六年（一九九四）の『京都民家巡礼』[一二]に「町家風で以前は菱屋六兵衛という人が質家を営んでいた……瀬川家の手に移ってからは、ずっと農家……京都の近郊であったこのあたりに、町家の風を映してきた」とあるように、江戸時代後期の町家風の百姓家とする見方は定着している、というよりも固着している。

西ノ京という地域への評価

瀬川家住宅の周辺が農村とされてきた理由は、「葛野郡西京村」という江戸時代の地名にある。しかし西京村には、上京と北野神社を結ぶ街道が通っていた。中世には、この街道沿いに「西京麹座」[一三]が集住し、一六世紀前半の歴博甲本『洛中洛外図』屏風でも、洛中と同じ石置板葺が並んでいる。このあたりが「西ノ京」と称されていた。

そして天正一九年（一五九一）に、豊臣政権から「西ノ京の町化部分が御土居内に取り込まれ、洛中としての取り扱い」を受け、「文禄元年（一五九二）には西ノ京町化部分が京都並みの町を構えているとして地子銭免除」された[一四]。さらに徳川政権も、慶長九年（一六〇四）に「西京上下町人屋地子の条、京都のごとく相構の条、先例にまかせ免除せしむ」と追認した。

寛永一四年（一六三七）に京都幕府御大工の中井家役所が作成した『洛中絵図』をみても、西ノ京の街道沿いは「何々丁」つまり町がならび、それは上京の中心部から続いている。公儀が「町屋」と認める建物が並んでいるのである（図1）。

享保二年（一七一七）に町奉行所が行政例をまとめた『京都御役所向大概覚書』でも、町奉行所支配の「西ノ京」を「東は七本松通を限、西は妙心寺海道御土居限、南は下立売より壱町限、北は仁和寺通限」[一五]と記しているし、天明六年（一七八六）の京都名所案内の『都名所図会拾遺』でも、西ノ京は「人家建続」[一六]とある。このような中に、瀬川家住宅は立っている。

これらをみれば、江戸時代の瀬川家住宅が位置した場所が御土居の内側、つまり洛中であって、上京から町々が連続したところ、すなわち洛中洛外町続きの一角であったのは間違いない。そして洛中洛外町続きこそ、江戸時代の京都であった。

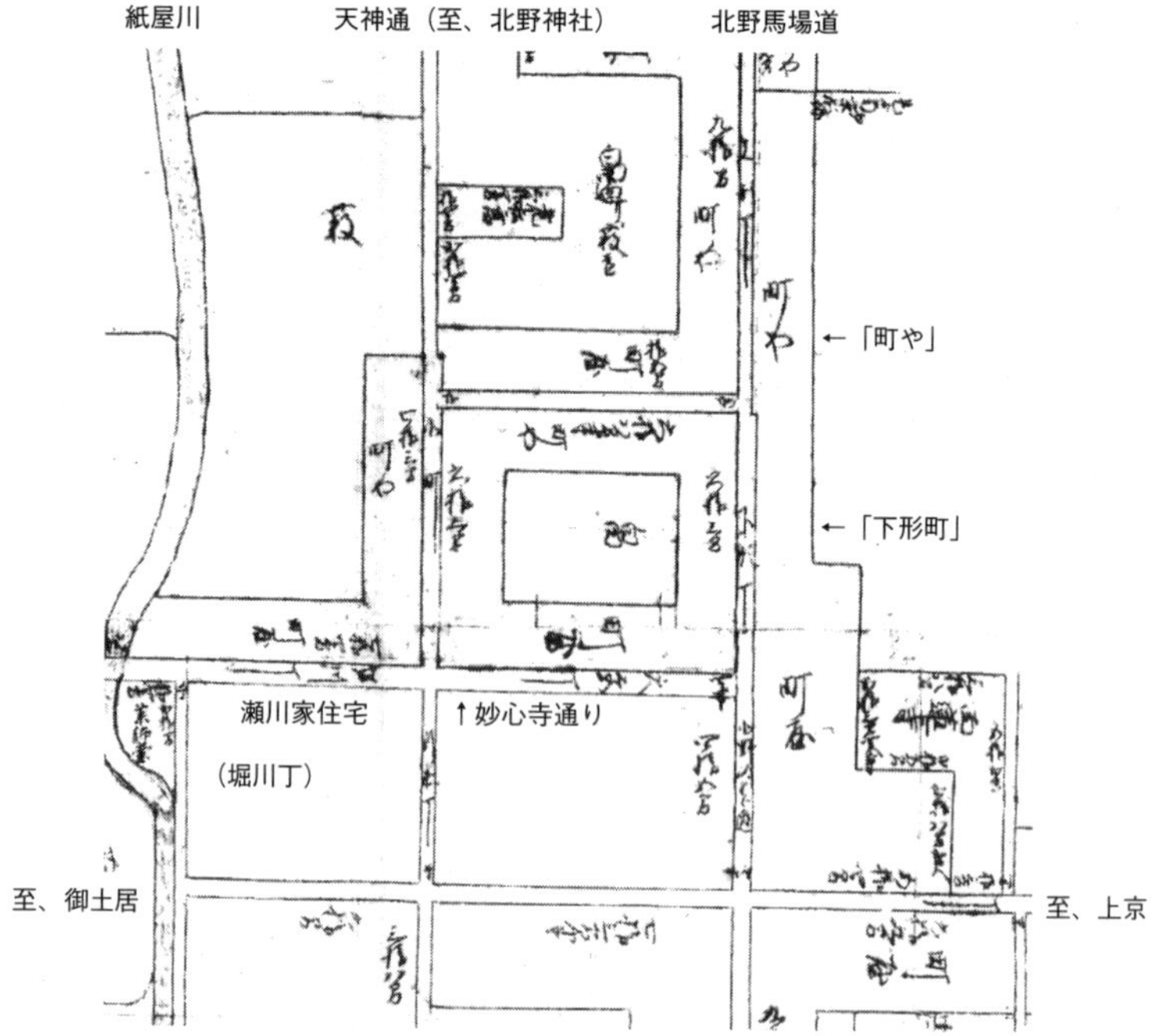

図１　『洛中絵図』にみる西ノ京
宮内庁書陵部蔵、中井家旧蔵本、『寛永十四年　洛中絵図』（吉川弘文館、1969）より転載

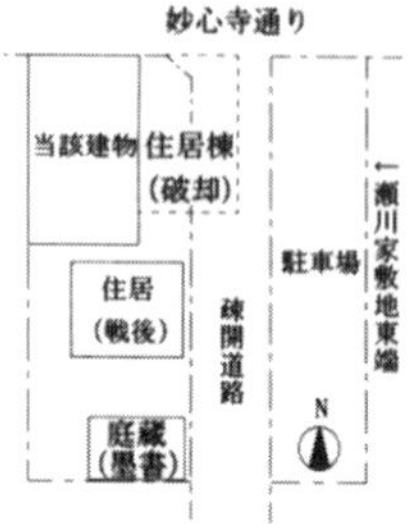

図２　疎開道路の計画

写真４　庭蔵内部の階段裏の墨書（厚い割板）

『西京村文書』の「菱家六兵衛」と「瀬川弥三郎」

庭蔵の墨書（写真4）にある宝永七年（一九一〇）は、宝永大火（一七〇八）から二年後である。そのような時期に、土蔵を建築できた菱屋の経済力はかなりのものであったろうが、その後の動向は不明であった。

そこで、西ノ京村庄屋の菅家に伝来した『西京村文書』を調査したところ、安政六年（一八五九）の文書に「菱屋六兵衛」の記名と押印を発見した。[一七] さらに、同じ印形が明和九年～明治七年（一七七二～一八七五）の村役人である「百姓六兵衛」にも確認された。これにより質屋つまり町人の菱屋六兵衛は、西ノ京村の村役人をつとめる百姓でもあったことが判明した。そしてさらに、明治期初頭には松本という姓を用いていたことも確認できた（現在のおすまいは明らかでない）。

一方、現住の瀬川家には、前述のように、天保八年（一八三七）に菱屋から屋敷地を買取った、との伝承がある。そして『西京村文書』より、明治三八年（一九〇五）の文書に「瀬川弥三郎」の記名と押印がある。同じ印形の「弥三郎」は、江戸時代後期の文書にも散見されるが、天保六年（一八三五）までは「下」の傍記がある。これは堀川町の東側にある下形町の在住を意味している（図1）。このほか幕末の弥三郎は、菱屋六兵衛と西京村の村役人を協力する関係にあったことも確認でき、屋敷地買い取りの傍証になるものと判断された。

ちなみに瀬川家には、ほかにも伝承がある。たとえば、菱屋の時代には、現在の主屋が質屋の店舗棟で、東隣が住居棟であったという（写真3の左側建物）。そして店舗棟と住居棟の間に通用口があったが、弥三郎が買い取ってから、店舗棟は住まい専用の百姓家、東隣は借家となった、そして昭和二〇年（一九四五）ごろにアメリカ空軍の空襲から避難するための疎開道路が敷地内を通されたとき、借家が破却されて（図2）通用口も閉鎖された、というのである。

これらに関して、平成一八年（二〇〇六）の改築時、東壁（図3中、り通）で二か所の通用口の痕跡（⑧―⑩間、⑤―⑦間）が確認されて、伝承の一部が裏付けられた。

第三節　瀬川家住宅の当初形式と放射性炭素年代測定

調査結果にうかがう当初形式

瀬川家住宅の建築当初の形式を検討するため、平成二一年（二〇〇九）に中尾七重と共同で、坂本稔の協力も得て、部材に残る修理の痕跡を調査した。あわせて、放射性炭素年代測定の試料採集に適当な当初材をさがした。現状は、一階居室の壁やコミセ、二階天井が、平成一八年（二〇〇六）の改築工事でボード張りされており、内側の状況は確認できなかった。しかし、改築工事の設計監理を担当した内田康博（内田康博建築研究所）から改築記録や画像の提供があり、検討が可能になった。また瀬川家現当主の定興氏から、工事中の切断材を提供いただいたことも有効であった。

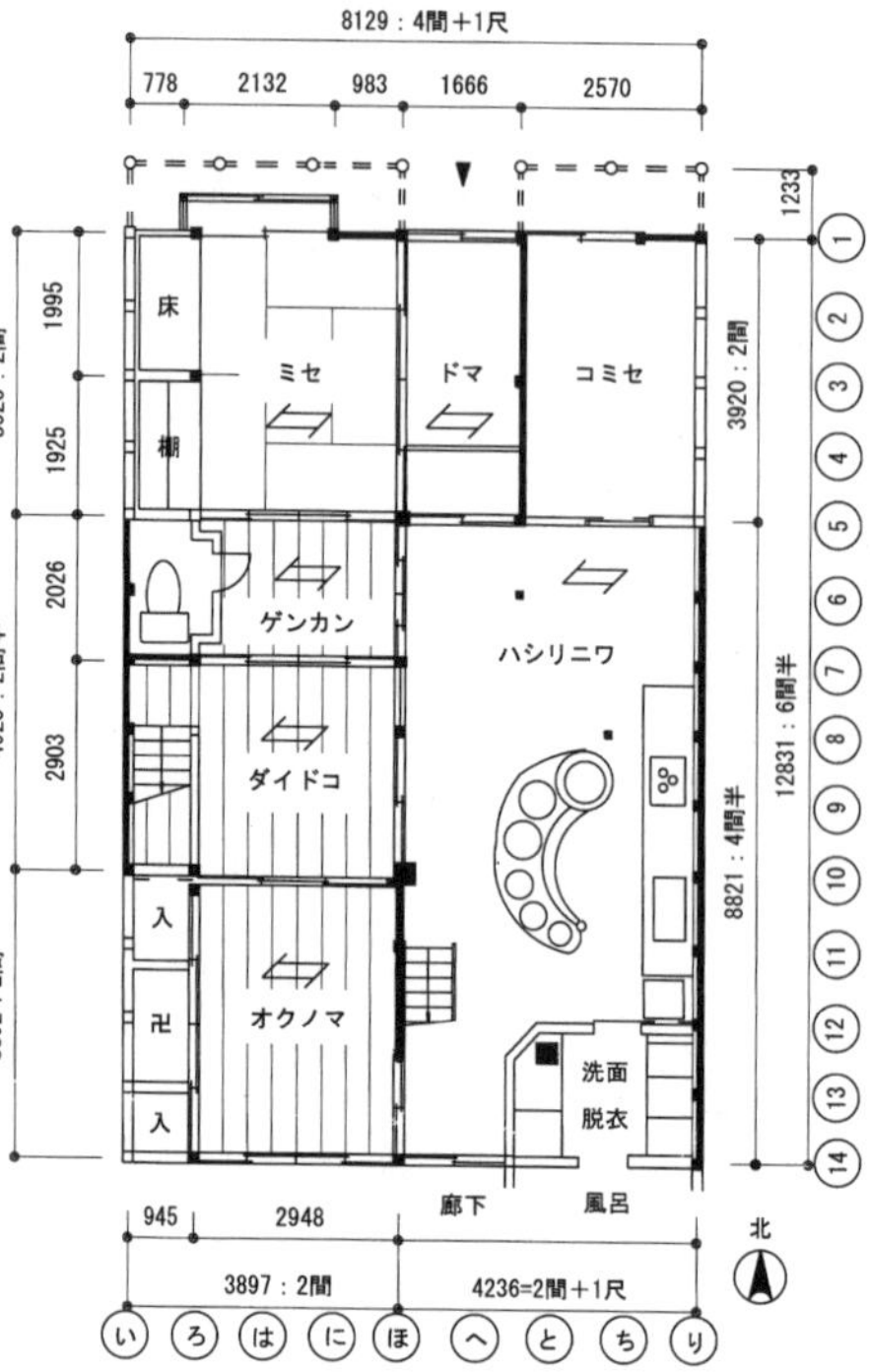

図３　現状

建築規模と間取り

間口四間一尺で、奥行は六間半。片土間で、土間の一部は床張するコミセ。昭和初期に納屋とされ、出入口は土間レベルの引違いの板戸となった（写真3）。しかしコミセという名称が残ることから、菱屋の時代は床張りされていた可能性が高い。

床上は四室（図3）ながら、建築当初は三

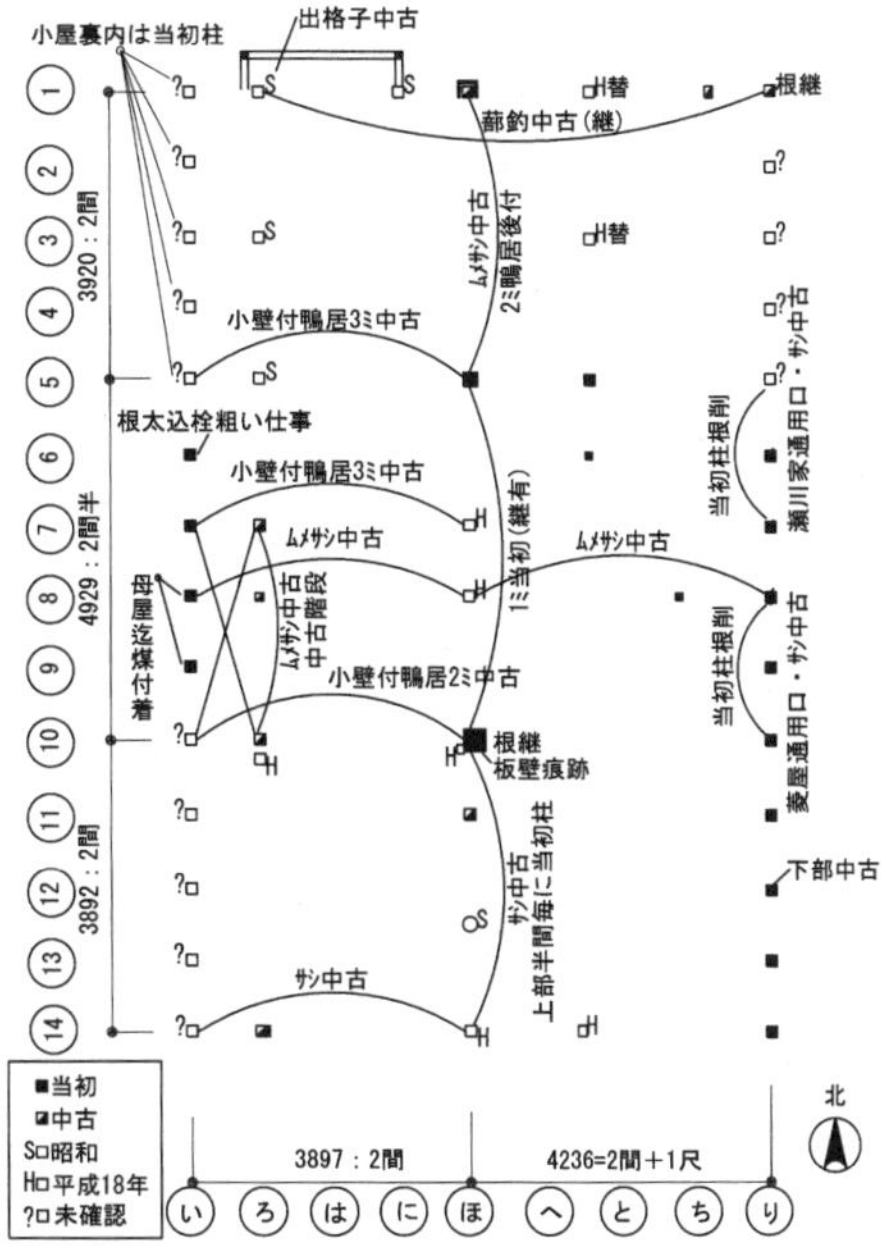

図4　痕跡

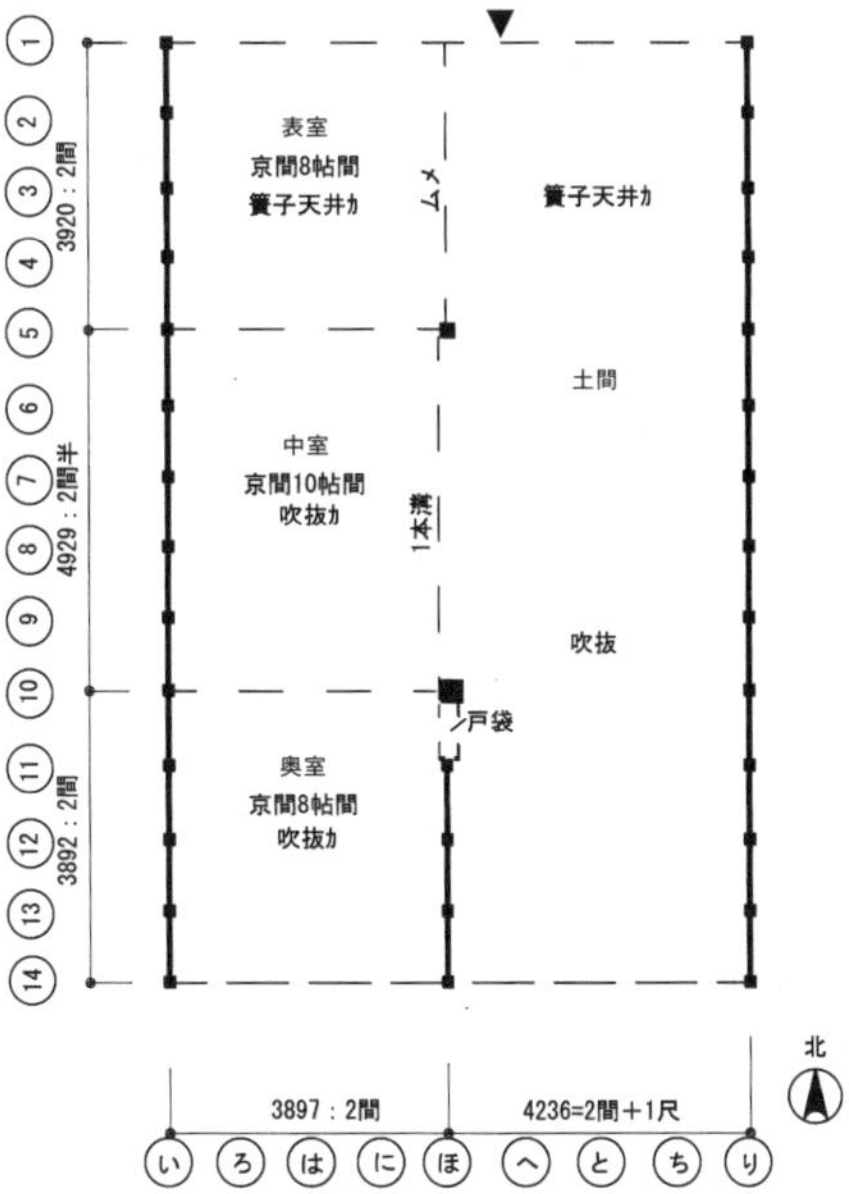

図5　当初復原

室（図5）。町家に典型的な片土間・床上三室である。各室の梁行つまり奥行は、表室が二間、中室が二間半、奥室が二間。桁行は二間。すべて京間である。これにより表室は八帖、中室一〇帖、奥室八帖、押入なしに復原できる。もっとも建築当初から畳敷であったかどうか判断できないが、中世『洛中洛外図』屏風群にも座敷はあるので（第二章）、座敷であっても不思議はない。

柱間装置（建具類）

表室と土間の境の差鴨居は、当初材ではない意味の中古である。建具溝がない無目《むめ》で、開放されていたことを示している（図4）。

中室と土間の境は、当初材の差鴨居が一本溝。これに見合う建具は、大黒柱の西面に胴縁《どうぶち》の痕跡があって戸袋が付いていたことがわかるので、この戸袋に収納する板戸となる。雨戸のように一本溝を走らせたのである。表室と中室の境も、中古ながら古色の強い無目の差鴨居が、両室の一体利用を示している。したがって10通より表側は、建具をあければ、床上も土間も一体的に利用できたことになる。

これに対し、奥室と土間境は、壁と戸袋で閉鎖されていた。したがって中室と奥室の境も、奥室の閉鎖性を確保する建具が存在していた可能性が高い。このほか奥室の南側は、当初の建具の状況や、縁の有無は確認できなかった。

一方、土間部分は、東壁が立つ東側通りに、通用口の痕跡が二か所ある（図4）。しかし、どちらも中古で、建築当初は通用口がなかったことになる。また、⑧—⑩間の古色が強いが、そこは現状の竈の焚口の前。したがって東隣に住居棟を確保したとき、⑧—⑩間に通用口を開けたが、後になって今のような大型竈としたので、通用口も⑤—⑦間へ移した可能性が高い。そして住居棟を借家、あるいは破却したとき閉鎖したと考えられる。

よって建築当初は、東隣に居室棟はなかった、と考えられる。そうすると、走り（流し）や竈も、現在の井戸ポンプ辺り（と—13、図3■印）にあったはず。したがって、先に指摘した⑩通より表側の開放性も、東隣に居室棟を確保して、店舗兼住宅であった主屋を店舗棟に特化できてからの構成と見てよい。

つまり建築当初の間取りは、表室と中室の境に建具があり、表室は商空間、中室は食事・居間機能、奥室は寝室機能という、片土間・床上三室。調査報告が指摘した典型的な町家の構成が、裏付けられた。

天井

現状は、ミセからオクノマまで四室からなる居室部と、ハシリニワの①—⑧通が根太天井。⑧—⑭間が吹抜けの火袋である。また、居室部の二階にある三室（図6）や、一部のドマならびにコミセの上部（木置きと呼ばれる、図7）は、現状では、土間の吹き抜けの火袋との境を壁や建具で仕切っている。しかし、二階の壁面から小屋裏まで、全面的に煤《すす》の付着が確認できるので、建築当初は二階に天井がなく、土間上の火袋に向けて開口常開であった可能性が高い。[一八]用途は一階に押入がないことからして厨子。つまり物置であり、梯子で上がったのであろう。

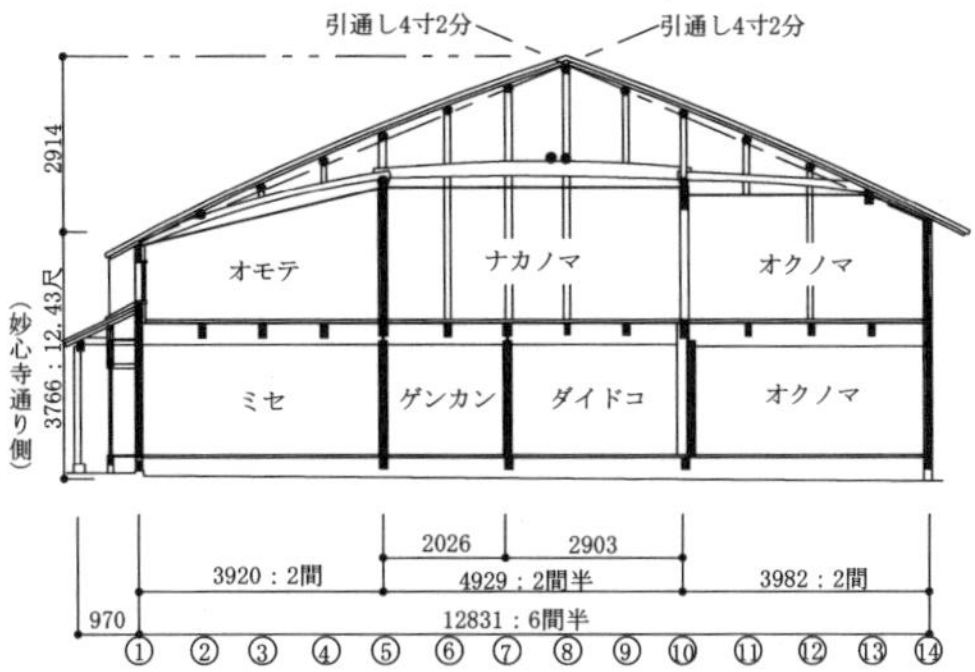

図6　居室部の断面（は通）

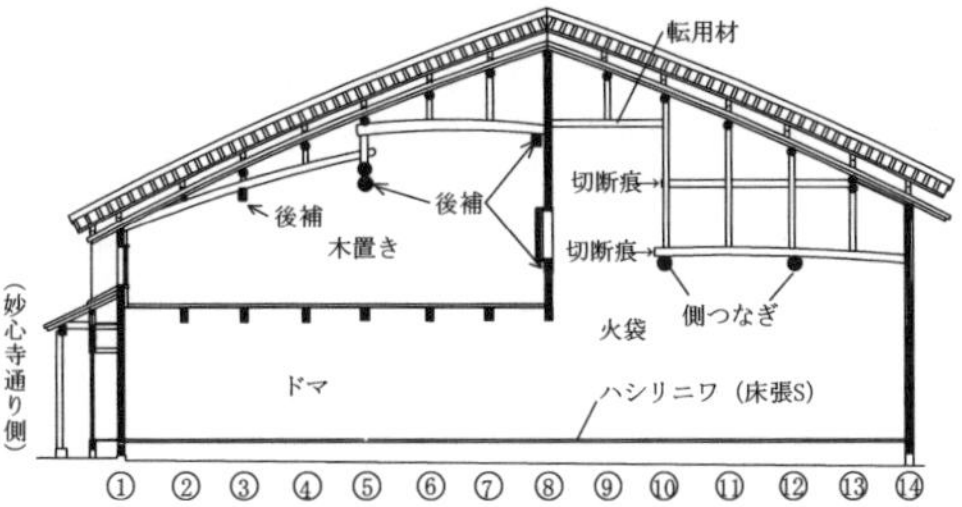

図7　現状の土間部の断面（と通、昭和床張）

写真5　平成18年の改築工事前の火袋

小屋組

屋根をささえる小屋組は、居室部分が登梁式（図6）で、土間部分も①―⑧間は登梁式。ところが⑧―⑭間は、二本の側つなぎの上に水平梁を渡し、その上に束《つか》を立て、屋根をささえる母屋を受けている（図7）。この側つなぎと水平梁には、噛み合せがなく、水平梁も束《つか》も非常に細く、束を差し通す貫も二段という非常に簡素な姿である（写真5）。幕末の町家は、この部分に束や根太、貫を縦横に組んで「準棟纂冪《じゅんとうさんべき》」、「順堂算地《じゅんとうさんち》」と称されるのだが（第七章‐第九節）、まったく違う姿である。

また、二段のうち上段の貫は、エツリ穴（壁下地の竹小舞を差す穴）があるので、転用材と判明する。ほかは古色が強く、建築当初の小屋組であるが、下段の貫と水平梁は、と―⑩位置で切断されている。したがって当初は、さらに表側へ伸びていた可能性が高い。もっとも、と―⑩よりも表側に水平梁を受ける側繋ぎや痕跡は見当たらないから、①―⑧通には当初から根太天井があり、と―⑧位置の根太に二階柱が立ち、水平梁や貫と結ばれていたと考えられる。それがあるとき、木置きから火袋へ向く開口を広げることになり、と―⑧位置の二階柱を撤去、水平梁と下段貫を切断。強度を保つために、上段貫を太い転用材に変更した、という経緯が考えられる。これらを瀬川家が行ったとみれば、木置きという町家には考えにくい名称も、百姓家で用いるため付けられたと理解できる。

屋　根

半間間隔の母屋と棟木で、屋根の荷重を受けている。母屋と棟木は、建築当初は、い・は・ほ・と・りの各通りの五筋で、一間間隔に支えていた。しかし火袋以外は、後世に、後補の登り梁が入れられた（図8）。また母屋や棟木の先端は、両側通りに半間間隔で立つ通し柱に差し通され、込栓で固定されている（写真6）。その母屋や側通りの通柱の先端は、見たことがないほど細いもので、曲がりも強い。あまりに簡素な印象は、火袋の小屋組の印象と同質である（写真5）。

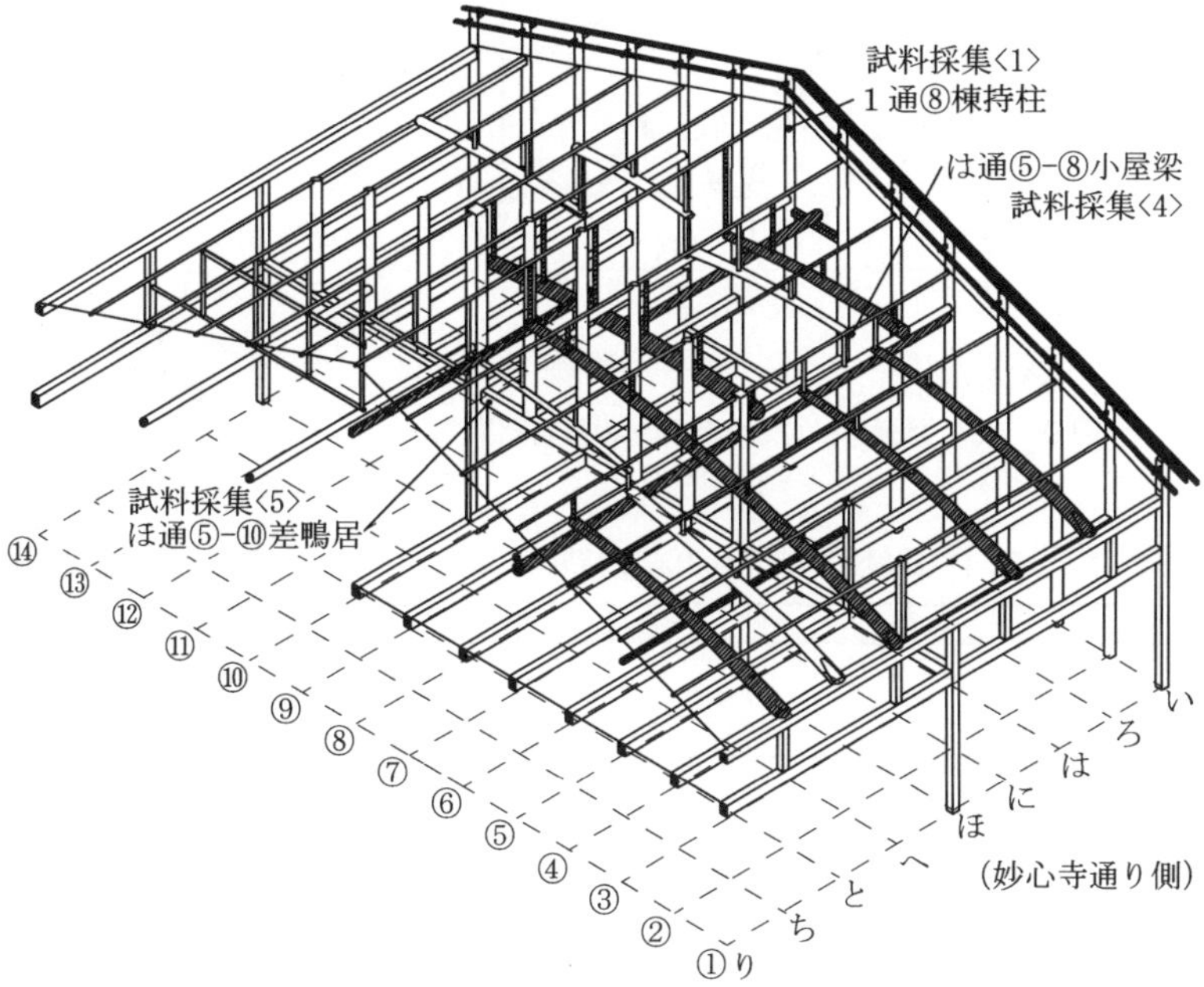

図８　現状小屋組と補強梁（ハッチ）

写真６　西側の妻壁より、い-⑦の通し柱、母屋との接合部

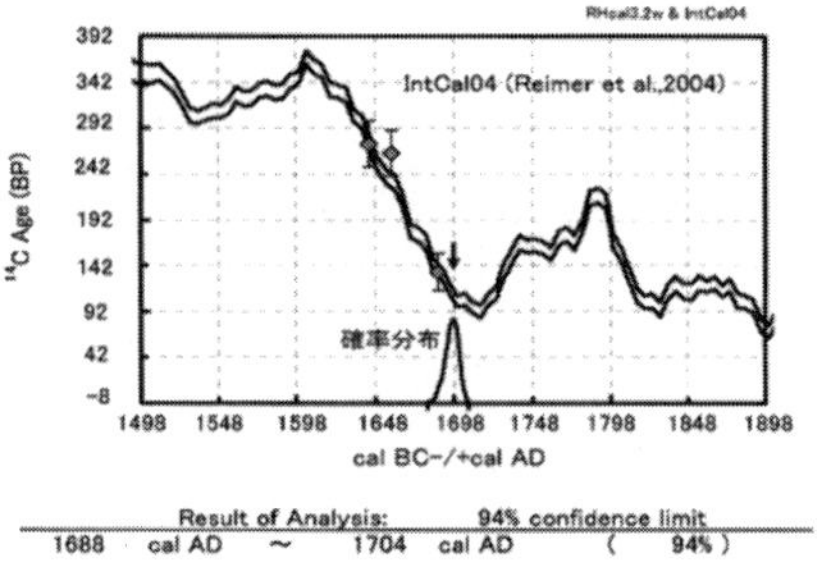

図９ 〈５〉ほ通⑤-⑩間の差鴨居の解析結果
中尾七重氏提供

表１ 放射性炭素年代の測定結果

部材	測定番号	^{14}C 年代（^{14}CBP±1σ）	較正年代範囲
<1>「い-8」棟持柱	PLD-9841	140±25	1671AD～1709AD(19%) 1719AD～1780AD(32%) 1800AD～1829AD(15%) 1832AD～1891AD(29.5%)
<4>「は通」⑤-⑧小屋梁 (40年輪)	PLD-9842 PLD-9843 PLD-9844 PLD-9845 PLD-9846	355±20 390±25 395±25 355±25 390±20	1487AD～1521AD(94.0%)
<5>「ほ通」⑤-⑩差鴨居 (54年輪)	PLD-10387 PLD-10388 PLD-10389	135±20 265±25 275±25	1688AD～1704AD(95.0%)

中尾七重氏提供

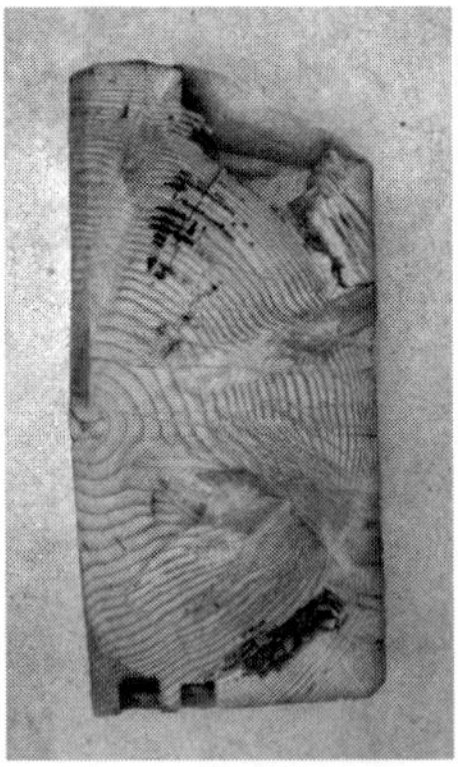

写真７ ほ通⑤-⑩間の差鴨居の断面（左下の二溝のうち左側の溝は後彫り）

当初材と判定した部材の放射性炭素年代測定
（本項は中尾七重が著者との共著論文において示した見解による）

痕跡調査から、当初材は、両側通りの通し柱（り—⑩通柱は根継ぎあり）、ほ—⑤小黒柱、ほ—⑩大黒柱、ほ⑤—⑩差鴨居、補強梁を除く小屋組材（現状は火袋天井や二階の居室内部が化粧野地張・化粧母屋）と判断された。

そこで〈1〉：い—⑧棟持の通柱、〈2〉：い—⑦母屋受の通柱、〈3〉：⑥通い—り母屋について、小屋裏（二階の天井裏）で一点ずつ、放射性炭素年代測定のための試料を採集した。〈4〉：は通⑤—⑧小屋梁は一〇年輪ごとに五点。そして〈5〉ほ通⑤—⑩の差鴨居は、平成一八年の改築で切断した腐朽材（写真7）から一〇年輪ごとに六点を、いずれも現当主定興氏の立会いを得て、数十ミリグラムずつ採取した。これらの試料すべてに写真撮影など記録保存を行ってから、顕微鏡観察による樹種判定をおこなった。

その結果、柱と母屋は杉、小屋梁と差鴨居は二葉松と判明した。京都の町家に報告例が多い構成であるが、通し柱などの部材は、保津川水運で丹波山中から運ばれたとみるには表面がでこぼこすぎ、節も強かった。むしろ、近隣で伐採された可能性が高いと判断された。

続いて、放射性炭素年代測定を実施した（国立歴史民俗博物館基盤研究「歴史資料研究における年代測定の活用法に関する総合的研究」…研究代表者坂本稔、ならびに平成一九年度科学研究費「中近世建築遺構の放射性炭素を用いた年代判定」…研究代表者中尾七重）。

検査費用の問題から、最終的に試料を〈1〉の最外部一点、〈4〉の五点、〈5〉の三点とした。

とくに〈4〉と〈5〉は、ウィグルマッチング用とした（図9）。ウィグルマッチングとは、同じ部材から複数の試料を採集し、測定結果を暦年較正曲線の凹凸と照合して、解析プログラムで計算することで年代推定誤差を小さくする方法である。この方法が近年急速に進歩し、精度が飛躍的に向上かつリーズナブルになったので、[一九]多方面で応用されている。

どの試料も汚染程度は低かったので、株式会社パレオ・ラボに標準的な前処理と測定試料の作成、放射性炭素14濃度の測定を委託した。その結果を、表1に示す。ここで炭素14年代の±の誤差は、測定における統計誤差である。[二〇]これら炭素14年代を暦年値に換算して実年代をえるが、注意すべきは、過去の大気の炭素14年濃度を元にした暦年較正曲線にウイグルという凹凸があり、炭素14測定値が複数年代に対応する場合がある、という点である。そして今回も、最外部一点だけを測定した〈1〉が、複数年代に対応する結果になった。これに対し〈4〉と〈5〉は、一〇年輪間隔で、複数の炭素14測定値を得た。

- 〈4〉は通⑤―⑧小屋梁…確率九四・〇パーセントで一四八七〜一五二一年（図7）。ただし辺材が削りとられているので、一般的な削りとりの厚みを三〇年分程度と仮定すると一六世紀前半、大永〜天文年間となる。

- 〈5〉ほ通⑤―⑩間差鴨居…確率九五・〇パーセントで一六八八〜一七〇四年、元禄元年〜宝永元年
- 〈1〉い―⑧棟持柱…複数年代が現われたが、このうち一六七一〜一七〇九年（寛文一一年〜宝永六年）が〈5〉と整合する。

三点の放射性炭素年代測定結果のうち、二点が一七世紀末〜一八世紀初頭で一致した。また〈5〉は、布谷知夫（当時、滋賀県立琵琶湖博物館、現、三重県立博物館長）の顕微鏡観察により、残存する辺材（七三〇センチメートル年輪）から推定される製材時の除去分（最外部年輪層〜樹皮）はわずかで、[一二] 測定結果の一六八八〜一七〇四年は伐採年代に近い、と判定された。そもそも、辺材を残す松材は、伐採してから放置すると、すぐに虫害をまねく。したがって、建築年代も伐採年代に遅れない。さらに、江戸時代後期の典型的な町家の工期は四ヶ月程度だから（第一四章）、長くとも伐採年代から一年以内で竣工したとみてよい。

ちなみに、〈4〉にあらわれた一六世紀前半は、京都の戦国時代である。当時の京都を歴博甲本『洛中洛外図』屏風にみると、洛中町々でも、平屋にみえる町家が多い。したがって、厨子二階とはいえ、しっかりした高さを持つ瀬川家住宅とは結びつけにくい。そこで再調査したところ、分厚く煤が付着した側面から、小屋束《づか》の痕跡を発見した。あらわれた年輪も非常に詰まっていて、生節が多い〈5〉や、節の強い通し柱とは異なる印象を受けた。これらのことから〈4〉は、中世建物の転用材の可能性が高い。この再調査では、は通⑩―⑬間小屋梁など、ほかにも転用材が発見できたので、これら転用材や近郊での伐採材を用いたのが当初の建物であったと考えられる。

以上、放射性炭素年代測定と顕微鏡観察から導きだされた瀬川家住宅の建築年代は、一七世紀末〜一八世紀初頭。

庭蔵の墨書の宝永七年（一七一〇）より若干早い。従来的な目視調査でも、ほ通⑤—⑩間の差鴨居の断面（写真7）は、生節が多い階段裏板（写真4）に近似している。これらのことから、菱屋六兵衛が宝永五年（一七〇八）の大火前に主屋を建築し、大火後の宝永七年に庭蔵を建てた可能性が高い。

この発見は、瀬川家住宅が、大火後の堀井家住宅よりも古く、京都市内では最古級の町家遺構であることを示している。[二二]この結果は、京都の町家に元治大火（一八六四）よりも古いものはないとする通説に、はじめて理科学的根拠をともなって、訂正をせまるものになった。

第四節　放射性炭素年代測定をふまえた瀬川家住宅の検討

比較検討

瀬川家住宅の建築年代と近い時期に、建築年代が定まっている他の町家遺構と比較してみよう。それも、西ノ京と同様に、所司代・町奉行所体制や、同じく所司代配下の京都代官所の支配地域（図10）の遺構が望ましい。なぜなら、建築形態に影響をあたえる建築規制の内容が共通しているから。

まず堀井家住宅（第七章・写真11）。同地の町絵図に「宝永六乙丑年御変地相渡る」[二三]とあり、宝永大火（一七〇八）前は、禁裏御所を囲む築地之内に住んでいた町人が、大火後の区画整理で引越しさせられ、その転居先に建築した町家とわかる。この町絵図の間口には、ばらつきがあるので、移住前の状況にもとづき地割・配分されたらしい。したがって西陣の地域性を見るよりも、洛中の町人が建築した町家としての性格をみるべきであろう（図11、図14）。

つぎに、瀬川家住宅から西へ八キロメートルの須田家住宅（第三章・写真1、写真2）。京都から西国街道を進む乙訓郡向日町（京都府向日町）で、街道に東面している。豊臣政権が町と認めた周辺は、商人や職人が集住したが、街道を外れると近郊農村が広がっていた。この地域の町家は敷地が広く、店舗兼住宅を街道沿いに並べる傾向があった。

その中で須田家住宅も、検討当初は片土間・床上三室の店舗兼住宅（南棟部分）であったが、幕末に北棟、明治期には奥座敷を街道沿いに並べ、背面は土蔵や付属棟で空地を広く囲んだ。このうち南棟に、永井規男が一七世紀末～一八世紀初頭の建築年代を推定し、京都府下で最古級の町家遺構と評価した[一四]（図12、図15）。これが、同時期と判定された瀬川家住宅を、京都で最古級と記すゆえんである。

最後に、瀧澤家住宅。京都から北へ進む鞍馬街道の終点にあたる愛宕郡鞍馬村（左京区鞍馬）で、鞍馬街道に東面している。建築年代は宝暦一〇年（一七六〇）[一五]（写真8、図13、図15）。住人の身分は鞍馬村の百姓だから、歴史的には京都近郊農村の百姓家。しかし薪炭集積地の町家という側面もあわせ持っているので、民家研究では鞍馬寺門前集落の町家遺構と評価されている。

これら三つの町家遺構と、瀬川家住宅を比較してみる。

写真８　瀧澤家住宅（豆腐・湯葉料理の「匠斎庵」）

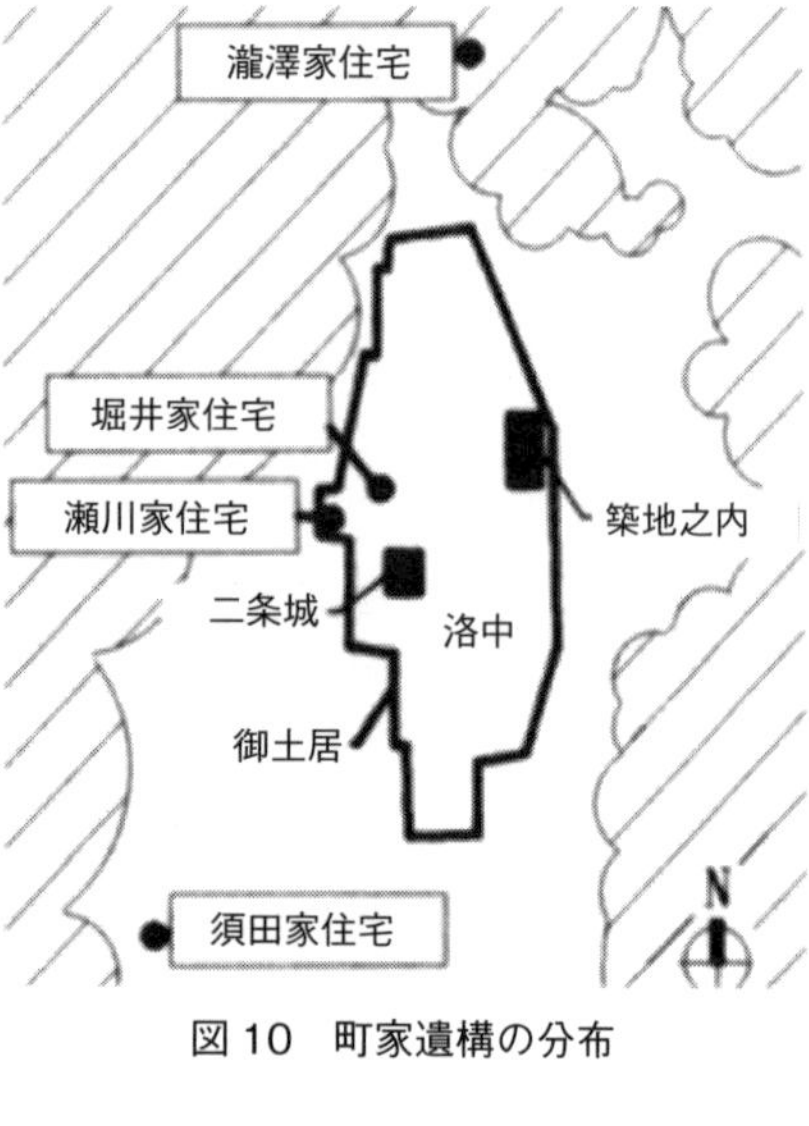

図10　町家遺構の分布

敷地計画

瀬川家住宅は、現在の主屋を店舗棟とし、東隣に住居棟をおいて、通用口を開ける時期があった（図2）。しかし、建築当初は片土間・床上三室の間取りをもち、さらに敷地奥に庭蔵を置いた。それは短冊形敷地に適した構成である。町家がならんで都市化した西ノ京の環境に適したものであろう。それから機会を得て、隣の町家を買い取る経緯があった。

これに対して洛中から西陣へ移り住んだ堀井家住宅も、町奉行所が地割した二区画を配分されたとき、まず一区画に町家を建て、後に隣で別棟を建てた。[二六] 向日町の須田家も、街道沿いに店舗兼住宅を伸ばしており、宿場でも同様の経緯があったことがわかる。

平面計画

瀬川家住宅に復原した片土間・床上三室は、昭和四四年の町家調査報告書が記した「当初は土間沿いにオモテ・ダイドコ・オクの三室が並ぶ三室型」と整合したが、同報告書は幅広い土間に「農村的性格」を指摘した。また須田家住宅の修理工事報告書にも、「幅広の土間は……都市近郊農村部の町家であることの性格」とあるが、幅広の土間に農村的性格を見る見解ははたして妥当だろうか。

たしかに洛中町々の一九世紀末の町家遺構には、幅のせまい土間が多い。さかのぼる堀井家住宅もそうであるが、違う見方もできる。つまり、配分された間口に、京間二間の規格材[二七]をはめ込んだ残りが土間になったと見れば、土間の間口寸法に端数が付くことが説明できる。そうすると、向日町の須田家住宅も、鞍馬村の瀧澤家住宅も、そして西ノ京の瀬川家住宅も、床上部分の間口寸法は京間の整数値であるのに対し、土間の間口寸法には端数が付いている。したがって、まず床上部分に京間畳二枚を敷きこむ二間を確保し、瀬川家以外は半間未満の押入も確保してから、残りを土間にするという床上部分優先の計画があった可能性が高い。そんな建築計画だから、敷地の間口が長い場合は、幅広い土間があらわれる。それは近郊農村でも、宿場町でも、山村でも、京都外縁でも、間口が広い敷地があれば、どこにでもあらわれる。もちろん町中でも同じだし、表にコミセ（土間の一部床張り部分）を置く場合も、奥には幅広い土間があらわれる。その幅広い土間に、百姓の土間作業をみるのも不可能ではないが、商人や職人など町人にとっても邪魔になるものではない。そして西ノ京の菱屋六兵衛は、商人と百姓の性格をあわせもっていた。

これらをみれば、幅広い土間だけをもって百姓家と決めつけることは、適当ではない。

内部の性格

瀬川家住宅の表室と土間の境にみた開放性は、比較対象の堀井家・須田家・瀧澤家の三住宅と共通している。ただし、須田家住宅と瀧澤家住宅の表室は、奥行（梁行）が京間の整数値ではない。これを建築当初は板間として計画されていたから、と考えた場合、京間の瀬川家住宅の表室は当初から座敷であったことになる。もっとも、堀井家など三住宅はいずれも開放的な表室に土間が入り込んでいる。そうすると瀬川家も、表室と土間の境の差鴨居は中古だから、建築当初は土間が入り込んでいたのかもしれない。

他方、瀬川家住宅が、土間と中室の境の一本溝建具を、奥室側の戸袋に納める構成は、須田家住宅と同じ。瀧澤家住宅の復原図でも、ゲンカンは中通りまで伸び、ゲンカンと土間の境に戸袋を設けて、ダイドコの一本溝建具を収納していた。つまり、須田家、瀧澤家、瀬川家の三住宅は、土間に向かって表室を開放し、中室は半開放、奥室は閉鎖の構成をもっていた。

そして、堀井家・須田家・瀧澤家の三住宅は、表から店、居間、座敷兼寝室がならぶ。瀬川家住宅も前述のように、建築当初は表室と中室の境に建具が入り、表からミセ、居間、座敷兼寝室であったろう。しかし、隣の町家を手に入れたので、主屋を店舗棟に特化した。隣を居住棟にして通用口を開け、中室の居間・居住機能は消えたと考えられる。

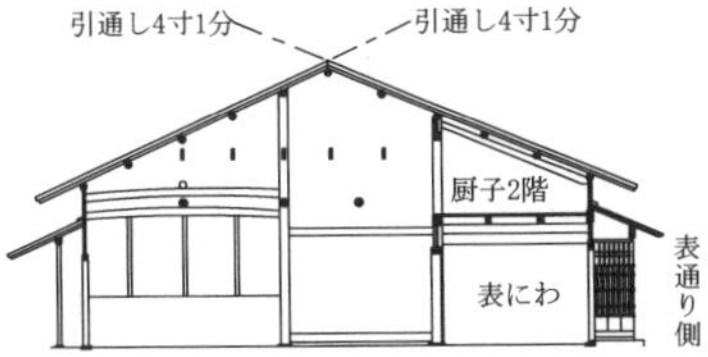

図 14　堀井家住宅の土間部
昭和 44 年の町家調査報告書より

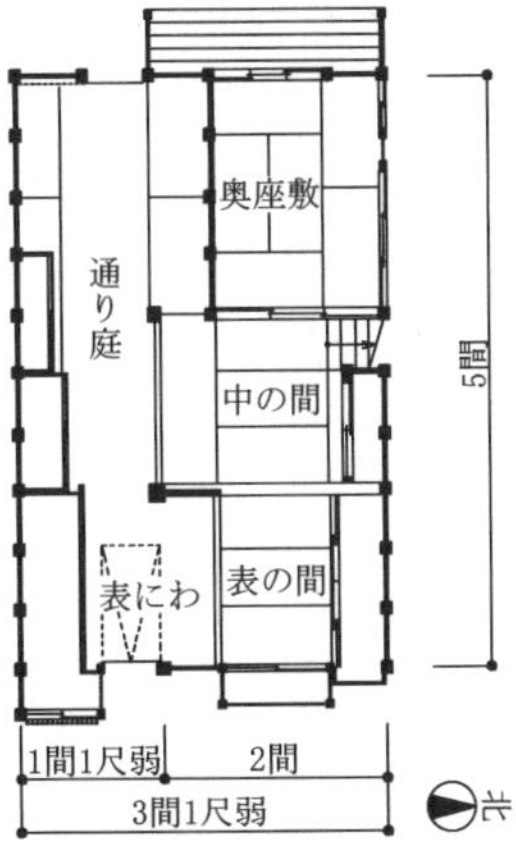

図 11　堀井家住宅の現状図
昭和 44 年の町家調査報告書より

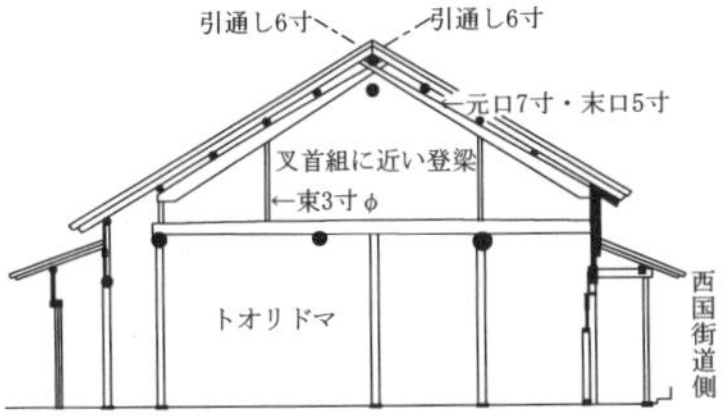

図 15　須田家住宅の土間現状
平成 10 年の修理工事報告書より

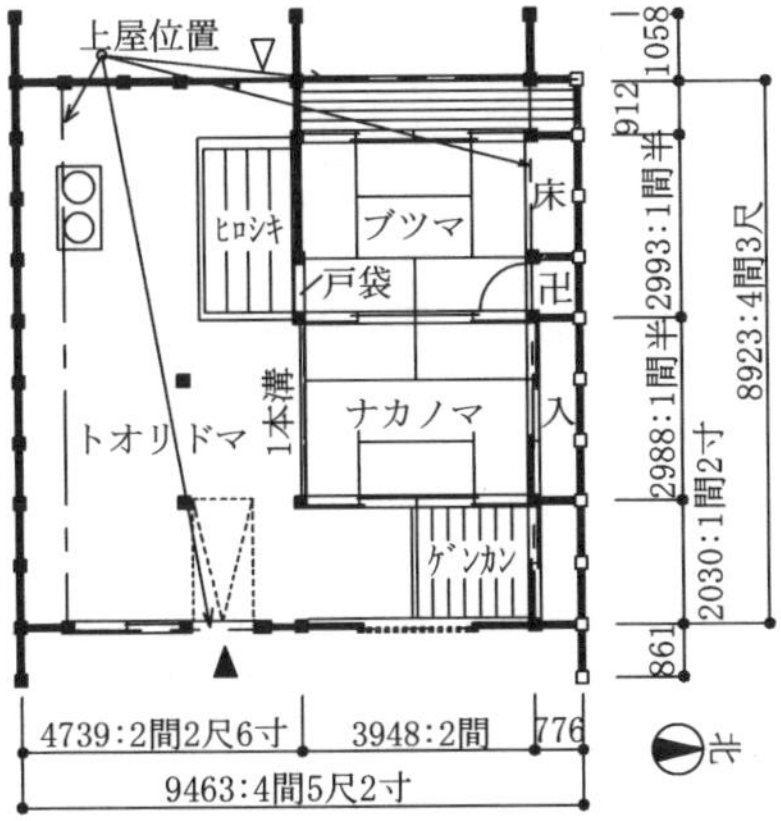

図 12　須田家住宅の復原図
平成 10 年の修理工事報告書より

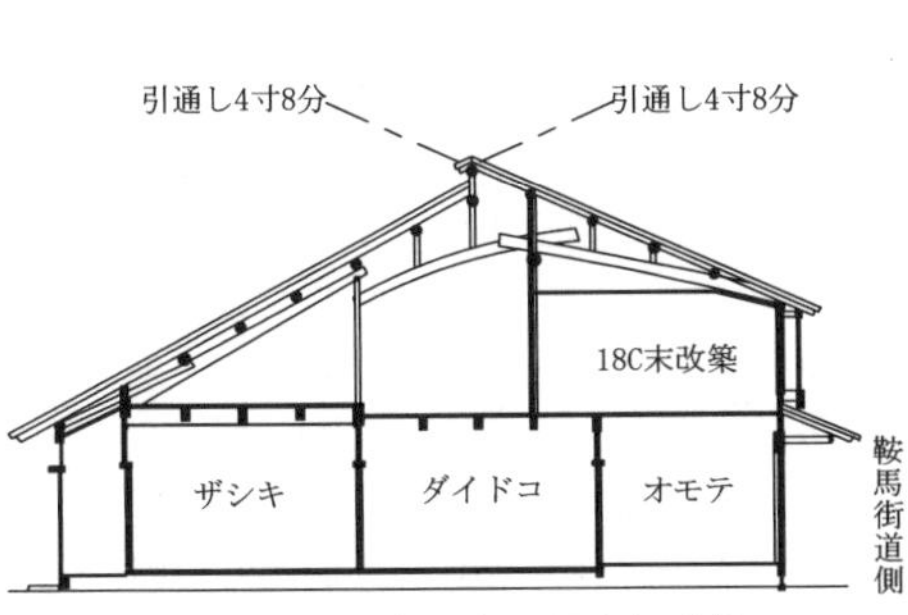

図 16　滝澤家住宅の居室部現状
昭和 60 年修理工事報告書より

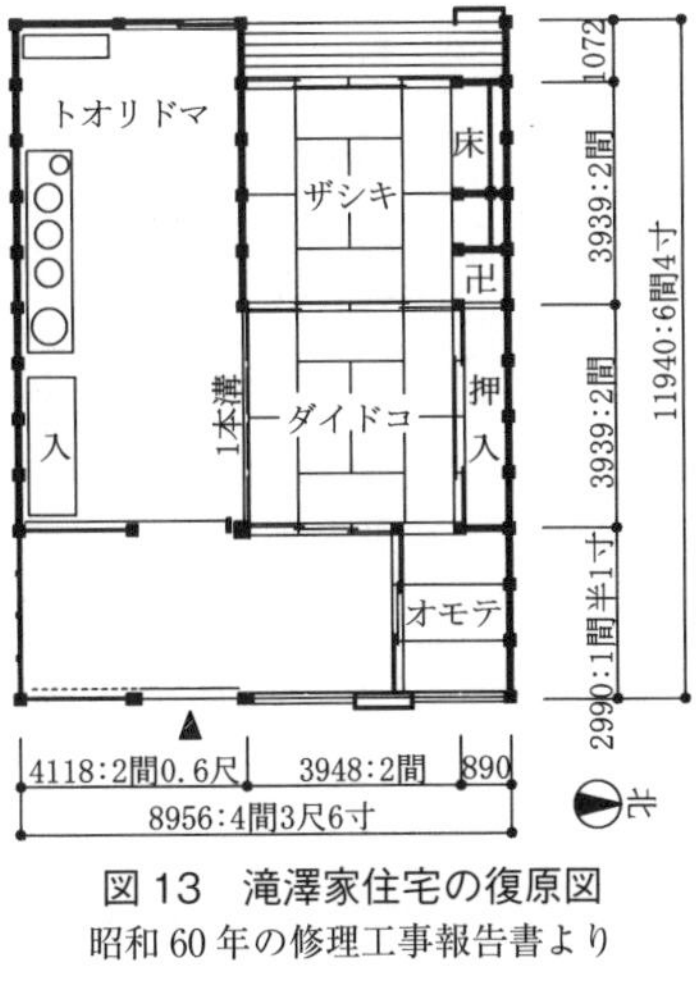

図 13　滝澤家住宅の復原図
昭和 60 年の修理工事報告書より

なお、瀬川家住宅の土間には、七つ口の竈がある。昭和九年（一九三四）の『京郊民家譜』[二八]が「土間は百姓家に相違なく、こゝこそ七つくども昔のまま」とした大竈で、その風合いから江戸時代のものと解説する向きもある。近隣農村には摂丹型の百姓家（序章）が分布し、瀬川家と同じ片土間・床上三室の間取り。その土間によく似た竈があることも瀬川家を百姓家とみなす要因となっているが、瀬川家の表室はミセであり、表に接客用座敷を置く摂丹型とは異なる。

さらに決定的なことは、じつは大竈が大正期の新造という点である。そのことは、先代当主弥太郎氏を取材した朝日新聞が、昭和四〇年（一九六五）四月三日の朝刊に「七つくどは、五〇年ほど前作りかえ」と紹介している。そのとき、大竈の焚き口前になった通用口が移動した。したがって建築当初の幅広い土間には、普通の大きさの竈があって、近くには須田家のような板間があったかもしれない。それは居間・食事機能が土間へ張り出したもの、岩倉型民家の床几や南山城型の広敷と同じもので（序章）、町家でも「メシクイバ」と称されることがあった。よって大竈も百姓家と断定する根拠にはならない。

ちなみに弥太郎氏は、青年期をすごした鳥取市袋川沿いの桜並木が、昭和二七年（一九五二）の鳥取大火で失われたことを知ったとき、京都大学に助教授として奉職するかたわら、桜の苗木を贈る活動をはじめられた。それもひとりで、匿名で、である。昭和四三年（一九六八）まで続けられたのであり、地元では「桜のあしながおじさん」と称えられた[二九]。瀬川家の伝承は、この自らを誇らない、高潔な科学者によって伝えられた。研究である以上、検証の必要はあるが高度経済成長期にあっても瀬川家住宅を大切され、今に伝えられた人物の言葉こそ、われわれには重い。

構造・小屋組

瀬川家住宅が側通りに通柱を並べる点は（図8）、堀井家と瀧澤家と共通し、京都の町家遺構も同じである。これに対し、向日町の須田家住宅は、下屋の半間に内側に上屋があって、側通りは、小屋組まで伸びる通し柱の列がない。

その小屋組の特殊性を、永井規男は「登梁式であるが……叉首組に近い特異な構成」と評価した（図15）。同じ向日町でも、一八世紀前半の町家は居室部を登梁式・土間部は水平梁に束立とし、それが「（関西）町家の一般的手法」であること、一八世紀後半の町家が居室部・土間部ともに登梁式にするのは「居室の上部に格納空間や居住空間をつくるため」遅れて現れたこと、この二点を指摘したうえで、須田家の小屋組は一七世紀末〜一八世紀初頭の農家系と評価した。じつはそれは、戦国時代の小屋組を受け継ぐものであったが（第三章）、とにかく永井の指摘を瀬川家住宅をあてはめると、居室部分は登梁式（図6）、土間部は水平梁に束立という関西風で（図7、写真5）、同時期の須田邸よりも発達している。一方、洛中の性格をもつ堀井家住宅は、土間部分の梁上の束を差し通す貫を梁行方向にも桁行方向にも入れている。これに対し瀬川家住宅は、貫を梁行方向のみ二段しか入れず、その点で古い。さらに、一八世紀後半の町家が土間・居室どちらも登梁式にすることからみれば、ずっと古形となる。ちなみに、一八世紀後半の瀧澤家住宅も、山村なのに登梁式だから、永井氏が指摘された小屋組の発達過程は、京都や京都外縁、近郊農村、山村に共通していた可能性が高い。

表構え・屋根仕様

瀬川家住宅の建築当初の表構えは、一階部分が不明である。対面販売の商売なら、揚見世と蔀戸で開閉できたであろうが、質屋であったから、大ぶりな台格子が付いていたかもしれない。二階部分は現状と同じ、厨子二階に土塗格子、両妻壁に卯建である。ただし大正期は真壁であった（写真3）。現状のような塗籠に白漆喰塗（写真1）は昭和の改築による。これにより現状は、ちょうど安土桃山時代から江戸時代初頭に富裕町人が建築したような、塗家の姿になっている。

これに対して比較対象とした三住宅では、瀧澤家住宅に両卯建がある。母屋や棟木の先を両側通りの通し柱にほぞ差しし、込栓を打っている。この当初の屋根は杉皮葺で、屋根勾配は四寸八分。享保五年（一七二〇）に瓦葺規制が「瓦屋根仕候事、只今迄遠慮致し候……向後右の類普請仕存候者、勝手次第」[三〇]と解除された後の、一八世紀中ごろの建築である。富裕町人が多い下京の中心部でも、並瓦葺は一八世紀前半から徐々に進むから（第一〇章）、周囲に杉山が多い一八世紀後半の鞍馬村に杉皮葺があっても不思議はない。そして屋根勾配は、一八世紀末に二階表室を居室化するため二階を高くしたときも変わらず、明治期になって葺土と並瓦葺を重ねた。

つぎに須田家住宅は、修理工事報告書に、建築当初は卯建がない並瓦葺の上屋に下屋庇を廻したとある。建築年代は一七世紀末〜一八世紀初頭とあるが、明暦三年（一六五七）の江戸町奉行所の触書に「瓦葺家屋、向後国持大名なすといえども、これを停止なさしむべし」[三一]とある瓦葺規制が機能する時期にあたる。したがって永井が指摘した通り、当初は農家系の草葺であったと思われる。それには、丸太垂木の六寸勾配が妥当であるし、一階の表構えも土壁部分が大きく、農家風の姿になっている（第三章‐図10下）。

このほか、堀井家住宅の現状は片側卯建で、見世棚を広げたまま壁をのせている。仕舞屋風《しもたやふう》（商売を終うた専用住宅のような姿の意味）の初期的状況を受け継ぐと思われるが、当初の姿には史料がない。

以上をふまえると、瀬川家住宅は、垂木や野地板が取り換えられているが、建築年代は瓦葺規制期だから、建築当初は板葺とみてよい。そして簡素な小屋組は荷重が軽いから、卯建は風除けと考えられる。四寸二分の屋根勾配は、各地に残る石置板葺の屋根勾配は三寸程度だから、それとくらべれば角度が急であるが、正徳元年（一七一一）ごろの油小路通りを描いた今井町本『洛中洛外図』屏風（第五章‐図10）には、置石を井桁で支える石置板葺と、置石がない杮葺が同じ屋根勾配で、風除けの卯建や土塗格子の開口と共に描かれている。瀬川家住宅も、おそらくこんな姿であったろう。それは堀井家住宅の四寸一分にも近い。

建築規制の影響の確認

瀬川家住宅を一八世紀初頭の町家遺構とみたとき、一七世紀前半の徳川政権の建築規制[三二]と照合するとどうなるか。

建築当初に板葺であった可能性が高いということは、瓦葺規制にしたがった仕様である。また、厨子二階や二階表の土塗格子の開口は、市中の風俗営業規制や二階座敷規制、さらに二階の居室利用や周辺眺望の規制にしたがった建築表現。まさしく、所司代が命じた建築規制にしたがった表構えである。くわえて敷地奥の庭蔵は、表蔵規制にしたがう配置。このような町家は、宝永大火（一七〇八）後の京都にならんで、低層・均質の町なみを構成するのであるが、それに先立つ瀬川家住宅は、大火以前から、建築規制の影響が町家建築にあらわれていたことを、はっきりと証明している。

まとめ、新しい道具は早く導入するほど新しい成果

京都の町家では初となる放射性炭素年代測定を、西ノ京の瀬川家住宅に行った。その結果、京都最古級の町家遺構と評価できることを確認した。元治大火の影響で京都には幕末〜明治期の町家遺構しかない、という通説をくつがえす重要な発見となった。そのほか得られた知見も列記しておこう。

①文献調査…江戸時代の西ノ京は京都の一角にあり、所司代―町奉行所体制が、町家と認める建物が並んでいた。質屋を営みつつ、農民でもあった菱屋の屋敷地を百姓の瀬川家が買い取ったのは天保期、一九世紀前半である。

②痕跡調査…当初は片土間・床上三室、表室は開放的・中室は半開放・奥は閉鎖的、側面の通用口や大型の竈はなかった。

③放射性炭素年代測定・顕微鏡観察…差鴨居・側通りの通柱・小屋梁（中世材転用）の三部材に実施、庭蔵墨書もふまえて、一八世紀初頭の建築年代に客観的かつ科学的根拠を得た。そして大火後に庭蔵を建築した経緯があった。材料は松や杉。京都の町家に一般的な樹種であるが、節や曲がりが大きく、近隣で伐採された可能性が高い。

④同時期の遺構との比較…同時期の洛中中心の性格をもつ町家・近郊農村の町家・近郊山村の町家と比較した結果、建築

的発達が早い洛中中心に比較的近く、農民性の根拠とされた土間の広さは特性と断定できるものではない。

最後に記しておきたい。放射性炭素年代測定や年輪年代判定のような理学的年代判定は、いわば戦国大名と鉄砲の関係と同じであろう。新しいものを疑ってかかるのも大事だが、道具なら、とにかく使ってみるのが肝要である。なぜなら改良される一方だし、精度もあがっていくばかりなのだから。ちなみに近年では、史塚武（総合地球環境学研究所）によって、酸素原子同位体の比率から年代を定める酸素同位体法が提唱され、樹種を問わずに一年単位で測定できる手法として、難波宮の柱などに応用されている。

なお、瀬川家の発見のあと、中尾七重と永井規男は、昭和四〇年代の緊急調査で中世建築の伝承が記録された川井家住宅（中京区下立売通り紙屋川西入る）[二三]について、一部材ながら放射性炭素年代測定で中世の可能性を確認した。[二四]もっとも草葺で妻入であった可能性もあるといい、摂丹型分布地域の街道沿いの町家遺構と同じである（第一二章）。御土居西際の当地は、洛中から丹波にもいたる街道が走っており、江戸時代初頭の絵画史料に妻入町家が描かれていることと整合する（第一一章 - 図2）。江戸時代前期の正徳期に大きな改変を受けてはいるが、京都市内唯一の中世町家遺構発見となる可能性が高く、今後が期待される。

註

一　京都府教育庁文化財保護課編『京都府の民家　調査報告　第六冊』（昭和四四年度京都市内調査報告書）、京都府教育委員会、一九七〇

二　京都の町家遺構に関する研究をまとめた図書には、次のようなものがある。
- 谷直樹『中井家大工支配の研究』思文閣出版、一九七〇
- 野口徹『中世京都の町屋』東京大学出版会、一九八八

・中村昌生『京の町家』河原書店、一九九四
・中村利則解説『京の町家』淡交社、一九九二
・玉井哲雄・藤井恵介『建築の歴史』中央公論社、一九九五
・日向進『近世京都の町・町家・町家大工』思文閣出版、一九九八
・高橋康夫『京町家・千年のあゆみ――都にいきづく住まいの原型』学芸出版社、二〇〇一
・土本俊和『中近世都市形態史論』中央公論美術出版社、二〇〇三
・大場修『近世近代町家建築史論』中央公論美術出版社、二〇〇四
・伊藤毅『町屋と町並み』(日本史リブレット三五)、山川出版社、二〇〇七
・丸山俊明『京都の町家と町なみ――何方を見申様に作る事、堅仕間敷事』昭和堂、二〇〇七
・丸山俊明『京都の町家と火消衆――その働き、鬼神のごとし』昭和堂、二〇一一

三　前掲、大場修『近世近代町家建築史論』

四　岩井武俊(大阪毎日新聞社京都支局編『京郊民家譜』便利堂)、一九三四

五　光谷拓美「奈文研の散歩道――法隆寺五重塔心柱の年輪年代と法隆寺論争」『人環フォーラム』一三号、京都大学大学院人間・環境学研究科、二〇〇三、『埋蔵文化財ニュース』一一六号(「年輪年代法と最新画像機器」)、奈良文化財研究所埋蔵文化財センター、二〇〇四

六　中尾七重・今村峯雄「重要文化財箱木家住宅の放射性炭素年代測定調査について」『日本建築学会大会学術講演集梗概』二〇〇七

七　中尾七重「民家研究と年代測定――その二　縦割型民家について」『武蔵大学総合研究所紀要』一七、二〇〇八

八　今村峯雄・中尾七重「民家研究における放射性炭素年代測定について――その二　重文関家住宅・重文箱木家住宅・重文吉原家住宅の事例」『国立歴史民俗博物館研究報告』第一三七集、二〇〇七

九　宮澤智士・中尾七重・坂本稔「様式編年と放射性炭素年代測定法による建築年代――岩手県指定文化財村上家主屋を例にして」『長岡造形大学研究紀要』第九号、二〇一二

一〇　前掲、京都府教育庁文化財保護課編『京都府の民家調査報告　第六冊』

一一　中村孝『京洛古民家拾遺――洛中・洛外の古民家を訪ねて』全京都建築労働組合、一九九一。同書では堀川通り以西に大火をまぬがれた町家の残存が予想されており、著者も研究対象の選択において参考にした。
一二　橋本帰一『京都民家巡礼』東京堂出版、一九九四
一三　脇田修・脇田晴子『物語京都の歴史――花の都の二千年』中央公論新社、二〇〇八
一四　京都市編『史料京都の歴史　第七巻　上京区』三八九頁、平凡社、一九八〇
一五　『京都御役所向大概覚書』上巻（清文堂史料叢書第五刊）、二一二―二一三頁、清文堂、一九七三
一六　秋里籬島「都名所図会拾遺」（新修京都叢書　第十二巻）、光彩社、一九六八
一七　「預り申金子之事」『西京村文書』所収、京都市立歴史資料館架蔵フィルム、本文中の『西京村文書』も同じ。
一八　瀬川家は床上部の二階壁面や小屋裏も煤けている。藤田盟児が中部・北陸地方に床上部分の中室を吹抜けにする町家を指摘、京都からの同心円的普及を予想しており（廿日市市教育委員会『厳島神社門前町――廿日市市厳島伝統的建造物群保存対策調査報告書』二〇〇七）、今後の確認を要する。
一九　中尾七重によれば、炭素14年代は、測定で得られた炭素14濃度を年数に換算した値で示される。炭素14年代値は西暦一九五〇年の大気中の値に対する試料の炭素14濃度の比から計算されるモデル年代である。炭素14年代値であるのを明らかにするため、単位には14ＣＢＰを使用している。
二〇　中尾七重によれば、プログラムはベイズ統計の方法を用いており、通常九五パーセントの信頼限界で推定年代範囲を算出、得られた較正年代をＣＡＬＡＤで表す。暦年較正データベースはＩＮＴＣＡＬ１０４に基づき、計算プログラムはＲＨＣ３．２を用いた。較正年代は基準データや計算法により下一桁程度がばらつく事があり、細かな数字の議論は意味を持たない（今村峯雄「炭素14年代較正ソフトＲＨＣ３．２について」『国立歴史民俗博物館研究報告』第一三七集、二〇〇七）。
二一　目視での色目違いのほか、辺材（白太）は虫害と腐れ・割れが甚大で、辺材部と心材部にも含有樹脂に顕著な差が確認された。
二二　小屋組の転用材にも放射性炭素年代測定をおこなって、並瓦葺の普及時期と照合すれば、改変経緯も復原可能となる。建築年代の特定を行った今回は対象としなかったが、今後の課題である。
二三　京都市文化市民局文化部文化財保護課『京の住まい』一九九八、参照。
二四　オリエンタル設計事務所京都環境計画研究所編『京都府指定有形文化財須田家住宅保存修理工事報告書』須田久重、一九九八

二五　京都府教育委員会『重要文化財瀧澤家住宅修理工事報告書』一九八五
二六　前掲、京都市文化市民局文化部文化財保護課『京の住まい』
二七　藤田彰典『「木」の文化誌――京都の林業と林産物流通の変遷』清文社、一九九三
二八　前掲、岩井武俊『京郊民家譜』
二九　桜土手の桜を愛でる会・袋川をはぐくむ会編『瀬川弥太郎と袋川の桜』今井書店鳥取出版企画室、二〇〇八
三〇　「普請作事并井戸水道等之部」『御触書寛保集成』八三〇頁、岩波書店、一九五八
三一　前掲「普請作事并井戸水道等之部」『御触書寛保集成』八三六頁
三二　前掲、丸山俊明『京都の町家と町なみ』第一章～第三章
三三　前掲、京都府教育庁文化財保護課編『京都府の民家　調査報告　第六冊』
三四　中尾七重・永井規男「川井家住宅の建築年代について」『日本建築学会学術講演梗概集　F-2　建築歴史・意匠』二〇一三

第一〇章

並瓦葺の普及と卯建の減少

概要…卯建《うだつ》とは何か。それは近世初頭に、自立の表徴、風除けや延焼防止への期待、建て起し工法の影響で増加したもの。本質的に、軽くて燃えやすい板葺にともなうものであった。このため、重くて燃えない瓦葺が普及すれば、減少する運命にあった。そして自立に関わる「うだつがあがる」や「うだつがあがらない」の表現を残すことになった。

第一節　『京都の町家と町なみ』の内容と問題点

『京都の町家と町なみ』の内容

中世『洛中洛外図』屏風群では、取葺（石置板葺）の町家の中に、まばらな卯建をみる。近世初頭、安土桃山時代の板葺町家では一般的になるが、わずかな本瓦葺町家ではそれほどでもない。正徳元年（一七一一）の油小路通り沿いを描く今井町本『洛中洛外図』屏風でも、卯建を備えた板葺がならんでいるが（第五章・図10）、それは徳川政権の瓦葺規制が、宝永大火（一七〇八）後に本瓦葺を消滅させた町なみであった。

ところが、江戸時代後期の絵画史料に同じ油小路通りをみると、並瓦葺《ならべがわらぶき》が普及した町なみでは、卯建はほとんどない（図1）。これはなぜなのか。

この問題について、前々著『京都の町家と町なみ』では次のように記した。

もともと卯建は、中世の板葺町家が、周囲の高塀を外壁に取り込んで、屋根より高い外壁にしたものに始まる。(一)この壁が、「宇立」という棟木をささえる束《つか》や通し柱の名称を取り込んだのである。(二)そして安土・桃山時代に二階建てが増加したとき、軽い板葺の風除け(三)として、また「側《かわ》おこし」(四)という建て起し工法の影響で一般的になった。そのような卯建の構造は、両

図１　『三条油小路町町並絵巻』東側部分
京都府立総合資料館所蔵

側通りの通し柱を板葺屋根よりも高く伸ばし、その柱の側面に、屋根荷重を受ける棟木や母屋をほぞ差しして、込栓を打つものであった。このため、屋根荷重はすべてほぞ差し部分にかかるが、軽い板葺なら大丈夫。それに屋根より高い卯達壁は土塗りだから、延焼の防止も期待された。ところが、安土・桃山時代の本瓦葺（徳川政権の瓦葺規制で消滅）や、江戸時代中ごろから普及した並瓦葺は、瓦の下に置く土、いわゆる葺土《ふきど》と瓦がセットで大荷重になるので、ほぞ差し部分に無理が生じる。そこで、棟木や母屋を妻壁よりも外側へ伸ばし（この部分をケラバという）、伸びた棟木や母屋を、両側通りの通し柱で下からささえた。そうすると、ケラバは妻壁を保護するし、重い瓦葺に風除けは不要となる。そして燃えない瓦は、延焼防止効果も高い。これらの結果、並瓦葺が普及した一八世紀後半に卯建はなくなった……

以上が『京都の町家と町なみ』の見解である。これまで反証はなく、引用例も増えている。[五]

あらわれた問題点

ところが、西ノ京の瀬川家住宅は、一八世紀初頭に板葺で建築されたあと、一九世紀に卯建を残したまま並瓦葺へ改変された（第九章・写真1）。西陣の堀井家住宅も同じである（第七章・写真11）。京都北郊の鞍馬村の瀧澤家住宅は、杉皮葺に葺土と瓦を重ねて並瓦葺（第九章・写真8）。これらはいずれも現代まで荷重に耐えている。そうなると、小屋組と卯建の減少を直接的に結び付けた見解には、いま少し検討が必要と考えた。

さらに平成二一年（二〇〇九）、並瓦葺が普及しはじめた京都を描く絵画史料を発見した。また、瓦葺規制のずっと前、一六世紀後半～一七世紀初頭に、本瓦葺が一時的に増加した京都を描く絵画史料も新出した。そこで本章では、これらから得られる知見を元に、本瓦葺と並瓦葺それぞれに普及と卯建減少の関係を確認する。これにより、小屋組と卯建の減少を結び付ける妥当性と、そもそも卯建とは何かという問題を考えてみる。

第二節　京都の町家における本瓦葺の普及と卯建の減少

絵画史料における本瓦葺の出現と卯建の状況

京都の町家の本瓦葺は、狩野孝信の筆とされる福岡市博物館本『洛中洛外図』屏風にみる本二階建ての町なみにおいて、卯達のある石置板葺から突き出た内蔵に初見される。第五章の図2では見切れているが南蛮人を描く部分もあるので、景観年代は安土・桃山時代とみてよい。もっとも清水寺付近に豊臣秀吉が建立した方広寺大仏殿（文禄四年〔一五九五〕竣工）は見あたらず、誓願寺近辺に聚楽第（天正一五年〔一五八七〕竣工）もないので、制作年代は天正一四年（一五八六）以前である。

そうすると孝信の父の狩野永徳が上杉本に、石置板葺すなわち取葺が多く、卯建はわずかしかない町なみを描いたのは永禄八年（一五六五）だから、(六) それから一九年で本二階建てが増加したことになる。そして卯建は一般的となり、取葺から突き出す土蔵造りの突出内蔵（第五章）が本瓦葺となっているのである。

また上杉本では本瓦葺は寺社に限られていたが、福岡市博物館本では複数の町家の突出内蔵に本瓦葺があり、それらに卯建はない。考えてみれば、本瓦葺のお寺には卯建はなくて当たり前。軒先やケラバを伸ばしたほうが構造的に妥当で、壁面も保護できるから。本瓦葺に卯建が必要ないことは、古代から経験的に知られていた。だから町家の突出内蔵にも、卯建がなくて不思議はない。

図２　下長者町通りの町なみ（『聚楽第図』屏風、三井記念美術館所蔵）

つぎに『聚楽第図』屏風は、天正一六年（一五八八）四月の後陽成天皇の聚楽第行幸を描いていないから、景観年代も制作年代も、竣工直後の天正一五年（一五八七）九月ごろであろう（図2）。その画中では、庭蔵が土蔵造りの本瓦葺である。この本瓦葺は、貴重品をおさめるため、塗籠の大壁とともに高い防火性能を期待するためのもの。そして卯建はなく、寺社建築と同様にケラバや軒の出を伸ばしている。

一方、庭蔵の前には棟割長屋がたっている。住戸の境には卯建があるが、もしもこれらが、板葺の風除けだけが目的なら棟割長屋の両端にあればよい。住戸ごとに建て起し工法が必要だったとも思えない。そうすると、住戸の間口長さを示す可能性が生まれるが、この屏風の一棟だけでは、よくわからなかった。

そこに平成二一年（二〇〇九）、新潟県の上越市立総合博物館で『御所参内・聚楽第行幸図』屏風（上越市内個人蔵）が公開された（第六章・図6、図7）。聚楽第行幸を完全に描いた唯一の作品で、一七世紀中ごろの制作と評価されているが、江戸時代初期に制作された原本が存在したはずと推測されている。

その画中では、聚楽第大手門の前にかかる聚楽大橋から、東に伸びる下長者町通りに沿って、町家群が本二階建ての軒先をそろえている。『聚楽第図』屏風と同じであるが、町家の数が

図3　上京あたり（『御所参内・聚楽第行幸図』屏風、上越市内個人蔵）

図4　戸澤町（『御所参内・聚楽第行幸図』屏風、上越市内個人蔵）

はるかに多い。

注目されるのは、本瓦葺と取葺が相半ばする点と、その本瓦葺もふくめて悉皆《しっかい》的に卯建がある点である（図3）。なぜ本瓦葺にも卯建があるのか。この理由を考えるに、まずこれらの町家は、宣教師オルガンティーノが「堺や都の市民で多少とも裕福そうに見える者に対しては（関白は）都の外れに立った新宮殿（聚楽亭）の傍に新たな住宅を建てるように（命じました）[七]」と記したように、豊臣政権が強く関与しながら、富裕町人が建てたとみるのが妥当である。

そして、第六章でも述べたことであるが、左端で下長者町通りと堀川通りが交差する辻近く（戸澤町）に、片土間の門口が二つならぶ（図4）。境界の柱が一本で、木部の濃い着色も共通しているので、棟割長屋とわかる。ところが、屋根は卯建を境に、左側の本瓦葺と見えにくいが右側の取葺にわかれている。その右隣は中土間の町家で、じつはこれが『聚楽第図』屏風に描かれた棟割長屋（図2）にあたる可能性があるのであり、そうすると左隣にあるはずの門口二つの棟割長屋が『聚楽第図』屏風にないのは、その部分が切断されているからである。このことは、棟割長屋の左端に建物の一部が残っていることからわかる。

このように見た場合、中土間の町家の屋根が『聚楽第図』屏風では取葺なのに、『御所参内・聚楽第行幸図』屏風では本瓦葺なのは、富裕町人が行幸までに、取葺の石（襲いという）や落下防止の井桁をおろし、曾木板に土留桟を打って、葺土と瓦を重ねて本瓦葺にした可能性が高い。このようなことが散発的に行われたので、卯建は悉皆的にあるけれど、屋根仕様は取葺と本瓦葺がまじる町なみが生まれた、と考えられる。

『豊臣期大坂図』屏風

そしてもう一つ、豊臣政権の城下町を描いた絵画史料に、近年、オーストリアのエッゲンベルグ城で発見された『豊臣期大坂図』屏風がある。一六世紀末期の大坂を描いた屏風とされ、制作年代も景観年代に比較的近い一七世紀初頭とされており、内容の信ぴょう性は高い[八]。

文禄四年（一五九五）に聚楽第を破城した豊臣政権は、翌慶長元年（一五九六）の大地震後、大坂城の惣構に町人を集めて船場をつくった。このとき、フランシスコ・パシオは「商人や工人の家屋（七万軒以上）があったのですが、すべて木造でしたから、住人自らの手ですべて二、三日中に取り壊され……長く真っ直ぐな道路で区分けした代替地が与えられ……それぞれの家屋は、軒の高さが同じになるように、また檜（日本における最良の木）材を用いるようにと命令されました」と記している[九]。

そして結果は、『ドン・ロドリゴ日本見聞録』[一〇]に、慶長一四年（一六〇九）当時の日本で「最も素晴らしい……家は普通二階建」とある。『豊臣期大坂図』屏風に描かれたのは、この町なみである。

画中では『御所参内・聚楽第行幸図』屏風の京都と同様に、本二階建てが大屋根の軒先をそろえている。それらに

図５　『豊臣期大坂図』屏風（1）
エッゲンベルグ城博物館所蔵
（大阪城天守閣編『豊臣期大坂図屏風』2009 より転載）

図６　『豊臣期大坂図』屏風（2）
エッゲンベルグ城博物館所蔵
（大阪城天守閣編『豊臣期大坂図屏風』2009 より転載）

は本瓦葺も取葺もあるが、柿葺《こけら》もある。そして板葺には卯建が悉皆的なのに、本瓦葺にはない場合がある。また本瓦葺の中に、隣との境界には卯建があるのに、通りに向く側はない場合がある（図5）。この点について、画中には板葺の直線的な流れとは違う、反りをもつ本瓦葺もあり、それと板葺との境界部分の卯建は勾配が直線的なので（図6）、やはり卯達は板葺のものとみてよい。

林原美術館本（旧池田本）『洛中洛外図』屏風
（林原美術館所蔵）

京都へ戻って、豊臣から徳川へ政権移行期をへて、江戸時代初頭の町なみを林原美術館本にみると、本二階建てや厨子二階、平屋の町家が入り混じる。そのため大屋根の軒先はそろっていない（図7、図8）。建築規制が発動する前に、町人の自由建築が展開されている状態であり、図7と図8では見切れているが、禅宗寺院の火頭窓や、くしのような形の櫛型窓《くしがたまど》などで、外観のデザインは多様となっている。そして板葺には、卯建が悉皆的となっている。

これらの卯建には、「家並み」に軒役を担う町人が、「町並み」を整えるため、間口長さを明示したもの、「町人の身分を表徴する建築形態」とする見解がある。[一一]「町の標準にあわせる」、「相互規制」が町人の建築志向になった「町並みの論理」とする見方もあるが、[一二]実際のところ、それを申し合わせた町式目はない。また富裕町人が住むはずの本瓦葺には卯建がない場合もあり、それを町人身分の表徴と見るだけでは説明できない。

図７　江戸時代初頭の町なみ（1）（林原美術館本『洛中洛外図』屏風、林原美術館所蔵）
京都国立博物館編『洛中洛外図――都の形象　洛中洛外の世界』淡交社、1997 より転載

図８　江戸時代初頭の町なみ（2）（林原美術館本『洛中洛外図』屏風、林原美術館所蔵）
前掲、京都国立博物館編『洛中洛外図』より転載

図９　卯建も大屋根も本瓦葺の町家（住吉具慶筆『洛中洛外図』屏風、個人蔵）
前掲、京都国立博物館編『洛中洛外図』より転載

その後、瓦葺規制が発動して直後の絵画史料では、卯建をそなえた本瓦葺がまだあるが（図9）、正徳元年（一七一一）の朝鮮通信使を描く今井町本に本瓦葺はない（第五章・図10）。宝永大火（一七〇八）後の復興において、徳川政権の瓦葺規制が徹底されたのである。もちろん、土蔵造りの突出内蔵や庭蔵がそうであるように、すでに本瓦葺の防火性能は認識されていた。しかし、慶長六年（一六〇一）の江戸の触書に「町中草ぶき故火事絶ず……板葺になすべきよし御触有て、町ことごとく板葺」[一三]とあるように、当時は板葺も防火建築と認識されていた。そのとき本瓦葺は、後世に「費《ついえ》を省《はぶ》くのみ、防火の是非を論ぜず」[一四]と記されたように、富裕表現として規制されたのである。

ちなみにこの時期になると、板葺には柿葺が多い。この点について京都町奉行所の元文二年（一七三七）五月の触書に、上皇葬送の沿道に取葺の石を下すように命じた内容がある。[一五]絵画史料でも、当時の取葺の軒先には落石防止の丸太がある。これに対して石を置かない柿葺は落石の心配がなく、外観の印象も洗練されているから増加したのであろう。たびたびおろしたり上げたりは、大変だから。

第三節　当時の卯建の役割と減少の理由

安土・桃山時代に本二階建てが増加したとき、取葺は悉皆的に卯建を備えていた。これらに、風除けや建て起し工法の影響をみるのは可能であるが、棟割長屋の住戸間の卯建については説明できない。

この状況は江戸時代初期も続いたが、本瓦葺には卯建がなく、ケラバを伸ばす町家もあった。もしも卯建が間口明示や「町並みの論理」なら、この姿は説明できない。そこで構造的なぜい弱性の影響をみたのが『京都の町家の町なみ』であったが、本瓦葺を重ねてもすぐ崩落しなかったのは『御所参内・聚楽第行幸図』屏風（図3、図4）や『豊臣期大坂図』屏風（図5、図6）に明らかである。また、かねて指摘される延焼防止の機能は、元禄一二年（一六九九）の『愛宕宮笥』[一六]の「中高家火」図に、板葺の町家の火事を両側の卯建越しに消防する様子があるし、一八世紀後半に上洛した武士が「町々隣境梲《うだち》といふものあり、一体土のよき所ゆえ火災の節も是にて立切り、隣へは火移らず（一七）」と伝え聞いてはいるが、本瓦葺を重ねれば延焼防止機能はさらに強化されるはずで、卯建は邪魔にならないはずである。

そこで「うだつがあがる」の表現をふまえて、町人の自立を表徴した意味を考えてみよう。

さかのぼって、中世の京都には、二階建てを町なみの混乱とみなす土地所有者が存在した（第七章）。だから、彼らが供給した棟割長屋や、屋地子を徴収したはずの町家が描かれる絵画史料には、外観が平屋の姿がほとんどで、没個性的に卯建は少ない。ところが、元亀四年（一六七三）に織田政権が上京を焼討し、伝統的領主権を否定して町家の復興を主導したとき（一八）、本二階建てが増加し、その取葺に卯建が急増した（第五章・図2）。もっとも、豊臣政権の洛中地子免許（天正一九年、一五九一）まで、伝統的領主権が存在したはずの下京も同様に描くから（第六章・図3）、織田政権の関与ではない。むしろ、統一政権の登場で戦乱や土一揆から解放された町人が、全国流通経済の整備で資本を蓄積し、中世には富裕町人だけのものであった本二階建てを建てていることに注目すべきであろう。

そのとき、自立の表徴として卯建をあげて「うだつがあがる」。町並みを整えるものではない。むしろ逆、自己主張であったと考えられる。中世には町家内部に隠れていた内蔵が突出内蔵になり、表蔵が屹立したのと同じである。棟割長屋でさえ、住戸別にあげる動機になる。そして本瓦を重ねて、卯建を備えた本瓦葺もあらわれた。

ところが、一六世紀末期〜一七世紀前半になると、本瓦葺でケラバを伸ばす町家が多くなる。これらは、白漆喰壁と土塗格子の開口を組み合わせ、近世城郭に似た姿（第八章）である。それが富裕表現となったとき、卯建の自立表徴の意味を失わせたであろう。また本瓦と葺土の重量も風除けの目的を、不燃性も延焼防止機能を不要としたであろう。しかしそれでも、いずれも卯建があって困る性格ではない。さらに葺土と本瓦葺の荷重による小屋組への影響も、卯建の減少を、すぐに生むものではなかった。

そこで思い出すのが寺社建築。そもそも本瓦葺は、中世末期まで寺社建築のものであった。そして寺社は、ケラバや軒先を伸ばしている。これに対して町家は、もともと卯建を備えた板葺であったところに、葺土と本瓦葺を重ねた。

ただしそれは、本来ケラバや軒先を伸ばすべきもの。いつかは卯建をもつ構造への影響があると予想されていたので、建て直しを機会にそうしたと考えられる。それが構造的に妥当で、富裕表現でもあったからである。ちなみに江戸時代初頭の『江戸図』屏風（国立歴史民族博物館所蔵）にみる江戸にも、これと同じ状況がみられる。

第四節　京都の町家における並瓦葺の普及と卯建の減少

『京都の町家と町なみ』の見解と旧鉄斎堂本『洛中洛外図』屏風の知見

その後、徳川政権の瓦葺規制と宝永大火で本瓦葺が消滅し、ふたたび卯建をそなえた板葺が一般的となった。が、京都と同じ幕府直轄都市の江戸では、享保五年（一七二〇）四月の町奉行所の触書によって、瓦葺規制が解除された[一九]。江戸の大火を経験した将軍吉宗は、奢侈禁制で財政健全化をはかる享保改革を始動したが、奢侈禁制の祖法[二〇]である瓦葺規制はやめ、高価な瓦葺を許したのである。

もっとも京都では、同じ触書を確認できない。このため従来の研究では、絵画史料や文献史料から一八世紀後半に並瓦葺（桟瓦葺とも記されるが葺土を必要とする点で現代の引掛け桟瓦葺とは異なる）の普及をみるのが一般的であった[二一]。しかし、享保五〜六年（一七二〇〜二一）に、洛外町人が板葺を並瓦葺に改めた記録があるし[二二]、豪商の三井家が並瓦葺の見積りを取って検討したのも享保六年[二三]。京都北隣の亀山藩城下（京都府亀岡市）の並瓦葺も享保期に普及がはじまった[二四]。これらのことから、江戸と同時期の規制解除と、京都各地での同時多発的な採用が考えられることを『京都の町家と町なみ』で指摘した。

また江戸では、瓦葺規制の解除後、「茅葺藁小屋杉皮之分は取拂」、「地主地借え過料」などと、瓦葺の強制が繰り返された。一方、京都では、町奉行所が享保六年九月一二日の触書で、屋根仕様は「勝手次第」[二五]とした程度であった。火事跡に奨励されたことはあっても（後述）、並瓦葺の普及は町人に任された。このため、卯建を備えた板葺が長く残り、一八世紀後半に江戸から上洛した武士も注目することになった。すでに江戸では瓦葺が普及して卯建が減少していたから、珍しかったのである（第三節）。

ここで、平成二一年（二〇〇九）にギャラリー鉄斎堂（京都市東山区）の第四回屏風絵展で公開された『洛中洛外図』中屏風をみたい[二六]（以下、旧鉄斎堂本）。

右隻は京都の東側を描き、豊臣氏との関わりが深い方広寺大仏殿や豊国社、祇園祭の山鉾巡行が行く下京町々がある（図10、図11）。一方、西をみる左隻は、二条城など徳川政権の行政官庁や、寛永三年（一六二九）九月の後水尾天皇の二条城行幸、そして上京の町々を描く（図12、図13）。このような構図は、慶長期以降の『洛中洛外図』屏風に定型化した「第二の定型」[二七]に相当するが、緻密な描写は中世『洛中洛外図』屏風群にも劣らない。

そして、この緻密さで、並瓦葺の普及開始状況を活写する点が重要である。画中の町家は柿葺と並瓦葺が占め、取葺は京都の外縁だけに散在する。並瓦葺が下京中心部に普及しているのに対して（図11）、上京には卯建をそなえた柿葺が多く、並瓦葺は見当たらない[二八]（図13）。この違いについて、たとえば当時の町家売買の基準である間口一尺の値段をみると、上京の二条城東側門前の橋詰町が六・二匁なのに対し、下京中心部の三条衣棚町は六三〇・五匁。じつに一〇〇倍である。そんな地価の下京中心部に居住する町人には、相当な経済力があったはずで、旧鉄斎堂本もその地域から並瓦葺の普及がはじまったことを伝えている[二九]。

このような知見をもたらす旧鉄斎堂本の景観年代は、瓦葺規制解除の享保五年（一七二〇）より後である。また二条城の天守は、寛永三年（一六二六）に伏見城から移され、寛延三年（一七五〇）に焼失する前の姿である。方広寺大仏殿は、慶長一七年（一六一二）に再建され、寛政一〇年（一七九八）の焼失前の姿。風俗面でも、女性の髪形は江戸時代前期に一般的な玉結びや島田[三〇]。つまり一八世紀前半である。そして制作年代も、並瓦葺の普及途中をとらえているから、景観年代に大きく遅れない。この時期の文献史料は同時多発的な普及を伝えるが、印象としては、一八世紀前半の下京中心部が早かったのであろう。これを伝える点で、旧鉄斎堂本は新発見かつ重要である[三一]。

図10　下京　左上に三条大通、中央に五条大橋、右上に大仏殿と右上奥の豊国社門
旧鉄斎堂本『洛中洛外図』屏風（右隻）

図 11　下京中心部
旧鉄斎堂本『洛中洛外図』屏風（右隻部分）

図 12　左に目付屋敷、中央に二条城、右端に所司代屋敷、堀川手前が上京
旧鉄斎堂本『洛中洛外図』屏風（左隻）

図13　上京の町々
旧鉄斎堂本『洛中洛外図』屏風（左隻部分）

そして、画中の多くの並瓦葺が卯建を備える点が注目される。これらの屋根勾配は板葺と同じだから（図11）、卯建をそなえた柿葺に土留桟をうち、葺土を置いて並瓦を重ねたのであろう。この状況は、聚楽第城下に本瓦葺が現れたときと同じである（図3）。通りに向く側にケラバを伸ばす町家が多いのも、大坂船場の本瓦葺と同じ（図5）。隣家との取り合いが問題にならない側は、並瓦を重ねる際に、棟木や母屋を伸ばしたのではなかろうか。

その後、一八世紀末期の天明大火まで、下京一帯に大火は記録されていない。だから一八世紀後半に上洛した武士は、板葺と並瓦葺の両方に卯建をみたのである（第三節）。

第五節　並瓦葺普及後の卯建減少の機会と要因

文化一二年（一八二九）の『勇魚鳥』[三二]に「享保の頃、御府内の家々瓦にすべきよし命ありしは、火災を防がんがためなり」とあるように、並瓦葺に防火性能をみる幕府方針は広く知られていた。

京都でも、享保一五年（一七三〇）に、町奉行所が類焼した四条の芝居小屋や西陣の町家へ瓦葺を奨励した触書がある[三三]。他方、卯建の延焼防止は一八世紀後半の上洛武士の記録（第三節）に明らかだから、卯建を残して並瓦葺を重ねれば、その機能は増すはずであった。それに並瓦葺は、三井家が見積りをとるほど高価だったから、町人の自立の表徴たる卯建と併用すれば、富裕表現も重なる。

それでも通りに向くケラバを伸ばしたのは、やはり荷重による小屋組への影響を考えたのであろう。享保五年（一七二〇）二月に、江戸町奉行から瓦葺を打診された江戸惣中名主も、「瓦葺に仕り候えば、柱棟木等も丈夫に建申さずては瓦も置かれ申さず」[三四]と返答しているから。もちろん、葺土と並瓦を重ねても、すぐに崩落するわけではなかった。しかし、寺社に卯建がない姿を見ていた町人は、瓦葺にはケラバや軒先を伸ばすのが適当であるのを知っていたはず。だから、隣家に迷惑をかけない通りに向く側は、ケラバを伸ばした。そして、大火後の復興や建て直しの際に、卯建をもたない姿にした。そして「うだつがあがる」という表現慣習だけが、残ったのである。

もっとも建て直しでない場合は、小屋組を補強して、あるいはそのまま瓦をのせて、卯建をそなえた並瓦葺となった。旧鉄斎堂本も、並瓦葺が普及したとき、すぐには卯建が減少しなかったことを伝えている。これに対して一九世紀の絵画史料でケラバを伸ばす並瓦葺が大勢をしめるのは（図1）、直前の天明八年（一七八八）に天明大火があったからである。その復興で、卯建は大きく減少した。京都以外の産地からも瓦が流入し、値段が下がったことも関係した。したがって京都での卯建減少の大きな機会は、天明大火に求められよう。そして、ケラバや軒先を伸ばす並瓦葺の町家が大勢となり、現代に受け継がれたのである。

他方、延焼が及ばなかった西ノ京の瀬川家住宅（第九章・写真3）や西陣の堀井家住宅（第七章・写真11）、鞍馬の瀧澤家住宅（第九章・写真8）は、いずれも卯建をそなえた並瓦葺の姿である。これらは、大火をさかのぼる希少性のみならず、並瓦をはずせば瓦葺規制下の姿を残している点でも、非常に重要な遺構といえる。

まとめ、卯建は板葺にこそ必要なものだから

この章では瓦葺の普及と卯建の減少について、二度の機会を取り上げた。

①一六世紀末～一七世紀前半…本瓦葺の普及と卯建の減少
②一八世紀前半～同世紀後半…並瓦葺の普及と卯建の減少

葺土があって荷重が大きい瓦葺に、ケラバや軒の出を伸ばす構造が適当であることは、古代から寺社建築で経験的に知られていたはずである。だから、安土・桃山時代から江戸時代初頭に統一政権が治安を回復したとき、資本を蓄

積した町人は、本瓦葺の突出内蔵のケラバや軒の出を伸ばした。しかし卯建をそなえた板葺の町家は取り壊さず、補強して葺土と本瓦を重ねた。後の建てかえで、ケラバを伸ばしたのである。

その後、徳川政権の瓦葺規制で、とくに宝永大火（一七〇八）後に卯建を備えた板葺が多くなったが、享保期に瓦葺規制が解除され、一八世紀前半から富裕な下京中心部で並瓦葺の普及がはじまった。そのときは卯建を備えた板葺に重ねたが、天明大火後の復興でケラバを伸ばす構造が増加した。そのほうが無理がなかったから。その中で、延焼が及ばなかった地域では、小屋組が補強された並瓦葺に卯建をもつ姿が奇跡的に残されたのである。

以上、自立の表徴として、また風除けや延焼防止機能への期待、建て起し工法の影響もあって増加した卯建は、それでもやはり、本質的に板葺にこそ必要なものであった。このため、安土・桃山時代から江戸時代初頭に本瓦葺が、江戸時代中ごろ以降に並瓦葺が、それぞれ普及したとき、減少する運命にあった。そのとき、自立の表徴という、かつての晴れやかな性格を、「うだつがあがる」という表現に、慣習的に残したのである。

なお、旧鉄斎堂本は個人蔵で公開予定もないが、下京中心部で並瓦葺が普及し始めた状況が描かれた右隻は、『京都の町家と火消衆』（昭和堂、二〇一一）の多色刷りカバーにした。ぜひ参照されたい。

註

一　高橋康夫『京町家・千年のあゆみ――都にいきづく住まいの原型』学芸出版社、二〇〇一

二　土本俊和『中近世都市形態史論』「総論四　ウダツ」、「各論Ⅲ一三　近世京都にみる「町なみ」生成の歴史的前提」、中央公論美術出版、二〇〇三

三　谷直樹「京の町並み」（『近世風俗図譜　第三巻　洛中洛外（一）』林屋辰三郎・村重寧責任編集、小学館、一九八三、所収）

四　丸山俊明『京都の町家と町なみ――何方を見申様に作る事、堅仕間敷事』第二章、昭和堂、二〇〇七

五　土本俊和「京マチヤの原形ならびに形態生成」より、「桟瓦が普及するにつれ、この卯建は姿を少なくしていく」（西山良平・藤

六　田勝也編著『平安京の住まい』第六章、京都大学学術出版会、二〇〇七）
七　山本英男解説（京都国立博物館編『特別展覧会図録　狩野永徳』毎日新聞社、二〇〇七）
八　ルイス・フロイス『日本史　二』（松田毅一・川崎桃太訳）、第二〇章、中央公論社、一九七七
九　内田吉哉「エッゲンベルグ城所蔵「豊臣期大坂図屏風」について」（大阪城天守閣編『豊臣期大坂図屏風――大阪城・エッゲンベルグ城友好城郭締結記念特別展図録』二〇〇九、所収）
一〇　前掲、ルイス・フロイス『日本史　二』付録
一一　『ドン・ロドリゴ日本見聞録』（『ドン・ロドリゴ日本見聞録／ビスカイノ金銀島探検報告』村上直次郎訳注〔異国叢書一一〕、雄松堂、二〇〇五）
一二　前掲、土本俊和「京マチヤの原形ならびに形態生成」より、「栈瓦が普及するにつれ、この卯建は姿を少なくしていく」
一三　伊藤毅『町屋と町並み』（日本史リブレット三五）、山川出版社、二〇〇七
一四　喜多村筠庭『嬉遊笑覧』一、岩波書店、二〇〇二
一五　喜田川守貞『守貞謾稿』（『近世風俗志　守貞謾稿　一』宇佐美英機校訂、岩波書店、一九九六）
一六　『史料纂集古記録編　妙法院日次記　第八』二九九頁、続群書類従刊行会、一九九一
一七　『愛宕宮笥』（『大塚コレクション』所収、京都市歴史資料館所蔵）
一八　二鐘亭半山「見た京物語」（『史料　京都見聞記　第二巻』駒敏郎・村井康彦・森谷尅久編、法蔵館、一九九一、所収）
一九　土本俊和『中近世都市形態史論』中央公論美術出版、二〇〇三
二〇　『江戸町触集成』第四巻、近世史料研究会編、一六頁、塙書房、一九九五
二一　大石学『吉宗と享保の改革』東京堂出版、二〇〇一
二二　日向進『近世京都の町・町家・町家大工』思文閣出版、一九九八、大場修『近世近代町家建築史論』中央公論美術出版社、二〇〇四、ほか。
二三　永井規男「宝永・享保頃の大徳寺門前本家について」『日本建築学会近畿支部研究報告集』第三号、一九六三
二四　『会日落着帳』八月二二日条（三井文庫『三井事業史　資料篇一』一九七三、所収）
二五　京都府教育庁文化財保護課編『京都府の民家　調査報告　第七冊』（昭和四八年度京都府民家緊急調査報告）、京都府教育委員会、

一九七五
二五　京都町触研究会編『京都町触集成』第一巻（元禄五年〜享保十一年）、三五三頁、岩波書店、一九八三
二六　六曲一双、紙本彩色、一三六・〇×三一二・〇センチメートル、現在は額装され個人所有。第四回屏風絵展図録（ギャラリー鉄斎堂、二〇〇九）写真、同右隻は『京都の町家と火消衆』（昭和堂、二〇一一）カバーに掲載。
二七　狩野博幸『新発見　洛中洛外図屏風』青幻舎、二〇〇七
二八　早見洋平「一七世紀京都における家屋敷の値段――売券による説明可能性」『日本建築学会計画系論文集』第六二六号、二〇〇八
二九　永井規男は京都中心部から同心円的普及を予想した（『京都府の民家』調査報告第六冊、昭和四四年度京都市内町家調査報告書、京都府教育委員会、一九七〇）。著者は各地で同時多発を推測し、諸史料とも整合するが、旧鉄斎堂本は永井の予想が客観的に観察されていたことを伝えている。
三〇　石原哲男『日本髪の世界――髪型と髪飾り編』日本髪資料館、二〇〇四
三一　画中の二条城行幸は、第二定型に普遍的な画題なので、年代判定の材料にはならないが、二条城東門を櫓門でなく高麗門で描く点は、一七世紀後期の幕府絵師住吉具慶筆『洛中洛外図』屏風と同じ。城壁狭間や張り出しの特徴的な表現も共通するので、旧鉄斎堂本の絵師は住吉派の流れかもしれない。
三二　北山久備『勇魚鳥』（『日本随筆大成、第弐期巻四』所収）、日本随筆大成刊行会、一九二八
三三　本島知辰『月堂見聞集』（図書刊行会編『近世風俗見聞集第一・第二』）一九一二・一九一三
三四　前掲、『江戸町触集成』第四巻、八頁

第一一章

町家とは何か、そして、洛中農村の百姓家が町家と記されたわけ

概要…町家とは何か。江戸時代の史料を読み解くと、じつは町人の家だけをさすわけではない。職住一致の家だけでもない。あろうことか、家だけですらない。たとえばそれは「町化した場所の建物」である。

第一節　町家の定義を考える意味

歴史的用語の「町屋」「町家」

「町屋」や「町家」は、歴史的用語である。歴史的用語とは、歴史研究の対象となる時代に使われた文言。なので、それが何を意味していたのか、その内容も歴史研究の対象となる。

「京都の町家」あるいは「京の町家」は、江戸時代の京都つまり洛中洛外町続きにおいて、中世から江戸時代、さらに明治時代初頭まで、おおよそ共通の工法で建築された町家遺構を意味する歴史的用語。京都町奉行所の触書にも「町家・百姓家」と記されたが、明治時代に身分制度が消滅したとき、すべて「家」になった。

これに対し「京町家」は、歴史的用語の「町屋」や「町家」に似ているが、実態は、現行の建築基準法が施行される昭和二五年以前、つまり現在の行政責任の対象外となる時代の京都市の住宅を一括りにして、観光や不動産資源とするため、昭和四〇年代につくられた造語。その意味でなら、りっぱな歴史的用語である。(一)

が、ちょっと見ておこう。ここに「京町家」の類型表なるものがある（表1）。写真でもほぼ同じ内容があちこちで紹介されているもので、京都の古そうな住宅を、①厨子二階型、②総二階型、③平屋型、④三階型、⑤仕舞屋型、⑥大塀造型に分けている（表1）。しかし、①~④は高さで分けているのに、⑤と⑥は表構えで分けている。そこでそれぞれの横に、高さ分類・一階表構え・建築時期を表にしてみた。そうすると「仕舞屋風」が多くなる。これに対

①厨子二階型
とされるが

高さ分類	厨子二階
一階表構え	仕舞屋風
建築時期	近世〜近代初頭

②総二階型
とされるが

高さ分類	本二階
一階表構え	仕舞屋風
建築時期	近代

③平屋型
とされるが

高さ分類	平屋
一階表構え	仕舞屋風
建築時期	近世〜近代初頭

④三階型
とされるが

高さ分類	三階
一階表構え	仕舞屋風
建築時期	近代

⑤仕舞屋型
とされるが

高さ分類	本二階
一階表構え	仕舞屋風？
建築時期	近代

⑥大塀造型
とされるが

高さ分類	特定されない
一階表構え	大塀造
建築時期	近世〜近代

表１「京町家」の類型表とされるもの

して、類型表は⑤の表構えのみを「仕舞屋型」とし、僅少とするのだが、(二)この説明には重大な問題がある。

そもそも仕舞屋風とは、井原西鶴が『世間胸算用』に「万事の商売うちばにかまへ、表向は格子作りに、しまふた屋と見せ」(三)と記すように、格子を建て込んで「手前どもの商売は終《しま》いました」と見せるもの。つまり、専用住宅のように構えるものをさした。そんな仕舞屋風の表構えは、多くの町家遺構が失われた今の京都でも、よく目にする。表1でも、格子を建て込む表構えの①②③④が該当する。

これに対し、類型表が「仕舞屋型」と規定するのは⑤だけであるが、これでは「仕舞屋」という歴史的用語を、近世の用例をふまえないまま都市計画用の造語である京町家の類型に用いる中で、きわめて限定的な用例におしこめたと言わざるをえない。

たとえば寛文七年(一六六七)二月七日、三条衣棚北町(京都市中京区三条通室町西入)へ、「かぎや源兵衛」なるものが、次のような文書を提出している。(四)

我等家表、棚にて御座候を、今度御断り申し、出格子に仕り、宗二居住いたされ候、重ねて宗二わきへ出し、居住仕り候者を置き申すべく候、後日のため件《くだん》のごとし

見世棚をそなえて(おそらく蔀戸《しとみど》と共に)開放的な店構えを、「棚」と表現している。それを「出格子」で閉鎖的にすることを、町役人へ届けたのである。町なみにおいて仕舞屋風にする動きに一応の制限がある中、それでも江戸時代前期から進んだことはすでに指摘したが、(五)その結果が仕舞屋風の表構えの増加であった。それゆえに専用住宅を「しもたや」と呼ぶ習慣も、この古い都には残っている。

話をもどして、歴史的用語の「町屋」や「町家」は、その語源に、商業地の店舗や官人層の長屋との関係が指摘される。建築的特徴からの定義もある。しかし歴史上の用例は多様で、これらを把握しないままの定義は、実際に「町

屋」「町家」とされた対象をはずしてしまう可能性がある。歴史的用語の定義はア・プリオリ（経験的に明らか）とする見方もあるが、研究者それぞれが勝手次第に定義しているようでは、いつまでたっても分野横断的な学術研究のまな板にはのせられない。たとえば、「町家とはなにか」という課題を設定した伊藤毅が、「いたずらな単純化」をいましめつつ「接道性」と定義したように（著者の定義は異なる、後述）、多様な用例を統合する学術的定義の追及はなされてよく、またなされるべきである。

本章の視点

そこで本章では、まず町家の定義に関する先行研究をみた上で（第二節）、京都所司代が寛永期に幕府御大工の中井家に制作させた『洛中絵図』に、洛中農村ながら洛外町続町の西京村（第三節）と、純粋な洛中農村の東塩小路村（第四節）で、百姓家が「町屋」と記された例を指摘する。そして、両村の史料に支配形態や建築形式、敷地利用形態を確認し、その「町屋」の意味を考える（第五節）。

なお、本章で取り上げる史料には「町家」でなく「町屋」とあるので、そう記す。「町家」と「町屋」の文言には、異なる意味付けをみる向きもあるが、「マチヤ」ともども江戸時代に明確な使い分けはなかった。一つの文章で同じ文言を用いるとき、さまざまな漢字や仮名をあてて教養を示すことが多かった時代だから、当然である。

第二節　先行研究にみる町、そして町屋の意味

文献史料にみる町屋

一〇世紀ごろ、平安時代の辞典『倭名類聚抄』に、「店家《マチヤ》、俗に町と云う……座して売る舎《イエ》なり……商売の居所の所をいう」とある。このことから、町屋の語源には、平安京の東西にあった市の店舗との関係が指摘されている。(六)

また同世紀末の『蜻蛉日記』の著者、藤原道綱母が、夫である藤原兼実の愛人を「町の小路の女」と記したのが「繁華な商業地域などをさすようになる町の初見」とされている(七)。そして通りの交差点に現れた「巷所」のうち、「三条町、四条町、七条町」が、とくに繁華な場所であった。

一五世紀ごろの『庭訓往来』にも、「市町は辻子小路を通し、見世棚を構えせしめ絹布の類、贄、菓子、売買の便り有らん(八)」とあり、一休宗純の『狂雲集』にも「街坊《まちぼう》の間、十家に四五は娼家(九)」とある。

これらのことから、商業地域が町、店舗が町屋とする見解もあるが(一〇)、本来の律令体制では京都の中、いわゆる京中での庶民の定住は認められていなかった。このため、下級官人の長屋型供給住宅が町屋のはじまりとする見解もある(一一)。

しかし実際のところ、南北朝時代の文献史料に「町屋」の用例は少ない。「小家」か「小屋」である。「町屋」の用例が増加するのは、庶民が町民身分を強調する戦国時代になってからであった。そのとき町人は、まず通りの片側で片側町を、やがて両側で両側町を構成し、さらには何々町という町名も付けたのである（第四章・図1）。

また、安土・桃山時代に豊臣政権の京都改造で御土居が築造されたとき、その土塁と堀、竹藪で区画された内側が洛中、外側が洛外となった。が、やがて洛中町々と洛外町々が面的につながり、「洛中洛外町続き町」、あるいは「洛中洛外町続き」を形成した。それが江戸時代の京都である(一二)。

そのような京都の町屋には、「仕舞屋」も存在した。商売を終《しも》うた専用住宅の意味だが、町屋を商業地域の店舗や職住一致の家と定義すると、厳密にはこれがふくめられない。また、御所につとめる役人の家や公家の別邸、家守が管理する空家や倉庫など、住宅以外の建物も町中に多くあった。これらを町屋と言うのかどうか、細かくみれば、この扱いも問題になってくる。

民家研究の先行研究

民家型式については、「同じ平面の構成原理をもつ民家が、地域的に連続して存在し、一定範囲の領域分布を示す

図1　百足屋町の町なみ（江戸時代後期『百足屋町町並絵図』）
百足屋町蔵、木村万平執筆・井口和起監修・百足屋町史編纂委員会協力『百足屋町史——職・住・祭　共存のまち』南観音山の百足屋町史刊行会、より転載

とき、これを一つの民家の型として設定する」とした永井規男の設定概念が、広く認知されている。（一三）そして、特徴的な間取りを持つそれぞれに、分布地域の略称を「〜型」と名付ける手法がとられてきた。この手法は、民俗学の石原憲治や今和次郎、建築史の藤田元春や大熊喜邦、藤島亥治郎、青山賢信、川上貢、林野全孝らの民家研究の系譜をひくもので、（一四）吉田靖の民家型式の発展系統の分析にもつながった。（一五）そして京都府下では、丹後（広間）型・北山型・北船井型・摂丹型・南山城型・岩倉型が設定されている（序章）。

このとき町屋も一つの民家型式とされたが、「風土的条件をはなれて社会経済的条件が強く関わ」り成立した「一つの型」が、「一定領域」に限らず各地の「町域」にあるとされ、「奥行の深い敷地に間口一杯に建てられた民家」と定義された。これなら、片土間・床上三室も、谷直樹らが指摘した多様な間取り（一六）（前土間、奥土間、片土間＋奥土間）も、上田篤らが定義した「接道・接隣・接地の三条件」（一七）や、これを批判した伊藤毅の「接道」条件、（一八）藤川昌樹が検討した大規模町屋も対象にできる。（一九）しかしこれでも、厳密には高塀を立て前庭を置く「大塀造」はふくめられない（図1）。

そのような中で黒田龍二は、これら先行研究を「言葉としての町家の定義はその立地によるものであり、それを踏まえて建築学的にみた一般的な町家の建築形態が説明されてきた」と分析した。その上で「建築学的に町家の形式が定義されているわけではなく……農家の形式をもつ家を町家と解する場合がありうる」とした。（二〇）町家の定義に、間取りや建築形式、住人の生業や身

分、敷地利用形態も関係ないとした黒田の見解は、目から鱗クラスの発想の転換であり、その結果は「町場に存在する家」となろう。もっとも黒田は、これを「町場」の定義と共に「幅広く検討されるべき」とした。そうすると、町屋と記された洛中農村の百姓家も、同様の検討対象となる。

第三節　葛野郡西京村の百姓家の「町屋」

西京村の街道沿い

江戸時代の葛野郡西京村（京都市上京区）は、瀬川家住宅が位置するところである（第九章）。西側の御土居に近い洛中農村で、中世には村内の「北野馬場通」や「丹波街道」沿いに「西京麹座」らが居住した。（二一）戦国時代の近隣の清涼寺門前を描いた『釈迦堂春景図』屏風では、（二二）板葺に草葺が混じる平入が並び、同じ画中の洛中の町屋の姿と変わらない（第二章 - 図6）。

安土・桃山時代には、豊臣政権から「町化部分が御土居内に取り込まれ、洛中としての取り扱い」（二三）を受け、「文禄元年（一五九二）には西ノ京の町化部分が京都並みの町を構えているとして地子銭免除」を受けた。土地面積に応じた年貢納入や、それに見合った代銭納は、百姓の義務。それが町化部分に住む百姓は免除されたのであり、洛中町々の町人と同じ特権であった。そして慶長九年（一六〇四）に徳川政権も「西京上下町人屋地子の条、京都のごとく……免除」と追認、幕末まで変わらなかった。

また元和六年（一六二〇）の徳川和子入内を描く『洛中洛外図』屏風では、北野馬場通りに店舗が並ぶ（図2）。近郊の摂丹型分布地域に多い妻入町屋も混じるが、洛中農村でも街道沿いは、洛中町々と同様に店舗がならんでいた。同じ西京村でも、村域南部や御土居外側の農地が広がる風景とは、ずいぶん異なっていたのである。

図２　北野馬場通沿い（『洛中洛外図』屏風）
個人蔵、狩野博幸『新発見　洛中洛外図屏風』青幻舎、2007、より転載

「町」の「町屋」と記された西京村の百姓家

畿内幕政を統括する京都所司代が、京都幕府御大工の中井家に、寛永一四年（一六三七）に作成させた『洛中絵図』[二四]や、これも中井家が作成した寛永一九年（一六四二）ごろの『寛永後万治前洛中絵図』[二五]をみると、西京村の街道沿いは、「堀川丁」などの町名が、連続的に書き込まれている（第九章・図1）。

そして『洛中絵図』では「町屋」や「町や」、『寛永後万治前洛中絵図』では「町」や「町屋」と記されている。公儀が「町屋」と認める建物が集まる「町」が、街道沿いに続いているのであり、歴史地理学の分野でもこの辺りは「市街連続域」と評価されている。[二六]

洛中農村にある洛外町続町

『洛中絵図』から約八〇年、享保期に京都町奉行所が行政記録をまとめた『京都御役所向大概覚書』には、「洛中町数ならびに京境西陣・西京」の項に「西京、東は七本松通を限、西は妙心寺海道《ママ》御土居限、南は下立売より壱町限、北は仁和寺通限」、「町数拾九町……内拾三町庄屋組これ有」とある。[二七]また「洛外町続町数ならびに寺社門前境内町数人数の事」の項には、「西京村拾八町」とある。

ここで、御土居内側の洛中農村である西京村に、「洛外町続町」があるのはなぜか。

そもそも江戸時代の京都は、視覚的には竹藪がうっそうとした御土居が、洛中と洛外を分けていた。しかし行政区分としては、町奉行所配下の町代《ちょうだい》が担当する町々が洛中、雑色《ぞうしき》が担当する町々が洛外だった。(二八) だから御土居の内側でも、雑色が担当する町々は洛外だったのである。ただし洛中町々と洛外町々は面的に洛中洛外町続きを構成しており、それすなわち江戸時代の京都であった。だから洛外町々は、洛外町続町とも記されていた。

そうすると町代が記した『明和三年戊十一月諸事覚』(二九)には、「洛中境」の西端が「北野釈迦堂より南へ下立売迄之内七本松限」とある。これに対し西京村の町化部分の東端は「七本松通」だから、行政上は西京村の全域が洛外。そして上京の洛中町々から町々が連続していたから、洛外町続町である。

天明六年（一七八六）ごろの『都名所図会拾遺』にも、「北は一条を限り、南は下立売の南二町余を限りとす、東は千本通、西は紙屋川の西二町余りに至り、ことごとく人家建続て、これを西京といふ」(三〇)とある。西京村の中で街道沿いには、江戸時代を通じて洛外町続町の町なみがあったのである。

西京村の賦課方式と消防出動体制

西京村の洛外町続町は、享保一〇年（一七二五）に上組・下組・東組という三つの町組を結び、町奉行所が課す公役を軒役、つまり棟別賦課で担う体制を整えた。(三一) 京都の町々では普通のことであったが（第四章）、住人は『京都坊目誌』に「おおむね曼殊院門跡の所領及び華族諸家・社寺の分領」(三二)とあるように、農地を耕作する百姓。『西京村文書』(三三)の「検知帳写」や「御上納并諸入用勘定帳」にも、肩書を百姓某と記している。一八世紀初頭に堀川町で片土間・床上三室（第九章・図5）を建てた「菱屋六兵衛」も質屋つまり町人で、表構えも洛中の町屋と変わらないが（第九章・写真1）、「百姓六兵衛」と記す文書も残している。たとえば安政六年（一八五九）には「田弐反壱畝」を担保に「西京村役人中」から「金拾両」を借りるような、立派な百姓でもあった。

ちなみに西京村は、三つの町組を構成する三六九軒が、町火消への出動義務をもつ三一五軒と、代官所火消へ出動

写真1　旧西京村の町なみ
大阪毎日新聞社京都支局編『京郊民家譜』（1934、便利堂）転載

する五四軒に分かれていた。代官所火消とは、禁裏御所の防衛目的で「御土居廻り十二ヶ村」に義務付けられたもの。[三四]したがって農村らしい存在であるが、町奉行所の指揮下に入るのは町人の町火消である。両方いるところが西京村らしいが、基本的には町としての性格が強いことが、町火消が多い点に現れている。

　なお、一般的に百姓家は、建築許可申請書（普請願書）が残る場合が多い。そこに描かれる間取り図が貴重な史料となるのであるが、庄屋文書の『西京村文書』や村内の『西上之町文書』には見当たらない。なぜなら洛中町々と同様に、地子赦免の付帯特権として、建築許可申請を免除されていたからである。

西京村に関するまとめ

　岩井武俊は、昭和九年（一九三四）の『京郊民家譜』に西京村の街道沿いの写真を掲載して（写真1）、「西の京あたりの農家には共通した形式……間口がそれほど広くなくて奥行が長く、表側に出格子がつき、壁の腰には板を張り一見町家のやう」と解説した。

　昭和四四年度の京都府による町家の調査報告書も[三五]「ほとんど田園地帯で「土間の方が広いのは、西の京の農村的性格」としており、平成六年（一九九四）の『京都民家巡礼』[三六]も「京都の近郊であったこのあたりに、町家の風を映してきた」と記している。

しかし街道沿いの西上之町の状況を『西上之町文書』にみると、明和四年(一七六七)の『沽券御改帳』に記された三四軒は、間口三間以下が一一軒(三二パーセント)、三間〜四間が一五軒(四五パーセント)、合計七七パーセントになる。四間以上は八軒(二三パーセント)で、ことさら長い間口が特徴的とは言えない。

敷地の奥行も、両側町の西側がすべて奥行二三間、東側は一〇間が大勢をしめる。このような短冊形敷地が並ぶ状況は、明治一〇年(一八七七)の『西上之町町並図』にも確認でき(図3)、その利用形態は、同町の『明治八年亥五月建家坪調査書』より、間口一杯の建築が読み取れる(図4)。

菱屋の間取りや表構えが洛中町屋と変わらないことをみても、西京村の街道沿いの百姓家は、『洛中絵図』に「町屋」と記されて以降、間取りも表構えも、そして敷地の利用形態も、江戸時代を通じて洛中町屋とほとんど変わらなかった可能性が高い。

以上、西京村は洛中農村であったが、街道沿いは安土・桃山時代にも店舗が多かった。それを公儀は町屋が集まる町と認め、付帯特権もあたえて洛外町続町に組み込んだ。だから寛永期の『洛中絵図』もそのように記している。その状態は幕末まで続いたが、住人は百姓を肩書とする上中文書も残しているのである。

第四節　葛野郡東塩小路村の「町屋」

東塩小路村の立地

ところは変わって、葛野郡東塩小路村(京都市下京区塩小路町)は、京都南端の洛中農村であった。

村域は、下京から南下する東洞院通り(竹田街道)の東西に分かれ、東側地区は寺院や広い敷地を持つ百姓家があった。その北側は七条道場、南と東は御土居、西は東洞院通との間の藪地に囲まれ、嘉永三年〜明治二年(一八五〇〜六九)の庄屋日記の『東塩小路村庄屋要助村方諸事日記』[三七](以下、庄屋日記)では、「藪之内」と記されている。

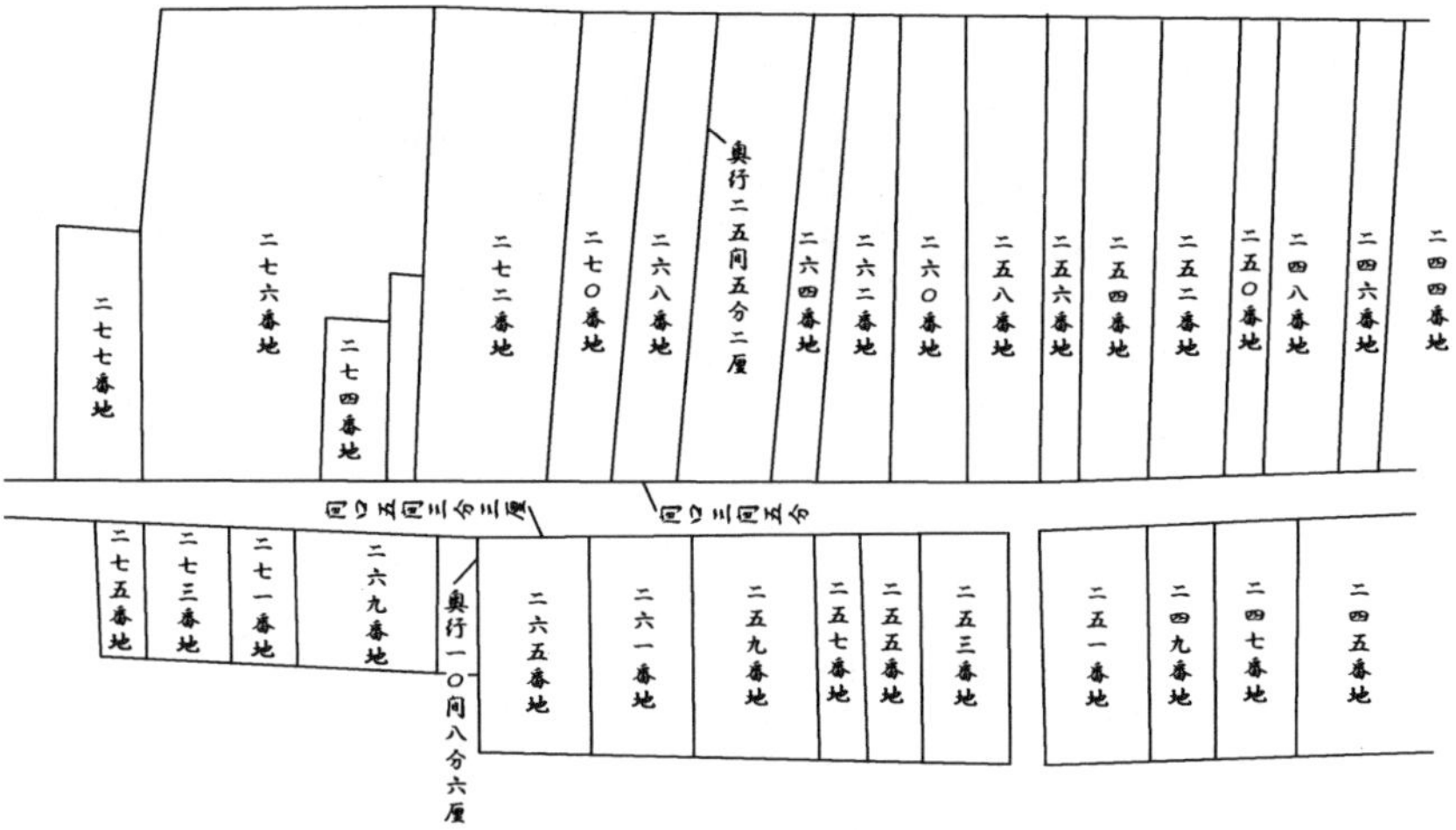

図３　上が西側、下が東側の短冊形敷地（『西上之町町並図』）
『西上之町文書』所収、京都市歴史資料館架蔵フィルム（リライト）

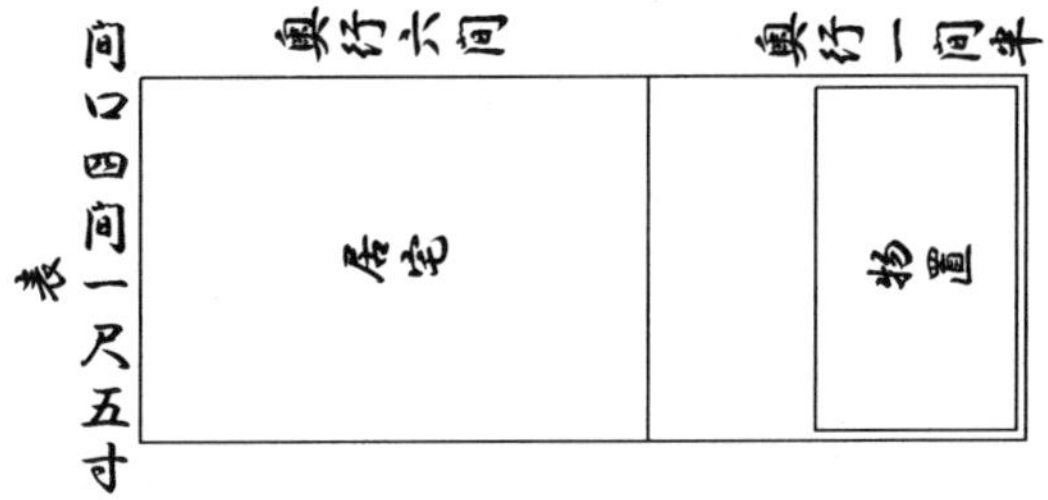

図４　尾崎孝次郎邸（『明治八年亥五月建家坪調査書』）
『西上之町文書』所収、京都市歴史資料館架蔵フィルム（リライト）

図５　西洞院通り沿いの町なみ（個人蔵『洛中洛外図』屏風）
前掲、狩野博幸『新発見　洛中洛外図屏風』より転載

近世初頭に東塩小路村を開発した若山氏は、藪之内（あるいは柿内、垣内、カイト）に住み、庄屋を世襲した。そして、ほかの有力地主も住んでいた。(三八)一方、西側地区は「前之町」と記され、東洞院通り（竹田街道）沿いに百姓家が並んだ。寛文一〇年（一六七〇）に街道の交通量が増加し、荷車専用の「車道」が敷設されたころ、町屋形式の建物がならび、地借・借家人が入ったのである。そのとき住人は集まって「家屋敷売買に付、拾分一銀」や「借家貸候はば銀弐匁在所へ指出」(三九)と定めたが、同じ規定は洛中町々の町式目にもある。つまり、町方支配の規定と同じものを定めたのであり、町化の進行がうかがえる。

もっとも前之町のさらに西側は、西洞院通りまで農地であった。東塩小路村百姓が耕作する公家や寺院領もあり、『京都坊目誌』には「最も石高の多きは妙法院門跡」とある。(四〇)

ちなみに西洞院通り沿いの風景も元和六年（一六二〇）ごろの『洛中洛外図』屏風に見ることができ（図5）、石置板葺や草葺の平入の店舗がならんで西京村（図2）と大差ない。よって東洞院通り沿いにも、同様の町なみを想像させる。

「町」の「町屋」と記された東塩小路村の百姓家

寛永一四年（一六三七）の『洛中絵図』や、寛永一九年（一六四二）ごろの『寛永後万治前洛中絵図』といった京都幕府御大工中井家作成の絵図

図６　『寛永後万治前洛中絵図』にみる東塩小路村
京都大学所蔵、中井家旧蔵本、『洛中絵図　寛永後万治前』（臨川書店、1979）より転載

では、東洞院通りの東側に「東塩小路村」と書き込まれるあたりが後の藪之内。そして西側に「町屋」（『洛中絵図』では「町や」）とある（図6）。しかし、この「町屋」地区は、享和二年（一八〇二）の『東塩小路村絵図』になると、北側半分が「町家」、南側半分が「百姓家」とある。これは、寛永一六～一八年（一六三九～四一）に、「町屋」とある西側地区の北側半分が東本願寺の寺内町へ編入されたためである。その結果、北側は「六条地内塩少町町」と誤記する史料があるように六条寺内塩小路町、つまり東寺内の町方支配となり、南側だけが東塩小路村の村方支配となった。

もっとも編入直後の『寛永後万治前洛中絵図』には、「町屋」地区を南北に分ける線はない（図6）。つまり寛永期の公儀は、支配の別にかかわらず、町屋が集まる地区を「町屋」と記しているのである。また西京村の街道筋には町名が記されていたが（第九章・図1）、ここにはない。町が成立していないのに、「町屋」なのである。

その後、正徳四～享保六年（一七一四～二一）ごろ、これも中井家作成の地図を元に刊行された『京都明細大絵図』(四一)にも、西側の町屋地区を南北に分ける線がある。そして東寺支配の北半分に「片原町」と記すが、これは町名ではない。通りの片側の町という意味である。また東塩小路村支配の南半分には、「片原町」は記されていない。ただ北半分も南半分も洛中洛外町続町と同色となっているので、町屋が集まる町という認識は確か。それなのに南側に片原町と記さないのは、東塩小路村の一部という認識からであろう。

たとえば東塩小路村の庄屋は、「村入用」を、百姓それぞれの農地に「高壱石ニ付、壱斗七合六勺」などと割り掛ける「高掛り」を、「前之町」の住人もふくめて行っていた。前之町とは『洛中絵図』に「町屋」とあった西側地区の南半分、つまり東塩小路村支配の町化部分の通称である。そこに村入用なのだから、前之町の住人も百姓である性格をあわせ持っていたはず。つまり村方支配である。前述の「家屋敷売買に付、拾分一銀」というような規定はあるものの、町役人や棟別賦課の軒役など町方支配らしい形態は見当たらないのであり、それらが確認できる西京村の支配形態とは異なっていた。

以上、東塩小路村の西側地区は、豊臣政権期から江戸時代初頭には、洛中町々に組み込まれなかったように、町化していなかった可能性が高い。

ところが寛永期になると、公儀が「町屋」と認める百姓家が、店舗が多い状態でならび、『洛中絵図』には「町屋」や「町や」と記された。このうち「町屋」は支配形態や身分に関係なく記されたものであり、北半分が東寺内に編入された後の『寛永後万治前洛中絵図』でも変わりはなかった。

その後、西側地区の南半分は、村方支配の観点では百姓家であったが、その後の公刊地図の色分けや、前之町という通称には、町同様に町化した地区という認識がある。

江戸時代後期の普請願書にみる間取り

東塩小路村庄屋の『若山家文書』に、前之町の普請願書の写しが三点ある（図7、図8、図9）[四二]。いずれも江戸時代後期、「妙法院御門跡様入」つまり妙法院領を敷地とする「百姓家」で、申請先は町奉行所である。申請文には「普請出来次第、早速御訴申し上げるべく候間、御見分の上、万一相違の儀御座候はば、如何様共仰付なされるべく」が共通しており、竣工検査で申請内容が担保されていたことがわかる。

三点の指図をみると、間仕切りや畳の有無が不明な部分があるが、片土間沿いに床上をおく平面は共通する。表構えは、図7と図9が、出格子を意味する「かうし」や平格子の「平かうし」。表に格子を立て閉鎖的にしつらえるのは、井原西鶴が「表向は格子作りに、しまふた屋と見せ」[四三]とあるような、あるいは大正期に藤田元春が「何らの店を開かざる」に見えるとしたような仕舞屋風[四四]、つまり町屋の表構えである。

もっとも図7と図9には庇（下屋庇）がない。このため、「下屋庇はなく、表構えは出格子のみで閉鎖的な構成」、「附属屋の構成は散漫」で「背戸畠」（敷地の奥にある農地、図7〜9では省略）と共に「町屋形式をもつ百姓家の特徴」との評価もある[四五]。

しかし、同時期の図8は、一階が「ミセ」つまり揚見世をもつ開放的な店構え。庇もあり、土塗格子（むしこ）の開口を意味する「土窓」も二階表にあるらしい。そして敷地の利用形態も、とくに散漫ではない。

それに、図7〜9では省略しているが、敷地奥の農地に記入される名前はどれも申請者と違う。そんな農地を屋敷構成に組み込む評価には、疑問がある。

それよりも、これら江戸時代後期の三棟の百姓家には、短冊型敷地に平入、片土間沿いに床上を置く平面、開放的な店構えと仕舞屋風が混在する状況をみるべきで、それはつまり洛中の町屋と同じ敷地利用形態である。

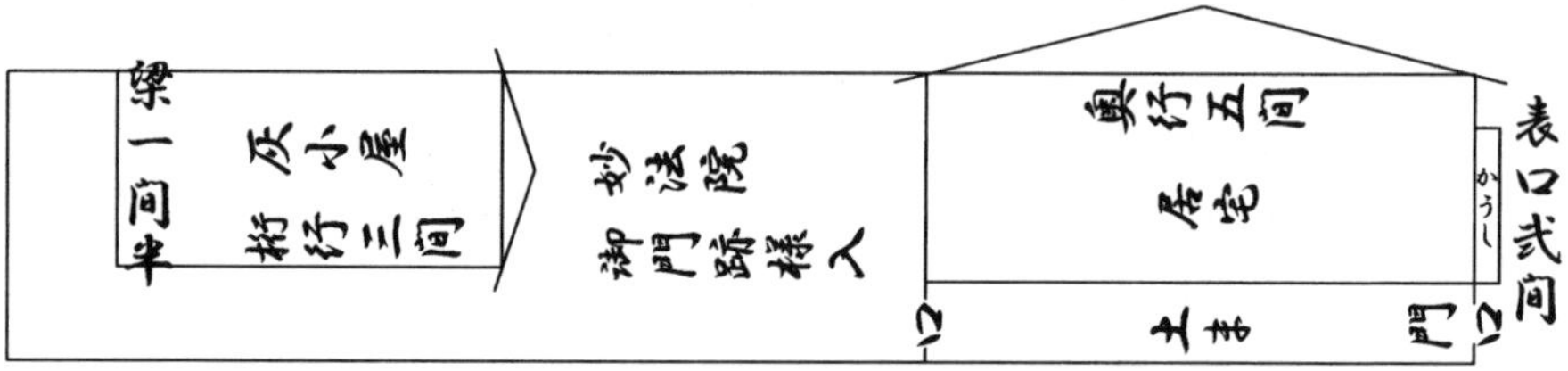

図７　享保16年（1731）１月、百姓嘉兵衛小屋普請願書指図
『高橋一男家文書』所収、京都市歴史資料館架蔵フィルム、リライト

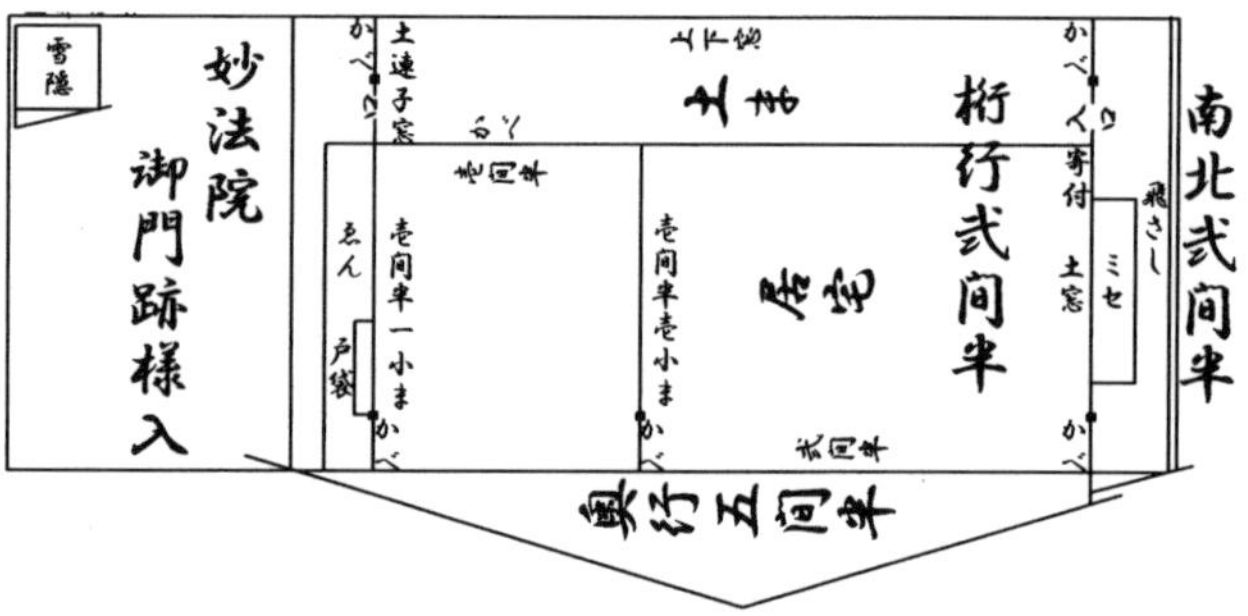

図８　宝暦４年（1754）10月、百姓与兵衛土蔵普請願書指図
『高橋一男家文書』所収、京都市歴史資料館架蔵フィルム、リライト

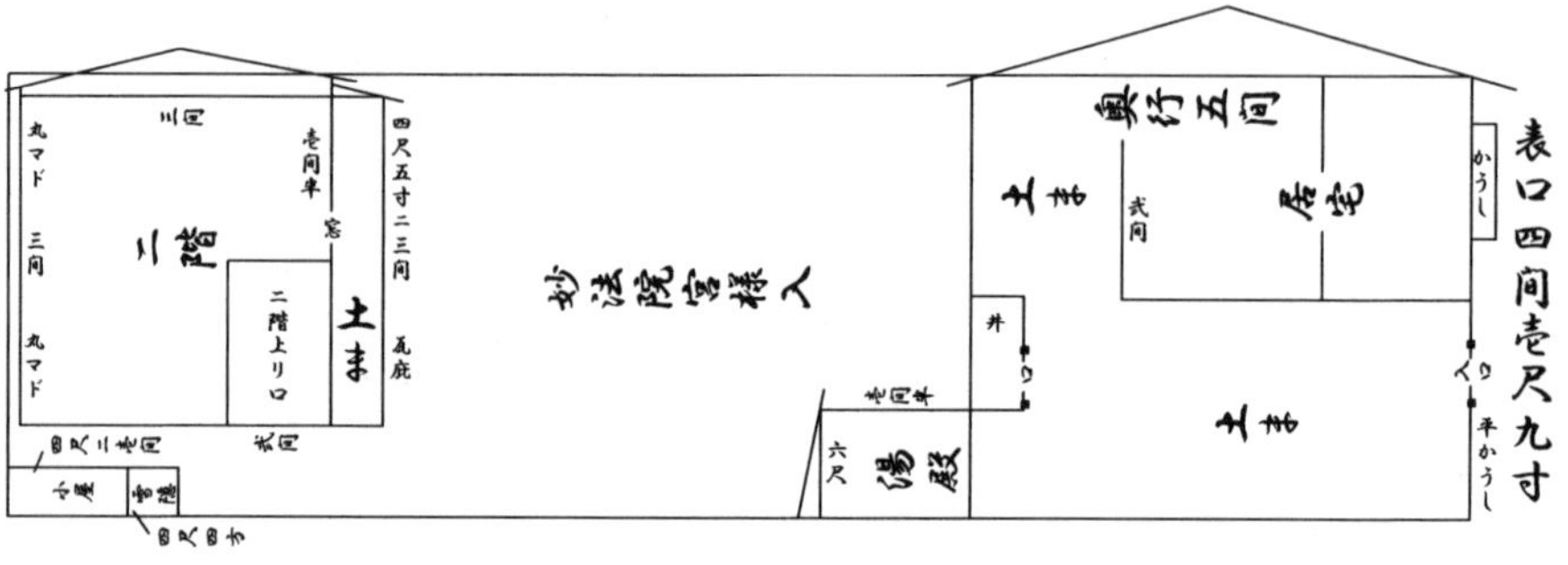

図９　宝暦６年（1756）11月、百姓市左衛門居宅普請願書指図
『高橋一男家文書』所収、京都市歴史資料館架蔵フィルム、リライト

安政五年（一八五八）六月四日。下京一帯を襲った大火で、東塩小路村の百姓家も多数類焼した。その復興のための町奉行所あての普請願書の写しが『東塩小路村文書』に同年一一月付で五点、『若山家文書』に安政六年（一八五九）三月一一日付で七点、合計一二点ある。それらを、庄屋日記の罹災状況報告書を元にならべたのが図10である（一世紀以上前の図7、図8、図9は組み込んでいない）。

いずれも短冊型敷地に平入で、納屋以外は通庇をそなえている。片土間沿いに床上を置く間取りも共通している。そして揚見世の「ミセ」をもつ店構えが多く、開放的である。この時期には表構えを格子で閉鎖的にする仕舞屋化が進んでいた洛中でも、対面販売の店は開放的な店構えで大通りに残っていたから、(四六)街道沿いの店舗らしい姿といえるだろう。一方、「コウシ」をもつ仕舞屋風の表構えは、前項の三点では二点をしめていたが、ここでは混じる程度である。

内部では、片土間を表と奥にわける中戸が複数にある。敷地奥に片土居・床上一室の住戸を並べた棟割長屋の借家をもち、そこまで路地を通す例もあって（仁兵衛宅）、このような存在も洛中と同じ（第二章・写真8）。もっとも他の敷地奥には小屋が多いが、復興時に庭蔵建築は困難であろうし、ことさら百姓家の性格とは言えない。したがって復興された前之町は、洛中の町屋の町なみと変わらなかった、との観察が妥当であろう。

ちなみに『若山家文書』の申請文には「いずれも間数、元のごとし」の文脈があり、焼失した間取りの踏襲を示す。その結果が右記の観察なので、焼失前も同じような間取りであったとみてよい。

以上、東塩小路村の西側の百姓家は、江戸時代初期の『洛中絵図』に、町化した町同様の地区として「町屋」や「町や」と記された。村方支配ではあっても、その認識は幕末まで変わらなかったのである。

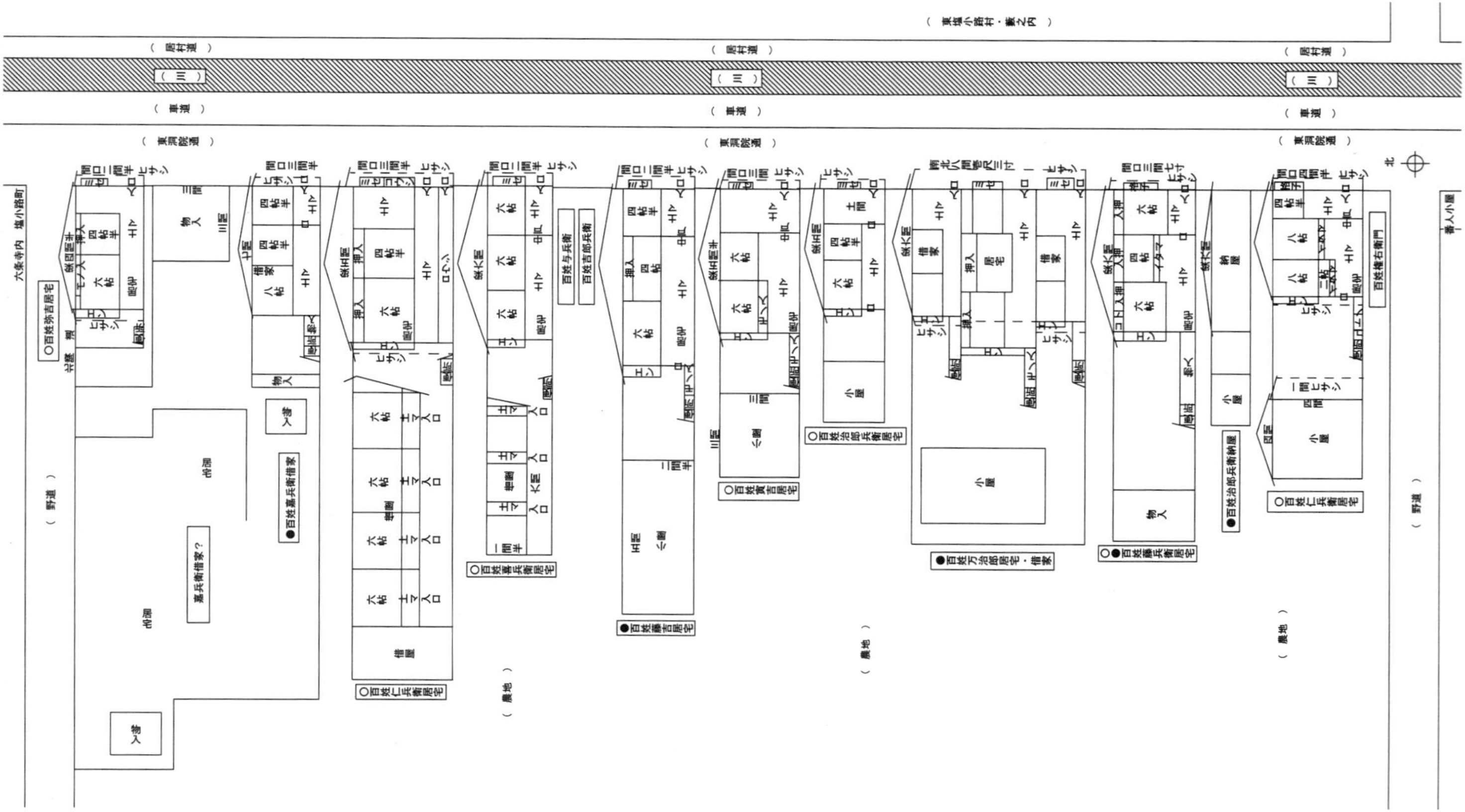

図10　前之町の復原図

『東塩小路村文書』●、『若山家文書』○、藪之内の藪や橋の位置は不明

第五節　「町屋」の定義

西京村は、町々同様に地子赦免され、町名もあった。洛外町続町に組み込まれ、町方支配が行われていた。一方、東塩小路村は洛中農村で、村方支配があった。

この両村に共通するのは、『洛中絵図』が作成された寛永期に、街道沿いに百姓家が店舗のような姿でならぶ町化が推定される点である。その町化部分が「町」、ならぶ建物が「町屋」と記されたのであり、行政上の扱いや支配形態には関係なかった。これでは、建築形態による区別は考えにくい。

もっとも当時は所司代が、町家の「結構」つまり奢侈を禁じる建築規制を発動する時期にあたるから、[四七] 規制対象の町屋や町の存在範囲を、明確にする目的があったのかもしれない。

その後、東塩小路村の史料には、村方支配の観点から「百姓家」と記した例もあるが、公刊された地図や、前之町という通称には、町化した町という認識の継続がわかる。その認識は、幕末まで『洛中絵図』を家蔵し続けた中井家や、作成させた所司代・町奉行所体制にも続いていたであろう。

これらの結果を、先行研究の町屋の定義と照合すると、間取りや建築形式、生業や身分に関係なく「奥行の深い敷地に間口一杯」とした永井の定義が、ほぼ整合している。しかし厳密には、空隙をあける「物入」(嘉兵衛宅)が該当しない。また、「町場に存在する家」という黒田の定義も、「納屋」まではふくめられない。そこから、「町屋は町化した場所の建物」という定義が浮上する。そして町は、「町屋が集まる地域」である。

まとめ、町屋は町化した場所の建物

本章では、町屋という歴史的用語に、多様な用例の存在を示すため、洛中農村の西京村と東塩小路村の百姓家が、寛永期の『洛中絵図』に「町屋」や「町や」、「町」と記されたこと、これらが洛中の町屋と同じ姿で、町なみも変わらなかったことを明らかにした。

その上で「町屋は町化した場所の建物」という定義を導き出し、農村でも街道沿いには「町屋が集まる地域が町」の存在を指摘した。町家は町人の家、あるいは職住一致の家という意見、そのほか建築形態から定義する考え方などからすると、大ぶろしきにすぎるだろうが、町屋という歴史的用語の多様な用例をつつみこむには、このサイズでちょうどいい。

註

一　京町家への著者の評価は『京都の町家と火消衆』第九章付記と『京都の町家と町なみ』の序に明記した。もちろん多くの方がそうであるように、「京町家」に「京都の町家」の略語を連想される事には問題がなく、著者にも異存はない。しかし歴史研究では、便宜的に造語するとき、たとえば「〜型民家」のように、それが造語であることを明確にするのがあるべき態度である。ところが「京町家」は、造語であることが曖昧にされている。あえて近世の歴史的用語と混用させる意図すらうかがえるのであり、学術的には疑問符がぬぐえない。

二　橋本清勇・東樋口護・宗田好史「京都市都心部における伝統的木造建物ストックとその特性」『日本建築学会計画系論文集』第五四二号、日本建築学会、二〇〇一

三　井原西鶴『世間胸算用』（新潮古典集成）金井寅之助・松原秀江校注、新潮社、一九八九

四　『三条衣棚文書』所収、京都府立総合資料館蔵
五　丸山俊明『京都の町家と町なみ――何方を見申様作る事、堅仕間敷事』第五章、昭和堂、二〇〇七
六　高橋康夫『京町家・千年のあゆみ――都にいきづく住まいの原型』、学芸出版社、二〇〇一
七　脇田修・脇田晴子『物語京都の歴史――花の都の二千年』中央公論新社、二〇〇八
八　『庭訓往来』石川松太郎校注、平凡社、一九七三
九　一休宗純『狂雲集』柳田聖山訳、中央公論新社、二〇〇一
一〇　伊藤鄭爾『中世住居史――封建住居の成立』東京大学出版会、一九五八、後藤治「中世の都市における店舗の建築」『国立歴史民俗博物館研究報告』第一一三集、二〇〇四
一一　野口徹『中世京都の町屋』東京大学出版会、一九八八、土本俊和『中近世都市形態史論』中央公論美術出版、二〇〇三
一二　前掲、丸山俊明『京都の町家と町なみ』序章「古代から近世初頭の京都」、参照。
一三　京都府教育庁文化財保護課編『京都府の民家　調査報告　第七冊』（昭和四八年度京都府民家緊急調査報告）第二章「京都府民家の総観」（永井規男執筆）、京都府教育委員会、一九七五
一四　日本民俗建築学会『図説　民俗建築大事典』第六部、柏書房、二〇〇一
一五　吉田靖「日本における近世民家（農家）の系統的発展」『奈良国立文化財研究所学報』第四三冊、一九八五
一六　深田智恵子・谷直樹「江戸時代中・後期における町家の平面類型について――京都・建仁寺門前の町家に関する研究（一）」『日本建築学会計画系論文集』第五七九号、二〇〇四
一七　上田篤・土屋敦夫編『町屋――共同研究』鹿島出版会、一九七五
一八　伊藤毅『町屋と町並み』（日本史リブレット三五）、山川出版社、二〇〇七
一九　藤川昌樹『近世武家集団と都市・建築』中央公論美術出版、二〇〇二
二〇　黒田龍二「篠山における町家の形成と周辺農家の関係――大場修氏の「摂丹型町家」に対する批判的検討」『日本建築学会計画系論文集』第六五三号、二〇〇九、鈴木嘉吉の研究をふまえている（同「概説畿内の町家」〔『日本の民家　第六巻（町家Ⅱ）』学習研究社、一九六〇、所収〕）
二一　前掲、脇田修・脇田晴子『物語京都の歴史』

二二　京都国立博物館編『特別展覧会図録　狩野永徳』作品解説、毎日新聞社、二〇〇七
二三　京都市編『史料京都の歴史　第七巻　上京区』三八八―三八九頁、平凡社、一九八〇
二四　宮内庁書陵部蔵、中井家旧蔵本、『寛永十四年　洛中絵図』吉川弘文館、一九六九
二五　京都大学付属図書館蔵、中井家旧蔵本、『洛中絵図　寛永後万治前』臨川書店、一九七九、川上貢解説参照。
二六　足利健亮編『京都歴史アトラス』中央公論社、一九九九
二七　『京都御役所向大概覚書』上巻（清文堂史料叢書第五刊）、清文堂、一九七三
二八　前掲、土本俊和『中近世都市形態史論』
二九　京都府立総合資料館歴史資料課「京都町奉行所関係資料集　三」『資料館記要』第三九号、京都府立総合資料館、二〇一一
三〇　秋里籬島「都名所図会拾遺」（『新修京都叢書　第一二巻』）、二八頁、光彩社、一九六八
三一　前掲、京都市編『史料京都の歴史　第七巻　上京区』
三二　碓井小三郎「京都坊目誌　上京乾」（『新修京都叢書　第一四巻』）、三四三頁、光彩社、一九六八
三三　『西京村文書』、京都市歴史資料館架蔵フィルム
三四　前掲、京都市編『史料京都の歴史　第七巻　上京区』
三五　京都府教育庁文化財保護課編『京都府の民家　調査報告　第六冊』（昭和四四年度京都市内調査報告書）、京都府教育委員会、一九七一
三六　橋本帰一『京都民家巡礼』東京堂出版、一九九四
三七　『若山要助日記』（叢書京都の史料　一）、京都市歴史資料館、一九九五
三八　伊藤裕久「洛中農村の居住形態に関する復原的考察――下山城京廻東塩小路村における「構」集落の空間構造」『日本建築学会計画系論文報告集』第三八七号、一九八八。同論考では、図12と同様の復原図が、おそらく明治五年の「葛野郡第貳區東塩小路村」図を土台に作成されている。
三九　京都市編『史料京都の歴史　第一二巻　下京区』四〇八―四一八頁、平凡社、一九八一
四〇　碓井小三郎「京都坊目誌　下京坤」（『新修京都叢書第一七巻』）、光彩社、一九六九
四一　伊東宗裕『京都古地図散歩』（「別冊太陽」八六）、平凡社、一九九四

四二　『若山家文書』（『高橋一男家文書』）、京都市歴史資料館架蔵フィルム
四三　井原西鶴『日本永代蔵』（『日本古典文学大系』岩波書店、一九九一、所収）
四四　藤田元春『日本民家史』刀江書院、一九六七
四五　前掲、伊藤裕久「洛中農村の居住形態に関する復原的考察――下山城京廻東塩小路村における「構」集落の空間構造」
四六　前掲、丸山俊明『京都の町家と町なみ』第五章
四七　前掲、丸山俊明『京都の町家と町なみ』第一章

第一二章

摂丹型の町家と百姓家、違いはどこ?

概要…摂丹型分布地域の街道沿いに、妻入の町家がある。京都の町家と同じ片土間・床上三室の間取りで、民家型式では同じ町家に分類される。もっとも妻入なので、表構えは京都の町家の平入とはずいぶん違う。それは近郊の摂丹型の百姓家と同じ破風志向から生まれた。だから当初は間取りも外観も百姓家と同じであったが、瓦葺規制が解除され、支配者が街道沿いに富裕表現を認めたので、一八世紀中ごろに並瓦葺と塗籠・白漆喰塗の姿で増加したのである。

第一節　妻入町家と摂丹型の百姓家に関する先行研究

永井規男は「丹波路」に「妻入りの町屋」が多いとした（図1）。丹波とは、京都府中部の亀岡市や南丹市周辺、兵庫県中東部の篠山市周辺、大阪府高槻市の一部にあたり、京都や大坂をとりまく地域。そして丹波路とは、これらの地域と京都を結ぶ街道である。この街道に沿って、切妻で妻入、並瓦葺に白漆喰塗の町家がある。その間取りは、片土間・床上三室。床上は表側がミセ、中奥に居間・食事機能のダイドコ、奥に寝室兼用のザシキ（序章・図7）。永井はこれを「京都の町屋と変」わらないとしつつ（序章・図9）、「土間幅が広」いという「地方性」はあるとし、そして「瓦屋根が広まったのは一八世紀中頃」と述べた（一）。

その後、大場修が、同じ丹波街道沿いの旧園部藩城下町の園部と、篠山の旧篠山藩城下町の妻入町家群を調査した（二）。そして全国民家の調査経験をふまえて、並瓦葺や桟瓦葺の屋根を支える小屋組に、近郊の摂丹型分布地域の百姓家との共通を指摘した。摂丹型とは、旧摂津国（大阪府北西部）と旧丹波国（兵庫県北東部・京都府中部・大阪府北部）の境界を中心に分布する、妻入の百姓家の型式である（序章）。基本的な間取りは片土間・床上三室。この間取りは街路沿いの妻入町家と同じだが、室機能を表から順にならべると、次のように違う。

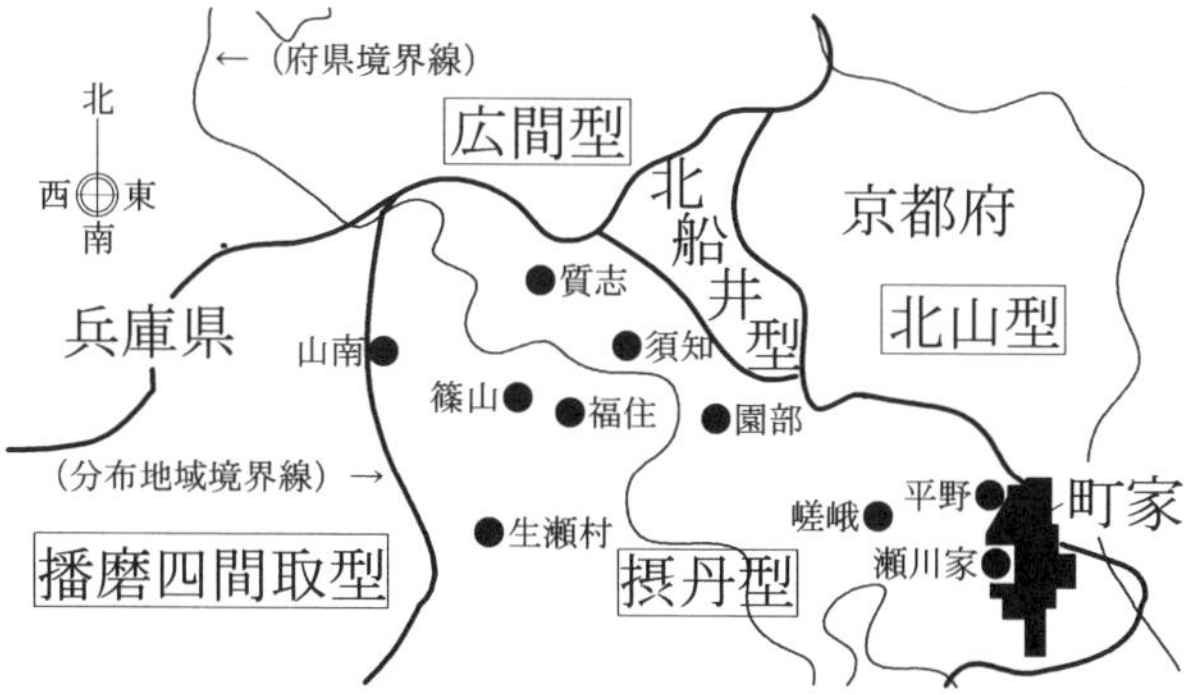

図１　妻入町家分布地と周辺の民家型式

・摂丹型の百姓家……接客機能のザシキ→居間・食事機能のダイドコ→寝室のナンド
・妻入町家……商空間のミセ→居間・食事機能のダイドコ→接客・寝室機能のザシキ

表室の機能が異なるのである。しかし、両者に共通の小屋組を指摘した大場は、妻入町家は摂丹型の百姓家が「町家化」したものとして、「摂丹型町家」と命名した。

このような大場の説を批判したのが、黒田龍二である。邪馬台国時代の神殿跡ともされる纒向《まきむく》遺跡の大型建物の復原や、伊勢神宮・出雲大社に関する鋭い言説、そして町家の定義に関する重要な指摘（第一一章）で知られる黒田は、篠山市の旧城下町と近郊の福住を調査して、宿場町の福住には、①：摂丹型の百姓家、②：中間形態、③：町家化を終えた町家、の三種類が混在するとした。その上で、①→②→③の段階的な町家化を確認できるとし、ここでは大場の論がなりたつとした。ところが篠山市の旧城下町では、近世初頭の支配者の地割で短冊形敷地が供給され、そこに町人が茅葺で対応した結果が妻入であるとし、段階的な町家化は確認できない、したがって篠山では大場の論は成立しない、と指摘したのである（三）。

本章の視点

ここで丹波路の妻入町家の形成に、これまで注視されなかった部分を取り上げる。破風志向である。

ここでいう破風とは、切妻屋根にそった逆V字の破風板ではない。入母屋中心の開口に立てる板のことである（序章 - 写真17）。換気をかねて穴をあけるのだが、ときには家紋や火難よけの「水」と彫ったりする。建築関係者には逆V字の長い板こそ破風だが、民家研究ではこちらが破風。永井規男が、戦国時代の認知身分を起点とする家格表現としたもので、本書でも第二章で、妻入で入母屋の形態が発生した要因と述べた。

本章では、まず大場と黒田の論点を確認し、それぞれの妥当性を検討する（第二節）。つぎに、江戸時代を通じて摂丹型分布地域に破風志向があったことを、文献史料に確認する（第三節）。さらに摂丹型の百姓家や妻入町家を描く絵画史料も観察する（第四節）。これらをふまえて、妻入町家が百姓家と同様に、破風志向から草葺の入母屋の姿になった後、並瓦葺化する時点で切妻になった経緯を明らかにする。京都の平入町家をとりあげる本書であるが、片土間・床上二室を起点として摂丹型とは近い関係にあり（第二章 - 図17、図18）、同じ間取りをもつ妻入町家との関係解明も意味をもつはずである。

第二節　先行研究の問題点

大場修の立論

園部の旧城下町の町家には、妻入と平入がある。このうち妻入が古いとした大場の根拠は何か。

丹波路の妻入町家のうち、一八世紀中ごろをさかのぼる遺構には、「挟み梁」という小屋組がある。梁行方向の小屋梁を二重（柱位置で折置にした地梁と小屋束を受ける上屋梁）に架け、この間に奥行方向へのびる桁をはさむもの。

摂丹型の百姓家の代表的遺構である岡花家住宅（序章―写真15、中尾七重の放射性炭素年代測定で一七世紀後半の建築と判明）にも、挟み梁がある。つまり、妻入町家と摂丹型の百姓家には、共通の小屋組がある。ところが一九世紀前半、京都の平入町家の影響を受けて、この辺りの町家は平入となった。そのとき小屋組も、それに適した登り梁に変わった。一方、百姓家は、梁が一重の「単純梁」へ変化した。その結果、妻入町家と平入の百姓家の小屋組は異なることになったが、それ以前はどちらも挟み梁だったから「同根」とみなせる、よって妻入町家は摂丹型町家と呼べるのであり、平入よりも古い、というのが大場の論拠である。

黒田龍二の批判内容

ところが大場は、篠山旧城下町では、最古級の妻入町家や平入の町家を単純梁とし、近隣で元禄一〇年（一六九七）の摂丹型百姓家（友井家住宅、兵庫県氷上郡山南町）との共通を指摘した。そうすると園部で根拠とした挟み梁は、すべての古い妻入町家や摂丹型百姓家に共通する小屋組ではなかったことになる。

この矛盾をついた黒田は、「園部城の城下町と、篠山城の城下町の町家は、構造類型ないし発展段階が異なる」とし、大場の立論は「町家と周辺地域の構造上の類似が指摘されたに過ぎない」、「挟み梁は播磨四間取型にも例があり、摂丹型民家を特徴付けるか疑問」と批判した。

そしてさらに、園部の例を「農家を作る大工が町家を作れば似たような工法がとられる」と説明したのである。根拠は示さなかったが、著者が史料をあたったところ、享保一三年（一七二八）に園部藩主が「大工棟梁・御手大工」と「園部町下棟梁、儀兵衛」に出した「仰渡条々」(四)に、「御領分大工之儀、在方にて作事請取事は逢対次第致すべく候」とある。園部藩主みずから、領内大工に農村での仕事も認めているのであり、黒田の説明は一応裏付けられる。なぜなら、その大工が手慣れた小屋組を、町でも農村でも用いて不思議はないから。

したがって、小屋組の地域的共通は、摂丹型分布地域の妻入町家と百姓家の関係を結びつける材料にはならない。し

写真１　須知の妻入町家

写真２　平野宮北町大正時代の町なみ
岩井武俊『京郊民家譜』（大阪毎日新聞、1931）より転載

かし、だからといって、両者にまったく関係なしと証明されたわけでもない。

並瓦葺の妻入町家の前段階となる形態と破風

前述のように、挟み梁は、摂丹型のすべての百姓家や妻入町家に共通する特徴ではない。しかし、京都の町家には挟み梁が見当たらない。その京都に隣接する摂丹型分布地域の園部で、妻入町家と摂丹型の百姓家に挟み梁がある。そして妻入町家と摂丹型の百姓家は、片土間・床上三室の間取りや、妻入の外観も同じである。これらをみれば、両者に関係がないはずがない。

そもそも外観は、摂丹型の百姓家は本来、茅か藁葺（以下、草葺）で入母屋（序章・写真15）。妻入町家は並瓦葺で切妻に白漆喰壁であるが（写真1）、瓦葺が規制されている時代は前者のような姿であったことを、大場が延宝五年（一六七七）の『摂州有馬郡生瀬村馬借絵図』に証明している。[五] その画中には、播磨・篠山地方と摂津を結ぶ街道沿いの生瀬宿（摂丹型分布地域）が描かれており、草葺入母屋の妻入町家がある。これらが後に並瓦葺で切妻、白漆喰塗の妻入町家に変わったのである。

したがって篠山や園部など、丹波路の並瓦葺の妻入町家も、同様の経緯をたどった可能性が高い。たとえば京都における丹波路の起点にほど近い平野（現、京都市北区平野宮北町）に記録されるのも、草葺入母屋で妻入の姿（写真2）。摂丹型の百姓家と、まったく同じ表構えである。

そして、このような草葺入母屋で妻入の成立に、永井が破風志向を指摘した。室町幕府の細川管領代の奉書を受け取った名主・地侍層が、認知身分として破風を設置することを許され（破風免許）、これを強調する入母屋の表構えを採用したとき、これを見た百姓が憧れて入母屋の妻入が増加し、摂丹型が成立した、とするものである。(六) これに黒田は「決着がついたとは言えない」とするが、反証はしていない。大場は引用し、中尾七重も同説を元に、長野県の本棟造に、信濃守護の破風免許を推定している。(七) したがって一般的に認められた見解といっていい。

つまり、摂丹型分布地域の妻入町家は、現在の表構えは瓦葺の切妻であるが、もともと茅か藁葺の入母屋であった可能性が高い。そのような姿になる動機に、百姓家と同じ破風志向をあてることができるなら、摂丹型の百姓家と妻入町家が「同根」である可能性も生まれてくる。

短冊形敷地における茅葺妻入の説明の問題

黒田は篠山旧城下町について、支配者が供給した短冊形敷地に、町人が茅葺で対応すればかならず妻入になる、とした（第一節）。その根拠としてあげた鈴木充の「西日本の民家」(八) から、引用してみよう。

① 広島城下図屛風では町はずれに妻入、茅葺の建物が連続……妻入町家の起源は茅葺屋根の町家にあったのではないか
② 狭小間口で奥行きの深い敷地において、内部空間を多く取ろうとすれば妻入りのほうが有利
③ 平入の板葺屋根なら工法上無理がないが、平入の茅葺では屋根形状、隣家との関係などが問題になる
④ 中国地方では、板葺屋根の材料となる榑板が入手しにくく、茅葺とせざるを得ない町家も多かった

まず①は、生瀬宿の絵図により、丹波路の妻入町家にも証明されている。また、徳川政権の瓦葺規制を一八世紀前半に解除したのは将軍吉宗だから、園部藩など一定範囲の行政権・警察権が認められた「自分仕置」の大名領地でも、

並瓦葺への変化が進んだことはじゅうぶん考えられる。

つぎに②は、大場も「短冊型地割りに立地する場合、家屋形式は平入よりも妻入り」が合理的とした。しかし妻入町家の間取りは、奥行方向に片土間・床上三室（第一節）で、京都の町家と同じ。また篠山藩は、享保一四年（一七二九）の「篠山藩郷中条目」(九)で「新造の家、梁間二間半、庇一間、桁行六間に過へからす」と定めたが、六間（約一二メートル）の奥行は京都の町家の奥行と大差ない。それでも京都の町家は平入だから、ことさら長大でもない篠山の町家が妻入化した理由は、奥行以外に求める必要がある。

そして③は、そもそもこれをいう前に、篠山という土地柄と茅葺の関係への言及に疑問がある。黒田は④から「篠山周辺の農家は茅葺であるから、茅は生産、備蓄されており、入手しやすかったろう」とする。しかし、篠山藩は月番年寄の下に山奉行・町奉行・勘定奉行・大目付がいて、このうち山奉行が「領内の山林支配、用材の採運」(一〇)を担当した。この支配を受ける百姓は、「山役」つまり山林収入分の米納（「山役米」）や現物納（「薪・瓦焼木」）を義務付けられた(一一)。大正一四年（一九二五）に北村龍象があらわした『丹波志』にも、篠山は「農耕採樵に衣食するもの多く商売少し」とあるし(一二)、『篠山町百年史』にも「近世においては、山林の生産材や地下資源、あるいは地域開発等による山の経済価値によって山は所有者と深く結」びついていたとある(一三)。

つまり篠山は、④を引用できる環境ではない。板葺も可能、むしろ板葺こそ適当な土地。よって③も検討の必要が減じられるし、中世京都の絵画史料には平入草葺の姿があって（第二章・図7、図8）、やはり③は成り立たない。それよりも、その篠山の町場に住んで資本を蓄積できる町人が、百姓家と同じ草葺入母屋を採用した点こそ重要で、そこから破風志向をみる観点が生まれてくる。

並瓦葺の妻入町家が生まれる動機の説明

妻入の草葺が並瓦葺になる要因は何であろうか。

黒田は、防火対策と耐久性を求めて篠山旧城下町に妻入町家があらわれた、とした。しかし喜多村筠庭が『嬉遊笑覧』（一四）に、慶長六年（一六〇一）の江戸町奉行所の触書を取り上げて「町中草ぶき故火事絶えず、このついてにみな板葺になすべきよし」と記したように、江戸時代前期は板葺も、藁《わら》葺よりましという意味で防火性が認められていた。それに、享保五年（一七二〇）の瓦葺規制の解除まで、瓦葺は奢侈禁令的性格の建築規制の対象であった。（一五）したがって防火性を求めるなら、土地が得やすい板葺でよい。それなのに町でも、摂丹型の百姓家と同様に、草葺入母屋の妻入を並べた。その要因には、やはり破風志向が考えられる。入母屋の中心に、それを強調できるから。

ところが、瓦葺規制が解除され、一八世紀中ごろの丹波路に並瓦葺が現れた（第一節）。それを採用できたのは、貨幣経済が発達した町場に住む町人である。あわせて、通庇よりも上を塗籠にする塗家にすれば、防火性能は高まるし、仕上げの白漆喰と桟瓦葺は、破風に代わる富裕表現になる。『丹波志』（一六）に記録された建築規制にも「庄屋・百姓共、自今以後、不応其身屋作仕るべからず、ただし、道筋の町家・人宿仕候所は格別と為すべきこと」とあり、街道沿いの町家は特別扱いされて富裕表現が認められていた。

写真３　破風をもつ小屋組
前掲、岩井武俊『京郊民家譜』より転載

もっとも、この一文の年記は寛文八年（一六六八）。つまり瓦葺規制下であるが、対象地域が「城下陣屋……亀山篠山ナド」とある。したがって町家の特別扱いは、摂丹型分布地域に広く認知されていたはずである。だから瓦葺規制が解除されたときも、家格表現になる並瓦葺や塗籠、白漆喰塗は、街道筋の町家だけが採用を躊躇せずにすむ。

ただし、葺土を伴う並瓦葺は、草葺とちがって重い。このため草葺と同じ小屋組はむずかしい。なぜなら草葺の入母屋は両側の降棟を、普通の垂木と大差ない隅垂木で支える（写真３）。これに対し葺土をともなう並瓦葺の入母屋は重いので、降棟の隅木を太い束《つか》でささえる必要がある。ここまですると手間も費用もかかるので、破風ともども入母屋を放棄すると、並瓦葺で切妻、白漆喰塗の妻入町家が現れる。ちょうど写真1の姿である。一方、農村では、相互協力で葺き替え修理する草葺が維持され、破風志向も変わらない。つまり草葺入母屋、妻入の摂丹型の百姓家が再生産されていくのである。

摂丹型民家と妻入町家の間取りが共通する意味

ところで黒田は、妻入町家と摂丹型百姓家の関係を考えるにあたり、仏壇の位置を重視した。それは商空間のミセに不向きなものである。だから、同じ片土間・床上三室の間取りでも、次の三種類に分けられる、とした。

① 表室が仏間…床上三室の表室に仏壇、摂丹型の百姓家に一般的な位置
② 中室が仏間…床上三室の中室に仏壇、摂丹型の百姓家が町家化する途中
③ 奥室が仏間…床上三室の奥室に仏壇、町家に一般的な位置、町家化が済んでいる

黒田は、篠山近郊の宿場町である福住には①②③が混在し、摂丹型の百姓家が妻入町家に変化する過程を①→②→③として確認できる、とした。一方、篠山旧城下町は、遺構でも記録でも(一七)、妻入町家の間取りに①がなく、段階的な町家化は確認できないとした。城下町として整備された篠山では、最初から町家だったので表室は商空間であり、「正面の間を座敷とし、正面外側に奥一間のエンゲがあるような摂丹型民家平面のものが並んでいたとは考えられない」。妻入町家には、福住のように摂丹型の百姓家から段階的に発達したものもあるが、篠山にみるようにそればかりではない、としたのである。しかし、造り付けの仏壇でも無理すれば動くし、調査時の位置が建築当初のままとも限らない。

また、鞍馬寺門前の鞍馬村(現、京都市左京区鞍馬)の『大物仲ヶ間文書』(一八)より、百姓久次郎が宝暦年間に町奉行

所へ提出した普請願書には、短冊型敷地に片土間の間取りがある。(一九)その床上は、やや複雑ながら、表室に床の間と仏壇を置く。よって黒田の定義では、百姓家である。ところが、同じ鞍馬で同時期の瀧澤家(第九章・写真8)は片土間・床上三室の町家遺構で、床の間と仏壇は奥室にある(第九章)。こちらは黒田の定義では町家である。そうすると百姓家と町家が共存したことになるが、そもそも山間集落は農地が非常に小さく、それだけで生業が成り立つとは考えにくい。久次郎家も実は、薪炭業の町家であった可能性は否定できないが、表室に仏壇がある。

それに、こんな例もある。瀬川家住宅は、摂丹型民家分布地域に隣接する洛外町続きで、質屋が一八世紀初頭に建築した町家である(第九章)。黒田の分類では③で、たしかに奥の間に仏間がある。(二〇)ところが江戸時代後期、百姓の瀬川家が買い取り、コミセ→納屋、厨子二階の一部→木置きの改築をおこない、通り庭には大正時代に勾玉形の大竈土を設置した。その結果、昭和四〇年代の民家調査では「町家風民家」と見なされた。(二一)民家は本来町家の意味もふくむ歴史的用語だが、ここでは百姓家だけの意味で使っている。そして仏壇の位置は変わらなかった。百姓家になっても仏壇を表室に移動しないのである。これらをみれば、①と③の分類の性格付けは、絶対ではない。

他方、瀬川家の改変は、片土間・床上三室の間取りが、町人だけでなく、摂丹型の百姓家にすむ百姓にも適当であったことを示す。これまで摂丹型の百姓家は、表室が接客座敷(冠婚葬祭)、中の間が居間・食事機能、奥室は閉鎖的な寝室。一方、町家は表室が商空間、中の間は居間・食事機能、奥室は座敷(寝室・冠婚葬祭)とされてきた(第一節)。つまり商空間は、摂丹型の百姓家に存在しないが、生業との関係でこれを表室に置く町家は、百姓家が表に置く内向きの対面機能(冠婚葬祭、仏事)を中の間や奥に兼用させている。この違いから、仏壇に注目した分類も生まれた。

しかし、摂丹型分布地域の周辺には、北船井型や北山型、広間型という、まったく異なる間取りが存在する(序章)。これに対し、摂丹型分布地域の妻入町家と百姓家には、片土間・床上三室という間取りが共通し、違いは室の使い方でしかない。それに北山型などの型式の成立要因は生業や風土から説明されるが(序章)、摂丹型は町人も農民も使える間取りや外観に破風志向が指摘されている(第二章)。破風を入れるため、あるいは形をまねて入母屋を付けたとすると、その下に新しい表室が生まれる。そこを、百姓は仏壇を置く接客用座敷に、町人は商空間にして仏壇は奥の二室のいずれかに置いたという経緯が考えられる。もっとも、そのように考えるには、それ以前は片土間・床上二室であったことになるが、この点はそうであった可能性が高いことを第一章と第二章で確認した。

豊臣政権の戸籍調査と身分統制令で、百姓と町人が明確に分けられたのは一六世紀末期。それまでは身分に明確な区別のない戦国時代であり、町家と百姓家に片土間・床上二室が共通しても不思議はない。そのときの床上は、次のように考えられる。

・町　家　　表室…商空間と居間・食事空間の兼用　　奥室…寝室、自衛のため閉鎖的なナンド
・百姓家　　表室…居間・食事機能　　奥室…寝室、自衛のため閉鎖的なナンド

この状態で、百姓が破風志向をもつと、それを入れるため屋根に入母屋を付けることになり、その下の新たな表室が座敷となる。棟方向も妻入に変えて、摂丹型の百姓家になる（第二章・図17左）。ちなみに、破風を求めず、平入のまま上手列に続き座敷を付けると、岩倉盆地に多い岩倉型の間取りになる（同図17、下）。そして永井がその間取りの摂丹型分布地域における散在を指摘している。

一方、京都では、中世から伝統的領主が棟割長屋を供給し、それを切断した戸建ても平入（同図17中央）。そこに、豊臣政権が伝統的領主の土地所有権や地子徴収権を否定し、街区中央に新しい南北道を通し、両脇を地割して棟別賦課とした（第四章）。短冊形敷地を得た町家は、床上を三室に伸ばし、表室を専用の商空間とした（同図17右）。この方向をさらに進めると、棟を分けることになる（同図17右端）。商空間専用の店棟と、居間・食事機能と寝室機能がある居室棟を分けるのであり、間に玄関棟をはさむのが「表屋造り」。そして玄関棟の両脇に、玄関庭と坪庭をそなえた。外気に開いたスペースを置くことにより、通風や採光が大幅に改善されることになったのである。

このような変化がおきた背景として、本書は織田・豊臣政権による治安回復を指摘した。そして発展方向の完了を、徳川政権の建築規制発動直前の一七世紀前半に推定した（第四章）。そうすると、ちょうどこの時期に、摂丹型分布地域に現れた城下町には、京都と違って平入の伝統がない。というか、当初の城下町は、既存の百姓家に町家としての負担をになわせるため、姿を変えず強引に町家と呼んだものであった（次節）。だから百姓家と同じ姿である。破風志向から、草葺入母屋を表通りに向けていた。そして入母屋下の新しい表室は、商空間にできる。これで草葺入母屋の町家が出現するのである。もっとも、こう考えるには、摂丹型分布地域の破風志向の強さが前提となる。それがどれほどのものであったのか、次節で見てみよう。

第三節　妻入町家のある町場の農村的性格と破風志向

永井規男は、摂丹型分布地域の「入母屋の妻の飾り板を破風という。近世の封建社的村落社会では、破風は家格を端的に表示」するので「扱いについてはさまざまな規制があり」、「妻入り型は、このように重視される破風を家の正面に誇示する」とした。このように草葺入母屋を正面に向ける要因は破風志向、とする指摘をふまえて、篠山・園部・亀山（現在の亀岡、三重県亀山との関係から明治期に改称）それぞれの破風に関わる史料をみる。

摂丹型民家分布地域の町場における農村的な性格

まず天和三年（一六八三）の「亀山町町方覚」(一一)に、次のようにある。

亀山町の事、御城御普請以前に御城廻りの在々を町屋に為すと仰せらるに付、時の御守護様より家数にて役人御改帳面にしるされ、諸事町役、仰付なされ候御事、前田徳善院玄以様御検地にも、町分三千七百石余に余部町より柏原町まで……

豊臣政権の太閤検地よりも前の「御守護」が、亀山城の築城時、周囲の農村（「在々」）に対し、これから町家として扱うとして「町役」を義務付け、これを豊臣政権も引き継いだとする。この「御守護」とは、天正六年（一五七八）に三重天守の亀山城を築いた明智光秀であろう。そして、「町屋」とされたのは一帯の百姓家だから、破風志向があったはず。それから慶長一四年（一六〇九）に、徳川政権が丹波支配の拠点として亀山城の天下普請を命じ、譜代大名の岡部長盛が城下を地割して町人に短冊形敷地を供給したときも、草葺入母屋の妻入町家が櫛比《しっぴ》したはずである。

このような城下町の形成は、摂丹型分布地域で同時期に現れた、ほかの城下町にも推定できる。つまり篠山や園部のことである。たとえば篠山の町人は、もともと天正七年（一五七九）に滅亡した丹波豪族の波多野氏の居城、八上城の城下町にいたという。その八上城へ慶長七年（一六〇二）に前田茂勝が入城するも、同一三年（一六〇八）に改易。慶長一四年（一六〇九）に松平康重が入城するも、篠山城が築城されて廃城となった。そして翌一五年（一六一〇）に、篠山城下で短冊形敷地が供給され、慶長一七～一八年（一六一二～一三）には町家の存在が、元和六年（一六二〇）には町の存在が確認されている。もっとも城下町の輪郭が整うのは、築城から四〇年をへた正保年間（一六四四～四七）。こんなに遅い城下町の形成を、八上城下からの移動だけで説明するのはむずかしい。亀山同様に、百姓的性格も残す町人が草葺入母屋を並べた、つまり農村的性格を残す町であった可能性が高い。[二三]

規制や出入にみる破風志向の強さ

時代はくだって寛政二年（一七九〇）。摂丹型分布地域の街道筋で並瓦葺の普及が進むころ、亀山藩領の下鎌倉村の百姓が、破風を強引にひきずりおろされた、と亀山藩の公事方へ訴え出た。[二四]

磯七に往古より三角の破風揚来、甚蔵儀は……小屋に破風古来よりこれ有、しかるところ当村の宮座株と称し弐拾人……私共へ罷越、破風取下し候様これ申に付、私共申候は、往古より揚来、これまで何の故障もこれ無き破風に候えば、今もって取下候儀、承知致しがたき旨申聞候処……私共両人居宅へ大勢押寄、理不尽に破風取下候……

下鎌倉村の百姓である磯七も甚蔵も、昔から掲げていた破風を、「宮座株」の百姓から下すように求められ、拒否すると「理不尽」にもはずされた、と訴えたのである。

ところが亀山藩の詮議を受けた村役人は、「磯七儀は本宅に破風の縁を入置、甚蔵儀は小屋ばかりに破風縁を入置、兼竹を以って右破風を隠置、去年頃より少々ずつ相顕様に致置、古来より揚来候などと申偽り、村方役人共之目を掠め候致方、かつ御上御条目を相背き候段、甚不埒」と返答した。両人は破風の縁《ふち》（写真4）を入母屋中心部の「兼竹」（破風がない場合に立てる竹や棒）に隠しおき、徐々に出して、昔からあったように主張するので非常に「不埒」、亀山藩の「御条目」にも反する、としたのである。

写真４　破風の周囲に縁
川崎市立日本民家園

この「破風出入」つまり破風絡みの争論は、横縁のみ許可することで決着したが、文中の「御条目」とは、寛政二年（一七九〇）八月の触書に、次のように記録されている。(二五)

村方において、建家又は繕普請等致候節、破風揚候はば、其村方庄屋・肝煎・五人組頭は勿論、村方の者は熟議を遂げ、もし障候筋これ無く候はば、右村役人共、百姓惣代として同株ならびに他株の者、壱両人印形差加へ破風揚候本人より願出るべく候、右印形不相揃ずにおいては願取上るべからず、これまで破風揚罷在らざるものは勿論、破風揚来候筋目の者といふとも、自然、願も致さず破風揚候はば、破風取おろさせ急度

申付くべく候

破風の設置許可を求める場合、まず村役人や村内連帯組織が許可し、それから藩へ願い出る手続きが必要であったことが読み取れる。これは、たとえば寛政七年（一七九五）五月の平松村庄屋の奉行所宛申請書に記された「私居宅、破風無御座候処、此度、村方一統故障も御座無く得心仕候に付、破風揚申度存奉り候」(二六)と整合している。

また同じ触書に「笹山（篠山）より御入之御殿様より三代松平紀伊守（信道）様御下げ有之候御触書」の傍記がある。寛延元年（一七四八）の篠山藩主の松平氏と亀山藩主青山氏との間の国替えとの関連が記され、両藩に共通の破風設置許可申請の必要がうかがえるのであり、北村龍象も『丹波志』(二七)に篠山藩における「門長屋許可、路次門許可、破風許可、玄関許可」の許可申請の必要を記録している。

最後に園部では、園部藩内の船井郡下坪井村の「御触書万願事控帳」より「天明六年牛（一七八八）八月吉日掟」(二八)に、寛政九年（一七九七）三月の触書が記録されている。

御領分村々において家普請等いたし候節、新規に破風揚げ候儀は、其村役人共筋合相糺候上、其趣奥書以相願、破風揚げ候得共、以来たとへ住頭株人たりとも、これまで有来りは格別、新規に破風揚げ候形事、相成らず候事

たとえ村役人が同意しても、新規に破風をあげるのは禁止、としている。申請すらするなと命じるあたり、篠山藩や亀山藩の触書よりも厳しいが、かえって百姓の破風志向の強さを示している。

このほか『園部村庄屋日記』より天保一〇年（一八三九）一一月一〇日の記事にも(二九)、「村々破風・露地、見分をなす足軽二人、来る十三日より罷越候」とあり、破風や露地（茶室関係か）には、園部藩の監視の目が及んでいた。天保一二年（一八四二）二月の記事にも(三〇)「私居宅、ことのほか柱根朽損申候に付、此度三間に四間半の家、古木相用建替

仕度、もっとも破風等の儀も是迄之通に仕度存候」とある。したがって、摂丹型民家分布地域の百姓は、江戸時代後期になっても、草葺入母屋を正面へ向ける破風志向を強く持っていたことがわかる。

以上、摂丹型分布地域では、江戸時代を通じて、破風志向が強かった。このため、破風をあげるに適当な草葺入母屋の建築が続いた。また、町場の妻入町家も、瓦葺規制が解除されるまでは、百姓家同様に草葺入母屋であったから、同じ志向を持っていた可能性が高い。しかし一八世紀中ごろ、並瓦葺や上部塗籠と白漆喰塗を採用し、それが破風に代わる富裕表現となって、建築的な防火性能も増した（第二節）。

もっとも昭和四〇年代の民家調査では、摂丹型の百姓家にはエンゲ（表構えを構成する固定の広縁、序章・写真15）、妻入町家には格子を並べる仕舞屋風の表構えが指摘されている。そこで次節では、絵画史料に江戸時代の両者を観察してみよう。

第四節　絵画史料にみる摂丹型民家分布地域の状況

渡辺始興『四季耕作図』屏風にみる一八世紀前半の街道

江戸時代前期の京都琳派を代表する絵師、渡辺始興（天和三〜宝暦五年、一六八三〜一七五五）の『四季耕作図』屏風（図2〜図5）は、一八世紀前半の亀山辺りを描いたとされる。[三二] 画中では、左隻に脱穀や籾摺りなど秋の風景が、右隻には田起しなど春の風景がある。が、多くの家が前庭を持たないように、百姓家の純農村ではない。やはり町割がなされた亀山城下か、その近郊と思われる。

その中で前庭のある家は、別棟もあって上層と思われるが、このような家は少数（図2右端、図3両端）。多くは表通りにむかって、妻入の入母屋を並べている。その中心に破風が入る家もあるが、竹や木で「兼竹」を組むのは、破風を許されていない姿である。

図２　左上では通りに莚を敷き農作業、中央左に普請場、右端に前庭での農作業
個人蔵、渡辺始興筆『四季耕作図』屏風、左隻

図３　左右端に前庭のある家、中央左に茶店、その右に蔀戸と揚見世、揚戸を閉めている家
個人蔵、渡辺始興筆『四季耕作図』屏風、右隻

写真５　第六章写真５の町家の揚戸（旧井岡家住宅、川崎市立日本民家園）

図4　左隻（図2中央）の綿を扱う家の拡大、道具の配置から専門性が窺える

図5　右隻（図3左）の茶店の拡大、表室と揚見世を連続して商空間に用いる

そして注目されるのが、表構え。多くの家が、商品陳列用の揚見世と対面販売のため、大きく開放できる蔀戸を装置している。入口は、片開きや引違いではないし、引き戸にする袖壁もないから、揚戸《あげど》（川崎市立日本民家園では「吊上げ戸」と表記）である。揚戸とは、内側に引き上げて天井から吊る建具で（写真5）、京都の堀井家住宅や須田家住宅も潜り戸付きのこれである（第九章）。

このような揚見世や蔀戸、揚戸の表構えは店構えともいい、京都では仕舞屋化が進む前の町家に多い。そして画中でも、綿を扱う家（図4）も、茶店（図5）も、揚見世をそなえた表室を作業場や商空間とし、町家の性格が明らかである。篠山や園部でも、近世初頭の地割で短冊形敷地が供給されたとき、このような町家が並んだであろう。

もっとも、柱などの軸組が未製材である点には、京都との違い、いわゆる都鄙《とひ》の差がある。それでも開放的な店構えが格子戸で仕舞屋化すれば、現在の妻入町家と同じ表構えになる（写真1）。

また画中には、表通りに莚を敷き、農作業を行なう家もある（図2左上）。通りを百姓家の前庭のようにあつかうのは、街道沿いの農村すなわち街村《がいそん》らしい風景のようであるが、ここは当時はもう町名もついていたはずの亀山。そしてこのような家も見世棚と蔀戸をそなえ、妻入町屋の性格を持っていた。他方、摂丹型の百姓家の条件とされてきたエンゲ（第一節）は見当たらない。

ちなみに、普請場に板絵を持ち、腰掛ける者がいる（図2中央左）。職人の風体ではなく、施主と思われるが、この人物に近隣住人がさまざまな物を持ち寄る風

図6　片入母屋が多く、切妻の棟方向を変えて入母屋を付したらしい
個人蔵、竹内重方筆『四季耕作図』屏風、右隻

景は、農村共同体的な「合力《ごうりき》」（相互扶助）であろう。合力は貨幣経済が普及した都市には少なかったとされるので[三二]、街道沿いの町ならではの風景である。

竹内重方『四季耕作図』屏風にみる一九世紀前半の純農村

つぎに、竹内重方（延享四～天保九年、一七四七～一八三八）の『四季耕作図』屏風（図6）[三三]。

竹内は京都の百万遍に住み、禁裏使番をつとめる江戸時代後期の絵師であった。したがって場面は、竹内との関わりが指摘[三四]される葛野郡《かどのぐん》の摂丹型分布地域であろう。

垣根が囲む前庭をもつ家が多く、商空間は見当たらない純農村。草葺入母屋で妻入、入母屋の中心に破風や兼竹がある。すだれ越しに百姓がくつろぐ表室は表座敷のようで、摂丹型の百姓家の間取りである。注目されるのは表構えで、一九世紀前半の純農村なのに、広縁のエンゲがない。あるのは揚見世と蔀戸、戸口は揚戸。つまり、京都の町家の店構えや、亀山の妻入町家の表構え（図2）と変わらないのである。

摂丹型民家と妻入町家の共通性

前頁でみた二点の絵画史料は、摂丹型分布地域の妻入町家と百姓家を、ほかに例がないほど精緻に描いている。そして画中では、揚見世と蔀戸、揚戸の表構えを伝えているが、エンゲは見当たらない。

つまり、江戸時代の絵画史料にみる摂丹型の百姓家と妻入町家は、①草葺で入母屋の屋根、②揚見世と蔀戸と揚戸からなる表構え、これらが共通している。このうち①は、農村にも町場にも、破風志向を示す。そして、入母屋の下の表室に、町人は商空間を、農民は接客用の表座敷を置くと、片土間・床上三室が共通する。さらに、それ以前の間取りは、どちらも片土間・床上二室であったと考えられる。

また、②の建具は、中世『洛中洛外図』屏風群では町家にある。そのとき京都近郊農村の百姓家は、戸口以外は閉鎖的であった（図7）。そして摂丹型分布地域も京都の町家分布地域に接しているから、この姿は共通していたとすると、破風志向が作用すれば棟方向は妻入に、入母屋は正面に向く。そして表構えに②の建具を、いつも目にしたであろう京都の町家から導入できる。

もちろん、一七世紀後半の岡花家のように、エンゲをもつ百姓家もあったであろうが（序章・写真15）、すべてそうではなかったのである。

そして一八世紀中ごろから、街道沿いの妻入町家が並瓦葺を導入し、荷重の問題で切妻にしたとき、防火性能の向上や富裕表現もあって、通庇の上を塗籠の白漆喰仕上げに、仕舞屋化も進めて、瓦葺の妻入町家の町なみが現れた（写真2）。

しかしながら、揚見世や蔀戸、揚戸をもつ百姓家は、近代の急速な変化において失われたらしい。そして僻村の百姓家遺構にあったエンゲという広縁が民家調査において確認され、摂丹型分布地域の百姓家の特徴とされたのである。

図7　片土間・床上二室で草葺切妻の百姓家（上杉本『洛中洛外図』屏風）米沢市（上杉博物館）所蔵

摂丹型町家という呼称の妥当性

最後に、大場が提唱した摂丹型町家という呼称（第一節）について。

何度も繰り返してきたが、民家研究では、地域的に分布する間取りに対し、分布地域全体の略称を何々型と付けて、型式を設定する（序章）。何々型とするのは、歴史的用語であるとの誤解を避け、民家研究上の便宜的な造語であることを明確にする学術的姿勢、学問的良心のあらわれである。

この原則からすると、旧摂津国と旧丹波国の国境を中心に分布した民家型式は、摂丹型民家の名称が妥当である。そして摂丹型民家は、百姓家も町家も、片土間・床上三室を基本とする。しかし京都にも、各地の町々や街道沿いの宿場の町家に、同じ間取りがある。だから分布地域の略称を付けず、町家という歴史的用語がそのまま型式名称とされた。したがって、摂丹型民家から町家だけを取り出す場合は、型式名を町家とすべき。その上で、屋根形状や小屋組に、園部や篠山など各地の地域性を指摘すべきであろう。園部の町家、篠山の町家というように、である。

まとめ、破風志向から生まれた摂丹型

江戸時代を通じて、摂丹型の百姓家には、破風志向があった。そして江戸時代前期には、摂丹型の百姓家と妻入町家のどちらにも、草葺入母屋、片土間・床上三室の間取り、揚見世や蔀戸、揚戸の表構えが共通していた。それはもともと、切妻平入、片土間・床上二室であったのが、一六世紀後半〜一七世紀に破風志向から棟方向を妻入に変え、草葺の入母屋を付け、表室を町人は商空間、農民は接客座敷とした可能性が高い。そのとき揚見世・蔀戸・揚戸も、京都の町家から導入したのであろう。

つまり摂丹型の百姓家と街道沿いの妻入町家は、生業ではなく、共通の破風志向から生まれた。だから、間取りや

外観が同じ。そのため近隣の民家型式とは間取りが、京都の町家とは外観が異なることになった。

ところが一八世紀前半に瓦葺規制が解除され、資本を蓄積した町人が一八世紀中ごろから並瓦葺と塗家（通庇上の塗籠）を採用し、白漆喰塗の妻入町家としたとき、瓦葺の荷重から入母屋は切妻となり、京都の町家と同様に格子戸を建て込む仕舞屋化も進んだ。その結果、破風志向を維持する草葺入母屋の摂丹型民家との違いが、現れたのである。

ところで、この妻入タイプの可能性をもつ古い町家として、瀬川家住宅にほど近い川井家住宅（中京区下立売通り紙屋川西入る）がある。昭和四〇年代の民家調査で、中世にさかのぼる建築との伝承が伝えられたが、[三五]中尾七重・永井規男が放射性炭素年代測定で、一部材に一六世紀末から一七世紀初頭を確認した。[三六]理学的に中世建築の可能性が確認された市内唯一の町家遺構は、当初は本章で注目したのと同じ、草葺で妻入の姿であったらしい。その場所は洛外町続き町、すなわち京都なのである。やはり平家の町家との関係は深いであろう。

註

一　永井規男「京都府の民家総観」（京都府教育庁文化財保護課編『京都府の民家　調査報告　第七冊』（昭和四八年度京都府民家緊急調査報告）京都府教育委員会、一九七五、所収）

二　大場修『近世町家建築史論』第二部第四章、中央公論美術出版、二〇〇四

三　黒田龍二「篠山における町家の形成と周辺農家との関係――大場修氏の「摂丹型町家」概念に関する批判的検討」『日本建築学会計画系論文集』第六四六号、二〇〇九

四　『新修亀岡市史　資料編第二巻　近世』二一〇頁、亀岡市、二〇〇二

五　『西宮の民家』中の大場修の解説より（西宮教育委員会『西宮の民家』一九八一、掲載）。

六　永井規男「摂丹型民家の形成について」『日本建築学会論文報告集』第二五一号、一九七七

七　中尾七重「本棟造民家の分布と信濃小笠原氏支配地域の関連について」『日本建築学会計画系論文集』第六〇三号、二〇〇六

八　鈴木充「西日本の民家」『日本の民家　第七巻（町家Ⅲ）』学習研究社、一九八一
九　兵庫県教育委員会『兵庫県史　史料編　近世二』兵庫県、一九九〇
一〇　国史大辞典編集委員会編『国史大辞典』一四巻、二一七―二一八頁、吉川弘文館、一九九三
一一　『日本歴史地名大系第二九巻　兵庫県の地名』平凡社、一九九九
一二　北村龍象編『丹波志』巻十二（多紀郡　上巻）、京都府立総合資料館所蔵
一三　篠山町史編集委員会『篠山町百年史』篠山町、一九八三
一四　喜多村筠庭『嬉遊笑覧』一、岩波書店、二〇〇二
一五　丸山俊明『京都の町家と町なみ――何方を見申様作る事、堅仕間敷事』第二章、昭和堂、二〇〇七
一六　前掲、北村龍象編『丹波誌』巻十二（多紀郡　上巻）
一七　兵庫県教育委員会『兵庫の町並み――篠山・室津・平福』一九七五
一八　京都市歴史資料館架蔵文書
一九　澤浦貴一「下在地大惣仲間文書普請願書に見る鞍馬の民家型式」、増田千尋「鞍馬町なみ調査報告に見る鞍馬の民家型式と下在地大惣仲間文書普請願書の比較」、岩佐叡智「都名所図会に見る鞍馬寺門前集落の屋根仕様」、いずれも『日本建築学会近畿支部研究報告集（計画系）』第五四号、二〇一四
二〇　丸山俊明・中尾七重「京都外縁の町家の農民住宅化」『日本建築学会計画系論文集』第六三八号、二〇〇九
二一　京都府教育庁文化財保護課編『京都府の民家　調査報告　第六冊』（昭和四四年度京都市内調査報告書）、京都府教育委員会、一九七〇
二二　前掲、『新修亀岡市史　資料編第二巻』六九七頁
二三　平井聖『城』（五　近畿）、毎日新聞社、一九九六
二四　前掲、『新修亀岡市史　資料編第二巻』一二四九―一二五四頁
二五　前掲、『新修亀岡市史　資料編第二巻』一二一一―一二一五頁
二六　前掲、『新修亀岡市史　資料編第二巻』一一二六頁
二七　北村龍象編『丹波誌』総論一、京都府立総合資料館所蔵

二八　『冨田家文書』、京都府立総合資料館所蔵
二九　園部町教育委員会編『園部町史』史料編第四巻、一九四頁、一九七五
三〇　前掲、園部町教育委員会『園部町史』史料編第四巻、二二四頁、
三一　京都文化博物館編『京の食文化展――京料理・京野菜の歴史と魅力』二〇〇六、掲載。
三二　日向進『近世京都の町・町家・町家大工』思文閣出版、一九九八
三三　栗東市歴史民俗博物館『四季耕作図の世界――描かれた農事風景：企画展』一九九二
三四　京都府立総合資料館『総合資料館便り』第一七一号、二〇一二年四月一日
三五　前掲、京都府教育庁文化財保護課編『京都府の民家　調査報告　第六冊』
三六　中尾七重・永井規男「川井家住宅の建築年代について」『日本建築学会学術講演梗概集　F―2　建築歴史・意匠』二〇一三

第一三章

京都の社家は、妻入町家のかたち

概要…神社に世襲で奉職した神職の家を社家という。京都で現存するのは上賀茂の社家遺構で、白漆喰塗りの妻壁を正面に向ける姿が知られている。それがもともと平入で、近郊の百姓家が根本であったことは既に指摘されている。が、妻入になった経緯は、実は摂丹型分布地域の町家の影響であった可能性が高い。

第一節　京都の社家の現状

京都の社家遺構は、上賀茂（賀茂別雷）神社に知られている。それに関する報告は、たとえば昭和四五年（一九七〇）の永井規男らの『京都府の民家　調査報告　第六冊』[一]などがあり、昭和五二年（一九七七）には谷直樹らが伝統的建造物群保存対策事業として上賀茂の社家三二棟を調査した結果を、次のように報告した。[二]

①　屋敷地の規模は、社司が四〇〇坪、氏人が二〇〇坪が原則
②　水路沿いに土塀と表門を設け、主屋は通りから後退している
③　主屋は並瓦葺の切妻、平屋が原則で、妻入と平入が混在
④　主屋の表側は、式台と大戸口、その脇に供待の構成
⑤　平面は土間と床上に分かれ、床上は二列に四～六室、表側の二室が玄関と座敷、裏側の二室が居間・食事機能と寝室。百姓家の間取りに接客空間を合わせている。
⑥　側通りに長大な梁を架けず、妻入・平入共に土間柱を半間間隔で母屋まで伸ばす。妻飾りはその柱や貫を露出、頂部に舟肘木《ふなひじき》や豕叉首《いのこさす》がある（写真1）。

写真１　上賀茂の社家
京都市都市計画局『上賀町なみ調査報告』1978より転載

同じ京都の守り神である下鴨（賀茂御祖）神社には、社家遺構はない。が、辻晶子と大場修により、屋敷地の多くは二〇〇坪以下で、水路に面して土塀と表門を置く社家と、土塀と表門を置かず作業場とする百姓家が混在していたことが報告されている。(三)

ところが、明治四年（一八七一）の神職世襲制の廃止と、明治政府が屋敷地を取りあげる上知令、さらに大正九年（一九二〇）以降の区画整理事業や、昭和一六年（一九四一）の道路拡幅によって、屋敷地の分割や建替えが進んだ。土塀や門も失われた。そして、同様の経緯は、北野神社（天満宮）や吉田神社周辺にもあった。このため京都市内では、上賀茂以外では遺構調査ができなくなっている。

第二節　『荒木田家文書』にみる目代屋敷

平成二四年（二〇一二）、京都府立総合資料館で『荒木田家文書』(四)が公開された。荒木田家は北野神社（天満宮の名称は近代に定着する）の社領の管理実務を担当する目代を代々つとめた家柄で、(五)その目代が住んだ屋敷の絵図がある。

正徳二年二月二一日付の土蔵の普請願書

正徳二年（一七一二）に土蔵の新築を願い出た普請願書には、次のように記されている。

北野目代幸世所持仕候御赦免屋敷地、裏口南北弐拾間、但し地尻にて六拾四間、入り組みこれ有屋鋪の内、右絵図の通、居宅ならびに兄周世部屋建来り候えば、此度、居宅南の方の明地に弐間四方の土蔵建申したき義、絵図これに記し願い奉り候、隣家合梁境内水吐等、其外何の障もなく御座候、御制禁ならびに分限に過ぎたる作事仕らず、他所見透し申す戸障子口窓など高く明め申さず候、もっとも自分住宅にて御座候、新家名代屋敷または売得なす御訴訟申上義にても無く御座候、普請成就早速御訴可申上候間、御検分の上、指図の表相違の義あるいは増作など仕候はば、造作御潰成られ、其上如何様の曲事にも仰せ付けなされるべく候、後日のため絵図ならびに手形差上願い奉り候　以上　北野目代　願主幸世

正徳二年辰二月廿一日　　五十嵐市郎兵衛　方内

御奉行様

北野神社目代の「幸世」の「居宅」と「兄周世部屋」がある「屋敷地」に、二間（四メートル）四方の土蔵新築を願っている。末尾の「五十嵐市郎兵衛」は雑色。町奉行所に雑色部屋を持つ半官半民の役人で、五十嵐は洛外北西方内の担当であった。なので、当時は町奉行所への建築許可申請を仲介していた。だから「御奉行様」は、月番の京都町奉行である。また竣工後に「早速御訴」とし、「御検分」つまり竣工検査を求めているので、申請内容は町奉行所の竣工検査によって担保されていたことがわかる。

さて、裏が西側御土居沿いという屋敷地は、書き込まれた指図から約六三〇坪とわかる（図1）。表側は右近馬場通りに東面し、幸世の居宅と周世の部屋それぞれ門を置き、境界が線引きされている。『目代記

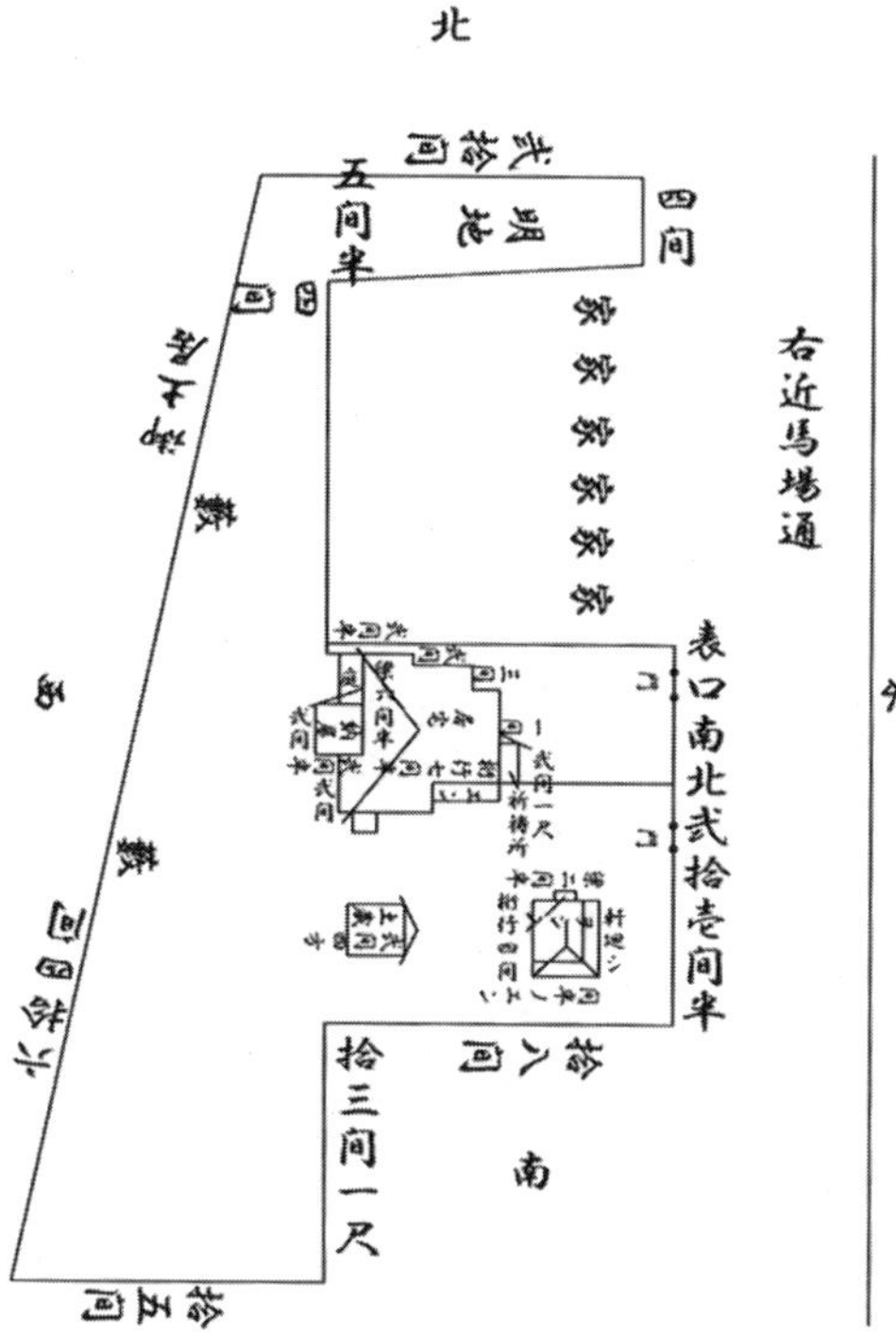

図１　土蔵普請願書指図（上が北、リライト）

録』[六]より寛保三年（一七四三）五月一七日の条には、目代より格下の宮仕衆中の屋敷について「銘々門口にて……番をさせ可申」とあり、通りに沿って門と塀が続いていたことを示唆する。そのような景観は、下賀茂神社（水路が特徴的であるが）や吉田神社の社家と共通していたと思われる。

幸世の居宅の間取りは不明であるが、屋根の斜線が妻入を示している。

また東面する居宅の正面には、一間×二間一尺（二メートル×四・三メートル）の「祈祷所」を置いて、片流れの庇をかけている。上賀茂や下鴨の社家にこのような祈祷機能は、報告されていない。

絵図品々あり、反古と記された指図

これは指図だけで文章はなく、年記もない（図2）。が、「祈祷所」が東側に独立し、縁で結ぶ構成になっているので、正徳二年（一七一二）より後。そして、祈祷所関係部

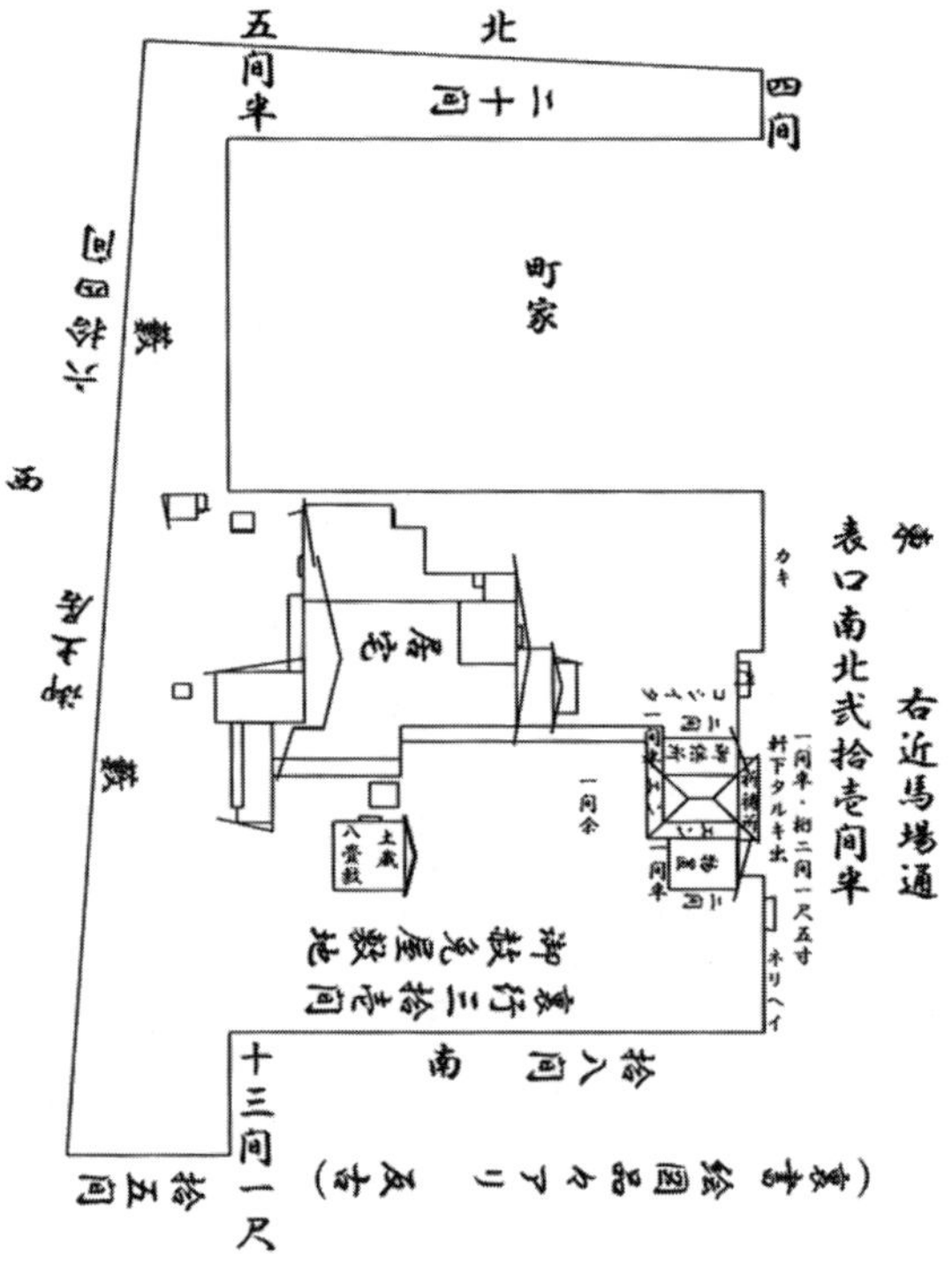

図2　年記のない指図（リライト）

分と土蔵に黄色い線が重ねられ、土蔵の屋根が二重になっているので、祈祷所関係の改築と、土蔵屋根を直葺《じかぶき》（普通の屋根）から置き屋根（屋根も塗籠にした上に木造屋根を置く、火災時に木造屋根だけ引きずり落とす）に変える申請のため、作成された可能性が高い。

「祈祷所」部分は少し大きくなって一間半×二間一尺五寸（三メートル×四・三メートル）。右近馬場通りに軒先を突き出しているが、通りからの祈祷願いに直接応対できたかは不明である。祈祷所の西側は廻り「エン」の付いた前室のようで、南側に「物置」。北側に「御供所」。これは「ごくうしょ」と読み、神人が控えていた[七]。

一方、渡り廊下でつながる「居宅」は、屋根の線からやはり妻入。東側に落屋根の線があるので、切妻の可能性が高い。片流れの屋根をかける部分を東側へ伸ばすのは正徳期と同じで、後掲の図3と図4から、落屋根は玄関、片流れは式台と判明する。玄関や式台をそなえた構成は、上賀茂や下鴨の社家と同じ構えといってよい。

このほかにも増築があったらしいが、指図ではおおよその間取りがわかるだけで、室機能の分析はむずかしい。ただ、片土間で、東側からの妻入であることは、これも後掲の図3と図4から読み取れる。

寛延二年正月二二日付の居宅の普請願書

土蔵新築の正徳二年（一七一二）から三七年後、寛延二年（一七四九）に、当時の目代である「孝世」が、居宅の改築を申請した普請願書である。申請内容は、左記のように改築願いが項目別に記されている。

指図は、改築前の状況を刎絵図《はねえず》（別紙を重ねて一部糊貼りし、参照できるようにした図）にしており、改変前を図3、申請内容を図4に示すことにする（番号著者）。

一、刎絵図の通り、台所東北の方、南北三間に東西弐間の所、取払い申したく候事

二、座敷の床北の方にこれ有り候を取除き、東北の角に口付、北の方壱間半の所西の方間半壁に仕、中連子付、壱間の所弐枚障子入申したく候事

三、有り来たり候小座敷東の方に、桁行壱間半に間半の庇を付申したく候事

四、玄関北の方より表口の通り迄竹垣を仕り、路次口付申したく候事

五、式台南の脇間半ばかり空地の所に雪隠壱ヶ所建申したく候事

六、東北の方角刎絵図の通り取払候跡に、梁弐間半桁行、南の方にては間半、北の方にては壱間半建添え、三畳敷の下男部屋付、北の方壁に中連子付け、南の方入口二ケ所付、表入口の内南の方に壱間に壱小間余りの腰掛付け申したく候事

七、台所北の方、刎絵図の通り間半に弐間の物置取払い跡に壁を仕り中連子付申したく候事

八、有り来たり候台所、土間の所引物入、瓦下地仕り置き、追々以って瓦葺申度候事

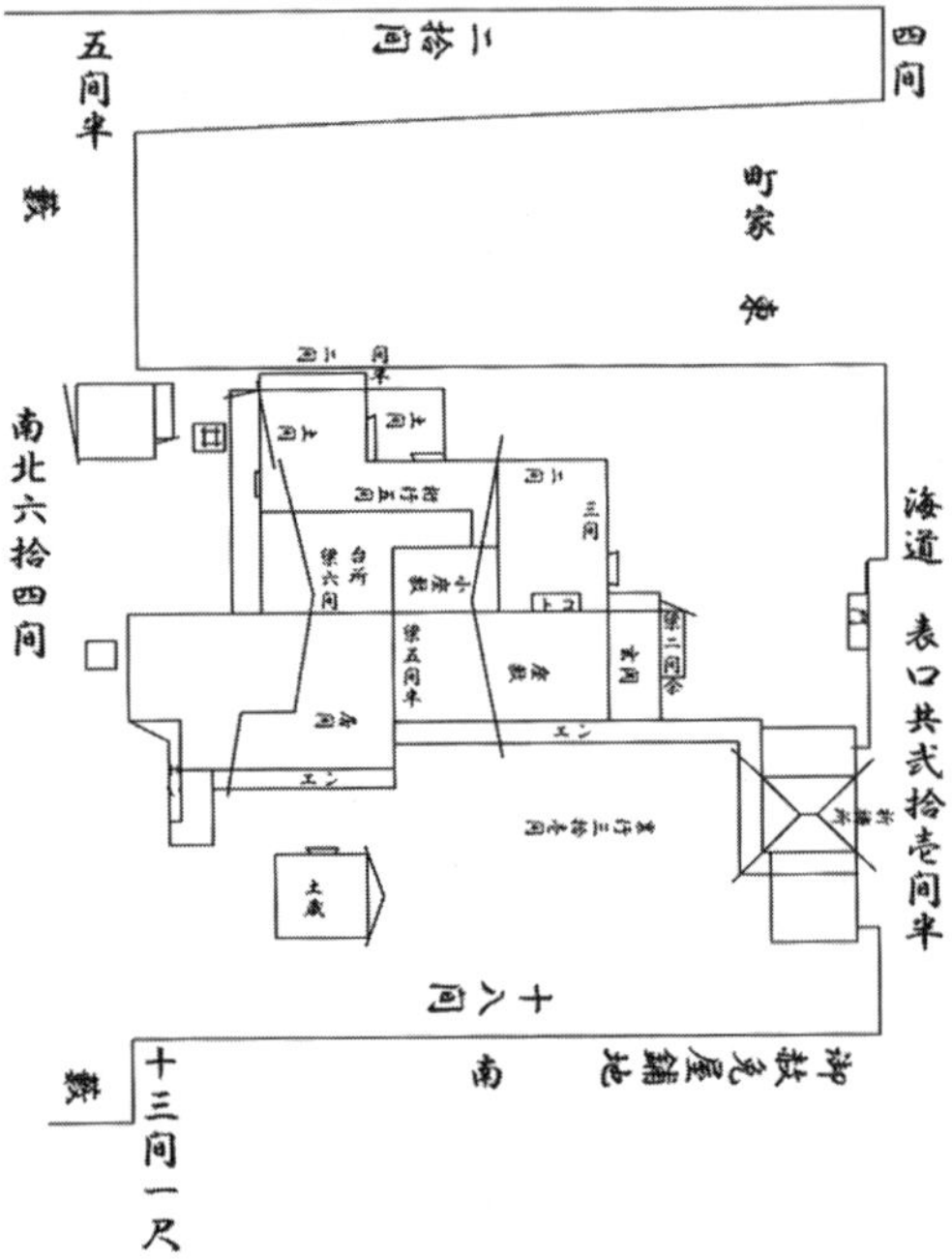

図３　改築前（リライト）

九、右の外の下地窓付け申したく候事

竣工届や竣工検査に関わる定型的な書式は省略している。ただ、その部分では正徳二年の土蔵の普請願書にはあった雑色の仲介が記されていない。理由は、享保六年（一七二一）の町奉行所の触書（八）で、雑色の関与がなくなったためである。これにより、願主の直接申請に変わった書式である。

そして末尾には、左記の奥書と裏書がある。これにより、町奉行所の建築許可が出た後に、平松組（大工組）に所属する大工の吉兵衛が、京都幕府御大工の中井《なかい》主水《もんど》役所へ施工許可をうかがったこと、これを中井家が許可したことがわかる。施主が町奉行所の建築許可を得た後、大工が中井家へ是非をうかがうのは、地子赦免のない年貢地の町家・百姓家では一般的な申請形態であり、社家特有のものではない。

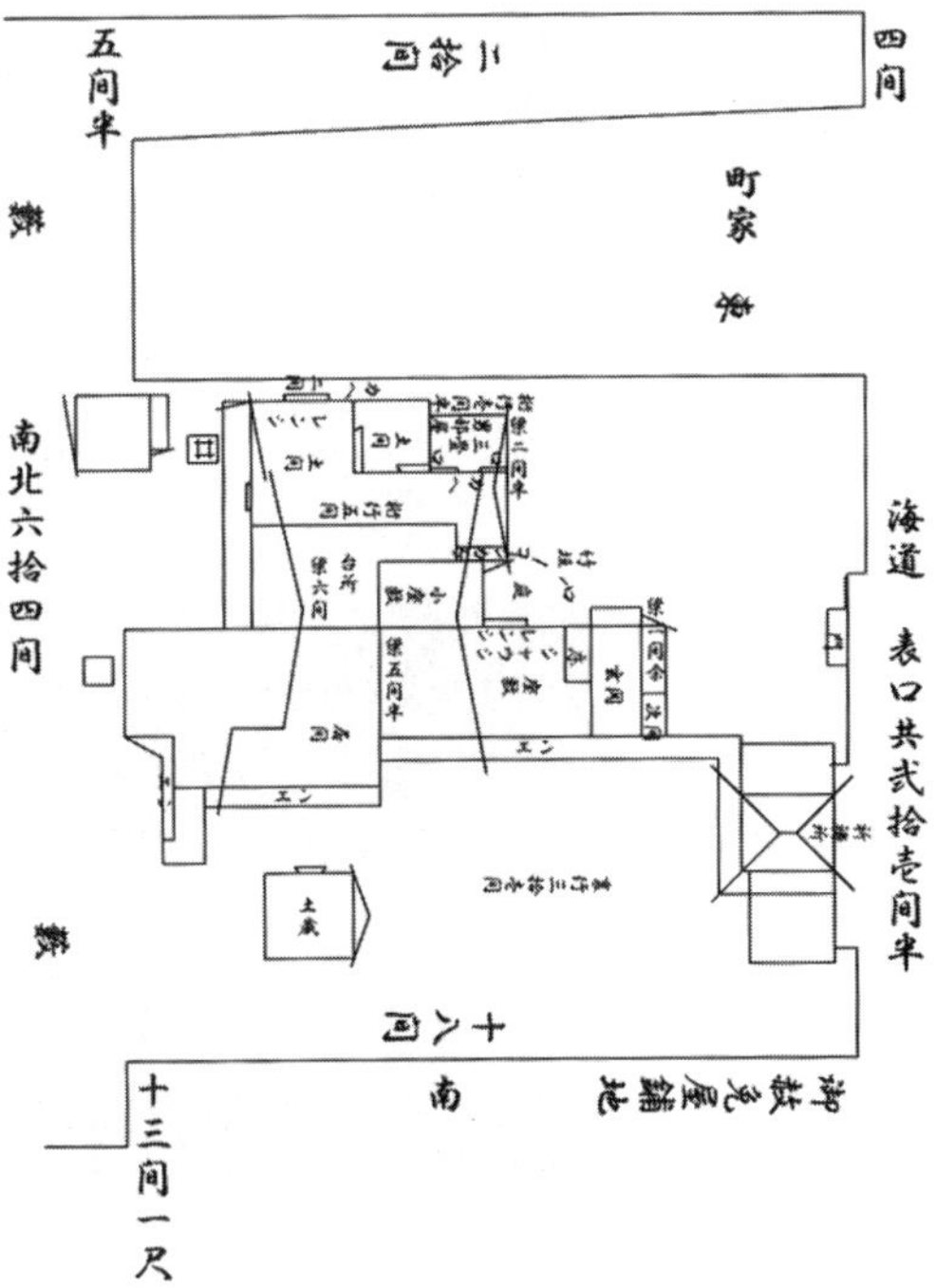

図４　申請内容（リライト）

（奥書）
右朱引絵図の通り普請仕りたき旨、御公儀様へ孝世御願申上げられ候ところ、当日廿二日願の仰付候、私細工仕るべく候や、窺いたてまつり候　以上

寛延二年巳正月

中井主水様

西陣大猪熊町　平松組大工吉兵衛　印

（裏書）
表絵図朱引書附の通り、細工仕るべき者也

寛延二年巳正月廿九日

中（井）主水　印

さて、前掲の改築願いは九条からなるが、それを検討する前に、図3にみる改築前の状況は、図2と異なっている。とくに、北西部の「トコ」を備える二間×三間が目を引くが、これを改築願いの第一条では撤去したいとしている。その「トコ」は第二条から南側「座敷」のものとわかるが、二間×三間の撤去にともなって、座敷の北東隅に、床の間を新設したいとしている。

写真２　土居葺（とんとん葺）の詳細と完了状態
萬福寺塔頭天真院客殿、京都府指定有形文化財

さらに第三条では、二間×三間の撤去後の東面に庇を付けたいとする。

第四条は、図4を見る限り、座敷と小座敷からながめる「庭」の整備と推測される。

第五条は、玄関東側に「式台」（図4では「梁一間余」とある部分）の存在を記している。そうすると北側にあるのは、来客の付き添いが待機する供待であろう。そして式台の南隣には「雪隠」の増築を願っているが、図4では小さく「次間」と記されている。

第六条では、三畳の下男部屋と土間をはさんで「腰掛」を付けたいとする。したがって、日代屋敷を訪れた客人は、腰掛で待機する下男に用向きを伝え、仲介を受け、御付きの者を供待に残して、式台から玄関へ上がったことになる。そして座敷や小座敷へ通された。そこには、客人の目をなごませる庭も整備されている。そこで順番を待ち、やがて縁を通って祈祷所へ案内される、そのような動線があったのであろう。

第八条では、「台所土間」に「瓦下地仕置、追々以瓦葺」とある。指図の台所と土間は、大屋根の下にあるから、すべて「瓦下地」の土居葺《どいぶき》にしたのであろう。当時の瓦葺は葺土があるので、砂ぼこりが室内に落ちないように、板葺の柿葺《こけら》と似た下地を葺いた。薄く裂いた板を竹釘でとめるので「とんとん葺」ともいう（写真2）。一八世紀中ごろの当時は、瓦葺規制の解除から約三〇年経過しているが、まだまだ瓦は高価であったから、下地のままにしたのであろう。その後、葺土と並瓦を重ねたのである。したがって、この申請以前は、妻入切妻の石置板葺か、あるいは草葺であったのかもしれない。

このほか、土間と床上部分は妻側から見て左右に分かれているので、もともと片土間であった可能性が高い。

目代屋敷の変遷

これまでの結果から、目代屋敷は一八世紀から切妻で、間取りは片土間であった可能性が高い。

また屋敷地は、西側が御土居である。その御土居のむこう側には紙屋川が流れ、対岸は平野神社の境内。その境内に北隣する平野宮北町には、口寄《くちよせ》を業《なりわい》とする「平野巫子《みこ》」が、昭和初期まで集住していた。その住まいが『京郊民家譜』に記録されており、(九)草葺の入母屋で妻入(第一二章 - 写真2)。つまり摂丹型の百姓家と同じである。そして摂丹型は、間取りを、床上と片土間を分ける片土間。目代屋敷の構成と同じである。

さらに摂丹型分布地域では、元は草葺入母屋であった街道沿いの町家が、一八世紀前半から瓦葺の採用をはじめた。そのとき入母屋だった屋根は切妻となり、庇上の壁は塗籠《ぬりごめ》、白漆喰塗とした(第一二章)。目代屋敷が並瓦葺の下地を用意したのは一八世紀中ごろだから、時期的にちょうど一致する。

さて、これらのことをみた上で、上賀茂の社家が、もともと平入で整形四間取り、表列に続き座敷を置くから、北船井型(序章)と同じ間取りの百姓家であったことを考え合わせると、どうだろう。北野神社の目代屋敷も、摂丹型の百姓家を根本としたとみてよいのではないか。そして、一八世紀中ごろに瓦葺の方向が生まれた。それは、上賀茂の社家が瓦葺を採用して妻入、切妻化する一九世紀よりも、半世紀も早かったことになる。

第三節　上賀茂や下鴨の社家との比較

上賀茂社家の岩佐家の居宅の建築史的変化

上賀茂の社家の変遷は、岩佐家住宅（京都市北区南大路町、京都市指定文化財）に関して、次のようにまとめられている（一〇）。

① 享保四年（一七一九）の上賀茂集落を描いた『社領絵図』では、民家はすべて草葺で、社家と農家の区別はない。

② 建築時期不明の岩佐家居宅も当初は寄棟藁葺に平入の整形四間取で農家と変わらなかったが（図5）、江戸時代中期には土塀と表門で通りと区切られた可能性が高い。

③ 明和九年（一七七二）に接客部分の充実が図られ、部屋数が増して、玄関には式台の役割をもつ「エン」が付いた。

④ 文政七年（一八二四）に、切妻瓦葺で妻入の姿になった。

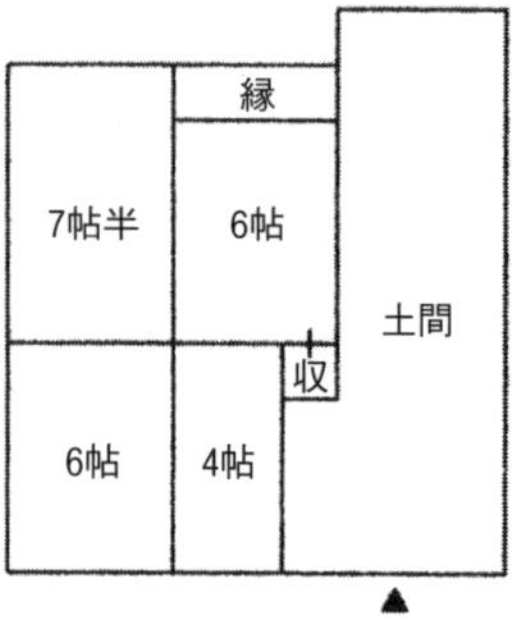

図５　岩佐家の当初間取り

以上から、岩佐家が社家として整備される過程は、屋敷構え↓居宅平面↓同立面（表構え）の順である。そして完成は一九世紀前半。その姿は、土塀の奥に、切妻で瓦葺の妻壁を大きく見せるものである。塗籠にはせず、軸組がみえるが白漆喰塗。門を入れば式台と玄関があり、そこから座敷へ通される構成。この地域には北山型が妻入から平入に変形（序章・図5）した百姓家との関係が指摘されるが（序章・図1）、図5の整形四間取りはむしろ北船井型（序章・図6）と一致している（序章で指摘した一乗寺村の間取りと同じ）。それが④の文政七年の改築に

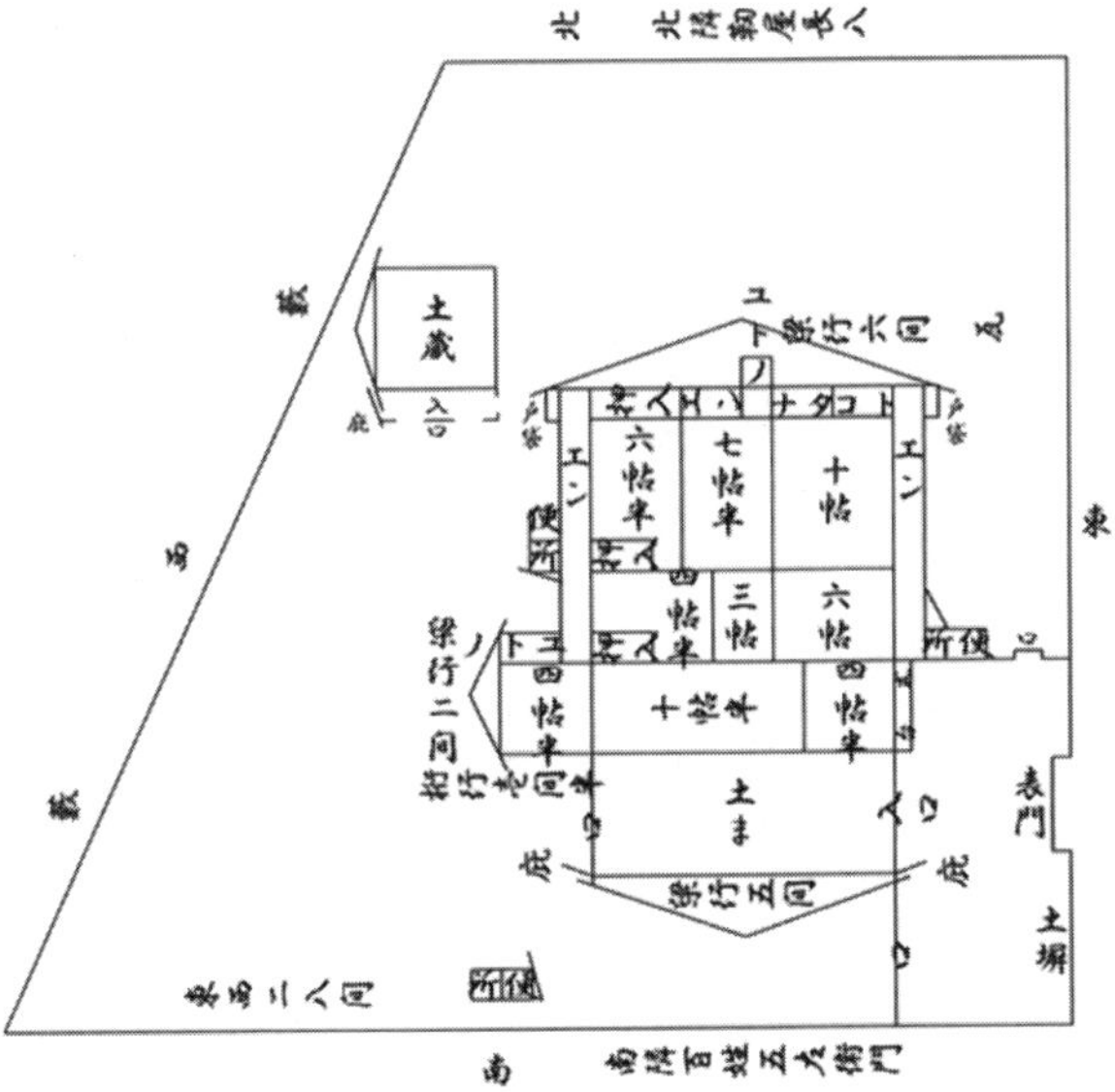

図７　申請内容（リライト）

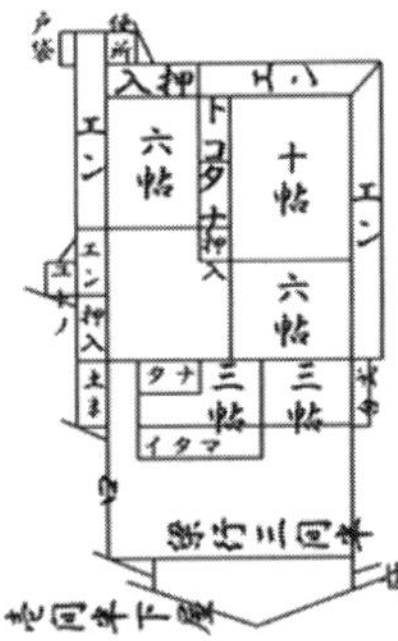

図６　文化五年二月三日付、居宅普請願書（リライト）

より、まったく異なる姿に変わったのである。

江戸時代の建築許可申請は、基本的に「有来り」つまり既存形式の踏襲が前提とされていた。それを考えれば、妻壁を誇示する姿は（写真1）、あまりに大きな、それも格を高める変貌である。このようなことが、なぜ許されたのか、デザイン・ソースは何か。

これらを考えるとき、同じ社家の立場で、すでにそうなっていた屋敷、つまり北野神社の目代屋敷が候補として浮上する。上賀茂から直線的に約三キロメートルたらずの場所で、土塀と門ごしに瓦葺で白漆喰塗の妻壁を誇示していたとき、上賀茂の社家が取り入れたくなっても不思議はない。それに、同じ社家という立場の北野神社目代が許されていることだから、町奉行所に根回しさえしておけば、上賀茂社家も許される可能性はあったであろう。ほかに意匠的根拠、いわゆるデザイン・ソースは見あたらない。

下鴨社家の泉亭越後守屋敷の文化五年（一八〇八）付普請願書

ところは変わって、下鴨神社の社家は、幕末の状況を描いた『旧大絵図』（下鴨神社所蔵）から、「下鴨神社周辺地区にもかつて社家町が存在した」が、「現在その面影は全くない」(一一)。「下鴨社惣代」を務めた鴨脚家に庭園を残す程度であるが、下鴨社中の「泉亭越後守」が「御奉行様」に提出した普請願書が『鴨脚《いちょう》家文書』(一二)に残されている。

「普請御願　下鴨社中泉亭越後守」の表題があり、「文化五年二月三日西掛志野氏懸り、同年閏六月廿五日見分済（社）」と書き込まれているので、文化五年（一八〇八）二月三日に、西町奉行所へ申請し、同年六月二五日に竣工検査を受けたことがわかる。現在の場所は不明であるが、「土塀」と「表門」で表通りと区切る点は、辻・大場が指摘した下鴨社家の「土塀と門構えによる景観」と整合している（第一節）。

指図に建て直し前の間取りをみると、片土間に平入で床上六室（図6）。縦喰い違いの四間取りが基本のようで、もともと北山型が変形した百姓家を想像させる（序章・図5右）。これに式台と連なる室列を差し込んでいた。

そして申請内容は、式台は幅一間から一間半へ、床上は九室に、湯殿・便所も増やす計画である（図7）。目的は、接客機能の充実であったろう。普請願書の願文には、次のように記されている。

右墨引の刎絵図の通り、私屋敷地の内、建物有来り候処、破損に及び候に付、取拂い、右跡に此度、梁行北の方にて六間、梁行南の方五間、桁行七間半、同西続に梁行二間桁行壱間半建物、内ま絵図面の通り仕切り、二階建に仕り、南東の方にて式台ならびに間半庇入口付、同西の方にて間半庇入口付、床・棚・押入・縁・戸袋付、かねがね二階二間に仕切、屋根瓦葺に仕り、其外湯殿・便所等相建申度朱引に記し願いたてまつり候、もっとも御制禁の作事仕らず、隣家其外何方へも何の障り無く御座候間、右願の通り御許容成られ下され候はば有がたく存じ奉るべく候、以上

文化五年辰二月三日　下鴨社中　願主　泉亭越後守

南隣　百姓　五左衛門・北隣　靫屋長八

下鴨社惣代　鴨脚豊前守

御奉行様

この居宅は瓦葺を記すものの、平入のまま。切妻の妻入には変えていない。ただし、願文の「二階建」が注目される。図6と図7では省略しているが、指図では、式台がある東西列に二階がのっている。その姿は、土塀ごしに高い二階部分を切妻屋根で誇示していたらしい。ちょうど、上賀茂社家の西池氏住宅〔写真3、文化一四年〔一八一七〕建築〕と似た印象が想像される。瓦葺の切妻屋根を高くかかげた目的は、北野神社の日代屋敷や上賀茂の社家に、負けまいとしたのではなかろうか。

社家の梁間長さ

前項の下鴨社家の梁間長さについて考えてみよう。

徳川政権の梁間規制は、明暦三年（一六五七）四月の梁間三間規制[一三]が知られる。ところが泉亭越後守の屋敷は「六間」や「五間」とあるように三間をこえており、上賀茂の社家遺構にも同様の例は多い。なぜ、そのようなことが許されたのか。

その理由は、永井規男が「梁行方向の建築規模を制限するものではない……大屋根すなわち上屋を支える上屋梁の長さを制限[一四]」したと指摘している。

写真３　西池氏住宅

前掲、『上賀町なみ調査報告』転載

また筆者も、梁間三間の摂丹型の百姓家が、妻壁に通柱をならべて長大な上屋梁を架けない構造に変えることで、梁行六間を実現し、町奉行所の抜き打ち検査も通った例を確認している[一五]。したがって社家も、長大な上屋梁をかけずに、側通りに通柱を並べれば、梁間規制の影響なく梁行を広げることができた。だから実際、妻壁を誇示する上賀茂の社家遺構でも、妻壁の通りに柱を母屋まで立て、長大な梁をかけない。

もっとも、貞享五年（一六八八、元禄元年）という江戸時代の早い時期には、町奉行所の意向を受けた雑色が、北野神社の宮仕え衆である「随哲」の屋敷に、一応の制限をかけていたことを示す記録[一六]がある。

随哲願書の事、張行五間半有、それに又壱間の建出しは、公儀相済申間敷く候、願書仕り直し、十五日に持参そうらえ、定めて十八日に、埒明《らちあけ》申すべく候との事也

雑色は、すでに梁行が五間半ある「随哲」の屋敷が、さらに一間を「建出し」つまり増築する申請をおこなったことについて、「公儀」つまり町奉行所が許すはずがないとして、願書の再提出を求めたのである。このことは、上屋梁の実長に関わらず、梁行長さが無制限ではなく、町奉行所の目が光っていたことを示している。もっとも梁間三間に限っておらず、三間をこえる社家が多く存在していたことも、また確かである。

まとめ、社家は百姓家にはじまり、町家の姿となり

一八世紀初めの北野神社の目代屋敷は、妻入に片土間の間取り。それは摂丹型の百姓家が根本であった可能性が高い。下鴨神社の社家は、北山型の百姓家が根本である。これまで同様の指摘は、上賀茂の社家に限られていたが、それにも民家型式への言及はなかった。これに対して本章では、上賀茂の社家には北船井型の間取りとの共通を、北野神社にも下鴨神社にも新史料を提示して、京都の社家が近郊の百姓家から発展した可能性を、初めて複数史料から裏付けた。異なる史料に同じ内容を確認できたことから、歴史的事実と見てよい。

また、摂丹型分布地域の町家は、一八世紀前半に並瓦葺を取り入れたとき、入母屋を切妻に変えて、二階部分は塗籠の白漆喰塗にした。北野の目代屋敷も、同じ経緯で切妻瓦葺となり、土塀ごしに妻壁を見せた可能性が高い。

そうすると、それは一九世紀の上賀茂社家の切妻瓦葺化や土塀越しに妻壁を見せる構成、あるいは下鴨社家の二階部分の切妻屋根に半世紀も先行するから、それらが北野神社の社家の影響であった可能性が浮上する。つきつめれば、摂丹型分布地域の町家の並瓦葺にともなう表構えの変化が、北野の社家のみならず、上賀茂や下鴨の社家にまで影響を与えた可能性がある。本書はこの可能性も、はじめて指摘したのである。

註

一　京都府教育庁文化財保護課編『京都府の民家　調査報告　第六冊』（昭和四四年度京都市内調査報告書）、京都府教育委員会、一九七〇

二　京都市都市計画局『上賀茂町なみ調査報告書』一九七八

三　辻晶子・大場修「近世末期下鴨神社における社家町を含む周辺地域の構成」『平成二二年度日本建築学会近畿支部研究報告集』、第五〇号、二〇一〇

四　京都府立総合資料館所蔵『荒木田家文書』より古文書四三〜四五番

五　京都府立総合資料館「総合資料館便り」第一七一号、二〇一二年四月一日

六　北野天満宮史料刊行会『北野天満宮史料　目代記録』北野天満宮、一九八四。北野神社の記録については、山田雄司「北野天満宮旧蔵文書・古記録の目録作成および研究」（平成一六〜一八年度科学研究費、若手研究B、研究成果報告書、二〇〇七）参照。

七　山田新一郎（昭和三年当時の北野宮司）「西陣焼けに助《ママ》った天神様」（岩井武俊編『京ところどころ』所収、金尾文淵堂、一九二八）

八　京都町触研究会編『京都町触集成』第一巻、三五三頁、岩波書店、一九八三、丸山俊明『京都の町家と町なみ――何方を見申様に作る事、堅仕間敷事』、昭和堂、二〇〇七、参照

九　大阪毎日新聞社京都支局編『京郊民家譜』、一九三四、便利堂

一〇　新谷昭夫「京都・上賀茂の岩佐家住宅の変遷について」『昭和六一年日本建築学会大会（北海道）学術講演梗概集』一九八六

一一　前掲、辻晶子・大場修「近世末期下鴨神社における社家町を含む周辺地域の構成」
一二　『鴨脚家文書』所収、京都府立総合資料館所蔵
一三　『徳川禁令考　前聚第五帙　臨時町触』四九三〜四九六頁、吉川弘文館、一九三〇
一四　永井規男「京都府民家の総観」（京都府教育庁文化財保護課編『京都府の民家　調査報告　第七冊』（昭和四八年度京都府民家緊急調査報告）、京都府教育委員会、一九七五、所収）
一五　前掲、丸山俊明『京都の町家と町なみ』第四章、参照
一六　北野天満宮史料刊行会『北野天満宮史料　宮仕記録』一九八一

第一四章

町家一軒の新築、入用少なからず

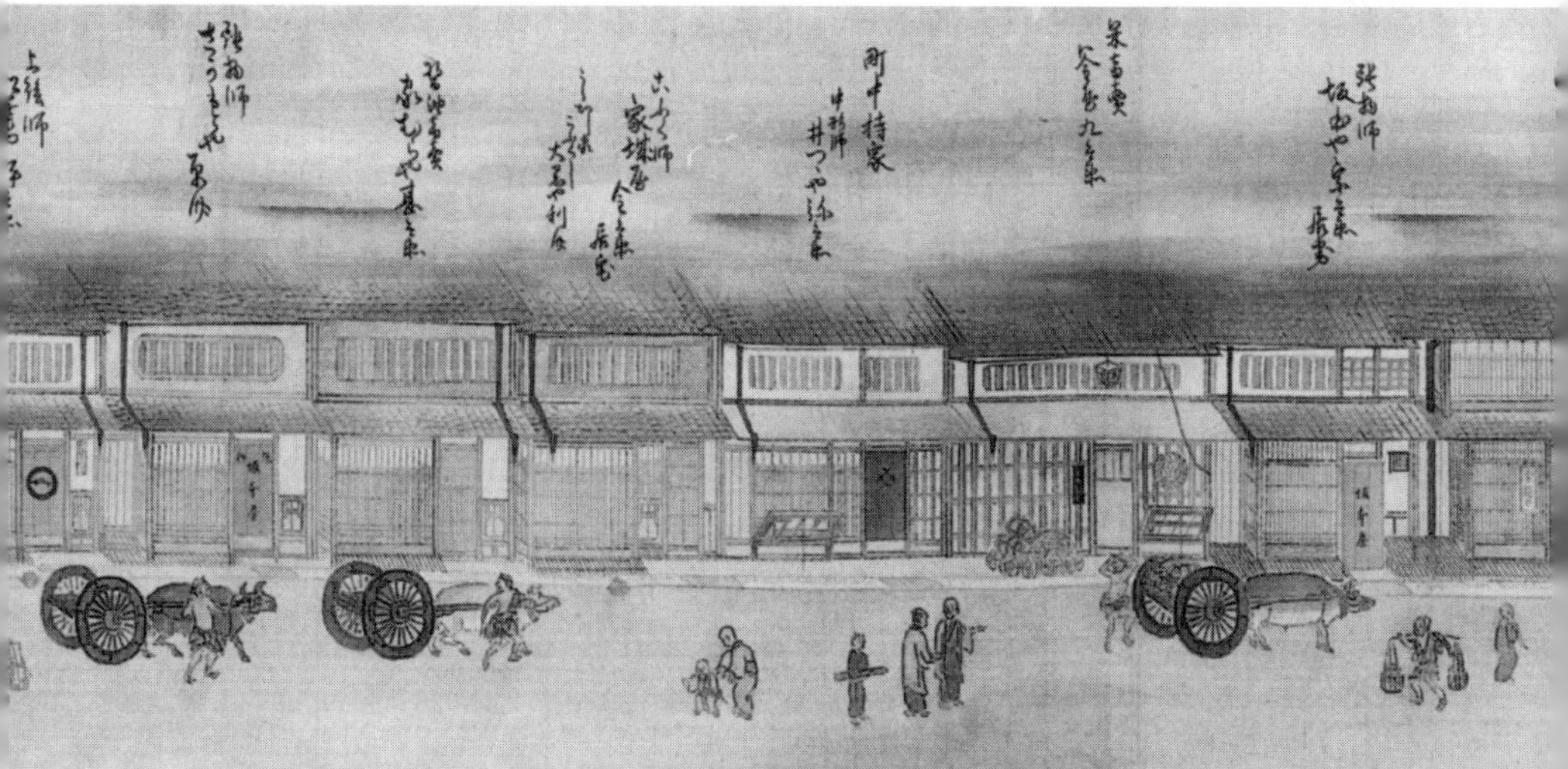

概要…江戸時代の京都の町家。建築費用はいくらだったのか。近世社会がもっとも安定した文化年間の史料から、町家一軒すべての材料の名称・形状・単価・関連諸費用と共に、具体的な金額を明らかにする。

第一節　町家の建築費用に関するこれまでの指摘

標準工数

嘉永六年（一八五三）に井筒屋という町人が、上質の町家を建築したとき、建築費用から儀礼費までふくめた費用は、銀二七〇〇〇匁であったという。(一) しかし、これが高いのか安いのか、比較基準がほしいところである。

天保七年（一八三六）に小田原屋の町家建築を請け負った大工の近江屋は、(二) 見積り方式や工費の割合、二年近い工期の史料をのこしている。そこから、町家大工の見積りについて、「町家の質（標準・仕様・材料）に応じた一坪あたり大工工数、いわば標準工数」が、グレード別に明らかにされている。

- 借家普請……………………六　人／坪　工費　銀一〇〇匁／坪
- 通り庭沿いに床上一列……………一二人／坪　工費　銀二〇〇匁／坪
- 上質……………………二四人／坪　工費　銀四〇〇匁／坪
- 通り庭沿いに床上二列……………四八人／坪　工費　銀八〇〇匁／坪
- ミセ棟と居室棟を分ける表屋造り……四八人／坪　工費　銀八〇〇匁／坪

ただし、右の標準工数は平常時のもの。災害の復興建築、いわゆる「仮家普請」では標準工数が減じられ、「〜匁坪」も銀一〇〇匁程度になった。それでも豪商の三井越後屋は、京都本店を大工工数八〇〜八五人／坪、工費銀二一四〇〜二二六〇匁／坪、工期も約四年という最上級。破格の建築を行っており、経済力をみせつけている。

また、一坪あたりの工費である「〜匁／坪」を、建坪《たてつぼ》（主屋の面積に便所や浴室といった付属屋をくわえた面積、二階はのぞく）に乗じて、延べ大工工数を算出する「〜人掛《がかり》」も用いられていた。(三)

これらの史料から、町家一軒の建築費用にも一応の目安はつく。けれども、具体的な紹介例は上質に限られている。知りたいのは、やはり京都で典型的とされる町家であろう。すなわち並瓦葺で、間取りは片土間・床上三室。二階表に土塗格子の開口をもつ厨子二階である。その工事方式、見積り方法、建築費用、工期、それぞれ平常時の数字を知りたい。

知りたい普通の町家の値段

江戸時代の社会がもっとも安定したのは文化・文政期。いわゆる化政文化が隆盛であった時代に、四条小橋西詰の真町で、薬種業の亀屋七右衛門が文化二年（一八〇五）におこなった、借家建築（「抱屋敷」）を取り上げる。(四)

それは片土間・床上三室の間取り、並瓦葺で厨子二階、一階表に見世棚、二階表に土塗格子（虫籠）という典型的な町家。敷地奥に物置、湯殿、小便所、雪隠を置き、京都では一般的な屋敷構成であるが、庭蔵はない。

さて、まずは施主が、大工に一応の見積もりをさせる。そこには、軒柱に丈四（一四尺の軒柱）を用いた場合と、丈五（一五尺の軒柱）を用いた場合を比較する内容がある。検討の結果、丈四にすることで工事方針を決定し、その分を亀屋が支払う。そして工事後に、実際にかかった費用との差額を精算する。いわゆる委任方式である。

前述の借家の標準工数では、大工工数が六人／坪、工費の銀一〇〇匁／坪である。しかし亀屋の借家は、普通の町家なみの質をもつ。これにより、普通の町家建築の実態を知ることができる点が重要である。

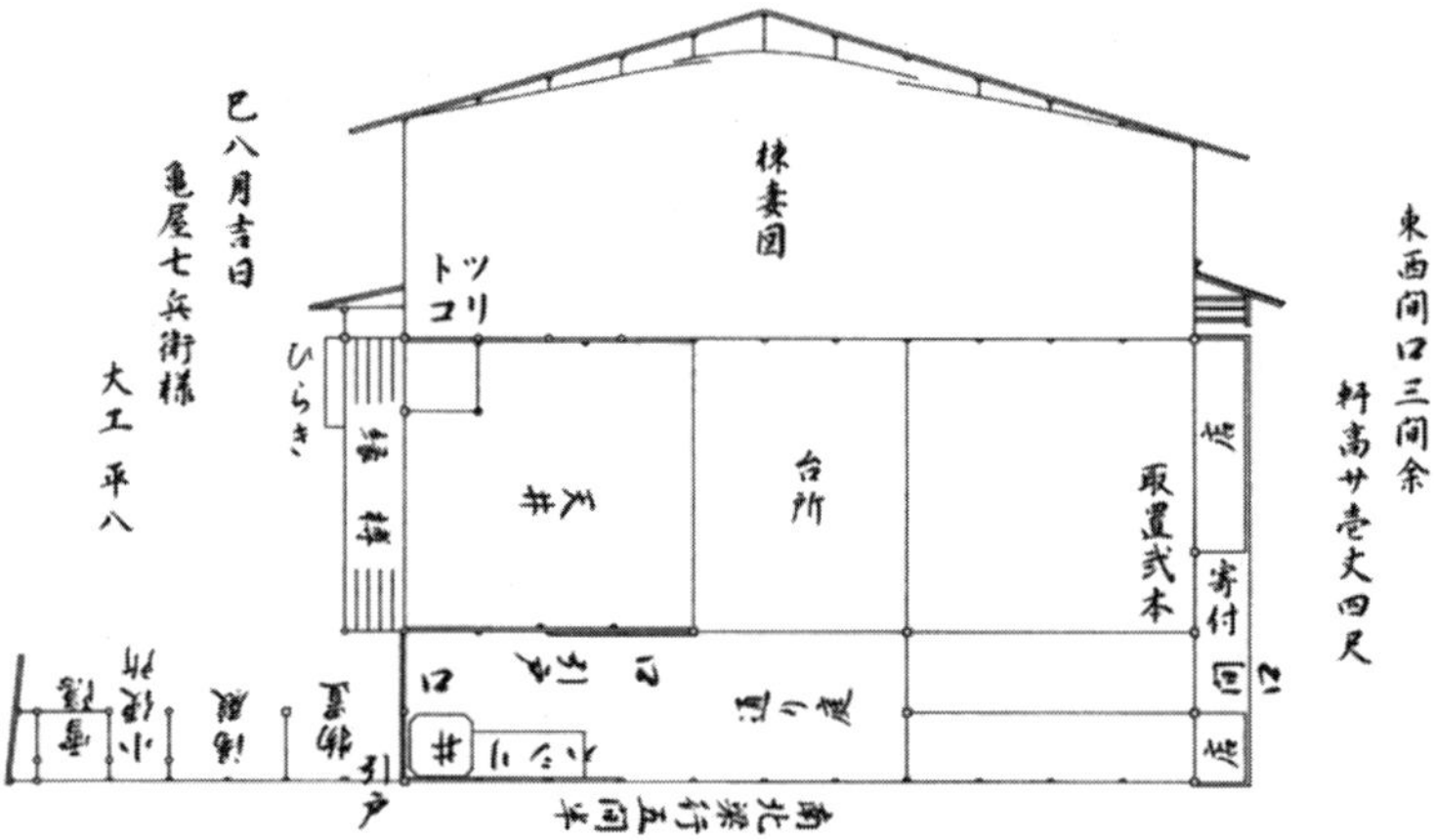

図１　大工提出の「絵図」
著者リライト、原本は『真町文書』京都府立総合資料館蔵

そこで本章では、この建築内容の概略をみた上で（第二節）、見積り方式と坪あたりの大工工数、ならびに工費（第三節）、工事方式と総工費、工費割合、儀礼費などをふくむ総費用（第四節）を紹介することにしよう。

第二節　亀屋七右衛門の借家普請の概要

建坪

大工が提出した「絵図」（図1）に「間口三間余、軒高サ壱丈四尺」、「奥行五間半」とある。一間＝六尺五寸＝一九六九・五ミリメートル、約二メートルとすると、六メートル×一一メートル＝六六平方メートル。そして坪数は、三間×五・五間＝一六・五坪である。

ところが、見積りには「間口三間、奥行六間、軒高サ一丈五尺ならびに湯殿・雪隠」とある（後述）。この面積は、六メートル×一二メートル＝七二平方メートル。坪数は三間×六間＝一八坪。絵図よりもひとまわり大きい。

このほか絵図にみる湯殿などが三間×半間＝一・五坪。縁側が二間×半間＝一坪。合計二〇・五坪が建坪である。

建築場所

建築場所は明記されていないが、『八月廿八日棟上入用覚』に、「酒壱斗壱貫三百文、町汁之節、町へ挨拶」、「拾九匁三分肴代、両隣へ遣」とある。ほかの町に関わる記述はないので、亀屋の住まいと同じ真町が建築場所とみてよい。

工　期

見積り史料の日付けは、文化二年（一八〇五）七月に始まる。亀屋が記録した大工の出面《でづら》（出勤日数）は、八月一五日から一一月八日の間に合計一〇五日。その間の休みは、わずか一日である。

大工をサポートする手伝《てったい》の出面は、八月二三日から一〇月二八日。瓦師の出面は、九月三日～一〇月六日。上棟は八月二八日で、大工の受金記録の『請取帳』は一一月七日が最後。

これらのことから、着工は八月一五日で、竣工は一一月八日。したがって工期は、四ヶ月未満である。

第三節　見積り方式と坪あたり大工工数・坪あたり工費

規模縮小（文五→文四）による見積り比較

表1をみていただきたい。真ん中黒線の左側は、「大工平八」が施主の「亀屋七兵衛」へ提出した「文化二丑七月吉日木寄《きよせ》仕様《しよう》値段書」（以下①値段書）。右側は、材木屋の「升や藤八」が大工へ提出した「丑七月材木注文帳」（以下②注文帳）の内容である。

大工が記した①値段書と、材木屋が記した②注文帳は、どちらも冒頭に「七月」とある。したがって、大工が指定した木寄（全部材のリスト、名称・材種・数量・形状を指定）に、材木屋が見積りを書き込んだのが②注文帳。この②

表1　左側：木寄仕様値段書（①）と右側：材木注文帳（②）

①文化二（1805）丑七月吉日 木寄仕様値段書			亀屋七兵絵様 大工平八			②丑七月材木注文帳				大工平八様　升や藤八	
建物に関する書き込み：間口三間、奥行六間　軒高サ壱丈五尺并ニ湯殿・雪隠						書き込み：№１項の角柱長さは壱丈五尺とあるが、五尺の上に四尺と重ねられている。					
№	名称	材	数	長さ	断面・厚	名称	材	数	長さ	断面・厚	単価（銀匁・銭文）
1	表角柱	檜	三本	壱丈五尺	四寸八分角	角柱	檜	三本	壱丈五尺	四寸八分角	79匁(15匁)
2	表下立	檜	一本	七尺五寸	四寸八分角	下立	檜	壱本	七尺五寸	四寸八分角	11.5匁
3	表取置柱	檜	一本	七尺五寸	三寸五分・四寸八分	取置柱	檜	一本	七尺五寸	三寸五分・四寸八分	10.2匁
4	表地婦く（表地覆）	檜	壱丁	二間	二寸・四寸	地ふく	檜	一丁	二間	四寸・四寸	10.5匁
			壱丁	間半	二寸・四寸			一丁	間半	四寸・四寸	
5	まぐさ	檜	一丁	一間二ッ切	三寸五分・四寸五分	間草	檜	一丁	一間二ッ切	三寸五分・四寸五分	8.5匁
	蹴放	檜	一丁	一間二ッ切	三寸五分・四寸五分	けはなし	檜	一丁	一間二ッ切	三寸五分・四寸五分	
6	中戸小極	檜	一本	二丈五寸	五寸角	中戸小こく	檜	壱本	弐丈五寸	五寸角	37.5匁
7	大極柱	檜	一本	二丈五寸	六寸角	大黒	檜	壱本	弐丈五寸	六寸角	48匁
8	台敷	松	一丁	二間	四寸五分·六寸	たいしき	松	一丁	二間	四寸五分·六寸	19匁
			一丁	三尺五寸	四寸五分·六寸		松	一丁	三尺五寸	四寸五分·六寸	
9	人見	松	一丁	三間	四寸五分・一尺四寸	人見	松	一本	三間	四寸五分・一尺四寸	67匁
10	表軒桁	松	一丁	二間	四寸・七寸	桁	松	一本	二間	四寸・七寸	25.2匁（9.5匁）
			一丁	一丈	四寸・七寸			一本	一丈	四寸・七寸	
11	人見上大いた	松	一枚	三間	一寸二分·一尺	人見はき	松	壱枚	三間	一寸二分·一尺	8.5匁
12	庇､桁·腕木·垂形	松	四丁半	二間	二寸二分・四寸五分	庇、桁・腕木	松	四本半	二間	二寸二分・四寸五分	29匁
13	庇おうたれ·かまち	樅	一丁	三間	二寸五分・四寸五分	大たれ	樅	一本	三間	二寸五分・四寸五分	24匁
14	庇横手	樅	二丁	間半	二寸五分・四寸五分	横手	樅	四本	間半	二寸五分・四寸五分	4匁
15	庇下り柱	栂	１本	四尺五寸二つ切	四寸角	下リ柱	栂	一本	四尺五寸	四寸角	8匁
16	庇廻り婦ち	松	二丁	二間	一寸二分・一寸７分	とうしふち	松	弐本	二間	一寸二分・一寸七分	4匁
17	庇さら板	松	三枚		四分板	さら板	松	三枚	四分板		9匁
18	庇うら板	松上	三間		六分板	うら板	松	三坪	六分板		17.5匁
19	庇平小舞	松	一丁半	二間	一寸·三寸五分	平小まひ	松	壱本半	二間	一寸·三寸五分	3.8匁
20	前包	松	壱枚半	二間	一寸·四寸五分	前包	松	壱本半	二間	一寸·四寸五分	4.5匁
21	前包すをい	松	一丁半	二間	一寸五分・二寸五分	すをい	松	壱本半	二間	一寸五分・二寸五分	3匁
22	表垂木	松	十五本	一間	二寸角	ふしなし垂き	松	十五本	壱間	二寸角	20.5匁
23	台所れんじ	松	一丁	二間	四寸·一尺三寸	れんじ	松	壱丁	弐間	四寸·一尺三寸	31.2匁(7.4匁)
24	店れんじ	松	一丁	二間	四寸·一尺二寸	れんじ	松	壱丁	弐間	四寸·一尺二寸	28.8匁
25	二階ささら	松	五丁	二間	三寸六分·七寸	ささら	松	五丁	二間	三寸六分·七寸	59匁(11.8匁)
26	二階ささら	松	一丁	一丈	三寸六分·七寸	ささら	松	壱本	壱丈	三寸六分·七寸	15.5匁
			一丁	一間	三寸六分·七寸			壱本	壱間	三寸六分·七寸	
27	仕切引	松	一丁	二間	三寸・八寸	仕切引	松	壱本	二間	三寸・四寸	10.8匁
28	店仕切引	松	一丁	二間	三寸五分·六寸	仕切引	松	壱本	二間	三寸五分·四寸	12.6匁
29	店ささら	松	四丁	一間	三寸五分·六寸	ささら	松	四丁	壱間	三寸五分·六寸	10匁
30	縁地廻り	松	一丁	二間	四寸·七寸五分	地廻り	松	壱丁	弐間	四寸·七寸五分	14.5匁
31	縁大屋根桁	松	一丁	二間	四寸・八寸	大屋根けた	松	壱丁	弐間	四寸・八寸	14.4匁
32	上りかまち	松	三丁	二間	三寸・七寸	上りかまち	松	三本	弐間	三寸・七寸	31.5匁(2.6匁)
33	井戸引	松	一丁	一丈	三寸五分·九寸	井戸引	松	壱丁	壱丈	三寸五分·九寸	13匁
34	出ささら二つ切	松	二丁	一丈	三寸五分·四寸	出ささら二ッ切	松	弐丁	壱丈	三寸五分·四寸	11.2匁

35	敷鴨居・えんかまち	松	八丁	二間弐つとり		軒鴨居・縁框	松	八丁	弐間弐つ割		56匁
36	敷鴨居・縁框・上口縁	松	三丁	二間	二寸・三寸	軒鴨居・縁框上り口縁まで	松	三本	弐間	二寸・三寸	12匁
37	惣戸袋廻り	松	六丁	一間	一寸五分･五寸	惣戸袋廻り	松	六丁	壱間	一寸五分･五寸	18匁(6匁)
38	中戸柱まぐさ	松	一本	二間	四寸角	中戸馬草	松	壱本	弐間	四寸角	8.5匁
39	二階板･戸袋･廻りぶち･いろいろ入用	松	十七坪		八分板	ゆか	松	十七間		八分板	136匁(8.5匁)
40	ゆか板上ヶ張	松	十六坪		六分板	ゆか	松	十六間		六分板	80匁(5.2匁)
41	側柱	杉	七本	本二間半	末口三寸五分丸太	柱	杉	九本	本弐間半	丸太	27匁
			縁柱二本	本二間半	末口四寸丸太						
42	側柱	杉	十本	本三間	末口三寸五分丸太	柱	杉	拾本	本三間	丸太	40匁(9.2匁)
43	側柱	杉	八本	本三間半	末口三寸五分丸太	柱	杉	八本	本三間半	丸太	44匁(11匁)
44	棟柱	杉	二本	本四間	末口三寸五分丸太	柱	杉	弐本	本四間	丸太	15匁
45	屋根桁廻り雪隠柱・湯殿	杉	十六本	本二間半	末口三寸五分丸太	柱	杉	十六本	本二間半	丸太	44.2匁(6.5匁)
46	大引廻り	杉	十四本	本二間	末口三寸五分丸太	大引	杉	十四本	本二間		23.2匁(1.7匁)
47	地棟	松	二本	二間	末口七寸丸太	地棟	松		弐間	末口七寸丸太	15匁
48	登り・側津なき	松	五本	二間	末口六寸丸太	登り・側つな	松	五本	弐間	末口六寸丸太	30匁
49	根太廻庇･雪隠屋根垂木	松	七十	二間六っとり	丸太	多る木	松	七拾本	弐間六ッ取		37.5匁(2.5匁)
50	上立柱廻り	杉	九本	二間	丸太	上立柱廻り	杉	九本	弐間		13.5匁(1.5匁)
51	屋根平小舞	杉	六丁	大貫		屋平小舞	杉	六丁	大貫		6匁
52	壁〆	杉	五十	中貫		かへ〆	杉	五拾丁	半〆		27.5匁(1.5匁)
53	屋根廻り	杉	二百三十	木舞		やね廻り	杉	弐百三拾	木舞		39.1匁
54	屋根垂木廻り	松	六十	二間中四っ割り		たるき	松	六十	二間	半四ッはり	54匁(3.6匁)
55	付ささら･いろいろ	松	五枚	二間	一寸・四寸		松	五		一寸・四寸	12.5匁
56	表軒けらば小節	杉	五坪		四分板	けらば小ぶし	杉	五坪		四分板	27.5匁(5.5匁)
57	戸袋三つ上々小節	杉	二坪		四分板	戸袋三ッ上々小節	杉	弐坪		四分板	18匁(6匁)
58	天井婦しなし上	松	二十四枚	巾一尺二寸	四分板	板上ふしなし	杉	二十四枚	一尺二寸	四分板	72匁
59	天井棹婦ち	樅	七丁	二間	一寸二分・一寸五分		樅	七丁	弐間	一寸二分・一寸五分	14匁
60	天井廻りぶち	樅	四丁	二間	一寸五分･二寸		樅	四丁	弐間	一寸五分･二寸	10匁
61	えんくれ	樅	七枚	二間	四寸･八分板		樅	七丁	弐間	四寸･八分板	23.1匁
62	縁柱かたふた･北山	杉	五本	一丈	三寸四分津ら丸太	柱・北山	杉	二本	壱丈	三寸四分丸太	44匁
63	縁桁・北山	杉	一本	二間	末口三寸五分丸太	けた・北山	杉	十六本	弐間	末口三寸五分丸太	12匁
64	縁垂木・北山	杉	九本	五尺	小丸太	たるき・北山	杉	九本		小丸太	13.5匁
65	縁屋根	杉	十二丁	大木舞		大こまひ節無	杉	十弐丁			7.2匁
66	縁屋根	椹	五十枚	長へき			椹	五十枚	長へ記		12.5匁
67	床おとしかき	赤杉	一丁	五尺	二寸・四寸		赤杉	一	五尺	二寸・四寸	8.5匁
68	付鴨居・地敷	松	四本	二間本六つ取		付鴨居	松	四丁	弐間本六つ取		10匁
69	大屋根垂木形	松	三丁	二間	二寸・四寸	大やねたる形	松	三丁	弐間	弐寸・四寸	13.5匁(4.2匁)
70	大屋根垂木形	松	三丁	二間	二寸・五寸	大やねたる形	松	三丁	弐間	二寸・五寸	15匁(5匁)
71	湯殿･雪隠こし板	赤杉	三坪		六分板		赤杉	三坪		六分板	30匁
72	材木一式　1787.5匁（内122匁引）					〆1787.5匁（引物〆122匁）					

注文帳をもとに、大工が作成して亀屋へ提出したのが①値段書である。ただし、②注文帳の合計は一七七四・五匁。なのに、№72の材木一式は一七八七・五匁。一三匁高くなっているが、理由は不明である。

また、②注文帳の単価に併記する（ ）内は、合計が一二一・八匁。そうすると№72の「引」や「引物」の合計は一二二匁だから、値引分を〇・二匁増やして、ちょうどにまるめた数字にしている。ただし、同欄の一七八七・五匁は、材木一式合計と一三匁を合わせた数字だから、一二二匁の値引きは行われていない。

そこで、さらに①値段書の続きをみると（表2）、材木以外の見積りと引分を№73～85にならべ、№86で銀三三四二・五匁、銭四四〇五〇文、引分を（ ）内に銀二三四・五匁、銭一九五〇文と合計する。これが「間口三間、奥行六間、軒高サ一丈五尺ならびに湯殿・雪隠」（建坪二〇・五坪）の見積り結果である。

それを、№87では銀二三六・五匁を減額して三一〇六匁、銭を一九五〇文減額して四二一〇〇文としている。この減額の理由は、「表軒高さ一丈四尺、奥行五間半」への「改」であった。改めることで、建坪は、間口三間×奥行半間＝一坪半減じて一九坪。軒高も、丈五の一五尺＝四・五四五メートルを〇・三メートルさげて丈四の一四尺＝四・二四二メートル。ただし、屋根勾配は変えないから、全体が低くなって建物が一回り小さくなった。この全体規模の変更による減額が、見積り当初から検討対象だったので、（ ）内に引分を併記していたのである。

材木以外では、瓦葺の下地をつくる屋根下地業が№74。建具類をあつかう戸屋が№77。左官が№78。このほか材料にもそれぞれ項目があり、これらも大工が業者から見積りを取って記したものと思われる。

なお、№88以降は、工事後の清算で足りない分を補てんしたもの。見積もりに対しては増額分である。これにより①値段書は、見積り書というだけでなく、工事決算書の意味もあったことがわかる。

坪あたり大工工数

一坪あたりの大工工数は、№73の大工一式に、工数二〇〇人余で八〇〇匁とある。しかし、№88の増しAの三〇人

表２　木寄仕様値段書の続きと惣〆

①文化二（1805）丑七月吉日木寄仕様値段書（続き）			
材木一式（表１①分合計）			1787.5匁　（120匁）
73	大工一式	細工出来・樋廻り・店蓋迄	工数 200 人余 800 匁（40 匁）
74	屋根下地	土根２寸足仕、裏庇裏板に小軒四枚付上中こけら仕候	200匁　（18匁）
75	手伝一式	表囲、古家毀、地均し、石据、石すき、建前、下地、棟上、左官手伝、砂切（表軒下・はしり・湯殿・小便所・雪隠）	工数80人余17000文（600文）
76	土屋	荒土一式・中塗惣一式・砂切	15000 文（1000 文）
77	戸屋 框松板樅上々 仕、上々色付、 戸障子框廻り 檜桟ニテ候	【1 階】表１間半店１口、表間中店１口、寄付半戸１口、大戸１枚、上り口戸小節７枚入、裏口１枚、縁３枚、雲障子２枚、縁４枚障子入、鴨居上小障子２枚、床掛障子１枚【2 階】裏縁３枚戸入、表むし子障子４枚【雪隠】戸１枚	295 匁（42 匁）
78	左官	表むし子大津壁、惣中塗り迄	工数20人余　95匁（7.5匁）
79	すさ		750 文
80	竹一式	下地竹えつり、かいつりニ藤、樋竹一式	5500 文（350 文）
81	囲むしろ	下地なわ、かいなわ	1800 文
82	色付・油拭		1500 文
83	天窓	瓦３枚、障子付	750 文
84	釘金物 色品一式右極 上仕候、	庇つり５本、おたれつり２本、店さらかね４本、角金物４枚、毛抜き４枚、同しょうかね２口、上戸ひち３口、打違９枚、取置柱躰幕・同ほぞ金４枚毎、ねきあし４枚、甲金物１枚、大戸ひち１口、同貫せん１口、前包貫せん４つ、はかき金廻り雪隠裏縁戸袋ひち１口、裏縁戸絞り金物一式	165 匁（7 匁）
85	石灰		1750 文
86	惣〆	銀 3342.5 匁（234.5 匁）＋銭 44050 文（1950 文）	
87	改	表軒高さ一丈四尺、 奥行五間半	銀　3342.5匁－236.5匁＝3106匁 銭　44050文－1950文＝42100文
88	増し A	木代（表溝蓋等）104.3 匁、色付油 500 文、釘金物 1200 文 大工手間 30 人 120 匁、子供手伝 82 人 8200 文	
89	惣〆 2	銀 3330.3 匁＋（銭 52000 文÷ 112.36 文 / 匁）＝銀 3793.1 匁	
90	増し B	おだれさし板増９匁、妻戸代 1000 文、石灰代 255 文	
91	惣〆 3	銀 3793.1 匁＋ 9 匁＋（銭 1255 文÷ 112.36 銭 / 匁） ＝ 3813.27 匁	

が一二〇匁なので、大工手間賃は一日あたり四匁。そうすると八〇〇匁はちょうど二〇〇人分だから、余を意識する必要はない。建坪二〇・五坪では、二〇〇人÷二〇・五坪＝九・七六人／坪である。

これが建坪一九坪になると、№73の（ ）内の四〇匁を、四匁／日で割った一〇人を引いた一九〇人が一九坪分になるはず。ちょうど一〇人／坪となる。九・七六人／坪と大差ない。したがって亀屋の借家は、坪あたり大工工数が一〇人程度で見積られていたことになる。

坪あたり工費

建坪二〇・五坪では、№86に惣〆として、銀三三四二・五匁と銭四四〇五〇文の合計とある。銀の銭換算率は、同じ工事史料に、銀一匁＝一一二・三六文とあるので、これで換算すると、銭四四〇五〇文は銀三九二・〇四匁。これと銀三三四二・五匁の合計は三七三四・五四匁。建坪二〇・五坪で割ると一八二・一七匁／坪になる。

建坪一九坪では、№87より銀三一〇六匁と銭四二一〇〇文の合計なので、銀一匁＝一一二・三六文で換算して、惣〆が銀三四八〇・六九匁となる。これを一九坪で割ると一八三・一九匁／坪。一八二・一七匁／坪との間をとると、坪あたり工費は一八三匁となる。

建築のグレード

大工の①値段書と、材木屋の②注文帳にふくまれないものに、瓦工事がある。

これには、閏八月二二日に瓦師が提出した「壬八月廿二日、大仏瓦師蒔田五左衛門、瓦積り書」がある（表3、以下③瓦積り書）。№92に二階の屋根つまり大屋根の分を「御屋根」、№93では湯殿雪隠の瓦数をあげている。そして、№94の代金二八八・八九匁は、二七・五一四坪に一〇・五匁（「壱坪道具手間共一〇・五匁かへ」）を乗じた数字と一致する。「かへ」の正確な意味は不明だが、ほかのところに「壱坪代にて御座候へば直葺立の上、瓦枚数改めて算用仕る」と

表3　壬八月廿二日大仏瓦師蒔田五左衛門瓦積り書（③）と惣〆

③壬八月廿二日大仏瓦師蒔田五左衛門瓦積り書			亀屋七兵絵様
書き込み：右之御屋根、極上并瓦葺、表軒一文字巴付、裏軒唐草、西之方少々けらば遣り、棟のし三返、がんぶりぶせ、鬼板立ニ仕候、御入用瓦数左之通			
92	御屋根	巴付両角共24枚、けらば41枚、唐草25枚、のし72枚、雁ぶり24枚、ともえ1本、鬼板1枚、并1440枚	
93	湯殿雪隠共	凡1133枚、唐草3枚	
94	御屋根〆 1761枚、此坪27.514坪		代288.89匁但し壱坪道具手間共10.5匁かへ
95	御庇し	本間葺小并156枚・代28.8匁、本間葺小軒28枚・代12.6匁、けらば12枚・代4.2匁、のし24枚・代4.32匁、葺師1人4.3匁	
96	御庇し〆	53.5匁	
97	惣〆	御屋根・湯殿雪隠288.89匁＋御庇し53.5匁＝342.39匁	

あるので、坪あたりの意味であろうか。そうすると、二七・五一四坪は、屋根坪（屋根先端の投影面積）と考えられる。

また、表の通庇（「表御庇し」）の見積りは、別項目となっている。必要瓦枚数＋葺師手間四・三匁／日＝五三・五匁（No.96）。これと大屋根との合計は、三四二・三九匁（No.97）となる。なお、通庇には葺師手間の項目があるが、大屋根・雪隠湯殿にはない。したがって、これらの葺師手間は「壱坪道具手間共」にふくまれたと思われる。

このほか、③瓦積り書は、大工が着工した八月一五日から一週間後の日付となっている。なので、No.87の「改」後の建坪一九坪が対象である。そうすると、総工費の見積りは、前述の三四八〇・六九匁に、瓦工事分の三四二・三九匁を加えた三八二三・〇八匁となる。これを建坪一九坪で割ると、二〇一・二一匁／坪である。

したがって亀屋の借家は、坪あたりの大工工数が一〇人／坪、坪あたり工費はおおよそ二〇〇匁。「町家の質に応じた一坪あたり大工工数、いわば標準工数」（第一節）において、借家に指摘される六人／坪よりも上質である。片土間・床上三室の普通の町家とくらべると、一二人／坪には足りないが、坪あたり工費の二〇〇匁／坪は同じ。亀屋は、借家であっても普通の町家なみのグレードで、この借家建築を考えていたことがわかる。

表４　業種別手間賃／日

98	職種別手間賃／日	銀匁、銭文(銀換算)	根拠	三井寛政度普請
99	大工	4匁	No.73、No.85	3.42匁
100	左官	4.75匁	No.78	2.88匁
101	瓦葺師	4.3匁	No.95	3匁
102	手伝	212.5文（1.89匁）	No.75	2.02匁
103	子供手伝	100文（0.93匁）	No.88	

職業別手間賃

この工事にかかわった業種別の手間賃は、表４のようになる。

このうち大工の手間賃は、従来の研究では、一日あたり銀四・三匁／日が「江戸時代の京都における大工手間(五)」と通念的に理解されている。しかし実際は、三・八匁や四匁、巨大な三井越後屋京本店は三・四二匁など、多様であった。もっとも四・三匁も、それを亀屋が祝儀の額にもするように（後述）、大工手間賃の目安だったのは間違いない。

しかし、それより安い四匁／日もあったことを、この借家建築が示している。そうすると休みが一日というのも、安い手間仕事はとっとと終わらせたい、そんな気持ちからだったかもしれない。

そんな大工の手間賃が、左官や瓦葺師よりも安い点は、表４右端の三井家の例(六)とは異なる。しかし、片土間・床上三室で普通の町家なみのグレードに関する、江戸時代後期の貴重な比較史料であるのは間違いない。

ちなみに、享和元年（一八〇二）に岩倉盆地の愛宕郡岩倉村で、百姓が土蔵を建築したとき、大工と木挽の手間賃は二・七匁／日であった(七)。京都の町家にくらべてずいぶん安いが、同じ工事の左官職は四匁／日から五匁／日の手間賃を得ているので、工事内容によって違っていたのかもしれない。

第四節　工事方式と総工費、工費割合

分割委任方式

町家の工事方式には、次の三種類があった(八)。

- 施主の直営…施主が全職種をそれぞれ直接雇用する
- 大工の請け負い…大工が請け負った総費用の中で全職種を雇用する
- 委任方式…施主の雇用を大工が代行し、費用は清算する

そうすると亀屋の借家建築は、大工の①値段書に戸屋（№77）や、左官（№78）の項があるので、施主の直営ではない。

また、実際の工事は、見積もりの大工工数二〇〇人（№73）を三〇人も上回っていたり（№88）、当初見積りを一割近くこえる増分（№88・№90の合計約三二〇匁）の精算があったりするので、大工の請け負いでもない。大工が施主から委任されて全業種を雇用し、工事後に差額を精算し、支払を代行する委任方式であった。

この委任方式は、「出入の大工」つまり施主と関係の深い大工に特有とされる。大工平八も、受金記録の『請取帳』に、この建築の大工委任分三八一三・二七匁（№91）をはるかにこえる銀六〇〇〇・五九匁を受け取ったと記しているので（表5）、この借家以外にも、なんらかの仕事を請け負っていた。したがって出入の大工とみてよい。

表５　請取帳

請取期日	『請取帳』記録	銀換算	累計
8月晦日	金15両	973.14匁	973.14匁
9月8日	銀1000匁＋銭30000文	1267匁	2240.14匁
9月8日	銭6200文	55.18匁	2295.32匁
9月16日	金30両	1946.28匁	4241.6匁
9月25日	銭5000文	44.5匁	4286.1匁
9月晦日	金10両＋銭5000文	693.26匁	4979.36匁
10月6日	銀164匁	164匁	5143.36匁
10月晦日	金2両2歩＋銭5000文	206.69匁	5350.05匁
11月7日	金10両＋銭200文	650.54匁	6000.59匁

金1両＝64.876匁、銀1匁＝112.36匁は本史料に拠った。

表6　文化二丑年壬八月瓦之通

文化二丑年壬八月瓦之通	
104	御借家之分 2005 枚、13 枚引で 1994 枚、此坪 31.156 坪 代 31.156 坪× 10.5 匁 / 坪 =327.14 匁、葺師手間 14.5 人× 4.3 匁 / 日 =62.35 匁
105	瓦工事分惣〆　327.14 匁 + 62.35 匁 = 389.49 匁

ただし、平八は着工前に、亀屋に対して次のような文書を提出している。

一札之事

其元殿御抱屋敷御地面、此度普請場に二、三ヶ月の間、借用仕候ところ実正也、右普請出来次第、御地面明け御渡し申すべく候、御公儀様より仰出なされ候御法度の趣、堅く相守申すべく候、火の用心別して入念仕るべく候、後日のため、よって件の如し

文化二年　丑八月　大工平八

借家（抱屋敷）の建築用地（「其元殿御抱屋敷御地面」）を「普請場」つまり作業場にするのは、あたり前である。それなのに、大工は「借用」と「明ヶ御渡し」を誓約した。亀屋が大工の居座りや材料置場化を警戒して提出させたとすれば、信頼しきってはいない。この姿勢は、大工や手伝、左官の出面を亀屋みずから確認することと整合する。

また瓦工事も、大工を介さず、瓦屋が葺師を雇用し、支払いも代行し、一割以上の増分を亀屋との間で精算する委任方式である（表6）。

したがって、この借家建築は、亀屋が大工と瓦屋それぞれに委任する、分割委任方式であった。ちなみに亀屋は、瓦を搬入する瓦師や、瓦葺師の出面はもちろん、搬入された瓦も傷物一枚を交換させせるほど、みずから徹底的に確認している（「スレ一枚はね」）、まかせきる様子はとにかくまったくない。

このように、出入の大工にさえ妥協を許さない姿勢は、『後は昔物語』(九)に「一二三銭といへども算用をただし、人よりとること速かなり……京の人は、来るべきものの来ぬは義理を知らぬよ

図２『三条油小路町町並絵巻』東側部分
京都府立総合資料館所蔵

うに覚えて催促すべし」と記された、京都の町人ならでは。「百疋ばかりの事はいうてもいられず、損をしても損と思わず」という江戸の町人とは、様子がずいぶん違っていたのである。

ところで、③瓦積り書では大屋根と庇が別々に記されていた。これは、京都の並瓦葺の普及経緯に関係している。

享保五年（一七二〇）、徳川吉宗によって、それまで贅沢として規制されていた瓦葺が、防火目的で許された。それから江戸では瓦葺の強制がはじまったが、同じ幕府直轄都市の京都では、一二二年後の天保一三年（一八四二）、京都町奉行所が「柿葺《こけら》の分は軒先裏物置小屋または端々の小屋、裏借家に至るまで、修復の度ごと等閑に致さず、いつれも瓦葺にいたし」と命じるまで、瓦葺が強制されることはなかった[一〇]。焼跡に奨励された程度である。それでも、町家の大屋根には一八世紀前半から普及していったが、文政三年（一八二〇）の『三条油小路町町並絵巻』（東側部分）に三条油小路町の町なみをみると、通庇には柿葺がまだある（図２）。そうすると、亀屋の借家も、背面側の裏庇に用いる「こけら」（№74）も選択肢であったはずだから、③瓦積り書で大屋根と通庇を別々に記したのは、庇については見積比較を行ったと考えられる。その結果が並瓦葺であった。それが、亀屋が普通の町家なみのグレードを求めた結果だったのだから、当時はもう庇の瓦葺も一般化しつつあったのであろう。

表7　総工費の割合グラフ

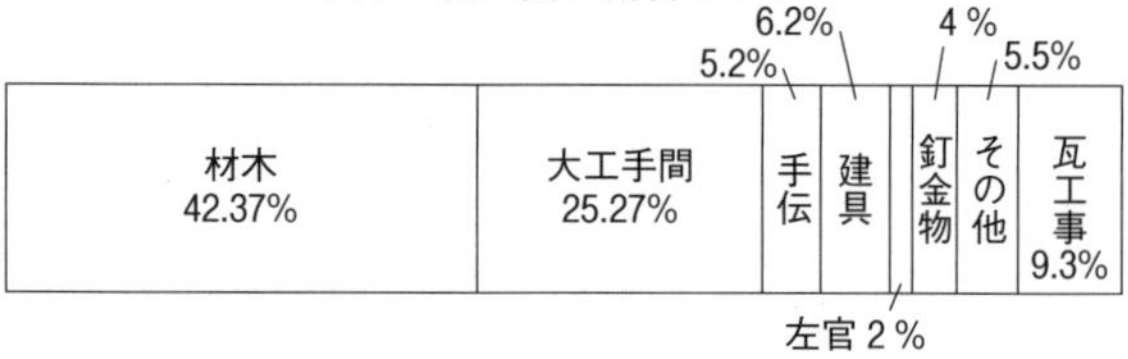

表8　文化二年丑壬八月廿八日棟上入用覚ほか

文化二年丑壬八月廿八日棟上入用覚ほか		（　）内は銀匁換算	
106	棟上時の祝儀	大工平八100疋（22.25匁）、助大工4.3匁、助大工3人9匁、子供大工2人4匁、手伝親方3匁、手伝6人1200文（10.68匁）土屋源三郎4.3匁、町用人藤吉3匁、木■屋利兵衛3匁、番人100文（0.89匁）、小十郎100文（0.89匁）	65.31匁
107	棟上時の配物	亀安100文（0.89匁）、亀屋100文（0.89匁）、大工平八200文（1.8匁）、土源100文（0.89匁）、■物代770文（6.85匁）、風呂敷100文（0.89匁）、白蒸1.5斗代14.7匁、同つき賃203文（1.8匁）、肴代22.5匁、酒5升650文（5.8匁）、小泉へ8.6匁…地祭御礼料其外節之日限之事尋ニ参り候、町汁之節町へあいさつ酒壱斗代1300文（11.57匁）、両隣肴代19.3匁両隣外へ遣ス	96.48匁
108	大工等慰労	普請中大工手伝へ酒肴汁等ヲ出し申候入用	160匁
109	亀屋直営分と買物費用	石代手間代3100文（27.59匁）、石屋払溝石蓋代864匁、雪隠壺代750文（6.67匁）、古井戸足し掘代3411文（30.36匁）、井戸掃除料300文（2.27匁）	930.89匁
110	儀礼及び亀屋直営、買物費用〆		惣〆1252.68匁

表9　借家総費用の割合グラフ

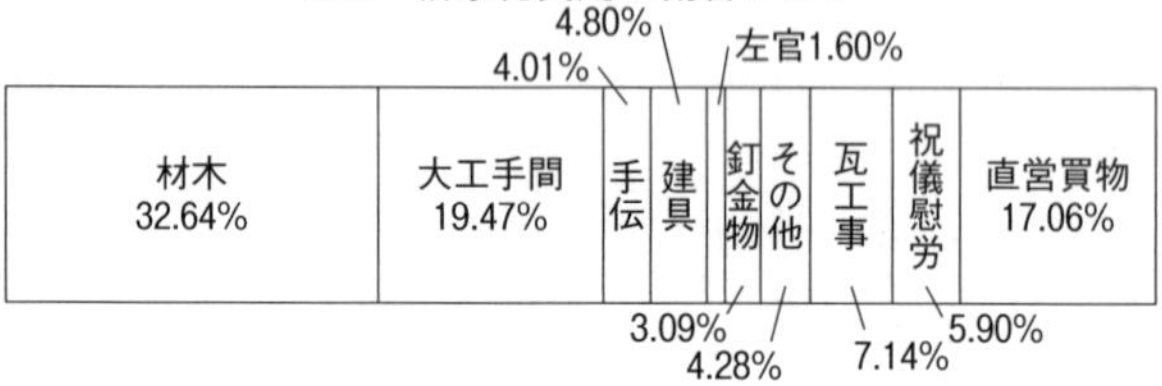

総工費と工費割合

実際の工事結果をふまえて増分を清算した総工費は、大工の委任方式分が、①値段書の№91より三八一三・二七匁。瓦師の委任工事分は、瓦師の精算書である「文化二丑年壬八月瓦之通」（表6）の№104、№105から三八九・四九匁である。これは、③瓦積り書から銀四七・一匁つまり一三パーセントの増しである。

これらの合計が、四二〇二・七六匁。当初見積りの三八二三・〇八匁とくらべると、約一割増しになっている。内訳は表7グラフのようになり、大きい順に材木→大工手間→瓦工事→建具となる。これは上質の町家に指摘される順番[一一]と同じであるが、左官工事が少ないのは、土蔵がないからであろう。そして①値段書で材木・建具・釘金物が細かく見積られたのは、総工費の五割をこえるこれらを慎重にあつかったから、と考えられる。

総費用と費用割合

総工費のほかに、亀屋が費やした棟上時の儀礼費用や、亀屋が直営した石工事（表溝の石蓋）、工事に関連する買物費用の記録もある（表8）。

表8をみると、直営の№109溝石蓋代が大きい。建築物の石据えは手伝の仕事（№75）であったが、溝は建築工事の範囲外であったことがわかる。

また、上棟時の祝儀や配物《くばりもの》は合計一六一・七九匁。本章冒頭に記した嘉永六年（一八五三）の井筒屋の普請は上質の町家や付属棟、土蔵二棟を建築するもので、総費用は亀屋の五倍というものであったが、それでも祝儀・配物の合計は一八八・一七匁。[一二]亀屋と大きく違わないから、京都の町家建築の祝儀費用の基準だったのかもしれない。

それはともかく、これらの合計一二五二・六八匁（№110）に、総工費四二〇二・七六匁をくわえた五四五五・四四匁が、亀屋の借家建築の総費用であった。これをグラフにしたのが表9。これでも材木・大工手間が五二・一一パーセントをしめており、町家建築における大工の役割が、いかに大きかったかがわかる。

まとめ、江戸時代に普通の町家を建てたのなら、たとえば銀四二〇〇匁

社会が安定した文化二年（一八〇五）に、京都四条の高瀬川沿いの真町で建築された、典型的な町家の構成（片土間・床上三室、軒高丈四）をもつ借家の建築費用を検討した。

竣工後に清算された総工費は、四二〇二・七六匁。一坪あたり二二一匁。儀礼費などをふくめた総費用は五四五五・四四匁で、一坪あたり二八七匁であった。これまでに紹介された上質の町家とくらべると、五分の一である。工期は四ヶ月未満で、上質町家の六分の一。それでも、普通の町家なみのグレードを持つ借家であった。

このように標準工数の考え方を裏付ける結果は、京都の町家の建築費用を考える上で、有用である。

また、大工委任分と瓦工事を分ける分割委任方式で、奥行六間で軒高丈五にした場合が見積もりの比較対象とされていた。比較の結果、最終的に奥行五間半で軒高丈四となったが、一坪あたりの工費は銀二〇〇匁、一坪あたりの大工工数一〇人。つまり一〇人掛かりである。これは、普通の町家に指摘された標準工数や坪あたり工費と整合する。

借家の一坪あたりの工費（銀一〇〇匁）や、一坪あたりの大工工数（六人）をこえる理由は、しっかりした仕様の表構え（No.1〜5）や、小黒柱・大黒柱（No.6、No.7）の檜材、無節《むぶし》の天井板（No.58）や北山杉の面皮柱《めんかわ》（「津《つ》ら丸太」）の付柱（No.62）、吊床（No.67、赤杉落掛と北山杉吊束）、北山小丸太垂木（No.64）と北山縁桁《えんげた》（No.63）の縁を備えた座敷、つまり数寄屋（茶室）風意匠の座敷などにうかがえる。

それでも、大工工数が普通の町家の一二人よりも少ないのは、片土間・床上三室という典型的構成や、手間賃を押さえたい亀屋の意向、工期一〇五日に現場休みは一日という工事が可能な周辺環境が、関係していたのかもしれない。

ちなみに、この借家建築の史料には、金換算で八四両という記述もある。この数字をふまえて、敷地奥に五坪程度

の庭蔵を建てた場合も考えてみよう。大工史料の『愚子見記』に記された土蔵の坪当たり工費や、岩倉村の土蔵建築史料（第三節）を参考にすると、それは金二〇両程度。したがって、片土間・床上三室、便所と風呂棟の町家に土蔵一棟を建てるには、荒っぽい数字ながら、金一〇〇両という目安が得られる。

それでは最後に、現代の価値に置き換えたらどうだろうか。江戸時代の物価には、さまざまな指標や換算値があるが、生活習慣や社会環境が違うので、簡単には比較できない。よく使われるのは米価格であるが、建築関係資料の換算に用いると、びっくりするほど安くなる。そこで建築関係史料らしく、大工の手間賃で考えてみよう。

亀屋の借家建築では四匁／日。現在の大工日当は、手取りで一万八〇〇〇円程度。そうすると、一匁＝四五〇〇円の換算値が生まれる。これだと、総工費四二〇二・七六匁は、一八九一万二四二〇円、約一九〇〇万円である。そして坪単価は、一坪あたりの工費が二二一匁だから、四五〇〇円を乗じて九九四五〇〇円、約一〇〇万円である。ただし、亀屋の史料の建坪は二階をふくまないから、現代と同様にふくめると、単純に考えれば坪単価は半分になって五〇万円程度。もっとも片土間の上部は吹き抜けの火袋で二階の床張りはないから、六五万円あたりだろうか。

そうすると、典型的な町家一式は、ざっと二〇〇〇万円。オプションで土蔵を建てたら二四〇〇万円といったところ。安いとみるとか、高いとみるか。ふところ次第だが、左官仕事など職人手間が江戸時代にくらべて高価になった現在では、土蔵が四〇〇万円ではとても無理だから、町家一式のみで二〇〇〇万円という数字だけが目安になる。もちろん土地代は入っていないので、念のため。

註

一　高橋康夫「町家普請における工費と標準工数」『建築と積算』五、日本建築積算協会、一九七五。本資料の利用には当麻正氏（日本建築積算協会本部事務局）のご協力を賜った。

二　田中家（近江屋吉兵衛）文書、京都市歴史資料館紙焼史料
三　日向進『近世京都の町・町家・町家大工』思文閣出版、一九九八
四　『真町文書』（京都府立総合資料館所蔵）、同文書にみる亀屋の動向は、拙著『京都の町家と火消衆――その働き、鬼神のごとし』第九章、昭和堂、二〇一一、でも取り上げた。
五　前掲、日向進『近世京都の町・町家・町家大工』
六　前掲、日向進『近世京都の町・町家・町家大工』
七　丸山俊明「京都近郊農村の普請形態について――岩倉村の土蔵普請を事例として」『平成一一年度日本建築学会近畿支部研究報告集』第三九号、日本建築学会近畿支部、一九九九
八　前掲、高橋康夫「町家普請における工費と標準工数」
九　朋誠堂喜三二『後は昔物語』（『日本随筆大成　第三期一二』所収）、吉川弘文館、一九七七
一〇　丸山俊明『京都の町家と町なみ――何方を見申様に作る事、堅仕間敷事』第二章、昭和堂、二〇〇七
一一　前掲、高橋康夫「町家普請における工費と標準工数」
一二　前掲、高橋康夫「町家普請における工費と標準工数」

第一五章

町家一軒借り切って
江戸の殿様おもてなし

概要…江戸時代の二条城。そこには、江戸から旗本主従が上洛してきた。二条城を警護する役割の、二条番衆である。彼らは前任との交代・入城を待つ間、町家でもてなしを受けた。これを二条番衆の寄宿といい、受け入れを義務付けられた町々は念入りにもてなした。この、江戸の旗本と京都の町家の知られざる関係を、明らかにする。

第一節　寄宿という制度

江戸時代の京都では、上洛した武士の宿として町家が提供されることがあった。そりゃ宿屋だろ、と思われるかもしれない。でも違う。

この寄宿とは、江戸時代初頭の寛永一一年（一六三四）、三代将軍の家光の上洛にはじまる。[一]そのとき随行した各藩は、幕府の許可を得て、京都藩邸の有無や軍団の規模に応じて、自主的に寄宿先を確保した。藩主が寺社や藩邸、上層の町家へ入れば、家臣は周辺の町家や近郊農村の民家というように。もっとも鴨の河原の小屋がけ（仮小屋泊）が三〇万人以上もいたとはいうけれど。

その後、将軍の上洛は、幕末の文久三年（一八六三）までなかった。が、将軍の名代や、幕府上使の上洛は幾度もあった。たとえば京都町奉行所（以下、町奉行所）が行政例を記録した『京都御役所向大概覚書』によれば、享保元年（一七一六）に将軍名代として松平讃岐守の上洛が命じられ、土佐藩邸が宿と決まったとき、随行家臣団の寄宿用にと、土佐藩は一五〇もの町家確保を要望した。これを受けて町奉行所は、土佐藩と町人との直接交渉を許したという。[二]そこで土佐藩は町家を二〇〇軒も確保し、さらに調査して一五〇軒に絞りこんだ。[三]そうすると、なんらかの選択基準があったはずであるが、その報告はなされていない。

第二節　二条番衆に関する視点

つぎに、二条番衆について。その名の通り、京都の二条城の警護役であった。二条城は、寛永一一年（一六三四）の家光上洛以降、城主（将軍）不在であった。そこで警護役が、江戸の大番組から派遣された。大番組とは、江戸城本丸の老中支配の常備兵力のことである。

実質的には騎馬の旗本を中心に編成された親衛隊で、各組に石高五〇〇〇～一〇〇〇〇の大番頭が一人、六〇〇石の組頭が四人、二〇〇石の番衆が五〇人いた。このような大番組が一二組あり、そこから毎年二組が四月に上洛。前任と交代し、東西の組屋敷や東西の番衆小屋に入ったのである。

寛永二年（一六二五）に二条城代と共に制度化されたとき、二条番衆は一組三〇人であった。それが寛永一一年の家光上洛時に、五〇人へ増員された。さらに、元禄一二年（一六九九）に二条城代が廃止されてからは、京都常駐の与力一〇人と同心二〇人を指揮して、二条城を警護する役割になった。[四] 幕末の文久二年（一八六二）に京都守護職が設置され、常設の二条定番（定員二人）が置かれるまでは、この制度が存続していたのである。

このような二条番衆は、上洛後、前任の退去を待つ間、町家に数日間寄宿した。本章では、この寄宿に関する江戸時代後期の史料から、受け入れ義務の実態や、それを課された町々の様子（第三節）、町家の選択基準（第四節）、費用分担（第五節）をみていこう。

第三節　江戸時代後期の寄宿町の拡大過程

嘉永六年（一八五三）の増町命令

三条衣棚町（三条室町西入、図1Ⓐ）の嘉永六年（一八五三）の冊子『二條御番衆様御宿、此度増町仰付られ候一条の事』(五)には、二条番衆の寄宿について、町奉行所から同町が命じられた内容（以下、①）が記されている。

東洞院二条下る町年寄長兵衛、其外百九十四町
二条御番衆交代の節、これまで寄宿いたし来る町々、近来寄宿相勤候程の家数、追々減少致、差し支え難渋の次第申立、増町の義願出、余儀なく相聞候に付、其方共町、寄宿増町申付候間、其旨相心得、元寄宿町申合、町分け致、順番相きめ、寄宿差支なき様致申し、依って請書申付る
……二條御番衆様交代の節、寄宿の義、これまで東は堀川通西側迄、西は神泉苑町通迄、南は松原通、北は御池通上る所迄、此度吟味の上、右町数の外に東に東洞院通迄、南松原通、北二条通迄　丑三月

これまで寄宿を受け入れていた「元寄宿町」が、「寄宿相勤候程の家」が減少して「難渋」になった。そこで町奉行所へ「増町」を訴えたという。この記述から、町家には、寄宿を受け入れることが可能な家と、不可能な家があったことがわかる。

そして元寄宿町がある地域は、文中の通り名から、二条城の南側で堀川の西側（図1）と判断できる。この地域を、幕末の『慶応四年改正京町絵図細見大成』（以下、『改正京町絵図』）(六)にみると、八〇町を数える。これら町々が「近来」に「難渋」となったのだから、江戸時代の早い時期から、二条番衆の寄宿を受け入れていた可能性が高い。

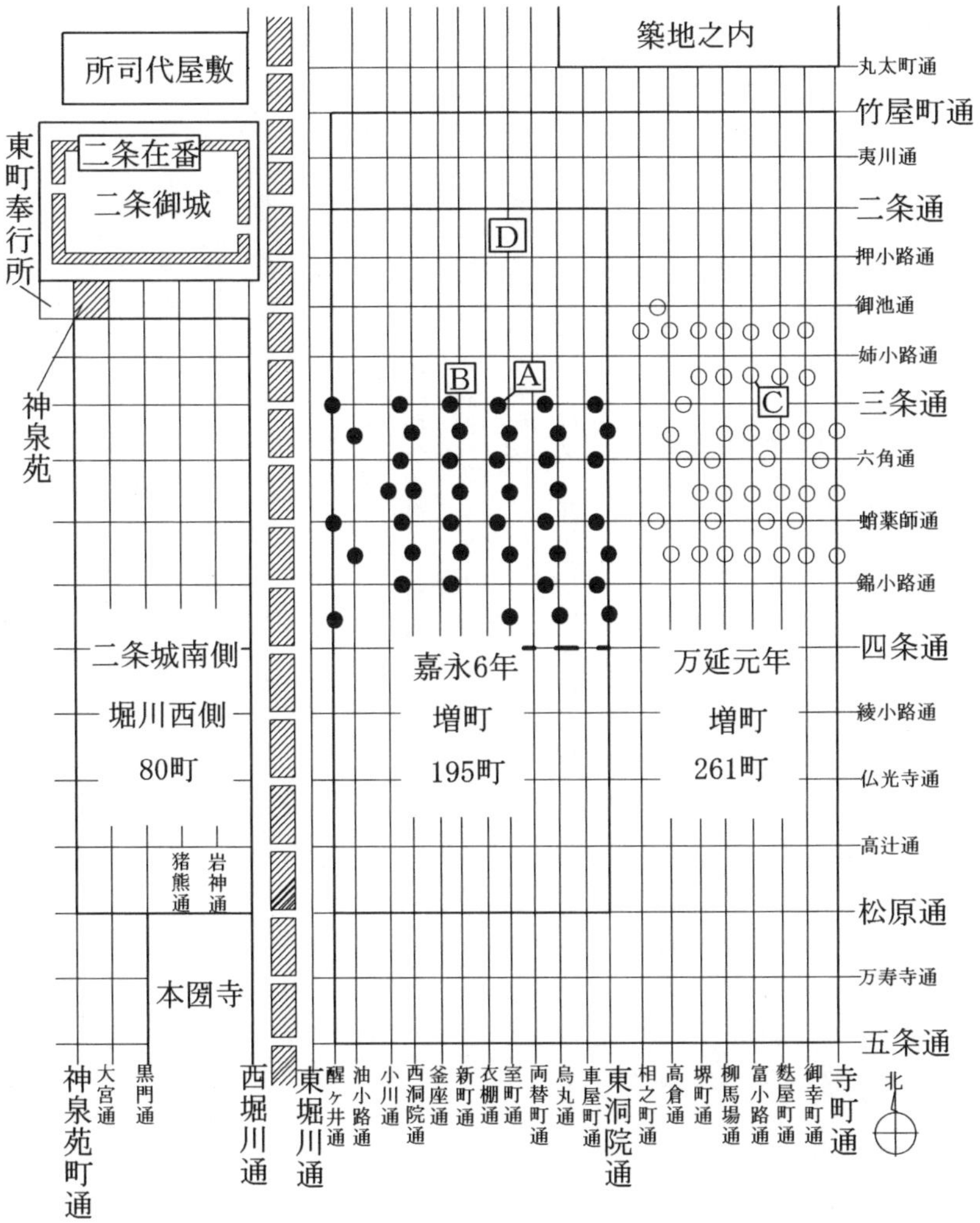

図１　寄宿町拡大過程

●…嘉永七年に寄宿町、○…文久元年に寄宿町そして、これら元寄宿町の訴えを認めた町奉行所は、嘉永六年三月に「東洞院二条下る町」の瓦之町ほか一九四町、合計一九五町を増町と定めた。そして、元寄宿町と「申合」を行って「町分け」や「順番」を決めるように命じたのである。三月は、毎年四月に行われる二条番衆の交代の前月である。したがって、それにともなう番衆寄宿を受け入れる寄宿町に、東洞院通り沿いを東限とする増町一九五町（図1）も組み込まれていたことになる。

さらに『二條御番衆様御宿、此度増町仰付られ候一条之事』の末尾には、「申合」の結果として、「宿割掛町」から三条衣棚町へ連絡された「順番」が、次のように定められたとある（以下、②）。

二条通より三条上る町迄・東洞院より油小路西へ入るところ迄、右町にて壱ケ年、当丑年御寄宿
三条通より四条上る町迄・東洞院より油小路西へ入るところ迄、右町にて壱ケ年、来る寅年御寄宿
四条通より松原上る町迄・東洞院より油小路西へ入るところ迄、右町にて壱ケ年、来る卯年御寄宿
御池上る町より松原通迄・西堀川より神泉苑町迄、右町にて壱ケ年、来る辰年御寄宿
右の通、町分ケ順番相定、一順相済候はば、尚又、元順の様戻し、年々順々に御寄宿なされる様に相成候……

東西は、東洞院通り沿いから油小路通り西入まで。南北は、二条通り沿いから松原通り沿いまで。これが増町の地域である。町数は前掲の①より一九五町。ただし、三条通りと四条通りによって、南北に三分割された（図1）。この三分割を『改正京町絵図』にみると、北から順に、六二町、六〇町、七〇町。これらの三組に、堀川西側の元寄宿町をあわせた四組が、右回りで一年交代に寄宿を受け入れることになった。一巡すれば、また最初からというように。

このとき、東堀川通り沿いの町々が増町に組み込まれなかったのは、そこが二条城から堀川をこえた対岸にあり、諸藩の藩邸が並んでいたことに関係があったかもしれない。

そして三条衣棚町は、三条室町西入（図1Ⓐ）に位置するから、最初の寄宿町は「寅年」の嘉永七年（安政元年、

一八五四）。その次が四年後の安政五年（一八五八）となる。じつは江戸時代の三条衣棚町は、南町と北町に分かれていたが、そのうち北町に、嘉永七年の二条番衆の寄宿記録である『御番衆様御逗留中日記』がある。そして、次のように記す部分がある（以下、③）。

二条御番衆様御宿、当寅年、町内縄張の内に御座候故、当町内南北分れこれ有候故、先番・跡番の差別定め置度存、去る丑十二月、南側千切屋文右衛門様宅へ出合にて、南側川勝喜平様、北側七郎兵衛と右三人集会の上、くじ取致候処、当寅年、北側勤番相当り、南側控番に相定り、此次午年のみぎりは南側勤番に相当り、其後、右の通り順送り、順送り相勤番……

嘉永六年（一八五三）に、嘉永七年（一八五四）の「二条御番衆様御宿」の「縄張の内」に決まったとあり、②と整合する。

そこで北町と南町は、くじ引きを行った。これで北町が「勤番」で「御宿」を用意、南町は「控番」で次回の「午年」の勤番と定まったのである。そして南町は、安政五年（戊午、一八五八）に受入記録の『二条御番衆様御宿中諸事控』を残している。そうすると、南北両町はそれぞれ八年に一度の受け入れとなるが、これはあくまで、別々に町運営を行う三条衣棚町内部の制度であった。普通は四年に一度である。

また③には、「昨年……御宿勤められ候、蛸薬師町様、諸事払書御借致し…」とある。初の受け入れに際し、前年の寄宿町である蛸薬師町（室町二条下る、図1Ⓓ）から記録を借用したのである。蛸薬師町は三分割の上段にあり、②の右回りと見合っている。

ちなみに南町は、安政五年に寄宿した二条番衆が、ほかの寄宿先を訪問するときの案内用に寄宿町のリストを残している（表1『御番衆様宿所控』）。これを図1に●でプロットすると、ちょうど三分割の中段。三条衣棚町の近辺におさまっている。

表１　『御番衆様宿所控』（安政五年の寄宿町）

住所	建物	先跡	住所	建物	先跡
三条東洞院西入	会所	○ー	蛸薬師烏丸西入	会所	○○
室町三条通下る	会所	○○	三条烏丸西入	会所	○○
東洞院三条通下る	居宅	○○	西洞院六角下る	居宅	○○
烏丸蛸薬師通下る	居宅	○○	六角西洞院西入	居宅	○○
錦小路東洞院通下る	居宅	○○	油小路錦小路下る	居宅	○○
新町三条通下る	会所	○○	室町四条下る	居宅	○■
炭屋図子町	居宅	○○	蛸薬師西洞院西入	居宅	○○
新町三条下る	居宅	○■	小川六角下る	居宅	○○
蛸薬師東洞院西入	居宅	○○	錦小路西洞院西入	居宅	○○
烏丸通三条下る	会所	○○	醒ヶ井錦小路下る	会所	○○
三条室町西入	居宅	○○	烏丸錦小路下る	会所	○○
六角烏丸西入	会所	○○	蛸薬師油小路西入	居宅	○○
錦小路新町西入	会所	○○	室町蛸薬師下る	居宅	○■
三条新町西入	会所	○○	烏丸六角下る	町持	○■
蛸薬師新町西入	居宅	○■	三条西洞院西入	居宅	○■
六角東洞院西入	居宅	○○	西洞院蛸薬師下る	居宅	■○
三条油小路西入	町持	○○	蛸薬師室町西入	居宅	■○
東洞院錦小路下る	居宅	○○	六角新町西入	居宅	■○
錦小路烏丸西入	会所	○○	越後突抜町	居宅	■○
新町六角下る	居宅	○○	西洞院三条下る	居宅	■○
新町蛸薬師下る	会所	○○	六角室町西入	会所	■○
油小路六角下る	会所	○○	油小路蛸薬師下る	会所	■○
東洞院蛸薬師下る	居宅	○○	油小路三条下る	居宅	■○
油小路三条下る	居宅	○○	室町六角下る	会所	■○

寄宿有は○、無は■

万延元年（一八六〇）三月の増町命令

万延元年（一八六〇）三月にも、町奉行所の増町命令が出されたことが、町頭南町（新町三条上る、図1B）の『御請書』（以下、④）[七]に記録されている。

弐百七拾五町惣代、烏丸四条上る町、年寄仁左衛門そのほか年寄共、其方共町々、二条御番衆交代の節、寄宿いたし来所種々難渋申立、寄宿町増の義願出、余義なきと相聞候間、東は寺町通、南は五条通、北は竹屋町通迄、新規増町申付候間、申合順に寄宿差支えざる様、致し申候

弐百六拾壱町惣代、寺町夷川上る町、年寄新兵衛そのほか年寄共、二条御番衆交代の節、これまで寄宿致来たり町々、種々難渋申立、寄宿町増の義願出、余義なきと相聞候に付、其方共町々寄宿増町に申付候間相心得、元寄宿町々申合、順に寄宿差支えざる様致させ、もっとも町々年寄共、呼出申渡すべき所、多人数の義に付、其方共へ申渡間、右之趣、早々町々へ申通し致し候、よって一同請書申付ける

まず前段で、烏丸四条上る町つまり笋町《たかんなちょう》など二七五町が、前年（安政六年、一八五九）までの寄宿町である。これには、嘉永六年（一八五三）の増町一九五町（①）と、堀川西側の元寄宿町がふくまれている。

そこで二七五町から一九五町をのぞくと八〇町。これが堀川西側の元寄宿町の町数であり、『改正京町絵図』に数えた町数と一致する。その数は、堀川東側の六二町、六〇町、七〇町よりも一〇～二〇町も多いが、元寄宿町は寄宿可能な町家の減少を訴えていたから、嘉永六年には六〇～七〇町になっていたのかもしれない（①）。その数が、増町の参考にされたのではなかろうか。

そして、嘉永六年から二条番衆の寄宿が右回りに始まって二順目の最後。堀川西側の元寄宿町の番となった万延元年（一八六〇）に、再び増町が命じられたのである。その増町の範囲は後段に記されており、東が寺町通りまで、北は二条通りをこえて上京の竹屋町通りまで、南が五条通りまで。そこにふくまれたのは、寺町夷川上る町、すなわち久遠院前町か藤木町など二六一町であった。

もっとも、西側が設定されていない。そこで、②が東限とした東洞院通りの東入を、このときの増町の西限と仮定すると、『改正京町絵図』では一八五町を数える。しかし二六一町には大きく足りない。そこでさらに、②が嘉永六

年の増町西限とした油小路通り西入を増町の西限とすると、竹屋町通りよりも北側に三七町、松原通りより南側に三八町を数えることになる。これで一八五町＋三七町＋三八町＝二六〇町となって、④の二六一町とほぼ整合する。よって万延元年（一八六〇）の増町は、嘉永六年の増町を取り囲むように設定された可能性が高い（図1）。そして寄宿町の総数は、二七五町＋二六一町＝五三六町となった。元寄宿町の八〇町が、七年で七倍近くになったのである。

また、富小路通三条通上るの福長町（図1Ⓒ）には、文久元年（一八六一）の二条番衆の寄宿記録と、寄宿先のリストがある。[八] その寄宿先を、図1に○でプロットすると、南北が御池通り下るから錦小路通り上る、東西が東洞院通り東入から寺町通りまでとなる。御池通り沿いは、なぜか高倉通り西入の一町だけ。これに、これ以前の右回り順④を考え合わせると、この万延元年の増町後も「町分ケ」や「順番」が決められた可能性が高い。しかし、福長町の寄宿先リストには四三人しか記されていない。一組五〇人×二組＝一〇〇人という二条番衆の定員からすると半分にも満たないが、「町分ケ」や「順番」が明らかでない。さらなる史料の収集が、今後の課題である。

文久二年（一八六二）八月の二条番衆の寄宿廃止

文久二年（一八六二）八月、京都守護職が設置された。誰かれかまわず、幕府側の人間なら暗殺する尊王攘夷派の天誅に対応するためで、あわせて二条城に二条定番が常設となった。これにより、江戸から上洛する二条番衆の寄宿はなくなったのである。したがって、万延元年の順番が回ったのは三年間。三回だけであった。ただし、廃止翌月の九月、町代は次のような文書を出している。

上は今出川、下は五条、東は寺町、西は御土居、右の方角之内、寺院ならびに町方共、建物間取数、十間以上有の家の分、別紙の振合に相認め、書出し候様、仰出せられ候……

「十間以上」の寺院や町家を、鴨川西側に広く求めている。朝廷へ攘夷実行を説明すべく、文久三年（一八六三）三月に、将軍家茂が多くの家臣を引き連れて上洛することになったためであった。三代将軍家光の上洛から約二三〇年、京都はふたたび政治の表舞台となっていた。ちなみに二条番衆の寄宿先の選択条件は五、六室ある町家なので（後述）、それに倍する室数の町家をさがしていることになる。

このほか、三条衣棚町の『御寄宿之控』には、慶応二年（一八六六）一〇月一六日から一一月七日に幕府の「御徒目附」が寄宿した記録があり、一一月一二日から一二月一二日には「陸軍付調達役」が寄宿した記録がある。そして「組合町々申合、有合品々を如何様共いたし差支えこれ無き様」とあるので、この「組合」が、万延元年の「町分ケ」や「順番」を受け継いでいた可能性もあるだろう。

二条番衆寄宿制度の変遷のまとめ

以上をまとめると、次のようになる。

まず二条番衆の寄宿を受け入れる寄宿町は、長く二条城南側・堀川西側の八〇町がつとめていた。

ところが、寄宿可能な家の減少で、受け入れる町の負担が増し、町奉行所へ上訴した。これを認めた町奉行所は、嘉永六年（一八五三）に、堀川東側の一九五町を寄宿町に組み込んだ。合計二七五町は、四組に分かれて四年に一回ずつ、右回りの順番で二条番衆の寄宿をつとめた。さらに、万延元年（一八六〇）にも増町を命じ、二六一町を加えた五三六町が寄宿町となった。

しかし、その後、三回の寄宿があった後の文久二年（一八六二）、常設の二条定番が置かれた。これにより二条番衆の寄宿はなくなったが、実のところ幕末の京都では上洛武士の寄宿先の必要性が増していたのである。

第四節　番衆寄宿のため町が用意すべき町家

選択基準は玄関付きで五、六室ある町家

番衆寄宿先に選択基準があったことは、①の記述の「寄宿相勤候程の家数」からわかる。そして、選択基準そのものは、先に取り上げた三条衣棚町の嘉永七年（一八五四）の『御番衆様御逗留中日記』に、次のように記されている（以下⑤）。

三月七日廻章参り、此度二条様御番衆御宿、縄張之内に御座候間、五六間以上の建家、一町内に本宿一軒、控宿一軒づつ、御書出……当家名前建家図面認め、来る十日迄に御差図可被成候……

寄宿町に定まった三条衣棚町が、町奉行所から触書（「廻章」）で命じられた内容は、「本宿」と「控宿」として「五六間以上の建家」を選び、「建家図面」を提出することであった。これにより、二条番衆が寄宿する町家は、町側が選択し、町奉行所が確認して定まったことになる。が、そもそも「五六間」が建物の間口長さなのか、部屋数（間取数）なのかが明らかでない。

そこで、この点について、三条衣棚町の文久元年（一八六一）の文書を取り上げたい（以下⑥）。

御番衆様御宿相勤候御時、家建間数の儀、取調べ候様被仰渡候間、左の通奉申上候
一、玄関何帖、表之間何帖、次之間何帖、奥之間何帖、勝手向之間何帖、何屋何兵衛宅
一、玄関何帖、表之間何帖、次之間何帖、奥之間何帖、勝手向之間何帖、町中会所家

外に控御家、四間以上、右者町中の内にて相勤申候、何組何通何小路上る下る西入東入、何之町、年号月　年寄誰　印

二条番衆の寄宿に用いた町家の、間取りと帖数を報告する際の案文である。

これにもとづき、三条衣棚町は同年五月に「玄関六帖、表間十一帖半、次間六帖、奥間十二帖、勝手向間九帖、千切屋吉右衛門居宅、玄関四帖半、表十七帖、次間九帖、奥間十八帖、勝手向間十三帖半、千切屋次兵衛居宅、外に控御家、四間以上、右は町中之内にて相勤申候」などと記す文書を、「御年寄様」へ提出した（町組の年寄か、惣町の年寄かは不明）。これにより、二条番衆が寄宿する町家は、間取りと帖数が重要であったことになる。したがって、⑤の「五六間以上の建家」は室数、つまり五、六室以上の間取りの町家の意味と考えてよい。

ちなみに、⑤には付箋が付き、「玄関これ無き向きは書出しに及ばず候……壱町分に四五軒御書出し……これ無候はば壱弐軒にても苦しからず」とある。玄関も必要だったのである。そこで三条衣棚町は、町家二軒について、玄関を含む五室の帖数を報告したのであった。

以上、二条番衆の寄宿のため、町が選択すべき町家は、床上の間取りが五、六室以上。その中には玄関があって、ほかに表間、次間、奥間、勝手向間の構成が必要。これが必要条件、すなわち寄宿する町家の選択基準であった。

そうすると、京都の町家の玄関は、一般的に表屋造りにおける表の店棟と奥の居住棟の間をつなぐ位置にあるので（序章・図9）、表屋造りであることが基本条件になる。

選択基準の検証

実例を探すと、文久元年（一八六一）の福長町（図1Ⓒ）の「御用達宿 近江屋吉太郎」の間取りがある（図2）。その一階の床上部分は、「みせ」以外に七室。玄関は「上口」が付く九帖に推定され、選択基準を満たしている。

また三条衣棚町も、嘉永七年（一八五四）の二条番衆の寄宿に用いた町家を、『御番衆様御逗留中日記』に記してい

る（以下⑦）。

門内一統集会の上、相談仕候得共、とかく外の様には御宿でき候宅も御座無く候故、西村様御両家へ御願申候、しかる処、右何連様共定め難く候間、右両家、くじ取に致してもらい、当寅正月七郎兵衛宅にて吉右衛門様・文右衛門様御立会にてくじ取きめ申候処、当年吉右衛門へ相当り申候故、西村吉右衛門様御宅借り請相勤申候

「門内一統集会」とは、町の支配地の両端に立つ木戸門の内側に住んで町運営に責任を持つ町人、つまり南北両町の家持町人である。彼ら全員が相談して、「御宿」候補を「西村様御両家」とし、くじ引きで法衣商売の西村吉右衛門の町家を選んだ。文久元年五月報告に「千切屋吉右衛門居宅」とあった家である。

もっとも、三条衣棚町が文久二年（一八六二）一一月に町奉行所へ提出した『寺院ならびに町方建物、間取数十間以上有之分尋に付、届書』には、西村吉右衛門宅について、本人ほか「家内壱人、召仕十一人」が住む室名と帖数が、次のように記されている（⑧）。

七間、表間十一帖半、格子間六帖、玄関六帖、次之間六帖、奥間十二帖、上台所五帖、下同九帖、西之方離間六帖・雑物入、
二階五間、表間十六帖、東間八帖、奥間十一帖半、次之間八帖、下台所八帖、内二帖板間

この⑧は、文久元年五月の報告よりも、さらに詳細な情報を伝えている。一階の床上部分は玄関をふくむ七室で、二階は五室、合計一二室である。これにより、文久元年五月の報告は二階を記さず、一階も上台所五帖と格子之間六帖をはぶいていたことになる。理由は、⑥案文にしたがったからであろう。

なお、同家の変遷に関する先行研究では、[九]弘化四年から元治元年（一八四七～六四）当時の間取りが復原されている。

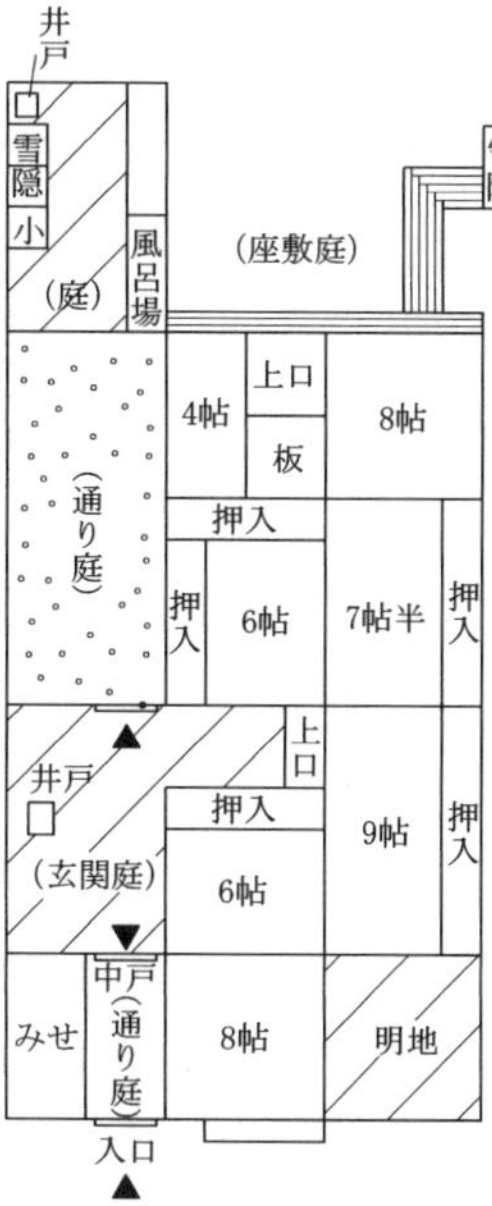

図２　近江屋居宅
図中の（　）内は筆者推定

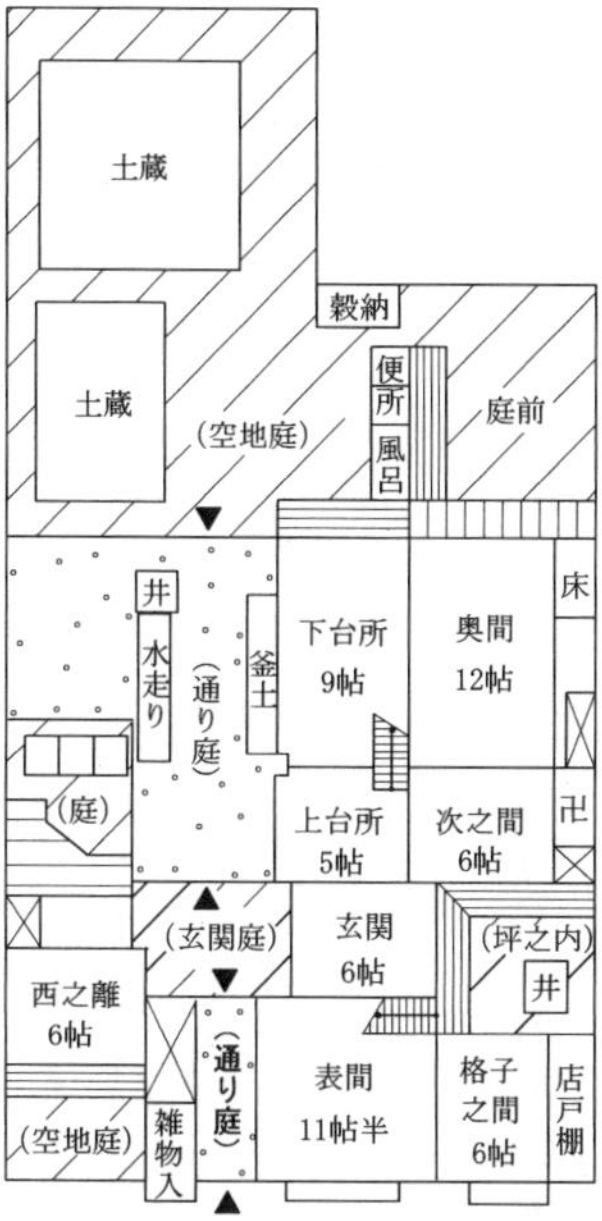

図３　西村吉左衛門家宅
図中の（　）内は筆者推定

これを参照しつつ、⑧の室名や帖数を書き込むと、図3になる。

これをみると、「西之離」以外は、動線が結び付いている。途中で区切るのはむずかしそうなので、文久元年五月報告ではぶかれていた上台所五帖と格子之間六帖も、寄宿に供された可能性が高い。

そうすると、寄宿中の西村吉右衛門ほか家族一二名の居場所が問題となる。この点は、安政五年の寄宿先リストを参照したい（表1）。これをみると、居宅以外の会所が一七棟、町中持家が二棟ある。合計一九棟は、全四八棟の四割をしめている。京都の会所には、髪結が入り込むこともあった[一〇]が、無住の場合もあった。そのように家族がいない会所も、⑥第二項が報告を命じたように、条件を満たせば用いることが認められていたのだから、家族がいない会所の労働力は、町側が用意しなければならない。したがって、居宅を寄宿に提供した町家の持主も、寄宿中は、家族や使用人と一緒に別の場所へ移っていた可能性が高い。当然それには金銭的負担が必要となるが、誰が負担したのかは、次節で検討する。

以上、寄宿町は二条番衆の寄宿のため、一階の床上部分に五、六室以上、玄関は不可欠で表間、次間、奥間、勝手向間もある町家を町中から選んだ。

ただしそれは、会所や町中持家（町が所有する町内の町家）でもよかった。むしろ住人移動の必要がないそれらは、積極的に用いられた可能性もある。なぜなら三条衣棚町は、嘉永七年（一八五四）に、寄宿受け入れでは「取引等相止メ、家内中老人・子供などは外方へ相預」けねばならないとして、町奉行所が専用の旅宿を用意するように願っている。許されはしなかったが、受け入れは、やはり迷惑なことだったのである。それから三条衣棚町が『御番衆様御逗留中日記』に「当町内会所にては御宿出来申さず」と記したように、選択条件を満たない場合はだめ。当然である。

第五節　番衆寄宿に伴う寄宿町の負担と分担

共通の二条番衆受け入れ形態

三条衣棚町では、南北両町共に、番衆寄宿の手順を記す『御番衆様御寄宿御勤方相心得覚』（以下『心得覚』）を保有していた。

この『心得覚』には、両町が所属する「下古京上艮組」名で、「今般格別間遠勤番相廻り候義に付、町々往前の者も追々品替りに成行候間、前々の通り、町々しかと控置……不同これなき様、相勤趣の御沙汰」とある。これにより、上艮組の年寄衆は、嘉永六年（一八五三）の増町で、四年に一度（南北にわかれる三条衣棚町は八年に一度）、二条番衆の寄宿の受け入れが決まった組内の町々に、「不同これなき様」、つまりどの町も同じように対応するため配布されたものとわかる。町組内の町々は、共通の寄宿形態を求められたのである。

この『心得覚』と、三条衣棚町がはじめて寄宿町となった際の『御番衆様御逗留中日記』（以下、『逗留日記』）、そして安政五年（一八五八）に南町が寄宿町になった際の『二条御番衆様御宿中諸事控』（以下、『宿中諸事控』）を照合してみよう。

まず『宿中諸事控』から。安政五年正月二七日、町奉行所配下の町代から、南北両町は「当年は御番所様御宿御勤番に付、当家の絵図面、当月中にて差出」との連絡を受けた。嘉永七年以来、四年ぶりとなる二条番衆の寄宿受け入れにあたり、二月一日に町内の家持町人が全員で相談した。そこで当年は「南町の番」として、南町の「西村妙教様」宅を寄宿先として借りることを決定。そして北町が選んだ「控宿」と共に、「絵図面」を用意して町代へ提出したのである。

二月一三日には、町代が下見に来る。この時点で家族や使用人は、他出していたのであろう。三月四日には、東町奉行所から呼び出しがあり、四日に出向いた町役人は、「御番衆様御宿請書」の提出を命じられて、同月二六日に提出している。

四月一日には町内全員で「御逗留中入用遊《あそ》ばす道具」を確認した。『逗留日記』には「御客入用家具其外少々の入用品〃、西之洞院下立売上る枡屋源七殿にて借り受け……夜具類も右同断」とあり、不足する道具や寝具等は、他町の貸物業者から借用したことがわかる。四月七日には、町内の家持町人全員が西村妙教居宅へ出向き、「御道具相調え、ならびに座敷廻り本飾付」をおこなった。この飾り付けの内容も、『心得覚』に、次のように記されている。これは寄宿町で共通した用意であった。

- 飾付…掛物、ただし、めでたき図、かつ朔日《ついたち》掛け変えの事、三宝熨斗《のし》、昆布、刀掛け、毛氈《もうせん》、床花、天目台ならびに茶碗・御茶、たばこ盆、ただし灰吹青竹、ほかに御客来これ有りの節、差出候たばこ盆弐つ余
- 御居間…綺麗なる座敷処、御具足下敷 綿緞通《わただんつう》、屛風、高杯、座布団、鑓掛《やりかけ》、殿様湯衣、手拭掛
- 湯殿便所…成《なる》たけ綺麗いたし置候事、手洗い朝場に楊枝・毛剃《さかやき》受、日々御月代遊され候に付、用意の事、湯殿手拭、ぬ

か袋、茶碗の湯

・次之間…御用人・御家来たばこ盆用意いたし置事

同じ四月七日、事前検査として、町奉行所から「御見分役人」の来訪が予告されていた（「明八日五つ時迄に番様御宿御引渡為、御見分御役人中御出被成候」）。そこで南北両町は、家持町人全員でこれらを用意し、町奉行所の事前確認を受けたのである。そして、先番として上洛する二条番衆に、「御宿」として「御引渡」した。

二条番衆の滞在期間

続いて『心得覚』から、二条番衆が到着してからの経緯をみてみよう。

・到着予定…御先番御殿様四月十一日御上着、右御入城十三日、御先番御跡登御殿様四月十二日御上着、右御入城十四日
……御跡番御殿様四月十三日御上着、右御入城十五日……御跡番御跡登御殿様四月十四日御上着、右御城入十六日

二条番衆は、先番にも跡番にも、それぞれ「御跡登」がいたことがわかる。したがって、到着は四回にわかれたことになる。この点については『宿中諸事控』に、次のように具体的な到着の手順が記されている。

○先番の番衆…旗本の「多門鎌之助様」ほか御用人・侍・中間二人の上下五人が、四月一一日の午後七時（「夜五ッ半」）に、三条衣棚町南町の西村妙教居宅へ到着 ➞ 一三日午前三時（「朝七ッ半」）に二条城へ入城。
○跡番の番衆…旗本の「松本蔵之助様」ら五人が、一三日の午後八時（「朝五ッ時」）に、三条衣棚町南町の西村妙教居宅へ到着 ➞ 一五日午前三時（「朝七ッ半」）に二条城へ入城

先番の旗本一名と跡番の旗本一名の合計二名が、一一日から一五日の間に寄宿している。一二日と一四日に到着するという「御跡登」には記録がない。二人が寄宿する点は、ほかの寄宿町でも共通しているので（表1）、到着は四期に分かれても、一町が受け入れる二条番衆寄宿は、先番と跡番の合計二名が基本であったと判断される。

また、旗本主従一組の寄宿期間は二泊三日で、到着から二日後の入城も『心得覚』と整合する。ただし、先番が去って跡番が入るまでの時間は、わずか五時間。実質的には、四月一一日の夜から一五日早朝まで四泊五日、寄宿先となった町家には、常に五人が滞在する状況が続いた。その食事や入浴などの用意、掃除や片付けが、継続的に必要であったのである。

なお、万延元年（一八六〇）の増町で文久元年（一八六一）の寄宿町になった福長町には、四月一二日の寄宿一人の記録しかない（第二節）。また同町が記録する同年の寄宿先リストには、四月一一日の到着が二一町、四月一二日の到着が二〇町。合計四三人の寄宿先が記されるが、到着が一日差の彼らが、先番や跡番、跡登りとどのような関係にあったのか。七倍もの増町は、その分担も目的としていたのか。くわしいところはわからない。

また嘉永七年の『逗留日記』も、四月六日夕方から一三日朝まで、合計八泊九日の寄宿を記している。これは同六日の御所出火にはじまる大火「毛虫焼け」で、交代が遅延したためであった。

このように二条番衆の寄宿は、常に同じ形態があったわけではない。しかし、いずれにしても一般的な形態は、『心得覚』と『宿中諸事控』が整合するような、ちょうど三条衣棚町の安政五年のような例であったろう。

到着した旗本衆は町家で念入りに、おもてなし

- 宿札配布・掲示・出迎え……御殿様御宿札ならびに御人数御目録書、町代より御渡相成られ、御殿様御着候迄差上奉るべく候事……御殿様御宿札相掛け候かくの如しの札渡し置かれ候事（図略）、ただし板へ張置、門へ御掛け置き候事、もっ

とも夜分御仕舞《しまい》の節は、高き所へ掛け置き候事……夜分当家の門口釣提灯差出し候事、御殿様御名前書記し張り置く事

二条番衆の到着前に、誰が何人寄宿するかを記した目録と宿札が、町奉行所配下の町代から町組を通して、寄宿町に届くとある。『宿中諸事控』でも、町奉行所役人が事前に町家を検査した後に、「町代衆寄場」で宿札を受け取り、これを板に張って、寄宿中の日中は門に掛けるとある。そして夜間は取り込み、代わりに二条番衆の名前を記した提灯を門口に釣っていた。

また『心得覚』には、到着日は、寄宿町が早朝から、寄宿する二条番衆の名前を記した板を掲げて、出迎えるとある。その数は、三条富小路通り上るの福長町の場合、近くの三条寺町に四人、三条大橋を渡って一・五キロメートル先の蹴上で四人とする（後述）。そして町家へ到着する際は、裃姿の町役人と羽織袴の町家持主が、門口で出むかえるのが決まりであった。

こうして、町家の中に通された二条番衆は、座敷にどっかりと座る。そうすると、町家の持主が、次之間から定められた口上をのべる。それは「御道中御機嫌良御着遊され、恐悦至極存奉り候」という「丁寧に御挨拶」であった。ここまで決めるという、徹底して横ならびのもてなしぶりには驚かされる。

もっとも家主が関わるのは、この「御目見え御挨拶」まで。これから後は、「給仕小用の義は十四、五才ばかりの者に羽織袴」を着せてお世話をさせ、町役人も「御殿様、夜分御酒肴などの義、臨機応変にほどよく取はからい」、「珍敷品《めずらしき》、折々に差上候様いたし候えば都合よき」などと、饗応を行き届かせた。

二条番衆が外出する時は、町役人がみずから案内したという（「御殿様外方へ御出候節は御案内」）。いったいどこへ案内したのか。きっといろいろ、京都らしく楽しいところへ出かけたのではあるまいか。

さて、このようなもてなしに関わる労働力は、福長町が『出勤役割』という文書に記録している。

それによると、「座敷殿様取持二人、付添一人、表間・中間取持二人、三条寺町御迎四人、蹴上迄御出迎四人、下

働之者二人、下小使働之者二人、惣取締後見一人御役中、外に料理人ひかきや、道具洗い方二人、茶番、酒之間方」であった。ここで「ひかきや」なる料理人は、きっと仕出し屋であろう。それ以外の延べ二三人は、町から「出勤」した労働力。町家の持主や家族はほかへ移ったという、先の推測を裏付けている。

また料理人が調理する食事は、『心得覚』に品数や献立が、到着日の「御着祝酒・御膳・夕食」、中日の「朝飯・昼飯・夕飯」、入城日の「朝飯・御弁当」の内容まで、こと細かに定められている。味付けも、「江戸子は白味噌汁は用いず、はなはだ不機嫌、なにぶん赤味噌」と注意している。酒にいたっては「なにとぞ本伊丹、精々よろしく御吟味」と付箋を付けている。京都の酒は伏見。いうまでもないのに、「江戸子」は平瀬徹斉が『日本山海名産図会』（宝暦四年、一七五四）に「日本上酒の始め」と記した伊丹の『丹醸《たんじょう》』がよかったらしい。

ちなみに『宿中諸事控』は、二条番衆が二条城へ入城する日には、外注した弁当の差し入れまで記している（「御昼弁当城内へ差入、神泉苑町鉡助方へ申付ける」）。したがって、それ以外の食事も、仕出し屋を雇って寄宿先で調理させたのであろう。それが福長町では「ひかきや」であった。

このほか『心得覚』は、到着日はなにより「何時御着之程も計りがたく候間、風呂場第一早々わかし置」と記し、風呂の用意をぬかりなくと注意している。また、「朝七つ時に御出立遊され候間、いずれも夜通しに致し居候ては御差支に相成候間、此儀しかと相心得」とも記し、入城前夜に寄宿先で終夜待機するのは、じつは御迷惑と細かい心遣いをうながしている。義務であるし失敗は許されなかったろうが、おもてなしの気持ちもあったのではなかろうか。

費用負担の問題

寄宿町は、町内の実働で多くをおぎなったが、寝具など諸道具は外部から借用した。そのほか、仕出し屋の手配や食材・酒の調達、町家持主の移動や宿泊にも金銭的負担が推測される。

これらを誰が負担したのかという点について、『逗留日記』に、嘉永七年の寄宿後に、三条衣棚町が町奉行所から「二条御番御宿町御逗留中御賄料」や「差出し物等取調」を命じられたとある。

そこで三条衣棚町は、「殿様御賄、同御下七人様、上之分夜具・同下之分」として、町奉行所内の町代部屋の「宿割掛」へ、銀一八四匁一分六厘と報告した。そして、報告分に相当する金二両二歩二朱五一〇文が「御賄料入」となったと記録している。

もっとも同年は、毛虫焼けの影響で普段の倍にあたる八泊九日の寄宿であったから、負担額も普段の倍になったであろう。その点はあるが、とにかく費用は町代を介して、寄宿を受け入れた寄宿町以外の町々へ、割り当てられたと考えられる。

なお、寄宿町以外の町々の性格は、万延元年（一八六〇）の増町を伝えた『御請書』に、次が記されている。

……宿勤むべき家建、これなき町々の向は、相勤ず儀を当然の事に相心得居候様にては不相当に付、これまで寄宿相勤来候町々惣代共より申立候通……宿相兼る町々順番に組合成らざるとも、平等に懈怠なく相勤候様いたさせ、よって寄宿町々もの共一同、請書申付ける……

町奉行所は、町内に条件にあう町家がないから「順番」に加わらないとする町が、それを「当然」と考えるのを「不相当」とし、「平等」に負担を命じている。そうすると、これ以前は、寄宿町なのに選択条件に合う町家がないとして寄宿を回避した上、割り当てても受けない町があったことになる。これでは寄宿町から不満もでるであろう。そうすると、町奉行所が命じた「平等」とは、割り当て免除の寄宿町でも、回避した町は割り当てを徹底せよ、という意味になる。

これらをもとに考えると、二条番衆の寄宿費用は、寄宿の受け入れない町々へ割り当てられた、とみてよい。

寄宿免除の町家の存在

ところで京都には、御所から「諸役免除札」を付与されて、町人義務を「免除」された町人がいた。また、そこまでいかなくても、「寄宿免許札」を付与されて、寄宿を「免許」された町人もいた（一一）。

たとえば『京都御役所向大概覚書』は、「諸役・寄宿御免許の義」の項に、「諸役免除の分」と「寄宿御免除の分」として、計三三一人の町人の名前をあげている。ここで「諸役」も「寄宿」も「御免許」と記す一方、文中では「諸役免許」や「寄宿免除」と記しており（「諸役免許の初は後陽成院御治世よりはじまり、それより以前は寄宿免除ばかり下され候由」）、免許は免除と同じ意味。彼らは住まいである町家を寄宿先の選択対象からはずされただけでなく、負担費用の割り当ても免除されたのである。これら特権的な町人の中に、ほんものの「御所様御用達」（第一六章・表1、表2）がいたのであった（一二）。

まとめ、江戸のお殿様を心づくしのおもてなし

江戸時代の京都の町人が、江戸から上洛した旗本一行を、どのようにもてなしたのか。

二条在番の番衆いわゆる二条番衆の寄宿は、長きにわたって、二条城の南側で堀川西側の八〇町がつとめていた。ところが、選択基準を満たす町家の減少を理由にして、回避する町が増加した。これにより、ほかの町の負担が大きくなったので、嘉永六年に二条城南側で堀川西側の八〇町が増町を求めて上訴、堀川東側の一九五町が増町に定められた。合計二七五町は四組に分かれ、右回りに四年に一回寄宿を受け入れる順番を定めた。

しかし万延元年に再び増町となり、新たに二六一町が加えられて合計五三六町となった。文久二年の二条定番の常設で二条番衆の上洛がなくなるまで三回機能したはずである。

寄宿を受け入れられる町家の選択基準は、二階床上に五、六室以上、その中に玄関があり、表間・次間・奥間・勝手向間、風呂や便所も備えることであった。これを満たすなら、会所や町中持家も利用できた。寄宿する町家は町が選択し、町家の持主から借りた。寝具や諸道具も用意し、飾り付けもおこなった。

そして、町奉行所の事前検査をへて、先番と跡番の二名の二条番衆ほか五名へ、御宿として引き渡した。一組あたり二泊三日であったが、間に時間をおかないので、連続で四泊五日というのが実際の受け入れ期間であった。寄宿中は、町が主体的に労働力を提供し、食事や風呂の用意、でむかえや案内など念入りにもてなした。

寄宿にともなう金銭的負担は、町代を介し、寄宿町以外の町々へ割り当てられた。万延元年からは、寄宿町の順番でありながら、回避した町にも割り当てられたが、御所から諸役免除や寄宿免許の木札を付与された朝廷関係者や御所御用達は、住まいを選択対象から外され、負担費用の割り当ても免除されていた可能性が高い。

以上、本章では制度の詳細を見てきたが、これすなわち江戸のお殿様（旗本）を京都の町人が直接受けいれたもの。できれば断りたいけれど、いらっしゃった以上は仕方ない、それなれば、という程度のおもてなしの心が、どこかしら漂っていた。

註

一　『京都御役所向大概覚書』上巻（清文堂史料叢書第五刊）「三十将軍宣下相済候ニ付、為御名代松平讃岐守殿御登之節勤方之事」より「松平讃岐守殿今度上京ニ付、右之内下宿借宅仕度旨家来菅彦助申出候ニ付、勝手次第之旨申聞候、尤右町中江も申渡候事」、清文堂、一九七三

二　藤川昌樹『近世武家集団と都市・建築』中央公論美術出版、二〇〇二

三　前掲、『京都御役所向大概覚書』上巻「三十将軍宣下相済候ニ付、為御名代松平讃岐守殿御登之節勤方之事」より「余慶分者追而被除積と奉存候」

四　『国史大辞典』第一〇巻、「二条在番」、吉川弘文館、一九九〇
五　『三条衣棚町文書』京都府立総合資料館所蔵、本文中の同町文書も同じ。
六　『慶応四年改正京町絵図細見大成』京都府立総合資料館所蔵
七　『町頭南町文書（乙）』京都府立総合資料館所蔵
八　『福長町文書』京都府立総合資料館所蔵、本文中の同町文書も同じ。
九　野口徹『日本近世の都市と建築』法政大学出版、一九九二
一〇　西川幸治『日本都市史研究』日本放送出版会、一九七二
一一　丸山俊明『京都の町家と火消衆——その働き、鬼神のごとし』第八章、昭和堂、二〇一一
一二　前掲、『京都御役所向大概覚書』上巻

第一六章

いざ御所へ、町家が工場の指物師

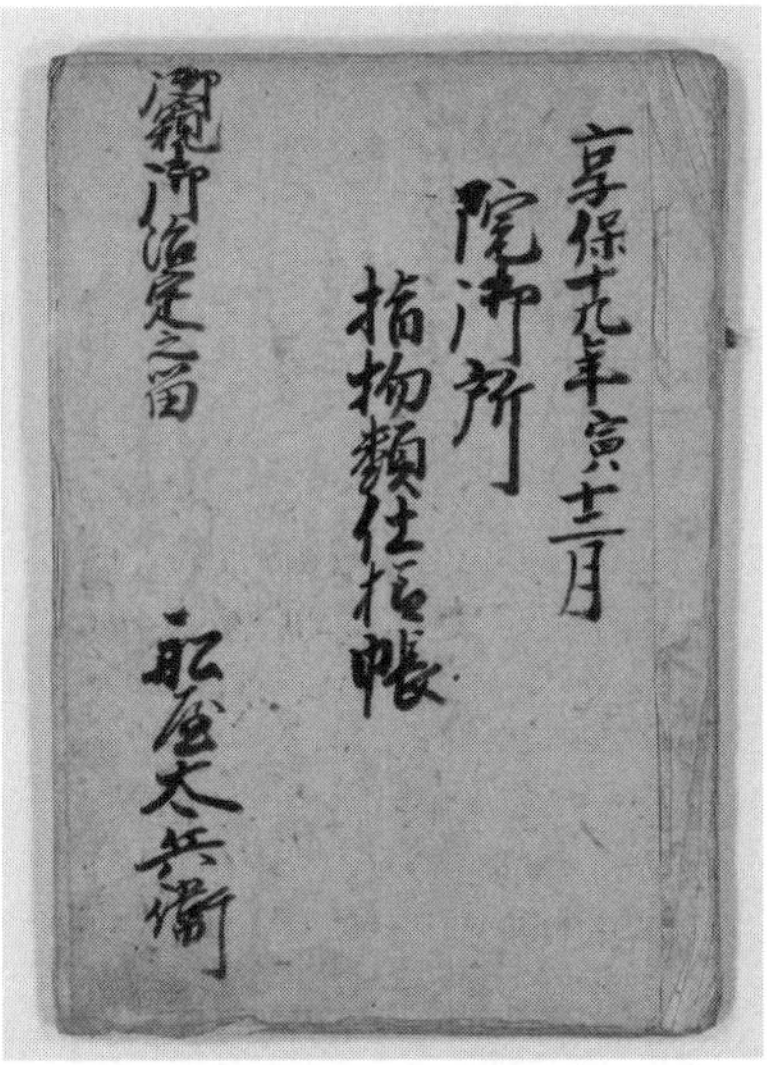

概要…今もそうだが、江戸時代も、京都には伝統的な美術工芸品をつくる職人が多くいた。その一人が、本章で取り上げる船屋太兵衛。もともとは水舟をつくっていたが、やがて指物全般もあつかうようになった。そして、禁裏御所や女院御所、仙洞御所など朝廷との関係を深めていき、幕末には、御所出入りの指物師も無視できない存在となった。前例踏襲が基本の封建社会にあって、代々の努力で実現されたサクセスストーリーをみる。

第一節　美術工芸職人に関する先行研究

京都の町家に関係する美術工芸職人というと、たとえば西陣の織物職人だろうか。ほかにも、陶芸、漆芸、木工指物、彫刻など、多くの美術工芸職人がいたが、彼らの実態を伝える史料は、ほとんど見当たらない。他都市に比べて太平洋戦争中のアメリカ空軍の無差別爆撃の被害が限定的（なかったわけではない）で、多くの家蔵文書が残る京都なのに、である。

わずかに、『御用砂子屋美濃地仲間文書』が紹介された程度。砂子とは、金箔や銀箔を細かくした切箔の一種である。御所や幕府を相手にした「御用砂子屋」の生産体制や営業形態が、京都府立総合資料館によって紹介されており、[一]町人相手の「平砂子屋」を組織に取り込んで、その上位に立つまでの経緯も明らかにされた。

このほか、朝廷の「御菓子御用」をつとめた虎屋黒川家が、朝廷から「寄宿免除」（第一五章）を受けた営業形態が紹介されているが、[二]ほかに目立った史料紹介や研究は見当たらない。

この現状をふまえて、『船屋（久米家）太兵衛家文書』[三]から、朝廷関係の史料を中心に取り上げてみよう。

第二節　船屋の営業場所であった町家

船屋の町家規模

「船屋」は、久米家の屋号。代々の当主は「太兵衛」を名乗った。その活動は寛永期（一六二四〜四四）から確認でき、西堀川出水下るの四町目で、指物師として営業していた。[四] 廃業は明治期中ごろである。

　指物師が扱うものはいろいろ。木工製品ならなんでもであったが、船屋はもともと水舟を扱っていた。水舟とは、庭園の池にうかべる小船。天皇が座す禁裏御所の苑池で使うものは特に「御船《みふね》」といい、これも調進していた。

　たとえば現在でも、京都御苑内の京都迎賓館では、苑池に水舟が一艘もやってある。高野槇を使った最上質の和船で、水深の浅い苑池にあわせた平底が特徴。先がとがっており、剣先舟とも称される。滋賀県堅田の舟大工、松井家の伝統の技によるが、久米家家蔵の『船屋太兵衛家文書』に残る水舟の図面とよく似ている（後掲写真2）。このような水舟をおさめる関係から、船屋はだんだん白木作りの道具類も、御所や公家屋敷へおさめるようになっていった。

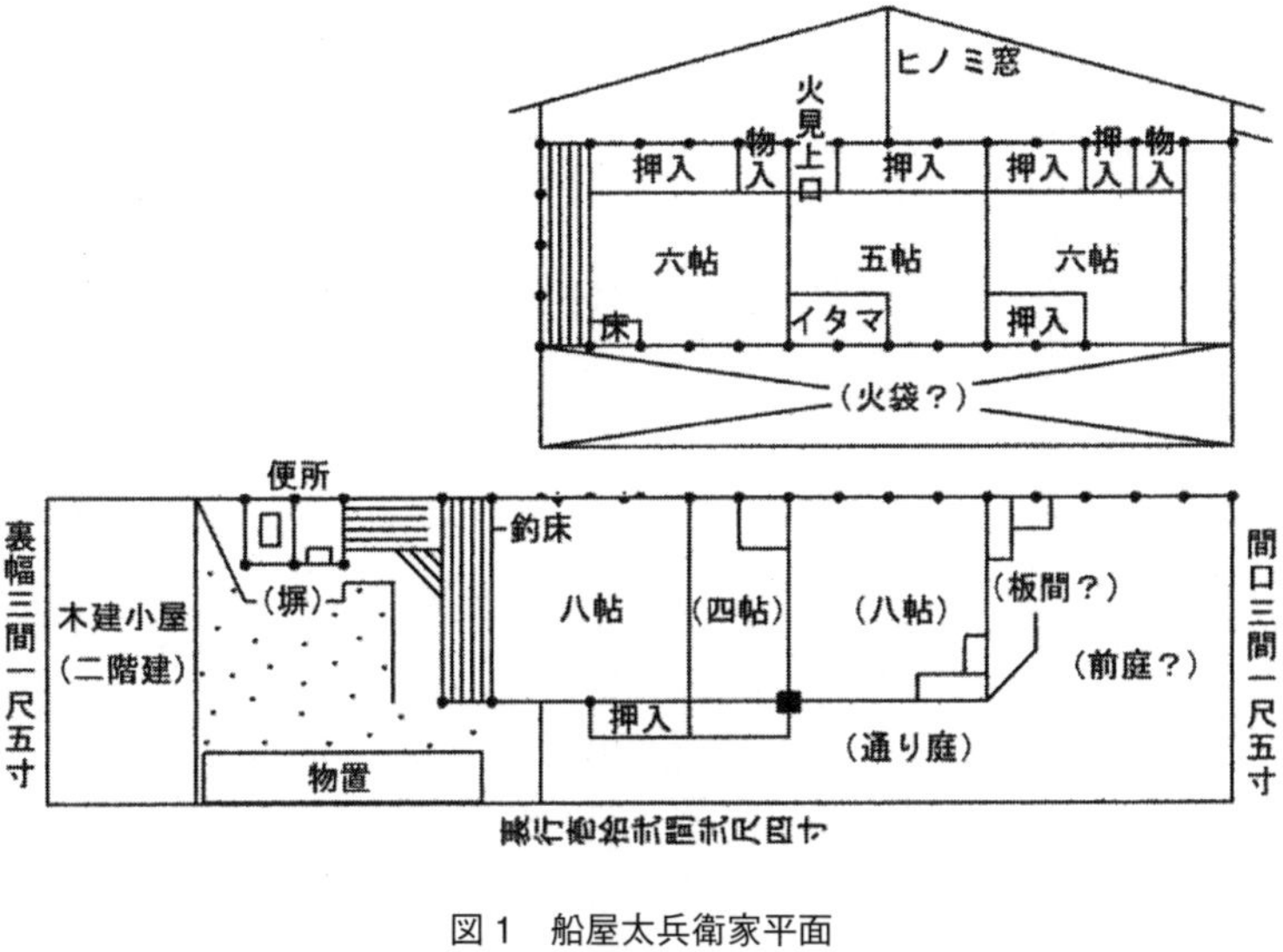

図１　船屋太兵衛家平面
上段：二階と屋根形状、下段：一階と配置

さて、『船屋太兵衛家文書』にはいろんな史料が残るが、明治期初頭の沽券状や、居宅である町家の指図もある（図1）。場所は二条城の近くで（後掲図3★）、これが指物師の船屋の住まい兼仕事場であった。

敷地は、「間口三間一尺五寸」で「裏行拾弐間弐尺四寸」の短冊形。そこに「瓦ふきに二階建」の「本宅」があった。間取りは、前庭と板間があるものの、おおよそ片土間・床上三室という典型的な町家。表屋造りではないので、坪庭や玄関はない。

二階も三室。通り庭（片土間）の頭上は吹き抜けの火袋になっている。屋根には「ヒノミ窓」すなわち火の見があった。敷地奥に土蔵はなく、「木建小屋」という材料置場兼仕事場があった。

船屋の短冊形敷地

船屋には、明和三年（一七六六）一二月六日から明和四年（一七六七）一一月に「沽券改」を受けた史料（「家屋敷之事」）がある。場所は幕末と同じで、敷地も「壱軒役、表口三間壱尺五寸、裏行拾弐間弐尺四寸」。したがって、江戸時代後期を通じて変化はなかったことがわかる。

ところが、明治維新後に新政府にあてた「家屋敷之事」には、「壱ヶ所半軒役、西堀川通出水下る四町目東側、表口三間壱尺五寸、裏行六間半」とあり、裏行が半分になっている。その理由は明らかでないが、次が記されている。

右は寛永度上洛の節、当町道幅御取広けに付、西側居宅表側にて三間通り建物取払仰さらるに付、往還に相成、依て、右以来居宅向ひ地先、川端へ建物仕候義、御聞済成下され追々願奉り、既在の建物仕所持罷在候、しかる処、今般右地所表側より川縁まで、沽券地に御赦免成られ下候様願奉り候、願の如く御聞届成くだされ、即ち書面間数の通にて、向後半軒役相勤所持仕度、新沽券状に御割印願上奉り候、船屋太兵衛

寛永三年（一六二六）八月の三代将軍家光上洛のおり、船屋の前の西堀川通りが拡幅された。翌九月に後水尾天皇の二条城行幸が予定されており、その経路となるための措置であった(五)。これにより、表側三間分を削り取られた船屋は、堀川通りの反対側に建物を建てた。その踏襲を新政府にも願い、許されたから、新沽券状へ確認の割り印を願うという内容である。これでは、裏行が半分になった理由はわからないが、とにかく寛永期には船屋が当地に居住していて、明治期初頭までは、短冊型の敷地形状に変化はなかったのだろう。

周辺環境

船屋の位置するあたりは、寛文五年（一六六五）の京都案内書『京雀』(六)に「ほり川通、ほり川四町め、此町は桶、井筒、つるべ、水船などをつくりてあきなふ」とある。貞享二年（一六八五）の『京羽二重』(七)にも「西堀川通、此通諸職物、桶、井筒、水船類」とあり、「水舟」や指物の職人の居住が確認できる。

『船屋太兵衛家文書』にも水舟の修理や新調費用の記録や図面があるが、婚礼調度の入札記録や箱膳の絵図も多い。消防道具の龍吐水(八)まであつかっており、つまりは指物師である。そして史料にみる納入先は、ほとんど御所関係であった。

御所という存在

明治期の大内保存事業で土塁と石垣に囲まれ、現在「御所」と通称されるところは、正確には国民公園の京都御苑である。

江戸時代は、ほぼ同じ地域に多くの公家屋敷が集まり、周辺の町家とは門や塀で区画され「公家町」と称されていた。その公家町の中で、さらに築地塀や九つの高麗門で区画された地域が「築地之内」。この築地之内の中に、天皇御座所の禁裏御所（現、京都御所）や上皇御座所の仙洞御所、女院御所などの御所群があった（図2）。

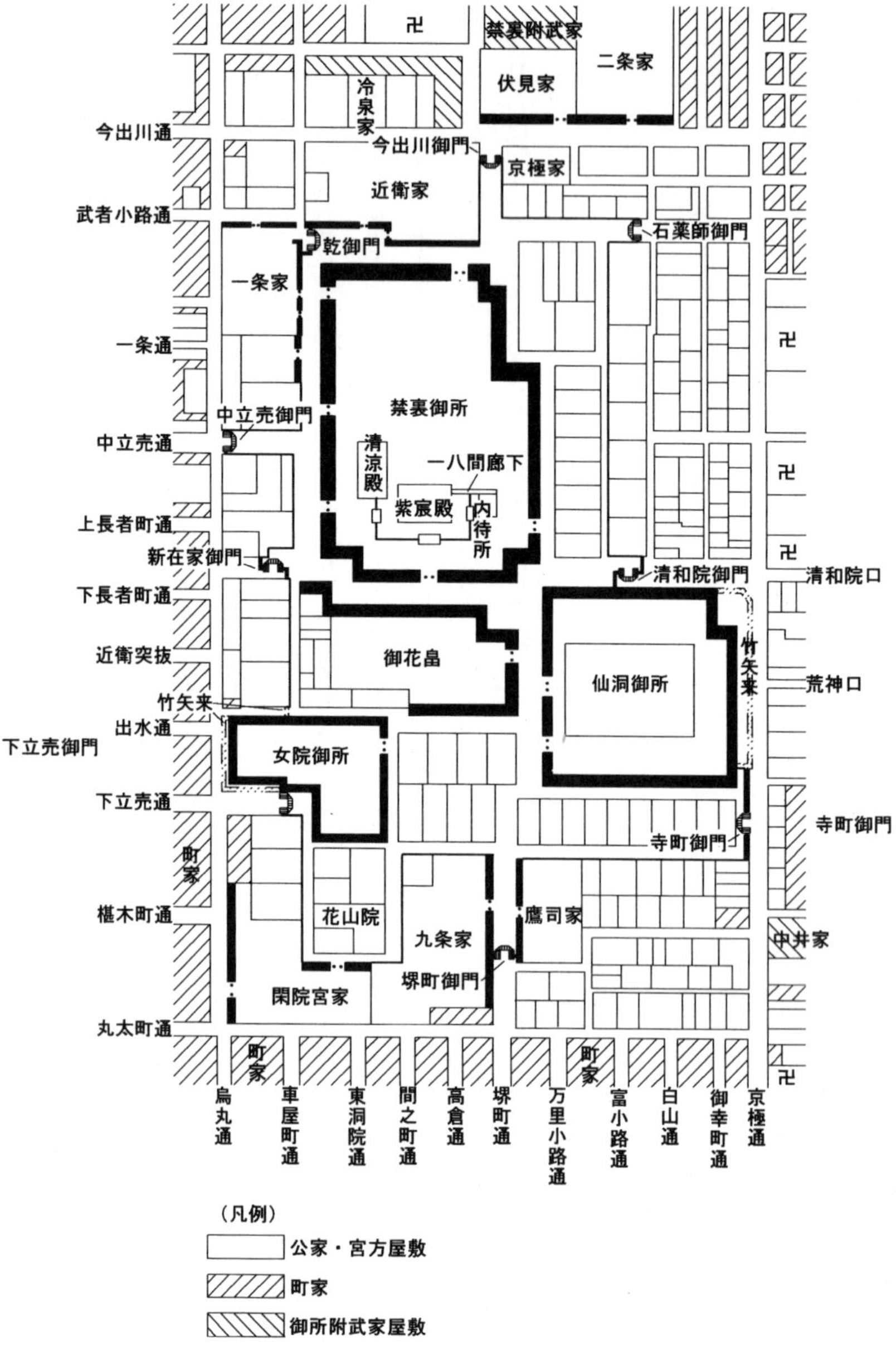

図２　天明大火（1788）後の公家町の状況

これらの御所群は、京都の美術工芸職人にとって最重要の顧客。注文を受けること自体、名誉であった。とくに関係の深い職人は、御所から「諸役免除」や「寄宿免除」の特権を付与された。「諸役免除」とは、家持町人に軒役として賦課される公役、たとえば鴨川浚人足代や、御土居藪払人足代などを免除するもの。(九)「寄宿免除」とは、上洛した武士の宿として町家を提供する義務の免除である(第一五章)。

徳川政権が命じる町人義務を御所が免除する構図は、京都特有の二重行政であった。それを受ける美術工芸職人も特殊な立場であり、『船屋太兵衛家文書』にもそれをうかがわせる史料があるので、順にみていこう。

第三節　安永期の史料にみる船屋と御所の関係

修理職役所との関係

突然だが、安永三年(一七七四)八月に徳川幕府は、朝廷の不正経理をあばき、徹底的に追及した。関わった下級貴族の地下官人《じげかんじん》を四〇人も処分し、不正経理に関わった京都代官の小堀数馬邦直も、厳しく叱責した。『船屋太兵衛家文書』には、この事件に関連して、次のような紙片がある。

安永二年巳十月十五日、御所様役人放蕩の節、西役所山村信濃守様へ召出され、同月廿三日返答事案紙書面

処分前年の安永二年(一七七三)一〇月、船屋太兵衛は、西町奉行の山村信濃守良旺から召喚された。御所役人の不正経理には、請求額と支払額を違わせて遊興費をねん出する手法があったので、御所出入の美術工芸職人がすべて調査対象になったのである。これに対し船屋は、同月二三日に返答書を提出。処分が実施されている最中の安永三年八月に、「午八月廿六日七日、両日万事此義相済」、つまり疑いは晴れたとする付箋をつけた文書群を残している。

これらの文書群に、船屋と御所役人との関係や業務歴が読み取れる。まず西町奉行への返答書「就御尋以書面申上候」に、「走《はしり》・水船・指物商売の者」と自称する船屋太兵衛は、次のように記している。

一、私儀、禁裏御修理方、仙洞御所御修理方、新女院御所修理方、右の通、臨時御用相勤申候所
禁裏御所、去辰年中、御所臨時御用代銀、私受取節百目にて、九分一匁不足御座候
仙洞御所、去辰年中、御所臨時御用代銀、私受取節百目にて、九分一匁不足御座候
新女院御所、去辰年中、御所臨時御用代銀、私受取節百目にて、九分一匁不足御座候
一、定式御用は三御所共、相勤不申候

当時の船屋太兵衛は「三御所」つまり禁裏御所、仙洞御所、新女院御所の「臨時御用」を務めるとし、「定式御用」は務めていないと記している。前述のように、『船屋太兵衛家文書』には御所関係の入札記録が多いから（写真1）、入札をへた業務が「臨時御用」とすると、随時受注の特命業務が「定式御用」ということであろう。つまり、御所御用の指物師は、随時受注と入札参加に分かれていて、御所と関係が深いのが前者、そこまでいかないのが後者。当時の船屋は後者であった。

また、不足が記される金額には、さらに詳細な返答書が残されている。

禁裏御所様御用代銀高
明和三年戌七月より半年高、銀　三拾八匁
亥年壱ケ年〆高、銀　三百目壱分
子年壱ケ年〆高、銀　百九拾目壱分

丑年壱ケ年〆高、銀　七拾弐匁六分
寅年壱ケ年〆高、銀　弐百六拾八匁八分
卯年壱ケ年〆高、銀　弐百七拾壱匁六分
辰年壱ケ年〆高、銀　一貫弐百弐拾九匁五分
巳年壱ケ年〆高、銀　三百五拾壱匁五分
是迄都合、弐貫七百廿弐匁二分

仙洞御所様御用代銀高
明和七年　寅年〆高、銀　拾四匁
卯年〆高、銀　壱百五拾壱匁九分
辰年〆高、銀　参拾五匁五分
巳年〆高、銀　廿五匁弐分
是迄都合、弐百弐拾六匁六分、右の通これまで都合銀子頂戴仕、相違無御座候

これをみると、町奉行所からの召喚の前年（辰年、安永元年、一七七二）に、船屋と禁裏御所の取引が大きくなっている（「一貫弐百弐拾九匁五分」）。そのためなのか、取引額や御所役人との関係を記した次のような返答書もある。

一、禁裏御所、辰年の年中、御用高一貫弐百九匁五分、右は百目に付壱匁ほどふそく御座候、もっとも少々過銀之在々之時も御座候、いずれもそのままに修理職御役所へ相納御通、表銀高、都合其時請取申候
一、仙洞御所、辰之年御用高三拾匁七分、右は弐分程不足これあり、過銀御座なく候

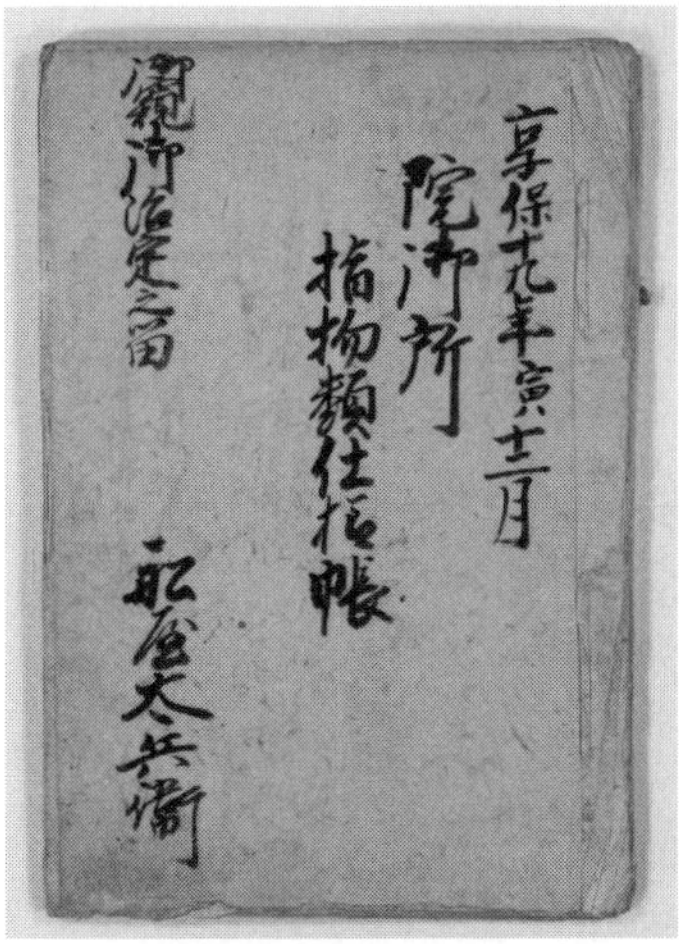

写真１　『享保十九年寅十二月院御所指物類仕様帳』
（船屋太兵衛家文書、京都府立総合資料館蔵）

一、新女院御所辰年中御用高、四百三拾六匁七分、右は不足ならびに過銀等一切御座なく候

右、いずれの御所役人中へ年中差定り送物は、二季きり祝儀、極月牛蒡又は鱈壱本或は、みぶなの類遣申候……平生は一向音物等これを遣し申さず、かつまた暑中の音物等も遣し申さず……

禁裏御所に対し、「百目」つまり一〇〇匁につき一匁の「ふそく」があるという。受取り過ぎを意味する「過銀」と対比されているから、不足であろう。つまり支払関係に曖昧な部分があったこと。それでもそのままに、修理職御役所へ納品を続けていたことを正直に認めたことが読み取れる。

ここで修理職御役所とは、三御所の諸殿修理や諸道具調達にあたる役所を指す。近習小番の公家から選ばれる修理職奉行（寛永期に成立した禁中諸奉行のひとつ）が中心であった。(一〇) 不正経理があるなら当然関与する役所であり、そこの関係が疑われたのである。そこで船屋は贈答関係を「二季きり祝儀」とし、一年二回の意味。年末の一二月には牛蒡・鱈・壬生菜などを届けると返答した。入札参加資格だけの「臨時御用」でも、この程度の贈答は行っていたのである。それでも普段や暑中見舞いの贈物（「音物」）なしと記すから、常識的な儀礼の範疇であったらしい。

御所との関係がはじまった時期

御所との関係が始まった時期は、次の返答書に読み取れる。

就御尋乍恐口上書　指物商売

一、禁裏御所様へ御出入仕、数代御用相勤来り候由、申伝承知仕候得共、いつ頃よりと申年月承知しがたく御座候、貞享・元禄以来御用寸法・雛型等所持仕罷在候、御用相勤来り候

一、仙洞御所様へ御出入仕、数代御用相勤来り候由、申伝承知仕候得共、いつ頃よりと申年月承知しがたく御座候、元禄

以来御用寸法・雛型等所持仕罷在候、御用相勤来り候

このほか、「右申上候安永三年頃、天野近江守様御役人中様」との書き込みもあり、所司代配下で禁裏付の幕府役人、天野近江守正景への返答書とわかる。おそらく天野は、不正経理の調査担当の一人であったのであろう。

そして返答書では、禁裏御所も仙洞御所も、出入りを始めた時期は不明ながら貞享・元禄期には記録ありとある。したがって、一七世紀前半に営業を始めていた船屋は、半世紀後には、臨時御用の入札資格を得ていたことになる。

連座をまぬがれた船屋

不正経理に加担したと断定されれば、家業存亡の危機だったであろうが、処分翌年の安永四年（一七七五）正月二二日に船屋は、疑惑は晴れたから今まで通り御用を務めたいとの内容の「乍恐口上書」を提出している。

一、私義、去る八月、西御役所へ召出なされ、私義済方何の御懸念これ無の趣にて、過料等も仰付られず、相済罷帰り申候、勿論其以、相替らず御用仰付なされ、相勤来りおり申候義に御座候、なにとぞ御慈悲を以、相かわらず御用仰付なされ下置かれ候はば有がたく存奉るべく候……

これは、船屋みずから提出したものではない。同日「仙洞御所、古居七之助、西川是蔵、山本小左衛門」つまり仙洞御所付の幕府役人から「去る午八月、御所向役人御仕置仰付なされ候以後、西御役所へ召出され、済方の趣かつまた過料仰付らる趣、または其儀に及ばず候趣勿論、此以後御用相勤申べし、あるいは否の義、以今明日中可被申出候」として、八月の処分の後に西町奉行所で過料の処分を受けたかどうか、今後も御用を務めたいかどうかを、届け出るように命じられていたから、提出したのである。

さらに翌二月にも、船屋は「仙洞御所御役人中」へ、次のような「乍恐奉申上口上書」を提出している。

一、私儀、御修理職方にて、水舟・走り・指物類御用仰付られ候者に御座候、此度御値段相改め、引下け候様仰付られ畏れ奉り候、私相勤申御用、定式御値段と申義、御座なく候に付、これまで御用度々積書差上、御吟味の上仰付られ相勤来り候、猶又此以後御用の節は御値段きびしく引下け積書相遣候

御所の「御修理職方」に「指物御用」で出入する者と自己紹介した上で、「御値段相改め、引下け」の命令に、入札参加の御所御用には「定式御値段」がなく、その都度に見積書を提出すると答えている。これが「臨時御用」の営業形態とすると、「定式御用」はやはり随時受注の特命業務であり、そこに「定式御値段」があったのであろう。それへの引下げ命令は、不正経理に流れた上積み分を排除するために相違ない。

ちなみに、この事件後も、御所付の幕府役人による出入業者への監視は続いたようで、安永五年（一七七六）一一月の「天野近江守様御役人中」あて「乍恐口上書」には、次のように記されている。

一、私儀、御所様へ前々より御出入御用等相勤来り候得共、私居宅表に御用札ならびに暖簾等一切御座なく候、これにより恐れながら御断申上奉り候、以上、安永五年申十一月

御所付の幕府役人から、御所との関係を強調する札や暖簾の有無に問い合わせがあったらしい。船屋は一切ないと返答しているが、『船屋太兵衛家文書』には、その後も三御所が重要な顧客であったことを示す文書がある（次節）。それらを見るとき、不正経理事件で相当数の定式御用が処分された後であることを、胸にとめておく必要がある。

第四節　臨時御用から定式御用へ

事件からおよそ三〇年。文化四年（一八〇七）八月に船屋太兵衛が御所役人へあてた「乍恐口上書」には、次のように記されている。

御道具木地方御用、私儀前々より仰付なされ相勤来り、有がたき仕合存奉り候、然る処、今般、親王様御用木地方、相替らず仰付なされ下され置候様、願上奉り候、なにとぞ御慈悲に仕、右願の通、御済下され為され仰付下候はば、有がたき仕合存奉り候、以上、

以前から「御道具木地方御用」つまり指物の御用を務めているとして、同年の「親王（天皇の兄弟・皇子）」の御用もこれまで同様受注したい、と願い出ている。ここで注意すべきは、入札参加資格だけを持つ臨時御用ではないこと。特命業務を随時受注する定式御用の立場が、読み取れる点である。そうすると、これ以前にそうなったことになるが、経緯を伝える史料は見当たらない。そしてとにかくこの後は、同様の文書が多くなる。

たとえば文化一一年（一八一四）の「御修理職御役所」あて「乍恐奉願上口上書」にも、次のようにある。

御出入御用向共仰付なされ、御慈悲の上、恐れながら代々滞りなく相勤、冥加至極有がたき仕合存奉り候、然るところ、御息所様御出入御用向、先例の通に仰付なされ下され候様願上奉り候、恐れながら御憐憫を以、右願の通、仰付なされ下され候はば、渡世も手広に相成、猶又いずれも先例在候ものともに候えば、外聞等迄誠に広大に御慈悲と難有仕合奉存候、以上

木子■■丞　木子作太夫　大黒屋市左衛門
松屋新兵衛　■法藤兵衛　桧皮屋貞七
舟《ママ》屋太兵衛　山崎屋五兵衛　錺師種兵衛
塗師七郎衛門　■師六兵衛　伊勢屋伊兵衛
瓦師源三郎　永野七右衛門　三年屋与兵衛

どの御所あてかは不明であるが、「御息所《みやすどころ》（皇子・皇女を生んだ女御・更衣）」に関わる御用の受注を願っており、やはり定式御用がうかがえる。ちなみに、連署者の冒頭二名は「京十人棟梁」の流れを引き下京を得意場とする木子組の棟梁である（一一）。それ以外の「桧皮屋」、「錺師」、「塗師」、「瓦師」も建築関連なので、当時の船屋太兵衛は、建築業が集まる木子組に指物師として加わっていた可能性が高い。

第五節　御用提灯と非常札の付与

付与の証拠

前述のように船屋は、文化四年（一八〇七）には、定式御用の立場になっていた可能性が高い（第三節）。そして、御用提灯も付与されていたことが、天保一四年（一八四三）の町奉行所あて「乍恐口上書」に読み取れる。

御用と書記、これ有り候　釣提灯壱張・箱提灯壱張・弓張提灯壱張　非常札壱枚

右は、私父太兵衛義、御所様へ御出入仕り、御常式御指物御用相勤候に付、書面の通、御提灯・非常札共頂戴罷在り候ところ、老年におよび相勤退身仕、私義相続仕、右御用これまでの通り私へ仰付られ相勤候時、右提灯非常札共そのまま御

渡下、釣提灯は居宅近辺出火の節表釣置、箱提灯・弓張提灯は、御用の時、夜分往来の節、相用ひ、非常札の儀は、非常の節、持参馳付候様、御役所役人中より仰渡され候時、御請けあげたく伺奉り、右の趣、御聞届け成られ下候はば有がたく存奉り候、以上、天保十四卯年六月廿日

先代当主の引退を受け、当代当主が「御常式御指物御用」を受け継いだ。ここに「常式御用」つまり定式御用の立場が明確になるのであり、前節の推測を裏付けている。

そして、「御役所役人中」から、「御提灯・非常札」が「そのまま御渡下」された。このうち「釣提灯」は、近辺で出火があったとき表に釣り置くもので、公儀の火消衆に対し、消防作業のための屋根の提供義務を、免除されていることを主張する目的があった(二三)。箱提灯と弓張提灯は、「御用」のため「夜分往来」する際に使用したものである。「非常札」も御所へ「馳付」の際に持参せよと言い渡された。いずれも御所が「常式御用」にあたえた特権である。

そして船屋は六月二〇日に町奉行所へも「御聞届け」を願い、許された後に、次の「御請書」を提出した。

御用と書記有之候、釣提灯壱張　箱提灯壱張　弓張提灯壱張　非常札壱枚

右は、私太兵衛義、御所様へ御出入仕、御常式御指物御用相勤候に付、書面の通、御提灯・非常札共頂戴罷在候処、老年におよび相勤退身仕、私義相続仕、右御用これまでの通私へ仰付られ相勤候時、右提灯・非常札共そのまま御渡下、釣提灯は居宅近辺出火の節表釣置、箱提灯・弓張提灯は御用の時、夜分往来の節相用ひ、非常札の儀は、非常の節、持参馳付候様、御役所役人中より仰渡され候時、御請けあげたく伺奉り、戻、御聞届成下され、右御提灯御用の外、私用には相用ひ申間敷候て、火事場の儀は、去る文化三寅年二月御差出御座候御触これあり趣、皆相守、右提灯を持、みだりに火事場徘徊仕間敷の旨、此度右御提灯・非常札共返上仕候処、または代替ならびに変宅其外等の儀、これある節は、其時々御届申上べき旨、仰渡され候趣、急度相守申すべく候、これにより御請取差上奉り候、以上

じつは、町奉行所は、文化三年（一八〇六）に触書を出し、御所があたえた提灯を火事場へ持ち込まないよう命じていた。その触書は、寛延三年（一七五〇）以降、明和八年（一七七一）一〇月、文政元年（一八一八）二月にも出されていたもの。（一三）提灯片手にうろつかれては、消防の邪魔だからである。船屋に限ったことではない。

ちなみに船屋には、天保一四年を二〇年ほどさかのぼる文政八年（一八二五）七月一日の「乍恐口上書」にも、相続に関する内容がある。「私共心得違仕、代替の儀、御届申上ず候ところ此度御所表へ召出、御提灯御改……これまで代替り[redacted]其外所替のたび御届申上ず不埒の断、以来入念申すべき旨仰渡され」とあり、船屋の「心得違」で、相続時に御所と町奉行所へ、提灯相続の許可申請を行ったことがなく、そのときも行わなかったので、御所付の幕府役人から申請を命じられたという。そのときの「御請書」の日付は、翌文政九年（一八二六）二月八日。「乍恐口上書」の日付から半年以上も経過しているのは、町奉行所の許可が遅れたためで、同行した町役人もお叱りを受けたらしい（「西御役所へ町役付召出され」）。

定式御用との関係

さらにさかのぼって安永九年（一七八〇）二月二四日。船屋が西町奉行所へ提出した「乍恐口上書」をみる。

一、御用と書記候

釣提灯壱張、箱提灯壱張、弓張提灯壱張

右者私前〃より禁裏御所様へ指物御用調達候に付、右御提灯頂戴仕罷在候、もっとも右御提灯頂戴仕候みぎり、御役所へ御断申上置候様、父太兵衛より承伝へ罷在候えども、父太兵衛右御提灯頂戴仕置死去仕候に付、年月等控無御座候故、あい知れ不申候えども、只今にても私所持仕候間、御所様御用の節相用ひ罷在候、右の際に[redacted]殿宜敷相認め被下候、西堀川出水下る町　舟《ママ》屋太兵衛

安永九年（一七八〇）に死去した「父太兵衛」は、文政八年（一八二五）に引退した太兵衛の先代であろう。その先代から、相続時に許可申請の必要を聞かされていたが、死去した時点で「年月等控無」つまり拝領時期などが不明であったため、申請しないまま「御所様御用の節」に提灯を用い続けていたという。そうすると、船屋太兵衛が御所から御用提灯と非常札を付与されたのは、さらにさかのぼることになる。それはいつのことだろうか？

天保一四年の「乍恐口上書」には、「常式御用」になる際の付与が読み取れたが、明和四年（一七六七）四月二日に町奉行（「御奉行様」）へ提出された「修理職方へ指上候一札写」には、経緯が記されている。

此度、私願の通、御用御提灯拝領仰付なされ、有がたき仕合存奉り候、もっとも仰付なされ候通、平生御用のみぎり、または非常罷在候節、これまた私居宅近辺出火等に付、表に釣り申候、外一切私用相用申間敷候、右御提灯御威光を以、往来の人に対し、おうへいがましき■■の仕形仕間敷候、勿論、私用事これあり、代りの者差上げ候共、右の趣、常々とくと申仕置、火元へ堅く持参致させ間敷……

修理職役所へ提出した文書の写しであり、明和四年に御用提灯の拝領を願って、かなったことがわかる。先の文政八年や天保一四年の相続史料への推測からすると、この明和四年に「常式御用」になった可能性があるが、仙洞御所役人あての「乍恐奉申上口上書」では、八年後の安永四年の文書にも臨時御用とあった（第三節）。「禁裏御所様御用代銀高」（第三節）の取引額も、明和四年にとくに増えた様子はない。この他では「御道具木地方御用」を主張した文化四年八月の「乍恐口上書」に、「常式（定式）御用」とあるだけ（第四節）。

よって船屋は、一七世紀後半までに修理職役所の入札参加資格を得、臨時御用を務めるようになり、明和四年（一七六七）には禁裏御所から御用提灯と非常札を付与されていたとしか言えない。そして安永三年（一七七四）の不正経理事件では臨時御用を主張して連座をまぬがれ、それから文化四年（一八〇七）までに定式御用になっていた、ということになる。

第六節　木具屋との関係

寄宿免許の指物師、木具屋

享保元年（一七一六）ごろ、京都町奉行所が行政例をまとめた『京都御役所向大概覚書』[一四]より「五十　諸役寄宿御免許之事」に、美術工芸職人の役割で、御所から「諸役免除」や「寄宿免除」（第一節）を許された者、つまり本物の「御所様御用達」が列記されている（表1・表2）。

まず表1に、諸役免除の美術工芸職人をさがすと、No.31の「小細工御用」の大工一人に可能性をみる程度。指物師は明確ではない。続いて表2に、寄宿免除の美術工芸職人をさがすと、No.3〜No.7に「木具御用」、No.8に「桶之御用」がある。このうち木具御用は「木具屋」の集団。一族らしい。『角川古語辞典』によれば、「木具」は「白木のままの膳や椀、贅沢な調度品」なので、木具屋は高度な木工技術をもつ御所御用達の指物師とみてよい。

木具屋と船屋の関係

『船屋太兵衛家文書』には、安政四年（一八五七）一〇月の年記で、明確に木具屋と船屋の関係を示す「乍恐奉願口上書」が残されている。長文であるが、せっかくだから掲載してみる。

私方、前々より御所様御船指物御用相勤罷在候処、此度、木具指物職のもの仲ヶ間調立取締の義、当御役所様へ奉願書付上け置候様仰渡せらるの趣にて、私儀右仲ヶ間立御願の内へ加り候様、中之惣代室町一条上る町、木具屋新右衛門外二人より掛合これあり候えども、私方の儀は、船指物細工おもにて、私方同家ならびに別家下職のもの、別紙の通これ有、御用向の節は、右同家ならびに下職者へも申付、細工致御用品調進仕罷在候儀にて、此度仲ケ間立掛願奉申上罷在候ものは、御所様木具職御用相勤罷在りものにて、私方職柄共違ひ、木具職または箱指物細工等致候もの方奉公人等、私方職向に相違ひ候儀もこれ無、細工の事柄違ひ候儀に付、右のもの仲ケ間立御願の内へ加り申すべき義は差除けくれ候様、右惣代の者共へ返答置申候、右の仕合にて、私共、別紙同家下職のもの十六人儀は、右仲ケ間立請願之内へは加り申さず間、恐れながら此段御断申上奉り候、御憐憫を以、右の趣、聞届成下され候はば、いかばかり有がたく存奉るべく候、以上

表1 「諸役御免除之分」から抜粋した工芸職人

1	烏帽子師	室町福永町	杉本美作守
2	筆屋	室町福永町	筆屋長門
3	御筆御用	河原町一ノ船入町	法橋祐以
4	箔御用	南御霊町	箔屋甚右衛門
5	織物師	大北小路東町	野本久右衛門
6	戸屋主役	烏丸通一条上る北半町	蒔田左京
7	御装束御用	烏丸通桜馬場北半町	高田出雲
8	荒物御用	十如町	荒物屋市助
9	呉服御用	室町通武衛陣町	八文字屋善兵衛
10	御呉服御用	室町通御池上る町	三井三郎右衛門
11	御呉服御用	衣棚御池上る町	同人
12	御簾御用	烏丸通少将井町	御簾屋徳助
13	御簾御用	冨小路通大炊町	御簾屋修理
14	絹御用	東洞院通三本木四町目	羽二重屋五左衛門
15	御経師	室町通白楽天町	大経師内匠
16	御絵所	室町通鯉山町	法橋了琢
17	御障子張	烏丸通六角下る町	経師屋久兵衛
18	御障子張	烏丸通綾小路下る町	経師庄兵衛
19	御畳師	烏丸通六角下る町	伊阿弥筑後
20	御畳師	油小路通六角下る町	伊阿弥筑後
21	御畳師	烏丸通御池上る町	大針丹後
22	御蚊帳師	三条通弁慶町	蚊帳や又左衛門
23	蝋燭御用	御幸町通御池上る町	蝋燭屋九右衛門
24	御打物御用	御池通森之木町	重命治兵衛
25	紙漉兄弟部	高辻通西洞院東入町	橋本平兵衛
26	紙漉兄弟部	天使突抜船屋町	栂井備前守
27	紙漉兄弟部	高辻通油小路東入町	湯川庄右衛門
28	紙漉兄弟部	同町	湯川清次郎
29	紙漉兄弟部	同町	城戸又右衛門
30	紙漉兄弟部	西洞院通松原上る町	岡本庄五郎
31	小細工御用	大宮通三条上る町	大工作左衛門

表2 「寄宿御免除之分」から抜粋した工芸職人

1	備後表御用	油小路通薬屋町	備後表九郎左衛門
2	結花御用	一条通広橋殿町	結花屋庄左衛門
3	木具御用	一条通広橋殿町	木具屋七郎右衛門
4	木具御用	烏丸通三条殿町	木具屋又左衛門
5	木具御用	烏丸通川端町	木具屋孫左衛門
6	木具御用	烏丸通一条上る北半町	木具屋久右衛門
7	木具御用	烏丸通一条上る南半町	木具屋源四郎
8	桶之御用	出水通中出水町	桶屋藤兵衛
9	御蒔絵御用	相国寺鹿苑院門前東町	小幡七之助
10	御畳紙屋	下長者町通藪之内町	城殿和泉
11	御鏡屋	松之下一条下る町青平左衛門	青平左衛門
12	御塗物御用	烏丸通手洗水町	塗師源助
13	御仏師	寺町通二条下る町	大仏師蔵之丞
14	御釜御用	三条通窯座町	釜屋信濃

西堀川出水町　御船指物師　船屋太兵衛
西堀川竹屋町上る町　船屋平兵衛
千本一条上る町　檜本屋弥兵衛
西堀川上長者町上る町　船屋伊兵衛
同町　船屋市兵衛
同町　大黒屋弥兵衛
西堀川中立売上る町　船屋卯兵衛
下長者町猪熊出合町　柳屋庄兵衛
千本中立売上る町　松屋佐兵衛
夷川御峰町角　井筒屋庄太郎
万寿寺烏丸東入町　漆屋七右衛門
同町　津国屋嘉兵衛
万寿寺町高倉西入る町　漆屋喜兵衛
東洞院仏光寺下る町　近江屋市兵衛
烏丸四条通下る町　近江屋吉兵衛
建仁寺町五条下る弐丁目　山城屋卯兵衛
建仁寺松原上る町　井筒屋六兵衛

安政四年（一八五七）に、御所御用の木具屋新右衛門ら「木具指物職」の者が、「仲ケ間」組織の結成を、町奉行所に届け出た。このとき船屋太兵衛や親戚筋、そして下請職人の取り込みを目論んだのである。

これに対し船屋は、「船指物細工」が自分達のおもな仕事であり、「木具指物職」の木具屋とは「職柄」が違うと主張、「仲ヶ間」に加わらないと返答した。もちろん『船屋太兵衛家文書』には、調度類や消防道具など、多様な美術工芸品があるから、船屋の言い分は実態を正しくあらわしていない。むしろ木具屋とは、御所御用において重なる部分が多く、競争関係にあったはずである。

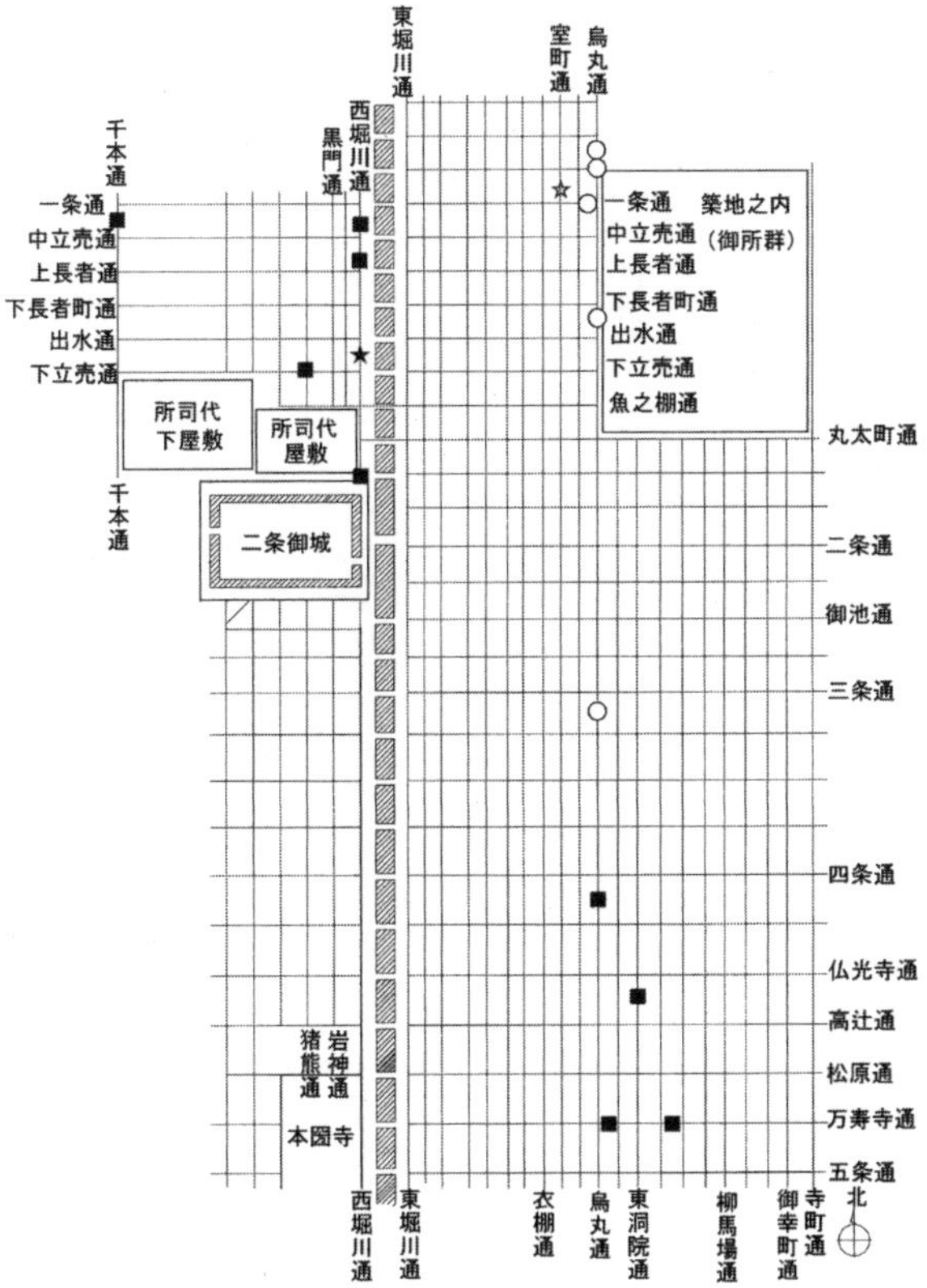

図３　幕末の船屋らと享保元年当時に寄宿免除の木具屋の位置

そんな船屋を仲間組織に取り込もうとした木具屋の目的は、御所との関係開始が一六～一七世紀前半にさかのぼり[一五]、寄宿免許（表2）でもある立場を使って、有利な業務分担を確保することにあったろう。ちょうど御用砂子屋が庶民相手の平砂子屋を仲間組織に取り込み、優位な立場になって御所や幕府の仕事を独占したのと同じように、である[一六]。

ちなみに表2より木具屋を○、船屋に加入を働きかけた木具屋新

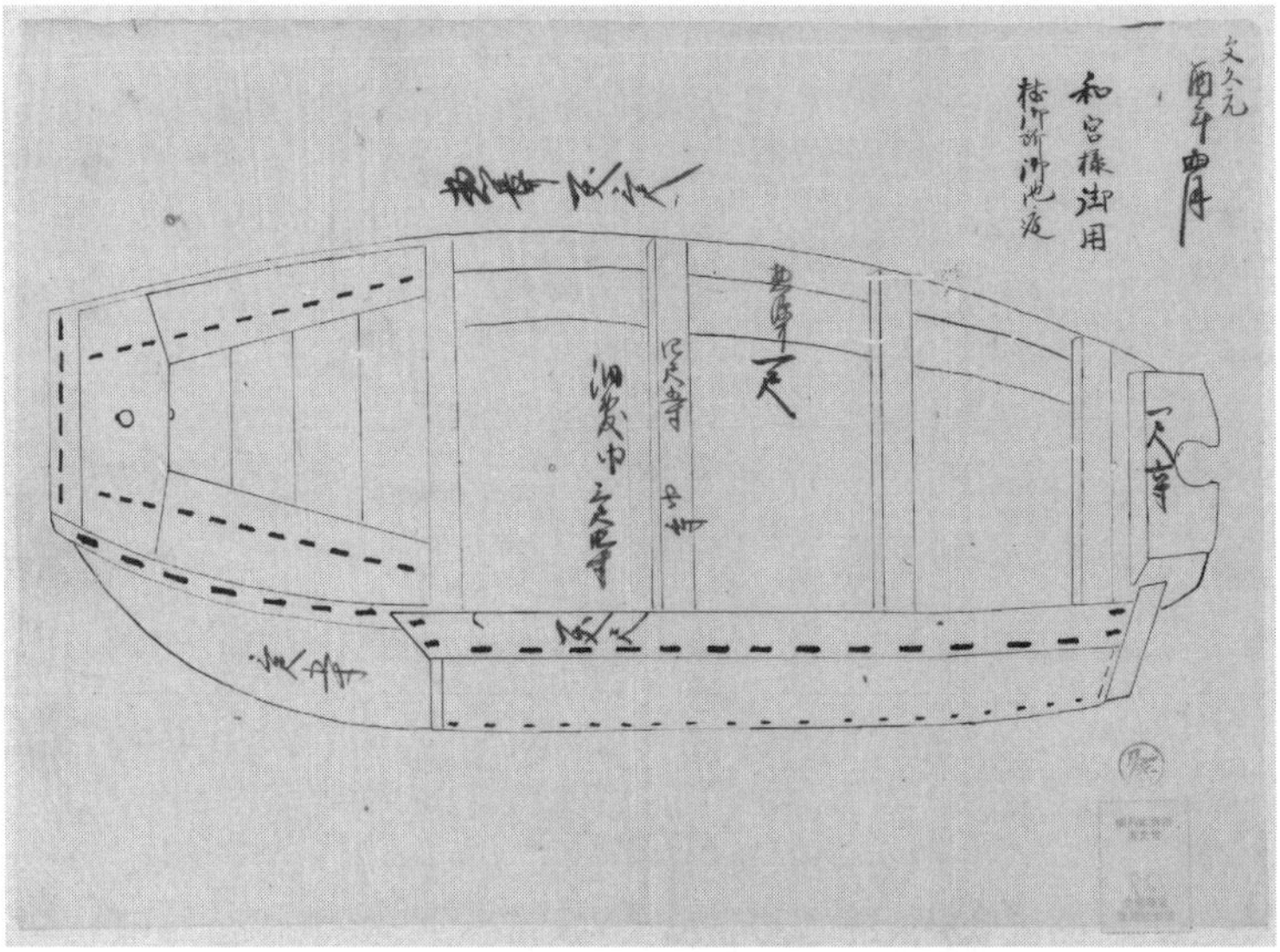

写真２『文久元年酉年四月、和宮様御用、桂御所御池庭』
京都府立総合資料館蔵

右衛門の居住地を☆で地図にプロットすると（図3）、烏丸通り沿いの御所北西部分に集まっている。いかにも歴史的に御所との関係をつちかってきたような場所であり、貞享二年（一六八五）の『京羽二重』[一七]も少し南に「長文庫・挟箱」を扱う職人の居住を記している。

これに対し、「乍恐奉願口上書」から船屋太兵衛家を★、親戚や下請職人を■でプロットすると（鴨東で建仁寺近くの二軒は省略）、御所から離れている。水舟をあつかうから、川から離れられないかというと、川から遠い万寿寺通沿いにも二軒あり、『京羽二重』もその辺りに「井筒・はしり・水船」と記している。

以上、図3からわかるのは、江戸時代初期から木具御用を務めて木具屋を名乗り、寄宿免除を許された指物師は、御所近くに集住し、江戸時代を通じて御所と深い結び付きがあったこと。これに対して、水船をあつかい、船屋を屋号とした船屋太兵衛らは、御所から離れて住み、関係も幕初はそれほど密接でなかった、ということである。

まとめ、明治に消えた京指物師、船屋太兵衛

京都の美術工芸職人に関する従来の研究では、幕府や御所相手の業者が、同種の庶民相手の業者を仲間組織に取り込み、組織内で優位な立場を形成して、有利であり続けたことが指摘されてきた。ところが、一七世紀前半から二条城近くに居住し、もともと水舟をあつかっていた指物師は、一七世紀後半に御所の臨時御用の入札資格を得、御用提灯や非常札も付与され、随時受注の定式御用になった。江戸時代を通じて、御所との関係を深めていったのである。

そして幕末には、御所近くに居住する指物師も無視できなくなっていた。それゆえに彼らが立ちあげた仲間組織に取り込まれそうになったが、船屋は断固拒否。そのようなことは、拒否してもやっていけるだけの技術力に担保された競争力、すなわち営業力がなければ、できることではない。前例踏襲の封建時代にあって、このようなサクセストーリーを実現するには、相当の努力で技術力を蓄積し、価格面でも競争に打ち勝つ努力が必要であったはず。その努力を、二条城近くの町家の仕事場で一心不乱に重ねる、それこそ京都の美術工芸職人らしい姿であったろう。幕末の文久元年（一八六一）四月には、あの皇女和宮の水船も扱っている（写真2）。史料には「桂御所御池庭」とあるが、半年後の江戸降嫁が前年に決まっていたから、幕府に約束させた御所風のくらしを実現するための、嫁入道具ではなかったか。そのように大事な水船を調進した船屋は、京都を代表する美術工芸職人のひとりだったのであろう。

しかし、明治維新で時代は変わった。顧客の御所は東京奠都。移った先は欧風政策で、京指物師への注文はなくなった。わずかに明治一〇年（一八七七）、京都府を通じて水舟の注文があった。おそらく、和歌を好み文化的素養が高かった明治天皇からであろう。しかし、すでに水船職人とのつながりを失っていた船屋当主は、あちこちさがして復命書に「下職人船屋辰右衛門一家滅亡し不分明」と報告している。（一八）当主自身も、このときは夷川通り小川東入るの東

夷川町に移って指物師の営業を続けていたが、明治期の中ごろに廃業のやむなきにいたった。船屋太兵衛という京指物師は、遠ざかる江戸時代とともに、消えていったのである。

註

一　京都府立総合資料館歴史資料課「〈史料紹介〉御用砂子屋美濃地仲間文書」『資料館紀要』第一一号、京都府立総合資料館、一九八三
二　［虎屋］社史編纂委員会編『虎屋の五世紀——伝統と革新の経営』株式会社虎屋、二〇〇三
三　京都府立総合資料館所蔵、本文中の船屋関係文書も同様である。
四　京都府立総合資料館「資料館だより」第一五二号、二〇〇七
五　杉森哲也『江戸時代の聚楽第跡——豊臣秀吉と聚楽第』文理閣、二〇〇一
六　浅井了意『京雀』（新修京都叢書　第一巻）、光彩社、一九六七
七　水雲堂孤松子『京羽二重』（新修京都叢書　第六巻）、光彩社、一九六八
八　丸山俊明『京都の町家と火消衆——その働き、鬼神のごとし』第七章付記、昭和堂、二〇一一
九　前掲、丸山俊明『京都の町家と火消衆——その働き、鬼神のごとし』第八章
一〇　登谷伸宏「近世における修理職奉行の成立について」『日本建築学会学術講演梗概集（北陸）　F—2　建築歴史・意匠』二〇一〇
一一　谷直樹『中井家大工組支配の研究』思文閣出版、一九九二
一二　前掲、丸山俊明『京都の町家と火消衆——その働き、鬼神のごとし』第八章
一三　京都町触研究会編『京都町触集成』第十二巻（嘉永元年～文久三年）、一二四頁、岩波書店、一九八七、ほか。
一四　『京都御役所向大概覚書』上巻（清文堂史料叢書第五刊）、清文堂、一九七三
一五　前掲、『京都御役所向大概覚書』上巻、「五十　諸役寄宿御免許之事」より「諸役免許之初者後陽成院御治世より初り夫より以前は寄宿免許ばかり」とある。

一六　前掲、京都府立総合資料館歴史資料課「〈史料紹介〉御用砂子屋美濃地仲間文書」
一七　前掲、水雲堂孤松子『京羽二重』
一八　前掲、京都府立総合資料館「資料館だより」第一五二号

第一七章 普請御願が免除されるという特権の意味

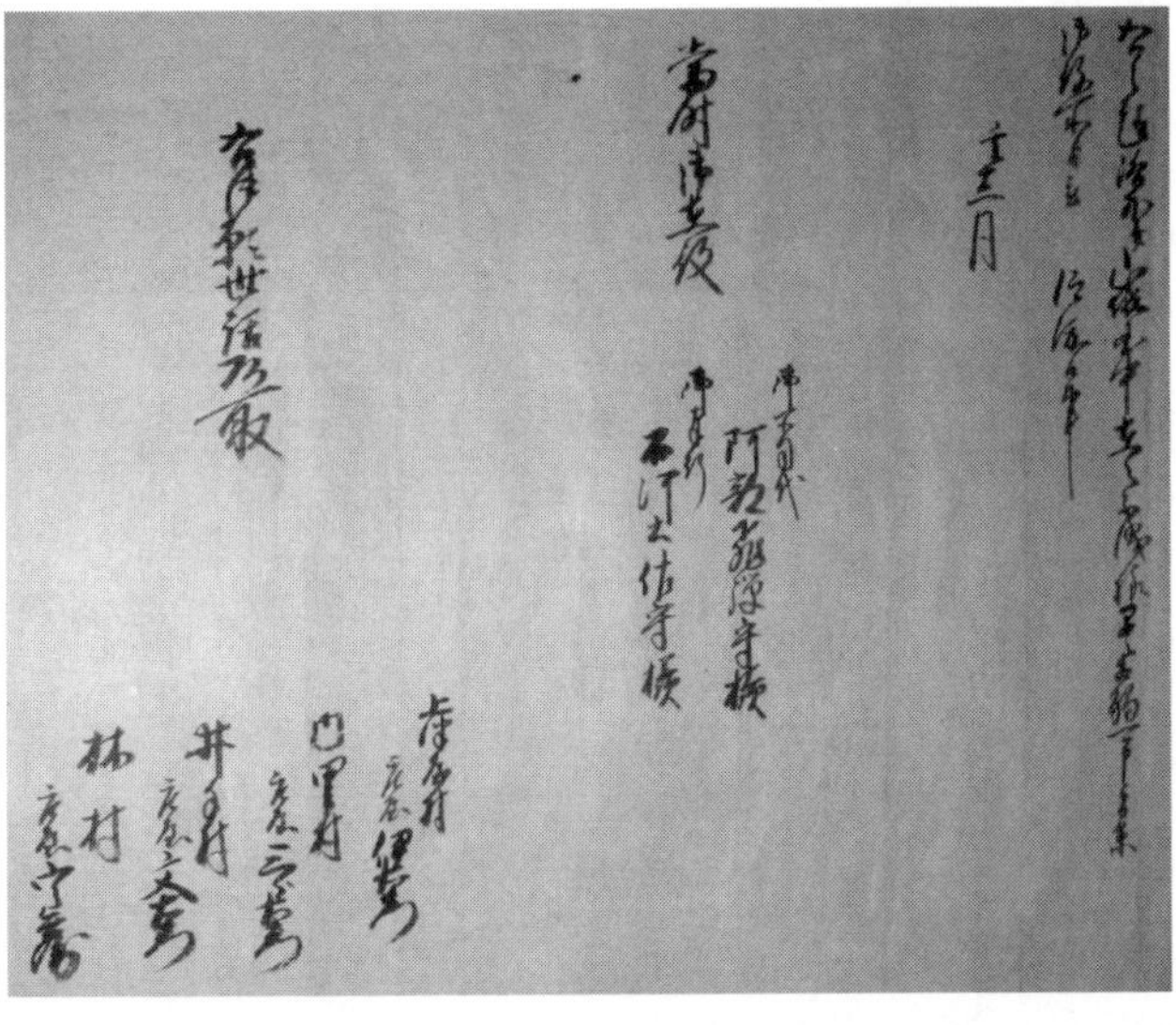

概要…京都の町人は、その多くが地子赦免の付帯特権として、町奉行所への建築許可申請を免除されていた。これに対し京都周辺や遠在農村の百姓は、代官所や地頭への申請を義務付けられていた。そのうえ京都南郊の百姓は、江戸時代の中ごろ、新たに町奉行所への申請を義務付けられた。これにより負担が増した百姓は、元の申請先に戻されるための訴願を、半世紀近く繰り返した。全国で暴力的一揆が頻発する中での無血闘争であったが、ついに要求を受け入れさせた。その経緯を明らかにすることで、町家は申請免除という京都の町人の特権が浮き彫りになる。

第一節　京都を囲む山城国の建築許可申請

申請義務のあるなし

江戸時代の京都は、山城国にあった。山城国とは、現在の京都府から丹波・丹後地方をのぞいた地域にあたる。京都所司代‐京都町奉行所体制は、山城国の寺社や町人、百姓の建築行為を規制し、その実効性を担保するため、建築許可申請を義務付けた。そして結果を、町奉行所役人の竣工検査、いわゆる出来見分《できけんぶん》の対象としたのである(一)。

勝手きままな建築が許されないのは、現代と同じ。だから、建築形態や町なみは、町人や百姓の好みだけでは語れない。語れないのであるが、京都の町人のうち、豊臣政権や徳川政権から地子（年貢の代銭納）を赦免された町人は、その付帯特権として建築許可申請を免除されたのである。

そういうと、なんでもありの自由建築のようであるが、建築規制は厳然としてあった。これを町奉行所支配の末端に組み込まれた町役人が行き届かせた。施工する大工も、所属する大工組を通じて、京都幕府御大工の中井家役所に、建築内容の確認を受ける義務があった。だから放置されていたわけではない。が、とにかく施主の町人は申請しないから、京都の町家に残る家蔵文書に建築許可申請書、いわゆる普請願書《ふしんがんしょ》は残っていない。もっとも、江戸時代に年貢地を開発した新地に住む町人は免除されなかったから、普請願書が多く残っている。そして添付図面の指図《さしず》が、当時の町家の間取りを知る手がかりになっている。

それでは、申請義務がなく、出来見分も受けないということが、どれほどの特権であったのか。この点を、明和四年（一七六七）一二月に、町奉行所が出した触書を材料にしながら、みてみよう。

ちなみに、江戸時代前期の「普請《ふしん》」は土木工事を意味し、「作事《さくじ》」が建築を意味した。しかし江戸時代中ごろになると、普請も建築行為を意味するようになる。このため建築許可申請書も、普請願書と通称されている。

明和四年（一七六七）一二月の触書

明和四年（一七六七）一二月の触書には、次のように記されている[二]。

> 山城国中、在々百姓家、普請修復の義、これまで奉行所へ願出候村方遠方のもの共は、往来其外諸入用相懸り難儀の趣相聞候付、向後は洛外は勿論、紀伊郡の内、竹田村・中嶋村・横大路村・下鳥羽村・塔之森村・嶋村・石原村・吉祥院村・中河原村、葛野郡の内、郡村・東梅津村・西梅津村・上山田村・山田村・下嵯峨村・上嵯峨村、愛宕郡の内、千束村・柊野村・上賀茂村・御菩薩池村・松ヶ崎村・修学院村・一乗寺村・白川村・浄土寺村・獅子谷村・東岩倉村、宇治郡の内、上野村・御陵村・竹鼻村・音羽村・大塚村・大宅村・小野村・西野山村限り、ただ今まで奉行所へ相願来候分は、以来諸事仕来の通、急度願出可申候、右村々の外、遠在の分は其所の村役人吟味をとげ、御代官所ならびに領主地頭へ相願、差図を請、普請可致候……
> 右の趣、洛外ならびに山城国中、在々洩らさず早々相触申すべき旨、東御役所より仰渡され候事

京都周辺の三五ケ村と内側つまり京都側の農村に、これまで通り、町奉行所への建築許可申請を命じている。一方、三五ケ村の外側にあたる「遠在」の農村（以下、遠在農村）には、京都代官所や、在地領主の地頭を、新たな申請先に定めている。

これまでの研究では、代官所や地頭は年貢収納など民政をあつかう存在とされてきた。百姓の建築許可申請の取り扱いは指摘されていなかったが、たとえば山城国北部の愛宕郡岩倉村（京都市左京区岩倉）では、江戸時代後期に、代官所が百姓の建築許可申請をあつかって、竣工検査も担当した記録がある。（三）それは、明和四年一二月の触書後にあらわれた申請形態であった。つまりこの触書は、遠在農村の建築許可申請の転換点となったのである。

それでは、なぜ申請先の変更が必要であったのか。それは、本章で明らかにする山城国南部の四郡（相楽郡・綴喜郡・久世郡・宇治郡）の百姓の訴願が原因であった。

第二節　相楽郡下狛僧坊村の『家作御願諸書物』

上山城という地域

山城国南部の相楽郡・綴喜郡・久世郡・宇治郡は、南山城四郡と通称される。一方、北部の紀伊郡・愛宕郡・葛野郡・乙訓郡は北山城四郡といい、中心に京都がある。ところが本章で取り上げる史料は、南の四郡を上山城と記している。北の四郡を下山城と記す史料まであるのだが、北山城の史料にこのような記述は見つけていない。

『家作御願諸書物』の概要

『安宅《あたぎ》家文書』は、相楽郡の下狛僧坊村（京都府精華町）に入り組んでいた領地のうち、瑞龍寺宮領の庄屋をつとめた安宅家の家蔵文書。そこから『家作御願諸書物』と「目録帳」、そのほかを取り上げる。（四）

まず『家作御願諸書物』は、「乍恐奉願口上書」と「御尋に付申候書付」と「百姓家造作、御見分所・御地頭済、村順書分帳」の三点を綴じた史料である。すべて「明和四年十一月」の日付があり、提出側は「四郡村々」や「四郡村々惣代」と記されている。

そして提出先は、「乍恐奉願口上書」（以下、「口上書」）に「御奉行様」、「百姓家造作、御見分所・御地頭済、村順書分帳」（以下、「村順書分帳」）に「御番所様」とある。番所とは、町奉行所で訴願を受け付ける部署である。(五)

次に「御尋に付申候書付」（以下、「御尋書付」）は、訴願の際に町奉行所から「御尋」を受けた上山城四郡の百姓の回答で、末尾に、明和四年年一二月二六日に所司代と東町奉行から訴願を聞き入れられた、とある。そのとき町奉行が申し渡した内容は、明和四年一二月の触書と同じなので、触書と訴願の密接な関係がわかる。

最後に「目録帳」は、「口上書」や「御尋書付」と似た内容であるが、「右の外、申上度儀御座候得共、恐れ奉り差控え申候」とある。百姓の本音ともとれる詳細な記述は、「御願書物」の下書きとみてよい。

ちなみに、『家作御願諸書物』と同じ内容で同じ筆跡の文書が、相楽郡上狛村（現、京都府木津川市山城町上狛東林）の禁裏御料の庄屋をつとめた小林宇兵衛家の『小林家文書』など、上山城四郡の各地に残っている。どうやら訴願成就のおり、後世へ伝えるため、代筆業の筆工に相当数つくらせて関係者が所有したらしい。

また、相楽郡木津郷千童子村（現、京都府木津町）の『土久里《とくり》家文書』(六)には、体裁は落ちるが、同じ内容の「木津郷書物写、家作御願御免書」がある。「木津川書物写」とあり、同じ木津川郷の文書を書き写したものであろう。したがって筆工作成分が全村配布されたわけではなかったらしいが、内容が大事であったことはうかがえる。

第三節　「口上書」について

まず「口上書」から。長文だが、後ほど要約するので、ざっとご覧いただきたい。

私共村々、百姓家造作の儀、古来より御料は御代官様、私料は御地頭様御願申上建来候処、三拾年以来御番所様へ御願申上候様に罷成、依之、御願絵図・証文共数通之筆工料、御願に庄屋、年寄、願主上京仕候飯代、雑用等相懸り申候、其上、出来之御断申上御見分請申候に付、かれこれ以困窮の百姓共、甚難儀に存候私共村々、多くは大川辺りの村方に御座候に付、毎度洪水仕、堤切にて流家、潰家、土砂持込候えば、家・居宅、地上げ等に至るまで御願申上候儀、または御年貢相立がたき百姓は住来り候家を売払、小屋を建候御願あるいは無高の百姓は垣生小屋または稲小屋・屎小屋等まで御願申上候に付、いよいよ困窮の基にも相成様に存、願度御事に奉存候、もっとも右四郡村々之内にても、先年の通、御代官様・御地頭様窺いにて造作仕来り候村方も百ケ村余御座候、これにより村並入組の村方は、軒並にて右躰の入用もこれ無く勝手に造作仕候を百姓共よく存じ罷在候故、恐多御事に存じ奉り候得ども、御願申上くれ候様によんどころなき百姓共相願候に付、去申年御願申上候処、其後召出なされ、願出御戻し遊ばされ、重ねて仰付られ方在るべしの旨仰渡され、承知奉り候みぎり、村々連印指上奉り候、其後何の御沙汰も無御座候に付、恐を顧みず又々御願申上候……百姓家造作は、先規の通御代官様・御地頭様窺に仰付なされ下候様に、恐れながら右の段召上られ、願の通り仰せ付けられ候はば……村々一統に有がたく存じ奉り候、明和四年亥十一月二日　四郡村々

意味は、おおよそ、次のようになる。

上山城四郡では、「御料」の百姓は代官所へ、「私料」の百姓は地頭へ、建築許可申請を行っていました。巡回してくる顔見知りの役人に、建築します、終わりました、と届けていたのです。ところが、明和四年（一七六七）の三〇年ほど前（計算では元文二年）、突然に、町奉行所への申請を義務付けられました。その申請は、まず「絵図・証文」を、町奉行所と関わる筆工に有料で作成させなければなりません。それを、「庄屋・年寄・願主」が、京都の町奉行所まで持参せねばならず、竣工後も、「出来の御断」つまり竣工届を提出し、竣工検査の「御見分」を受けます。このような申請が、水害後

の地盤のかさあげや、年貢を支払うために百姓家を売り払った百姓の小屋がけにも義務付けられました。百姓にとっては、はなはだ「難儀」なことです。

その一方で、昔のまま、代官所や地頭への申請を続ける農村も「百ケ村余」あります。そこで、町奉行所への申請を義務付けられた百姓は、「去申年」（宝暦一四年、甲申、一七六四）に元へ戻してほしいと願い出たのですが、ご沙汰を待てと差し戻されました。それが今になっても何の沙汰もいただけないので、再び願い出ました。

まず、代官所が申請を取り扱う「御料」とは、代官所が支配を代行する幕府直轄領地や、朝廷領地（禁裏御料）などを意味する。これに対し「私料」は、領主が置いた在地領主の地頭が、民政を支配する領地である。(七)
ここで文書の背景をみておくと、彼らが住む上山城四郡は、淀川、宇治川、木津川という大河が流れる。このうち宇治川と木津川の上流域は、一八世紀始めから、農地開発目的の山林開発が急速に進んだ。このため、大量の土砂が川に流入し、川底が上昇した。その結果、洪水が頻発していたのである。(八)
中でも、正徳二年（一七一二）年八月一九日の大洪水は、木津郷や賀茂郷の諸村など流域全村を消滅させた。木津川市木津町の正覚寺境内の阿弥陀石仏の六角形台座の碑文には、次のように刻まれている。(九)

正徳二年辰八月十九日、洪水によって、此川筋の近在辺境の人民、おほれ死するもの幾千人という数をしらす、彼亡者のぼだいのため、此あみた仏を造立し、なかくここにあんちし奉る

賀茂郷から加茂郷への改名も、この被害をながく忘れぬためであった。

その後も、二年から三年おきに、大規模洪水が発生したが、被害を受け続ける流域の百姓は、檀家制度で土地にしばられているので、逃散はできない。そのつど、建築許可申請をおこなわざるをえない状況に追い込まれていた。

そういう状況の中、負担の大きい町奉行所への申請を義務付けられたのである。それではたまらないから、「去申年」つまり宝暦一四年に訴願を行った。このとき町奉行所へ提出した「乍恐御願奉申上書」も残されているので、同訴願を繰り返したという百姓の言い分は事実である。そして、その文書の内容も、「口上書」とほぼ一致している。

第四節 「御尋書付」について

「御尋書付」の冒頭

まず「御尋」を行ったのは、訴願翌月に許可を与える所司代の阿部飛騨守正充と、東町奉行の石河土佐守政武である。阿部飛騨守は明和元年（一七六四）六月、石河土佐守は明和三年（一七六六）九月の補任なので、補任前の状況をただしたのであろう。その「御尋」に対する百姓の回答を書き留めたのが、「御尋書付」である。

最初に、上山城四郡の百姓に、町奉行所への申請が義務付けられた経緯が、次のように記されている。

一、家作百姓家、御番所様へ願出候様に相成候趣
これは、先々は御代官、御地頭へ御訴申上建来候処、三拾五年以前

享保一八年三月御触書の趣
惣じて寺社方、町方、在々共、普請の儀、町奉行所へただ今まで相願候、しかれども遠方の寺社など無断修復等致候由相聞え候、向後少々の普請修復たりという共、大工仕るほど種々儀は、本寺これ有り候所には本寺の添書これを取り、町奉行所へ相届指図を請け申すべき事

同年四月御触の趣
寺社方普請不埒《ふらち》の儀これ有るに付、先だって触書出候ゆへ差支えもこれ有る由相聞候、寺社方洛中洛外共普請修復の儀願出るべく候、洛中赦免の町方は、ただ今までの通、普請願出におよばず候
附けたり、洛外ならびに在方普請、修復の儀、ただ今までの通り願い出るべき事

右の通、御廻状相廻り申候、しかるところ、翌年、木津郷吐師村、上津屋村に新規に居宅・土蔵建申候を、右村あたり寺社御見分の御通りかかり、御見咎め遊ばされ、過料等仰付られ候
其後、三拾年以前、元文三午年、百姓家造作、御番所様へ願い出るべき旨、御廻状相廻候、これにより弐十六年以前、寛保二戌年、両御番所様へ、先規の通、仰せ付けられ候様に御願い申上げ候ところ、其後御召遊ばされ、軽き普請はこれまでの通り御代官へ願出、棟上げ候ほどの儀は、山城国一統に両御番所様へ願出るべき旨、仰せ出され、御請書さしあげ候、しかれども先規の通り、御代官・御地頭にて相済み候村方百ケ村余も御座候、御願申上、御見分請申候村方は六拾ケ村余に御座候

以上をみると、上山城四郡に、町奉行所への申請を義務付けたのは、享保一八年（一七三三）の三月と四月の「御触書」、翌享保一九年（一七三四）の百姓の「居宅、土蔵」建築の処分、そして元文三年（一七三八）の「御廻状」である。このため、寛保二年（一七四二）に町奉行所へ元の申請先に戻してほしいとの訴願をおこなった結果、「軽き普請」だけが代官所への申請に戻された。

しかし「棟上」をともなうような建築は、そのまま町奉行所へ申請とされたという。

また、これらを義務付けられたのは六〇ケ村あまり。従来通りに代官所や地頭への申請を続ける農村は、一〇〇ケ村あまりある、と記している。

ここで文中の「御見分」とは、「口上書」が「出来の御断申上御見分」と記す竣工検査のこと。そして「御願申上御見分請申候村方」とは、町奉行所へ申請して、竣工検査を受ける農村を意味している。

処分の根拠と内容

「享保一八年三月御触書」と「同年四月御触」とある町奉行所の触書は、一読すると、寺社建築に関する内容である。京都でも出されたものであるが、(一〇)注意すべきは、三月の触書に「在々共、普請の儀、町奉行所へただ今まで相願」、四月の触書に「洛外ならびに在方普請、修復の儀、ただ今までの通り願い出るべき事」とある点である。町奉行所への申請はすでに決まっていることだから、今までに通りおこなえ、と記しているのである。新たに義務付けるとは、どこにも記していない。だから上山城四郡の百姓も、それまでも行っていない町奉行所への申請を義務付けられたとは、思ってもいなかった。

それは、享保一九年(一七三四)の処分にもうかがえる。相楽郡木津郷吐師村(現、京都府木津町)や、久世郡上津屋村(京都府八幡市)の居宅と土蔵の普請が「見咎」られ、罰金が課せられたとあるのだが、この点が「目録帳」には、次のように記されている。

> 三五年以前享保一八丑年、寺社方普請御両所様へ御願申上候様にと御廻状相廻り申候ところ、翌寅年久世郡上津屋村に新宅建申積、木こしらえ仕候所、御召あそばされ御咎め請奉り候、其上相楽村、吐師村ならびに木津郷に土蔵建申候見分遣わされの上、建物取崩、御過怠の過料等差上申候

やはり、享保一八年の二つの町奉行所の触書が命じたのは、お寺や神社の建築に関すること、と認識していた。百姓家や土蔵に義務付けられたとは、考えていなかったのである。そこで翌年、上津屋村で改築するため材木加工した

百姓がお咎めを受けた。この上津屋村の一件の後、相楽村・吐師村・木津郷の土蔵にも破却や罰金が命じられた。無届けの建築がみつかれば処分されることを明らかにする、つまりみせしめであったろう。

以上から、申請を義務付ける動きは、享保一八年～一九年（一七三三～三四）にはじまったことになる。

ちなみに、最初のお咎めの対象となった上津屋村の新宅とは、同村庄屋の伊佐家のものであった（一二）。処分の内容は庄屋役儀の停止である。もっとも建築そのものは町奉行所への申請履行をもって許されており、現在ではその建物が南山城型民家の代表的遺構の一つとして、重要文化財に指定されている（序章）。

軽き普請の内容

続いて「御尋書付」には、元文三年（一七三八）に、町奉行所への申請を義務付ける触書が出たとある。この触書は、これまで収集されていなかったが、これも『伊佐家文書』の中に発見した。

一、村々在家普請願の義に付、今度左の通申付候間、この旨相心得るべく候
炭小屋建候儀
■小屋■候儀
流れ三尺までの下屋付の義
■と■■候義
右四所の分、度々願い出に及ばず候、其村々庄屋共方へ相届け致し、普請■■られるべく、庄屋方に■カ所相届け、半年の分留め置き、七月、一二月、二度に庄屋方より御役所へ届け出申すべく候、勿論、新規建出し、建続、修復等の義、絵図をもって願い出るべく候　元文三年四月　松尾左兵衛

乾方面担当の雑色（四条室町を中心に、洛外から遠在農村まで四つの方内《ほうない》に分割し、担当地域における所司代・町奉行所体制の支配を補完した半官半民の役人、ただし洛中は町代《ちょうだい》が担当）、松尾左兵衛の名前で出た触書である。虫損で意味がとれないところがあるが、軽微な建築は年二回、庄屋がとりまとめて申請するように命じたことがわかる。他方、新規の建築や増築（「建続」＝建継）、修復は、享保一八年の三月と四月の触書が定めるように、あるいはさらに明確に町奉行所への申請を義務付けている。

これに対し上山城四郡の百姓は、寛保二年（一七四二）に町奉行所へ訴願をおこない、「軽き普請」は代官所への申請に戻された。この「軽き普請」の内容には、『安宅家文書』に二点の文書がある。(一二) そのうち、「家作相願申に付、両御役所様にて御免の仰付の趣」（以下、「寛保二年仰付趣」）には、次のように記されている。

一、湯殿、雪隠等破損に及び候、右古間尺の通り建直しの事
一、有来り候高塀建直しの事
一、柱根継、打物取かへ、床張かへ、敷居、鴨居取かへの事
一、有来る高塀に腰板打の事
一、新規に出格子付け、ならびに柱矢切、忍ひ返しの事
一、天井はりかへの事
一、新規に入口付かへの事
右の通、御免成され下され候、其外軽き普請の分は、絵図なしに書付ばかりにて、両御役所へ願可出候旨、仰付られ候、格別新規の普請は、絵図を以願出るべく候旨、仰渡され候、右の通り両御奉行様御立会にて仰付られ候、以上
寛保弐年戌二月九日

列記される七項目が、代官所や地頭の扱いに戻された「軽き普請」である。まさしく軽微な内容であり、洪水被害で百姓家の確保に苦しみ、年貢納入のため小屋がけになる百姓には、何の意味もない。ほぼゼロ回答であった。

また後文では、「其外軽き普請」に、「絵図なしに書付」の普請願書の提出を命じている。「格別新規の普請」には、これまで通り絵図付の申請を命じているので、「其外軽き普請」は建直しか増改築のことであったろう。

続いて「乍恐以書付奉願上候覚」（以下、「寛保二年願上書」）がある。長文だが、後の訴願文書の元と想像される。

一、家作普請の儀、御公儀様より御吟味遊ばされ、別して戌年二月九日西御役所において御立合の上、別紙書付の通り、仰渡され、承知奉り候、其節、早速御地頭様へ御届申上候ところ、仰渡されの趣、急度相守り候様に仰付られ候、しかれども家作普請がましき儀は、御定法の通り御公儀様へ御願申上、御免こうむり作事仕来り候……百姓御年貢相立申さず候ものは、御地頭様へ御願申上、家屋敷、諸道具に至るまで売払い、御上納に相立指上奉り候、これにより居宅これなき本人は難儀に及ぶと存じ、一家共は申すに及ばず、株中木竹持寄り、当分縄結・掘込の小屋、取り繕い申候、灰小屋・稲小屋、いずれも同事に御座候、これらほどの儀は縄結・掘込の儀にて、いささかも普請がましき儀には御座なく候間、御地頭様にて御公儀様へ仰上られ置、以後御地頭様にて御吟味の上、仰付下され候様に恐れながら願上奉り候

「軽き普請」の申請は免除されても、「家作普請がましき儀」は町奉行所への申請のまま残された。なので「小屋」程度の小規模普請は、地頭への申請に戻してほしい、と願っている。たしかに「寛保二年仰付趣」は、「其外軽き普請」と「格別新規の普請」に、町奉行所への申請継続を定めた。そこで願い出たのは、「家作普請がましき儀」の中でも小規模な普請。それは「木竹持寄り、当分縄結・掘込」というもの。ちょうど「大原の産屋」（福知山市三和町）のような、簡素な小屋であったろう（写真1、写真2）。だから「家作普請がましき儀」とは、このような小屋がけをのぞいた「格別新規の普請」にあたる。

そして「寛保二年願上書」の裏面には、「寛保二年戌十一月菅井村より願被申候間、梅渓様より伝奏へ出る」とある。これにより、この文書は、相楽郡菅井村（現、京都府精華町）の「梅渓《うめたに》」家（公家）領の百姓が、地頭へ、武家伝奏《ぶけでんそう》を通じて所司代や町奉行所へ働きかけてほしい、と求めたことがわかる。武家伝奏とは、朝廷と、徳川政権や所司代・町奉行所体制を取り持つ役割の公家。つまり、領主の公家から朝廷経由の訴願を求めたわけで、町奉行所への直線的な訴願とは異なるルート、朝廷が存在する山城国ならではの訴願ルートである。「寛保二年願上書」の「別紙書付」とは「寛保二年仰付趣」を指しており、菅井村の百姓が訴願に関っていたのは間違いない。しかし成果はなく、二二

写真１　大原の産屋（樋口浩之撮影）

写真２　木と竹を縄結《なわゆ》いし掘立て（樋口浩之撮影）

年後の宝暦一四年（一七六四）以降に、同様の訴願が、上山城四郡が連帯するかたちで行われたのである。
なお、文書引用は省略するが、上山城の代官所支配地には、元文五年（一七四〇）年秋の大風で多くの百姓家が破害を受け、その復興申請において、はじめて町奉行所への申請の必要を知ったとの記録も散見される。そのため一一月に西町奉行嶋長門守に訴えるも翌一二月に江戸へ下向してしまい、元文六年（一七四一、寛保元）に東町奉行の馬場讃岐守へ訴えたが、新任の西町奉行上洛前を理由に却下。七月に追訴するが放置されたので、寛保二年（一七四二）正月と二月に訴えを繰り返した経緯もあった。朝廷ルートとは別の訴願ルートでも、これだけ頑張っていたのであるが、それで得られたのが、前述のようにほぼゼロ回答というのが現実であった。

町奉行所の竣工検査

「御尋書付」末尾の、町奉行所へ申請する六〇ケ村あまり、代官所や地頭へ申請を続ける農村は一〇〇ケ村あまりとある点は後述するとして、「御尋書付」には、「御見分請御廻り遊ばされ候御人数の事」と、「御見分日数の事」の項がある。このうち前者には町奉行所の竣工検査の実施形態が、後者には必要書類と費用が記されている。

御見分請御廻り遊ばされ候御人数の事
御与力衆ご両人　御同心ご両人　方内衆二人　大工二人　筆工一人　中座一人
右の外、御供廻り拾二、三人、都合廿二、三人に御座候、村方より人足およそ三〇人ばかり出し申候

御見分日数の事
家作出来多少により候て、五、七村あるいは拾ケ村、道のり三、四里ほどにて御止宿遊ばされ、南山城一巡に三宿、四宿にて御帰京あそばされ候、但し、御廻り村には百姓家五軒ばかり用意仕り候

これによると、町奉行所の竣工検査は、与力と同心が東西両町奉行所から四名、「方内」すなわち地域担当の上雑色と下雑色の合計二名、京都幕府御大工の中井家役所配下の大工二名、書記係の筆工一名、捕吏の中座一名。合計一〇名である。さらにお供一二、三人を連れてくるので、総勢二二～二三人となる。

これに対し、村が用意する補助人足は三〇人ほど。一村による準備とは考えにくいから、検査対象の農村が合同で出したのであろう。したがって、合計五〇人以上でおこなうのが竣工検査であった。これで一日あたり五～七村、上山城一帯を三～四泊でまわったのである。ちなみに「目録帳」には、検査実態が次のように記されている。

> 少々の事にても、絵図と違仕り候えば、御咎《おとがめ》あそばされ候に付、普請仕り候ても、御見分相済まず内は、わが家とも頼みに存じ奉らずに付、出来次第御見分御願申上候節に至、在辺にて聞なれ申さず鉄棒の音、老人、小児、病人は前々より他出仕り、食事も得給申さずを私共見及び、さてさて不憫に存じ奉り候

申請内容と相違があれば処分されるので、竣工後も、検査が終わるまでは使えない。「鉄棒」は尺杖なのか、正確にはわからないが、検査当日も家族は他出する必要があるなど、検査の様子が生々しい。

もっともこれらは、京都や近郊での町奉行所による竣工検査体制と変わらないが、(一三) 京都から離れた上山城四郡では、町奉行所への申請が義務付けられる以前は、顔見知りの代官所や地頭の役人が立ち寄って確認する程度であった。それに比べれば、比較にならない厳しさといっていい。

必要書類の内容

さらに「御尋書付」の「御願絵図の事」には、町奉行所への申請に必要な普請願書の点数が、「両御番所様へ絵図

壱通、証文壱通づつ、御方内へ右同断、御地頭へ右同断、村方控共都合拾通……筆料余計相懸り難儀」とある。これにより、東西の町奉行所、方内の雑色、地頭、村控、それぞれに「絵図」と「証文」のセット一組、合計五組の用意が必要であったことがわかる。

そして、それらの「筆料」が「余計」というのは、代筆業者へ依頼料が従来よりもかさむということ。よって、代官所や地頭への申請では、それらが必要なかったことになる。

さらに「目録帳」には、「筆工も方内御抱えの者にしたためさせ、勝手にしたため候えば御願の節、相とどこおり申し候」とある。代筆業者も、町奉行所配下の方内雑色の「御抱え」でなければだめ。勝手に作成した願書は、申請時に町奉行所の中でほっておかれたのである。納得いかなくても、百姓にはどうしようもない負担であった。

ちなみに洛中の例ながら、江戸時代に新しく開発され申請免除ではなかった筒金町には、安政四年（一八五七）当時の「普請御届け入用の事」(一四)が、次のように記されている。

一、銀壱両　　　　　　　御奉行様
一、同壱匁五分　　　　　御取次へ
一、同三匁　　　　　　　寺村へ
一、同二匁づつ　　　　　外支配三軒へ
一、その時の振合　　　　筆料、酒切手二枚年寄へ、同一枚つつ五人組へ
右はおよその控え、普請の大小、据竈、土蔵、借家等、其時の本人の心得あるべし

これにより、地子赦免ではない、つまり申請免除でない町家にも建築許可申請が必要で、その際費用が発生したことがわかる。もっとも代筆業者へ依頼料は明確でなく、「振合」つまり内容により異なったらしいが、負担となった

のは確かであろう。この様な金銭的負担が、町奉行所への申請を義務付けられた南山城の百姓にも課せられたのである。

このほか「御尋書付」は「家作願入用の事」として、申請時に「家作願入用」が必要と記している。「新規の儀に御座候故、高え懸り候儀一切御座無候、普請家数に割付申候、これにより普請数無数御座候えば、割合多く相懸り、小家は別っして難儀」とあるので、新規の普請にのみ課されたようである。これも正確な意味は明らかでないが、いったんすべてとりまとめ、全申請者に割り付けたから、小規模な家の者には負担になるという意味らしい。

第五節 「百姓家造作、御見分所・御地頭済、村順書分帳」について

「村順書分帳」の概要

「村順書分帳」は、上山城四郡の一八四ケ村を列記する。それぞれ京都からの距離を記した上で、村内にある領地の領主名と、町奉行所の検査の有無を記している。一八四ケ村のうち四六ケ村が、複数の領主がいる相給《あいきゅう》農村なので、領地数のほうが多い。これら領地の合計は二七六領地で、それぞれの領地に村役人がいた。一例を左に示す。

京より道法五里余、綴喜郡上奈良村

一、御蔵入　　　　　　御見分請申候

一、吉田意安殿御下　　右同断、村間八丁

（略）

同断　五里半余、綴喜郡野尻村

一、稲葉丹後守殿御下、御地頭にて相済候、村間八丁

上奈良村は「御見分請申候」の領地二つからなり、野尻村は「御地頭にて相済候」の領地からなる。このうち「御見分請申候」が町奉行所への申請を義務付けられた領地（以下、町奉行所申請領地）であり、後者が地頭へ申請を続ける領地である。ただし「御尋書付」は「御代官、御地頭にて相済」と記すから、「御地頭にて相済候」には代官所申請領地もふくまれる。つまり、町奉行所申請領地と、代官所・地頭申請領地を書き分けている。

これをもとに「村順書分帳」をみると、上山城四郡の一八四ケ村は、次のように分かれる。

- 町奉行所申請領地のみの農村……六六ケ村
- 代官所ならびに地頭申請領地のどちらか、あるいは混在する農村……九九ケ村
- 町奉行所申請領地と代官所・地頭申請領地が混在する農村……一八ケ村
- 未記入……一村（伊勢田村）

そして「村順書分帳」の末尾に「六拾ケ村余御見分請申候村々、百ケ村余御地頭済申候村々」とある。「御尋書付」でも「御代官、御地頭にて相済候村方百ケ村余…御願申上御見分請申候村方は六拾ケ村余」とあったから、ほぼ整合している。ところが領地別に見ると、二七六領地は、次のようになる。

- 町奉行所申請領地……一四九領地
- 代官所・地頭申請領地……一二七領地

このようにみると、町奉行所申請領地が多い。石高も、享保一四年（一七二九）の『山城国高八郡書分帳』によれば、

表1　「村順書分帳」の申請領地別の領主

<table>
<tr><th colspan="2">奉行所申請地</th><th colspan="2">領地数</th><th colspan="2">代官所・地頭申請領地</th><th colspan="2">領地数</th></tr>
<tr><td colspan="2">御蔵入</td><td colspan="2">37</td><td colspan="2">御蔵入</td><td colspan="2">1</td></tr>
<tr><td rowspan="4">禁裏御料</td><td>本御料</td><td>17</td><td rowspan="4">44</td><td rowspan="4">禁裏御料</td><td>本御料</td><td>5</td><td rowspan="4">39</td></tr>
<tr><td>新御料</td><td>1</td><td>新御料</td><td>34</td></tr>
<tr><td>増御料</td><td>23</td><td>増御料</td><td>0</td></tr>
<tr><td>不明</td><td>3</td><td>不明</td><td>0</td></tr>
<tr><td colspan="2">例幣使料</td><td colspan="2">0</td><td colspan="2">例幣使料</td><td colspan="2">5</td></tr>
<tr><td colspan="2">上記以外の朝廷領地</td><td colspan="2">12</td><td colspan="2">上記以外の朝廷領地</td><td colspan="2">0</td></tr>
<tr><td colspan="2">公家領地</td><td colspan="2">10</td><td colspan="2">公家領地</td><td colspan="2">2</td></tr>
<tr><td colspan="2">宮方・門跡領地</td><td colspan="2">10</td><td colspan="2">宮方・門跡領地</td><td colspan="2">1</td></tr>
<tr><td colspan="2">寺社領地</td><td colspan="2">7</td><td colspan="2">寺社領地</td><td colspan="2">2</td></tr>
<tr><td colspan="2">大名領地</td><td colspan="2">0</td><td colspan="2">大名領地</td><td colspan="2">66</td></tr>
<tr><td colspan="2">旗本領地</td><td colspan="2">32</td><td colspan="2">旗本領地</td><td colspan="2">11</td></tr>
<tr><td colspan="2">医者領地</td><td colspan="2">4</td><td colspan="2">医者領地</td><td colspan="2">0</td></tr>
<tr><td colspan="2">合計</td><td colspan="2">149</td><td colspan="2">合計</td><td colspan="2">127</td></tr>
</table>

町奉行所申請領地が約四万四二〇〇石で、代官所・地頭申請領地は約四万七〇〇石。つまり町奉行所申請領地が多い。領地別に申請先が異なり、それぞれに庄屋がいた実態を考えても、比較すべきは領地別の数であったろう。

それなのに「村順書分帳」や「御尋書付」が農村数を比較した目的は、町奉行所申請領地のみの農村の少数を強調して、代官所や地頭への申請へ戻される方向へ誘導する意図があったのかもしれない。

申請先を領主で分けた可能性の検討

「村順書分帳」から、町奉行所申請領地、代官所申請領地、地頭申請領地を、領主別にまとめたのが表1である。同帳は代官所分と地頭分を分けていないので、この点は表1でも分けていない。

もっとも代官所は、幕府直轄領地の「御蔵入」や「禁裏御料」や「例幣使料」といった朝廷領地、[一五]地頭を置けない小身の旗本や医者、学者の領地もあつかった。在地領主の地頭がいたのは、それを置ける大身の旗本や公家、寺社の領地である。[一六]これらの領地に住む百姓は、町奉行所への申請が義務付けられるまで、年貢収納などで巡回してくる顔見知りの代官所役人や地頭役人へ申請していた。これなら京都へ出向く旅費はいらないし、町奉行所と癒着した筆工の代筆料も必要ない。申請内容自体、許されないこともなかったであろう。

この状態が、町奉行所への申請が義務付けられた後も、約半数の領地では続いていたのである。

その点をふまえて、領地の性格と申請先の関係をみてみよう。

幕府直轄領地（「御蔵入」）では、一領地だけ、代官所・地頭申請領地がある。宇治郡宇治郷である。後掲図1に見るように、周辺が町奉行所申請領地である中で、特異な例である。もっとも、お茶という特産品を管轄する宇治代官は、織豊政権期から上林氏であった。朝廷や幕府との関係も深く、歴史的な支配関係が考慮されていたらしい。

つぎに、朝廷領地。もともと民政支配を代行する代官所へ申請していたところである。ところが、「禁裏御料」の「増御料」は町奉行所申請領地。「新御料」は大部分が代官所・地頭申請領地で、綴喜郡多賀村だけが町奉行所申請領地。「本御料」は、町奉行所申請領地と代官所・地頭申請領地に分かれている。朝廷が伊勢神宮や日光へ例幣使を派遣する費用となる「例幣使料」は、代官所・地頭申請領地。「女院御料」・「准后御料」・「御除料」は、町奉行所申請領地。[一七]いろいろ入り混じっており、朝廷関係でまとまってはいない。

また公家領地や宮方・門跡領地、寺社領地では、町奉行所申請領地が多い。その中で、近衛家（公家）領地の久世郡枇杷庄村と宝鏡寺（尼門跡）領地の久世郡平川村、万福寺領地の宇治郡五ケ庄村、石清水八幡社領地の相楽郡柘榴村が代官所・地頭申請領地であるが、とくに代官所との結びつきは見あたらないので、地頭申請領地と思われる。そしてこれらも、特にまとまって申請先が定められた様子はない。

武家領地では、大名領地がすべて代官所・地頭申請領地。山城国の大名領地は、伊勢津藩と伊勢久居藩の藤堂家、柳生藩の柳生家、大和小泉藩の片桐家、淀藩の稲葉家の領地があったが、すべて上山城四郡に集中していた。[一八]いずれも民政・司法権をあわせもつ「自分仕置《じぶんしおき》」の支配を許されていたが、山城国ではそのような自分仕置のところでも、西国大名を統括する所司代のもと、畿内幕政に関わる町奉行所の触書が機能していた。[一九]それでも百姓家の建築許可申請は、大名がおいた地頭が取りあつかっていたのである。

つぎに旗本領地は、ほとんど町奉行所申請領地。代官所・地頭申請領地は、久世郡佐古村、綴喜郡大住村、相楽郡

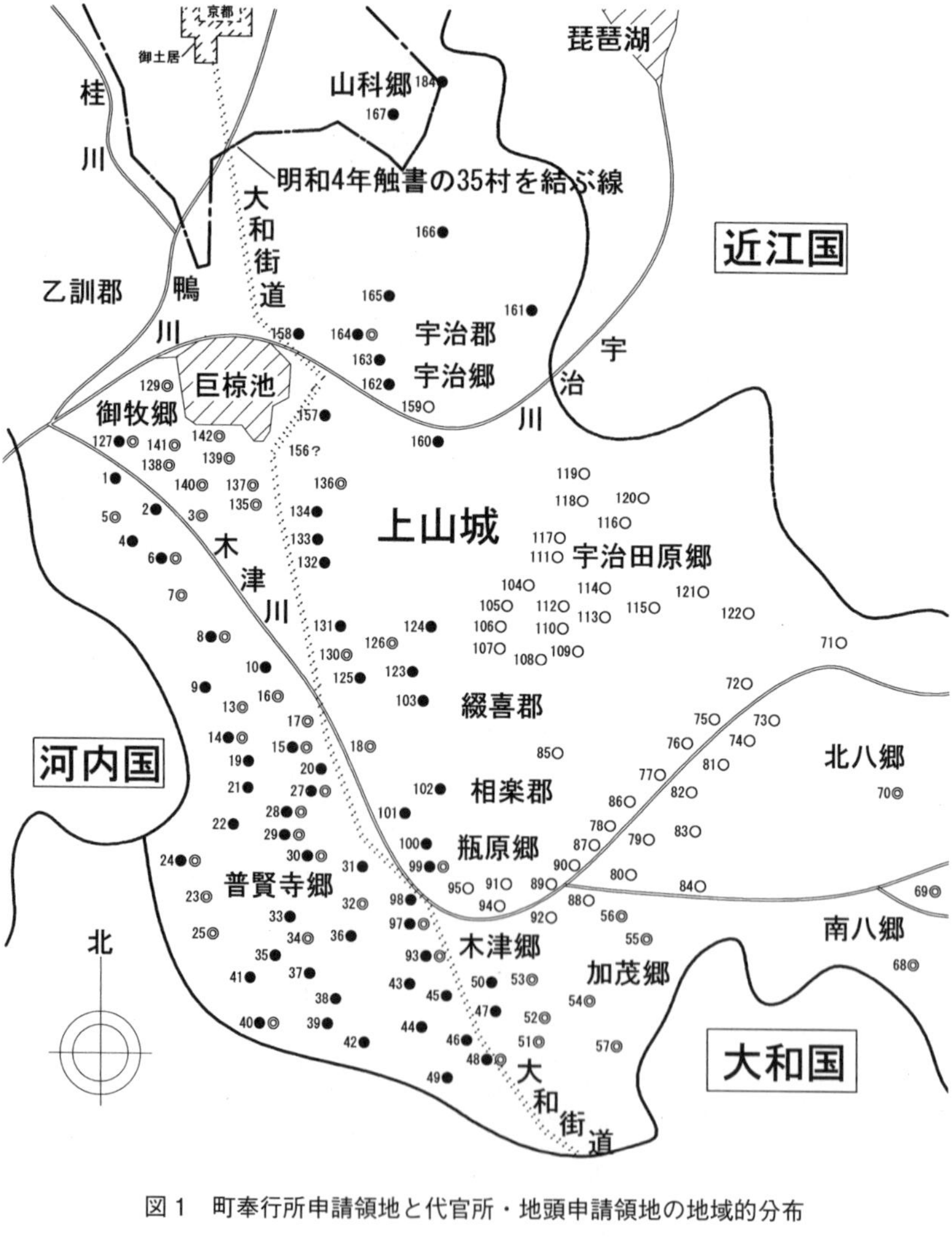

図１　町奉行所申請領地と代官所・地頭申請領地の地域的分布

図1付表　領主別にまとめた町奉行所申請領地と代官所・地頭申請領地

1	◇上奈良村	27	◇出垣内村	51	■高田村	87	口畑村	113	■糠塚村	139	■佐古村
2	◇上津屋村	28	◇江津村	52	■観音寺村	88	登大路村	114	■上大道寺村	140	下津屋村
3	野尻村	29	◇宮口村	53	■大野村	89	東村	115	■下大道寺村	141	田井村
4	◇内里村	30	◇菱田村	54	■原村	90	■佛生寺村	116	■平岡村	142	御牧郷 11 村
5	戸津村	31	◇下狛村	55	■兎並村	91	■岡崎村	117	■岩本村	155	★市田村
6	◇岩田村	32	■祝園村	56	■北村	92	■井平尾村	118	■口禅定寺村	156	伊勢田村
7	松井村	33	◇北稲八間村	57	当尾郷 11 村	93	■河原村	119	■奥禅定寺村	157	坊池村
8	■大住村	34	南稲八間村	68	田山村	94	■西村	120	■長山村	158	槙島村
9	◇薪村	35	植田村	69	北大河原村	95	◇神童子村	121	■湯谷村	159	■宇治郷
10	天神米成	36	菅井村	70	野殿村	96	■◇上狛村	122	■山田村	160	◇志津川村
11	河原村	37	◇吐師村	71	■湯船村	97	■◇椿井村	123	◇市辺村	161	池尾村
12	東村	38	◇山田村	72	■原山村	98	◇北河原村	124	中村	162	◇三宝村
13	西村	39	◇乾谷村	73	■門前村	99	◇平尾村	125	◇奈嶋村	163	◇大鳳寺村
14	◇北興戸村	40	■◇柘榴村	74	■中村	100	◇横田村	126	◇観音堂村	164	■五ケ庄村
15	◇南興戸村	39	◇乾谷村	75	■園村	101	◇石垣村	127	坊池村	165	◇木幡村
16	田辺村	40	■◇柘榴村	76	■別所村	102	◇井出村	128	東一口村	166	◇石田村
17	草内村	41	◇東畑村	77	■白栖村	103	多賀村	129	西一口村	167	■◇山科郷
18	飯岡村	42	◇相楽村	78	■石寺村	104	■郷之口村	130	◇枇杷庄村		
19	◇喬木村	43	◇小寺村	79	■選原村	105	■上町村	131	◇水主村		
20	山本村	44	◇大路村	80	■下崎村	106	■下町村	132	◇寺田村		
21	◇上村	45	◇枝村	81	■釜塚村	107	■老中村	133	■◇久世村		
22	◇水取村	46	千童子村	82	■南村	108	■符中村	134	◇平川村		
23	高船村	47	◇上津村	83	■仙田村	109	■名村	135	大久保村		
24	◇天王村	48	◇市原村	84	■木屋村	110	■切林村	136	南野新田		
25	内田村	49	◇梅谷村	85	■田村新田	111	■荒木村	137	林村		
26	★南山村	50	◇鹿背山村	86	奥畑村	112	■贅田村	138	佐山村		

（凡例）
●…町奉行所申請
○…代官所申請
◎…地頭申請
■…訴願不参加領地ある村
◇…紙片列記村々
★…位置不明

の菱田村、祝園村、市坂村、神童子村に旗本九人分の一一領地だけ。旗本でも三〇〇〇石以上は「自分仕置」の権限があったが、(一〇)多くをしめる五〇〇石以下は、領地の年貢収納権だけを保有し、民政は代官所に委託していた。そこで代官所・地頭申請領地の旗本を見ると、(一一)綴喜郡大住村と相楽郡菱田村に領地を持つ「天野長三郎」は先代が三〇三〇石。久世郡佐古村の「蒔田金十郎」は七〇〇〇石。これらの大身は地頭をおけたらしい。一方、相楽郡山田村などに領地を持つ「大岡亀之丞」は、二二六〇石ながら町奉行所申請領地。記載のある旗本すべての確認はできないが、旗本の領地も、町奉行所申請領地と代官所・地頭申請領地に分かれていた。

以上、領地の性格で申請先が分けられたとは考えにくい状況がある。

町奉行所申請領地と代官所・地頭申請領地の地域的分布

それでは、町奉行所申請領地と代官所・地頭申請領地の地域的分布をみてみよう。

「村順書分帳」の農村別に作成したのが図1である。

町奉行所申請領地（●印）は、北は宇治郡山科郷から南は相楽郡木津郷まで、上山城四郡の西側の平野部や木津川の中・下流域に分布する。この地域は前述のように、木津川、宇治川、淀川が流れる。それらの合流地点には、淀城を構える淀藩の地頭申請領地（◎印、ほかの地頭新精領地も同じ）も分布し、これらが町奉行所申請領地と入り組んで、異なる申請形態の存在が容易にわかる状況にあった。

一方、代官所申請領地と推測されるうち（○印）、朝廷領地は、新御料が上山城四郡の東側にあたる宇治田原郷や和束郷、加茂郷に集中し、例幣使料は瓶原郷にあった。これらに共通するのは、京都と奈良を結ぶ大和街道から山中へわけ入った山間部や木津川上流、つまり大和街道から離れた地理的位置である。

そうすると、京都から大和へむかう街道沿いが、町奉行所申請領地。奥深いところが代官所・地頭申請領地、という分け方が浮上する。「御尋書付」の「御見分日数之事」には、上山城四郡での町奉行所の竣工検査が、「家作出来多少に寄……南山城一巡に三宿四宿にて御帰京」つまり三～四泊の行程とあった。このうえ山間部に点在する農村もあつかうと、さらに手間と日数が必要となる。また、禁裏御料の「新御料」は大部分が代官所申請領地なのに、大和街道に近い多賀村（№103）だけが町奉行所申請領地なのも、大和街道に近いところが町奉行所が申請先になったとみれば、説明がつく。そして、この地域こそ大河が流れ、洪水が頻発した地域。当然、建築許可申請も多かったはずである。

町奉行所が申請を義務付けた目的が、年貢増徴のため、この地域の百姓の建築行為の抑制であれば、効果的な策ということになる。なるのだが、それにしても困窮する百姓の小屋掛けまで、なぜ申請を厳しく命じたのか。

封建時代の支配者にとって、財政基盤は米。その米を、汗水流して耕作する百姓を、そこまで追い詰めて何の得があったのか。ご政道の目的を、本章の最後で考えてみよう。

ちなみに、宇治郡山科郷は、二一ケ村のうち朝廷領地が一七ケ村あるなど、もともと代官所申請地であった。それが「村順書分帳」では「禁裏御料、御見分請申候」となっている。町奉行所申請領地とされた時期は、上花山《かみかざん》村庄屋の『比留田《ひるた》家文書』によれば、ほかの上山城四郡より早い享保一一年（一七二六）(二三)。そして山科郷も、元の申請先へ戻してほしいと訴願を行ったが効果はなく、宝暦一四年の「乍恐御願奉申上書」（第一節）に「宇治郡山科郷惣代、上花山村庄屋藤左衛門」の連署・加判があるように、広域の訴願に加わった。それにもかかわらず、明和四年一二月の触書が町奉行所への申請継続とした三五ケ村のうち「上野村、御陵村、竹鼻村、音羽村、大塚村、大宅村、小野村、西野山村」は、いずれも山科郷である。さらに、これらを結んだ線は、山科郷を京都側に置いた。つまり山科郷は、元に戻されたほかの上山城四郡の農村と異なり、町奉行所への申請継続とされた。理由は不明である。

その後、三五ケ村を結んだ線は、所司代・町奉行所体制の行政において、洛外と遠在農村を分ける境界線になった。本来は御土居の外側を意味する洛外に山科郷を入れる概念はなかったが、このときから行政的には洛外の一角であることが明確にされたのである。

第六節　明和四年一一月の訴願に参加しなかった農村

『家作御願諸書物』は、訴願側を「四郡惣代」と記している。だから上山城四郡のすべての農村が訴願に加わったように思うが、そもそも訴願の目的は、町奉行所への申請を義務付けられた農民が、元の代官所や地頭への申請に戻されたいというもの。だから代官所や地頭への申請を続ける百姓には、参加する理由がない。『安宅家文書』で『家作御願諸書物』と一緒に保存される下狛僧坊村庄屋文書の「造作御願不申上候村々」[二三]にも、次のように記されている。

近衛様御家領　五ケ庄村
三宝院様御料　醍醐村々
随心院様御料　小野村
御蔵入　宇治郷

勧修寺様御料　久世村
天野長三郎様御知行所　祝園村
大岡出雲様御知行所　同　村
天野長三郎様御知行所　大住村
蒔田数馬様御知行所　佐古村
藤堂和泉守様御知行所　上狛村　大和・伊賀境
禁裏様御料　瓶原郷・田原郷・和束郷
御蔵入　椿井村
淀御料　綴喜・久世・相楽郡
右の村々、前記の通り、造作、御地頭様方にて御免遊ばされ候、以上

これらの村々は、代官所や地頭への申請を続けているのだから、訴願に参加していなかった可能性が高い。「村順書分帳」で数えると、総計七二ケ村（図1付表、■印）におよぶ。大名領地や大身の旗本領地も、地頭への申請を続けていたから同様であろう。(二四) したがって「四郡惣代」は、じつは四郡全村を代表していたわけではなかった。

また千童子村の「家作御願御免書」（第二節）には、七〇の農村名と、一村ごとに一～二名の百姓名を記す紙片がはさまれている（図1付表、◇印）。「村順書分帳」で確認すると、町奉行所申請領地が五五ケ村、町奉行所申請領地と地頭申請領地が混在する一四ケ村、地頭申請領地が一村、代官所申請領地の農村はない。そうすると、この紙片こそ明和四年一一月の訴願に主体的に参加した農村を、それぞれの村役人の名前と共に伝えている可能性が高い。

したがって「村順書分帳」の一八四ケ村は、「造作御願不申上候村々」の七二ケ村と、紙片に記される七〇ケ村、どちらにも記される二〇ケ村、どちらにも記されない六四ケ村（図1付表、無印）に分かれたことになる。

いずれにしても、上山城四郡の相当数の農村が、訴願に参加していたのは間違いないが。

第七節　上山城四郡の百姓の訴願の結果

『家作御願諸書物』の末尾には、「右の通御願候ところ、今日召出され、京御番所において右の通仰渡され候」とある。これにより、明和四年（一七六七）一二月二六日に、久世郡上津屋村「伊右衛門」、綴喜郡の内里村（京都府八幡市）の「三郎右衛門」、綴喜郡井手村（京都府井手町）の「文右衛門」、相楽郡木津郷林村（現、京都府木津川市山城町上狛東林）の庄屋「宇兵衛」が、東町奉行所に召し出されたことがわかる（写真３）。彼らは「御願世話頭取」と傍記されており、同年の訴願で中心的役割を担っていた。また、上津屋村の庄屋「伊右衛門」は、享保一八年の処分を受けた家の主である。一度は庄屋の役義を解かれていたが、このときまでに戻っていた。そして林村の「宇兵衛」は、当時の小林家（序章・写真20〜24）の当主。小林家住宅も伊佐家同様に、南山城型の代表的遺構として重文指定されている。

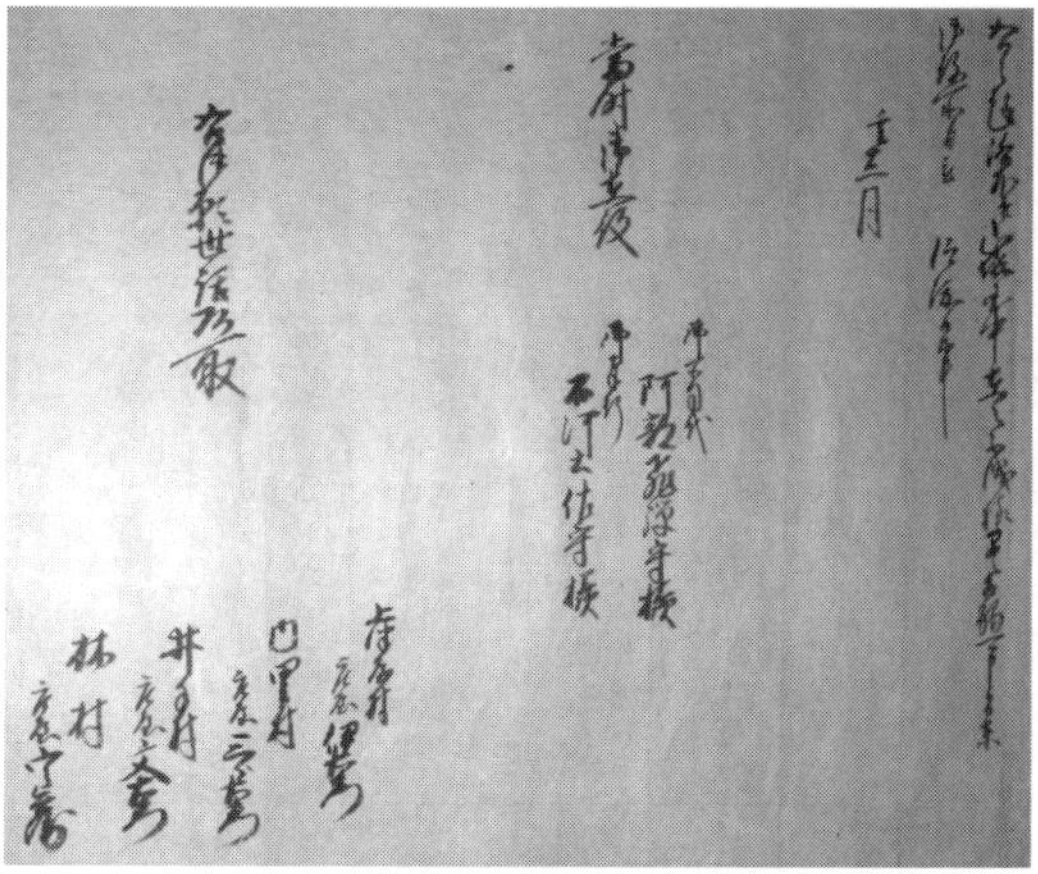

写真３『家作御願諸書物』の末尾

　そして庄屋衆に申し渡された内容は、明和四年（一七六七）一二月の触書とまったく同じ（第一節）。最後は「明和四年亥十二月廿六日、当時御在役、御所司代阿部飛騨守様、御奉行石河土佐守様」で結ばれている。訴願は所司代の阿部飛騨守正允と東町奉行の石河土佐守政武によって、ついに許されたのであった。

　京都からの帰途、うれしい知らせを持った四人の庄屋の足取りは、

写真４　小林家長屋門と先代当主凱之氏
京都府指定文化財、重文、非公開

きっと小走りだったろう。わが家の門も（写真４）、多くの村人に迎えられて、晴れがましい思いでくぐったに違いない。

それから触書で訴願成就が周知された後、享和元年（一八〇一）に井手村の百姓が雑色に提出した文書には、「井手村百姓家作の儀……明和四年亥十一月御役所様へ御願申上、御聞届けこれ有、其後、御代官様ならびに御地頭様へ御願申上候」とある[二五]。明和四年一一月の訴願後、たしかに代官所や地頭への申請に戻されたのである。

また、下狛僧坊村の瑞龍寺宮領の百姓は、明和五年（一七六八）五月に、次のような「家作願書付、組中連判」を地頭へ提出している[二六]。

御知行所百姓共、居宅、土蔵、屎小屋等普請の儀、向後、御地頭様書付を以御願申上、指図をこうむり、普請仕るべく候、もっとも梁三間以上の居宅などは、別して絵図相添可奉願上候

絵図付の建築許可申請書を提出すれば、三間以上の梁間の許可にもふくみをもたせる内容は、三間に限る幕府の建築規制とは異なる。既存は踏襲を許されたことがあるにしても、明文化するあたり、ゆるい建築行政は間違いない。

また、それ以外は文書のみ地頭へ提出とし、図面を付けない基準

は、ほかでは確認できない。それでも明和九年（一七七二）に稲小屋の建直しを申請した普請願書には、絵図がない。それでも地頭は「表書願いの通り仰せ出され候間、勝手次第普請致すべき者也」と裏書きしている。上山城四郡の申請は、多様化していったのである。(二七)

第八節　明和四年一二月の触書の本当の目的

社会背景の観点

上山城四郡の百姓は、元文五年、同六年（寛保元）、寛保二年、宝暦一四年、明和四年に繰り返した訴願こそ、明和四年一二月の触書が出た要因と認識していた。しかし、この認識には、すこし問題がある。なにより、三五ケ村より北側、下山城や北山城と称される山城国北部の遠在農村は、訴願に加わった形跡がない。それなのに、明和四年一二月の触書は、申請先を代官所や地頭とした。他方、訴願参加が明らかな宇治郡山科郷は、町奉行所への申請継続とされた。したがって、百姓の訴願だけが理由で、町奉行所が触書を出したわけではない。本当の理由は何だったのか。

これを考えるには、そもそも、なぜ町奉行所が上山城四郡の百姓に、町奉行所への建築許可申請を義務付ける必要があったのかが問題となる。なぜなら、その必要がなくなったから申請義務を解除した、と考えられるから。

実は町奉行所が、上山城四郡の百姓に建築許可申請や竣工検査を義務付けた当時の社会背景は、いわゆる享保改革の真っ最中。徳川政権は財政再建のため、年貢増徴や新田開発を押し進めていた。この政策の遂行には、農地の建築用地化が障害となる。そこで百姓の新規普請が監視対象となる。なぜなら百姓の建築用地は、徳川政権には農地開発の可能性こそ検討されるべきだから。その建築用地化は、厳しく監視する必要があった。だから水害による復興建築も、小屋がけも関係ない。監視対象だから申請を義務付け、履行させて直接的に建築内容を把握しなければならなかった。本当の目的は、年貢増徴の障害を監視することにあったのである。

社会背景の変化

ところが、延享元年（一七四四）に江戸時代最高の年貢収納を記録してから、幕府の年貢収納量は減少していく。投機的な米相場の乱高下もあり、年貢収納に依存する従来の幕府財政の矛盾が、一気に表面化した。このため幕府は、流通経路の整備を進め、仲間組合の結成を奨励し、仲間組合からの収入（御用金・運上金）に眼を向けた。この傾向が、とくに宝暦から明和年間（一七五一～七一）に強まった。(二八) なので、享保改革とは「純農業時代から農業・商業併存時代に対応する幕政改革」と評価する見解もある。(二九)

そうすると改革の最初は、手段を問わず年貢増徴を押し進めていたから、京都でも町奉行所が、上山城四郡の建築動向を監視したと考えられる。

ところが幕府の方針変更を受けて、遠在農村の建築動向まで監視する必要が減じた。ひょっとすると、触書と同じ明和四年（一七六七）に、積極経済志向の田沼意次が側用人へ登用されたのも、商業資本に接近する幕府方針を反映した人事であったかもしれない。そこで京都周辺の三五ケ村を設定し、遠在農村は元の申請先にもどし、内側つまり京都および京都近郊の建築動向を把握するにとどめた。そして建築規制の履行を監視するなど、建築許可申請本来の目的に戻したのである。

その中で京都近郊農村や宇治郡山科郷が町奉行所への申請を義務付けられ続けたのは、町奉行所が民政支配する京都に近く、所司代や幕府上使の巡見が及ぶ地域であることや、交通動脈の東海道筋にある点に関係があったのかもしれない。代官所にまかせず、町奉行所の目を常に行き届かせるために。

まとめ、上山城の庄屋衆へ敬意をこめて

明和四年一二月の触書が出るまでの経緯をまとめてみる。

上山城四郡の百姓に、町奉行所への申請が義務付けられた時期は、山科郷は享保一一年（一七二五）で、ほかは享保一八年（一七三三）から元文三年（一七三八）。これに対し百姓は、町奉行所へ直接あるいは領主から朝廷を通じて、元の申請先の代官所や地頭へ戻されるため、確認できるだけでも元文五年（一七四〇）、同六年（一七四一）、寛保二年（一七四二）、宝暦一四年（一七六四）、明和四（一七六七）に訴願を繰り返した。

寛保二年に軽微な内容が戻されたが、最終的に明和四年一一月の訴願が許された。そして翌一二月、明和四年一二月の触書で周知された。宇治郡山科郷をのぞき、民政支配者への申請とされたのである。およそ四〇年の間、一度も流血がないまま、要求は受け入れられて終わった。

当時の日本では、年貢増徴に反発した暴力的闘争が各地で頻発し、領主が武力で弾圧することもあった。その中で、無血闘争の訴願成就は、きわめてめずらしかった。幕府の財政政策の変化もあったろうが、百姓側からしてみれば、大庄屋や庄屋ら村役人の統率力と、さまざまな訴願ルートを駆使する知略のなせるわざ。中世の山城国一揆を主導した山城国人衆の系譜をひく上層農民の指導で、要求はたしかに受け容れられたのである。

ところで、京都の町人の関わりは見えない。建築許可申請を免除されていた彼らは、高みの見物か、こんな訴願が行われていることすら知らなかったかもしれない。特権は、もっている者にはあたり前。ありがたみは薄いものである。その分、ない者の負担感は増し、屈辱から恨みに変わるときもある。それでも、京都からそれほど遠くもない上山城四郡の百姓は、無血闘争をつらぬき通した。忘れられて久しいが、ここに記して称えたい。(三〇)

註

一　京都市編『京都の歴史　第六巻　伝統の定着』学芸書林、一九七三

二　京都町触研究会編『京都町触集成』第四巻（宝暦八年～明和五年）、四七三頁、岩波書店、一九八四

三　丸山俊明「『岩倉村文書』普請願書と家建見分」『日本建築学会計画系論文集』第五二四号、一九九九。町奉行所の安永三年（一七七四）五月の触書は、既存敷地における普請に竣工検査を行わないとする（京都町触研究会編『京都町触集成』第五巻（明和六年～安永七年）、二五三～二五四頁、岩波書店、一九八四）。岩倉村では建直しにも代官所の竣工検査が記録される。

四　『安宅家文書』、京都府立総合資料館架蔵フィルム

五　「嘉永五年改西御役所絵図」、京都大学付属図書館所蔵

六　『土久里家蔵文書』、京都府総合資料館架蔵フィルム

七　一般に「御料」は幕府支配地を意味し、幕府直轄領地（天領、御蔵入）と旗本領地に分かれる。「御料」以外が「私料」であるが、山城国の代官所は、幕府直轄領地のほかに、朝廷領地の民政も担当した（前掲、京都市編『京都の歴史　第六巻　伝統の定着』）。

八　上田正昭『山城のくに』凸版印刷、一九七八

九　『木津町史　本文篇』木津町、一九九一

一〇　京都町触研究会編『京都町触集成』第二巻（享保十二年～寛保三年）、一八七～一八九頁、岩波書店、一九八四

一一　丸山俊明「山城国における農民の申請先について――久世郡上津屋村の居宅普請を事例として」『日本建築学会近畿支部研究報告集』第四〇号、二〇〇〇、八幡市『伊佐家文書』は京都府立総合資料館架蔵フィルム

一二　前掲、『安宅家文書』所収、京都府立総合資料館架蔵フィルム

一三　丸山俊明『京都の町家と町なみ――何方を見申様作る事、堅仕間敷事』第四章、昭和堂、二〇〇七

一四　京都市編『史料京都の歴史　第一二巻　下京区』京都市、一九八一

一五　前掲、上田正昭『山城のくに』

一六　前掲、京都市編『京都の歴史　第六巻　伝統の定着』

一七　准后御料は准后三后以外に公家領となる場合もあったが（『古事類苑・封録部』吉川弘文館、一九七八）、便宜的に朝廷領地に分類した。

一八　伊勢津藩領は元和五年（一六一九）成立、伊勢久居藩領は寛文九年（一六六九）に津藩から分領、柳生藩領は寛永一三年（一六三六）成立、大和小泉藩領は慶長一九（一六一四）以降成立、淀藩領は元和九年（一六二三）成立で享保八年（一七二三）稲葉家入封。
一九　上田正昭監修『山城町史　本文編』山城町役場、一九八七
二〇　森泰博「旗本家臣の性格」藤野保編『論集幕藩体制史　第一期　支配体制と外交・貿易　第五巻　旗本と知行制』雄山閣出版、一九九五
二一　『新訂　寛政重修諸家譜』続群書類従完成会、一九六五
二二　丸山俊明・日向進「宇治郡山科郷における建築許可の申請――江戸時代の山科郷農村部における建築規制（その三）」『日本建築学会計画系論文集』第五四七号、二〇〇一
二三　前掲、『安宅家文書』所収、京都府立総合資料館架蔵フィルム
二四　「村順書分帳」に代官所・地頭申請領地を持つ事が記されるのに、「造作御願不申上候村々」に記されない旗本には、たとえば「三輪市十郎」や「長岡帯刀」がいる。
二五　『井手村の古代・中世・近世』井手町役場、一九八二、原典は「村役手鑑永代記」。
二六　前掲、『安宅家文書』所収、京都府立総合資料館架蔵フィルム
二七　旗本の大岡亀之丞領の百姓が、明和四年一二月の触書で地頭申請に戻った後も、小規模普請でも絵図を添付して見分受入を誓約するなどしている。
二八　竹内誠『大系日本の歴史　一〇　江戸と大坂』小学館、一九八九
二九　『日本歴史シリーズ　一四　享保改革』世界文化社、一九七二
三〇　本章の執筆では、小林家先代当主であられた凱之氏に大変お世話になった。本書の上梓を心待ちにされていたが、校正中に急逝されたことが残念でならない。著者の遅筆をお詫びすると共に、ご冥福を心から祈念いたします。

結章

京都の町家と聚楽第

——太閤様、御成りの筋につき

豊臣秀吉の登場以前

本書で得た知見を、概観してみよう（対象が分かれるので、歴史的記述に重複がある）。

京都の町家を考えるとき、その根本は、寝殿造りの一町四方を基本単位とする平安京にあった。もっとも律令体制がしっかりしていたころは、京中に庶民の定住は許されていなかった。平安時代末期になって、律令体制を守るべき立場の貴族が、築地塀の周囲に桟敷を置いて街路をせまくした。それは祭りの見物席であったが、普段は家人や被官《ひ》の住まいとしたほか、庶民の借家にもなり、それらが集まる町も生まれたのである。

鎌倉時代になると武士が台頭。困窮しはじめた貴族は、築地塀を取り崩して小家を建て、借家とした。が、さらに苦しくなった南北朝期には、街区ごと寺社などへ売却した。新領主は街区周囲に棟割長屋を置いて貸家にし、そこに入った庶民は年貢などを納めた。

そんな時代、全国の庶民の住まいには、板葺か草葺で切妻に平入、片土間・床上二室の間取りが多かった。武士と百姓、商人に重なる部分が多かった当時、住まいには同じ間取りがあった。ただし、柱や梁といった軸組から仕上材まで、京都の製材・加工技術は優れていた。

ところが応仁・文明の大乱が、平安京の残り香を消し去った。京都は戦国時代となり、小競り合いが続いて、さらに再び大焼亡する天文・法華の乱もあった。それでも庶民は、生きるために強くなり、町人を自称して室町幕府や伝統的領主に権利を主張したのである。

彼らの住まいは、自衛装置である構の中で、街区を囲んで置かれた棟割長屋が中心であった。戦乱のため何度も建て直しを余儀なくされた伝統的領主は、簡素な構造を志向した。その結果、倉庫など簡素な建物をヒントに、垂木や桁のない棟割長屋を建てたのである。

それでも住戸の間取りは片土間・床上二室で、近郊農村の百姓家と変わらなかった。戸建ては徐々に増加したが、間取りは同じ。ただ限られた構の中の住宅事情もあって、二世帯住居の中土間もあらわれた。

このころ外観上明確な二階建ては少なく、町なみは街区ごとにそろっていた。その要因は、この状態をよしとする伝統的領主の美的感覚が作用していたからである。

ただし外観は平屋でも、じつは内部に厨子二階があった。それを可能にした軒高は、一〇〜一五尺。最長の一五尺は、丹波国の山国庄や黒田庄から京都へ材木筏を流した保津川水運の最長材と屋根勾配が規定した可能性が高い。これが江戸時代の流通規格の中で丈五となり、比較対象の丈四と共に残ることになる。

その保津川水運には、いろんな長さの筏があったが、とくに一枚一四尺の筏を連結して良材を運んだ。両端に縄を通すためのネソ穴を切断すると一三尺。六尺三寸の京間畳二枚と両端に四寸柱の半分づつ。畳を敷きつめた座敷の普及を示す規格となった。これにより江戸時代の山国には、一五尺の人工植林規格があらわれる。

さて、話を戦国時代に戻して、伝統的領主が所有する街区では、棟割長屋が囲む街区の内側は共同利用が許されていた。戸建てや占有による庭園確保、また外観上明確な二階建ては、その権利を伝統的領主から買い取った富裕町人に限られていた。つまり伝統的領主の支配が作用していたのであるが、それでも町人は、通りに面して隣りあう関係から片側町を形成した。さらには通りをはさんで反対側の住民と両側町を形成し、町どうし連帯した町組を結んで、団結を強めていった。

同じころ、全国でも下剋上の気運がはびこり、守護大名から領国を奪った戦国大名が割拠、富国強兵をはかって特産品を生み出した。これを売るため街道が整備され、そこを通って産物を持ち込み、運び出したのが商人である。

それまでの日本は武士と百姓がほとんどで、専業の商人はわずかな存在であった。せいぜい京都に集まっている状態であったが、この時代に市と市をむすぶ商人が急増したのである。もちろん京都と結ぶ街道が重要であり、陸路でも海路でも、この動脈が太い都市から活性化していった。

そのような都市では、大内氏の周防（山口）、大友氏の府内（豊後）、今川氏の府中（駿府）が早く形成され、北条氏が、町なみに板底を付けて景観を整えるように命じた小田原、上杉氏の直江津、春日山、武田氏の府中、朝倉氏の一乗谷、寺社の門前町や境内の寺内町、港町が続いた。これを受けて京都の町人も経済力を増し、彼らが住む町家に、戸建てや外観上明確な二階建てが増加していった。そのとき二階表の開口には、竹を詰打ちした有楽窓《うらくまど》のようなものがあったらしい（上杉本）。

またこの時期、美濃の斉藤道三は、稲葉山城下に、農村から切り離した武士を集めた。動員速度を早く、指揮命令も円滑にするためである。職業的に専門化した武士団は、装備をととのえ戦闘能力を高める一方、純粋な消費者となった。そこで日常品を供給する市が、中世的な定期市から常設にかわった。そこは楽市・楽座で伝統的領主権が否定され、関所も撤廃されて商人の動きが加速した。むせかえるような熱気と華やぎが、ますます人を呼び込んだのである。

これと同じことを清州でおこなった織田信長が、天下布武の道を開いていく。そして経済的先進地域となった尾張に生まれたのが、中村の猿こと木下藤吉郎。織田家中で頭角をあらわし、羽柴秀吉を名乗った。そして信長が本能寺で「高ころびにあおのけに」にこけると、またたく間に明智光秀を打ち倒し、柴田勝家との跡目争いにも勝利した。天下統一の大事業を継いだのである。

黄金の子、豊臣秀吉

天下統一。その言葉のひびきには、光の洪水のような晴れやかさがある。その晴れやかさの中で、秀吉は日本中どこにも根を張っていた排他的・独占的なしがらみを断ち切った。そして大坂や京都を中心に、諸国物産の流通ネットワークを確立し、攻略した全国各地の城下町をネットワークの節点とした。こうして販路を得た周辺地域では、産業が勃興した。物品が各地に行きわたり、地域的不均衡は減少した。その離合集散をになったのも商人で、活動を可能にしたのが貨幣である。この貨幣流通が、農村的な自給自足や物々交換の経済を終わらせていった。

そして統一基準による丈量、いわゆる太閤検地が徹底された。京枡を基準として、田畑の等級が四種類に分けられ、土地の石高に対して二公一民の租税がかけられた。刀狩りと身分統制令で武士・百姓・町人の分離も徹底され、百姓身分となった者は、一地一作人の原則で土地一筆と結びつけられた。これにより、中世的な土地領有の錯綜が、近世知行体制に変換されたのである。

秀吉と京都の町家

時代が変わるとき、いち早く適応した者が勝者になる。戦国時代は伝統的領主のものであった本瓦を、安土桃山時代には採用できる町人が登場したのも、そのあらわれであろう。流通経済を使いこなし、さらに南蛮渡来の商品をあつかった者が、巨大資本を蓄積した。

その中心にいた秀吉は、自身が擁立した後陽成天皇から天正一三年（一五八五）に関白に任ぜられ、豊臣姓も受けた。そのとき、のぼるだけのぼりつめた彼を祝福するように、佐渡ケ島の金鉱脈や石見銀山など、各地で金銀山の開発が続いた。これを直轄、あるいは大名に開発させて運上をとった秀吉の経済力は比類なきものとなり、黄金に彩られた大坂城や聚楽第の建築を可能にしたのである。

それらの城下では都市計画が実施され、京都も天正地割や御土居築造などの京都改造で、大きく変わった。中世の墨染めを脱ぎすて、華やいだ安土桃山の小袖をまとうかのような時代の変化。これをもっともよく示したのが町家の姿であった。百姓とは明確に区分された町人は、その住まいである町家に、都市景観の構成要素という位置づけを求められた。その結果、中世的な堀立てで外観平屋の姿から、近世の町家らしい礎石立ての二階建てへと変貌したのである。

このような町家の発展方向は、豊臣氏の滅亡後に多層・多様化へと進む。それはやがて江戸時代初期の徳川政権による建築規制で、低層・均質化に転じるが、庇付の厨子二階や片土間・床上三室の鰻の寝床など、京都の町家の典型的な姿は、豊臣政権の京都改造の時代にこそ根本があった。

町家の間取りと屋敷構成の成立

京都にあらわれた豊臣政権は、伝統的領主が支配していた街区を直轄とし、その多くの中央に南北道路の突抜を通して、両脇を三間程度に区画した。そこに、農村を追われた職人や商人が入って、新両側町が生まれた。

街区内側は地子赦免とされ、即成の上水供給装置として水路（中溝・背割り）が通された。この水路が示す町境まで、町人が敷地奥を間口幅で占有した短冊形敷地が街区をうめたとき、これに適応した間取りが増加した。表の門口から裏の背戸口へ通り庭を通し、ミセ（商機能）、ダイドコ（居間・食事機能）、オク（接客・寝室機能）を沿わせる片土間・床上三室である。この間取りは中世から存在していたが、そのころは片土間・床上二室が圧倒的に多かった。その片土間・床上二室では表室に重なっていたミセとダイドコの機能を、分離した結果が、片土間・床上三室であった。

この方向はさらに進み、ミセ棟と奥の居室棟（ダイドコ・ザシキ）を分離して、間にゲンカン（玄関）をはさみ、ゲンカンの両脇に玄関庭と坪庭をおく「表屋造り」をうむ。そのとき片土間・床上三室も表屋造りも、間口がせまく奥に長いことから「鰻の寝床」・「鰻すまい」などと称された。また中世には閉鎖的であったオクも、土間境は壁のままながら、ダイドコ境や反対側の庭境は開放的にしつらえていった。

さらに、敷地奥には庭蔵が登場した。戦国時代の土蔵建築は町家に内包されていたが、統一政権の武力によって治安が維持されるようになったとき、面路部分に主屋から突き出す突出内蔵や表蔵、裏地に庭蔵があらわれた。このうち突出内蔵や表蔵は富裕表現の色合いが濃く、やがて徳川政権の奢侈禁令的な建築規制で消滅する。これにより土蔵建築は、敷地奥の庭蔵のみとなり、各町家のそれがならんで防火帯の評価までうむ。しかし実態はそれほどでもなく、裏付ける史料もない。もっとも、面路部分に町家主屋、敷地奥に庭蔵、その間に前栽をほどこす座敷庭という屋敷構成の出現も、豊臣政権の京都改造による短冊形敷地の確保に根本があったとみてよい。

なお、戦国時代以来の町家の間口長さには三間以上や以下などいろいろあったが、豊臣政権に区画された約三間の間口ともども、棟別賦課として一軒役が課された。それは家持町人に対する対人税的性格が強いものであり、間口長さには関係なかった。

その後、江戸時代をへて明治期初頭も軒役は踏襲されたが、明治三年（一八七〇）九月の沽券改では、厳密に間口長さを測定して、三間を基準に税高を変える賦課方式となった。間口にかかる税金が鰻の寝床をうんだとする伝説は、この記憶であろう。しかし、すぐに奥行長さも考慮するようになり、明治七年（一八七四）には、市民それぞれが所有する面積が賦課対象となった。そのため面積を記す地券が発行され、軒役数を記す江戸時代的な沽券状は、それぞれが軒役数に見合った負担を分担する制度と共に、失効したのである。

百姓家の型式

京都の町家に、片土間・床上三室という典型的な屋敷構成が一般化した安土・桃山時代。京都近郊農村や丹波街道沿いの各地でも、片土間・床上二室に表座敷を付けた片土間・床上三室が普及した。ただしそれらの外観は、正面に破風をあげる入母屋を強調するため、棟方向を妻入にした片入母屋であった。そのとき百姓家は、片土間沿いに接客機能の表座敷→居間・食事機能のダイドコ→寝室のナンドを置いたが、街道沿いの城下町にあらわれた町家は、表室をミセとした。つまり京都の町家と同じ間取りで、違うのは外観だけであった。

他方、戦国時代以来の平入に片土間・床上二室に住み続けた百姓もいた。そんな彼らも、やがて経済力をつけたとき、平入のまま上手列に続き座敷を付けた。これが岩倉型である。この型式は、京都盆地に隣接する岩倉盆地に集まったほか、摂丹型分布地域にも散在した。

つまり、織田・豊臣の近世統一政権が中世を終わらせたとき、片土間・床上二室に表座敷か商空間、あるいは続き座敷をつけることで、それぞれ京都の町家や摂丹型分布地域の百姓家と町家に共通する片土間・床上三室、あるいは岩倉型の四間取りが生まれた。だから親戚のようなものである（図1）。

そうすると、ほかの広間型や北山型、北船井型、南山城型（序章）はどうなるか。じつは、これらの間取りから座敷を外すと、結果はすべて同じになる。土間→ダイドコ→ナンドが桁行方向にならぶのである。この型式は、門口からみて並列に室がならぶため、『図説民俗建築大事典』（柏書房、二〇〇一）では「並列型」と呼ばれているが、妻入の場合は「直列型」というべきであろう。京都府下の民家調査報告では報告されていないが、「紀伊山地の十津川、備中から備前にいたる吉備高原、祖谷《いや》に代表される四国山地、九州の五箇瀬川上流・高千穂、日向の椎葉や南の米良地方、肥後の五家庄など、主として広い敷地が得にくい山地」といったかなりの僻村で確認されている。そうすると、近世以前は平地にあっても不思議はないし、それが辺境の山沿いに残った可能性もある。

つまり古代から中世は、都市部や周辺に片土間・床上二室、遠い農山村に並列型・直列型が分布していた可能性が浮上する。そうすると、この二つの型式は、太古には土間と土座、つまり土間に筵《むしろ》敷の一型式に収れんするだろう。さらにさかのぼれば竪穴式住居。それが民家型式の発達の基点となる（図1）。

逆に見れば、民家の発達は、室機能を分化しながら、全体規模を大きくしていく方向といえる。そうすると近代住宅における個室確保も、その方向の延長線上に位置づけられるのではなかろうか。

庇付の厨子二階の成立

京都の町家の表構え。これに、豊臣政権の二階建て命令が作用した。それ以前から、二階表に開口をもつ本二階建ては登場していたが、当時は街区を所有する伝統的領主の美的感覚にそぐわなかった。それらが大屋根の軒先をそろえる町なみは、その伝統的領主の支配を終わらせた豊臣政権の城下町のあるべき町なみとして、京都にあらわれた。このことは、後陽成天皇の行幸沿道となった第一次聚楽町や上京の町なみに明らかであった。

一方、豊臣政権によって強制的に集められた富裕町人の経済力と、同政権の関与で形成された町なみを見た多くの京都の町人は、京都改造の中で二階建て命令を受けてもいた。しかし二階の生活習慣が少なかったので、その住まい

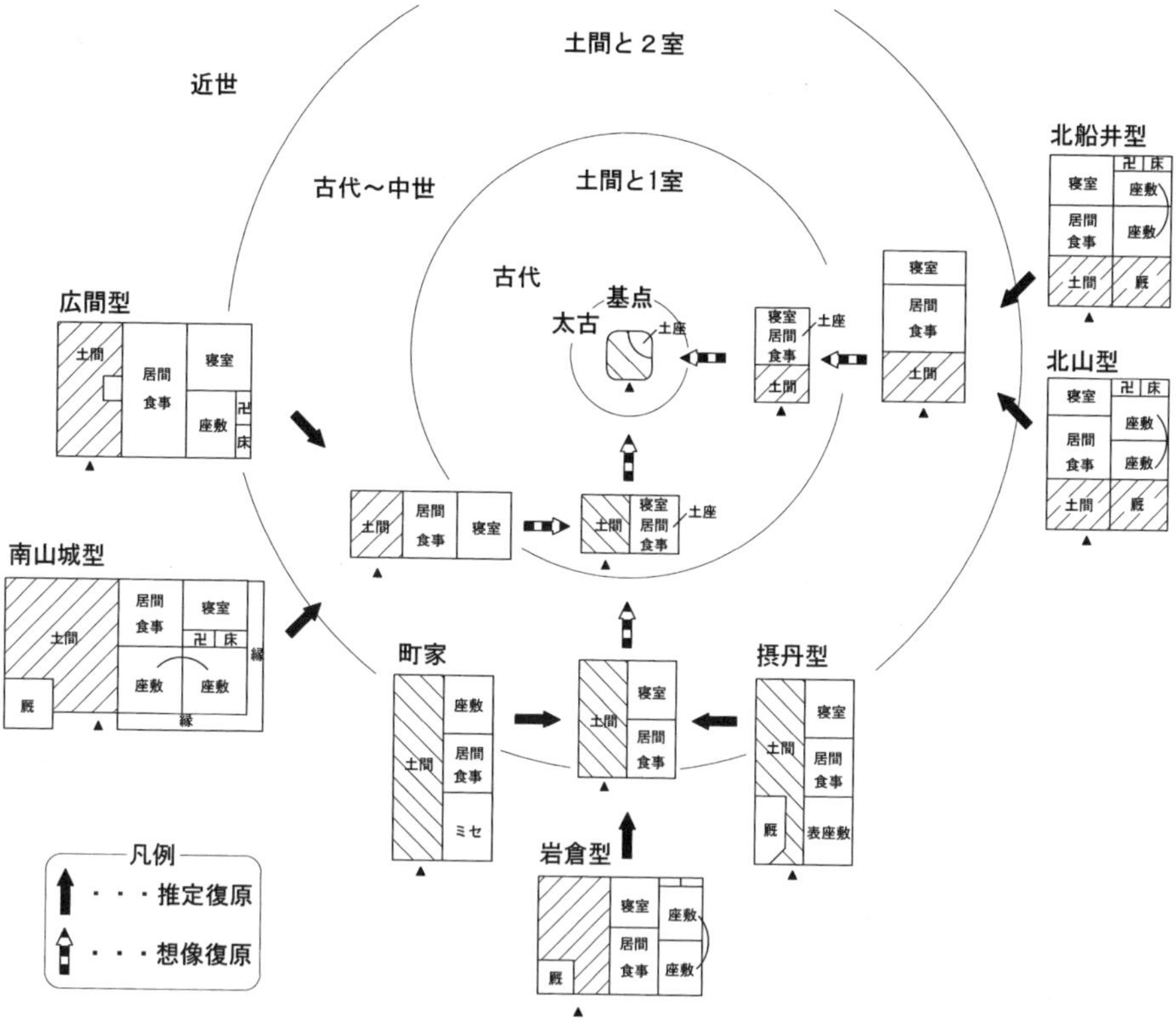

図１　民家（町家・百姓家）発達の遡行図

は戦国時代以来の外観平屋、内部に厨子二階の町家であった。そこで板庇を付け、二階建てを強調する厨子二階を生み出した。二階建てとはいえ、なんとも二階の低い表構えが成立したのである。

その後、豊臣から徳川へ政権移行期に、三層や四層の表蔵があらわれるなど、京都の町なみが多層・多様化する。その中で、前述のように城郭大工も関わるようになった町家は礎石立てとなり、垂木や桁もしっかり備えた構造となった。二階表に意匠的な開口をもつ本二階建ても増えていった。

しかし一七世紀前半、徳川政権が周辺眺望や二階座敷、市中の風俗営業を規制し、町なみを整えるように命じたとき、町人は規制に従う建築表現として、再び厨子二階を採用した。それでも庇で二階建ては印象付けていたが、二階表は閉鎖的なしつらえとして、土塗格子の開口や出格子、あるいは壁にした。こうして町なみは低層・均質化し、二階が低く二階表は閉鎖的という外観が、江戸時代を通じて京都の町家に受け継がれたのである。

そのとき中世の一〇〜一五尺の軒高のうち、もっとも高い一五尺と、見積比較対象の一四尺が流通規格となり、間《けん》が基本である規格の中で、丈五や丈四と称されることになった。

二階表の開口形式

安土・桃山時代に、板葺で真壁の本二階建てが増加したとき、二階表は、雨戸のような大開口であった。それらは、豊臣政権の二階建て命令がうながした二階の居室利用を反映して、増加していった。

そのころ土塗格子の開口は、庭蔵や突出内蔵、表蔵といった土蔵建築のほか、土蔵造りや塗家といった町家主屋にあらわれた。当時の土塗格子の開口は、土戸を併用しており、これによって防火性能や防犯性能を確保していた。しかしそれ以上に、白漆喰塗や本瓦葺ともども当時のそれは富裕表現であり、デザイン・ソースは城郭建築にあった。したがってその導入も、町家を建築的に発達させた城郭大工によって、なされた可能性が高い。

しかし、土塗格子の開口を富裕表現とみる傾向は、それが周辺眺望や通風・採光を阻害し、塗籠大壁の補修頻度も高いことから、江戸時代前期の寛永期初頭には減少した。町家の大勢は板葺に真壁、二階表は雨戸のような大開口で居室利用に備えた。土塗格子の開口もないわけではなかったが、土戸は併用せず、紙障子を併用することもあった。もはや土塗格子の開口は、通風や採光を考えた場合の、真壁に開く安価な開口形式、という位置付けになったのである。厳重な防火性能や防犯性能は表蔵や庭蔵に求められ、富裕表現は真壁町家の細部意匠や内部のしつらえに移った。

さらには寛永期末期、徳川政権の周辺眺望規制や二階座敷規制が発動。そうすると、建築規制にしたがう開口形式として、また二階物置に適当で安価な開口として、土塗格子の開口は、出格子と共に町家の二階表の開口の標準形式になった。その後、江戸時代前期には「塗窓」や「土窓」あるいは「塗むしこ」、江戸時代後期には、もともと木製出格子を意味していた「むしこ」と称される。そして近現代に「むしこ窓」といわれることになった。

建築規制の徹底を伝える町家遺構

西ノ京の瀬川家住宅は、京都の町家に初となる放射性炭素年代測定で、一八世紀初頭の建築と判明した。府下でも最古級の町家遺構であり、京都市内に古い町家遺構はないとする通説を理科学的にくつがえした。

建築当初の姿は、平入板葺に片土間・床上三室。厨子二階で、二階表に土塗格子の開口を開き、土戸は併用しない。一七世紀前半の徳川政権の建築規制、すなわち市中の風俗営業規制や二階座敷規制、二階の居室規制や周辺眺望規制にしたがった姿であり、敷地奥の庭蔵も表蔵規制にしたがった配置。板葺も瓦葺規制にしたがったものであった。

ところで安土・桃山時代から増加した本瓦葺では卯建が減少していたが、軽い板葺には風除けや自立表徴として卯建が必要であった。それが瀬川家住宅にもあり、やはり建築当初は板葺、建築規制にしたがった姿であった。

その後、一八世紀前半に瓦葺規制が解除されて並瓦葺が普及したとき、多くの町人は卯建を備えた板葺町家の小屋組を補強、あるいはそのまま葺土と本瓦を重ねた。そして、災害復興や建て直しなど、機会をみつけて卯達をやめ、ケラバを伸ばした。

とくに天明大火が機会となった。しかしながら罹災しなかった地域では、瀬川家のように卯建が多く残った。つまり卯建は、板葺にこそ必然的な存在であり、瓦葺では減少する運命にあったといえる。

摂丹型分布地域の町家と百姓家

摂丹型分布地域の街道沿いの城下町や宿場の町家では、前述のように農村の百姓家と共通の破風板志向から、草葺の入母屋がならび、片土間・床上三室の構成も共通した。その点で、摂丹型分布域の町家と百姓家は同根という先行研究の指摘は、一応首是できる。

しかし、片土間・床上三室は、京都の町家にも、各地の町々や街道沿いの宿場にもある。これらは、表室にミセ（商機能）→ダイドコ（居間・食事機能）→オク（接客・寝室機能）をならべる間取りが共通する。そうすると、民家型式の設定概念は間取りにもとづくから、これらは同じ町家という民家型式である。

もちろん、屋根形状や小屋組、細部意匠などには地域性がある。しかしそれらは「〜型」という民家型式ではなく、あくまでヴァリエーションである。京都の町家や園部の町家、あるいは摂丹型分布地域の町家とよぶことで、その区別は明確にできる。

そして摂丹型分布地域の町家は、街道沿いの景観を整えたいという領主の方針もあって、瓦葺規制が解除された一八世紀から並瓦葺が普及した。そのとき二階には、白漆喰塗の塗籠大壁を採用した。このとき葺土と並瓦の重量から入母屋は放棄され、切妻の姿になった。草葺で入母屋の百姓家とは、異なる姿になっていったのである。

またこの姿を、摂丹型分布地域に近い北野神社の社家も採用した。もとは百姓家と同じ草葺に入母屋の姿であったが、一八世紀後半には、土塀ごしに並瓦葺で白漆喰塗の大きな妻壁を見せ、式台をそなえた玄関が、表門の奥にのぞく表構えとなっていた。そうすると、上賀茂の社家も、平入草葺の百姓家にはじまる姿を妻入に変換し、並瓦葺という姿に変えたとされることが思い起こされる。その時期は一九世紀とされるから、これに先行した北野社家の変化の影響をみるのが妥当であろう。つまりは摂丹型分布地域の妻入町家の影響、という可能性がある。

京都の町家というもの

町家とは何か。

立地条件や建築形式、生業からさまざまに定義されるが、いずれも現代の個人的観点から主張するものであり、矛盾やもれがある。町家という歴史的用語の多様な用例をすべて取りこむものはなく、近年では定義を放棄する向きもある。しかし、江戸時代初期の『洛中絵図』は、行政上の扱いや支配形態に関係なく、町化した地域を「町」、そこにならんだ建物を「町屋」と記している。立地条件や建築形式、生業にすら関係のない大ぶろしきだが、これなら多様な用例をすべてつつみこめる。そして、なによりこれが、実際に町家という呼称が生きていた時代の定義であることこそ、歴史研究では重視すべきであろう。ちなみに「町屋」と「町家」は「マチヤ」と同様に、特に意味や用例の区別はない。

話はかわって建築費用は、本書が取り上げた江戸時代後期の片土間・床上三室、軒柱が丈四の場合は、軒高丈五と比較する見積り時点で、坪あたりの工費が銀二〇〇匁、坪あたりの大工工数一〇人つまり一〇人掛かり。工事方式は大工委任分と瓦工事を分ける分割委任方式で、工期は四ヶ月未満。竣工後に精算した総工費は約四二〇〇匁で、坪あたり二二一匁となる。儀礼費をふくめた総費用は約五四五〇匁で、坪あたり約二九〇匁。現代の価値に換算すると約二〇〇〇万円で、坪単価は六五万円程度である。

このような町家は、商売をしたり、専用住宅の仕舞屋であったり、美術工芸職人の工場にもなった。

その中で、一階に玄関など五、六室以上あって、風呂や便所も備える町家は、江戸の大番組から二条城警衛のため上洛する二条番衆の寄宿先になる場合もあった。それは、町奉行所から寄宿町として定められた町が選択し、家主から借り上げ、寝具や諸道具を用意、飾り付けもおこない、町奉行所の事前検査を受けることで、御宿となった。

その滞在は二泊三日ながら、先番と跡番が来るので実際は四泊五日。寄宿中は町が労働力を提供し、食事や風呂の用意、でむかえや案内など、念入りにもてなした。このような寄宿にともなう負担は、寄宿町以外の町々へ割り当てられたが、御所から諸役免除や寄宿免許の木札を付与された朝廷関係者や御所御用達は、住まいを寄宿対象から外された上、負担費用の割り当ても免除された。朝廷がある京都ならではの二重行政であった。

また京都の家持町人は、町奉行所への建築許可申請を免除されていた。だから、建築許可申請書が残らず、わずかに大工史料がある程度。これに対し、年貢地を開発した新地に住む町人は町奉行所へ、近郊農村の百姓は年貢納入先の領主が置いた地頭、幕府領地では代官所に申請し、竣工検査も受けていた。

ところが上山城（南山城）四郡の街道沿いもしくは近郊農村の百姓は、山科郷では享保一一年（一七二六）、ほかでは享保一八年（一七三三）以降に町奉行所への申請に変えられた。京都への旅費や申請書類作成にともなう負担、申請先が変わらない農村もあるという不公平感、洪水の復興建築や年貢のために家屋敷を売っての小屋掛けにまで申請を命じる理不尽さから、元の申請先へ戻してほしいとの訴願が、町奉行所へ直接あるいは領主から朝廷を通じて繰返された。広域農村が協力した訴願も確認されるが、なかなか許されなかった。

およそ四〇年後の明和四年（一七六七）一二月、京都周辺の三五ケ村を洛外と遠在農村の境界とし、内側の洛外農村は町奉行所への申請継続を、外側の遠在農村は元の申請先に戻すと伝達する触書が、ようやく出された。年貢増徴に反発する暴力的一揆が全国で頻発する中、半世紀近い訴願は、村役人の統率力で流血なく、ついに要求を受け入れさせて終わったのである。封建時代には希有な例であったが、そのような不公平感や理不尽さとは無縁で申請負担を免除されていたのが、地子赦免とされた多くの京都の町人であった。それは大きな特権であったと言っていい。

むすび、京都の町家と聚楽第——太閤様、御成りの筋につき

平成二四年（二〇一二）一二月二四日、はるかな時をへて発掘された聚楽第石垣の公開現場に集まった人々は、迫

力ある姿に声もなく見入っていた。そして同じ一二月二九日には、豊臣大坂城の石垣再発掘・公開プロジェクトが始動したことが報道された。このような動きの背景には、豊臣秀吉という、一人の人間の生涯にしてはあまりに強い光彩をはなった黄金の子への憧憬があるだろう。

現在の京都では、はっきりした足跡は方広寺あたりにしかないようだが、じつは各地に数多い。

そして何より、御土居で近世京都の範囲を規定し、短冊型敷地が櫛比する都市構造を生み出した。今日われわれが京都の町家らしいと思う姿も、豊臣政権下の二階建て命令であらわれた厨子二階が根本であった。つまり、京都の町なみを中世から近世日本の首都へみちびいたのが、豊臣秀吉という男。そして、彼がいた時代を象徴していたのが聚楽第である。

だから、そんな黄金の子が京都を走り去ったとき、聚楽第の姿もなくなっていた。そのわずかな時間の存在だけが、まばゆいばかりの記憶とともに残ることになったのである。

したがって、今見る京都の町家遺構には、じつは豊臣政権の都市政策の影響が残っている。そのあたりの事情を、本書は第八章までに記した。

そして秀吉がいなくなった後、京都は自由建築の時代となった。このため町なみは、表蔵や塗家等で多層・多様化していった。

ところが、徳川政権の建築規制の影響で、町なみは低層・均質化に転じる。この経緯を記したのが、前々著の『京都の町家と町なみ——何方を見申様に作る事、堅仕間敷事』であった。

さらに、江戸時代中ごろ以降の都市防火政策の違いが、京都を、江戸や大坂とは異なる町なみにした。いやむしろ、江戸や大坂が変わったというべきか。とくに江戸では土蔵造りや塗家が強制され、真壁の軽やかな町なみが残る京都とは違う姿になった。このことを記したのが、前著の『京都の町家と火消衆——その働き、鬼神のごとし』であった。

そして、これら二著に記せなかった江戸時代の諸相を記したのが、本書の第九章から第一七章である。そこに、こ

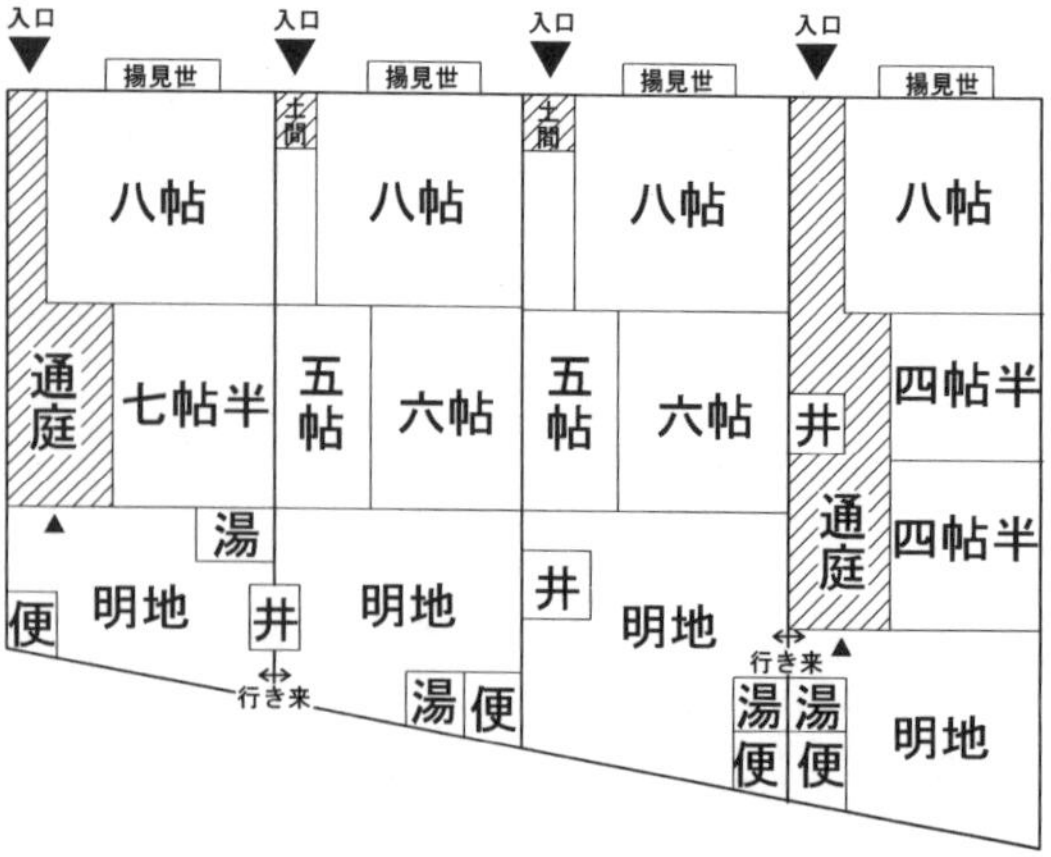

図２　『中村内蔵助居屋敷絵図』端部リライト

れまでの建築史や都市史、歴史といった研究分野では指摘されなかった内容をつめ込んだ。

つまり本書は、京都という都市にあらわれた町家という民家型式について、その歴史的変容に主眼を置いた三部作の完結編である。一貫して、通念的理解や先行研究とは、ほど遠い内容を述べたが、すべては歴史から建築史にトラバースした著者が、ステレオタイプを排除し、昭和四〇年代の民家調査報告も見直し、文献・絵画史料と突き合わせ、『京都の町家と町なみ』で課題とした理科学的測定法も導入した研究成果である。

追記、研究なるがゆえ

かつて司馬遼太郎は、「日本人は、事実を事実として残すという、冷徹な感覚に欠けているのだろうか。時世時節の価値観が、事実に対する万能の判定者になり、都合の悪い事実を消す」と記した。日露戦争後に一部の手柄自慢が戦史をねじまげたことへの概嘆であったが、京都の町家にも通説や伝承を信奉する意見は根強い。研究者を自認する人でさえ、そのような姿をみせることがある。一例をあげよう。

近年、夏になると、町家へ見学に来て、通り庭（片土間）を「ここは打水をして涼しさを演出するための空間」と説明する向きがあらわれる。竈や走り（流し）、井戸を置くからか。しかし、中近世の史料に、そんな説明はない。

たとえば正徳四年（一七一四）、京都銀座年寄の中村内蔵助が追放された。幕府に貨幣改鋳を進言し、元禄景気を演出して富を築いた町人である。富豪の妻女が集まる東山の衣装比べでも、尾形光琳の助言をうけて、妻を白無垢の重ねに黒羽二重の地味ないでたち、ただし大勢のお付きは絢爛豪華、黒一点を引き立て「中村のいでたち抜群、一座けおされ自ら伏し目」にさせた人物である。そして奢侈な生活を理由に、追放された。

そんな彼の屋敷図をみると、敷地内に賃貸用の長屋がある。その住戸をみると、広大な片土間の有無がある（図2）。ない住戸はその分室内が広い。つまり片土間は、敷地奥に開く背戸口と、表通りに開く門口を土足で往き来するため、やむをえず設ける空間であった。もっといえば、敷地奥の便所から表まで、金肥などを運搬する土間であった。その機能に水廻りを重ねていたのである。だから、ほかの住戸の片土間を共有できるなら（そんな例は多くはないが）、片土間はなくてよかった。その分室内が広くなるのだから。打水はあくまで日常風景の一コマであり、土間を必然化するものではない。それでも、一部町家の習慣や伝承を聞き取って、普遍化する声は絶えない。

もちろん通説や伝承には、それを求める人の心がある。たとえば日が傾く逢魔が刻、往来の喧騒がうそのような奥座敷にたたずむとき、そこかしこの暗がりから、何やらひそひそ声を聞くような気がする。伝説とは、そんな曖昧な空間にひそむもの。ひとつひとつ光をあてて、何もないよと暴いていくのは大人げない、それはそれでおいておけ、みんな喜んでるんだから、人のいやがることばかりいうなよ……。そんな声も耳にする。それはそれで、わかるのだけど、それでは囲炉裏ばたの民話語り。研究ではない。

どんな時代も、研究というのなら、普遍的価値に寄与するため、厳密に問題を解明し、事実を事実として残す覚悟が必要である。裏付けのない聞き書きや趣味的礼賛は論外。根拠のない批判や意図的な無視もあるべからず。学術研究の場は、修羅が真実を求めて刃をまじえるところ。真理をもとめる者どうし、真っ向から切りむすぶところである。それがいやなら、批判も論争もないお仲間の会へ立ち去るほかないだろう。

そもそも京都の町家は、すでに相当数が伝統的な生活と共に失われたが、文化財指定を受けた遺構もある。指定の根拠は、昭和四〇年代の民家調査の知見。ただしそれは、遺構の滅失が進む高度経済成長期に、急いでおこなわれた。だから、調査を主導した研究者は、後代に検証の必要を書き残した。研究者らしい、まことに実直な姿勢であった。

ところが調査結果は、都市計画の立案根拠となった。そこから、内容を絶対化する必要が生まれた。そのため「文献史料に書かれたことは本当かどうかわからない」、建築許可申請書の図面も「実際に建てられたかどうかわからない」、絵画史料も「信用できない」、はては「本物の調査結果でしか語ってはならない」などと言われるようになった。

およそ歴史研究には信じがたい史料否定が横行し、聞き取りを根拠とする伝承が定説とされた。異論は異端視され、年輪年代測定や放射性炭素年代測定といった理学的年代測定も、もはや世界基準なのに、応用して見直す動きは少ない。耳かきいっぱい程度の試料採取にさえ、文化財の破壊と非難する向きもある。

こんなことでいいのだろうか。民家研究や建築史研究の対象は、減りはしても増えはしない。都市計画には不都合なかろうが、研究のフロンティアはどこにある？　それは、従来の建築調査や文献調査に固執せず、精密な理科学的アプローチを加えて、より正しい歴史を復原することであろう。通説や伝承も、なぜ語り継がれてきたのかを検討し、史料で裏付けなければならない。この姿勢で、多様な角度から京都の町家を検討し、得られるかぎり歴史的な情報を収集し、蓄積し、統合する努力が必要である。そうすれば、かならず研究の糸口が、研究を志す者には金の鉱脈が、これからもきっと見つかるであろう。

もちろん、そのようなことには無頓着に、個人のすまいである町家を、観光や不動産資源の「京町家」と位置づけたり、「町家は個人のものでも、町なみはみんなのもの、だから町なみで特徴的な町家もみんなのもの」と憲法が認める個人所有権に踏みこんだり、静謐であった座敷を「みんなでわいわい」土足で踏み歩く飲食店に「再生」するのも勝手次第ではある。この国では、自由な言論や商行為が認められているのだから。しかし、古都を標榜する中で、それらの行為がどう評価されるのか。それは今ではなく、一〇〇年後の歴史研究において、という意味である。

末尾にあたり、民家（町家・百姓家）の発達は、室機能を分化する拡大方向であった。近代の個室確保も、この延長線上に位置づけられる。しかし戦後の急速な都市口集中は、最小限住宅など、いびつなかたちを生み出した。このため郊外流出が進んだが、やっと得られた個室空間では、公に私を優先する個人主義が醸成された。

そして今、利便性が誘因となって都市回帰が進んでいる。そうなると個人主義の衝突の激化は必至である。地域の善意と勇気に依存する治安・防災諸制度は、いずれ破綻するだろう。そのとき、個室空間がなくとも成り立っていた近世社会の都市構造が、かならずヒントになる。それには多方面から都市構造の復原が必要であり、建築・消防・治安の複合的研究が必要となる。その思いが、京都の町家をキーワードに、本書で完結する三部作の執筆動機であった。

人の手が維持する美しい風土の中で、京都の町家や百姓家が本来の姿を残していたのは、昭和三〇年代まで。その後、高度経済成長と日本列島改造のかけ声の中、変貌する国土と共に多くが消えていった。それを目撃した最後の世代として、研究結果をまとめたのが本書である。読者の方々には、願わくは三部作の通読をもって、内容の妥当性をご判断いただければ幸いである。そのことを最後に記して、京都の町家を取り上げた本書を、そして三部作を終えることにしたい。手にとっていただき、本当にありがとうございました。

あとがき　木の国の人々へ

町家や百姓家すなわち民家には、多くの型式がある。しかし、木であるのは同じ。外国のような石やレンガではない。

七〇パーセント近くが山林の国だから、住まいは木造で自然である。そして木造は、年月を経れば修理が、さらには建て直しが必要となる。

おりしも昨年は、積み立て三五〇億、寄附二〇〇億を費し、八年の月日をかけた伊勢神宮の第六二回式年遷宮の最終年であった。内宮・外宮の正殿ならびに御垣内の建物や十四の別宮は、すべて新しくなった。

傷んだ掘立柱や茅葺屋根を二〇年ごとに新しいものにすることや、技術の伝承も目的であるが、新しい建物が神様に新しい力をうむと考える「常若《とこわか》」という宗教的概念も、豊かな水に恵まれ木々がよく育つこの国の風土と無縁ではないだろう。そして雲霞のごとき平成二六年初

内宮への道

詣の人々を迎えたのである。

そんな木の国では、材木が流通する。だから山々の木々が伐られ、苗が植えられ、世代をこえて育てられる。そのため林道が整備され、間伐が行われ、下草刈りなどの手入れが行われる。こうして手入れが行き届いた山だから、炭酸同化作用が活発となった木がよく二酸化炭素を吸収し、地球温暖化の抑制に貢献する。川や海へも、豊かなミネラルや栄養素をもたらす。この精緻な環境循環が、戦前は日本各地で機能し、多くの人々が関わっていた。

ところが、太平洋戦争後の高度経済成長期に工業製品の輸出が増加したとき、貿易不均衡の代償として、海外の森林を破壊的に伐採した安価な木材や、大規模生産の農産物輸入がはじまった。日本の林業や農業は不振となり、環境循環は機能不全におちいった。森林は放置され、光が届かず、藤蔓にしめあげられた木々は、炭酸同化作用ができなくなった。もはやミネラルが届かなくなった近海では、磯焼けで海草が消え、魚の数も減っている。そんな変化が静かに、しかし確実に進んでいる。

ふたたび環境循環を機能させ、地球環境に貢献するには、どうするか。この国の木を利用するしかない。木造住宅の建て直しも、二酸化炭素を吸収した日本の木を用いる限り、正しい。古材利用も大事だが、環境循環には新材利用が不可欠である。

もちろん、だからといって、貴重な町家や百姓家の遺構を、建て直せと言っているのではない。むしろ畏敬の念をもつべきである。そして、日本の大都市で町家遺構が面的に残るのは京都だけ。かつては全国で普通の町なみだったから、それが残る京都は日本人の心のふるさと。これからも残ってほしいとの願望は、誰もがもつところである。

しかしそれでも、町家は個人の住まい。お住まいの方が幾多の困難を乗り越え、受け継いでこられたから、現代に存在する。誰でもない。お住まいの方あっての町家である。そして、その本質は個人の家。建て直しであろうと、建てかえだろうと、住む方が決めたことなら、他人が口出しすることではない。

どのような家に住むのか。それは何を着るのか、何を食べるのかということと同じ。「衣・食・住」とはきわめて

木立に囲まれる造替直前の御稲御蔵《みしねのみくら》（内宮）

造替なった御稲御蔵

個人的なことなのだから。そして木の国の人々が住まいを、この国の木で建て直すことは、きわめて自然なことなのだから。

その前提において、今ものこる町家や百姓家は奇跡といっていい。触れさせていただくのは望外の幸せである。そのとき研究者なら、通説や伝承の聞き取りに満足したり、無定見な礼賛に耽溺していいはずがない。近代建築が見失ったヒューマンスケールの心地よさ。空間構成の精妙さ。そこかしこに埋めこまれた超絶技巧を見極め、それらがどのようにしてうまれ、受け継がれてきたのか、解明しなければならない。その成果を蓄積し、未来の建築に反映してこそ、木の国の研究である。そうしてこそ、守るべき共通の歴史意識の醸成にも寄与できるであろう。

ところで建築の世界では、平成二三年（二〇一一）三月一一日に発生した東日本大震災の直後から、一部で「発展の時代は終わり、縮小・後退の時代」、「縮退する社会に見合う建築やデザインへ」、「歴史的遺産のストック保存がベース」との声が聞かれる。そして「保存せよと言うのが意識が高い人」、そんな感覚も見受けられる。確かに、歴史的建造物の保存や再生に文化的意義があることは、間違いない。慣れ親んだ町なみを後世に伝えることも重要である。しかし、都市という容積が限られた空間においては、必要不可欠な生産活動の場の確保が優先される場合もある。建築技術者を自称しながら、「保存」「縮退」と繰り返すだけでは、社会の要求に応えられない。

誤解をおそれずに言うならば、そもそも建築とは、保存や再生も選択肢ではあるものの、本質的に新しいものをうち建てる作業。だからこそ関わる者には、古いものから良い点を抽出し、新しい工法や材料開発に応用し、よりよいものを建てる、提供できる、その自信と気概が必要である。

そう考えたとき、いまも残る町家や百姓家は、多くの伝統建築と同様に、くめども尽きぬ知見をたたえた歴史の井戸。つるべをたぐれなくなるその日まで、研究を続けていきたい。その成果を普遍化し、建築の世界にまだまだ「発展」の煌《きら》めきがあることを、若い世代へ伝えていくのが、自分の役割と考えている。彼らはみな、黄金の子となる可能性を持っているはずなのだから。

平成二六年四月九日

京都美術工芸大学　工芸学部（伝統建築コース）教授
丸山俊明

初出一覧

序　中世から近世へ、京都の町家を変えた豊臣秀吉
かきおろし

序　章　京都府の町家と百姓家に七つの型式
「京都町奉行所の「不時に見分」について、東梅津村の事例を中心に」
日本建築学会近畿支部研究報告集（計画系）、二〇〇一年五月
「旧東梅津村の林家住宅の架構について」
日本建築学会学術講演梗概集（F―2　建築歴史・意匠）、二〇〇六年七月
「一乗寺村文書の普請願書にみる愛宕郡一乗村の民家型式」
日本建築学会計画系論文集　第六九六号、二〇一四年二月
「『一乗寺村文書』普請願書にみる愛宕郡一乗寺村の民家型式」
日本建築学会近畿支部研究報告集（計画系）二〇一四年六月

第一章　中世は町家も百姓家も片土間・床上二室
かきおろし

第二章　中世末期の間取りが、町家にもなり百姓家にもなり
「伝統的住宅様式と景観上の役割について――愛宕郡旧岩倉村を事例として」
日本建築学会近畿支部研究報告集（計画系）、一九九八年五月

「伝統的住宅様式と景観上の役割について――愛宕郡旧岩倉村と村松の旧集落」
日本建築学会学術講演梗概集（F―2　建築歴史・意匠）、一九九八年七月
「『岩倉村文書』普請願書の角屋について」
日本建築学会学術講演梗概集（F―2　建築歴史・意匠）、一九九九年七月
「『岩倉村文書』普請願書と家建見分」
日本建築学会計画論文集　第五二四号、一九九九年一〇月
「『岩倉村文書』に見る安永年間の岩倉型民家」
日本建築学会学術講演梗概集（F―2　建築歴史・意匠）、二〇〇〇年七月
「『岩倉村文書』普請願書に見る岩倉型民家」
日本建築学会学術講演梗概集（F―2　建築歴史・意匠）、二〇〇一年七月
「『岩倉村文書』に見る岩倉型民家――岩倉型民家の研究（その一）」
日本建築学会計画系論文集　第五五一号、二〇〇二年一月
「中世『洛中洛外図』屏風に描かれた民家に関する試論――岩倉型民家の研究（その二）」
日本建築学会計画系論文集　第六四四号、二〇〇九年一〇月

第三章　『洛中洛外図』の謎、桁なし町家はあったのか

「歴博甲本『洛中洛外図』屏風の桁なし町家」
日本建築学会関東支部研究報告集、二〇一三年三月
「歴博甲本『洛中洛外図』屏風の桁のない町家について――京都府向日市の須田家住宅をふまえて」
日本建築学会計画系論文集　第六八八号、二〇一三年六月
「歴博甲本の桁のない町家について」日本建築学会学術講演梗概集（F―2　建築歴史・意匠）、二〇一三年七月

第四章　鰻の寝床が現れた本当のわけ
「京都の町家の軒役と沽券状の消滅経緯」　日本建築学会計画系論文集　第六五七号、二〇一〇年一一月
「近世京都における町家の軒役の変動——間口長さ三間との関係を考える材料として」　日本建築学会計画系論文集　第六七四号、二〇一二年四月

第五章　前に主屋、奥に土蔵の屋敷構成の成立
「近世初頭の京都における町家土蔵の配置」　日本建築学会計画系論文集　第六二三号、二〇〇八年一月

第六章　本二階建て！太閤様、御成りの筋をいく
「豊臣政権期の京都の町家」　日本建築学会計画系論文集　第六五一号、二〇一〇年五月
「豊臣政権期の京都の町並景観」　日本建築学会近畿支部研究報告集（計画系）　第五〇号、二〇一〇年六月

第七章　保津川水運の筏と、厨子二階の低い軒高
「京都の町家と江戸時代の保津川の筏」　日本建築学会計画系論文集　第六三九号、二〇〇九年五月

第八章　むしこはもともと、お城のデザイン
「京都の町家に関するむしこ」　日本建築学会計画系論文集　第五九九号、二〇〇六年一月
「京都の町家の二階表における土塗格子開口の定着」　日本建築学会計画系論文集　第六三二号、二〇〇八年一〇月

第九章　京都最古級の町家発見！　ご法度の影響いかが

「京都の板葺町家の遺構」　日本建築学会学術講演梗概集（F—2　建築歴史・意匠）、二〇〇八年七月

「京都外縁の町家の農民住宅化——放射性炭素年代測定を用いた瀬川家住宅の再評価」

日本建築学会計画系論文集　第六三八号、二〇〇九年四月……中尾七重（武蔵大学総合研究所）と共著

第一〇章　並瓦葺の普及と卯建の減少

「京都の町家における桟瓦葺の普及」日本建築学会学術講演梗概集（F—2　建築歴史・意匠）、二〇一〇年七月

「京都の町家における瓦葺の普及と卯建減少の関係」日本建築学会計画系論文集　第六五三号、二〇一〇年七月

第一一章　町家とは何か？　洛中農村の百姓家が町家とされたわけ

「『洛中絵図』に「町屋」と記された洛中農村の百姓居宅と、江戸時代の同地史料にみる町屋の意味」

日本建築学会計画系論文集　第六七六号、二〇一二年六月

「町屋と記された洛中農村の百姓居宅」日本建築学会学術講演梗概集（F—2　建築歴史・意匠）、二〇一二年七月

第一二章　摂丹型の町家と百姓家、違いはどこ？

「摂丹型民家と妻入町家の関係——大場修氏と黒田龍二氏の論点に関連して」

日本建築学会計画系論文集　第六五六号、二〇一〇年一〇月

第一三章　京都の社家は妻入町家のかたち

「江戸時代の北野神社の目代屋敷の構成について」

日本建築学会近畿支部研究報告会（計画系）第五三号、二〇一三年六月

「京都の社家と民家型式の関係についての試論」

日本建築学会計画系論文集　第六九五号、二〇一四年一月

第一四章　町家一軒新築したら？　入用少なからず

「京都近郊農村の普請形態について、岩倉村の土蔵普請を例として」

日本建築学会近畿支部研究報告集（計画系）、一九九九年五月

「文化期京都の町家建築費用」

日本建築学会計画系論文集　第六三一号、二〇〇八年九月

第一五章　町内で一軒借り切って、江戸の殿様おもてなし

「江戸時代後期の京都の町家における二条番衆の寄宿形態」

日本建築学会計画系論文集　第六四〇号、二〇〇九年六月

「二条番衆による京都の町家への寄宿形態」

日本建築学会学術講演梗概集（F―2　建築歴史・意匠）、二〇〇九年七月

第一六章　いざ御所へ、町家が工場の京指物師

「江戸時代の京都の指物師と御所のかかわり」

日本建築学会計画系論文集　第六五九号、二〇一一年一月

第一七章　普請御願が免除されるという特権の意味

「京都近郊農村の普請形態について——岩倉村の土蔵普請を事例として」
日本建築学会近畿支部研究報告集（計画系）第三九号、一九九九年五月

「山城国南部における農民の申請先について——久世郡上津屋村の居宅普請を事例として」
日本建築学会近畿支部研究報告集（計画系）第四〇号、二〇〇〇年五月

「山城国南部における建築規制の転換について——江戸時代の山城国農村部における建築規制（その一）」
日本建築学会計画系論文集　第五三五号、二〇〇〇年九月

「京都町奉行所の明和四年一二月の触書について——江戸時代の山城国農村部における建築規制（その二）」
日本建築学会計画系論文集　第五三九号、二〇〇一年一月

「京都町奉行所の「不時ニ見分」について——東梅津村の事例を中心に」
日本建築学会近畿支部研究報告集（計画系）第四一号、二〇〇一年五月

「宇治郡山科郷における建築許可の申請——江戸時代の山城国農村部における建築規制（その三）」
日本建築学会計画系論文集　第五四七号、二〇〇一年九月

「京都町奉行所による建築規制と享保改革——江戸時代の山城国農村部における建築規制（その四）」
日本建築学会計画系論文集　第五五一号、二〇〇二年一月

「山城国南部における元文期の建築許可申請」
日本建築学会計画系論文集　第五五六号、二〇〇二年六月

「宝暦・明和期における京都町奉行所の建築規制——江戸時代の山城国農村部における建築規制（その五）」
日本建築学会計画系論文集　第五六一号、二〇〇二年一一月

「江戸時代前期の京都代官所への建築許可申請」
日本建築学会計画系論文集　第五六一号、二〇〇二年一一月

■著者紹介

丸山俊明（まるやま・としあき）

1983年　琉球大学法文学部史学科（日本史専攻）卒業
1989年　大阪工業技術専門学校Ⅱ部建築学科　卒業
2001年　京都工芸繊維大学大学院博士課程修了（学術博士）
　　　　住環境文化研究所主宰をへて
2012年　京都美術工芸大学工芸学部（伝統建築コース）教授
一級建築士　日本建築学会正会員
南丹市景観審議会委員　史跡新居関所復原検討委員会建築部会委員

専門：建築史・都市史
著書：『京都の町家と町なみ――何方を見申様に作る事、堅仕間敷事』（昭和堂、2007年）、『京都の町家と火消衆――その働き、鬼神のごとし』（昭和堂、2011年）、分担執筆『京・まちづくり史』（昭和堂、2003年）、共著に『石塀小路町並み調査報告書』、『京都府指定文化財天真院客殿・経蔵保存修理工事報告書』、『京都府指定文化財鹿島神社保存修理工事報告書』、『京都府指定文化財小林家住宅長屋門ほか四棟保存修理工事報告書』、ほか。
論文：「江戸時代の京都の町並景観の研究」(1～4、日本建築学会計画系論文集)、「江戸時代の山城国南部の建築規制」（1～10、日本建築学会計画系論文集)、「江戸時代の木戸門の研究」（1～5、日本建築学会計画系論文集)、「江戸時代の京都の消防の研究」（1～10、日本建築学会計画系論文集）ほか。

京都の町家と聚楽第――太閤様、御成の筋につき

2014年5月30日　初版第1刷発行

著　者　　丸山俊明

発行者　　齊藤万壽子

〒606-8224　京都市左京区北白川京大農学部前
発行所　株式会社　昭和堂
振替口座　01060-5-9347
TEL（075）706-8818／FAX（075）706-8878

印刷　亜細亜印刷

ISBN978-4-8122-1355-1
＊乱丁・落丁本はお取り替えいたします。
Printed in Japan